F. Ratter

Entomologische Nachrichten

1875

F. Ratter

Entomologische Nachrichten
1875

ISBN/EAN: 9783743362758

Hergestellt in Europa, USA, Kanada, Australien, Japan

Cover: Foto ©Andreas Hilbeck / pixelio.de

Manufactured and distributed by brebook publishing software (www.brebook.com)

F. Ratter

Entomologische Nachrichten

Entomologische Nachrichten.

Herausgegeben
von
Dr. F. Katter,
Gymnasiallehrer am k. Pädagogium zu Putbus.

I. Jahrgang.
1875.

In Commission bei Ch. Fr. Vieweg in Quedlinburg.
Druck von August Knack in Putbus.

Nachwort als Vorwort.

Indem wir mit dieser letzten Nr. den ersten Jahrgang der Entomologischen Nachrichten schließen, sagen wir allen, die dies Unternehmen durch ihre Theilnahme unterstützt haben, sei es durch Mittheilungen, sei es durch Abonnement, unsern Dank. Wir haben im Laufe des Jahres unsere Behauptung, daß ein Bedürfniß zu einem ähnlichen Organ in unserer entomologischen Literatur vorliege, nicht nur durch viele mündliche und schriftliche Versicherungen von Entomologen aus den verschiedensten Ländern, sondern auch durch die — für eine entomologische Zeitschrift — sehr erfreuliche Verbreitung bestätigt gefunden, um so mehr als für die Bekanntmachung dieses Blattes bisher recht wenig geschehen ist, dies vielmehr seinen Weg möglichst allein gesucht hat. Daß ihm dies gelungen ist, zeigen die Bestellungen aus fast allen Ländern Europa's, auch über den Ocean hat es seinen Weg gefunden, augenblicklich wissen wir von 4 Abonnenten in Amerika.

Für uns ist die günstige Aufnahme ein Sporn, unser Blatt immer vollkommener und darum willkommener zu machen, ohne die einmal bestimmte Tendenz zu ändern. Es soll die zerstreuten Entomologen einander näher führen, es soll ihren Verkehr erleichtern, es soll vor allem den Anfänger unterstützen oder ihn wenigstens anweisen, wo er Hülfe finden kann.

In die litererarische Revue wird vom nächsten Jahre ab eine größere Regelmäßigkeit eintreten zugleich mit einer größeren Ausdehnung derselben. Zu dem Zwecke wird im Erscheinen die Aenderung eingeführt werden, daß monatlich ein Heft ausgegeben wird, um — außer andern Vortheilen, die sich daraus ergeben — einen größeren Raum für die einzelne Nr. zu erzielen.

Wir hoffen, daß auch im neuen Jahre die Theilnahme der Entomologen dem jungen Blatte geschenkt werde, nicht nur durch Abonnement und Empfehlung in Freundeskreisen, sondern auch durch Mittheilungen. Diese zu vermitteln soll gerade eine Aufgabe der Entomologischen Nachrichten sein.

Putbus im Decbr. 1875. Die Redaction.

№ 1. Entomologische 1875.

Nachrichten.

Den 1. Januar.

Die E. N. erscheinen 2 mal monatlich, am 1. und 15.
Abonnem. bei der Post 1 Rß viertelj. Auch durch versch. Buchh. zu beziehen.

Vorwort.

Die „Entomologischen Nachrichten" haben schon vor ihrem Erscheinen eine Umänderung erlitten. Sie sollten anfänglich in dem Format des Prospects, das Vortheil und Bequemlichkeit in mancher Hinsicht mit handlicher Größe vereinigte, erscheinen, aber behufs ihrer Vereinigung mit der „deutschen entomologischen Zeitung" mußten sie die Gestalt dieser Zeitschrift annehmen. Es geschah dies nicht zum Nachtheil der Leser. Mit der Veränderung ihrer Form sind die Ent. N. gewachsen; statt der 4 Seiten des größeren Formats erhält der Leser nun 8 oder mehr in dem kleineren, eine Vermehrung um mindestens ein Drittel der beabsichtigten Größe.

Der Leser der unsern Prospect kennt, weiß, was die E. N. bringen wollen. Da wir aber nicht voraussetzen können, daß dieser vor Aller Augen gekommen ist, so wollen wir hier kurz den Plan dieses Blattes auseinandersetzen.

Die E. N. beruhen auf der Ansicht, daß, wer Vieles bringt, Jedem Etwas bringen wird. Sie werden daher aus allen Gebieten der Entomologie und nach den verschiedensten Hinsichten Mittheilungen und Referate bringen. Sie wollen dem wissenschaftlichen Entomologen Ausweise geben und Nachrichten bringen, die mühsam zusammen zu suchen ihm Zeit oder Gelegenheit fehlen; sie wollen dem erfahrenen Sammler ein Vermittler, dem Anfänger ein Rathgeber sein. Sie werden Wissenschaftliches und Praktisches zu vereinen suchen, und sollen speciell in letzter Hinsicht eine Lücke in unserer entomologischen Literatur ausfüllen. Seitdem Herrich-Schäffer sein „Correspondenz-Blatt" eingehen ließ, fehlte es uns an einem Organ, das eine Verbindung unter den Sammlern herstellte. Wir können mit Genugthuung constatiren, daß unser Blatt schon jetzt die Aussicht hat, dies nicht nur für die deutschen Entomologen, sondern für die Europa's zu thun, weil unser Plan auch im Auslande Anklang gefunden hat. So schreibt uns — als der Erste — S. Excellenz, der wirkl. Staatsrath, Herr Dr. Renard, Vicepräsident der Kaiserlichen Gesellschaft der Naturforscher in Moskau, daß er den Mitgliedern des Moskauer Vereins unsern Prospect mitgetheilt habe, und daß alle an das Nützliche dieses Unternehmens glaubten. Aehnliche Zuschriften sind uns bereits aus der Schweiz, aus Italien und England zugegangen; mehrere von ihnen stellen Beiträge für unser Blatt in Aussicht.

Im Uebrigen wird der Leser die Tendenz unseres Blattes aus der ersten Nummer ersehen. Es wird nur Mittheilungen von allgemeinem Interesse bringen, und somit nicht zur Vermehrung, sondern zur Ergänzung der vorhandenen entomologischen Zeitschriften dienen.

Wir geben uns der Hoffnung hin, daß unsere Idee bei recht vielen unserer entomologischen Collegen Anklang finde und daß unser Blatt ein geistiges Band werde, daß sie miteinander verbinde.

Die Redaction.

Ueber Geotrupes-Arten.[1)]

„Daß die Unterscheidung der Verwandten des Geotrupes stercorarius bis in die neueste Zeit herab, trotz der Arbeiten Mülsant's, Erichson's und Thomson's, und trotzdem daß die fraglichen Arten zu den allergemeinsten und durch ihre Größe ansehnlichsten der europäischen Fauna gehören, noch eine höchst unsichere und wie sich zeigen wird, unfertige geblieben ist, wirft durchaus kein günstiges Licht auf die Fortschritte der Entomologie, wenn man darunter die scharfe Begrenzung unter sich nahverwandter und bisher mit einander verwechselter Arten versteht." Diesen Worten des H. v. Harold können wir nur vollständig beistimmen, nud um so mehr müssen wir demselben dafür danken, daß er sich der Mühe einer eingehenden Revision der Geotrupes-Arten und einer Kritik des darüber vorhandenen literarischen Materials unterzogen hat, und zu Resultaten gekommen ist, von denen H. de Borre sagt[2)], daß sie als das endgültige Urtheil der Wissenschaft über diesen streitigen Punkt angesehen werden werden können. Unsere coleopterologischen Leser werden bei der Wichtigkeit dieses Gegenstandes uns beistimmen, wenn wir den Untersuchungen des H. v. Harold möglichst weite Verbreitung zu geben suchen.

Der Verf. beschäftigt sich mit den Geotrupes-Arten, welche 12—14 Längsstreifen auf den Flügeldecken haben; mutator mit 17—18 Längsstreifen, den beim Männchen unten zweizahnigen Vorderschienen und dem mit der Trochanterenspitze parallel nach

1) Nach v. Harold, über Geotrupes stercorarius und die nächstverwandten Arten in Nr. XI. der Coleopterologischen Hefte von demſ., die wohl nicht erst empfohlen zu werden brauchen.

2) Compte-Rendu de la Société Ent. de Belgique, 7. Nov. 1874.

außen gestellten Zähnchen der Hinterschenkel sieht er als geradezu einer verschiedenen Gruppe angehörend, an. Er behandelt 3 Arten: G. spiniger Marsh, G. stercorarius L. und G. foveatus Marsh. Trennende Unterschiede hat er indessen nur bei den ♂ gefunden, es hat ihm nicht gelingen wollen, die ♀ von stercor. und foveatus auseinanderzuhalten.

Was Linné unter seinem stercorarius verstanden, läßt sich nicht feststellen. Seine Nachfolger bis Marsham (1802) sind ebenfalls in der größten Unklarheit über die einzelnen Arten; bald fassen sie alle in eine zusammen, bald führen sie mehrere, bis 5, auf; jedoch so unbestimmt, daß man keine einzige mit Sicherheit angeben kann. Erst Marsham trennte in seinem leider zu wenig bekannten Werke Coleoptera Britannica den mutator, spiniger und foveatus von stercorarius, und deshalb muß er als derjenige angesehen werden, dessen Nomenclatur maßgebend ist. Auch nach M. herrschte dieselbe Verwirrung weiter bis auf Erichson, der 1844 in seinen Insecten Deutschland's (III, 727) eine neue Trennung in stercorarius u. putridarius vornahm, indem er als Hauptunterscheidungszeichen die Mandibeln ansah. Aber schon Ferrari bestritt (Stett. ent. Ztg. 1862, S. 303) die Stetigkeit dieses Merkmals, ebenso Jekel (Ann. d. l. soc. ent. de France, 1856). „In die jetzt völlig zweifelhaft gewordene Charakteristik der Arten brachte erst Thomson i. J. 1868 (Skand. Col.) wieder Sicherheit. Indem dieser scharfsinnige Beobachter durch Wahrnahme der Verschiedenheit in der Hinterleibssculptur den spiniger Marsh (dem er leider unnöthigerweise den neuen Namen mesoleius ertheilte) nach beiden Geschlechtern scharf dem stercorarius gegenüber stellte, bahnte er damit zugleich die Erkennung des foveatus an, der bis dahin vom spiniger nicht sicher zu unterscheiden war." Das Hauptunterscheidungszeichen liegt nach v. Harold in der Behaarung und Punktirung des Hinterleibs und in den Zähnen der Längsleisten der Schienen. Es zeigt nach ihm:

1. G. spiniger Marsh. Hinterleib längs der Mitte glatt, unbehaart und unpunktirt. Die Behaarung tiefschwarz. Die Fühler sind pechfarbig, die Keule bräunlich-grau bereift oder rothbraun. Körper oben kohlschwarz, Halsschildrand und Seiten der Flügeldecken bläulich oder kupfrig schimmernd. Die Vorderschienen des ♂ haben auf der Unterseite eine Längsleiste mit 2—3 sehr stumpfen Zähnen; dieselbe endigt dem drittletzten Randzahn gegenüber in einem einfachen Zähnchen. Das ♀ unterscheidet sich von denen des stercorarius und foveatus durch die feingestreiften Fd. und den längs der Mittellinie glatten Hinterleib.

2. G. stercorarius L. Hinterleib längs der Mitte punktirt und behaart, Behaarung mehr bräunlich. Fühler rothbraun. Halsschild nur am Rande und in der Mittellinie

punktirt. Längsleiste an den Vorderschienen des ♂ glatt, ungekerbt, der Endzahn von ihr getrennt. Sie bildet vor dem Ende eine bogige, lappige Erweiterung.

3. G. foveatus Marsh. Hinterleib ebenso wie sterc. behaart und punktirt. Meist lebhaft metallisch gefärbt, Hd.seiten schön stahlblau, Fd. oft grünlich. Fühler rothbraun. Vorderschienen wie bei spiniger, nur der drittletzte Randzahn nicht nach abwärts gesenkt. Foveatus ist also eigentlich ein stercorarius mit Vorderbeinen des spiniger.

Zur besseren Uebersicht stellen wir die deutschen Arten in folgende Tabelle zusammen:

1.	Halsschild des ♂ gehörnt	Typhoeus.
	„ „ „ unbewehrt	2.
2.	Flügeldecken ohne deutliche Längsstreifen. .	Vernalis.
	„ mit 17—18 „ . .	Mutator.
	„ „ 14 „ . .	2.
3.	Hinterschienen mit 2 Längsleisten	Sylvaticus.
	„ „ 3 „	4.
3.	Streifen der Fd. kaum angedeutet; Oberseite mattschwarz oder mit seidenartigem Glanz; Unterseite glänzend goldgrün	Hypocrita.
	Str. der Fd. stark; Zwischenräume erhaben	5.
5.	Hinterleib längs der Mitte glatt, unpunktirt und unbehaart	Spiniger.
	„ „ „ „ punktirt u. behaart	5.
6.	Längsleiste der Vorderschienen glatt, ungekerbt, vor dem Endzahn in einen bogigen Lappen erweitert	Stercorarius.
	Längsleiste der Vorderschienen mit 2—3 Zähnen	Foveatus.

In Krain findet sich noch G. laevigatus, bei Triest G. Hoppei.

Ob H. v. Harold das letzte Wort in dieser Sache gesprochen, wie H. de Borre meint, wollen wir nicht entscheiden. Wohl aber möchten wir darauf aufmerksam machen, daß die Vergleichung der Larven und die Zucht aus denselben vor allem maßgebend ist. Der Lepidopterolog weiß sehr wohl, wie durch veränderte Verhältnisse ganz constante Veränderungen einer Art hervorgerufen werden können, und daß in solchen Fällen nur die Larvenzucht auf das Richtige führen kann und geführt hat. Ueber Geotrupes-Larven s. m. Erichson und Mülsant.

Insectenregen.

Im Jahrg. 1870 der Stett. Ent. Ztg. berichtet Herr Dr. Dohrn von einem Insectenregen in Buenos Ayres, dessen wiederholtes Vorkommen Hr. Prof. Burmeister in einer spätern Nr.

ders. Ztg. bestätigt. Einen solchen wirklichen Regen haben wir in unsern nördlichen, insectenärmeren Gegenden wohl kaum zu erwarten, es sei denn von Neuroptern, indessen habe ich im verflossenen Jahre mehrfach Gelegenheit gehabt, am Ostseestrande auf Rügen Käfer in gewaltigen Massen zu finden. Im ersten Frühjahre wimmelte der Strand von Sitones-Arten, besonders lineatus. Alle größeren Steine, auch die im Wasser liegenden, waren mit Tausenden von ihnen bedeckt. Darunter befanden sich, obgleich in geringerer Anzahl, Apion und Gymnetron.

Im September lockte mich ein schöner Tag wiederum an den Strand; es war ein glücklicher Zufall, der mich dorthin führte. In einer Ausdehnung von c. 1 Kilometer war der Boden mit Millionen von Käfern und Wanzen bedeckt, die vom Meere — der Wind stand landeinwärts — angeschwemmt worden waren. Ich weiß nicht, ob sie von dem gegenüberliegenden Vilm, einer kleinen Insel, oder von einem bewaldeten Vorsprunge, der Gora, ins Wasser getrieben worden waren. Nun suchten sie, dem nassen Elemente entronnen, an jedem festen Gegenstande Schutz. Jedes Zweiglein Blasentang, jedes Büschel Seegras bot Hunderten Zuflucht; die Steine waren mit ihnen vollkommen bedeckt. Auch ich wurde während meines mehrstündigen Suchens ein lebendiger Coleopterophor; an den Kleidern, in den Haaren, im Gesicht krochen sie mir massenweise, und ich hatte Mühe, sie Nase und Ohren fern zu halten. Die Dunkelheit machte erst meiner Ernte ein Ende. Am nächsten Tage war ich durch Amtsgeschäfte verhindert, neue Ausbeute zu machen, am dritten waren sie, bis auf wenige Coccinellen und Todte, verschwunden.

Hauptsächlich waren Coccinellen, Curculionen, Helophorus nubilus, Cassiden, unter ihnen nobilis, subreticulata, und einige Carabiden vertreten. Auch 1 Diachromus germanus fand ich.

K.

Sammelbericht.

Im August vor. J. kam ich auf einer Excursion an ein Hünengrab. Unter einem Steine fand ich daselbst eine Anzahl Harpalus puncticollis in Gesellschaft zahlreicher Anchomenus prasinus. Andere Steine, leider war ihre Zahl gering, lieferten noch einige Exemplare dieses im Norden immerhin seltenen Käfers. Als ich nach einigen Tagen an dieselbe Stelle zurückkehrte, fand ich, trotzdem ich alle Steine sorgfältig in ihre erste Lage zurückgebracht hatte, keinen einzigen H. puncticollis. 2 Cychrus rostratus, ♂ u. ♀, waren die einzige Belohnung meiner Bemühungen. Auch bei fernerem, mehrfachen Nachsuchen habe ich nie mehr den Harpalus gefunden, trotzdem mir beim ersten Fange hinreichend Exemplare desselben entkamen. Es scheint darnach, als wolle er in seinem Quartier nicht gestört werden.

–

Auf einer kleinen, nur wenige Quadratfuß großen Sandoase inmitten fruchtbaren Ackers in der Nähe dieses Hünengrabes entdeckte ich Harp. ferrugineus.

Diese Entdeckung war günstiger. Ferrug. fand sich immer wieder in neuen Exemplaren, mit Vorliebe unter kleinen, nicht einmal faustgroßen Steinen. Ich hätte mehr als 100 Ex. sammeln können, wenn ich nicht gefürchtet hätte, ihn gänzlich auszurotten. Dieselbe Stelle lieferte mir 1, aber nur einen Harp. hirtipes.

Zahlreich habe ich auf Rügen Dolichus flavicornis gefunden, von der 2ten Hälfte des Juli an, bis in den Herbst hinein. Es wäre mir interessant zu erfahren, ob er auch in Vorpommern beobachtet worden ist. In Hinterpommern aber ich ihn nicht getroffen.

Schutz gegen Raubinsecten.

Ein unfehlbares Mittel, womit alle den Sammlungen schädliche Insecten abgehalten werden, glaubt H. Vincenz Geiger, pens. Rechnungsofficier, Borgo grande 363 in Spalato, Dalmatien, im Petroleum entdeckt zu haben. Derselbe giebt auf Anfragen um die näheren Details bereitwilligst Auskunft. (cfr. Verh. der zool.-bot. Ges. in Wien 1873).

Ich habe mit Erfolg Benzin, das ich in den Kasten verdunsten ließ, gegen Raubinsecten angewandt. K.

Einlagematerial in Insectenkasten.

Vor einigen Jahren tauchte als neues Fütterungsmaterial für Insectenkasten das Baltaholz auf, das sich durch seine Weichheit und zugleich durch seine Zähigkeit im Festhalten der Nadeln sehr empfahl. Leider stellte sich bald eine Eigenschaft heraus, die seinen Gebrauch unmöglich machte; es rosteten die Nadeln darin, und zwar so schnell, daß nach 1 Jahre bereits ihre Spitzen vollständig vernichtet waren, und der im Holz befindliche Theil brüchig und zu weiterem Umstecken unbrauchbar geworden war. Ob die Ursache dieses Rostens nur das in dem Holz befindliche Meersalz war, wie mir gesagt wurde, oder eine andere Ursache, muß ich unentschieden lassen. Von zwei Seiten hörte ich von einem Versuche, das Hinderniß durch Auskochen beseitigen zu wollen; ich habe nicht erfahren, ob er geglückt oder mißlungen ist.

Im 34. Jahrg. der Stett. Ent. Ztg., Nr. 1—3 d. J. 1875 theilt Herr Möschler in Kronförstchen bei Bautzen ein neues Material mit: die gepreßten Stengel des Rohrkolbens, Typha latifolia. Herr Möschler sagt darüber: (S. 97) „Man schneidet im Herbst, wenn die Pflanze abgestorben, in Teichen am besten, wenn dieselben gefischt und also wasserleer sind, die Stengel dicht über dem Boden weg, entfernt die beiden äußeren Blätter, welche mit ihren Scheiden bis an das untere Ende des Stengels reichen, und schneidet den Stengel oben, unterhalb der Stelle ab, wo er sich in mehrere Blätter theilt. Man erhält auf diese Weise Stäbe von einem bis einigen Fuß Länge und 1—4 Zoll Breite, welche man an einem luftigen Ort oder in der Ofenwärme vollständig austrocknen läßt.

Zum Ausfüttern sind diese Stäbe schon dann zu gebrauchen; sie geben aber, neben einander gelegt, keine glatte Oberfläche und sind also für Sammlungskästen nicht wohl zu verwenden."

Um sie nun zu diesem Zwecke herzurichten, preßt man sie, wodurch sie eine vollständig ebene Ober= und Unterseite bekommen und ein vortreffliches Ausfütterungsmittel geben. Herr M. war so freundlich, mir eine Probe dieses Materials zuzusenden, die an Weichheit nichts zu wünschen übrig ließ, auch für sehr feine Nadeln brauchbar war, mir indessen Bedenken wegen der Bindekraft der Nadeln erregte. Diesem Bedenken trat Herr M. mit der Behauptung entgegen, daß er in derartig ausgelegten Kasten die größten ausländischen Schwärmer ohne Nachtheil verschickt habe.

Ich habe den Rohrkolben bis jetzt noch nicht angewandt, weil er in hiesiger Gegend nicht häufig ist; indessen glaube ich, daß er besonders für Doublettenkasten ein wohlfeiles Fütterungsmaterial geben muß. Etwaige darin lebende Insectenlarven könnte man wohl durch Dörren oder starkes Pressen tödten.

Ich benutze in letzter Zeit die von Keitel in Berlin künstlich fabricirten Torfplatten, 14″ 16″, die mir besonders deswegen gefallen, weil sie gleichmäßig dicht, weich und doch bindend sind, und weil man wegen ihrer Größe einen gewöhnlichen Kasten mit einer einzigen Platte auslegen kann. Ich habe bisher die Platte mit 7½ Sgr. = 0,75 Mrk. bezahlt.

Herr Dr. Schaufuß in Dresden hat als Fütterungsmaterial Insectenpappe (44 cm. 53 cm.) à Tafel 0,80 Mk.; sie steht indeß an Weiche dem Torf nach.

Nekrolog.

Am 14. April 1874 starb in Regensburg der weit über die Grenzen Deutschlands hinaus bekannte Entomologe Dr. Gottlieb August Herrich=Schäffer, kgl. Medicinalrath, in seinem 75. Lebensjahre.

H.=S. hat sich besonders um die Lepidopterologie verdient gemacht; er stellte die Eintheilung nach den Flügelrippen auf. Er war nicht nur wissenschaftlicher, sondern auch bis in sein hohes Alter unermüdlich praktischer Entomologe; zugleich Kupferstecher. Eine bedeutende Anzahl der Tafeln zu seinen Werken (zu der Fortsetz. der Panzer'schen Fauna z. B. 960 T.) hat er selber radirt.

Ein ausführlicher Nekrolog in Nr. 7—9 der Stett. Ent. Ztg. 1874 von Dr. E. Hoffmann.

Inhaltsanzeiger
entomologischer Zeitschriften.

Wir glauben, manchem unserer Leser durch diesen Theil unseres Blattes einen Dienst zu erweisen, indem wir ihn auf solche Abhandlungen in Zeitschriften hinweisen, über die wir — sei es des Inhalts wegen, sei es aus Mangel an Raum — kein Referat bringen können, die ihm aber, zum Studium oder zum Vergleichen kennen zu lernen, wünschenswerth sind. Da aber dergl. Abhandlungen nur für den Kenner der betr. Sprache Werth haben so werden wir dies Verzeichniß stets in der Originalsprache geben, indessen ebensowohl inländische wie ausländische Zeitschriften berücksichtigen.

Annales de la Société Entomologique de Belgique.

Tome 16. 1873. Bruxelles.

Révision des Psocides décrits par Rambur, suivie de la liste des espèces de cette famille observées jusqu'ici en Belgique, par M. de Sélys-Longchamps.
Deuxième supplément à la Révision générale des Clivinides, par M. J. Putzeys.
Monographie des Calathides, par M. J. Putzeys.
Description de quelques Tychiides nouveaux, par M. J. Desbrochers des Loges.
Notes sur les Myrméléonides décrits par M. le Dr. Rambur, par M. R. Mac Lachlan.
Description d'une nouvelle espèce d'Echthromyrmex, genre des Myrméléonides, par M. R. Mac Lachlan.
Note sur l'oeuf et le jeune âge de la chenille d'OEneis Aello, par M. Sam. H. Scudder.
Supplément aux Notes additionnelles sur les Phryganides décrites par le Dr. Rambur, par M. R. Mac Lachlan.
Curcurlionides recueillis au Japon par M. G. Lewis, par M. W. Roelofs. Première partie.
Notice sur la Paranonca prasina Castelnau, par M. G. van Lansberge.
Comptes-rendus des séances de la Société.
Assemblée générale du 26 décembre 1873.

Fortsetzung in der Beilage.

Redacteur: Gymn.-L. Katter,
Druck und Verlag von August Knaak in Putbus.

Beilage
zu №. 1 der Entomologischen Nachrichten.

Liste des Membres de la Société.
Organisation administrative en 1873.

Dann folgen verschiedene Listen von Vereinen, die die Ztschr. erhalten oder eintauschen, ein Catalog der Bibliothek 2c. 3 Tafeln.

Anzeigen.

Insertionsgebühr à Zeile 0,20 M. = 20 Pfennige.
Inserate werden erbeten an die Expedition der Ent. Nachrichten.

Entomologischer Verlag

von **Bauer & Raspe: Nürnberg.**

Die Käfer Europa's.

Nach der Natur beschrieben
von *Dr. H. C. Küster.*
Von Heft 29 ab bearbeitet von *Dr. G. Kraatz.*
Mit Beiträgen mehrerer Entomologen.

Hiervon sind bis jetzt 29 Hefte erschienen, von denen jedes die Beschreibung von 100 Käfern auf 100 Blättchen, Register und 2—3 Tafeln mit Abbildungen von Gattungsrepräsentanten enthält. Heft 30 befindet sich unter der Presse.

Preis eines Heftes in Futteral Thlr. 1.

Ergänzungen und complete Exemplare liefern zu den billigsten Preisen.

Sigmund von Praun,

Abbildung und Beschreibung europäischer

Schmetterlinge.

Nun vollständig in 42 Lieferungen od. 170 Kupfertafeln mit mehr als 2300 Arten in Abbildung und Beschreibung.

Preis pro Lieferung nur 28 Sgr.

Aus denselben einzelne Familien, als abgeschlossenes Ganze, apart Papiliones mit 42 Tafeln, 10 Thlr. 25 Sgr., Bombyces mit 25 Tafeln, 6 Thlr. 5 Sgr., Sphinges mit 11 Tafeln, 3 Thlr., Noctuae mit 41 Tafeln, 10 Thlr. 15 Sgr., Geometrae mit 20 Tafeln, 5 Thlr. 7½ Sgr., Microlepidoptera mit 32 Tafeln, 5 Thlr. 7½ Sgr.

S. von Praun,

Abbildung und Beschreibung
europäischer
Schmetterlingsraupen

in systematischer Reihenfolge.
Nach des Verfassers Tode durchgesehen und ergänzt von
Dr. **E. Hofmann,**
v. kgl. Naturalienkabinet in Stuttgart.

Lfg. 1—5 in gr. 4° mit je 4 colorirten Kupfertafeln und dem entsprechenden Texte à 2 Thlr.

Mit 8 Lieferungen wird dies schöne zu allen Schmetterlingswerken als Ergänzung passende Werk in kurzer Zeit abgeschlossen sein.

Druck und Verlag von August Knaak in Putbus.

№. 2. **Entomologische Nachrichten.** 1875.

Putbus, den 15. Januar.

Die E. N. erscheinen 2 mal monatlich, am 1. und 15.
Abonnem. bei der Post 1 M. viertelj. Auch durch versch. Buchh. zu beziehen.

Entomologische und allgemein-naturhistorische Gesellschaften und Vereine.

In diesen Tagen wurde uns von einem Abonnenten der Ent. Nachr. der Vorschlag gemacht, in unserm Blatt oder vielleicht als Beilage zu demselben ein Verzeichniß sämmtlicher lebender Entomologen, wie solches bereits früher herausgegeben worden, erscheinen zu lassen. Wir wissen nicht, ob eine solche Arbeit auf großen Dank bei unsern Abonnenten rechnen dürfte, einige vielleicht ausgenommen; auch dürfte das Sammeln des hierzu nöthigen Materials wohl einige Zeit in Anspruch nehmen. Wohl aber glauben wir größeren Anklang zu finden, wenn wir ein Verzeichniß entomologischer und naturwissenschaftlicher Vereine und Gesellschaften bringen, vorläufig derjenigen Deutschlands, und zwar nicht nur unter Anführung des Namens und Standorts, sondern auch mit Angabe näherer Data (Zeit des Bestehens, Zahl der Mitglieder, Name des Vorsitzenden rc., in der Art, wie sie der „illustrirte Kalender von J. J. Weber" bringt), und, sofern wir hinreichende Unterstützung finden, mit Angabe des Vereinslocals oder der Wohnung des Vorsitzenden. Daß dies oft sehr wichtig ist, haben wir in letzter Zeit mehrfach erfahren. Die Arbeiten des „Vereins für schlesische Insectenkunde" in Breslau sind wohl der Mehrzahl unserer Abonnenten bekannt, der Verein geht in den entom. Zeitschriften und auch in o. gen. illustr. Kalender unter diesem Namen; dennoch erhielt die Expedition unseres Blattes eine an den Verein gemachte Sendung als unbestellbar zurück. Ebenso erging es mit Stuttgart, Düsseldorf uud einigen kleineren Orten.

Wir glauben aber, daß nicht nur Buch- und Naturalienhändler, sondern Entomologen und besonders Vereine selber Interesse daran haben werden, die genauen Adressen von Vereinen zu kennen. Andrerseits ist es nicht unwichtig zu wissen, in welchen Theilen und Orten Deutschlands Männer zu naturwissenschaftlichem Studium zusammengetreten sind.

Wir richten an die gesammten entomologischen und allgemein-naturhistorischen Vereine Deutschlands oder deutscher Zunge, speciell an ihre Herren Vorsitzenden oder Schriftführer, die ergebene Bitte, uns mit dem nöthigen Material hinsichtlich ihres

Vereins versehen zu wollen, unter Ausfüllung folgender Rubriken: Name des Vereins, Ort, Local; Name des Vorsitzenden (Wohnung); Zahl der ordentlichen, correspondirenden und Ehren-Mitglieder, Jahr der Gründung des Vereins, vom Verein herausgegebene Zeitschriften und Berichte.

Alle weiteren Nachrichten, ebenso wie Rathschläge für dies Unternehmen, werden mit Dank entgegengenommen werden.

Die Redaction.

Neue Species
1874.

Coleoptera. Berliner ent. Zschrft. 1874 I. Kirsch, Geranorhinus Seidlitzii, Kaukasus. v. Harold, Palesida Chapuisi, Fassogl am blauen Nil. Kraatz, Cassida humeralis, Andalusien; C. graeca, Griechenland (Parnes); Asida pusillima, Sierra Nevada. Brancsik, 2 neue deutsche Käfer: Othius pallidus, Steiermark; Scolytus Amygdali Guérin v. rufipennis. [Scriba, 12 für Deutschland neue Käfer: Calodera pulchella Baudi; Gyrophaena na carpini Baudi; Gyr. rugipennis Muls; Lithocharis graeca Kraatz; Bryaxis Schüppelii Aubé; Botriophorus atomus Muls; Xylophilus ruficollis Ross; Myorhinus albolineatus F.; Cleonus flavicans F.; Acalles v. parvulus Schh.; Scolytus amygdali Guér.; Bruchus Slevenii Schh.] v. Harold, Ataenius socialis, Nordamerika; Aphodius nobilis, Südafrika u. Abyssinien; A. indutilis, Mexiko; A. Lansbergei Mexiko; A. validus, occidentalis, torpidus (Horn), Nordamerika, die beiden letzteren von v. Harold in Frage gestellt; A. anomalus, Chili (?); A. fulvescens, Senegal; A. pilosus, Hindostan; A. ibericus, Madrid; A. Sharpi, Algier, Spanien; A. tranquebaricus, Tranquebar. Brancsik, Leptusa alpicola; L. flavicornis; Anisotoma bicolor; Orchesia blandula; Metallites Carpathicus; Stomodes gyrosicollis v. gracilior; Pachyta excellens, sämmtlich aus Ungarn.

Fortsetzung, sich über alle Gebiete der Entomologie erstreckend, folgt.)

Einen werthvollen Beitrag zur Kenntniß der geographischen Verbreitung und der Lebensweise unserer deutschen Käfer erhielten wir soeben durch das:

Verzeichniß der Käfer Thüringens
mit Angabe der nützlichen und der für Forst-, Land- und Gartenwirthschaft schädlichen Arten von A. Kellner, Forstrath a. D. Erfurt und Berlin, 1875.

Der Verfasser ist den deutschen Entomologen seit langen Jahren als ein thätiger Sammler, aufmerksamer Beobachter und Untersucher bekannt, und seit dem Jahre 1863 ausschließlich mit Entomologie beschäftigt; da er sich hauptsächlich mit Coleopteren beschäftigt und mit den Thüringer und den tüchtigsten deutschen Entomologen in steter Verbindung gestanden hat, so sind die Vorbedingungen zu einer einigermaßen erschöpfenden Aufzählung der Käferarten des von ihm durchforschten Terrains in seltenem Maaße erfüllt; dergleichen Arbeiten fangen ja erst eigentlich an, ein regeres Interesse zu erwerben, wenn sie Garantieen für eine gewisse Vollständigkeit bieten. Als practischer Forstmann hat Kellner natürlich den der Forstwirthschaft schädlichen Arten seine besondere Aufmerksamkeit zugewendet. Die 188 S. starke Arbeit ist von der Kgl. Academie gemeinnützlicher Wissenschaften in Erfurt herausgegeben und gleichzeitig in deren Jahrbüchern, so wie als sechstes Heft der deutschen entomologischen Zeitschrift pro 1875 erschienen und als solches durch den Berliner entomol. Verein für 6 Mark zu beziehen.

Dr. G. Kraatz.

Insectenschutz.

Zum Schutze einer Insectensammlung sind sehr gut schließende Kasten das erste Erforderniß. Neue Erwerbungen sollte man erst in andern Behältern eine Probezeit von 6 bis 8 Monaten aushalten lassen. Gewöhnlich geschieht dieses nicht; der Sammler steckt erfreuten Herzens sobald als möglich ein. Ist nun aber eine Verheerung durch importirte Parasiten eingetreten, dann kenne ich kein besseres Hülfsmittel, als den verschlossenen Kasten bei 50° R. eine halbe Stunde lang zu erwärmen. Hinterher, nach erfolgter Abkühlung gebe man auf Baumwolle ein paar Tropfen Benzin oder Carbolsäure bei. Auch Petroleum wird ähnliche Dienste leisten können So erhalten wir hier die Insecten-Sammlung des Staates. Meine große Privatsammlung bedurfte bei ihren vortrefflich schließenden Kasten und jener Vorsichtsmaßregeln während 25 Jahre solcher Hülfe niemals.

Zürich. Prof. H. Frey.

Nachricht.

Vom Vorstande des Berliner entomol. Vereins wird uns mitgetheilt, daß der Rendant desselben, H. Hensel, ein tüchtiger Dipterolog, im verflossenen Herbste plötzlich verstorben ist; an seine Stelle ist H. O. Calix in Berlin, Kloster-Str. 41, getreten; auch nimmt der Vorstand des Vereins nach wie vor die Jahresbeiträge (für deutsche Mitglieder 9 Reichsm.) entgegen.

Bevor ich den Nachweis versuche, daß die Untersuchungen über die Benennung und Unterscheidung der deutschen Geotrupes-

Arten noch keineswegs vollständig zum Abschluß gediehen sind, erlaube ich mir die Bitte, mir mittelgroße und kleine Geotr. stercorarius und spiniger, sowie foveatus zur Ansicht einzusenden.

Dr. G. Kraatz; Berlin, Link-Str. 28.

Zur gef. Beachtung.

Die Expedition der „Entomologischen Nachrichten“ erlaubt sich infolge der vielen verschiedenen Bestellungen, — theils direct, theils durch Vermittlung, — darauf aufmerksam zu machen, daß sämmtliche deutsche Postanstalten Abonnements, 1 Mark viertelj. auf die Entomologischen Nachrichten annehmen. Außerdem sind die E. N. durch verschiedene Buchhandlungen zu beziehen. — Bei directer Zusendnng durch die Expedition muß naturgemäß ein Aufschlag zum Abonnement stattfinden. — Später eintretende Abonnenten erhalten auf Verlangen die bereits erschienenen Nrn. nachgeliefert.

Inhaltsanzeiger entomologischer Zeitschriften.

Stettiner Entomologische Zeitung. 1874.

Januar—März.

Neujahrs-Kärtchen. Stiftungsfeier. Hopffer: Celebes-Lepidopt.-Fauna. Böttger: Lepidopterologische Notizen. Putzeys: Deux nouveaux Trechus. Kriechbaumer: Ampulex. Schilde: Lepidopt. aus Nord-Finland. Fuchs: Lepid. Nachträge. Acid. contiguaria. Dohrn: Synonymisches. Dimerus. Staudinger: Europ. Lepidopt. Speyer: Zwitter v. Zyg. trifolii. Tischbein: Ichneumon (Forts.) Vereinsang. Intelligenz.

April—Juni.

Suffrian: Curioso. Burmeister: Lamellicorn. Argentina. Tischbein: Europ. Arten v. Ichneumon. Berg: Raupen v. Oen. Jutta u. Agr. subrosea. Möschler: Lomat. nigrostr. ♂ Ueber Stretch: Illustr. Zyg. Labrador-Schmett. Dohrn: Realien u. Personalien. Struve: Alpenreise. Kalender: Zeucera aesculi. Tschapeck: Liosomus Isabellae. Hofmann: Apion Beuthini. Dietze: Eupithecien. Holzner: Pemphigus Poschingeri. Blauel: Sat. Cecropia. Intelligenz.

Juli—September.

Vereinsangelegenheiten. Wiesenhütter: Lepid. Beobachtungen. C. Berg: Bicho conasto (Oiketicus Kirbyi). Fuchs: Lygris reticulata. Lepid. Notizen. Stein: Phryganeiden d. Altvaters. Kriechbaumer: Paragia. C. A. Dohrn:

Julodis mucescens. Realien und Personalien (Schluß). Dietze: Eupithecia. Hofmann: Necrolog (Herrich-Schäffer). v. Harold: Asiat. Acanthoceriden. Tischbein: Ichneumon (Schluß). Möschler: Exotisches. Recension (Streckner). Recension (Grote). Hofmann: Neue Tineen. Nachruf (Miller). Holzner: Pemphigus Poschingeri. Intelligenz.

October—December.

Hopffer: Peru- und Bolivia-Lepidoptera. Vereinsangelegenheiten. Linnaeana (Schluß). Crüger: Erschoff's Lepidopt. von Turkestan. Kriechbaumer: Cimbex venusta. Heuäcker: Lepidopt. Notizen. Dohrn: Exotisches. Burmeister: Nachtrag zu Euryades. Zeller: Ueber Edwards' Butterflies of North-America. Intelligenz.

Erichson, Bericht 1838—1847. 10 Thle. (10 Thlr.) M. 12.
Schaum, Bericht 1848—1852. 5 Thle. (5⅓ Thlr.) M. 9
Gerstäcker, Bericht 1853—1866. 11 Thle. (25¼ Thlr.) M. 36.
Brauer, Bericht 1867—1870. 3 Thle. M. 17,50.
(Einzelne Jahrgänge: 1838—1847 à M. 1,50. — 1848—1852. à M. 2. — 1853—56 à M. 2,50. — 1857-1858 à M. 3. — 1859—1862 à M. 4,50. — 1863. 1864. M. 12,50. — 1865. 1866. M. 10. — 1867—1868. M. 6. 1869. M. 5,50. — 1870. M 6.

— Naturgeschichte der Insecten Deutschlands. Fortgesetzt von Prof. Dr. H. Schaum, Dr. G. Kraatz und H. v. Kiesenwetter. Erste Abtheilung: Coleoptera.
Band I erste Hälfte. Bearbeitet von H. Schaum. M. 13,50.
Band I zweite Hälfte. Lief. I. Bearbeitet von H Schaum und H. v. Kiesenwetter. M. 3.
Band II: die Staphilinen enthaltend. Bearbeitet von G. Kraatz. M. 18.
Band III. Bearbeitet von W. F. Erichson. M. 15.
Band IV. Bearbeitet von H. v. Kiesenwetter. M. 12.
☞ Bei Abnahme aller 4 Bände (20½ Thlr.) nur 36 M. ☜

Gerstäcker, A., Rhipiphoridum coleopterorum familiae dispositio systematica. Accedit tabula aeri incisa. M. 2,50.

Gorski, S. B., Analecta ad Entomographiam provinciarum occidentali-meridionalium Imperii Rossici. Fasc. I. cum tribus tabulis coloratis aeri incisis. M. 4.

Heyden, L. v., Entomologische Reise nach dem südlichen Spanien der Sierra Guadarrama und Sierra Morena, Portugal und den Cantabrischen Gebirgen. Mit Beschreibungen der neuen Arten und einem Anhange: von Heyden: Revision der europäischen Hymenoplia-Arten. Allard: Revision des Curculionides Byrsopsides. M. 7.

Kraatz, G., Die Staphylinen-Fauna von Ostindien inbsesondere der Insel Ceylan. Mit drei Kupfertafeln. M. 2,50.

— Revision der Tenebrioniden der alten Welt aus Lacordaire's Gruppen der Erodiides, Tentyriides, Akisides, Pimeliides, und der europäischen Zophosis-Arten. M. 4.

— Verzeichniss der Käfer Deutschlands. Herausgegeben von dem Entomologischen Verein in Berlin. M. 1,50.

Mohnike, O., Uebersicht der Cetoniden der Sunda-Inseln u. Molukken nebst Beschreibung von 22 neuen Arten Mit 3 Tafeln. M. 3.

— Die Cetoniden der Philippinischen Inseln. Mit 6 Tafeln. M. 4,50 illum. M. 7.

Ratzeburg, J. Th. Ch., Die Forst-Insecten, oder Abbildung und Beschreibung der in den Wäldern Preussens und der Nachbarstaaten als schädlich oder nützlich bekannt gewordenen Insecten; in systematischer Folge und mit besonderer Rücksicht auf die Vertilgung der Schädlichen. 3 Thle. M. 63.
I. Theil: die Käfer. Mit 22 Kupfer- und Steintaf. 2te Aufl. 1840. geb. M. 20,50.
II. Theil: die Falter. Mit 17 Kupfer- und Steintafeln. 1840. geb. M. 21.
III. Theil: die Ader-, Zwei-, Halb-, Netz- und Geradflügler. Mit 16 Kupfertaf. 1844. geb. M. 21,50.

— Die Ichneumonen der Forst-Insecten in forstlicher und entomologischer Beziehung. Ein Anhang zur Ausbildung und Beschreibung der Forst-Insecten. 3 Bde. Mit 7 Kupfern. N. 29.

— Die Waldverderbniss oder dauernder Schade, welcher durch Insectenfrass, Schälen, Schlagen und Verbeissen an lebenden Waldbäumen entsteht. Zugleich ein Ergänzungswerk zu der Abbildung und Beschreibung der Forst-Insecten.

Erster Band: Einleitung: Kiefer und Fichte. Mit 35 Tafeln in Farbendruck und Lithographie und vielen Holzschnitten. M. 24.

Zweiter Band: Tanne, Lärche, Laubhölzer und Entomologischer Anhang. Mit 21 Tafeln in Farbendruck in Lithographie, 5 Kupfertafeln und vielen Holzschnitten. gr. 4. 1868. geh. M. 36.

(Ermässigter Preis für beide Theile 12 Thlr.)

— Die Waldverderber und ihre Feinde oder Beschreibung und Abbildung der schädlichsten Forst-Insecten und der übrigen schädlichen Waldthiere, nebst Anweisung zu ihrer Vertilgung und zur Schonung ihrer Feinde. Ein Handbuch für Fachmänner, Oekonomen, Gärtner und alle mit Waldbäumen Beschäftigte. 6te vielfach vermehrte und verbesserte Auflage. Mit 10 colorirten und schwarzen Kupfertafeln, Steintafeln, mehreren Holzschnitten, Insecten-Kalendern etc. M. 14.

Reitter, Edm., Revision der europäischen Meligethes-Arten. M. 6.

Schaum, H., Catalogus Coleopterorum Europae. Editio secunda. M. 1,50.

Seidlitz, Geo, Die Otiorhynchideen s. str. nach den morphologischen Verwandtschafts-Verhältnissen ihres Hautskelets vergleichend dargestellt. M. 4.

Stein, J. P. E. Frdr., Catologus Coleopterorum Europae. (Dritte Ausgabe des Catalogus Coleopterorum Europae von Prof. H. Schaum). M. 2,50.

Stierlin, G., Revision der europäischen Otiorhynchus-Arten. M. 6.

Zeitschrift, Berliner Entomologische. Herausgegeben von dem Entomologischen Vereine zu Berlin. Redacteur: Dr. G. Kraatz. I—XII. Jahrg. 1857—1874. M. 175.

Billige Offerte.

Neustädt-Kornatzky, Schmetterlinge Schlesiens, 2 Thle. mit schwarz. Abb. statt 5 Thlr. nur 1⅔ Thlr. — **Thon**, die Schmetterlinge der alten u. neuen Welt, mit 66 Taf. schwarz. Abb. (3 Thlr.) 1½ Thlr. — **Speyer**, Schmetterlinge Deutschl. mit 25 Taf. col. Abb., eleg. geb. statt 3 Thlr. nur 1⅔ Thlr — **Redtenbacher**, Fauna Austriaca, 2 Bde. mit Abb. 1857, statt 7 Thlr. nur 2½ Thlr. — **Kraatz**, Verz. d. Käfer Europa's (20 Sgr.) 12 Sgr. — **Giftel**, Mysterien der Insectenwelt 15 Sgr. — **Herold**, Raupenkalender mit 113 col. Bild. 20 Sgr. — **Kottenkamp**, Baukunst der Insecten — offeriren

W. Jacobsohn & Co., Antiquariat für Naturwissenschaften in **Breslau**, Kupferschmiedestr. 44.

Ich beabsichtige auch ferner kurze Beschreibungen difformer oder sogenannter monströser Insecten zu geben (vgl. Berl. ent. Zeitschr. 1873, S. 429 u. flg.) und bitte mir dergl. im Tausch gegen seltenere deutsche oder europ. Käfer zu überlassen.

Dr. G. Kraatz, Berlin, Linkstr. 28.

Dr. V. Plason, Wien, I., Postgasse 22, Oesterreich, wünscht mit in- und ausländischen Coleopterologen in Tauschverkehr zu treten. Gedruckte Verzeichnisse circa 3000 spec. Europäer bereit.

Naturhistorisches Cabinet & Handlung.

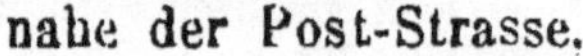

BERLIN,
Nikolai-Kirchhof No. 9,
nahe der Post-Strasse,

empfiehlt sein Lager von europäischen, sowie exotischen Säugethieren, Vögeln, deren Eier und Nester, Amphibien, Fischen, Schmetterlingen und anderen Insecten, Conchylien etc. Pflanzen, Mineralien etc. Insbesondere werden die in Spanien, den Pyrenäen, den 6maligen Reisen in Lappland, den Inseln Island, Malorca und Sardinien selbst gesammelten Naturalien empfohlen. Zum Ausstopfen von Thieren empfehle ich mich gleichfalls. Fang- und Sammelgeräthschaften, auch zum Präpariren gebräuchliche Werkzeuge liefere ich zum besten und zweckmässigsten, nebst dem Torf-Präparat (künstlicher, 14" breit, 16" lang und natürlicher circa 12" lang, 5-6" breit) zum Auslegen von Insectenkasten. Auch halte ich stets ein Lager von den besten Insektennadeln in in verschiedenen Stärken und Thieraugen in allen Dimensionen vorräthig. Sammlungen und Naturalien aller Art werden stets gekauft und eingetauscht.

Ein norddeutscher Coleopterologe möchte mit süddeutschen und schweizer Collegen in Tauschverkehr treten. Frank. Offerten beliebe man unter K. G. 75 an die Exped. der Ent. Nachrichten, Putbus, zu richten.

Für Lehranstalten und Private werden auf Verlangen Sammlungen von Säugern, Vögeln, Eiern, Reptilien, Fischen, Skeletten, Käfern, Schmetterlingen ꝛc. sowie Herbarien in beliebiger Größe abgegeben, auch etwa Gewünschtes, was zur Zeit nicht am Lager ist, soweit möglich, baldigst beschafft.

Frische und gut erhaltene Naturalien (besonders Originalsendungen aus außereuropäischen Ländern) werden gekauft oder eingetauscht.

Naturwissenschaftliche Bücher, welche ich noch nicht besitze und welche für mich specielles Interesse haben, sowie ältere Oelgemälde, nehme ich nach Uebereinkunft als Zahlung an.

Dresden. Dr. L. W. Schaufuß.

Redacteur: Gymn.-L. Katter,
Druck und Verlag von August Knaak in Putbus.

№. 3. Entomologische 1875.

Nachrichten.

Putbus, den 2. Februar.

Die E. N. erscheinen 2 mal monatlich, am 1. und 15.
Abonnem. bei der Post 1 M. viertelj. Auch durch versch. Buchh. zu beziehen.

Phylloxera vastatrix, die Reblaus.

Kein Insect hat in letzter Zeit mehr von sich reden gemacht, als die Phylloxera vastatrix, die Reblaus. Der deutsche Reichstag hat nicht angestandeu, den Mitteln zu ihrer Vertilgung und dem Schutz gegen ihre Verbreitung einen Tag zu opfern; in Frankreich, in Oesterreich sind Commissionen zur Erforschung der Lebensweise dieses Thieres eingesetzt; in allen Weingegenden beschäftigt man sich in Loboratorien mit der Beobachtung dieses gefährlichen Halbflüglers. Der Minister der landwirthschaftlichen Angelegenheiten in Preußen, Dr. Friedenthal, richtete am 24. Dec. v. J. einen Erlaß an sämmtliche preußische Regierungen, in dem er sie aufforderte, ihre größte Aufmerksamkeit dem Auftreten dieses gefährlichen Insects zu schenken. „Schon durch frühere Verfügungen", sagt der Minister, „sind die königlichen Regierungen von den Verwüstungen in Kenntniß gesetzt worden, welche die Reblaus (Phylloxera vastatrix) in den Weinbergen Südfrankreichs, besonders im Rhonethal, angerichtet hat und anzurichten fortfahrt. Seitdem haben diese Verwüstungen nicht nur in Frankreich eine immer größere Ausdehnung erlangt, sondern das schädliche Insect hat sich neuerdings auch in dem sehr umfangreichen Versuchsweinberge der Obst- und Weinbau-Lehranstalt zu Klosterneuburg bei Wien gezeigt und im Laufe des letzten Sommers derart um sich gegriffen, daß die österreichische Regierung sich zur gänzlichen Vernichtung aller in diesem Weinberge gepflanzten Reben und zur Desinficirung des Bodens hat entschließen müssen. Ob durch dies so energische Mittel dem Uebel Einhalt gethan werden wird, ist nach den in Frankreich bisher gemachten Erfahrungen zweifelhaft und deshalb um so dringender geboten, der Bildung von Verbreitungsherden des Insects im Inlande entgegenzuarbeiten. Dasselbe soll seine Zerstörungen auch schon in der Schweiz, namentlich bei Genf begonnen haben. Obwohl diese Verhältnisse schon vor längerer Zeit die Aufmerksamkeit der Reichsregierung auf sich gezogen und ein unbedingtes Einfuhrverbot von Weinreben über die Grenze des Reichs zur Folge gehabt haben, erscheint es doch als eine dringende Pflicht der preußischen Behörden, auch ihrerseits mit allen zweckdienlichen

Mitteln darauf hinzuwirken, daß die in der Einschleppung und Verbreitung des Insects liegende Gefahr von dem deutschen Weinbau abgehalten und zu diesem Behufe 1) die Betheiligten über die drohende Gefahr und die zu deren Abwendung erforderlichen Maßregeln äußerster Vorsicht aufgeklärt, sodann verpflichtet werden, von jeder Wahrnehmung, welche auf das Vorhandensein des Insects deutet, ungesäumte Anzeige zu machen; 2) dieselben veranlaßt werden, namentlich den sogenannten amerikanischen (aus Amerika importirten) Weinreben die größte Aufmerksamkeit zuzuwenden. Ich bemerke, daß an solchen Weinreben, welche bereits vor 8 Jahren in Annaberg bei Bonn gepflanzt wurden (nicht wie die öffentlichen Blätter mittheilen, in einem Weinberge, sondern in der dortigen Baumschule) sich bei einer auf meine Veranlassung angestellten Untersuchung an den Wurzeln, in großer Zahl Insecten gezeigt haben, welche von mehreren Gelehrten als phylloxera vastatrix bestimmt worden sind. Es hat mich dies veranlaßt, umfassende Untersuchungen der amerikanischen Weinreben einzuleiten, und werden die Resultate seinerzeit mitgetheilt werden."

Wir dürfen wohl voraussetzen, daß diese Untersuchungen neues Licht über manche noch unaufgeklärte Punkte in Betreff der Reblaus bringen werden; inzwischen wollen wir unsern Lesern ein kurzes Resumé über die bisherigen Entdeckungen geben, indem wir das kleine Werk von Maurice Girard, ehemaligem Präsidenten der französischen entomologischen Gesellschaft: Le Phylloxera de la vigne, son organisation, ses moeurs, choix des procédés de destruction, Paris, 1874, zu Grunde legen, das nach den Untersuchungen der Commission du Phylloxera, wie nach vorhandenen — leider meist nur französischem — literarischen Material alles über die Phylloxera Bekannte zusammengestellt.

Die Reblaus, mit Recht Vastatrix, die Verwüsterin, genannt, gehört zu den Blattläusen; sie bildet einen Uebergang von den Aphiden, zu denen die Rosenblattlaus gehört, zu den Coccinen, den Cochenilleläusen. Während die Aphidenweibchen in der warmen Jahreszeit[1]), ohne männliche Befruchtung, lebendige weibliche Jungen gebären, manche täglich 3—7, und erst die 10—11. Generation im Herbst männliche und weibliche hervorbringt, welch letztere dann für den Winter Eier legen, die im nächsten Frühjahr wieder lebendig gebärende Weibchen liefern, legen die Phylloxeren wie die Cochenillen Eier, indessen theilweise auch ohne vorangegangene Begattung. Man kennt 2 verschiedene Formen der Weibchen, die eine geflügelt, die andere ungeflügelt; außerdem geflügelte Männchen.

---

1) Daß allein die Wärme die Geburt lebendiger Jungen bewirkt, hat man daraus gesehen, daß man in Treibhäusern mehrere Jahre hindurch nur solche Generationen erzog, die lebendige Junge hervorbrachten, ohne daß nur ein einziges Mal Eier abgelegt wurden.

Die flügellosen Weibchen sind in vollkommenem Zustande $\frac{3}{4}$ mm. lang, $\frac{1}{2}$ mm. breit, braungelb, dick angeschwollen und haben das Aussehen von kleinen Läusen. Sie sind mit bloßem Auge schwer zu erkennen, erscheinen vielmehr wie gelber Staub. Ein scharfes Auge vermag indessen auch wohl unbewaffnet die einzelnen Thierchen zu unterscheiden. Der Vordertheil des Körpers ist abgerundet, der Hintertheil mehr zugespitzt; der Rücken durch Furchen in 11 Segmente getheilt, von denen die ersten 6, die andern 4 Reihen von kleinen Warzen tragen. Der Kopf ist etwas nach unten gebogen; die Augen — trotzdem das Thier meist unter der Erde lebt, — deutlich. Die beiden Fühler sind 3-gliedrig, die beiden ersten Glieder kurz und dick; das letzte keulenförmig verlängert, quer gerunzelt, vorn schief abgeschnitten. Der Rüssel ist lang und schnabelförmig, aus 4 Theilen gebildet und meist unter den Kopf gebogen. Man erkennt ihn sofort als Saugrüssel. Nur das erste Drittel desselben dringt in die Rinde. Die Beine sind kurz und dünn.

Das Weibchen legt, während es mit seinem Rüssel an der Rinde haftet, um sich herum kleine Haufen Eier, die erst schwefelgelb sind, dann rauchgrau werden. Nach ungefähr 8 Tagen kommen aus ihnen die Larven hervor, die der Mutter ähnlich sind, ausgenommen in der Dicke. Sie sind grünlich-gelb; ihre Beine, Fühler und der Rüssel sind länger als bei dem ausgewachsenen Thiere. Sie laufen zuerst mit großer Beweglichkeit umher, indem sie ihre Fühler auf und ab bewegen. Nach 3—4 Tagen bohren sie ihren Rüssel in eine geeignete Stelle und bleiben von nun an fortwährend an demselben Platze. Die jungen Larven haben nur ein Tarsenglied, erst später erhalten sie zwei. Sie häuten sie dreimal in Zwischenräumen von 3—5 Tagen; nach 20 Tagen sind sie ausgewachsen und legen Eier, man meint, jedes Thier ungefähr 30. Die Anzahl der Generationen jedes Sommers wird auf 8 geschätzt, so daß ein einziges Thier in einem Sommer 25—30 Millionen Nachkommen erzielen könnte. Die schnelle Verbreitung widerspricht dieser Annahme nicht.

Die geflügelten Weibchen sind im Verhältniß zu den ungeflügelten wenig zahlreich, sie gelangen zu ihrem vollkommneren Zustande durch zwei fernere Häutungen, und erreichen auch eine bedeutende Größe, meist $1\frac{1}{2}$ mm. Länge. Von den 4 Flügeln sind die Vorderflügeln um die Hälfte länger als der Körper, am Ende breit abgerundet; die Hinterflügel schmal und bedeutend kürzer, indessen noch immer etwas länger als der Körper. Sie sind durchsichtig, schillernd, mit starken braunen Nerven. Der Saugrüssel ist wie bei voriger Art; der Körper aber ist schlanker, und die Fühler und Beine sind länger, als bei jener.

(Fortsetzung folgt.)

Eine neue vivipare Chrysomele.

Schon im ersten Artikel der heutigen Nr. erwähnten wir der Fortpflanzung einiger Arten Blattläuse durch Gebären lebendiger Jungen, wenigstens während des Sommers. Erst im Herbst legt eine Generation, die sich zugleich durch Anwesenheit von männlichen Individuen auszeichnet, Eier, aus denen im nächsten Frühjahre wiederum lebendig-gebärende Weibchen hervorgehen. Es sind dies indessen nicht die einzigen unter den Insecten, welche lebendige Junge gebären oder vivipar sind. Von unserer gemeinen Fleischfliege wissen wir schon seit lange dasselbe; aber auch unter den Käfern und Schmetterlingen finden sich Beispiele. So beobachtete Scott in Australien bei einer Tinea, die er deshalb vivipara nannte, daß sie lebendige Raupen zur Welt brachte. Schiödte beobachtete das Lebendiggebären bei den südamerikanischen Staphylinidengattungen Spirachta und Corotoca; Perroud bei den beiden Chrysomelen Chr. (Oreina) superba und speciosa. In den Petites nouvelles entomologiques theilt nun H. L. Bleuze diese Eigenschaft von einer andern Chrysomele mit, von Chr. venusta (Suffr. oder Dej.? s. Redtenbacher, II., 475). Er sagt darüber.

„Letztes Jahr sammelte ich einige Exemplare der Chrysomela venusta, unter denen sich Weibchen befanden, deren Hinterleib sehr dick war; ich setzte sie lebendig in eine Schachtel. Wie groß war meine Ueberraschung, als ich am nächsten Morgen junge Larven vorfand, die von den in die Schachtel gelegten Blättern des Helosciadium nodiflorum fraßen; ich hatte die Käfer auf dieser Pflanze, welche an sumpfigen Orten wächst, gefunden. Ueber dies Factum erstaunt, wollte ich mich überzeugen, und kehrte einige Tage später zurück, um andere Weibchen zu sammeln; zu meinem Bedauern fand ich keine und mußte die Beobachtung bis auf dies Jahr verschieben. Schon damals hatte ich die Ansicht gewonnen, daß diese Insecten lebendige Junge gebären. Sobald sie wieder erschienen, begab ich mich von neuem auf die Suche. Ich fand am 31. Mai 2 Weibchen in dem gewünschten Zustande. Ich sperrte sie in eine zur Beobachtung geeignete Flasche, und am nächsten Morgen konnte ich mich überzeugen, daß sie wirklich lebendige Jungen hervorbrachten, und zwar schon ziemlich dicke Larven. Alle wurden in gleicher Weise abgelegt. Das Abdomen der jungen Larven, das zuerst hervorkam, heftete sich vermittelst eines Anhangs des letzten Segments, der in späterem Alter zur Fortbewegung dient, an ein Blatt der obengenannten Pflanze oder an die Flasche. Die Larven blieben so eine Minute unbeweglich, während sie gummihell aussahen, dann fingen sie an, sich zu bewegen und zu färben. Nach 10 Minuten waren sie vollkommen braun gefärbt und begannen schon, von der Pflanze sich zu nähren. Sie häuteten sich am 5. oder 6. Tage zum ersten, am 12. zum 2. Mal, am 16. oder 17. krochen sie in die Erde. Ich glaube nicht, daß dies Factum schon bekannt geworden ist; ich glaube sogar, daß das Gebären lebendiger Jungen nur von 2 brasilianischen Staphiliniden (! s. o), die Schiödte zur Kenntniß gebracht hat, bekannt ist. Ich habe zur Verfügung derjenigen Entomologen, die sie studiren wollen, in Spiritus ein Weibchen, das die Larven noch nicht abgelegt hat, und junge Larven.

Fang von Dämmerungs- und Nachtfaltern.

Nichtlesern der Stett. ent. Ztg. dürfte eine in derselben von H. P. Massen in Elberfeld veröffentlichte Fangmethode nicht bekannt und ihre Anwendung doch erwünscht sein. Solchen theilen wir sie hier mit.

H. Massen hängt kurz vor Sonnenuntergang in versüßtes Bier getauchte Aepfelschnitzel (oder wie H. Weymer, eod. l. S. 398 will, Schwämmchen) an einer geschützten Waldstelle an Bäume und Sträucher, je in Entfernungen von 10 zu 10 Schritt, und bezeichnet die Stellen durch weiße Papierstreifen, um sie im Dunkel besser wiederfinden zu können. [H. Kuweck empfiehlt als Fangort eine vor Luftzug geschützte, freie Stelle im Walde, und als ergiebigste Zeit schwüle Abende ohne Thau.] In einem Deckelseidel hat H. M. an einem feinen Faden hängend ein Schächtelchen mit einem in Chloroform getauchten Schwamme angebracht, dessen Deckel durchlöchert ist, damit das Glas mit dem Chloroformdunst angefüllt wird; damit die in das Gefäß fallenden Falter nicht verletzt werden, darf die Schachtel den Boden nicht erreichen. Mit Beginn der Dämmerung setzen sich die Eulen in Bewegung, und fallen, durch den Duft des süßen Bieres angezogen, über die Aepfel her, die an günstigen Abenden bald von ihnen bedeckt sind. Nun öffnet H. M., während ein Begleiter mit einer Laterne leuchtet, unmittelbar unter den Schnitzeln das Seidel; die vom Chloroform betäubten Falter fallen hinein oder werden hineingestoßen, und der Deckel schnell wieder darauf geklappt. „Die Thiere werden durch den Chloroformdunst gleich vollständig betäubt und regen sich nicht mehr, wodurch jede Beschädigung, selbst wenn mehrere auf einander liegen, vermieden wird." So geht es von einem Schnitzel zum andern. Sind alle abgesucht, so werden die Thiere in den Deckel der Insectenschachtel ausgeschüttet, die convenirenden aufgespießt, die übrigen fortgeworfen. Der Fang soll nach Angabe der 3 genannten Herren sehr lohnend sein; manch seltenes Exemplar haben sie auf diese Weise gefangen, auch große Schwärmer.

Zum Leimen von Insecten bediene man sich am besten braunen, in Alkohol aufgelösten Gummilacks. Derselbe bindet sehr gut und trocknet fast sofort.

Schutz der Sammlungen.

Nachdem ich alle möglichen Mittel zur Fernhaltung von Raubinsecten — auch Petroleum —, aber ohne Erfolg angewandt hatte und die lästigen Gäste immer wieder ihren Einzug hielten, versuchte ich es mit Jod. Ich legte in jeden Kasten 1—2 kleine Blättchen, die bald verdampften und alles Ungeziefer fernhielten. Die gewöhnlichen Nadeln werden allerdings von den Joddämpfen angegriffen; deshalb thut man gut, nur die schwarzen lackirten Wiener Nadeln zu benutzen, die außerdem den Vortheil haben, daß sie nicht von der Säure, die sich in manchen Insecten findet, leiden.

Hersfeld. Dr. Ackermann.

Vermischtes.

Herr Ranis, beim Secretariat der Kgl. Belg. Akademie der Wissenschaften, Brüssel, (Place du Musée 1) hat die Absicht ein Universial-Lexikon der Akademien, gelehrten Gesellschaften, Observatorien 2c., der wissenschaftlichen Zeitschriften, kurz ein Verzeichniß aller wissenschaftlichen Institute und Zeitschriften herauszugeben, und bittet zu dem Zweck die betr. Vorstände und Redacteure um dahin zielende Mittheilungen, sei es direct oder durch Vermittlung des Secretärs der belgischen Entomologischen Gesellschaft (Société Entomologique de Belgique, Bruxelles).

Herr Dr. Schaufuß, Dresden, theilt uns mit, daß seine Insectenpappe (s. Nr. 1 d. Bl.) nicht 80, sondern 90 Pfge. pro Bogen kostet; und daß man sie leicht stechbar macht, wenn man sie mit Petroleum tränkt. Hierdurch werden zugleich Raubinsecten vollständig fern gehalten. Schmetterlinge werden durch die Ausdünstung in erster Zeit ölig, indessen verliert sich dieses. Dasselbe findet bei den Etiketten und dem Auslege-Papier statt. — Auch versichert H. Sch., daß sich seine Pappe bei Coleoptern und solchen Insecten, die nicht an sehr feine Nadeln gespießt oder ohne Instrument in die Kasten gesteckt werden, sehr wohl bewährt habe.

Lepidopterologisches. Im September v. J. wurde von einem hiesigen eifrigen Sammler, Herrn Betriebssecretair Pickel, dicht bei unserm Bahnhofe, auf nassem Wiesengrund am Ufer der Warthe, wo Myosotis palustris wächst, ein Pracht-Exemplar der Euprepia pulchra (pulchella), sonst nur im südlichen Deutschland und Frankreich vorkommend, gefangen. Dagegen ist die schöne Eula, Jaspidea celsia, welche wir in den sechziger Jahren um Mitte September fast alljährlich auf einer trocknen Waldwiese in der Stolzenberger Forst, 1¼ Meile von hier, so wie an eben solcher Stelle bei Berlinchen, 4 Meilen von hier, oft in größerer Anzahl fingen, seit 5—6 Jahren gänzlich verschwunden, eben so Euprepia matronula, der wiener Bär, der auch bei Berlinchen nicht selten war. Das letzte Exemplar dieses größten Bären wurde anfangs der sechziger Jahre auf dem Schulhofe in Berlinchen gefangen und befindet sich noch jetzt in der Sammlung des dortigen emeritirten Rector Heintze.

Rühe, Landsberg a. W.

Anfrage. Hat man noch kein Mittel gefunden, bei lebhaft gefärbten Käfern, wie viele Coccinellen, Chrysomelen, namentlich den Cassideen, die frische natürliche Farbe zu erhalten?

Landsberg a. W., im Januar 1875. Rühe.

Anm. der Redaction. Held sagt hierüber: Oft kann man (nämlich bei grünen und rothen Käfern), die Farbe ganz oder doch größtentheils, sogar bei Cassida nobilis, fixiren, indem man sie vor dem Aufstecken mehrere Tage in eine Auflösung von 1 Theil Salpeter, 2 Th. Alaun und 2 Th. Kochsalz in 20 Th. Wasser legt.

kommenden Arten und Synonyme. **General-Index** 1849. gr. 8. Velin. br. 54 kr. oder 16 Sgr.

— **Die Pflanzenläuse. Aphiden.** Getreu nach dem Leben abgebildet und beschrieben. Mit 54 colorirten Kupfertafeln. 9 Hefte. Jedes Heft mit 6 colorirten Kusfertafeln und 2—3 Bogen Text. Velin. gr. 8. geh. 1854—57. 1 Thlr. oder 1 fl. 45 Kr. Complet 9 Thlr. oder 15 fl. 45 kr.

— **Die Arachniden-Familie der Drassiden.** Monografisch beschrieben und nach der Natur abgebildet. 7 Lieferungen. Jede mit 2 Kupfertafeln in Stahlstich und 3—4 Bogen Text. 1866—67. Velin. gr. 8 geh à Heft 1 Thlr. oder 1 fl. 45 kr. Zusammen 7 Thlr. oder 12 fl. 15 kr.

— **Die Myriapodengattung Lithobius,** dargestellt und beschrieben, mit 2 Kupfertafeln der Augenstellungen. gr. 8. Velin 1862. br. 25 Sgr. oder 1 fl. 30 kr.

---

424 Tafeln Abbildungen zur Naturgesch. d. Käfer Deutschlands von Erichson &c. aus Sturm's Käferfauna uncolor. 30 Mark. Text zu Sturm Bd. VIII—XXIII. 12 Mark.

Dr. Kraatz, Berlin, Link-Str. 28.

Die von dem weil. Lehrer Krösmann hinterlassene reiche und wohlerhaltene Sammlung europäischer Schmetterlinge ist billig zu verkaufen. Dieselbe ist im Museum für Kunst und Wissenschaft zu Hannover aufgestellt und wird durch den Conservator Braunstein das. gezeigt. Reflectanten wollen sich gefälligst an den Eisenbahndirector Krancke in Magdeburg wenden.

F. C. Büttner in Grabow a. d. Oder (Preußen, Provinz Pommern) wünscht Tauschverbindungen mit Lepidopterologen Frankreichs, Italiens, Spaniens, Ungarns und Rußlands. Reflectirende wollen sich gef. an obige Adresse wenden behufs näherer Verständigung.

Zum Umtausch von Coleopt. u. Lepidopt. empfiehlt sich: Kramer-Ludwigsdorf bei Gilgenburg in Ostpreußen.

Verzeichniß CXXVII., Coleopteren-Doubletten ist erschienen bei Dr. Schaufuß, Dresden.

Redacteur: Gymn.-L. Katter,

Druck und Verlag von August Knaak in Putbus.

№. 4. Entomologische Nachrichten. 1875.

Putbus, den 15. Februar.

Die E. N. erscheinen 2 mal monatlich, am 1. und 15.
Abonnem. bei der Post 1 M. viertelj. Auch durch versch. Buchh. zu beziehen.

Phylloxera vastatrix.

II.

Außer den ungeflügelten und geflügelten Weibchen, die ohne vorangegangene Begattung Eier legen, giebt es endlich noch eine dritte Art der Phylloxeren, die geschlechtlichen. Im August oder September legen nämlich die geflügelten Weibchen 2—4 Eier in die Knospen der Weinreben. Diese sind größer als die Eier der flügellosen Weibchen, aber auch unter sich selbst an Größe verschieden. Die eine Art ist 0,4 mm. lang, 0,2 mm, breit; die andere 0,26 mm, lang, 0,13 mm, breit. Sie sind weißlich-gelb, durchsichtiger als die der flügellosen Weibchen, und werden mit der Zeit auch nicht so dunkel wie diese. Aus den großen Eiern entstehen nun die geflügelten Weibchen, aus den kleinen die geflügelten Männchen der dritten Sorte. Diese unterscheidet sich indeß nicht nur durch das Vorhandensein dieser Männchen; auch die Weibchen sind von den vorigen verschieden. Beiden Geschlechtern fehlt der Saugrüssel, der zu einem kurzen Stumpf bei ihnen verkrüppelt ist; sie scheinen also nur zum Zweck der Erhaltung ihrer Art bestimmt zu sein. Die Weibchen unterscheiden sich außerdem von den vorigen durch das gestielte dritte Fühlerglied, das sich auch bei den Männchen nicht findet. Nach der Begattung legt das Weibchen sein Winterei, wahrscheinlich nur eins. Wann die Larve aus diesem hervorbricht, ob noch vor dem Winter, ob erst im nächsten Frühjahr, ist bis jetzt unbekannt; sie geht wahrscheinlich sofort in die Erde, um sich an einem Würzelchen anzusaugen und den Kreislauf von neuem zu beginnen.

Der Hauptsitz der Phylloxera ist bei uns die Wurzel, während sie sich in Amerika, wie die übrigen Phylloxeren, an den Blättern und in Gallen aufhält; sie findet sich jedoch theilweise auch in Europa über der Erde, besonders die geflügelten Exemplare, die ihre Flügel nicht, wie man anfänglich glaubte, nur zum Zierrath, sondern zur Fortbewegung in der Luft haben. Die im Freien befindlichen Exemplare verschwinden indessen gegen die unzählbare Menge derer, welche an den Wurzeln und feinsten Würzelchen leben. Wie sie in die Erde gelangen? Man meint durch die Risse und Spalten der Erde und sieht so die trocknen

Jahre, in denen der Boden viele Risse bekommt, als die gefährlichsten für die Verbreitung der Reblaus an. Das Insect beginnt bei den feinsten Würzelchen, indem es sich mit seinem Saugrüssel hineinbohrt und saugend so lange daran haftet, bis Mangel an Nahrung es treibt, sein Zerstörungswerk bei einer anderen Wurzel zu beginnen. Die angegriffenen Würzelchen schwellen zu spindelförmigen Knoten an, die erst gelb, dann braun werden, und schließlich verfaulen. Die dickeren Wurzeln, zu denen dann das Thier übergeht, werden rauh, rissig und erhalten eine röthlich-violette Farbe.

Die Verbreitung der Phylloxera geschieht mit großer Schnelligkeit nach allen Seiten; Bazille hat sie mit der Ausbreitung eines Oelfleckens verglichen. Man bemerkt auch deutlich ihren Ausgangspunkt von der halbvertrockneten Rebe, ihre Verbreitung auf die umstehenden Stämme, die um so mehr ein krankhaftes Aussehen zeigen (gelbe Blätter, verkümmerte Beeren, dürre Aeste), je näher sie jener stehen; man würde aber irren, wenn man meinte, die in weiterer Entfernung stehenden wären noch unangegriffen, wenn sie auch äußerlich noch keine Spur von Krankheit tragen. Will man den Keim der Verwüstung durch Ausreißen der angegriffenen Pflanzen beseitigen, so muß man sämmtliche umstehenden, scheinbar gesunden Reben mitwegnehmen. Man braucht nur die Wurzeln derselben zu untersuchen, um zu finden, daß auch sie von dem gefährlichen Insect bereits angefallen sind. Gerade dieser Umstand und die Sorge der Weinbauern, möglichst wenige ihrer Reben zu vernichten, haben in manchen Gegenden zur Vermehrung der Reblaus ungeheuer beigetragen. Andrerseits hat aber ein irländischer Gärtner bewiesen, daß man bei sofortiger energischer Gegenwehr dem Uebel vollkommen Einhalt thun kann. Er nahm seine sämmtlichen Reben, an denen er Spuren der Phylloxera bemerkt hatte, heraus, wusch und bürstete sie ab und setzte sie dann wieder in die Erde. Es zeigte sich ferner keine Spur von dem gefährlichen Feinde. —

Bei dem ersten Auftreten der Reblaus war man zweifelhaft, ob sie die Ursache der Krankheit der Reben oder erst ihre Folge wäre. Der Umstand indessen, daß sie ganz junge, kräftige Stämme angreift, hat gezeigt, daß das Letztere nicht der Fall ist. Die Phylloxera ist wahrscheinlich aus Amerika eingeschleppt, (mit Recht warnt deshalb der Minister vor dem Import amerikanischer Reben); sie trat in Frankreich zuerst im J. 1863 im Departement le Gard auf und verbreitete sich mit großer Schnelligkeit über die Departements Vaucluse, Var, Drome, Rhone und Rhonemündung 2c. Ferner erschien sie im J. 1866 in der Gironde bei Bordeaux und überschwemmte von diesem zweiten Ausgangspunkte nicht minder schnell die umliegenden weinbauenden Departements. Bald trat sie auch in Portugal, Oesterreich, Griechenland, sogar in den Treibhäusern von

England und Irland auf; selbst auf Madeira soll sie sich wieder eingefunden haben, nachdem man dort alle vor 20 Jahren zerstörten Weinberge wieder neu angepflanzt hat.

Die Verbreitung der Phylloxera geschieht sowohl durch die geflügelten, wie durch die flügellosen Individuen. Die letzteren sieht man besonders an heißen Tagen auf dem Boden von Rebe zu Rebe wandern. Am meisten aber dringen sie jedenfalls in Erdspalten und Steinritzen von Wurzel zu Wurzel vor; sie werden darum durch andere Pflanzen, die zwischen die Reihen der Reben gepflanzt sind, aufgehalten, und in solchen Culturen meist auf die angegriffene Reihe beschränkt. Die winterliche Kälte scheint von keinem besonders schädlichen Einfluß auf sie zu sein, indessen verschwinden sowohl Weibchen wie wie Eier, sobald die Temperatur unter + 10° sinkt. Nur die jungen Larven dauern aus, aber in vollkommen lethargischem Zustande und in runzlicher, platter Form von brauner Färbung. Bei ihrer Kleinheit erscheinen sie nicht als lebende Thiere; sobald man sie aber in die Wärme bringt, gerathen sie in Bewegung. Im Frühjahr — je nach den wärmeren Gegenden früher oder später — saugen sie sich von neuem voll, die Haut platzt längs des Rückens und die dicken gelben Larven kommen heraus.

(Fortsetzung folgt.)

Ueber deutsche Xylophilus-[1]) Arten.

H. Elzéar Abeille bemerkt (Bull. d. Séances Soc. Ent. France Nr. 40 p. 274. Nov. 1874), daß die Xylophilus-Art, welche man gewöhnlich[2]) pygmaeus Gyll. nennt, in der That der oculatus Gyll. ist; pygmaeus ♂ unterscheidet sich leicht von oculatus ♂ durch die antennae subtus profunde serratae, deren letztes Glied wenig länger als das vorletzte ist; während es beim oculatus ♂ viel länger ist; auch besitzt dieser zugleich fast fadenförmige, unten kaum gesägte Fühler.

Der echte pygmaeus scheint in Deutschland selten[3]), da ich von ihm nur zwei Stücke aus der Berliner Gegend besitze, von denen das eine vom verstorbenen Ruthe, das andere von mir gefunden wurde.

Die bisher mit pygmaeus de Geer. Gyll. verbundenen Arten

---

1) Die Käfer-Gattung Xylophilus ist besser in die Westwood'schen Gattungen Aderus u. Euglenes, in die Mulsant'schen Axidorus u. Olotelus, und in Phytobaenus Sahlb. zu zerfällen, welche die natürliche kleine Gruppe der Xylophilini zu bilden haben, als wie eine natürliche Gattung zu betrachten.

2) Sollte wohl heißen gewöhnlich in Frankreich; der oculatus Redtenb. wenigstens ist mit dem oculatus Gyll. identisch; von Thomson sind die beiden Gyllenhal'schen Arten bereits seit 1864 scharf auseinandergehalten.

3) Redtenbacher führt ihn nicht in seiner Fauna austriaca als deutsche Art auf.

bleiben einer neuen, sorgfältigen Revision zu unterwerfen[4]) und will ich bei dieser Gelegenheit bemerken, daß z. B. der Notoxus calycinus Panz. Faun. Germ. VIII. 3. von Dresden, welcher sich als Synonym des pygmaeus im Gemminger-Harold'schen Kataloge aufgeführt findet, nach der Gestalt der Thorax und der weitläufigen Punktirung der Flügeldecken zu urtheilen überhaupt gar kein Xylophilus sein kann; die erwähnten Eigenschaften und die Farben würden mit Sicherheit auf einen unausgefärbten Anthicus floralis deuten, wenn dessen Unterseite nicht weniger Schwarz zeigte, als die Beschreibung angiebt, indem Brust und Abdomen nur hinten schwarz genannt sind.

Dr. G. Kraatz.

Fang von Insecten, die in Ameisenhaufen leben.

(Von F. Lancelevée. Feuille des Jeunes Naturalistes.)

Da der Winter die Jahreszeit ist, während welcher die Jagd auf Myrmecophilen getrieben werden kann, so denke ich, daß es den Lesern angenehm sein wird, wenn ich ihnen die Mittel mittheile, welche ich seit mehreren Jahren bei der Jagd auf diese Insecten anwende, und die mir den meisten Erfolg zu bieten scheinen.

Das Hauptinstrument ist ein Sieb, das zu gleicher Zeit dauerhaft und möglichst leicht sein muß. Das meinige besteht aus einem Holzbügel von 15 cm, Höhe und einem Durchmesser von 35 cm. Das Drahtnetz ist aus Messing oder Kupfer; die einzelnen Fäden 2 mm, von einander entfernt. Diese Weite muß streng inne gehalten werden, ich habe sie nach vielen Versuchen als die beste erkannt, denn sie entspricht der Größe auch der größten Myrmecophilen, während sie die Ameisen nicht durchläßt.

Ich ziehe Messingdraht dem Eisen vor, das leicht rostet; indessen kann man auch Eisendraht anwenden, besonders wenn er galvanisirt ist. — An das untere Ende des Siebes wird ein Sack von starker Leinwand, der ungefähr 40 cm, tief ist, befestigt, um die ausgesiebten Insecten aufzunehmen. Am obern Ende befindet sich ein zweiter, jedoch oben offener Leinwandbeutel, der zugeschnürt werden kann, um zu verhindern, daß beim Sieben irgend etwas herausfalle.

Um nun die Gäste eines Ameisenhaufens zu fangen, genügt es nicht, den Haufen nach und nach in das Sieb zu bringen, man muß sich desselben ganz und mit einem Male bemächtigen, auch die letzten Reste, sogar in den ersten unterirdischen Gängen,

---

4) Redtenbacher Faun. Austr. IV. p. 150 führt die untersetzte Art mit unbehaarter Binde hinter dem Schildchen als populneus Fabr. auf; populneus Fabr. gehört aber zu pygmaeus oder oculatus, und populneus Panz., den Redtenbacher beschreibt, muß vor dem älteren Boleti Marsh. Westw. zurücktreten.

mitnehmen. Zu diesem Zwecke nehme ich einen Sack von c. einem Hectoliter Inhalt; ich nähere mich leise dem Ameisenhaufen und raffe mit meinen Händen in möglichster Eile alle Ameisen nebst sämmtlichen Bestandtheilen des Haufens hinein. Schnelligkeit ist bei diesem Vorgange hauptsächlich nöthig. Auch thut man gut, sich aller hinderlichen Kleidungsstücke zu entledigen und zum Einraffen nur die Hände zu gebrauchen. Man vermeidet auf diese Weise, daß die Myrmecophilen in die unteren Gänge flüchten. Hat man Jemand zur Hülfe, so erleichtert dies bedeutend die Arbeit.

Nachdem man so den ganzen Haufen mit allem Inhalt gefangen hat, fängt man an, ihn auszusieben. Dies muß langsam und mit vieler Vorsicht geschehen, indem man jedes Mal nur einige Händevoll auf das Sieb wirft. Auch thut man gut, nach mehrmaligem Umherschütteln kleine Pausen eintreten zu lassen, damit die Myrmecophilen sich nach unten begeben können, und so in den Sack fallen. Die letzten Reste des großen Sackes werden die größte Ausbeute geben. Das im Siebe Zurückgebliebene wirft man wieder auf den ursprünglichen Platz, wo es bald von den Ameisen zu einem neuen Haufen zusammengetragen wird. In dem Ausgesiebten wird man bunt durcheinander Coleopteren, Hymenopteren und Hemipteren finden, die man in aller Bequemlichkeit zu Hause auf einer weißen Schale sondern kann.

Die günstigste Zeit für die Jagd sind die Monate von October bis April, ausgenommen an regnichten Tagen und bei starkem Frost. Die Ameisenhaufen, welche an Waldabhängen, Gräben, Fußsteigen 2c. sich befanden, gaben eine größere Ausbeute, als diejenigen, welche sich mitten im Walde befanden.

Ein neuer Feind.

Noch hat man kein sicheres Mittel gegen die Verwüstungen der Phylloxera vastatrix, der Reblaus, gefunden, und schon droht ein neuer, noch gefährlicherer Feind, weil er seine Verheerungen an einem viel wichtigeren und unentbehrlicheren Nahrungsmittel ausübt, als jene Zerstörerin der Weinberge. Der Kartoffel- oder Coloradokäfer, Leptinotarsa decemlineata, soll bereits in Europa Fuß gefaßt haben, eingeschleppt aus demselben Erdtheile, der uns die Reblaus sandte, aus Amerika. Während diese aber erst in Europa sich zu einem so schädlichen Insect entwickelte, als welches sie die Weinbauer leider im hohen Grade haben kennen gelernt, ist jener auch schon in seiner Heimath ein gefährlicher Feind des Landmanns. Bereits seit langer Zeit hat die Kartoffel in Amerika zwei Zerstörer aus dem Käferreich, zwei spanische Fliegenarten, Lytta atrata (oder vittata) und Cantharis vinaria.[1])

1) Hardwicke's Science-Gossip, 1874, Nr. 109, S. 15.

Diesen war noch zu wehren, die Leptinotarsa aber droht alle Kartoffelcultur aus den Gegenden zu verdrängen, in welche sie Eingang gefunden hat. In ihrer wahren Heimath, den Rocky Mountains, lebt sie auf der wilden Kartoffel, Solanum rostratrum oder Carolinianae. Kaum jedoch hatten Ansiedler daselbst unsere Kartoffel (Solanum tuberosum) angepflanzt, als sie sich gierig auf diese Pflanze warf. Je weiter die Kartoffelcultur nach Westen drang, desto weiter schritt der Kartoffelkäfer nach Osten vor. Im J. 1859 fand man ihn noch 20 Meilen westlich von Omaha in Nebraska; 1861 zeigte er sich in Jowa; 1865 begann er seine seine Verwüstungen in Missouri und überschritt den Missisippi in Illinois; 1868 drang er nach Indiania vor, vernichtete 1870 Ohio, die Grenzen von Canada, Pennsylvanien und New-York und wurde in Massachusetts bemerkt; 1871 bedeckten unzählige dieser Thiere den Detroit in Michigan, schwammen auf Blättern, Halmen u. dergl. über den Eriesee und setzten sich zwischen den Flüssen St. Clair und Niagara fest. Und dies geschah trotz aller Anstrengungen, ihr Vordringen zu hindern; weder Menschen-, noch Naturkräfte konnten sie aufhalten, denn der Käfer ist in allen Stadien seiner Entwicklung so unempfindlich gegen äußerste Hitze und Kälte, Nässe und Dürre, daß ihn kein Klima an seiner Verbreitung zu hindern scheint. Dazu vermehrt er sich mit außerordentlicher Schnelligkeit, mehrere Generationen folgen sich im Lauf des Jahres. Die ersten jungen Larven erscheinen Ende Mai, oder bei mildem Wetter, schon Ende April. Kaum hat die Kartoffel ihre ersten Blätter über die Erde erhoben, so erwacht auch schon das Insect aus seinem Winterschlaf. Die Weibchen legen sofort 700 bis 1200 Eier in Haufen von 12—13 an der Unterseite der Blätter ab. In 5—6 Tagen kriechen die Larven aus und beginnen ihr Zerstörungswerk, das 17 Tage dauert. Dann ziehen sie sich zur Verpuppung in die Erde zurück, nach 10—14 Tagen kommt das neue Insect hervor, und das Geschäft des Eierlegens beginnt von neuem. So folgen 3 Generationen auf einander, von denen die letzte überwintert. Die Gefräßigkeit des Insects, besonders in seinem Larvenzustand, übersteigt alle Beschreibung. Wenn ein Kartoffelfeld angegriffen worden ist, so kann man alle Erwartung auf Ertrag aufgeben; in wenig Tagen ist es eine dürre Wüste, ein Feld voll vertrockneter Stengel. Alle Hoffnungen, daß die Natur selber durch Hitze oder Kälte, den Verwüstungen der Leptinotarsa Einhalt thun würde, haben sich als irrig erwiesen. Ein sicheres Mittel zur Vertilgung ist die Bestreuung der Blätter mit Pariser Grün, einer Mischung aus Arsenik und Kupferoxyd, aber seine Anwendung verbietet sich aus doppelter Hinsicht, wegen der unvermeidlichen Einathmung beim Streuen und wegen der Infection des Bodens. Am sichersten ist es, die Käfer und Larven abzusammeln, aber auch hier ist große Vorsicht nöthig. Der Saft der zerdrückten Käfer und Larven, sowie derjenige, den sie beim Anfassen absondern, ruft Blasen auf der Haut hervor. Kommt er aber mit einer Wunde in Berührung, so entsteht Entzündung und Eiterung, die oft von bedenklichen Folgen sein kann.

Man sieht, wie gefährlich ein etwaiger Import dieses verderblichen Käfers sein würde. Wir werden auf das Thier selber in der Fortsetzung näher eingehen.

Kasten-Ausfütterung.

In Nr. 1 der Entom. Nachrichten befindet sich ein Aufsatz über diesen Gegenstand; ich erlaube mir, da meiner dort gedacht ist, folgendes hinzuzufügen: Baltaholz habe ich einige Tage lang mit kurzen Unterbrechungen in kochendem Wasser gehalten, es in kleinen Stücken auf dem heißen Ofen vollkommen trocknen lassen und leider gefunden, daß nach einigen Wochen schwarze Nadeln kaum weniger rosteten, als in ungekochtem Holz. Vielleicht wäre dem Wasser ein Alkali beizusetzen? Rohrkolben läßt in seiner Bindekraft der Nadeln nichts zu wünschen übrig, hat aber, wie ich jetzt finde, wenn auch in geringerem Grade wie Baltaholz oder Agavenmark, auch die Eigenschaft, schwarze Nadeln rosten zu machen. Wie ich mich überzeugt habe, hilft hier Auskochen vollständig. Gegenwärtig prüfe ich ein mir zugesendetes sehr passendes Holz aus Südamerika auf die ihm etwa innewohnende Säure und werde im günstigen Falle s. Z. Näheres mittheilen.

Kronförstchen b. Bautzen. H. B. Möschler.

Entomol. und naturw. Zeitschriften [1])

Siebenbürg. Verein f. Naturw. 23. u. 24. Jahrg. Hermannstadt 1873—74. Fuß, Beitrag z. Insectenfauna Siebenbürgens. Mascáry, zur Hymenopterenfauna Siebenbürgens.

Leopoldina, amtliches Organ der K. Leop.-Carolinischen deutschen Akademie der Naturforscher. Dresden. 1875. Heft 1—2. Amtliche Mittheilungen: Bildung der Fachsektionen. Beiträge zur Kasse der Akademie. Veränderungen im Personalbestande der Akademie.

Zur Nachricht.

Diejenigen g. Abonnenten, welche wegen ihres spätern Eintritts die ersten Nrn. des Blattes durch die Post nicht erhalten haben, wollen gef. ihre Adresse mit Angabe der fehlenden Nrn. einsenden an

die Expedition der Ent. Nachr., Putbus.

---

1) Aus den allgemeinen naturwissenschaftlichen Zeitschriften werden hier nur die Entomologie betreffenden Abhandlungen angegeben.

Redacteur: Gymn.-L. Katter,

Druck und Verlag von August Knaak in Putbus.

№. 5. Entomologische 1875.

Nachrichten.

Putbus, den 1. März.

Die E. N. erscheinen 2 mal monatlich, am 1. und 15.
Abonnem. bei der Post 1 M. viertelj. Auch durch versch. Buchh. zu beziehen.

Phylloxera vastatrix.

III.

Es ist wohl selbstverständlich, daß man in Anbetracht der Schädlichkeit der Reblaus von allen Seiten auf Mittel gesonnen hat, sie zu vertilgen, besonders in Frankreich, dessen Wohlstand in einigen Departements bedeutend durch diese Landesplage gelitten hat. Die französische Nationalversammlung hat denn auch einen Preis von 20,000 Frcs. für ein wirksames Vertilgungsmittel der Phylloxera ausgesetzt; die Commission zur Beobachtung der Reblaus und der Mittel zu ihrer Bekämpfung hat ihn auf 300,000 Frcs. zu erhöhen vorgeschlagen, und die Nationalversammlung hat diesen Vorschlag angenommen. Nun sind von berufener und unberufener Seite Mittel gegen die Phylloxera eingereicht worden, von deren Fülle wir unsern Lesern eine geringe Idee in dem nachfolgenden Auszuge aus dem Inhalte der Comptes-Rendus hebdomadaires der französischen Akademie vom J. 1874 zu geben versuchen. Wir haben hier noch alle diejenigen Namen fortgelassen, die von der Akademie selber in den Berichten nur erwähnt werden, und deren Anzahl die der angeführten bei weitem übertrifft. Unter allen vorgeschlagenen Mitteln hat sich noch kein einziges durchgreifendes gezeigt, indessen manche, die in ihrer Naivität zum Lächeln reizen müssen.[1]) Man hat vorgeschlagen, den Boden mit den verschiedensten Substanzen zu desinficiren — wohl mehrere hundert Mittel; andere Pflanzen zur Abwehr oder zur Vergiftung anzusäen, (wir erwähnten schon oben, daß sich ein Anpflanzen zwischen die Reihen der Reben

1) Der Vorsitzende der Commission, H. Dümas, sagt hierzu (C.-R. Nr. 8): „Seitdem die Nationalversammlung beschlossen hat, daß dem Erfinder eines geeigneten Verfahrens, unsere Weinberge gegen die Phylloxera zu schützen, eine Belohnung von 300,000 Frcs. gewährt werden soll, erhält die Akademie zahlreiche Briefe, welche angebliche (imaginés) Verfahren mittheilen. Solche angeblichen, unerprobten Verfahren haben kein Interesse; es möchte auch schwer sein, eine Methode, die noch nicht dagewesen, vorzuschlagen. Die Akademie beschränkt sich einstweilen darauf, den Empfang solcher Briefe zu bescheinigen. Mag man zum 20. Mal Taback, Schwefel, Ammoniakwasser, Steinkohlentheer, Petroleum, Meerwasser 2c. vorschlagen, das giebt diesen Mitteln kein größeres Vertrauen. Die Erfahrung allein kann uns lehren, was wir davon zu halten haben, und unglücklicher Weise fehlt den Erfindern nicht die Gelegenheit, ihre Mittel zu erproben."

als wirksam erwiesen habe); Vögel einzuführen, — ganz unwirksam; oder durch klebrige Substanzen die Wanderung der Läuse aufzuhalten. Unter allen Mitteln haben sich als die wirksamsten drei gezeigt: 1) Die Bewässerung im Winter, besonders mit Kuhjauche, wie Bazille empfiehlt; 2) Sand; — beide Mittel wurden auch in der letzten Versammlung von Gartenfreunden in Berlin als die besten hervorgehoben; und endlich 3) das Ausrotten der angegriffenen Reben. Die Berieselung im Winter wurde von einem Weinbergsbesitzer, Faucon de Graveson in Montepellier zuerst angewendet; Bazille berichtet (25. Aug. 1874), daß er seine Weinberge dadurch intact erhalten habe, trotzdem die seiner nächsten Nachbarn angegriffen oder zum großen Theil verwüstet waren. Leider gestattet die Beschaffenheit des Bodens und der Mangel an Wasser nicht überall die Anwendung dieser Methoden. Indeß auch Einführung von Sand hat sich erfolgreich gezeigt[2]), er hindert wenigstens die ungeflügelten Phylloxeren an fernerem Vordringen. Ein Radicalmittel bleibt das Ausreißen sämmtlicher an egriffenen und der umstehenden, scheinbar gesunden Reben. Wie in letzter Beziehung aber gesündigt wird, darüber klagt Girard in einem Briefe an Dümas (Nr. 10 der Comptes-Rendus), in welchem er über die Verbreitung der Phylloxeren in Cognac, Angoulême, &c. berichtet, folgendermaßen: „Wie traurig ist es, seitens gewisser Personen von der Hartnäckigkeit berichten zu müssen, mit der sie an Meinungen hängen, die durch Thatsachen widerlegt sind; die Phylloxera zu leugnen oder nur unbedeutende Wirkung in ihr zu sehen. Auf diese Art entmuthigt man den guten Willen und verwirrt das Publikum; eine große Verantwortlichkeit für diejenigen, welche sie übernehmen.“ Beim Ausreißen der angegriffenen Reben ist aber ebenfalls Desinfection des Bodens nothwendig, um auch die an den untersten Würzelchen lebenden Thiere zu vertilgen, widrigenfalls die neueingesetzten Reben sofort wieder angegriffen werden würden. Außerdem müssen sämmtliche angegriffene Reben sofort vernichtet und wohl Acht darauf gegeben werden, daß nicht durch Kleider oder Stiefel der Arbeiter die Phylloxera auf andere Stellen übertragen wird. — Wir können hier nicht auf alle vorgeschlagenen Mittel eingehen, wir heben nur noch hervor, daß auch hier das Beste ist, dem alten Sprüchwort zu folgen: Principiis obsta.

Zum Schluß fügen wir noch einige Notizen über die Gattung Phylloxera hinzu. Man kennt bis jetzt 3 bis 4 Phylloxera-Arten:

1. Phylloxera quercus. Boyer de Fonscolombe sagt darüber (Ann. Soc. Ent. France, X., p. 157, 1841): Dies In-

---

2) Faucon, vignes phylloxérées traitées par le sable, Comptes-R. Nr. 6, 365—67.

sect lebt in 3 Zuständen (Larve, Nymphe und geflügeltes Insect) auf der Unterseite der Blätter von Quercus robur und Qu. coccifera." Balbiani (C.-R. Nr. 11, 1874) theilt diese Art in 2 Arten und zwar Ph. quercus, welche auf der Quercus pedonculata lebt und sich sehr häufig in der Umgegend von Paris und im Norden Frankreichs findet, und

2. Phylloxera coccina, welche auf Qu. robur lebt und den südlichen Gegenden anzugehören scheint.

3. Phylloxera vastatrix, 1868 vom Professor Planchon in Montpellier entdeckt, unsere Reblaus.

4. Phylloxera Lichtensteinii Balb., Der langjährige und eifrige Beobachter der Ph. vastatrix, Lichtenstein sah in dieser, auf der Kermeseiche in Südfrankreich, Qu. coccifera, lebenden Art, vastatrix; Balbiani aber glaubt in ihr eine neue Art zu erkennen und schlug den obigen Namen für sie vor (C.-R. Nr. 11, 1874). Sie ist indeß zweifelhaft.

Neue Beobachtungen über die Sitten der Ameisen in Südfrankreich.[1])

Ein junger Engländer, M. Traherne Moggridge, der seiner Gesundheit wegen mehrere Winter in Mentone zubringen mußte, hat seine Muße zu naturwissenschaftlichen Beobachtungen verwendet, unter andern seine Aufmerksamkeit auch auf die Sitten der dortigen Ameisen gerichtet. Durch eine Bemerkung des Vorsitzenden der Linnean Society in London, M. Bentham, in Bezug auf das plötzliche und zerstreute Vorkommen gewisser Pflanzen kam Moggridge auf den Gedanken, es möchten die Samenkörner durch Ameisen verschleppt werden. Es wurde ihm indessen von verschiedenen Naturforschern gesagt, daß es eine von Huber, Gould Kirby, Smith und in neuer Zeit auch von Blanchard vollkommen anerkannte Thatsache wäre, daß die Ameisen Europa's keine Vorräthe eintrügen. Andrerseits findet man bei griechischen und römischen Schriftstellern häufig genug die Behauptung, daß die Ameisen Vorräthe für den Winter sammeln, und nach den Beobachtungen von Sykes, Jerdon, Lincecum, Bates u. A. tragen die Ameisen Indiens, Brasiliens und Texas beträchtliche Mengen an Körnern ein.[2]) H. M.

1) Bibl. universelle et Revue suisse, Nr. 197. 1874. Nouvelles observations sur les moeurs des fourmis et des araignées du midi de la France. par M. T. Moggridge; und The Annals and Magazine of Natural History. London, 1874. Nr 79: New Observations on the Habits of the Ants of the South of France. Auch selbstständig unter dem Titel: Harvesting Ants and Trap-door Spiders. Notes and Observations on their Habits and Dwellings. 1 vol. with plates.

2) Nach den neuen Beobachtungen von Fleeson sammelt eine Ameise in Texas und Mexico, Myrmecocystes mexicana Westwood, sogar Honig und bewahrt ihn in viereckigen, ¼ Zoll großen Zellen auf. Diese Zellen werden

wurde hierdurch veranlaßt, seine Untersuchungen darauf zu richten 1) ob die von den Ameisen eingesammelten Körner als Baumaterial oder als Wintervorrath dienen; 2) ob diejenigen Ameisen, welche Körner suchen, auch den Blattläusen nachstellen; 3) ob alle oder nur einige Ameisen des Südens von Europa Körner eintragen.

M. stellte zuerst fest, daß nur 3 Arten: Atta barbara, Atta structor und Pheidole (Atta) megacephala Körner sammeln, besonders von Capsella bursa pastoris, Alsine media L., Calamintha etc. Sie verfahren dabei auf höchst umsichtige Weise. Sie greifen nicht die unteren, trocknen Kapseln an, die leicht ihre Körner verlieren, sondern steigen zu den oberen empor. Eine Ameise durchbricht den Stengel, während eine andere ihn abzudrehen sucht; bald ist die Kapsel losgelöst, sie fällt zur Erde und wird von andern Ameisen in den Bau getragen. Beim Einsammeln besitzen diese Thierchen hinreichend Unterscheidungsvermögen. Verschiedenfarbige, vor ihnen auf den Boden zerstreute kleine Porcellankügelchen wurden zwar zuerst in Angriff genommen, bald aber, nachdem die Thierchen ihren Irrthum eingesehen hatten, weiter keiner Beachtung gewürdigt. Die Körner und Schoten werden entweder zuerst an dem Eingang des Haufens niedergelegt, oder sofort in das Innere gebracht. Besonders gegen Ende des Sommers findet man in ziemlich weiter Entfernung von Haufen beträchtliche Massen von leeren Schaalen, während die Körner nun im Innern liegen.

Die Beobachtung des Innern eines Ameisenhaufens ist wegen der tiefen Lage nicht leicht; es gelang aber M., bei einem der längs der Mauer einer Terrasse angelegt war, auch die unterirdischen Gänge zu erforschen. Die Körner waren in kleinen Höhlungen, deren Größe zwischen der einer Uhr und der einer Handfläche variirte, aufgehäuft; der Boden derselben war mit zusammengekittetem Glimmer und Quarz ausgelegt, die Decke gewöhnlich gewölbt. Sonderbarer Weise zeigten nur sehr wenig Körner, c. 1 auf 1000, eine Spur von Keimung, trotzdem sie feucht und warm genug lagen. Wenn aber ein Körnchen anfängt zu keimen, so wird dieser Keim von den Ameisen sofort abgebissen, das Korn in die Sonne gebracht und, nachdem der Zucker zur Entwicklung gelangt ist, sofort verzehrt.

---

aus einem von den Ameisen gesponnenen Netzwerk gebildet, das sich in Galerien unter der Oberfläche der Erde befindet. In ihnen sitzt eine gelbe Ameise, die das Nest nie verläßt und nur dazu da ist, um Honig zu bereiten, der der ganzen Bevölkerung zur Nahrung dient. Sie wird von einer $\frac{1}{3}$ Zoll langen hellgoldgelben, zweiten Art mit Blüthenstaub gefüttert, den sie dann in Honig verwandelt. Ihr Hinterleib ist von Honig so angeschwollen, daß sie sich nicht bewegen kann. Außer diesen beiden gelben Arten findet sich noch eine viel größere, schwarze Art, mit kräftigen Mundwerkzeugen, die das Nest bewacht und über jeden Eindringling mit großer Wuth herfällt.

Die verschiedenen Colonien der Atta barbara liefern sich häufige Kämpfe, um sich ihre Vorräthe zu rauben. M. hat einen solchen beobachtet, der 40 Tage, vom 18. Januar bis zum 4. März, dauerte. Bei ihren Gefechten scheinen sie sich meistens bei den Fühlern zu packen, und wenn sie so gefaßt sind, alle Energie zu verlieren. Auch sind augenscheinlich einige besonders mit der Räuberei beauftragt. M. sah mehrmals, daß solche ihre Beute am Eingange des Haufens an andere abgaben, und sofort zu neuer Plünderung umkehrten.

Obgleich Atta barbara und structor den größten Theil ihrer Zeit auf die Körnerernte verwenden, so jagen sie doch auch kleine Insecten, die sie entweder sogleich verzehren oder in ihre Wohnungen bringen. M. hat in seinem Garten in eine große Flasche mit Erde eine Colonie der Atta barbara mit ihrer Königin und mehreren Larven gebracht und 4 Monate lang beobachtet. Die Ameisen fingen sofort an, Gänge zu graben, indem sie ihre Arbeit Tag und Nacht fortsetzten. Da die Erdmasse in der Flasche im Verhältniß zu ihrer Anzahl klein war, so machten sie statt des einen gewöhnlichen Eingangs eine ganze Anzahl solcher. Später, als sie in den Gängen mehr Platz fanden, wurden die Eingänge auf einige, zuletzt auf einen reducirt. Am 19. Tage fingen sie an, die ihnen hingestreuten Körner regelmäßig einzutragen.

Oft dringen kleine Wurzeln in die Gänge, die Ameisea aber beißen sie sofort wieder ab. -- M. meint sogar, annehmen zu dürfen, daß ihnen die Kaltwasserkuren kein Geheimniß sind. Er sah eine Ameise, die eine andere in eine Wasserpfütze tauchte, sie dann an einem Grashalm wieder herauszog und an der Sonne trocknete. — Davon, daß die aufgehäuften Körner wirklich zur Nahrung dienen, hat M. sich mehrfach überzeugt.

Um zu sehen, ob die Ameisen auch im Freien während der Nacht arbeiteten, ging er in einer sehr dunkeln, warmen Nacht zu einem Haufen. Er fand die Thierchen eifrig beschäftigt, Körner aus einem nahe gelegenen Garten einzutragen. Pheidole megacephala arbeitet vorzugsweise zu dieser Zeit und erschwert dadurch ihre Beobachtung.

Das Einsammeln von Körnern durch Atta barbara ist in Mentone, Cannes, Marseille, auf der Insel Capri und in Algier beobachtet worden. Diese Art findet sich auch in Deutschland, in der Schweiz und im Norden Frankreichs. Welche Sitten und Gewohnheiten hat sie in diesen nördlichen Ländern? Trägt sie auch Wintervorräthe ein? Es ist dies nach Huber's Arbeiten wenig wahrscheinlich. Doch wünscht Herr Moggridge, daß ein Naturforscher hierauf seine Untersuchungen lenkte.

Leptinotarsa decemlineata, der Kartoffelkäfer.

Nach den allgemeinen Mittheilungen über den Kartoffelkäfer wollen wir auf das Insect seiner äußern Structur und seinen früheren Zuständen nach näher eingehen. Die Eier sind tief orangegelb; die Larve ist bei ihrem Erscheinen schwärzlich, wird dann dunkelroth mit leichtem orangegelben Anflug und variirt, wenn sie vollständig ausgewachsen ist, zwischen orange, rothgelb und fleischfarben. H. von Harold beschreibt in der Berl. ent. Zeitschr. 1874, S. 444, die Larve der L. multilineata Stål, die er als eine Varietät der decemlineata ansieht, folgendermaßen: „Der Körper derselben ist glatt, mit stark gewölbter Oberseite, kuglig zusammengerollt. Kopf glänzend, pechschwarz, vorn heller gelbbraun, mit vertiefter, besonders hinten deutlicher Längslinie. Das Kopfschild durch zwei schräge Furchen merklich abgesetzt und aufgewulstet. Oberlippe halbkreisförmig gerundet, in der Mitte mit einer kleinen aber tiefen Ausbuchtung. Maxillartaster deutlich 4gliedrig, das letzte Glied viel schmäler als das vorletzte, allmählig zugespitzt. Von den 6 Ocellen stehen vier in einem Quadrate oberhalb der Fühlergrube, die beiden anderen weiter unten an der Außenseite derselben. Aus den Fühlergruben sehen drei sehr kurze schwarze Fühlerglieder hervor. Halsschild kurz, gelb, hinten breit braun gesäumt. Meso- und Metathoraxring jederseits außen mit einem schwarzen Fleck und in der Mitte mit deren zwei, bei ersterem die Flecken größer und unter sich fast verbunden. Die 8 Hinterleibsringe gelb, seitlich mit je 2 schwarzen Flecken, von denen die inneren größer sind und die Stigmen umgeben; der achte Ring in der Mitte schwarz, seitlich nur mit einem kleinen schwarzen Punkte. Sämmtliche Ringe in der Mitte nach vorn bogig quergefaltet. Die Beine oben und außen schwarz, die Unterseite blaßgelb. Die Hinterleibsringe auf der Bauchseite gelb, auf den Seiten je mit einem kleinen schwärzlichen Flecken.“ Diese Larve stammte aus Pennsylvanien.

Der Käfer, der zu den Chrysomelen gehört, ist von der Größe unseres Pappelblattkäfers (Lina populi), hat rahmgelbe Flügeldecken mit schwarzen Längsbinden, und zwar hat diejenige Art, die sich im landwirthschaftlichen Museum zu Berlin befindet, deren 4 (s. die Abbildungen in der Berl. ent. Ztschr. — von L. juncta Germ. und 11-lineata Stål), die mir in Zeichnung und Beschreibung aus Illinois vorliegende 5 Streifen, deren dritter und vierter sich an der Basis vereinigen.

Der Käfer geht in Amerika unter dem Namen Doryphora 10-lineata, großentheils auch in England und in den Verhandlungen des belgischen Parlaments wurde er unter demselben Namen aufgeführt. Sogar Dor. 10-punctata wird er in einer mir vorliegenden amerikanischen Beschreibung genannt, vielleicht nur aus Versehen. Herr Dr. Kraatz sagt über die Nomenclatur (u. o. O., S. 442): „Eine Chrysomela (jetzt Leptinotarsa) decemlineata von Nebrasca und Texas ist bereits 1824 von Say (Journ. Acad. Philad. III. p. 453) beschrieben; nach Suffrian (Stett. Ent. Zeitg. 1858 p. 245) hat dieselbe zwei nahe verwandte Arten, von denen sie sich durch einfarbig gelbe Beine und den ziemlich dicht grübchenartig punktirten breiten Zwischenraum zwischen der vierten und fünften Binde unterscheidet. Die eine von diesen beiden Arten ist die ihr habituell nah verwandte juncta Germar (Nov. Spec. p. 590) aus Georgien mit schwarzgefleckten Schenkeln und vier- (nicht fünf-)streifigen Flügeldecken, die andere die decemlineata Rogers, welche mit der Say'schen Art in der linienförmigen Gestalt aller Binden etc. übereinstimmt; dieselbe wird von Stål unter seiner mexikanischen multilineata in der Monographie der amerikanischen Chrysomeliden p. 164 aufgeführt.

Hierbei ist wohl zu beachten, daß Stål seine Beschreibung nach mexikanischen Expl. entwirft, Nebrasca und Texas aber nur „sec. Rogers" als Vaterland angiebt." Und H. von Harold fügt hinzu: „Ich habe als den Kartoffel-Verwüster aus Pennsylvanien sammt Larve, L. decemlineata † Rogers = multilineata Stål, vor mir. Diese beiden Arten stehen sich zwar habituell ziemlich nahe, ihre Selbstständigkeit steht aber außer aller Frage, da juncta außer den Färbungs-Differenzen einen völlig verschieden geformten Thorax und eine ganz andere Punktirung der Flügeldecken zeigt, nämlich sehr regelmäßige, einfache Punktreihen neben den schwarzen Längsstreifen, während dieselben bei multilineata unregelmäßig (acervatim sec. Stål) und auch über die Intervallen vertheilt sind. Die Unterschiede der betreffenden Arten sind übrigens von Suffrian sehr ausführlich und sehr richtig angegeben, nur halte ich meines Erachtens die nur durch mehr gelbe Färbung der Beine und dichtere Punktirung der äußersten Zwischenraumes der Flügeldecken von multilineata verschieden sein sollende 10-lineata Say für einerlei mit 10-lineata Rogers, und mein Kartoffelkäfer wäre demnach

Leptinotarsa decemlineata Say, Suffr.

var. { multilineata Stål,
10-lineata Rogers."

Uebrigens lebt der Käfer nicht nur auf Kartoffeln, sondern auch auf andern Solanaceen, z. B. Nachtschatten, Bocksdorn, Bilsenkraut, Stechapfel, Judenkirsche (Physalis viscosa), ja er hat sich in den nördlichen Theilen von Illinois und Wisconsin sogar in einem Kohlgarten ebenso wohl befunden, als auf Kartoffelfeldern.

Wir ersuchen diejenigen g. Abonnenten, welche den Betrag für das I. Quartal direct an uns geschickt haben, ergebenst, für das II. Quartal bei der Post abonniren zu wollen. Bei der sich mehrenden Abonnentenzahl könnten wir sonst für rechtzeitige Zusendung nicht garantiren.

Die Expedition der Ent. Nachr.

Redacteur: Gymn.-L. Katter,
Druck und Verlag von August Knaak in Putbus.

№. 6. Entomologische 1875.

Nachrichten.

Putbus, den 15. März.

Die E. N. erscheinen 2 mal monatlich, am 1. und 15.
Abonnem. bei der Post 1 M. viertelj. Auch durch versch. Buchh. zu beziehen.

An unsere Leser.

Mit der heutigen Nr. schließen wir das erste Quartal der Entom. Nachrichten. Es sind uns in dieser Zeit beistimmende Zuschriften von den verschiedensten Seiten, unter ihnen von mehreren unserer bedeutendsten Entomologen zugegangen, die uns den Beweis liefern, daß unsere Idee Anklang gefunden hat, trotzdem unser Blatt das noch nicht geleistet hat, was es leisten wollte. Die Manuscripte häufen sich von Nr. zu Nr., ohne zur Verwerthung kommen zu können, weil der Raum zu beschränkt ist; eine Vergrößerung des Blattes aber gestattet die Zahl der Abonnenten noch nicht. Sie wird indeß sofort vor sich gehen, sowie die Kosten durch vermehrte Abonnements gedeckt werden, und wir hoffen, unserer Leser Beifall damit zu finden. Inzwischen aber richten wir an sie die Bitte, für die Verbreitung unseres Blattes in Freundeskreisen wirken zu wollen, und uns dadurch in die Lage zu versetzen, mehr zu bringen, als es bis jetzt geschehen ist.

Die Expedition schließt die Bitte an, das Abonnement für das nächste Quartal bei der Post aufgeben zu wollen. Es wird dies für die g. Leser selber den Vortheil der schnelleren Beförderung mit sich führen.

Die Redaction.

Phylloxera vastatrix.

IV.

Wir fügen den vorigen Artikeln über die Reblaus einige historische Notizen nach den Aufzeichnungen von J. E. Planchon, dem Entdecker der Reblaus in Frankreich, in der Revue des deux Mondes 1874, hinzu. Im J. 1854 entdeckte ein amerikanischer Entomologe, H. Asa Fitch, der im Auftrage der Regierung des Staates New-York die dem Ackerbau nützlichen und schädlichen Insecten studirte, auf den einheimischen Reben kleine Gallen und Höhlungen auf der Unterseite der Blätter, die in enger, mit Haaren besetzter Oeffnung nach der Oberseite derselben mündeten. Im Innern jeder Galle sah er eine Art Laus mit dickem Körper, kurzen Beinen, schief abgeschnittenen Antennen, den Saugrüssel in das

Blatt getaucht. Dies immer weibliche Insect, das fast unbeweglich in seiner Klause verharrte, schien nur eine Maschine zum Eierlegen zu sein; die Anzahl der um dasselbe aufgehäuften Eier überstieg oft mehrere Hundert. Aus ihnen krochen bald Junge aus, stiegen ziemlich schnell zu den oberen Zweigen empor, bohrten ihren Rüssel in ein hervorsprießendes Blatt und erzeugten so neue Gallen, in welche sie sich einschlossen, um dieselben Entwickelungsphasen zu durchlaufen, wie ihre Mutter. Fitch versetzte dies Insect unter den Namen Pemphigus vitifoliae unter die Pemphigusarten. Von der Schädlichkeit des Thieres hatte er noch keine Ahnung.

Bald darauf erwähnten 2 andere Entomologen, der verstorbene Benjamin Walsh und Charles Riley, des pemphigus Asa Fitch, als eines schädlichen Insects. Dr. Shimer, der dieselben Gallen und dasselbe Insect entdeckte, veröffentlichte 1867 eine genaue Beschreibung desselben, in der er es mit Recht von pemphigus trennte und dactylosphaera vitifoliae nannte. Er fand ein geflügeltes Exemplar, das er für das Männchen hielt. Inzwischen war der angebliche Pemphigus auf der andern Seite des atlantischen Oceans bekannt geworden, in den Weintreibhäusern zu Hammersmith bei London (1864) und an andern Punkten Englands und Irlands (1867 u. 1868). Westwood studirte das Insect und nannte es peritymbia vitisana. Er glaubte in ihm eine neue Species zu sehen, da er es nicht nur auf den Blättern und in den Gallen, sondern auch an den Wurzeln fand. Indessen veröffentlichte er seine Untersuchungen erst 1869, als das Insect bereits im südlichen Frankreich entdeckt worden war.

Ein Jahr vorher hatte schon im Departement Bas-Rhône eine unbekannte Krankheit Weinberge ergriffen, in Pujault sogar schon seit dem J. 1863. Sie hatte 1867 in einigen Departements (Comtat, Crau etc.) bereits solche Ausdehnung erreicht, daß die Winzer in große Furcht geriethen. Ein Veterinärarzt in Arles, Delorme, entdeckte damals die äußeren Merkmale des Uebels, ohne jedoch seinen Ursprung zu finden; man suchte die Ursache noch in der Pflanze selbst und glaubte es in einer Pflanzenfäule gefunden zu haben, die man banquet oder pourridié nannte. Als aber die Verwüstung immer mehr zunahm, sandten landwirthschaftliche Gesellschaften eine Commission zur Untersuchung ab (1868). Diese fand denn auch, daß unser Insect, das von Planchon rizaphis — Wurzellaus — genannt wurde, die Ursache sei. Zuerst wurden nur ungeflügelte Exemplare entdeckt, Planchon vermuthete indessen, daß auch eine geflügelte Form existire, und fand dieselbe wirklich, zuerst im Nymphenzustand, dann als vollkommenes geflügeltes Insect. Von dem Augenblicke an wurde die Rizaphis eine Phylloxera, ihre Identität mit dem amerikanischen Insect war indessen noch nicht festgestellt. Auch dies ließ nicht lange auf sich warten. Planchon fand 1869 auf einer Rebenart zahlreiche Gallen, die denen der amerikanischen Pemphigusart entsprechen; Laliman traf dieselben bei Bordeaux auf amerikanischen Reben und zugleich das Insect an den Wurzeln. Da kamen Planchon und Lichtenstein auf den Gedanken, daß der amerikanische pemphigus vitifoliae Fitch und die französische Phylloxera vastatrix ein und dasselbe Insect seien. Riley, der eigens von Amerika nach Frankreich behufs genauer Vergleichung kam, machte die Vermuthung zur Gewißheit. Er hatte, als er von den französischen Entdeckungen hörte, auch in Amerika das Insect an der Wurzel der Reben gefunden. Daraus erklärt sich, weßhalb die europäischen Reben in Amerika, wo überall die Reblaus sich findet, nicht fortkommen wollten, während die kräftigeren amerikanischen Reben ihr wenigstens theilweise zu widerstehen vermögen. Untersuchungen von Herbarien haben gezeigt, daß die Gallen in Amerika (Texas) schon im J. 1834 gefunden worden sind; offenbar hat es also hier noch früher existirt, und wurde erst von dort nach Europa importirt, besonders nach Frankreich, aber auch nach Oesterreich (Klosterneuburg), England, Irland, besonders nach Portugal (um Oporto) und auch nach Deutschland (Erfurt, Celle). —

Vielfach sind andere Phylloxera-Arten mit der vastatrix verwechselt, und noch augenblicklich dauert der Streit um neue und besondere Arten fort. Wir ergänzen die Mittheilung des letzten Artikels nach einigen Aufzeichnungen von Signoret, Lichtenstein und Balbiani in den Comptes-Rendus de l'ac. de France. Signoret (Comptes-R. Acad. France, Nr. 14, 1874) fordert für Phylloxera vastatrix den älteren Namen Ph. vitifoliae Asa Fitch. Er giebt zugleich folgende Synonymik:

Genus Phylloxera, Boyer de Fonscolombe 1834. — Vacunna, Heyden 1837. — Acanthokermes, Kollar 1848. — Phylloxera, Kaltenbach 1843. — Pemphigus, Asa Fitch 1854. — Peritymbia, Westwood 1863. — Dactylosphaera, Shimer 1867. — Rhyzaphis, Planchon 1868.

1. Ph. vitifoliae, Asa Fitch 1854. — Vitisana, Westwood 1868. — Vastatrix, Planchon 1868. — Vastatrix, Signoret 1870. — Vastatrix, Riley 1874. —

2. Ph. Quercus, Fonscolombe 1834. — Coccinea, Heyden 1837. — Coccinea, Kaltenbach 1843. — Quercus, Kollar 1848. — Coccinea, Passerini 1863. — Quercus, Signoret 1867. — Quercus, Balbiani 1873. — Coccinea, Balb. 1874.

3. Ph. scutifera, Signoret (Ann. Soc. Ent. France, 1867).

4. Ph. Rileyi, Lichtenstein, Mss Riley 1874. — Lichtensteinii Balb. 1874.

5. Ph. caryaecaulis Asa Fitch (1. Annual report ent. of New-York, 1856). — Caryaefoliae, Riley (Ann. report 1847).

Lichtenstein erwähnt in derselben Nr. der Comptes-R. nach einer neuen Art, die er Ph. Balbiani nennt. Er giebt nur unbedeutende Unterscheidungsmerkmale an, um so ungewisser, als diese Merkmale, Fühler und Taster, bei den einzelnen Formen der Phylloxera selber abändern. Er kommt somit zu folgenden Arten: 1. Ph. vastatrix, Planchon. — 2. Ph. Balbianii, Lichtenstein. — 3. Ph. Quercus, Boyer de Fonscolombe, Synonym.: Coccinea, Heyden. — 4. Ph. corticalis, Kaltenbach. Wahrscheinliche Syn.: Ph. Rileyi, Lichtenstein und Ph. Lichtensteinii Balb.

Balbiani (C.-R. Nr. 16) behauptet, daß Ph. Lichtensteinii von Ph. Rileyi verschieden sei. Derselbe berichtet (Nr. 18), daß er auch eine unterirdische geschlechtliche Form der Reblaus gefunden habe. „Ebenso wie bei der Ph. Quercus erscheint auch die geschlechtliche Form der vastatrix, welche von ungeflügelten Individuen hervorgebracht wird, viel später, als diejenige, welche von geflügelten Exemplaren erzeugt wird. Während die erstere schon im August und manchmal sogar im Juli erscheint, habe ich die zweite erst Mitte October an den Wurzeln bemerkt, aber bis in den November verfolgen können. Sonderbarer Weise waren alle mir zu Gesicht gekommenen Exemplare Weibchen. Die Aehnlichkeit zwischen den über- und unterirdischen Weibchen ist übrigens vollständig. Auch diese legen nur ein konisches Ei."

Ueber die Gleichheit der über- und unterirdischen Form bemerkt er: „Es ist mir vollständig gelungen, die Lebensweise der unterirdischen ungeflügelten Phylloxera zu ändern. Ich habe daraus ein Thier gemacht, das andauernd oberhalb der Erde lebt, wenigstens glaube ich dies daraus schließen zu können, daß es auf den Blättern und Stengeln wächst, sich häutet und Eier legt, wie es an den Wurzeln geschah. Nach und nach habe ich die Thiere an die trockne Luft gewöhnt, nach 2—3 Generationen bin ich dahin gekommen. Indessen schließt das Thier sich nicht, wie die amerikanischen Phylloxera, in Gallen ein; es lebt frei an der Unterseite der Blätter, wie die Ph. Quercus. Ich habe eine große Anzahl Zeugen für dies Factum; ich führe unter ihn die Herren G. Martins und G. Rouget an. Auch bin ich so glücklich gewesen, es von H. Prof. Vogt aus Genf und H. Prof. Targioni-Tozzetti aus Florenz, die zum Congreß der Weinbauer nach Montpellier gekommen waren, constatiren zu lassen."

Nomen et Omen.

Es ist neuer Zeit, und mit Recht, allgemeine Praxis geworden, daß jedes Nomen in der Naturgeschichte auch sein Omen habe, entgegen den Bestrebungen einer glücklicher Weise verflossenen Zeit, möglichst gehaltlose, nichts bezeichnende Namen beizulegen. Indessen kommen auch heute Namen vor, die in keiner Beziehung zum Object, das sie bezeichnen, stehen, und nur von reinen Aeußerlichkeiten abhängen; über deren Bedeutung ein Etymologe sich in spätern Jahrhunderten vielleicht vergeblich den Kopf zerbrechen wird. Zwei solcher Coleopternamen sind Cebrio ustulatus Dej. und Pleocama Staff Schauf. Von dem ersteren erzählt Hr. Dr. Kraatz in der Berl. ent. Ztschr. folgendes: „Es ist bekannt, daß Graf Dejean, unmittelbar bevor er den Befehl zum Angriff in der Schlacht bei Alcanizas gab, vom Pferde stieg, um einen seltenen Käfer aufzuspießen, welchen er in seinem Helme auf einem Stückchen Kork aufbewahrte; der Helm litt durch einen Kartätschenkugel, der Käfer blieb unversehrt. Der Name, welchen Dejean diesem Käfer mittheilte, ist uns erhalten, und zwar ist es Cebrio ustulatus Dej. Catal." (Ustulare, ein wenig ansengen) Indessen ist dieser Name nicht bewahrt worden; die neuesten Cataloge führen ihn nicht auf.

Wie deutet aber der Leser Staff in dem Pleocoma Staff Schauf.? Offenbar sieht er Staff als den Entdecker dieser Species an, und da er diesen Namen in keinem Conversationslexicon findet, so muß Staff wohl ein unbedeutender Sammler gewesen sein. Keineswegs. Staff war der bedeutende General, dem wir die Eroberung Frankreichs und die Einnahme von Paris 1870—71 zu verdanken haben. Herr Schaufuß erklärt dies in Nunquam otiosus I. 51. Er hat den betr. Käfer „seiner Singularität wegen zu Ehren des Generalstabs der occupirenden deutschen Armeen Pleocoma Staff" genannt, und zwar aus Anlaß folgender Notiz des Pariser „Figaro" vom 5. Sept. 1870, Nr. 248. „„Wißt ihr, wer der preußische General war, den der preußische Kriegsminister beauftragt hatte, seit 1866 in Paris die Straßen zu studiren, welche von der Grenze nach unserer Hauptstadt führen? Es war der General Staff, den die ganze Pariser Gesellschaft gut kennt, und der überall gut empfangen wurde. Nach seinen Mittheilungen und den Karten, die er sich zu verschaffen wußte, haben Prinz Friedrich Karl, der Kronprinz und General Moltke den Feldzugsplan entworfen, den sie jetzt auszuführen suchen.""

„Wir haben kaum nöthig," fügt die Nordd. Allg. Ztg. hinzu, „unsern Lesern zum Verständniß dieser hübschen Anekdote zu sagen, daß der Redacteur des Figaro, Herr Emile Blovet, den

Stoff zu dieser wichtigen Mittheilung offenbar aus einer englischen Zeitung geschöpft hat, wo von Staff die Rede war, was Stab bedeutet, so daß der preußische General Staff nichts weiter ist, als der preußische Generalstab."

Vermischtes.

Herr A. Malm, Director des geologischen Museums zu Gothenburg, wendet folgendes Verfahren an, um den Hymenopteren, Dipteren etc. ihre Farbe und Form zu erhalten. Nachdem er das Insect aufgesteckt hat, macht er mit einer scharfen Scheere einen Längsschnitt an der rechten Seite des Abdomens, zieht mit einer krumm gebogenen Nadel die Eingeweide heraus und stopft mit Arseniklösung getränkte Baumwolle hinein. Bei kleinen Insecten genügt es, ein mit dieser Lösung getränktes Papierstückchen hineinzustecken. So präparirte Insecten haben schon 15 Jahre lang ihre Form und Farbe behalten und werden es augenscheinlich noch viel länger thun. —

Farbestoff bei Maikäfern. Das Bulletin des sciences et arts, Poligny (Jura) berichtet von folgender Entdeckung des Dr. A. Chevreuse. Er fand, als er lebende Maikäfer ungefähr eine Stunde nach dem Fressen köpfte, daß sie 4—5 Tropfen farbiger Flüssigkeit von sich gaben, die nach den verschiedenen Blättern, mit denen man sie gefüttert hatte, variirte. Er erhielt 14 verschiedene Färbungen. Ein Professor der Chemie, ein Zeichenlehrer und ein Architect haben gefunden, daß dieser Stoff bei Zeichnungen und Tuschen, anstatt chinesischer Tusche, Sepiafarbe etc. gebraucht werden kann, und daß er weder unter dem Einfluß des Lichts, noch durch Mischung mit Aquarellfarben verändert wird. Man kann die Masse auf Glas oder in Schalen sammeln, wo man sie trocknen läßt. Zum Gebrauch muß man sie in Wasser auflösen. Trägt man sie dick auf, so erhält sie das Aussehen von Firniß

Ein Bericht über amerikanische Entomologie im J. 1873 von A. S. Packard ist im 6. Annual Report of the Trustees of the Peabody Academy of Science at Salem, Mass, enthalten. Derselbe Bericht enthält Mittheilungen von Grote über nordamerikanische Noctuinen, und von Packard über nordamerik. Phalänen.

Raupenfütterung. Raupen, die auf Pflanzen leben, welche auf dürrem Boden wachsen, gehen gewöhnlich zu Grunde, wenn man die Stiele ihrer Futterpflanzen in Wasser stellt, wie es häufig geschieht. Es ist überhaupt fraglich, ob nicht die Raupenkrankheit durch diese Art der Fütterung hervorgerufen wird, wenigstens glaubt man es bei der Seidenraupenzucht bemerkt zu haben.

Lepidopterologisches. — Um Schmetterlinge gut zu spannen, muß man jedes Mal, nachdem man ein Exemplar vom Spannbrett genommen hat, dasselbe mit feinem Schmirgelpapier abreiben, um die Unebenheiten, welche durch die Nadelstiche hervorgebracht sind, zu entfernen. Um das Brett glatt zu machen, reibt man es mit pulverisirtem Talcum. Die Flügel der Schmetterlinge lassen sich dann leichter schieben.

Entomol. und naturw. Zeitschriften.

The Annals and Magazine of Natural History, London 1874, Nr. 79. — Bates, on the Longicorn Coleoptera of New Zealand. — Moggridge, new Observations on the Habits of the Ants of the South of France. — Nr. 80. Bates', on the Longicorn Coleoptera of New Zealand. — Butler, two new Species of Fulgora from India, curtiprora and cardinalis. — Nr. 82. Scott, on a Collection of Hemiptera from Japan. — Nr. 83. dito. — Hewitson, a List of Butterflies, with Description of new Species, from the Andaman Islands. — Description of a Butterfly from Madagascar. — Butler, Descriptions of new Species of Sesia in the Collection of the Britis'h Museum.

Bibliotheque universelle et revue suisse. Archive des sciences physiques et naturelcs. T. 49. Genève 1874. Nr. 197. Moggridge, nouvelles observations sur les mouirs des fourmis et des araignées du midi de la France. Nr. 202. Forel, recherches sur l'anatomie microscopique des antennes des fourmis.

Comptes-Rendus de l'Académie des Sciences, Paris 1874.

Nr. 1. Dumas, Remarques sur le rapport de la Commission du Phylloxera (2.) Fouque, le sulfure de carbone employé contre le Phylloxera. — Nr. 2. Bourgeois, contre le Phylloxera. de Chefdebien, le sulfure de carbone, employé contre le Phyll. Remarque de Guignet. Solacrup, le savon noir dissous dans l'eau pour combattre le Phyll. Société des Mines et des Usines de Sambre-et-Meurthe, dissolution contenant du polysulfure de calcium, de l'hyposulfite de chaux contre le Ph. Catzaros, l'apparition du Ph. en Grèce. Une solution aqueuse de sulfate de protoxyde lui a servi dans le traitement des ceps attaqués. André, remarques relatives au Ph. Cacomont, sur le traitement des ceps malades. Elie de Beaumont, sur le Ph. — Nr. 3. Bouley, extrait du rapport de la Comm. etc. sur le Ph. Rousseau, emploi, contre le Ph., des résidus d'enfer des moulins à l'huile. Martineau, Mélange de charbon de varechs et de sulfure de potassium c. le Ph. Guillay, Charlot etc. diverses communications relatives au Ph. — Nr. 4. Naudin, l'arrachage des vignes pour la destruction du

Ph. Dumas, rapport sur le mémoire de Canoy, concernant les moyens de préserver les vignes de l'invasion du Ph. Girard, état actuel de l'invasion du Ph. dans les Charentes. Gagnage, Lagrange etc., sur le Ph. — Nr. 5. Frédière, Mazade, Beaume etc., sur le Phyll. Bouley, l'emploi du tabac c. l. Ph. Remarques par Brogniart et par Rolland. — Nr. 6. La Perre de Roo, l'emploi des dechets de lin c. l. Ph. Faucon, vignes phylloxérées traitées par le sable. Lecoq de Boisbaudran signale l'apparition du Ph. ailé, cette année, à partir du 2 août. Quantité de notes d'autres auteurs sur le Phylloxera.

Revue et Magasin de Zoologie pure et appliquée. Paris 1874.

Nr. 7. Millière, description de lepidoptères nouveaux d'Europe. Chevrolat, description d'espèces nouvelles de Clerides. Catalogue de sa Collection. (Auch in Nr. 8 u. 9.) Nr. 8. E. Deyrolle, description de la Pavonia Galba. Nr. 9. Chevrolat, descr. d'une nouvelle espèce d'Othnius et d'un genre nouveau d'Othnidae.

Anzeigen.

Insertionsgebühr à Zeile 0,20 M. = 20 Pfennige.
Inserate werden erbeten an die Expedition der Ent. Nachrichten.

Diejenigen der g. Abonnenten der Ent. Nachrichten, welche in Tauschverkehr mit anderen Entomologen zu treten wünschen, werden ersucht, ihre vollständige Adresse mit Angabe des entomologischen Gebiets, in dem sie Tauschverkehr wünschen, an die Redaction einzusenden. Die Ent. Nachrichten werden fortan die Adressen solcher ihrer Abonnenten, sowie sie ihr zugehen, bringen.

Redacteur: Gymn.-L. Katter,
Druck und Verlag von August Knaak in Putbus.

№. 7. Entomologische 1875.

Nachrichten.

Putbus, den 1. April.

Die E. N. erscheinen 2 mal monatlich, am 1. und 15.
Abonnem. bei der Post 1 M. viertelj. Auch durch versch. Buchh. zu beziehen.

Der Coloradokäfer.

Die Frage, ob eine Einschleppung des Kartoffelkäfers nach Europa zu befürchten sei, ist in letzter Zeit in den verschiedenen Ländern lebhaft ventilirt worden. Im Auftrage des k. preuß. Ministeriums für d. landwirthschaftl. Angel. ist ein Werkchen über dies Insect (der Kartoffelkäfer, Berlin, Schotte und Voigt[1]) erschienen, in dem diese Einschleppung „keineswegs als unwahrscheinlich, sondern im Gegentheil, als sehr wohl möglich" angesehen wird, und zwar wäre „die Ueberführung in doppelter Weise denkbar: Erstens durch den Käfer. Da derselbe in großen Schwärmen die Luft durchzieht, so liegt es nahe, daß entweder ein ganzer Schwarm oder wenigstens Theile desselben bis in die Häfen vordringen können, zumal es von ähnlichen, in der Wanderung begriffenen Käfern zur Genüge bekannt ist, daß sie oft zu Tausenden weit in das Meer hinausfliegen. Bei einem solchen Vorkommniß würden dann mehr oder weniger zahlreiche Individuen sich leicht auf Deck, an den Masten, der Takellage u. s. w. eines Schiffes niederlassen können. Daß sie aber in diesem Fall nicht nur eine 10- bis 14-tägige, sondern selbst eine 4- bis 6 wöchentliche Fahrt nach Deutschland ohne Gefahr für ihr Leben mitmachen würden, steht deßhalb außer allem Zweifel, weil bereits mehrere aus Canada mit der Post nach London versandte Käfer dort lebend und wohlbehalten eingetroffen sind, überdies aber in Nordamerika angestellte Versuche dargethan haben, daß der Käfer selbst ohne alle Nahrung 6 Wochen lang am Leben erhalten werden kann. — Zweitens durch die Larve resp. die Eier. Eine Ueberführung dieser auf ein Schiff wäre in der Weise möglich, daß sie sich an dem aufgenommenen Proviant, besonders an Gemüse (Kohl), Tomaten und deren Kraut, auch wohl an dem zuweilen zur Verpackung von Kartoffeln, Rüben u. dergl. verwandtem

1) S. 4 dieses Werkchens steht: „Der Kartoffelkäfer, von den Nordamerikanischen Landwirthen zuerst irriger Weise für eine Wanze (Colorado-bug, Potato-bug) angesehen, ist bereits seit d. J. 1823 bekannt." Wir bemerken dazu, daß bug in Amerika nicht nur die Bezeichnung für Wanze ist, sondern auch in vielen Volksnamen als solche für Käfer gilt. Es ist doch etwas unwahrscheinlich, daß der unverkennbare Käfer für ein Wanze gehalten worden sei.

Kartoffelkraut, unbemerkt vorfänden. Sollten sie auf diese Art mit verladen werden, so wäre ihre Weiterentwickelung während der Fahrt immerhin nicht ganz unwahrscheinlich."

Aus England hören wir von dem berühmten Entomologen Mac Lachlan ein ähnliches Urtheil. Im Hause der Gemeinen richtete ein Mitglied an die Regierung die Frage, ob sie gesonnen sei, irgend welche Schritte zu thun, damit die Einführung des Kartoffelkäfers durch amerikanische Saatkartoffeln verhindert werde. Der Regierungscommissar antwortete darauf, daß die einzigen Länder, welche Maßregeln zur Abwehr getroffen hätten, Oesterreich und Belgien wären (jetzt auch Deutschland). Ihm sei mitgetheilt, daß der Schade, der den amerikanischen Kartoffelfeldern geschehen sei, sehr übertrieben worden sei. Das Insect wäre in jenen Gegenden seit mehr als hundert Jahren bekannt, und da es die Stengel und Blätter, und nicht die Wurzel der Pflanze angriffe, so wäre die Gefahr der Einschleppung nicht so groß, wie man glaube. Indessen wäre die Angelegenheit wohl der Berathung werth, aber jede gesetzliche Maßregel in Bezug hierauf müsse auf ganz Groß-Britannien Anwendung finden. Infolge dessen schreibt M'Lachlan an den Standard Folgendes: „In der Antwort auf die Anfrage des Mr. Herbert ist die Thatsache richtig, daß das Insect nur die Stengel und nicht die Wurzel angreift. Die Eier werden an den Stengeln und Blättern abgelegt; die Larven verzehren diese und verhindern damit die Knollenbildung oder bringen auch die ganze Pflanze zum Untergange. Wenn die Larven ausgewachsen sind, gehen sie zur Verpuppung in die Erde. Die Käfer scheinen jährlich mehrere Generationen zu haben; die letzten überwintern in der Erde und erzeugen im nächsten Frühjahr eine neue Generation. Ich glaube, daß seit einiger Zeit ein starker Import von Kartoffeln aus Amerika in unser Land stattgefunden hat Indessen ist es unwahrscheinlich, daß die leicht verletzliche Larve des Insects hiermit eingeschleppt werden sollte. Die wirkliche Gefahr liegt in der Ueberführung der Puppen und Käfer mit den Knollen, besonders in den Fällen, wo von diesen nicht alle Erde entfernt ist. Auch ist es keineswegs unmöglich, daß die Käfer lebendig mit dem Kartoffelkraut eingeschleppt werden, das häufig zum Verpacken gebraucht wird. Es ist möglich, daß die Berichte über die Verwüstungen in Amerika übertrieben sind, daß aber ungeheurer Schade geschehen ist, ist gewiß, und zwar in solchem Grade, daß es wohl nothwendig ist, das Uebel zur allgemeinen Kenntniß zu bringen. Ich hoffe, gezeigt zu haben, wie das Uebel in Europa eingeschleppt werden kann, und es wird klug und weise sein, Vorsicht zu gebrauchen."

Anders denken die belgischen Entomologen. In Veranlassung

der Verhandlungen in der belgischen Kammer über den Kartoffelkäfer entstand in der Sitzung des belg. entom. Vereins vom 6. Febr. 1875 eine Kundgebung über diesen Gegenstand, die auch in der Märzsitzung noch fortgeführt wurde. Wir theilen daraus Folgendes mit:

H. Dr. Candèze ist überzeugt, daß das Insect weder in Europa eingeschleppt werden, noch dort fortkommen könne. Er fragt, ob irgend einer unserer Culturpflanzenverwüster unter den Käfern sich in Amerika finde oder einer der amerikanischen bei uns und verneint die Frage. „Wenn es der Doryphora einfiele, nach Europa zu kommen und unsere Kartoffelfelder anzugreifen, glauben Sie, daß man sie durch das Verbot der Einfuhr amerikanischer Kartoffeln zurückhalten würde? Einbildung! Ebenso gut könnte man den Wind und die Fluth zurück halten . . . Man müßte den Import jedes amerikanischen Products nach Europa verbieten, denn weder durch die Eier, noch durch die Larven, noch durch die Puppen der Doryphora kann die Einschleppung geschehen, sondern nur durch das vollkommene Insect . . . Wenn Sie glauben, daß die Doryphora Europa schädigen kann, lassen Sie die Kartoffeln kommen, selbst mit der umgebenden Erde, aber halten Sie um Himmelswillen die Baumwolle zurück. Diese ist das drohende Importmittel.“[2])

Ebenso schroff weist H. Dr. Breyer den Gedanken der Einschleppung zurück. Von der Puppe sagt er: „Wenn man zugeben will, daß die Cocons zuerst in Säcken, dann in der Ladung eingeführt werden könnten, so müßte man annehmen, daß dies durch die Arbeiter geschähe, welche die Knollen in Säcke bringen. Dies kann einmal auf hundert Millionen Kartoffeln geschehen, aber dann ist es unbegreiflich, daß das Rollen der Kartoffeln, wenn man sie aus den Säcken in den Schiffsraum schüttet, diese Cocons nicht vollständig zerdrückt, wofern man nicht behaupten will, daß man Sperlingseier unter Kartoffeln vom Felde in das Vorrathshaus, von diesem auf den Markt, vom Markt in den Hafen und auf das Schiff wohl erhalten transportiren können . . . . Man kann also kühn behaupten, daß die Einschleppung der Doryphora durch Kartoffelladungen auf Schiffen ebenso wahrscheinlich ist,

---

2) Bei meinem Aufenthalt in Oct. v. J. in Bremen durchsuchte ich u. A. auch die Baumwollenspeicher nach Insecten. In den frisch angekommenen Ballen fand ich nichts, ebenso wenig auf den Speichern, wo sie nur kurze Zeit lagerten. Nur diejenigen Lager, die längere Zeit die Baumwolle auf dem Lager hatten, wie z. B. das Probenlager in der Börse, lieferten die einzige Art Dermestes (ob aus Amerika?). Es scheint mir demnach die Baumwolle nicht sehr zu fürchten zu sein. H. Dr. Candèze behauptet außerdem: »Es giebt nicht, wie man irrthümlich behauptet hat, jährlich mehrere Generationen« (des Kartoffelkäfers). Auch diese Behauptung steht nicht im Einklang mit den Berichten amerikanischer Entomologen.

wie die der Bären oder Klapperschlangen mit amerikanischem Holz."

Trotz dieser Behauptungen glauben wir dennoch, daß es besser ist, dem Rathe M'Lachlans zu folgen, und bei einer so drohenden Gefahr Vorsicht zu gebrauchen. „Grau, theurer Freund, ist alle Theorie."

Winterliche Schmetterlinge.

Im 5. und 6. Jahrgang (1873 u. 74) der Mittheilungen aus dem naturwissenschaftlichen Vereine von Neuvorpommern und Rügen giebt H. C. Plötz in Greifswald eine Uebersicht der überwinternden oder im Winter sich entwickelnden Schmetterlinge. „Es scheint in weitern Kreisen nicht bekannt zu sein, daß noch im Spätherbst sich viele Schmetterlinge aus ihren Puppen entwickeln, den Winter an verborgenen Orten zubringen, um dann im Frühlinge, für ihre Fortpflanzung sorgend, ihre Eier an den Nahrungspflanzen der Raupen abzusetzen. Die meisten dieser Schmetterlinge bleiben die ganze Zeit verborgen, einige kommen jedoch bei frostfreiem schönen Wetter aus ihren Schlupfwinkeln hervor, suchen aber rechtzeitig wieder einen Versteck auf, wo sie die noch folgenden kalten und unfreundlichen Tage verleben; in ein erwärmtes Zimmer gebracht, sterben sie bald. Solche bei milden Wintertagen erscheinende und am Sonnenschein sich labende Schmetterlinge werden gewöhnlich für Vorboten eines nahen Frühlings gehalten; die Grundlosigkeit dieser Vorstellung ist aber durch obige Darstellung ihrer Lebensweise erwiesen."

H. Pl. giebt nun ein Verzeichniß der Schmetterlinge, deren Ueberwinterung in dortiger Gegend bekannt ist, und führt als sich von Mitte October bis Anfang December entwickelnd an: Himera Pennaria L., Hibernia Defoliaria L., Cheimatobia Brumata L., Cidaria Dilutata S. V. Diese erleben das neue Jahr nicht.

Ferner entwickeln sich schon im Februar Brephos Parthenias (um Birken fliegend), und Hibernia Leucophaearia S. V. u. Biston Stratarria Hf. (an Baumstämmen). „Im März erscheinen: Endromis Versicolora L., Asphalia Flavicornis L., A. Ridens F., Taeniocampa Gothica L., T. Cruda S. V., T. Populeti F., T. Stabilis S. V., T. Incerta Hfn., Brephos Notha Hb., Selenia Illunaria Hb., Hibernia Progemmaria Hb., Phigalia Pilosaria S. V., Biston Hispidaria S. V., B. Hirtaria L., Boarmia Crepuscularia S. N., Anisopteryx Acetaria S. V., A. Aescularia S. V., Eupithecia Abbreviata Stp., Eucosmia Certata Hb., Cidaria Corylata Thnb., Cheimatophila Tortricella Hb., Grapholita Pygmaeana Hb., Chimabache Fagella

S. V., Semioscopus Avellanella Hb. und Nepticula Argyropeza Z.

Obschon der April nicht selten noch recht kalte Tage hat, so hat doch das Erscheinen von Schmetterlingen in diesem Monate nichts Auffälliges mehr."

Ueber das Tödten und Präpariren der Hymenopteren.

Unter dieser Ueberschrift giebt Hr. Dr. Kriechbaumer (Stett. ent. Ztg.) eine eingehende Anweisung, von der wir um so lieber unsern Lesern Mittheilung machen, als das Studium der Hymenoptern, wie auch der Verfasser jenes Artikels hervorhebt, hinter dem mancher anderen Insectenordnungen noch sehr weit zurücksteht. Hr. K. sucht dies aus manchen Aeußerlichkeiten, wie Spannen, Fang, Zucht zu erklären und wohl nicht mit Unrecht; indessen ist auch wohl der Umstand in Erwägung zu ziehen, daß sich dem Anfänger in Lepidopteren- und Coleopterensammeln viel mehr und viel leichter Hülfe bietet, als jenem, der sich das Studium der Hymenopteren erwählt hat.

Der Verfasser hebt hervor, daß sowohl aus ästhetischen Gründen wie der Bestimmung halber sorgfältiges Spannen höchst wünschenswerth sei. „Wie muß man sich oft abquälen, nur die Familie oder Gattung eines solchen — schlecht präparirten — Thieres zu ermitteln, während bei einem gut präparirten vielleicht der erste Blick das würde erkennen lassen."

Er beginnt mit dem Tödten der Insecten, als einem höchst wichtigen Umstande. „Hymenopteren in Weingeist zu werfen wird wohl keinem vernünftigen Sammler in den Sinn kommen. Schwefeläther, Chloroform, Benzin und Cyankali sind wohl die gewöhnlichsten Tödtungsmittel, welche gegenwärtig angewendet werden. Alle diese Mittel haben das Unangenehme, daß die Gliedmaßen der durch sie getödteten Thiere schnell zäh und steif werden, wodurch das Präpariren sehr erschwert oder ganz unmöglich gemacht wird. Von dem Cyankali möchte ich aber noch aus zwei andern Gründen entschieden abrathen, einmal nämlich, weil mit diesem höchst gefährlichen Gifte durch irgend eine Unvorsichtigkeit (und wem passirt nicht zuweilen eine solche?) leicht ein Unglück veranlaßt werden kann, und dann, weil es stark verändernd auf die Farbe der Insekten wirkt, namentlich das schönste Gelb in Roth verwandelt, wodurch die Thiere bis zur Unkenntlichkeit entstellt werden und sogar Anlaß zu neuen Pseudospecies gegeben wird, wie wir eine solche bereits in dem Amblyteles regius haben, der nichts als ein obiger Weiser veränderter A. fasciatorius ist. (Vgl. Ent. Ztg. 1874, p. 142).

Die Methode, die ich anwende, wurde meines Wissens zuerst von einem hiesigen Dilettanten zum Tödten der Käfer gebraucht, und der gute Erfolg derselben veranlaßte mich, selbe auch für andere Insekten zu benutzen: Fläschchen (wo möglich etwas zusammengedrückt) von weißem Glase und nicht zu enger Mündung, $\frac{1}{5}$ bis 1 Liter fassend, werden etwa halb mit gut ausgetrocknetem Moose gefüllt, statt dessen auch, besonders für kleinere, sich leichter verlierende Thiere, Papierschnitzel genommen werden können. Ehe ich nun meine Excursion antrete, wird in den Fläschchen, deren Zahl und Größe sich nach der zu hoffenden Ausbeute richtet, Schwefeldampf dadurch erzeugt, daß ich in jedes ein angebranntes Zündhölzchen, (natürlich kein schwedisches, das keinen Schwefel enthält) bringe und die Oeffnung mit dem Pfropfe schnell und gut verschließe. Das Zündhölzchen wird entweder vor dem Anbrennen in die untere Fläche des Pfropfes gesteckt, oder angezündet durch diesen an der innern Wand der Mündung des Fläschchens befestigt, d. h. zwischen letzterer und Pfropf eingeklemmt. Für die größeren Gläser benutze ich größere, sogenannte Schwefelhölzer, wie sie vor Einführung der Zündhölzchen gebräuchlich waren, und wie man sie sich selbst leicht herrichten kann. Bei richtiger Handhabung wird der Schwefel gut abbrennen, nicht mehr aber das Hölzchen, daß dann herausgenommen wird. Der so gebildete Schwefeldampf hält nun ziemlich lange an, und man kann je nach der Ausbeute 1 bis 3 Stunden lang die gesammelten Thiere in ein Fläschchen bringen, wo sie bald todt sind."

(Fortsetzung folgt.)

Vermischtes.

H. Traherne Moggridge, dessen Beobachtungen über die Sitten der Ameisen in Südfrankreich wir in Nr. 5 brachten, ist — wie the Entomologist's Monthly Magazine mittheilt — im Alter von 32 Jahren am 24. Nov. 1874 gestorben, gerade zu der Zeit, als eine Fortsetzung seiner Beobachtungen unter dem Titel. „Supplement to Harvesting Ants and Trop-door Spiders" erschien.

Mr. Henry Stephenson in Huddersfield hat Bastarde von Smerinthus ocellatus und populi in bedeutender Anzahl aufgezogen; sie zeigen sowohl die Farbe, wie die Zeichnung beider Arten. Auch bei den Raupen war die Mischung beider Species deutlich bemerkbar. Auffallend ist, daß jedes Exemplar männliche Fühler hat, — eine Erscheinung, die nicht nur bei dieser Zucht, sondern auch bei mehreren andern an andern Orten erzielten constant sich wiederholte. Es scheint, als wenn alle diese Bastarde

Zwitter wären. In den beobachteten Fällen war Sm. ocellatus ♂ und populi ♀. (Ent. M. Magazine 1874, Dec.).

Futter für Seidenraupen. H. A. Engel in Gothenburg (Schweden) empfiehlt als Futter für Seidenraupen die überall prosperirende Scorzonera vulgaris, die zugleich ein wirksames Mittel gegen die epidemischen Krankheiten dieser Thiere sein soll. Indessen liefern die Raupen, welche mit dieser Pflanze gefüttert worden sind, nicht soviel Seide, wie die mit Maulbeerblättern gefütterten. — Dasselbe Material giebt schon Bachy in seinem Rapport sur l'éducation des vers à soie au moyen des feuilles de la Scorsonère (Mém. Soc. Sc. Lille 1842, p. 476).

Herr E. Lelièvre erzählt solchen, die es glauben wollen, in den „Feuilles des J. Natur.“ „Eine Maccoglossa stellatarum hatte ihren Rüssel so tief in den Kelch einer Oenothera getaucht, daß, als die Blüthe sich am Abend schloß, der Falter gefangen wurde. Am nächsten Morgen fand ich ihn in dieser improvisirten Falle.“

Herr Dr. Gestro in Genua berichtet in den Ann. del Mus. Civ. di St. Nat. di Genova von 3 neuen auf der Insel Borneo gesammelten Cicindeliden: Cicindela (Heptadonta) tricondyloides; Tricondyla Doriae; Tricondyla Beccarii. Die Abhandlung ist auch im Separatabdruck erschienen.

Vereine.

Berlin, entomologischer Verein, Vorsitzender Dr. Kraatz, Linkstr. 28. Schriftführer Dr. Stein, Brandenburgstr. 34. — Ehrenmitglieder 8, Mitglieder c. 400, corr. M. 19. — Wöchentliche Zusammenkunft. — Deutsche entomologische Zeitschrift. — Jahresbeitrag 9 Mark.

Stettin, entomologischer Verein, Vsd. Dir. Dr. C. A. Dohrn, Lindenstr. — Schrftf. Prof. Zeller, Grünhof. — Protector Ober-Präsident der Prv. Pommern, Freih. von Münchhausen. E.-M. 15, Vorstandsm. 11, ord. M. 642. — Stettiner entomologische Zeitung; jährlich 6 M. für Mitglieder.

Wien, zoologisch-botanische Gesellschaft. — Protector S. k. k. Hoheit der Erzherzog Rainer. Präs. S. Durchlaucht Fürst Josef Collorado-Mansfeld. — Vicepräsidenten 6. Präs.-Stellvertreter Herr Brunner von Wattenwyl. — Schftf. A. F. Rogenhofer, Dr. E. von Marenzeller; außerdem noch 1 Rechnungsführer und 36 Ausschußräthe. — M. im

Auslande 548, im Inlande 959. — Verhandlungen der zoologisch-botanischen Gesellschaft in Wien.

Bremen, naturwissenschaftlicher Verein. Vors. Dr. med. G. W. Focke; corr. Schrftf. Prof. Dr. Buchenau, Fedelhören 20. E.-M. 13, corr. M. 9, 400 hiesige, 116 auswärtige M. — Abhandlungen in zwanglosen Heften. — Gegründet 17. Nov. 1864. —

Fulda, Verein für Naturkunde. Vors. Sanitätsrath Dr. Bauer; Schrftf. Gymnasiallehrer Dr. Weidenmüller. E.-M. 1, corr. M. 23, ord. M. — Jahresberichte (bisher 2) nur dann, wenn genügendes Material vorhanden. — D. V. besteht seit 10 Jahren.

Annaberg, Sachsen, Annaberg-Buchholzer Verein für Naturkunde. Vors. Oberlehrer Dr. Krause. E.-M. 7, corr. M. 8, o. M. 80. — Jahresberichte alle 3 Jahre, der letzte 1873. Wöchentliche Sitzungen. D. V. besteht seit 1865.

Bromberg, naturwissenschaftlicher Verein. Vors. Oberlehrer Hesster. Local: Ressource. Mitgl. 12.

Hermannstadt, siebenbürgischer Verein für Naturwissenschaften im Palais Brukenthal. Vors. k. Schulinspector E. A. Bielz, Heltauergasse. Sekr. Prof. Schuster. E.-M. 26, corr. M. 42; o. M. 150. — Verhandlungen und Mittheilungen des siebenb. Vereins für Naturwissenschaften in Hermannstadt. — Gegr. 1849.

Graz, naturwissenschaftlicher Verein für Steiermark, Landes-Ober-Realschule. Vors. Freiherr von Wüllersdorf Urbair, k. k. Vice-Admiral. — E.-M. 11; corr. M. 21; o. M. 439. — Mittheilungen des naturw. V. f. St. jährlich 1 Heft. — Gegr. 1862.

Adressen für Tauschverkehr.

Hr. Dr. F. Rudow, Neustadt-Eberswalde. Hymenoptera, Orthoptera, Neuroptera und Hemiptera. (Material ziemlich reichhaltig).

H. Hugo Lehmann, Landes-Deputations-Secretair in Breslau, Bohrauer Str. 13, II. (Lepidoptera).

Berichtigung.

In der Anzeige des Herrn Dr. Rudow in Neustadt-Eberswalde in Nr. 6 der Ent. Nachr. muß es heißen: Wer verkauft (nicht kauft) Termiten, Phylloxera, Doryphora 10-lineata?

Redacteur: Gymn.-L. Katter,

Druck und Verlag von August Knaak in Putbus.

№. 8. Entomologische 1875.
Nachrichten.
Putbus, den 15. April.
Die E. N. erscheinen 2 mal monatlich, am 1. und 15.
Abonnem. bei der Post 1 M. viertelj. Auch durch versch. Buchh. zu beziehen.

Die Arten des Genus Phylloxera.

Der in Frankreich begonnene, von uns in den Nrn. 5 und 6 unseres Blattes erwähnte Streit über die Species des Genus Phylloxera hat sein Ende noch nicht erreicht, jedenfalls aber wird er dazu beitragen, in die noch sehr zweifelhaften Arten der Phylloxera mehr Licht zu bringen. Signoret (in Nr. 23 der Comptes-Rendus 1874) giebt eine Berichtigung seiner eigenen Irrthümer in der Mittheilung im Octoberheft v. J. Durch dieselbe Abhandlung wurde Riley zu einer Mittheilung über die Arten des Genus Phylloxera veranlaßt, die wir in Nr. 24 der C.-R. finden. Signoret sagt: „Ich bin zu der Erkenntniß gelangt, daß ich mich im Jahre 1867 (Ann. ent. de France, p. 301) getäuscht habe, indem ich zu gläubig den Schriftstellern, welche die Frage schon behandelt hatten, folgte, und daß Phylloxera quercus Fonscolombe nicht Ph. coccinea Heyden, Kaltenbach, Passerini war, daß es im Gegentheil die Phylloxera, welche Lichtenstein als neu ansah, und welcher er den Namen Balbiani gab, war. In der That stimmt die Beschreibung von Fonscolombe vollständig mit den Merkmalen dieser Species überein, die folgende sind:

Ph. fusca, abdomine rubro, pedibus nigris, alis griseis. Die Larve ist scharlachroth, Augen, Rüssel, Fühler und Beine schwarz, der Körper oben mit kurzen, steifen und schwärzlichen Haaren, die durch die Lupe betrachtet, in einem Knopf zu enden scheinen, sparsam besät. Die Nymphe ist der Larve ähnlich und unterscheidet sich nur durch die schwärzlichen Flügel. Das vollkommene Insect hat 4 schwarze Dornen, die vorn am Kopfe horizontal stehen etc.

Habitat: Auf der gemeinen und Kermes-Eiche. Aix. — . . .

Es ist Regel, daß einer Species der Name des Autors wiedergegeben wird, der sie zuerst beschrieben hat. Darnach muß man also den Namen Ph. quercus für die Art aus dem Süden und, wenn man will, obgleich keine vollständige Beschreibung gegeben ist, als synonym Ph. coccinea Balb. (1), Ph. Balbiani Licht. (2) dazu nehmen. Für die Pariser Species behalten wir den Namen Ph. coccinea Kaltenbach, die sehr gut auf sie zu passen scheint, ausgenommen auf die Farbe, und als synonym quercus Signoret (3), coccinea Heyden (pro parte); denn das vollkommene Insect, welches er beschreibt, ist Vacuna Dryophila Schrank (Fauna Boica), während die Larve allerdings eine Phylloxera ist. . . . . Diese beiden Arten können nicht mit einander verwechselt werden. Die erste unterscheidet sich von allen andern Phylloxeren durch die 4 Dornen auf dem Kopfe des vollkommenen geflügelten Insects, durch dornige Wärzchen, die in der Mitte dünner sind, d. h. durch Dornen mit breiter Basis und verdickter Spitze, bei dem flügellosen; dies unterscheidet sie von Ph. Rileyi."

Für diese Art beansprucht Signoret den Namen Ph. corticalis Kalt.; syn. Lichtensteinii Balb., Rileyi Lich. Mss. Riley. Er sagt: „Diese Art kann in keinem Zustande mit den andern verwechselt werden. Die Larve hat vor der ersten Häutung auf dem ganzen Körper Wärzchen, auf denen ziemlich lange röhrenförmige Dornen stehen, welche auf dem Kopf und dem Prothorax zweigespalten sind. Nach der ersten Häutung verschwinden diese Dornen, die Warze ist dann nur oben abgestumpft und gezähnt. Nach der zweiten Häutung wird das Wärzchen länger, fast wie bei Ph. quercus. Dann bekommt auch die Tarse zwei Glieder. Die Nymphe zeigt dieselben Merkmale, außerdem noch Flügelstumpfen; und endlich, entgegen der Ph. quercus, hat das geflügelte Insect keine Wärzchen. Alle diese Arten zeigen auf den Flügeln dieselben Merkmale, d. h. die beiden Adern, von denen die erste gespalten ist, was alle Autoren veranlaßte, sie für drei zu halten, die Seitenader nicht inbegriffen, die mit dem Rande eine gewöhnlich größere und gefärbte Zelle einschließt. Manchmal existirt nur eine dreigetheilte Ader. Dies Merkmal gab den HH. Planchon, Lichtenstein und Riley zu dem Glauben Veranlassung, daß sie es mit einem männlichen Individuum zu thun hätten. — Die Adern sind in dem Normalzustande, von dem ich soeben gesprochen habe, nicht in ihrer ganzen Ausdehnung vollständig sichtbar; häufig ist der Spaltungspunkt schwer zu unterscheiden. . . . . Ph. vitifoliae A. Fitch (vastatrix Planchon) unterscheidet sich von den andern bekannten Arten durch das Merkmal der beiden Fühlernarben, die alle beide abgerundet sind." —

Riley dagegen behauptet: „Ich glaube nicht, daß Ph. Rileyi Licht., die von Lichtenstein mit corticalis und Lichtensteinii zusammen geworfen ist, in Frankreich existirt, wie groß auch ihre Aehnlichkeit mit den letzteren sein möge. Da ich aber die französischen Arten nicht gesehen habe, so glaube ich, eine vollständige

Diagnose geben zu müssen, um die europäischen Entomologen in Stand zu setzen, über die Frage zu entscheiden."

Wir werden diese Diagnose in der nächsten Nr. bringen.

Ueber das Tödten und Präpariren der Hymenopteren.

II.

In Betreff der Tödtung der Hymenoptern, sowie anderer Insecten durch Schwefeldampf, empfiehlt Herr Kriechbaumer zweierlei: „1) das Hineinbringen der Thiere möglichst rasch zu vollführen, damit der Dampf nicht entweicht; 2) die Fläschchen ja nicht der Sonne auszusetzen, da sonst der Dampf sich zu einer Flüssigkeit verdichtet, wodurch besonders die behaarten Thiere verdorben werden. Letztere, namentlich die Hummeln, erfordern überhaupt eine besondere Sorgfalt. Wenn man sie nämlich, um sie aus der Klappe in das Glas zu bringen, anspießt und dann wieder von der Nadel abstreift, fließt ein Saft aus der Wunde, der die Haare zusammenklebt und so die schönsten Exemplare verdirbt. Das kann verhütet werden, wenn man die Thiere mit einer möglichst feinen Nadel und seitlich spießt, so daß der Honigmagen nicht durchstochen wird, oder mit einer schmalen Pincette zwischen die beiden auf einanderliegenden Flächen der Klappe hineingreift und das Thier an einem Beine packt. Gerade bei diesen Thieren muß man sich auch hüten, zu viele in ein Fläschchen zu bringen, denn wenn sie nicht schnell absterben, kriechen sie auf einander herum, verschmieren sich gegenseitig mit den ausgebrochenen Blüthensäften, beißen sich wohl auch gegenseitig die Fühler ab, und athmen so viel Kohlensäure aus, das ein später eingebrachtes brennendes Zündhölzchen augenblicklich erlischt und keinen Dampf mehr entwickelt.

Es ist am zweckmäßigten, die auf diese Weise getödteten Thiere am folgenden Tage zu präpariren, doch kann das nöthigenfalls auch auf den zweiten oder dritten Tag nach der Exkursion verspart werden, wenn die Fläschchen ruhig und fest verschlossen an einem etwas kühlen Platze stehen. Ich suche dann die Thiere gleichmässig in der Weise zu spießen, daß oben etwa der vierte Theil der Nadel hervorsteht und letztere, was für das Spannen von großer Wichtigkeit ist, genau senkrecht durch die Mitte des Brustſtücks geht. Zum Spannen benutze ich sehr einfache glattgehobelte Brettchen aus Tannen- oder Lindenholz, von etwa 35 cm. Länge, 3½ cm. Dicke und 4—8 cm. Breite, deren Mitte von einer 3 bis 20 mm. breiten und ebenso tiefen Rinne durchzogen ist. Der Boden der Rinne ist in etwa 2 cm. Entfernung von einander mit genau senkrechten Löchern durchbohrt, die nicht zu dicht mit Baumwolle ausgefüllt sind. In diese Löcher werden (am Besten zwischen Holz und Baumwolle) die gespießten Thiere bis zur Höhe der Flügelwurzel gesteckt. Zunächst werden dann die Beine gerichtet, die vordersten nach vorne, die mittleren nach hinten, wo möglich aber nicht ganz steif ausgestreckt, sondern an den Knieen abgebogen. Nun folgen die Flügel, die wagerecht und etwas (doch ja nicht zu viel) nach vorne vorgreifend mittelst Papierstreifchen und Nadeln an deren beiden Enden befestigt werden. Die Entfernung der Vorder- und Hinterflügel von einander ergiebt sich von selbst, da erstere in den Vorderrand der letzteren übergreifen und diese vermittelst der kleinen am Rande befindlichen Häkchen bei einer Bewegung nach vorne mit sich ziehen. Zuletzt wird den Fühlern durch Nadeln eine passende Stellung gegeben, wobei man sich aber hüte, diese nach dem Tode bei vielen Ichneumonen-Weibchen eingerollten Organe auszustrecken, da hierdurch ein charakteristisches Merkmal verloren gehen würde. Die Thiere bleiben nun nicht länger auf den Spannbrettern, als nöthig ist, d. h. bis die Flügel so fest stehen, daß sie nach Wegnahme des Papierstreifchens nicht mehr nachgeben, was bei kleinen Thieren, besonders Schlupfwespen, schon am nächsten Tage, bei großen, wie Hummeln, vielleicht erst nach ein paar Wochen der Fall ist. Da nämlich des Spannens der Flügel wegen der Körper der Thiere in eine schmälere Rinne gebracht werden muß, als die natürliche Stellung und Entfernung der Beine vom Körper wünschen läßt, müssen letztere nach dem Abspannen noch etwas nach außen gedreht werden, was mittelst einer starken Nadel, aber mit großer Vorsicht und dicht an den Hüftgelenken geschehen muß und zu welchem Zwecke diese Theile noch nicht zu sehr eingetrocknet sein dürfen.

Kleine Hymenopteren, für welche auch die feinsten Nadeln zu dick sind, werden wie die Microlepidopteren an feinen Silberdraht gespießt und auf Klötzchen vom Mark der knolligen Sonnenblume (Topinambur, Helianthus tuberosus) oder solche von weißem Birkenschwamm (Polyporus betulinus) gesteckt. Der Gleichheit wegen sollen diese Klötzchen nach einem bestimmten Maaße geschnitten sein (etwa 1 cm. lang, 2–3 mm. breit und 3 mm. dick). Dieselben werden schon vor Anfang der Sammelzeit an nicht zu dünne Nadeln (etwa Nr. 6 der Carl Dexter'schen Karlsbadernadeln) gesteckt, um sie im Falle des Bedarfes sogleich vorräthig zu haben. Das Klötzchen wird soweit hinaufgeschoben, daß die darauf gesteckten Thierchen in gleiche Höhe mit den gespießten zu stehen kommen (etwa bis zum obern Ende des zweiten Drittels der Nadel), und auf der Unterseite mit etwas Insektenleim an die Nadel befestigt, um das Drehen zu verhüten. Wer nun eine noch höhere Stufe der Vollkommenheit anstreben und den Microlepidopterologen nacheifern will, mag versuchen, auch diese kleinen Thierchen (meist Gallwespen, Braconiden und Pteromaliden) vor dem Einstecken in die Klötzchen zu spannen. Die kleinsten ausgenommen dürften selbe kaum größere Schwierigdarbieten, als etwa eine Nepticula. Bezüglich der Spannbrettchen für solche ist eine Dicke von 1 cm. mehr als hinreichend; die sehr schmale aber etwas tiefere Rinne wird am besten durchaus mit obengenanntem Marke ausgefüttert.

Geduld und Uebung sind allerdings, wie zu vielem Andern, auch hier erforderlich, und wer diese nicht hat oder sich erwirbt, oder ein sorgfältiges Präpariren überhaupt als pedantisch verwirft, muß eben sowohl auf die ästhetische als praktisch vortheilhafteste Seite einer Hymenopteren-Sammlung im Voraus verzichten. War schon Smith von seiner Methode, die Hymenopteren zu präpariren, die viel Unvollkommneres leistete, so entzückt, daß er von einer Sammlung solcher nach seiner Weise präparirter Thiere behauptete, selbe sei werth, daß man eine Wallfahrt zu ihr mache („worth a pilgrimage to look at")*), so würde sich das von einer in oben angegebener Weise hergestellten Sammlung noch mehr behaupten lassen, oder dürfte eine solche wenigstens geeignet sein, die Lust zu solchen Sammlungen zu wecken.

Daß ein derartiges Präpariren nur möglich ist, wenn man sich an seinem gewöhnlichen Aufenthaltsorte befindet, oder ein Standquartier für längere Zeit hat, versteht sich von selbst. Auf größeren Reisen, wo es hauptsächlich darauf ankommt, in kurzer Zeit möglichst viel zu sammeln und das Gesammelte in möglichst kleinen Raum zusammenzubringen, können Hymenopteren sogleich gespießt und in eine gut mit Benzin getränkte Schachtel gesteckt, oder, nachdem sie zuerst auf die oben angegebene Art getödtet wurden, ebenfalls gespießt oder zwischen Watte verpackt werden, die in den Zwischenlagen reichlich mit gepulvertem Campher zu bestreuen ist. Selbe können dann später aufgeweicht und präparirt werden; sie vertragen das zwar nicht so gut wie Käfer und Schmetterlinge, doch immer noch besser als Dipteren, die auf Reisen nur durch sofortiges Anspießen und Tödten in brauchbarem Zustande zu erhalten sind."

Vermischtes.

Von Herrn F. de Saulcy ist (Bulletin de la Société d'histoire naturelle de Metz) der erste Theil der lang erwarteten Arbeit „Species des Paussides, Clavigerides, Pselaphides und Scydmenides" erschienen. Er behandelt die Paussiden, die Cla-

*) The Entomologist's Annual 1856, p. 106.

vigeriden und ungefähr die Hälfte der Gattungen der Pselaphiden und bringt eine ganze Anzahl neuer Arten. —

Deilephila Nerii, die sich seit langer Zeit nicht im Elsaß gezeigt hatte, ist 1874 in großer Menge dort aufgetreten. Der Schmetterling entwickelte sich, trotz des kalten Herbstes im October. —

Eine allgemeine Fauna von Italien erscheint in Turin. Den entomologischen Theil im weitern Sinne bearbeiten die Herren St. Bertoloni (Coleopteren), Costa (Orthopteren und Hymenopteren), Ant. Curo (Lepidopteren), C. Mella (Hemipteren), P. Pavesi (Arachniden), C Rondani (Dipteren), Al. Spagnolini (Neuropteren), Targ. Tozzetti (Crustaceen). (P. Nouv. Ent.).

Entomologische Miscellen, herausgegeben von dem Verein für schlesische Insektenkunde, Breslau 1874, und den Entomologen der 47. Versammlung deutscher Naturforscher und Aerzte gewidmet, enthalten:

H. Loew, die deutschen Arten der Gattung Azelia (37 S.); M. F. Wocke, drei Lepidoptern=Zwitter (3 S.); C. Schwartz und K. Letzner, Verzeichniß der während der Frühjahrsüberschwemmung i. J. 1871 bei Breslau gefangenen Käferarten (9 S.); J. Gerhardt, eine Excursion an das Schwarzwasser bei Liegnitz, nach der Ueberschwemmung am 3. April 1869 (3 S.); K. Letzner, über den gegenwärtigen Status der Coleoptern=Fauna Schlesiens (2 S.); C. Fickert, Verzeichniß der schlesischen Radspinnen (Orbitelae Latr.) (5 S.); ders., über einen Ausführungskanal der männlichen Copulationsorgane bei den Araneiden, mit Mikrophotographie (2 S.).

Der dritte Jahresbericht des Annaberg=Buchholzer Vereins für Naturkunde enthält folgendes Allgemeine und Entomologische: Geschichte des Vereins und Verzeichniß der Vorträge in den letzten 4 Jahren (13 S.); Vorstandsmitgl. in derselben Zeit; Mitgliederverzeichniß für 1872|73; eingegangene Schriften. Priebisch, Verzeichniß der bis jetzt in der Umgebung von Annaberg beobachteten Dipteren, (10 S.). Ders.: Verz. der bei Schneeberg von A. M. gesammelten Lepidopteren (6 S.).

Vereine.

Breslau, Verein für schlesische Insectenkunde; Vors. Hauptlehrer K. Letzner, Nicolaistr. 63; Schriftf. C. Fickert. E.=M. 4, o. M. 72. — Zeitschrift für Entomologie in zwanglosen Heften. — Gegründet 1847, reconstruirt 20. März 1868. —

Temesvar (Ungarn), Südungarischer naturhistorischer Verein. Vorsitzender Dr. Szmolay, Vorstadt-Josefsstadt, Hauptgasse 71. Sekretäre: A. Karnay, Prof. an der Oberrealschule; E. Merkl, Beamter. Kassier: Prof. Biela. O., Mitgl. 230. Fachsitzungen und populäre Vorträge. Gegründet im Januar 1874. Verhandlungen in der Vereinsschrift (Jahrbuch) in ungarischer und deutscher Sprache.

Adressen für Tauschverkehr.

H. Kramer, Ludwigsdorf bei Gilgenburg in Ostpreußen (Coleoptera, Lepidoptera). —

H. Gustav de Rossi, Neviges (Coleoptera, 7—800 Arten).—

H. Dr. Szmolay, Temesvar (Süd-Ungarn). (Coleoptera. Doublettenverzeichniß wird erst im Spätherbst, auf Verlangen, zu geschickt).

Entomol. und naturw. Zeitschriften.

Comptes-Rendus de l'Acad. des Sciences, Paris 1874.

Nr. 7. Naudin, Tronc, Juge, Du Mesnil, contre le Phylloxera. — Nr. 8. Heckel, de qq. phénomènes de localisation de substances minérales chez les Articulés; conséquences physiologiques de ces faits. Dumas, Observations relatives au Ph. (choix de correspondance sur ce sujet). Nr. 9. Balbiani sur le Phyll. ailé et sa progéniture. Bazille, Nouvelles observations sur les migrations du Ph. à la surface du sol, et sur les effets de la méthode de submersion. Mouillefert, Rohart, Delfon, Richard, Gouthier, Rousseau et beaucoup d'autres, contre le Ph. Maier, note sur la maladie, des vers à soie. Nr. 10. Girard, Sur qq. expériences de laboratoire, concernant l'action des gaz toxiques sur le Ph.; état actuel de la maladie dans les Charentes. Nr. 11. Balbiani, sur la prétendue migration des Ph. ailés sur les chênes à Kermès. — Divers moyens c. l. Ph. — Rommier, s. les nouveaux points attaqués par le Ph., dans le Beaujolais. Girard, s. l'état actuel de l'invasion du Ph. dans les Charentes. Lichtenstein, mémoire relatif aux diverses transformations du Ph. — D'autres remarques. — Nr. 12. Balbiani, Observations à propos d'une communication récente de M. Lichtenstein, sur qq. points de l'histoire naturelle du Ph. — Remarques relatives au Ph. Lichtenstein, sur quelques nouveaux points de l'histoire naturelle du Ph. D'autres moyens pour combattre le Ph.

The Entomologist's Monthly Magazine.

Nr. 121. Valedictory and Introductory, H. G. Knaggs, M.D., F.L.S., and J. W. Douglas. — Descriptions of some new species of the genus Pachytricha, D. Sharp, M. B. — Descriptions of five new Lucanoid Coleoptera, C. O. Waterhouse. — British Hemiptera — Additional species, J. W. Douglas. — Notes on British Tortrices (continued), C. G. Barret. — Notes on captures of Coleoptera near Llangollen and Manchester, J. Chappell. — A brood of white-ants (Termites) at Kew, R. McLachlan, F.L.S. — Note on Aphelocheirus aestivalis, Prof. J. O. Westwood, M.A., F.L.S. — Eupitheciae two years in the pupa state, Rev. J. Hellins, M.A. — Note on Eubolia lineolata, Id. — Note on Rhopalocera from Africa, W. C. Hewitson, F.L.S. — Confirmation of Dianthoecia albimacula as a British species, with descriptionof its larva, &c., W. Buckler. — Cosmopteryx Scribaïella bred, H. T. Stainton. — Eudorea coarctalis hibernating, J. B. Hodgkinson. — Early appearance of Catoptria aspidiscana, &c. — Id. — Obituary, Dr. Herrich-Schäffer, Thomas John Bold. — Notes on Cicindelidae and Carabidae, and descriptions of new species (No. 17), H. W. Bates.

Briefkasten: H. Hauptmann von S. in N. In einer der nächsten Nrn. werden Sie eine eingehendere Besprechung finden.

Anzeigen.

Redacteur: Gymn.-L. Katter,
Druck und Verlag von August Knaak in Putbus.

№. 9. Entomologische 1875.

Nachrichten.

Putbus, den 1. Mai.

Die E. N. erscheinen 2 mal monatlich, am 1. und 15.
Abonnem. bei der Post 1 M. viertelj. Auch durch versch. Buchh. zu beziehen.

Ueber den Saison-Dimorphismus
der Schmetterlinge.

Es ist dem Entomologen und speciell dem Lepidopterologen nicht unbekannt, daß verschiedene Species ganz constanten, sich in bestimmten Zeiträumen wiederholenden Veränderungen unterliegen. So entdeckte man in den dreißiger Jahren dieses Jahrhunderts, daß die beiden Arten Vanessa Levana und V. Prorsa nur Winter- und Sommerform ein und derselben Species sind, daß Levana aus den Eiern der Prorsa und umgekehrt Prorsa aus denen der Levana entsteht. Diese Verschiedenheit der Formen einer einzigen Art nennt man Dimorphismus, und der erwähnten Erscheinung, daß Levana Frühlings-, Prorsa Sommerform ist, hat Wallace den Namen Saison-Dimorphismus beigelegt. Prof. Weismann in Freiburg i. Br. hat über diese Erscheinung eine Reihen von Untersuchungen[1]) angestellt, von denen wir in den nachfolgenden Zeiten unsern Lesern Mittheilung machen wollen.

Daß Levana und Prorsa trotz der Verschiedenheit ihrer Färbung und Zeichnung ein und dieselbe Art sind, davon kann man sich leicht überzeugen, wenn man aus den Eiern beider Formen Schmetterlinge erziehen will. Indessen bieten sie nicht das einzige Beispiel der Saison-Dimorphismus, Weismann erwähnt 5 solcher Fälle. Prof. Zeller wies 1849 durch Zuchtung nach, daß zwei Bläulinge, die bisher als zwei verschiedene Arten, Lycaena Amyntas und L. Polysperchon, angesehen wurden, nichts weiter, als Sommer- und Winterform einer einzigen Art sind; Staudinger zeigte dasselbe für die Weißlinge Antocharis Belia Esp. und A. Ausonia Hb. Geringere Unterschiede, die nur dem Kundigen bemerkbar sind, zeigen sich noch bei verschiedenen andern Arten, besonders Weißlingen und Bläulingen, jedoch nicht in so hervorragendem Maaße, daß man verschiedene Species

---

1) Studien zur Descendenztheorie I. Ueber den Saison-Dimorphismus der Schmetterlinge. Mit 2 Farbentafeln. Leipzig, Engelmann, Separatabdruck aus den Annali del Museo Civico di Genova Vol. VI.

darauf gegründet hätte. W. sind 12 solcher Fälle unter europäischen Tapfaltern bekannt.

„Daß andere Insectenordnungen die Erscheinung des Saison-Dimorphismus nicht darbieten, rührt wesentlich daher, daß die meisten nur eine Generation im Jahre hervorbringen; bei den übrigen aber finden sich in der That Formänderungen, welche zwar nicht als reiner Saison-Dimorphismus aufzufassen sind, wohl aber zum Theil von dergleichen Ursachen hervorgerufen sein mögen. Welches sind nun die Ursachen?"

Lassen wir zuerst die Thatsachen sprechen. Prof. Weismann hat 12 Versuche mit Levana angestellt. 1) Zucht aus Eiern, welche am 12.—15. Mai 1868 im Zwinger von einem Weibchen der Winter- (Levana-) form gelegt waren. Ausschlüpfen der Raupen am 20.—22. Mai, Verpuppung derselben am 7.—9. Juni. Die Puppen wurden bei gewöhnlicher Temperatur aufbewahrt und ergaben am 19.—25. Juni 48 Schmetterlinge, welche alle die Prorsaform besaßen, 3 ♀ mit ziemlich viel Gelb. — 2) Am 12. August 1868 gefundene Raupen (der dritten Generation) verpuppten sich Anfang September, wurden in ungeheiztem Zimmer aufbewahrt. Im Sept. schlüpften 3 Schmetterlinge in Prorsaform aus, die andern überwinterten und ergaben, als sie Ende Februar in das geheizte Zimmer versetzt wurden, von 1.—17. März 1869 mehrere Schmetterlinge, alle von Levanaform. — 3) Am 17. Juni 1869 gefundene Raupen wurden nach ihrer Farbe sortirt; die gelben mit hellbraunen Dornen ergaben bei gewöhnlicher Temperatur am 8.—12. Juli 12 Prorsa und 1 (♂) Porima.[2]) — 4) Andere von diesen Raupen wurden als Puppen in den Eisschrank gesetzt (Temperatur 8—10° R.). Am 3. August waren fast alle bereits ausgeschlüpft und zwar ohne Ausnahme als Porima, indessen der Prorsaform näher stehend, als der Levanaform. — 5) Noch andere jener Raupen der zweiten Generation wurden als Puppen bei hoher Sommertemperatur aufbewahrt. Nach etwa 19tägiger Puppenzeit schlüpften vom 28. Juni—5. Juli etwa 70 Schmetterlinge aus, alle von Prorsaform, mit Ausnahme von 5, welche starke gelbe Zeichnung besaßen (Porima). — 6) Diese 70 Schmetterlinge wurden in einen 6′ hohen, 8′ langen Zwinger gesetzt; nur 1 ♀ legte am 4. Juli Eier an Brennnesseln, aus denen nach 30—31 Tage die Schmetterlinge (3. Generation), alle von Prorsaform, sich entwickelten. — 7) Am 8. Aug. gefundene junge Raupen (4. Gen.) wurden im Treibhaus bei 17—20° R. erzogen. Verpuppung: 21.—23 Aug. a) 56 Puppen davon, 5 Wochen aus Eis (0—1° R.), dann im

---

2) Porima ist die Zwischenform zwischen Levana und Prorsa, die auch im Freien, obgleich selten, vorkommt.

ungeheizten Zimmer aufbewahrt, gaben im April 1870 die Levanaform mit Ausnahme einer einzigen Porima. b) Ebensoviel Puppen im Treibhause (12—24° R.) gaben im Herbst keinen einzigen Schmetterling; dann im ungeheizten Zimmer überwintert im April und Mai lauter Levana. — 8) Raupen Anfang Juni, Verpuppung 13.—15. Juni, gewöhnliche Temperatur am 29.—30. Juni 7 Prorsa. — 9) Eben solche Puppen vom 18. Juni 4 Wochen lang im Eiskeller (0—1° R.) gaben im Juli 5 Prorsa, 12 Porima, 3 Levana ohne blaue Saumlinie. — 10) Ausgewachsene Raupen (4. Gen.), Verpuppung 26. Aug.—5. Sept. a) 1 Theil wurde unmittelbar nach der Verpuppung in's Treibhaus (12—25° R.) gebracht und blieb dort bis zum 20. Oct. Von c. 40 Puppen schlüpften nur 4 aus und zwar 3 als Prorsa, 1 als Porima. Die übrigen Puppen überwinterten und lieferten alle im nächsten Frühjahr Levana. a) Ein 2. Theil im Zimmer, vom Nov. an im geheizten bei 6—15°. Kein Schmetterling in demselben Jahr. c) Der 3. Theil unmittelbar nach der Verpuppung 4 Wochen auf Eis, dann vom 28. Sept.—19. Oct. in's Treibhaus. Kein Schmetterling in demselben Jahr. b und c überwinterten nun im geheizten Zimmer (über Wasser) bei 6—15° und lieferten vom 6. Febr.—2. Mai 18 Levana, darunter 10 ♀. — 11) Eier der 1. Generation, Ausschüpfen 6. Juni 1872, Verpuppung 9. Juli. Puppen auf Eis (0—1°) vom 11. Juli—11. Sept., dann in's Treibhaus. Vom 19. Sept.—4. Oct. 3 Prorsa, 32 Porima, 22 Levana. „Es muß jedoch bemerkt werden, daß unter den als Levana bezeichneten Stücken keines sich befindet, welches der natürlichen Levana ganz entspricht, ja keines, welches derselben so nahe kommt, wie einige Exemplare aus Versuch 9. Alle sind größer, als die natürliche Levana, und enthalten trotz des vielen Gelb doch mehr Schwarz, als irgend eine echte Levana. Bei alten künstlich erzeugten Levana ist stets die schwarze Binde auf der Wurzelhälfte der Hinterflügel noch durch Gelb unterbrochen, was bei der echten Levana sehr selten vorkommt. Auch ist der ganze Habitus bei der künstlichen Levana meist plumper, der Flügelschnitt etwas anders, die Vorderflügel nämlich breiter und weniger spitz.“ — 12) Am 22. Sept. 1872 gefundene Raupen der Generation IV wurden in 2 Hälften getheilt: a) wurde im Orchideenhaus bei 12—25° zur Verpuppung gebracht und blieb dann im Treibhaus bis in den December. Trotz der hohen Temperatur schlüpfte nicht ein einziger Schmetterling während dieser Zeit aus, während mehrere gleichzeitig gefundene und in denselben Schachteln gezogene Puppen von Vanessa C album und Atalanta Mitte October ausschlüpften. Von Mitte December an wurden dann die Puppen im geheizten Zimmer aufbewahrt und schlüpften dann im Frühjahr 1873 sehr spät (6.—19. Juni) aus, alle als Levana; b) wurde im ungeheizten Zimmer erzogen und dort den Winter über gelassen. Vom 28. Mai an schlüpften die Schmetterlinge aus, alle als Levana.

Außer diesen Versuchen berichtet Prof. Weismann noch von 3 andern mit Pieriden angestellten, die zum Theil größere Resultate ergaben, indem bei einigen Arten durch Kälte eine vollständige Umwandlung der Sommergeneration in die Wintergeneration gelang, obgleich beide Formen ziemlich auffallende Unterschiede haben.

Wir ersehen aus obigen Versuchen, daß durch auf 8—10° erniedrigte Temperatur Prorsa zum größten Theil in Porima umgeändert wurde; daß eine noch niedrigere Temperatur von 0—1° und längere Dauer die Umwandlung in Levana theils vollkommen, theils noch näher dieser Form bewirkte, daß aber einige Exemplare auch hier der Einwirkung der Kälte wiederstanden und die Prorsaform behielten.

Prof. Weismann hat seine Versuche überhaupt in Rücksicht auf 2 Momente angestellt: auf die Temperatur und die Entwickelungsdauer. Leider ist ein dritter Factor, die Einwirkung des Lichtes dabei nur in negativem Sinne zur Geltung gekommen, insofern bei den Versuchen im Eiskeller jedenfalls das Licht abgeschnitten wurde, und doch glaube ich, daß dieser Factor wohl eine Berücksichtigung verdiente. Vergleichen wir nur die Treibhauspflanzen des Winters mit ihren sommerlichen Schwestern im Freien; wie groß ist oft die Verschiedenheit der Farbe und des Duftes! Sollte nicht die geringere Intensität des Lichts im Winter einen Einfluß auf die hellere Färbung der Levana gegenüber der intensiveren der Prorsa haben, die durch die größere Kraft des Sommerlichts erzielt würde? Und sollte dies vielleicht ein Grund sein, warum die Umwandlung der Prorsa- in die Levanaform (durch Entziehung des Lichts) leichter gelang, als die nur höchst selten bewirkte der Levana in Prorsa? Sollte nicht auch aus diesem Grnnde die Umwandlung der Pieriden eine vollständigere geworden sein, weil der Unterschied der Grundfarbe hier zurücktritt? Es sind dies bloße Vermuthungen, die sich beim Lesen des Werks des H. Prof. Weismann aufdrangen, und die im Vergleich zu jenen sorgfältigen Untersuchungen von keinem Gewicht sind. Aber bei Versuchen darf doch keine Seite, auch wenn sie negative Resultate gäbe, unberücksichtigt bleiben, und so scheint es mir, als würde die Untersuchung dadurch vollkommener werden, daß die Levanapuppen der Wirkung eines heiteren, südlichen Himmels ausgesetzt würden.

Eine vollständige Umwandlung aller Prorsa in Levana ist W. niemals gelungen, während, wie schon oben erwähnt, die Umformung von 60 Weißlungen aus der Sommer- in die Winterform vollständig gelang.

Man könnte nun annehmen, daß die Kälte oder die Entwicklungsverzögerung die Ursache der Umwandlung der Sommer- in die Winterform wäre. „Daraus würde aber weiter folgen, daß im Gegensatz dazu ein gewisses Maß von Wärme mit Nothwendigkeit die Bildung der Sommerform (Prorsa) nach sich ziehe, ebenfalls einerlei, von welcher Generation[3]) die betreffenden der Wärme ausgesetzten Puppen stammen. Dieser letzte Satz ist nun aber nicht richtig, und da er es nicht ist, so fällt mit ihm auch der erste. . . . Es ist nicht möglich, die Winterform zur Annahme der Sommerform zu zwingen." Es haben also gleiche Ursachen verschiedene Wirkungen auf die verschiedene Generationen, und wenn auch der Kälte noch obigen Versuchen nothwendiger Weise die Umformung zu geschrieben werden muß, so ist sie doch nur mittelbare, nicht unmittelbare Ursache. „Die Ursache dieser verschiedenen Reaction auf gleichen Reiz kann nur in der Constitution der physischen Natur der betreffenden Generation liegen, nicht außerhalb derselben. Welches ist nun aber der Unterschied in der physischen Natur der beiderlei Generationen?"

Weismann sieht die Levanaform als die primäre, ursprüngliche Form der Art, die Prorsaform als die secundäre, durch allmälige Einwirkung des Sommerklima's entstandene an. Levana existirte während der Eiszeit, aber nur in dieser einzigen Form (als Monogoneuonte. „Als das Klima allmälig wieder wärmer wurde, mußte ein Zeitpunkt eintreten, in welchem der Sommer so lange dauerte, daß eine zweite Generation sich einschieben konnte." Da diese zweite Generation unter andern klimatischen Verhältnissen aufwuchs, als die erste, so treten nach und nach Aenderungen in Farbe und Zeichnung ein, die sich zu einer so abweichenden Form, wie es die Prorsa ist, aufhäuften.

Der Rückschlag der Prorsa in die Levanaform ist also nichts anderes, als die gewöhnliche Erscheinung des Atavismus der Descendenztheorie. Weil aber Levana die ursprüngliche Form ist, so kann sie in die andere nicht umschlagen. Die Erscheinung des 10. Versuchs, daß von der Winterform noch im Herbst einige Schmetterlinge als Prorsa ausschlüpften, beruht noch W. darauf, daß die alternirende Vererbung, d. h. daß Eigenthümlichkeiten des Vaters nicht beim Sohne, sondern erst beim Enkel auftreten, bei einzelnen Individuen continuirlich wird. „Diese Ausnahmen von der Regel sind also kein Einwurf gegen die

3) V. Levana hat 3 Generationen im Jahr, eine Wintergeneration, 2 Sommergenerationen, von denen die erste im Juli, die zweite im August fliegt. Sie ist (nach einer Bezeichnung W.'s) Polygoneuonte.

Theorie. Sie geben uns im Gegentheil einen Fingerzeig, daß, nachdem einmal eine Prorsageneration sich gebildet hatte, die allmälige Einschiebung einer zweiten Prorsageneration durch das Vorhandensein der ersten erleichtert sein mag. Ich zweifle nicht, daß auch im Freien zuweilen einige Individuen von Prorsaform noch im September oder October ausschlüpfen, aber erst wenn unser Sommer sich noch um einen oder zwei Monate verlängern würde, könnten diese den Grund zu einer dritten Sommergeneration legen, wie eine zweite jetzt bereits vollendete Thatsache geworden ist, erst dann nämlich würden sie nicht nur ausschlüpfen, sondern auch Zeit zur Fortpflanzung, zum Absetzen der Brut, und diese Brut Zeit zum Heranwachsen bekommen."

W. weist auch durch Versuche nach, daß Aenderung der Temperatur während oder kurz nach der Verpuppung, ja schon einige einige Tage vorher keinen größeren Einfluß auf die Umformung ausüben, als einige Tage nach der Verpuppung. Vielleicht aber würde die Winterform doch mehr Prorsa gegeben haben, wenn die Raupen nicht nur „mehrere Tage, bevor sie sich zur Verpuppung aufhingen, in's Treibhaus gesetzt" worden wären, sondern schon von vorn herein. Es ist kein Grund dafür vorhanden, daß die Umformung erst in der Puppe, und nicht schon bei der Raupe beginnen sollte. Im Gegentheil, die Erfahrung zeigt, daß z. B. durch verändertes Futter bei der Raupe Veränderung der Farbe bei dem Schmetterling erzielt werden kann. Der Schluß, „daß die Individuen in verschiedenem Grade geneigt sind, auf solche (Temperatur) Einwirkungen zu reagiren, daß ihre Disposition, die gewöhnliche Entwicklungsrichtung aufzugeben, verschieden groß ist bei verschiedenen Individuen", ist bei der geringen Zahl der Versuche und der Mangelhaftigkeit aller derartigen, soviel Zufällen unterworfenen Experimente, noch kein exacter Schluß, sondern nur eine Umschreibung der Thatsachen der wenigen Versuche.

Die Ursache dafür, daß Pieris Napi leichter und vollständiger in die Winterform umschlägt, glaubt W. in der kürzeren Existenz Dauer der zweiten Form zu finden, wodurch der Rückschlag in die Urform, als welche er P. var. Bryoniae ansieht, leichter vor sich ginge.

Ein amerikanisches Beispiel des Saison-Dimorphismus bietet Papilio Ajax, der überall, wo er vorkommt, in 3 Varietäten, und zwar im Frühling als var. Telamonides und var. Walshii, im Sommer als var. Marcellus auftritt. „Das Eigenthümliche bei dieser Art liegt darin, daß bei allen 3 Sommergenerationen nur ein Theil der Puppen schon nach kurzer Zeit (14 Tagen) ausschlüpft, daß aber ein anderer und weit kleinerer Theil den ganzen Sommer und den darauf folgenden Winter über im

Puppenschlaf verharrt, um erst im nächsten Frühjahr auszuschlüpfen und zwar stets in der Winterform. So führt z. B. Edwards an, daß von 50 Puppen der 2. Generation, welche sich Ende Juni verpuppt hatten, nach 14 Tagen 45 Marcellus-Schmetterlinge ausschlüpften, 5 Puppen aber erst im April des nächsten Jahres und zwar als Telamonides." Bei diesem Schmetterling sieht W. die var. Walshii als die Urform, var. Telamonides als die unvollständige Rückschlagsform (der Porima entsprechend), und Marcellus als die durch wärmeres Klima erzeugte 2. Generation an.

In Bezug auf die Entwicklungsdauer kommt er nach seinen Versuchen zu dem Resultat, daß nicht diese die Form des Schmetterlings bestimmt, sondern daß umgekehrt die Puppendauer von der Entwicklungsrichtung abhängig ist, welche der werdende Schmetterling in der Puppe eingeschlagen hat. Außer rein inneren Ursachen aber scheinen Wärme und auch mechanische Bewegung diese Richtung einzuleiten, in sofern sie ein Rückschlag wird. Für das Letztere führt er als Beweis eine Brut von Pieris Napi an, die 7 Stunden auf einer Eisenbahnfahrt gerüttelt wurde. Trotzdem sie schon im Sommer hätte ausschlüpfen müssen, erschien in demselben Jahre kein einziger Schmetterling, sondern alle erst im nächsten als reine Winterform.

Fassen wir schließlich das Hauptresultat der Untersuchungen Weismann's noch einmal zusammen, so ist es dieses, daß die Sommerform wohl in die Winterform, nie aber diese in jene verwandelt werden kann; daß also die Winterform die Urform, die Sommerform die durch allmäligeres Wärmerwerden des Klima's hervorgebrachte Varietät ist.

Entomol. und naturw. Zeitschriften.

The Entomologist's Monthly Magazine.

Nr. 122. Notes on Cicindelidae and Carabidae, and descriptions of new species (No. 17, concluded), H. W. Bates. — Notes on British Tortrices (continued), C. G. Barrett. — Illustrations of Insect Monstrosities. No. 1—On a monstrous stag beetle (Lucanus Elaphus): woodcut, Prof. J. O. Westwood. — Description of a new species of Cetoniadae, D. Sharp. — Descriptions of new Lycaenidae from West Africa, W. C. Hewitson. — Descriptions of three new Butterflies from Costa Rica, Herbert Bruce. — Notes on rare Kentish Coleoptera, J. J. Walker. — Capture of Aphodius villosus, C. O. Waterhouse. — Notes on Oxyura and other Hymenoptera, A. O. Ward. — Description of the larva, &c., of Boarmia roboraria, Rev. J. Hellins. — British Hemiptera:

memoranda for residents and tourists, J. W. Douglas. — Additional notes on the egg-laying, &c., of Acanthosama griseum, Rev. J. Hellins. — Reviews: Fauna and Flora of Norfolk, Part V, Lepidoptera; C. G. Barret. — Nomenclator Zoologicus; Count Aug. von Marschall. — Psyche; edited by B. P. Mann. — Proceedings of the Entomological Society of London. — Life History of Meligethes, Elenor A. Omerod.

Zeitschr. für die ges. Naturw. v. Giebel. Berlin, 1874. 1. Heft: Giebel, Verzeichniß der auf Vögeln-schmarotzenden Nirmusarten (6 S.). — 2. u. 3. Heft: Kriechbaumer, Hymenopterologische Beiträge. — 4. H.: Giebel, Insecta epizoa, die auf Säugethieren und Vögeln schmarotzenden Insecten (2 S.). Hampe, 2 neue Anthicinen: Steropes Hungaricus, u. Neogonus Plasonii. — 5. H.: H. Loew: Diptera nova a Hug. Christopho collecta (7 S.). Th. Beling, 8 neue Arten zweiflügliger Insecten. J. Putzeys, Monographie des Calathides (Auszug.). Desbroches des Loges, Description de quelques Tychides nouveaux.

Adressen für Tauschverkehr.

Hauptmann Auditor H. Tschapeck, wohnhaft Jahngasse, Humboldthof in Graz (Steiermark) bietet im Tauschwege Coleopteren, sowie Land- und Süßwasser-Conchylien aus österreichischen Gebirgs-Ländern an, und wünscht dagegen nur außerösterreichische Land- und Süßwasser-Conchylien zu beziehen.

NB. Wir bringen den neu hinzugetretenen Abonnenten hiermit zur Kenntniß, daß unser Blatt solche Adressen, wie vorstehende, seiner Abonnenten, sowie Tausch- und Kaufgesuche derselben überhaupt, ohne weitere Kosten für die Einsender verbreitet.

Zur Nachricht.

Das I. Quartal der Ent. Nachrichten kann gegen Einsendung von 1 Mark in Postmarken direct von der Expedition bezogen werden.

Anzeigen.

Redacteur: Gymn.-L. Katter,
Druck und Verlag von August Knaak in Putbus.

№. 10. Entomologische 1875.

Nachrichten.

Herausgegeben
vom Gymn.-L. Dr. F. Katter.

Putbus, den 15. Mai.

Die E. N. erscheinen am 1. und 15. jeden Monats.
Viertelj. Abonnem. bei der Post 1 M. Auch durch alle Buchh. zu beziehen.

Ueber den Saison-Dimorphismus der Schmetterlinge.

II.

Nicht alle Arten sind gleich geneigt, klimatische Varietäten zu bilden; nur bei wenigen zeigt sich ein so starker Unterschied, wie zwischen Levana u. Prorsa; bei einigen ein geringer, u. bei manchen, wie z. B. bei Polyommatus Phlaeas gar keiner, trotzdem auch dieser Schmetterling in Deutschland in 2 Generationen auftritt. Wohl aber unterscheiden sich die beiden Generationen von Phlaeas in Italien von einander; während hier die Wintergeneration den goldigen Glanz der deutschen Art hat, sieht die Sommergeneration schwarz aus. Daraus schließt Weismann, daß nicht die Entwicklungsdauer das umwandelnde Princip ist bei der Bildung klimatischer Varietäten, sondern lediglich die Temperatur, welcher die Art während ihrer Verpuppung ausgesetzt ist. Daß aber die Aenderungen von der Art, und nicht blos von der Wärme abhängig sind, dafür ist ein Beweis, daß nahe verwandte Arten unter dem gleichen klimatischen Einfluß in analoger Weise abändern. Sogar das Geschlecht wirkt darauf ein, denn bei manchen Arten ändern die männlichen Individuen in anderer Weise ab, als die weiblichen.

Daraus folgt auch, daß nicht alle Arten, die mehrere Generationen im Jahre haben, die Erscheinung des Saison-Dimorphismus zeigen; jedoch wirken hierauf auch wahrscheinlich noch andere Gründe ein. So z. B. die Ueberwinterung. Weismann meint, daß die Temperatur auf die überwinternden Raupen nicht den gleichen Einfluß ausübt, wie auf die überwinternden Puppen. Noch weniger geschieht dies, wenn nur die Eier den Winter überdauern.

Geben wir zu, daß eine neue Form durch verändertes Klima hervorgerufen worden ist, so liegt die Frage nahe: Würde durch den Eintritt des ersten Klima's wieder die alte Form entstehen oder würde hierdurch eine neue dritte Form erzeugt werden. Weismann glaubt sich für das Letztere entscheiden zu müssen, weil die Grundbedingungen nicht mehr dieselben sind, wie bei der ersten Abänderung, d. h. weil der Körper des Individuums, auf welche das alte Klima wirkt, in seiner organischen Zusammensetzung ein anderer geworden ist, als bei der primären Form. Es würde sonach durch continuirlich wechselndes Klima, natürlich in großen Perioden, denn die Abänderungen sind selber erst in langen Zeiten durch beständige Anhäufung der Variationen entstanden, eine Reihe von verschiedenen Artformen entstehen. Ein Beispiel dafür bietet die Botanik. Culturpflanzen ändern, wenn sie den ursprünglichen Lebensbedingungen unterworfen werden, nicht wieder in ihre erste Form um, sondern in eine neue.

Auch die Variabilität mancher Arten findet durch den Saison-Dimorphismus eine Erklärung. Nach dem Obigen ergiebt sich, daß die secundären Formen viel variabler sind, als die primären; so zeigten sich bei Prorsa viel mehr Verschiedenheiten wie bei Levana. Darnach ist es erklärlich, daß eine Art viel leichter abändert, als eine andere, und ebenso, daß diese Abänderungen bei gleichen Einflüssen immer nach derselben Richtung gehen, da verwandte Arten eine solche gleiche Abänderung bei gleichen Einwirkungen zeigen.

Es ergiebt sich also aus den vorgeführten Untersuchungen, daß durch den bloßen Einfluß veränderter Lebensbedingungen eine Art zum Abändern veranlaßt werden kann und zwar zum Abändern in bestimmter Richtung, und daß diese von der Natur der variirenden Organismen abhängig ist, verschieden bei den verschiedenen Arten, ja bei den beiden Geschlechtern ein und derselben Art. —

Wir haben unsern Lesern nur einen kurzen Ueberblick über den interessanten Artikel des H. Prof. Weismann gegeben, interessant auch für den, der ihm nicht in allen Punkten beipflichtet; und hoffen sie dadurch auf die Schrift aufmerksam gemacht zu haben, die sich auch äußerlich durch elegante Typographie, sowie durch die beiden, in der bekannten Ramann'schen Kunstanstalt in Farbendruck ausgeführten Tafeln empfiehlt.

Nach Mittheilungen der Zeitungen soll in Frankreich endlich ein wirksames Mittel gegen die Reblaus gefunden worden sein und nächstens publicirt werden.

Phylloxera Rileyi Licht.

(Riley, Compt. R. 1874, 14. Dec.).

A. — Normalform des agamen Weibchens, Länge 0,016 Zoll, d. h. etwas mehr als $\frac{1}{3}$ der Breite von Ph. vastatrix, deren Farbe sie hat. Schlanker, Abdomen mehr konisch; Körper mit Segmenten und Wärzchen, wie die an den Wurzeln lebende flügellose Form von Ph. vastatrix, jedoch einige Wärzchen mehr am Kopfe und die des 7. Abdominalsegments immer sichtbar. Diese Wärzchen haben die Farbe des Körpers, sind weich, mehr oder weniger lang, und von $\frac{1}{12}$ bis $\frac{1}{6}$ der mittleren Körperbreite, oben mit kurzen dunkeln Haaren. Die vorderen Wärzchen sind am längsten, die äußere Seitenreihe besteht aus 36 solcher, fast gleich weit von einander abstehender Warzen. Die dunkeln Mittelpunkte auf der Mitte der Thoraxsegmente sind wie bei vastatrix, die Antennen genau wie bei dieser. Die Schenkel sind am Ende verdickt und die Klauen vorragend. Der Bauch mit einem dunkeln Wärzchen gerade zwischen den Hüften.

B. — Dunkelgelbe Form mit längeren und rauheren Warzen. Ebenso häufig wie A, im Juli und von dieser durch ihre dunklere Farbe, die ins Bräunliche fällt, durch größere Länge, und durch Unregelmäßigkeit und dunklere Farbe der Warzen unterschieden. Diese sind im allgemeinen in der Mitte des Körpers länger, und sind durch die Lupe betrachtet ganz dunkel. Unter dem Mikroskop erscheinen sie voller Papillen an den Seiten, der verdickten Basis, und ihre Spitze abgestumpft oder verbreitert.

C. — Schwarze Form mit sehr langen Warzen. Der Körper ist dunkelbraun, die Warzen fast schwarz und die auf dem Rücken, besonders in der Mitte des Körpers, sehr lang, von dem halben Durchmesser des Körpers. Sie werden allmälig dünner, die an den Seiten, sowie einige auf dem Rücken sind um die Hälfte weniger lang und weniger konisch. Bei den Fühlern ist das 3. Glied lang und dünn. (Gäbe es nicht Mittelformen zwischen B. und C., so könnte man versucht sein, aus dieser eine neue Art zu machen).

D. — Nymphe. Normalform mit vorragenden Warzen, der hellere Theil des Mesothorax größer als bei vastatrix.

E. — Nymphe. Glatte, längere, hellere Form ohne Warzen, selten.

F. — Geflügelte agame Form, mit dunkler Binde des Mesothorax wie bei vastatrix. Die Flügel schmäler und mehr rostbraun als bei dieser, der Seitenwinkel mehr vorspringend und abgestumpft, das Häkchen an den beiden Flügeln deutlicher. Bei den Fühlern sind das 3. Glied und die hornigen Theile verhältnißmäßig länger. Dieser Typus zeigt die Körper und Flügelform der vastatrix.

G. — Männliche Form. Nicht viel größer, als die erste Larve. Ohne Warzen, mit nur wenigen und schwachen Spitzen, die Haaren gleichen. Die beiden Klauen verschieden, das letzte Gelenk der Tarse dunkel, Fühler einfach (höchstens oben hornig und etwas verbreitet). Keine Spur von Mundorganen. Der Bauch hat in der Mitte 2 dunkle Flecken und der Penis ist sehr durchsichtig.

H. — Larve, eben aus dem Ei gekrochen. Fast glatt mit dunklen Augen und Gliedern. Die Warzen zeigen sich als schwache Anschwellungen mit ziemlich langen Haaren. Der Rüssel reicht bis zum Ende des Hinterleibs.

I. — Ueberwinternde Larve. Warzen sehr lang und ungetheilt mit einem langen dornigen Haar.

Diese Art ist weniger fruchtbar, ihre Eier sind heller und verhältnißmäßig größer als bei vastatrix, aber in den Merkmalen der Tarsen bei den jungen ausgewachsenen Thieren wie bei allen andern nicht erwähnten, herrscht vollständige Uebereinstimmung. Die Warzen sind an Größe sehr veränderlich und werden gewöhnlich mit zunehmendem Alter größer.

(In derselben Abhandlung erwähnt Riley 16 amerikanischer Arten der Phylloxera, darunter dreier neuen).

Das Präpariren der Orthopteren, Neuropteren u. Hemipteren.

Von Dr. F. Rudow.

Einige vorhergehende Nrn. dieses Blattes brachten eine Anweisung, Hymenopteren für Sammlungen vorzubereiten und dieselben geeignet zu machen, einer Sammlung zur Zierde zu gereichen. Wenn schon in dem betreffenden Artikel darüber geklagt wird, daß das Studium der Hymenopteren noch wenig Liebhaber findet, so ist die Klage in noch größerem Maße gerechtfertigt im Bezug auf die Orthopteren, Neuropteren und Hemipteren. Seit längerer Zeit schon mit dem Sammeln dieser Insecten beschäfti gt, kann ich versichern, daß eine Sammlung davon sich getrost an Mannigfaltigkeit und Schönheit den Schmetterlings-, resp. Käfersammlungen an die Seite stellen kann und gelingt es vielleicht, durch Anweisung zum Sammeln und Präpariren diesen Insectenfamilien einige weitere Freunde zu gewinnen.

Zum Fangen bediene ich mich nur des Sacknetzes von starker Leinwand, das ein Anstreifen an Sträucher, ohne zu zerreißen, ertragen kann, mit kurzem Stiele, der gelegentlich an einen längeren Stock befestigt werden kann. Zum Aufbewahren der

Beute brauche ich weithalsige Flaschen, an deren Kork ein Schwämmchen befestigt wird, das ich mit einigen Tropfen Chloroform oder Essigäther benetze; die Flasche ist angefüllt mit losen Streifen steifen Papiers, damit die Thiere nicht allzusehr auf einander liegen. Aufbewahren in Spiritus, ausgenommen Wanzen, ist entschieden zu verwerfen, ebenso das Tödten mit Schwefeldämpfen, oder Benzin, weil dadurch feine Farben zu leicht abbleichen. Allzuviel größere Thiere dürfen nicht in einem Behälter aufbewahrt werden, da sie, besonders Heuschrecken, trotz der starken Betäubungsmittel sich leicht begeifern und somit besudeln und ihre Farben verändern. Der Heuschreckenfang beginnt im Frühling, wo man öfter Gelegenheit hat, unter Laub und Moos überwinterte Thiere zu erwischen, sonst ist der Juli bis in den November hinein der geeignetste Zeitabschnitt, da sich von da ab die Thiere vollständig entwickelt haben, die Larven aber selbst vor der letzten Häutung niemals ihre Farbe beibehalten und somit für die Sammlung nur unvollkommene Objecte darbieten, wenn man sie auch der Vollständigkeit wegen beistecken will. Die Thiere müssen im wahren Sinne des Wortes gejagt werden, bei warmem Sonnenschein sind sie sehr flüchtig, doch gelingt es bei einigermaßen Uebung und Gelenkigkeit, selbst fliegende Arten zu fangen, während bei bedecktem Himmel sich die Heuschrecken ruhiger verhalten, an Pflanzen andrücken und somit leichter ergriffen werden können. Will man zirpende Thiere beschleichen, so muß man gegen den Wind sich ihnen nähern, möglichst ohne Geräusch; dann lassen sie sich nicht leicht stören. Forficulinen und Blattinen sind unter Laub am leichtesten zu finden und bieten wenig Schwierigkeiten dar.

Ein Haupterforderniß für die Sammlung ist das Zubereiten der Thiere, die nicht, wie sie sind, in die Kästen gesteckt werden dürfen, wo sie gewöhnlich zusammenschrumpfen. Ich behandle meine Thiere so, daß ich den kleineren einen Stroh- oder Grashalm in das Abdomen stecke, die größeren aber an der Bauchseite aufschneide, die Eingeweide heraus drücke und den Hohlraum mit Watte anfülle, die ich mit Coloquinten- oder Arseniklösung tränke. Nur dürfen die letzten Bauchringe nicht beschädigt werden, weil diese zur Erkennung der Species wichtig sind. Auch äußerlich kann man die Thiere mit Coloquintenlösung bestreichen, ohne sie zu verändern, und sie sind dann vor Insectenfraß völlig geschützt. Alle Species mit entwickelten Flügeln müssen aufgespannt werden, wenigstens, um Raum zu ersparen, an einer Seite, damit man die oft charakteristische Flügelfärbung wahrnehmen kann. Das Spannen geschieht wie bei den Schmetterlingen, nur müssen die Unterflügel durch eine Nadel besonders auf das Brett befestigt werden, weil sie sonst leicht zurückrutschen. Die Beine sind so zu stellen, daß sie deutlich sichtbar sind, ebenso die Fühler, weil an beiden beachtenswerthe Unterscheidungsmerkmale sichtbar sind. Das Trocknen geschieht, je nach der Witterung in einer Zeit von 1—3 Wochen, wenn man nicht vorzieht, künstliche Wärme zu Hülfe zu nehmen. Je nach der Größe der Thiere sind die Nadeln dick oder dünn zu wählen; damit die dickleibigen beim Eintrocknen im Kasten sich nicht drehen, bestreiche ich die Nadel mit einer dicken Lösung von Schellack in Alkohol, worauf sie fest mit dem Körper verbunden, seitliche Haltnadeln meist überflüssig machen. Abgebrochene Fühler und Beine werden auch mit demselben Lack angeklebt, der nach meinen Erfahrungen Gummiarabicum, selbst mit Thonerdesulfat versetzt, vorzuziehen ist. Das Bestimmen der großen Locustinen, und Acridier ist leicht, weniger leicht dagegen das der kleinen Acridier und Blatten, doch wird man auch hierbei nach kurzer Zeit über die Schwierigkeiten hinauskommen.

Der Fang der Neuroptern ist ähnlich dem der Orthopteren, doch thut man auch hier, vorzüglich, wenn man auf Odonaten ausgeht, am Besten, Tage mit bedecktem Himmel zu wählen und Weidengebüsch und Schilf- oder Wiesengräser in der Nähe des Wassers mit dem Netze abzustreifen, denn an Sonnentagen muß man schon etwas mehr als Geschwindigkeit entwickeln, um die schnellen Thiere zu fangen. Zuchten anzustellen, wird in vielen Fällen mißlingen, wenn man nicht zufällig Puppen von der letzten Häutung fängt. Die Ephemeren, Phryganiden, Megalopteren u. Perliden lassen sich leicht fangen, da sie nur kurze Strecken fliegen, sich dann aber wieder eine Zeitlang niederlassen. Myrmecoleonten sind am besten zu ziehen, indem man sich die Larven im Sande aufsucht, selbige in ein mit Sand zur Hälfte gefülltes Glas steckt und täglich für lebende Ameisen, Fliegen etc. sorgt, worauf man regelmäßig im Juni die Insecten erhält. Die Odonaten und großen Perliden nebst Phryganiden müssen ebenfalls zubereitet werden, weil sonst ihre Körper unscheinbar zusammenschrumpfen. Zu dem Behufe schneide ich mit einer scharfen Scheere die letzten Bauchringe auf und drücke den Leibesinhalt heraus, was ohne Mühe vor sich geht, dann stecke ich durch die gemachte Oeffnung einen Grashalm, am besten trockene Binsenstückchen oder glatte andere Stengel, entsprechend der Leibesdicke hinein, nachdem ich sie mit den vorn erwähnten Lösungen getränkt habe, schiebe sie bis zum Kopfe durch den Thorax, worauf die Nadel durch den Halm in der Thorax-Mitte gesteckt wird. Bestreichen der großen, unbehaarten Thiere empfiehlt sich ebenfalls. Das Aufspannen hat keine Schwierigkeiten, da die Flügel aller Odonaten ungefaltet und bei Aeschna und andern sogar schon wagerecht liegen, bei den senkrecht stehenden aber ohne weiteres sich legen und schon nach wenig Tagen angetrocknet sind. Die ächten Neuropteren sind schon schwieriger zu behandeln, die meisten muß man lassen, wie sie sind, weil sie zu klein und zu zart sind; nur die Flügel sind auszuspannen, was bei der Feinheit der Haut Uebung erfordert und anfangs manches Thier verderben läßt.

Ich bediene mich zum Ausbreiten der Flügel einer stumpfspitzigen Pincette, weil Nadeln leicht die Haut zerreißen, und stecke sie mit Papierstreifen wie gewöhnlich fest. Da die Beine und Fühler trocken, sehr spröde und doch zur Bestimmung wichtig sind, bringe man sie vorher in die geeignete Stellung, daß sie leicht beobachtet werden können, denn sonst kann man an ein Auffinden des Thiers in den Büchern nicht denken. Besonders zarte Phryganiden stecke ich nicht auf Nadeln, sondern mit der Brust an seitlich abgeschnittenen dünnen Silberdraht und diesen auf ein Stück Hollundermark.

Hat man bereits getrocknete, aber ungespannte Thiere erhalten, so lassen sich die größeren Neuropteren leicht durch feuchten Sand nach Art der Schmetterlinge aufweichen, mit den kleineren Arten der Phryganiden ist trocken wenig mehr vorzunehmen. Aufkleben auf Streifen von Kartonpapier ist zu widerrathen. Orthopteren sind am besten in verdünntem Alkohol schon nach einigen Stunden zu erweichen, freilich ist dann das Abdomen nicht mehr auszustopfen.

Da beide Thierarten, mehr wie Schmetterlinge, dem Lichte ausgesetzt, verbleichen und schon nach kurzer Zeit unkenntlich werden, so müssen sie sorgfältig geschützt werden, halten sich aber dann eben so gut, wie andre Insectenfamilien und sind keineswegs eintönig, wie der Nichtkenner glaubt. An ein Umstecken in andre Kästen darf man bei den zarten Phryganiden und Ephemeren nicht wohl denken, weil sie bei der geringsten Erschütterung Fühler oder Beine verlieren. Bei den meisten Neuropteren ist es außerdem rathsam, die Larven, welche man ohne große Mühe aus dem Wasser oder von wenigen auf dem Lande erlangen kann, beizustecken, da sie meist eigenthümlich gebaut und interessant sind. Sie sind am besten in starkem Spiritus zu tödten, worauf sie fest werden und ohne weitere Zubereitung haltbar sind.

Am wenigsten Mühe machen die Hemipteren, deren Farben nicht leicht zerstörbar sind. Da die meisten eine Säure absondern, welche die Nadeln zersetzt, muß diese erst ausgezogen werden. Ich thue dies bei den großen, dunkel gefärbten durch Benzin oder Aether, bei den kleineren, zarteren hat sich Essigäther am besten bewiesen. Dann lasse man die Thiere auf Löschpapier trocknen, weil sonst der Aether die Nadeln auch oxydiren würde. Die übrige Behandlung ist wie den andern Insecten; ebenso bei den Cicaden, die oft wegen ihrer Kleinheit keine längere Vorbereitung ertragen, als daß man die Flügel mit einer Nadel auseinander breitet, um sie besser sichtbar zu machen.

Ein Tauschverein.

Herr de Marseul, der Herausgeber der entomologischen Zeitschrift l'Abeille, hat in Paris einen Tauschverein (association d'échanges d'insectes de la faune européenne et circumméditerranéenne) gegründet, der den Austausch europäischer Insecten erleichtern soll. Um eine Centurie Insecten in je einem Exemplar zu erhalten, haben die Mitglieder des Vereins 150 Ex. in 5 bis 6 Arten zu liefern. Der Austausch findet jährlich 2 Mal, im März und im November statt; einen Monat vorher theilt jeder die numerirte Liste der Arten, welche er anbietet (gemeine Arten sind ausgeschlossen), unter Angabe des Fundorts und der Anzahl der vorräthigen Exemplare mit. Darnach werden die Arten und die Anzahl der gewünschten Exemplare bestimmt. Aus diesen Offerten werden die Arten gewählt, welche die Centurien bilden (— man scheint darnach selber keine Auswahl treffen zu können —), welche die Mitglieder erhalten. Augenblicklich werden durchschnittlich 25—30 Ex. von 5—6 Arten gefordert, indessen ändert sich diese Zahl mit der Zahl der Mitglieder. — Man kann auf mehrere Centurien subscribiren, ebenso nur auf eine halbe. Hat man nicht genug Insecten einer Ordnung, so kann man die fehlende Anzahl durch Insecten anderer Ordnungen ersetzen. — Die Insecten müssen in gutem Zustande, und sauber aufgesteckt oder aufgeklebt sein; wenn sie durch die Post versandt werden, sind sie fest in eine Versandschachtel zu stecken; das Rückporto muß in Briefmarken eingesandt werden. Auch nach beendigtem Austausch kann man die Centurie erhalten, soweit die einzelnen Arten nicht erschöpft sind, gegen oben bezeichnete Einsendung. — Wir hoffen unsern Lesern über manche Ungenauigkeiten dieser Mittheilung, die wir einem französischen Journal entnehmen, noch nähere Aufklärung, sowie genaue Adresse zu bringen. —

Adressen für Tauschverkehr.

Dr. Pipitz, Graz, Steiermark, Jahngasse, Humboldthof wünscht mit Coleopterologen in Siebenbürgen in Tauschverkehr zu treten.

Anzeigen.

In Commission bei Ch. Fr. Vieweg, Quedlinburg.
Druck von August Knaak in Putbus.

№. 11. Entomologische Nachrichten. 1875.

Herausgegeben
vom Gymn.-L. Dr. F. Katter.

Putbus, den 1. Juni.

Die E. N. erscheinen am 1. und 15. jeden Monats.
Viertelj. Abonnem. bei der Post 1 M. Auch durch alle Buchh. zu beziehen.

Das Flügelgeäder der Käfer.

Unter dieser Ueberschrift veröffentlicht Dr. O. Roger[1]) seine Beobachtungen über die Flügeladern der Käfer zugleich mit einigen allgemeinen Schlüssen über die Abstammung der verschiedenen Familien von einander, die er aus seinen Beobachtungen zieht. Seitdem Jurine die Flügeladern als Unterscheidungszeichen bei den Hymenopteren aufstellte, hat dies Merkmal bei den Hymenopterologen eingehende Beobachtung gefunden und ist auch auf andere Ordnungen der Insecten angewendet worden, am wenigsten bei den Käfern. Nur Heer wendet bei der Beschreibung und Bestimmung der fossilen Insecten die Flügelmerkmale an, und Burmeister veröffentlichte 1855 eine Abhandlung „über die Flügeltypen der Coleopteren", ohne dadurch jedoch die Coleopterologen zu weiteren Untersuchungen auf diesem Felde zu veranlassen.

Roger gesteht ein, daß zur Bestimmung eines Käfers „in den meisten Fällen außer der Anatomie der Mundtheile seine übrigen äußerlichen Merkmale genügen, und daß in Handbüchern, welche allein den Zweck verfolgen, dem Sammler die Bestimmung seiner Beute zu ermöglichen, eine eingehende Beschreibung der Flügel wohl mehr oder weniger als überflüssiger Ballast angesehen werden könne;" er hält es aber für Pflicht jedes Käfersammlers, auch die Flügel der Coleopteren zur Abrundung seiner Kenntnisse zu studiren, und giebt deshalb im Kurzen seine Resultate. Die Hauptsache aber für ihn sind offenbar die Resultate in Bezug auf die Abstammung der Käfer, und sie stimmen im Ganzen und Großen mit den Arbeiten seiner Vorgänger überein, wenn diese auch auf einem andern Wege zu ihren Schlüssen gelangten. Roger sagt: „Es lassen sich, wie ich denke, alle Flügeltypen der Käfer ziemlich ungezwungen von einem mehr oder

1) Das Flügelgeäder der Käfer. Zugleich ein fragmentärer Versuch zur Auffassung der Käfer im Sinne der Descendenztheorie. Von Dr. Otto Roger. Erlangen, 1875.

weniger schematischen Urflügeltypus ableiten, welcher die Flügeldecken an Größe nicht oder nicht viel übertraf, von ähnlicher Gestalt ungefähr wie der Adephagenflügel[2]) war und eine Anzahl von bogenförmig dem Außenrand parallel verlaufenden, durchaus gleichwerthigen Adern besaß, welche durch 2 Reihen zickzackförmiger Queranastomosen in der Weise verbunden waren, daß sie ein Netz länglicher, 6eckiger Zellen (vielleicht auch eine Doppelreihe solcher) bildeten; vielleicht war auch der Rand der Flügels von einer seine ganze Contour umlaufenden Randader umsäumt. Dieser Urflügel, welcher den ersten aus den Orthopteren hervorgegangenen Stammkäfern zu eigen sein mochte, konnte noch nicht querläufig, sondern nur fächerförmig der Länge nach eingefaltet werden. Um nun den mit höherer Ausbildung der Flugkraft auch relativ größer werdenden Flügel rasch unter die hornigen Decken verbergen und wo möglich noch rascher zum schnellen Aufflug wieder entfalten zu können, wurden gewisse Modificationen nöthig. Gegen den Außenrand hin traten mehrere Adern zu einem Aderbündel oder Leiste zusammen, im übrigen Flügeltheil traten namentlich 3 Adern stärker hervor, und die übrigen sanken durch größere oder geringere Obliteration auf den Werth von Nebenadern herab. So differenzirten sich die 6 Hauptadern, welche O. Heer als Vena marginalis, mediastina, scapularis, externo-media, internomedia und analis benennt, indem er gleichzeitig jedem der zwischen ihnen liegenden Felder den Namen der dasselbe nach innen begränzenden Vena beilegt, so daß z. B. die Area ext. media zwischen den Venae scapularis und ext. media, die Area analis zwischen der V. int. media und analis gelegen ist. Bei allen Käfern scheinen diese Hauptadern aus den gleichen ursprünglichen Adern des schematischen Urflügels hervorgegangen zu sein, mit Ausnahme der Vena internomedia, welche oft zu dem Werth einer Nebenader herabsinkt, während die eine oder andere Nebenader, hie und da auch eine Quercommissur, sich so stark entwickelt, daß sie als Hauptader imponirt, so daß bei manchem Käferflügel die Beschreibung dieser Ader ganz anders ausfällt, je nachdem man die thatsächlich stärkste und vorwiegendste Ader oder die dem Schema entsprechende, wenn auch reell ganz untergeordnete Ader als Hauptader auffaßt und beschreibt. Von den Quercommissuren des schematischen Urflügels obliterirten manche ganz, die Ueberreste der länglichen, 6-eckigen Zellen erkennen wir aber noch in den Rauten am Flügelmaal, an dem sogenannten keilförmigen Feldchen, an der fast immer unter doppeltem Winkel vor sich gehenden dichotomen Theilung der Adern und an ein-

2) Clairville bezeichnet mit dem Namen Adephagen die Cicindeliden, Carabiden, Dytisciden und Gyriniden.

zelnen Queranastomosen, die bei vielen Käfern noch namentlich in der Ar. interno-media erhalten sind und dort eine kleine oder 2 übereinanderliegende Zickzacklinien bilden, von und zu deren Spitzen Adern weg- und hinlaufen.

Ein ursächliches Moment für alle diese Veränderungen in der Aderung war außer andern möglicherweise auch die durch die Zunahme an harten Chitindecken verursachte größere Schwere gegenüber anderen Insecten, zu deren Ueberwindung das zarte Gitterwerk des ursprünglichen Insectenflügels nicht mehr hinreichte und darum die angegebenen Modificationen eingehen mußte.

Die in solcher Weise an Zahl reducirten Adern wurden nun gleichzeitig gegen die Basis hin kräftiger und gegen die Spitze zu schwächer, was namentlich in der Spitzenhälfte der nahe dem Außenrand gerückten Adern der Fall war, welche an der Stelle der erloschenen Zelle sogar eine völlige Unterbrechung erlitten, so daß sich jetzt die Möglichkeit einer querläufigen Faltung des Flügels ergab, der umgeschlagene Theil war der Spitzentheil der Area ext. media; derselbe setzt sich deutlicher vom Basaltheil des Feldes ab als die Spitzenhälften der übrigen Felder, und war anfangs noch sehr klein. Die Vena externo-media trat dabei gegen die übrigen Venen stärker hervor, mehr weniger eine diagonale Halbirung des Flügels markirend; zugleich wurde ihr Verlauf gestreckt, so daß sie bis zum Flügelmaal (Gelenk) geradlinig verlief und dort erst knieförmig zum Innensaum abbog oder ganz obliterirte. In Folge von Anpassung durch die häufig geübte Flugthätigkeit bekam aber der Flügel eine stärkere Entwicklung, und indem er die Decken an Fläche mehr und mehr überragte, mußte der umgeschlagene Theil immer größer, folglich das Gelenk immer mehr von der Spitze weg gegen die Mitte resp. Basis hin verlegt werden. Es ist daher bei den Flügeln, welche das Gelenk in ihrer Mitte gelegen zeigen, diese Anordnung nicht sowohl durch Verschiebung des Gelenkes (welcher Ausdruck nur der Kürze halber gebraucht wird) als vielmehr durch bedeutendere Entwicklung des Apicaltheils des Flügels entstanden zu betrachten. Je kleiner aber der den ganzen Flügel in seiner Entfaltung stützende Basaltheil wurde, desto kräftiger mußte sein Stützapparat sich entwickeln; wir sehen daher die V. externo-media sich entweder mehr dem Rande nähern und dadurch die Area ext.-media schmäler werden, oder, was häufiger der Fall ist, die Vena ext.-media bildet eine Curve mit der Concavität nach außen, so daß sie am Gelenkende dem Außenrande näher ist als in der Mitte; zu weiterer Stärkung sehen wir denn auch die vereinigten Randadern sich in ihrem Basaltheil nach innen krümmen und so mit dem stärker nach außen geschwungenen Spitzentheil des Außenrandes die schöne Flügelcontour bilden, welche namentlich bei den Lamellicorniern die kräftigste Entwicklung des Käferflügels significirt. Diesen Stützapparat (die Basalhälften der 3 Randadern und der V. ext. media) finden wir auch noch bei den kleinsten Flügelchen, bei denen alle übrigen Adern erloschen sind, und es sind nur wenige Arten (z. B. Trichopteryx), deren Flügel nur so geringe Rudimente von Adern zeigt, daß er fast gänzlich aderlos erscheint.

(Fortsetzung folgt.)

Ueber entomologische Tagebücher,

von Dr. Kriechbaumer.[3])

Wenn das Sammeln von Insekten einen wissenschaftlichen Zweck haben soll, so genügt es nicht, dieselben richtig bestimmt in die Sammlung einzureihen, sondern man soll sich auch über Zeit und Ort ihres Vorkommens stets Rechenschaft ablegen können, es sollen Beobachtungen, die man über dieselben auf Exkursionen macht, z. B. über Nahrung, Lebensweise, Häufigkeit oder Seltenheit des Vorkommens u. s. w. notirt werden. Von besonderer Wichtigkeit sind solche Notizen für faunistische Arbeiten.

Um nun das auch bei noch unbestimmten Insekten zu ermöglichen (was um so wichtiger ist, da man während der Sammelzeit doch in der Regel nicht zum Bestimmen kommt), habe ich mir fast seit Anfang meines Sammelns entomologische Tagebücher angelegt, die aus etwas primitiven Zuständen sich allmählig verbesserten und sich mir so praktisch bewährten, daß ich in der letzten zoologischen Sectionssitzung der Naturforscherversammlung in Leipzig den anwesenden Entomologen dieselben empfehlen und deren Einrichtung näher erklären zu dürfen glaubte, was von denselben auch beifällig aufgenommen wurde. Da jedoch die Zahl der dort gegenwärtigen Entomologen leider eine sehr geringe war, dürfte es Manchem der übrigen nicht unangenehm sein, die Einrichtung dieser Tagebücher kennen zu lernen.

Ich lasse mir gewöhnliches Schreibpapier in einer hiesigen Liniranstalt in der Weise liniren, daß die stehende Quartseite 40 Querlinien erhält. In rechtem Winkel mit diesen werden 6 Längslinien gezogen, welche zunächst den einerseits zum Einbinden, andererseits zum Beschneiden nöthigen Rand freilassen; in den 5 Zwischenräumen von nachfolgend angegebener Breite wird dann Folgendes eingeschrieben:

1) 7 mm. breit, die fortlaufenden Nummern. Diese werden bis 100 ganz ausgeschrieben, von da weg nur von 10 zu 10, außerdem nur die Einheiten.

---

3) Mit Genehmigung des Herrn Verfassers aus dem regensburger Correspondenzblatt abgedruckt.

2) 6 cm. breit, nach erfolgter Bestimmung der Name, Autor, das Geschlecht und die allenfallsige Varietät des numerirten Insektes.

3) 4 mm. breit, die Zahl der gesammelten Individuen.

4) 8 cm. breit, Fundorte, Futterpflanze und andere Notizen.

5) 1 cm. breit, Tag und Monat des Fanges, mit Zahlen angegeben, z. B. 16. 5 = am 16. Mai. Die Jahreszahl wird für die ganze Seite zu oberst beigesetzt.

Wenn ein Fundort für eine ganze Reihe von Insekten gilt, so wird selber nur bei dem ersten ganz angegeben, bei dem folgenden der Kürze wegen nur mit „ebenso" oder „id.", und bei den übrigen nur mit „ bezeichnet, um so Raum für besondere Bemerkungen zu gewinnen, die aber dann eingeklammert werden, z. B.

1. Cicindela campestris L. ♂ 2. bei Hesselohe (auf Feldern). $\frac{1872.}{3.\ 5.}$
2. Andrena tibialis Kby. ♂ 1 ♀ 4. id. (an Weidenblüthen).
3. Syrphus pyrastri L. ♀ 2. „ (an Weidenblüthen).

Die Zeitangaben gelten, bis eine neue kommt.

Die Nummerirung und das Eintragen der Insekten findet statt, wenn die auf einer Exkursion gefangenen präparirt sind; sie werden dabei in möglichst systematische Ordnung gebracht. Wenn einzelne Thiere, wie Hummeln, große Schwärmer, die lange auf dem Spannbrette bleiben müssen, aufhalten würden, steckt man die betreffenden Nummern vorläufig neben selbe auf das Brett. In der Regel erhält jede Art, ob in vielen oder einzelnen Individuen, und wenn auch schon auf früheren Exkursionen gefangen, eine Nummer, doch können auffallende Varietäten besondere Nummern bekommen. Durch diese Tagebücher bin ich im Stande, von Insekten, die ich vor 30 Jahren gefangen, Tag und Ort ihres Fanges noch genau anzugeben.

Um die langweilige und zeitraubende Arbeit des Schreibens der kleinen Nummern, welche an die Nadeln der Insekten gesteckt werden, zu ersparen, ließ ich in letzter Zeit solche (von 1—1000) lithographieren, und zwar in der Weise, daß jede Nummer die untere Hälfte eines kleinen Quadrats einnimmt, während die obere leer bleibt. Dieser leere Raum kann weggeschnitten, oder nach dem Verbrauch des ersten Tausends für die folgenden Tausende in der Weise benützt weaden, daß z. B. $^{3}_{476}$ so viel heißen würde wie 3476; oder es kann irgend ein beliebiges Zeichen angebracht werden. Uebrigens kann für einen mehrfachen Gebrauch der gleichen Nummern durch Anwendung verschieden gefärbter Papiere vorgesehen werden.

Sind die Thiere bestimmt und deren Namen an der betreffenden Stelle des Tagebuchs eingetragen, und sollen nun etwa die Aufzeichnungen zu einer Fauna zusammengestellt werden, so wird für jede Art ein ganzes oder halbes Oktavblättchen bestimmt, oben der Name der Art beschrieben, dann die verschiedenen Fundorte, Fangzeiten und anderen Notizen aus dem Tagebuche beigefügt, und die Blätter systematisch oder alphabetisch (ersteres vielleicht für die Familien und Gattungen, letzteres für die Arten) geordnet. Kann man sich an ein gutes nummerirtes Verzeichniß halten, so kann die Nummer dieses Verzeichnisses beigefügt werden. Zur Erleichterung der Arbeit und einer gleichmäßigen Ausführung läßt man sich ein oder mehrere Buch Papier nach einem bebestimmten Muster vom Buchbinder in solche Oktavblätter schneiden und zu deren Aufbewahrung Futterale anfertigen, die (mit einer Etiquette auf dem Rücken) der Bibliothek einverleibt werden können.

Während so das Tagebuch zeigt, was für Thiere man auf jeder Exkursion gefangen hat, zeigen diese Blätter, wo, wann und wie oft man jedes einzelne Thier gefangen und was man sonst etwa darüber beobachtet hat. Man könnte das die doppelte Buchhaltung des Entomologen nennen.

Es wäre zu wünschen, daß besonders jüngere Sammler auf die Führung solcher Tagebücher aufmerksam gemacht und dadurch angeleitet würden, gleich von Anfang an in einer der wissenschaftlichen Entomologie ersprießlichen Weise zu sammeln. Um allenfallsige Zweifel zu beseitigen, und weil es nicht überall Gelegenheit giebt, in oben bezeichneter Weise linirtes Papier und gedruckte Nummern zu bekommen, bin ich bereit, Muster von beiden gegen frankirte Einsendung von 3 Sgr. für ½ Bogen linirtes Papier und 1 Blatt mit Nummern zu versenden (für Deutschland franco unter Kreuzband). Größere Bestellungen kann ich, das Buch feines Maschinen-Papier zu 12 Sgr., das Dutzend Nummernblätter zu 10 Sgr. besorgen, oder es kann ersteres in der Sigm. Adam'schen Linir-Anstalt dahier (Kaufingerstraße 27/2) bestellt werden, und erfolgt die Zusendung auf Kosten des Bestellers. Bei den Nummern ist die Farbe des Papiers anzugeben.

Vermischtes.

Während 1874 hier auf Rügen ein Maikäferjahr für Melolontha vulgaris war, zeigt sich in diesem Jahre M. Hippocastani so häufig, daß man berechtigt ist, dies Jahr als ein Maikäferjahr für diese Species zu bezeichnen. So wenig Hippocastani es in vorigen Jahren unter den vielen vulgaris gab, so wenig vulgaris giebt es in diesem unter den zahlreichen Hippocastani. Es fallen hier also die Perioden beider Käfer offenbar nicht zusammen. Uebrigens tritt Hippocastani immer früher auf, als vulgaris, nicht nur hier, sondern auch in andern Theilen Pommerns. —

Ueber die Zucht des Eichenlaub fressenden Seidenspinners, Saturnia Pernyi sagt H. Förster, Schönebeck a. E., daß sie nach seiner Erfahrung viel leichter und lohnender als die des Bombyx Mori sei, nicht nur, weil ihr Futter bequemer und oft auch billiger zu erlangen ist, sondern auch, weil sie weniger Wartung verlangen, weniger Krankheiten ausgesetzt sind und im Freien gezogen werden können. Die Seide soll von einigen Fabrikanten der von Mori vorgezogen werden. „Saturnia Pernyi überwintert als Puppe. Der Schmetterling erscheint im Mai in den Abendstunden; er ist eine Zierde für jede Sammlung, indem er 7—8 cm. Flügelspannung hat und herrlich gezeichnet ist; der Grundton ist braun."

Adressen für Tauschverkehr.

H. Hahn, Magdeburg, Wilhelmstr. 3 sucht mehrere gewöhnliche Käferarten gegen bessere Arten einzutauschen oder zu einem mäßigen Preise zu erwerben: Calosoma sycophanta, Lucanus cervus, Mordella fasciata, Lytta vesicatoria, Cerambyx heros, Clytus arcuatus, Saperda carcharias, Rhagium mordax. Die Käfer müssen vollständig sein und sind in Flaschen am angenehmsten. Gefällige Offerten werden erbeten.

Sammelbericht.

Mitte April fanden wir im Hammerwalde bei Köslin unter der Rinde von vor 1—2 Jahren gefällten Bäumen folgende Käfer: 1) Unter Eichenrinde: Tausende von Ips quadrigu ttatus. quadripustulatus und quadripunctatus, den ersten aber selten, von den letzten besonders nach den Wurzeln zu, an saftnassen Stellen, oft an einem Baum 50, nebst dreimal so vielen Rhizobius bipustulatus; ebenso 4 Platysoma depressum, 8 Lyctus canaliculatus in morschen Baumspalten, tief im Holz bei ihren Larven; wenige Teredus nitidus und von diesen fast alle unter Buchenrinde; Rhagium mordax und inquisitor nebst Larven, von Colydium nur die leeren Löcher. 2) Unter Kiefernrinde: 30 Ampedus sanguineus, Elater balteatus, 4 Ips quadripustulatus, Rhagium indagator und inquisitor, Astyonomus aedilis und unter der Rinde eines alten Stammes ein Exemplar des so schönen und seltenen Pytho depressus, den, als er uns in das hohe Haidekraut entglitten war, das schöne Gelb des Unterleibes dem Käferglas verrieth. Der Herr Rektor Jesnitzer hat schon jetzt einen schönen großen Ergates faber gefunden — bei uns eine Seltenheit, da hier der Käfer gewöhnlich Ende Juni oft in großer Menge aus den mulmigen Fichtenstücken in den Schonungen herauskommt. Uebrigens ist hier Pleretes matronula garnicht so selten an bergigen Waldrändern, ebenso wenig Limenitis populi, von dem ich an einem Juninachmittag 1873 23 Männchen, meist auf frischem Pferdekoth sitzend, gefangen habe.

Cöslin i. Pommern im Mai 1875.

E. Haase. A. Doms.

Anzeigen.

In Commission bei Ch. Fr. Vieweg, Quedlinburg.
Druck von August Knaak in Putbus.

№. 12. Entomologische 1875.

Nachrichten.

Herausgegeben
vom Gymn.-L. Dr. F. Katter.

Putbus, den 15. Juni.

Die E. N. erscheinen am 1. und 15. jeden Monats.
Viertelj. Abonnem. bei der Post 1 M. Auch durch alle Buchh. zu beziehen.

Das Flügelgeäder der Käfer.
II.

Bei anderen Käfergattungen, bei welchen schon frühzeitig eine starke Verkürzung der Flügeldecken eintrat (Brachyptera), adaptirte sich der Flügel dieser Verkürzung, indem das Gelenk über die Mitte hinaus näher der Basis zurückte, und zwischen Spitze und Gelenk ein zweites, eventuell noch ein drittes Gelenk zu 3maliger Querfaltung des Flügels bildete. Für die Function des Flügels weniger wichtig waren die Veränderungen, welche seinen Innensaum betrafen. Dieser wurde nicht hornig, wie der Außenrand, sondern blieb zart und mit Wimperhärchen besetzt. An den Punkten, an welchen Adern zu ihm hintraten (und früher vielleicht in ein den ganzen Flügel umsäumendes Randgefäß einmündeten), wurde er mehr oder weniger eingekerbt, so daß bei manchen Gattungen die Contour des Innensaums aus einer Reihe von kleinen Bogen besteht, in gleicher Art, wie die Damen den Saum von Taschentüchern etc. „ausbogen". Die tiefste Einkerbung findet in der Area analis statt, den Basaltheil des Flügels dort manchmal zu einem besonderen Läppchen abtrennend, welches, von verschiedener Gestalt, entweder gar nicht oder stärker manchmal sogar sehr lang und elegant bewimpert ist. Bei manchen Flügeln scheint dieses Läppchen ganz abgetrennt und eingegangen zu sein, so daß die basale Hälfte der Area analis und die Area extra-analis ganz zu fehlen scheinen. Bei einzelnen Gattungen (Dyticus) findet sich neben dem Flügel auch noch ein kleines epaulettenförmiges Nebenflügelchen.

Roger giebt nun eine Beschreibung der Flügel einzelner Species, indem er den allgemeinen Typus der Familie jedesmal vorausschickt. Dann zieht er seine Folgerungen, wobei auch die Abdominalganglien, die Fühler und die Tarsenglieder ihre Berücksichtigung finden. In Betreff der Adephagen kommt er zu dem Schluß, 1) daß unter ihnen die Carabiden, welche in den Cicindeliden ihre höchste Vollkommenheitsstufe erreichen, dem ursprünglichen Typus am nächsten stehen; 2) daß die ungeflügelten Carabiden von den geflügelten Carabiden abzuleiten seien; 3) daß die Dytisciden vermöge ihrer abgekürzten Abdominalganglienkette als eine dem Wasserleben angepaßte Abzweigung des gemeinschaftlichen Stammes anzusehen sind; und 4) daß die Gyriniden nur als ein Seitenzweig der Dytisciden zu betrachten sind. Ueberhaupt nimmt er in Betreff der Adephagen an, daß sie sich am frühesten von dem allgemeinen Stammbaum der Käfer abgezweigt haben, und deßhalb als ein Hauptzweig zu betrachten sind.

Die Clavicornier (Hydrophilinen, Staphylinen, Pselaphiden, Phalacriden, Nitidularien, Colydiiden, Cryptophagiden, Lathridiiden, Mycetophagiden, Dermestiden, Byrrhiden, Parniden, Silphiden, Histeriden) zeigen größere Mannigfaltigkeit im Flügelbau. Einige stehen den Adephagen nahe, andere den Malacodermen wegen des Aderreichthums ihrer Flügel. Ein Theil (die Hydrophilinen) hat sich schon früh abgezweigt und dem Wasserleben angepaßt, einige von diesen aber haben sich dann von neuem für das Landleben umgebildet (Sphaeridium). Am weitesten differirten die Staphyliniden, aus denen wiederum Histeriden und Silphiden hervorgingen. Seitenzweige scheinen die Pselaphiden, Trichopterygiden und Scydmäniden zu sein.

Bei den Lamellicornen (Lucaniden, Scarabäiden) entwickelten sich die Flügeladern stärker, wohl schon wegen der Schwere des Körpers. Sie stammen wahrscheinlich nicht direct vom Hauptstamm, von den Malacodermen ab, sondern haben als Zwischenform die Cerambyciden (Prioniden). Aus diesen gingen zuerst die Lucaniden, aus diesen wieder die Scarabäiden hervor.

Die Malacodermen sieht Roger als die Urform der Käfer an, indem er eine Form für um so älter hält, je mehr Nebenadern und Quercommissuren ihre Flügel zeigen; je länger ihre Abdominalganglienkette ist und je weniger Fühler und Tarsen verkürzt sind. Die Concentration dieser 3 letzteren sieht er als das Ziel der Fortbildung an. Nun haben die Malacodermen vieladrige Flügel; lange Abdominalganglienkette; weiche Deckflügel; aus gleich großen Gliedern zusammengesetzte Fühler; einfache, fünfgliedrige Füße. Ihnen nahe stehen die Heteromeren. Ebenso stehen Buprestiden und die Elateriden mit ihnen in engem Zusammenhang. Die Rüsselkäfer, und die ihnen nahe stehenden Bruchiden und Scolytiden stammen wahrscheinlich durch Vermittlung der Anobiiden etc. von den Lucaniden ab. Den letzten Ast bilden die Chrysomeliden mit ihrem Seitenzweige, den Coccinelliden.

Ueber das Tödten der Insecten.

Der Mittel, Insekten zu tödten, sind Legion, und dennoch werden immer neue erfunden, wird immer wieder nach neuen gesucht. Es ist das ein Zeichen, daß unter allen angewandten sich noch kein vollkommenes befindet, und daß jede verbessernde Neuerung mit Dank aufzunehmen ist. Die alten sicheren Tödtungsmittel vermittelst der Hitze kochenden Wassers oder einer Flamme sind wegen ihrer Unbequemlichkeit meistentheils aufgegeben. Chloroform, Benzin, Schwefeläther, Cyankali werden heutzutage am meisten angewendet. Doch auch sie zeigen z. Th. ihre Nachtheile, wie schon in einigen der früheren Artikel erwähnt wurde, weil sie feine Farben bleichen und so die Objecte unkenntlich machen. Nur das Cyankali macht eine Ausnahme; weder verändert es die Farben, noch läßt es die Glieder so schnell erstarren, daß sie beim Spannen brechen, wie lange man sie auch in der Cyankaliflasche lassen möge. Man hat also bei Anwendung dieses Tödtungsmittel nicht nöthig, sofort seine Beute zu präpariren, sondern kann damit bis zu gelegener Zeit warten. Auch wirkt der Dunst des Cyankalis so schnell auf die Insekten daß sie ohne Flattern und also ohne Beschädigung sofort in vollkommene Betäubung fallen, sowie sie in die Flasche gebracht worden sind. Nur die Gefährlichkeit dieses starken Giftes und die Unbequemlichkeit der bisher dazu gebrauchten Flaschen hat von allgemeinerem Gebrauch abgehalten. H. Deyrolle beschreibt nun in den Petites nouvelles entomologiques eine neue, von ihm erfundene Flasche, die allen bisherigen Mängeln abhelfen soll. Wir lassen die Beschreibung hier dem Wortlaut nach folgen:

„Die Flasche muß eine weite Oeffnung, von wenigstens 40 mm. Durchmesser, haben. Auf den Boden derselben legt man 2—3 Lagen Löschpapier, darüber einige ungefähr 4 mm. breite Streifen von demselben Papier. Der Korken hat ein Loch von c. 5 mm. Durchmesser, durch welches eine oben ampelförmig erweiterte Röhre geht, so daß sie nicht durch den Kork in die Flasche gleiten kann. Die Oeffnung dieser Röhre, welche in die Flasche geht, wird mit einem Stückchen sehr dünnen Zeuges fest vermittelst eines Faden verschlossen, nachdem man soviel Cyankali in die Röhre gebracht hat, wie sie enthalten kann, und darauf einen Baumwollenpfropfen gesteckt hat. Infolgedessen kann das Cyankali die Insecten nicht berühren, sondern diese werden nur von den Dämpfen, die bald die ganze Flasche erfüllen, umgeben. Uebrigens kann man die Flasche auch mit Aether, Benzin etc. gebrauchen. Man darf dann nur mit diesen Stoffen getränkte Baumwolle in die Röhre bringen.“

Die vorliegende Beschreibung zeichnet sich nicht durch große

Klarheit aus, indessen läßt sich darnach annehmen, daß das Löschpapier dazu dient, um Insecten an Nadeln (Schmetterlinge, Hymenopteren, bestäubte Käfer) hineinzustecken. Der offene Theil der Röhre, welcher in die Flasche geht, muß offenbar sehr kurz sein, um den Raum nicht zu verengen; der obere Theil aber vollständig geschlossen, am besten wohl glatt und, besonders bei Cyankali, von starkem Glase sein. In letzterem Fall würde es überhaupt wohl praktischer sein, eine nicht erweiterte Röhre so in den Korken zu kitten, daß sie nicht an die Oberfläche desselben reicht und mithin vor Zerbrechen mehr geschützt ist. Das Löschpapier muß natürlich am Boden der Flasche befestigt werden, jedenfalls sollen hierzu die schmalen Streifen dienen.

Calosoma indagator. — Dieser seltene Käfer ist im September v. J. in Masse von J. Ferdoulat bei Toulouse auf folgende Weise gefangen worden: Auf einem Felde, wo er ein Exemplar dieser Insects gefunden hatte, ließ Ferdoulat an verschiedenen Stellen, besonders in den Furchen, Gras- und Heuhaufen auslegen. Nach etwa 14 Tagen war dieses Heu fest zusammen gefallen und bot einer Masse von Würmern, Raupen, Schnecken etc. Schutz. Unter ihnen und von ihnen sich nährend, wie die Reste dieser Thiere zeigten, fand F. c. 60 Ex. des C. indagator.

Anleitung, bestäubte Käfer zu sammeln.

Es dürfte manchem Käfersammler sehr angenehm sein, Käfer mit bestäubten Flügeldecken wie z. B. Lixus, Larinus, Cleonus, einige Ceuthorhynchus etc. mit ihrer ursprünglich schönen Bestäubung in der Sammlung zu haben. Jedoch nur selten hat man Gelegenheit etwas von der Bestäubung zu bemerken. Ich erlaube mir im Folgenden kurz die von mir beim Präpariren der genannten Käfer angewandte Methode darzulegen. Die Käfer werden lebendig in einer inwendig rauhen Schachtel mit nach Hause genommen, jeder K. in eine aus Löschpapier zusammengerollte Röhre gebracht und diese an den Enden durch Umkniffen verschlossen. Die so eingerollten Käfer werden in eine mit weiter Oeffnung versehene Flasche geworfen, hier hinein einige Tropfen Chloroform getröpfelt und diese dann mit einem Korke dicht verschlossen. Nachdem die Käfer etwa 12 Stunden so liegen, sind sie vollkommen getödtet und können, nachdem man sie noch etwa 2 Std. frei liegen läßt, gut weiter behandelt werden. Das Löschpapier saugt die aus dem Rüssel strömende Fettigkeit begierig ein und verhindert, daß diese am Rüssel emporsteigt und sich weiter über den ganzen Käfer verbreitet. Bei etwas vorsichtigem Anfassen wird man so alle in ihrer Schönheit erhalten.

H. Hahn, Magdeburg.

H. Gerichtsrath a. D. Keferstein in Erfurt richtet in der Stett. ent. Ztg. an die Lepidopterophilen folgende Bitte: „Es wird gewöhnlich angenommen, daß bei Erzeugung von Varietäten bei Schmetterlingen die Verabreichung verschiedenartiger Nahrung, womit die Raupe gefüttert wird, einen Hauptfactor abgebe. Die von mir deshalb angestellten Versuche haben lediglich ein negatives Resultat ergeben. Ich erlaube mir daher an die betreffenden Schmetterlingszüchter die Bitte zu stellen: ihre Erfahrungen hinsichts der Varietätenbildung durch Verabreichung verschiedenartiger Raupennahrung unter Darlegung des dabei beobachteten Verfahrens hier gütigst mittheilen zu wollen.

Ueber Insectennadeln.

Wer in Tauschverkehr mit andern Ländern steht, ist gewiß der Unannehmlichkeit der Verschiedenheit in der Länge der Nadeln nicht entgangen. Nicht alle Insecten ertragen ein Verschieben an den Nadeln; es ist aber kein schöner Anblick, wenn in der Sammlung ein Insect hoch, das andere niedrig steht. Bei feinen Nadeln kann man sich mit schiefem Abschnitt helfen, bei dicken ist es nicht wohl möglich. Es wäre demnach höchst wünschenswerth, wenn die Entomologen sich über eine gleichmäßige Länge einigen wollten. Hr. Dr. Kriechbaumer sagt darüber in der Stett. ent. Ztg. 1875, I: „Ein paar Worte über die Wahl der Nadeln, an welche die Thiere gespießt werden, dürften nicht überflüssig sein. Die sogenannten französischen und englischen Nadeln, so ferne nämlich die Vorstellung einer bestimmten Länge damit verbunden ist, sind als die beiden Extreme von der großen Mehrzahl neuerer Entomologen als unzweckmäßig erklärt. Erstere (über 42 mm. lang), die immer noch ausnahmsweise, z. B. für die großen Dynastiden unter den Käfern, nöthig sind, brauchen im Allgemeinen zu hohe Käslchen, also zu viel unnöthigen Raum. Letztere (nur 31 mm. lang) haben den dreifachen Nachtheil,*) daß 1) die darunter gesteckten Etiketten nicht gelesen werden können, 2) die an dieselben gespießten Thiere den Raubinsekten äußerst zugänglich sind und die letztern meist erst wahrgenommen werden können, wenn sie bereits großen Schaden angerichtet haben, und 3) selbe endlich eine natürliche Stellung der Beine unmöglich machen, indem diese, wenn sie beim Einstecken der gespießten Thiere nicht gebrochen werden sollen, entweder dicht an den Leib gedrückt und so der Untersuchung unzugänglich gemacht, oder wie bei einer schwimmenden Kröte ausgespreizt werden müssen. Besonders ist das der Fall, wenn die Insektenkästchen mit den in neuerer Zeit so be-

*) Als vortheilhaft erkenne ich jedoch den aus dem obern Nadelende selbst gebildeten, nur etwas zu scharfkantigen Kopf.

liebten (weil sehr billigen) hannoverschen Torfplatten belegt sind. Für die passendste Länge halte ich die der Karlsbader Nadeln (von 39 mm.), die ich fast seit dem Anfange meines Sammelns benutze und die jetzt wohl auch am weitesten verbreitet sind.**) Die merklich kürzeren Berliner und Wiener Nadeln (34 bis 35 mm.) haben bei nur einigermaßen größeren Thieren, wie Cimbex, Raubwespen, Hummeln, namentlich vielen exotischen, die Nachtheile der englischen, wenn auch in etwas minderem Grade. Den ebenso kurzen schwarzen Wiener Nadeln (aus lackirtem Eisendraht) konnte ich keinen Geschmack abgewinnen; sie sind auch zu weich, besonders die feineren Sorten, und verbiegen sich deshalb sehr leicht. Der einzige Vortheil, den sie haben, daß sie nämlich keinen Grünspan ansetzen, kommt doch nur bei wenigen Hymenopteren, den Holzwespen z. B., so in Betracht, daß darauf Rücksicht genommen werden müßte, und vielleicht ließe sich der gleiche Vortheil auch bei den jedenfalls hübscher aussehenden Messingnadeln erreichen, wenn man eine für solche Thiere bestimmte Zahl mit durchsichtigem Firniß überziehen würde."

Entomol. und naturw. Zeitschriften.

The Entomologist's Monthly Magazine.

Nr. 123. Life History of Meligethes; with wood-cuts (concluded), Eleanor A. Ormerod. — On two new Coleopterous Insects belonging to the family Rutelidae, C. O. Waterhouse. — Description of a new genus and species of Coleoptera from Japan, Rev. H. S. Gorham and George Lewis. — Description of a new species of Cremastocheilus from California, Prof. J. O. Westwood. — Descriptions of new species of Butterflies, W. C. Hewitson. — Notes on a collection of Butterflies recently brought from Cape Coast, with description of a new species from Natal, A. G. Butler. — Notes on British Tortrices (continued), C. G. Barrett. — Additions to the list of British Hemiptera, E. Saunders. — Occurrence in Britain of Abdera triguttata, Gyll., G. C. Champion. — Coleoptera at Aviemore, Inverness-shire, Id. — Additions to the British List of Tenthredinidae, P. Cameron. — Chrysopa tenella, &c., at Weybridge, R. McLachlan. — Notes on Bolivian Rhopalocera, W. C. Hewitson. — Description of the larva, &c., of Erastria fuscula, Rev. J. Hellins. — Description of the larva, &c., of Pyrausta punicealis, Id. — Description of the larva of Agrotis (Noctua) subrosea (extracted), Carl Berg. — Nola

**) Vielleicht könnte mit Hinzugabe eines mm. die runde Zahl von 40 mm. (= 4 cm.) als Maximum der Länge allgemein angenommen werden.

albulalis in North Kent, G. T. Porritt. — Proceedings of the Entomological Society of London. — Review: The Butterflies of North America, by W. H. Edwards. — Obituary: R. G. Keeley, George Robert Crotch.

Nr. 124. Description of the larva and pupa of Deilephila euphorbiae, W. Buckler. — Descriptions of two new species of Heterocerous Lepidoptera in the collection of the British Museum, A. G. Butler. — Descriptions of three new species of Erotylidae, George Lewis. — Descriptions of two new genera and some new species .of Pselaphidae, D. Sharp. — Note on a curious race of Harpalus latus, L.— E. C. Rye. — Note on a variety of Liodes humeralis, Id. — Coccinella eating Lepidopterous ova, J. E. Fletcher. — Re-occurrrence of Halonota grandaevana at Hartlepool, J. Gardner. — Elachista serricornis, &c., at Witherslack, J. B. Hodgkinson. — Note on Endopisa nigricana, J. E. Fletcher. — Occurrence of Crymodes exulis, N. Cooke. — Natural History of Larentia olivata, Rev. J. Hellins. — Natural History of Asthena Blomeraria, Id. — Capture of Noctua sobrina, John T. Carrington. — Capture of Pachnobia alpina, Id. — On the larva of Noctua subrosea, Henry Doubleday. — Note on Lobesia reliquana, Id. — Domestic Entomology: a word in season, J. W. Douglas. — Capture of Aphelocheirus aestivalis in Norfolk, Rev. J. Laundy Brown. — Note on some Odonata (Dragon-flies) from the Sandwich Islands, &c., R. McLachlan. — Review: On the transformetions of the common House Fly, by A. S. Packard, Jun. — Proceedings of the Entomological Society of London. — Notes on Cicindelidae and Carabidae, and descriptions of new species (No, 18), H. W. Bates.

Nr. 125. Notes on Cicindelidae and Carabidae and descriptions of new species (No. 18, concluded), H. W. Bates. — On a new family of European aquatic Coleoptera, D. Sharp. — Decriptions of new species of Lycaenidae from South America, W. C. Hewitson. — Notes on British Tenthredinidae, with description of a new species of Nematus, P. Cameron, Jun. — British oak-galls, E. A. Fitch. — A further contribution to the Fauna of Lundy Island, F. Smith. — Notes on beetles occurring in the Shetland Isles, Rev. T. Blackburn. — Note on capture of Papilio Antimachus, &c, W. C. Hewitson. — Hermaphrodite Gonopteryx rhamni, H. Goss. — Natural History of Lycaena Adonis, Rev. J. Hellins. — Hybrids between Smerinthus ocellatus and S. populi, G. T. Porrit. — Capture of Noctua sobrina, J. B. Blackburn. — Description of the larva of Acidalia straminata, G. T. Porritt. — Crambus verellus at Folkestone, Walter P. Weston. — Re-occurrence of Lemiodes pulveralis at Folkestone, H. Valentine Knaggs. — Coriscium Brongniardellum in Ireland, W. F. Kirby. — A further note about Aphelocheirus aestivalis, Rev. J. L. Brown. — British Hemiptera, correction, J. Scott. — Captures of Hemiptera on the West Coast of Scotland, with description of a new species, J. W. Douglas. — Desription of a new species of Liburnia from Biskra (Algeria), J. Scott. — On certain British Hemiptera-Homoptera. [Revision of the genus Strongylocephalus, and description of a new species], Id.

In Commission bei Ch. Fr. Vieweg, Quedlinburg.

Druck von August Knaak in Putbus.

№. 13. Entomologische 1875.

Nachrichten.

Herausgegeben
vom Gymn.-L. Dr. F. Katter.

Putbus, den 1. Juli.

Die E. N. erscheinen am 1. und 15. jeden Monats.
Viertelj. Abonnem. bei der Post 1 M. Auch durch alle Buchh. zu beziehen.

Entomologisch-biologische Sammlungen.

Dr. Hagen in Cambridge (Massachusetts) hat der belgischen entomologischen Gesellschaft unlängst Mittheilung von der Sammlung für biologische Entomologie gemacht, die er für das zoologische Museum zu Cambridge in Angriff genommen hat. Er sagt darüber: „Meine Idee ist im kurzen folgende. Ich will die ganze Geschichte des Lebens der Arten darstellen. Da die Exemplare der verschiedenen Zustände im allgemeinen ungleichartig sind, so hat dies zur Folge gehabt, daß die Sammlungen sie gewöhnlich getrennt bringen, in Schachteln, Flaschen, Schiebladen etc., so daß man den Gesammtüberblick und somit oft diese Exemplare aus dem Auge verliert. Um dies zu vermeiden, bringe ich alles, mit Nadeln befestigt, in denselben Kasten. Es hat dies einen sehr guten Erfolg und der Gesammtüberblick wird genügend gewahrt. Uebrigens muß man viel Raum zur Verfügung haben, denn eine einzige Species nimmt oft einen ganzen Kasten ein. Nehmen wir z. B. Samia Promethea, welche ich selbst aufgezogen und folgendermaßen in die Sammlung gereiht habe: 1) Schmetterling ♂ und ♀; 2) ausgewachsene und unausgewachsene Raupen; 3) deren Excremente; 4) die Eier (kurz vor dem Auskriechen der Raupe genommen); 5) die Haut von der letzten Häutung der Raupe; 6) die Puppen ♂ und ♀; 7) Cocons ♂ und ♀; 8) da die von Parasiten angegriffenen Raupen die Fähigkeit erlangen, mehr zu spinnen, so habe ich mehrere dieser difformen Cocons beigefügt; 9) ein Abschnitt des Cocons, der die kleine Oeffnung vor dem Auskriechen des Schmetterlings zeigt; 10) ein anderer, der dieselbe Oeffnung nach dem Auskriechen zeigt (sie differiren übrigens wenig); 11) Schmetterlinge im Augenblick des Auskriechens, ♂ und ♀; 12) ein aufgeschnittenes Cocon, um die Lage der Puppe und die letzte Haut der Raupe zu zeigen; 13) eine leere Puppe, welche die durch das Auskriechen hervorgebrachte Oeffnung zeigt und die exsudata des vollkommenen Insekts enthält. Alles dies, die difformen Cocons ausgenommen, bezieht sich auf das normale Leben der Species; man kann noch die Nahrung der Raupe, die Seide derjenigen Arten, welche solche liefern, etc. hinzufügen.

Dann folgen die Feinde: I. Ophion macrurum; a) das vollkommene Insekt ♂ und ♀; b) die im Cocon liegende Nymphe; c) die verlassene Schale mit ihrem Deckel; d) Larve.

II. Cryptus nuncius. a) ♂, ♀; b) Nymphe mit Cocon; c) Larve; d) Quer- und Längsdurchschnitt um die Lage dieses Parasiten inmitten des Cocons der S. Promethea zu zeigen; e) der Inhalt eines einzigen Cocons oder 21 Larven.

III. Bracon sp. a) Insecten; b) Larven.

IV. Chalcis Mariae. Vollkommene Insekten.

Zur Aufbewahrung der Raupen, Larven, Puppen habe ich nichts besseres gefunden als Alkohol in Glasröhren, die am Boden des Kastens mit Nadeln befestigt werden. Dieser muß deshalb ziemlich stark sein (¼ Zoll Dicke). Ich habe einige zwanzig Versuche gemacht, um einen dauerhaften Verschluß der Röhren zu finden. Kautschukpfropfen zeigten sich am besten, indessen müssen sie sehr sorgfältig angebracht werden. Man füllt die Röhre bis zum Rande, drückt den Kautschukpfropfen mit einer starken Zange fest zusammen und bringt ihn in die Röhre, indem man zu gleicher Zeit eine ihn wenig überragende Insectennadel mit einführt. Dadurch vermeidet man, den Alkohol in der Röhre zusammen zu drücken, indem der überflüssige Spiritus längs dieser Nadel entweicht, die man sofort wegzieht, sowie der Pfropfen an seine Stelle gebracht ist. Um mich von der Vortrefflichkeit dieses Verfahrens zu überzeugen, habe ich eine verschlossene Röhre 16 Monate lang der Sonne ausgesetzt und die Luftblase beständig gemessen; sie war in der Sommersonne nur wenig größer als in der winterlichen. Die Pfropfen müssen vor dem Gebrauch gut in Wasser gewaschen werden. Ich habe alle Ursache, mit dieser Methode zu frieden zu sein, obgleich sie etwas theuer ist. Bei jeder Methode werden die Pfropfen zerstört und müssen nach einigen Jahren wieder erneuert werden. Wenn sie 3—4 Jahre aushalten, bin ich befriedigt, vorausgesetzt, daß sie einen vollständigeren Verschluß geben, als alle bisher gebrauchten Verfahren. Ich gebrauche Glasröhren von 1—7″ Länge und 3‴—1″ Dicke. In jede Röhre lege ich eine Etikette."

Es liegt auf der Hand, wie instructiv dergleichen Sammlungen sind, die erst eine vollkommene entomologische Sammlung darstellen, und es wäre demnach wohl zu wünschen, daß sie auch auf unserm Continent mehr in Angriff genommen würden. Leider wird es Privaten selten gestattet sein, den Raum für ein solches Cabinet zu beschaffen; um so mehr wäre zu wünschen, daß entomologische Museen dergleichen Zusammenstellungen pflegten.

Gerade das Biologische ist bei manchen Insectenordnungen noch sehr vernachlässigt. In Wien sah ich in den 60er Jahren, (wenn mich mein Gedächtniß nicht trügt, im Schloß Belvedere), den Anfang zu einer ähnlichen, freilich blos lepidopterologischen Sammlung. Hier waren die Raupen aber nicht in Spiritus gesetzt, sondern saßen ausgestopft oder aufgeblasen in mögligst natürlicher Stellung auf ihren Futterpflanzen. Eine größere derartige Sammlung brachte die Wiener Weltausstellung im J. 1873, ausgestellt vom Erzherzog Albrecht von Oesterreich. Vielleicht ist sie von manchen entomologischen Besuchern übersehen worden, weil sie nicht in der zoologischen Section, sondern in den Agriculturhallen aufgestellt war. In 120 Kasten waren sämmtliche bis jetzt bekannte schädliche und nützliche Insecten mit besonderer Rücksicht auf Land- und Forstwissenschaft untergebracht, und zwar nicht nur die Insecten selber in ihren verschiedenen Lebensstadien in ausgezeichneter Präparation, sondern auch ihre Futterpflanzen, Gallen etc., alles in einer Vollständigkeit und Sauberkeit, wie man es in keinem Museum bisher fand. Ein besonderer Katalog: „Katalog der entomologisch-biologischen Sammlung schädlicher und nützlicher Insekten mit besonderer Rücksicht auf Land- und Forstwissenschaft. Wien 1873. Im Selbstverlage der Güter-Administration Sr. k. Hoheit des Durchlauchtigsten Herrn Erzherzogs Albrecht" erklärte die Sammlung, die von dem Förster F. A. Wachtl präparirt und zusammengestellt war.

Anleitung zum Sammeln und Präpariren der Neuropteren.

Von Mac Lachlan.[1])

Die beste Hülfe beim Studium irgend eines naturhistorischen Gebiets und die beste Anregung dazu ist eine wohl geordnete Sammlung; es können deshalb Winke, die dahin zielen, eine solche zu erwerben, nur von Vortheil sein. Dies vorausgesetzt nehme ich mir vor, denjenigen Entomologen — wie wenig ihrer auch sein mögen — welche ihre Aufmerksamkeit jener heterogenen

1) Trotzdem schon eine frühere Nr. eine Anweisung zum Fang und zum Präpariren der Neuropteren brachte, glauben wir unsern Lesern einen Dienst zu erweisen, wenn wir ihnen die Erfahrungen des Meisters auf diesem Gebiete in England mittheilen, um so mehr, als diese Anleitung sich durch Vollständigkeit auszeichnet und nicht nur für Sammler von Neuropteren, sondern überhaupt für Entomologen durch ihre allgemeinen Bemerkungen von Interesse ist. Wir lassen das speciell für Engländer Berechnete aus. Der englische Titel dieses als Separatabdruck aus dem Entomologist's Monthly Magazine erschienenen Büchleins ist: Instruction for the Collection and Preservation of Neuropterous Insects.

Ordnung der Insekten schenken, die nach Linné unter dem Namen Neuropteren gehen, eine allgemeine Anleitung zu geben, in der Hoffnung, daß manche, die diese Ordnung aus Mangel gehöriger Anleitung vernachlässigt haben, hierdurch bewogen werden, ihr mehr Aufmerksamkeit zu schenken, wenn sie etwas vom modus operandi lernen.

Eine Insectensammlung kann nicht zu vollkommen und nicht in zu gutem Zustande sein: das sehe ich als einen Grundsatz an; indessen scheint es mir, daß die Sucht nach vollkommenen Exemplaren, die bei manchen Entomologen unserer Zeit so stark ausgeprägt ist, mehr nach Liebhaberei als nach Studium aussieht. Ich gestehe, daß ich meinerseits lieber 50 Species haben will, die nur noch hinreichend ihre characteristische Merkmale erkennen lassen, als 10 vollkommen fehlerfreie. Ich will durch diese Bemerkung nicht zur Liederlichkeit beim Präpariren ermuntern, sondern nur dem Sammeln von Schaustücken anstatt von Gegenständen zum Studium wehren. Der Entomologe, dem es um Studium zu thun ist, möge bedenken, daß ein Stückchen Brod immerhin besser ist als gar keins, und ein Insekt nicht darum verachten, weil ein oder zwei Glieder der Fühler, oder ein Bein oder dgl. fehlen.

Allgemeine Bemerkungen.

Netze. — Ein gewöhnliches Schmetterlingsnetz genügt in den meisten Fällen; zum Abstreifen wählt man etwas starkes Zeug, am besten von weißer Farbe; zum Libellenfang ist nöthig, daß die Oeffnung nicht zu klein sein.

Aufstecken und Spannen. — Bei beinahe allen Insekten muß die Nadel durch den Thorax zwischen dem vorderen Flügelpaar gesteckt werden, indem man den Kopf derselben etwas nach vorn neigt. Dabei ist — besonders beim Gebrauch kurzer Nadeln — darauf zu achten, daß die Insekten nicht zu tief aufgesteckt werden. Auch sind besonders bei Neuropteren nicht Beine etc., die für die Untersuchung von Wichtigkeit sind, beim Spannen zu vernachlässigen. Spannbretter mit viereckigen Rinnen sind solchen mit runden bedeutend vorzuziehen. Kurze Nadeln sind nicht zu empfehlen. Meine eigene englische Sammlung hat kurze Nadeln, aber wenn ich morgen wieder anfangen sollte, (was Gott verhüte!), so würde ich unter allen Umständen längere anwenden, und die Flügel flach spannen, nach der von allen Entomologen — außer den englischen — angenommenen Methode. Der Vortheile sind sehr viele. Die Insecten leiden weniger von Milben und anderen Raubinsekten; die Bemerkungen über Fundort, Datum etc. können an der Nadel selbst angebracht werden, ein Umstand, der bei typischen Exemplaren sehr ins Gewicht fällt; außerdem sind die Insekten viel leichter unter der

Lupe zu beobachten. Indessen möge man sich auch vor zu großer Länge hüten, wie sie von manchen Entomologen ohne Grund und Nutzen gebraucht wird. Eine Nadel von ungefähr $1\frac{1}{2}$ Zoll (engl.) Länge ist hinreichend; sie muß zu vollen zwei Dritteln durch das Insect gesteckt werden. Auch darf sie nicht zu fein sein (in diesem Punkte wird auf dem Festlande vielfach gesündigt). Eine starke Nadel macht die aufgespießten Insekten dauerhafter, und ich glaube, die unsinnig feinen Nadeln, wie sie auf dem Continent gebraucht werden, haben die englischen Entomologen von dem Gebrauch der längeren Sorten abgehalten; sie können nur vermittelst einer Zange in die Einlage gebracht werden und biegen sich dann auch oft noch in allen möglichen Zickzacks. Will man ganz kleine Insekten aufstecken, so nehme man die feinen Sorten der Nadeln, führe sie aber nur etwa $\frac{1}{3}$ ihrer Länge durch das Object, schneide den oberen Theil ab und stecke sie dann auf ein an einer stärkeren Nadel befestigtes Markstückchen. Am besten eignet sich hierzu das Mark der Jerusalem-Artischocke, dessen Farbe auch durch das Alter nicht verändert wird, wie bei den meisten andern Arten. Will man Neuropteren spannen, so breitet man die Flügel nach Art der Schmetterlinge aus; doch sollte man auch einige Exemplare von jeder Species ungespannt daneben stecken, um die natürliche Ruhelage der Flügel zu zeigen.

Aufkleben. — Hierüber will ich wenig bemerken und dies nur, um von dieser Methode abzurathen. Ich sehe das Aufkleben als eine moderne Erfindung an, und hoffe, daß sie im Schwinden begriffen ist, selbst unter den eingefleischtesten Anhängern dieser Methode, den Coleopterologen. Auf Neuropteren sie anwenden, hieße diese vollkommen nutzlos machen. Hier hängt fast alles von der Aderung der Flügel ab, und diese kann in den meisten Fällen nur richtig erkannt werden, wenn man das Insekt gegen das Licht hält, die Flügel also durchsichtig bleiben. Nur bei einigen ungeflügelten Species, wie bei den Psociden, kann Aufkleben stattfinden. Auch bei Coleopteren hat das Aufkleben manche Nachtheile. Wichtige Merkmale, wie die Unterseite der Tarsen, die Stellung der Hüften, die Abdominalsegmente, oder gar die Mundtheile, werden verdeckt. Man mag dagegen einwenden, daß diesem Uebelstande dadurch abgeholfen werde, wenn man ein Exemplar auf dem Rücken aufklebt. Aber wenn nur dies Exemplar eine andere Species ist, als das ventre à terre aufgeklebte? Und kann dies nicht dem erfahrensten Coleopterologen passiren? Und wenn man einwendet, daß die aufgeklebten Insekten abgelöst werden können, so ist dies doch unnöthige Arbeit; außerdem sind die Thiere durch den anheftenden Klebstoff undeutlich geworden. Ich sehe oft aufgeklebte Caraben; wenn diese Methode wirklich nicht im Schwinden begriffen sein sollte, — und ich hoffe dies —, so würde ich mich nicht wundern, nächstens einen aufgeklebten Goliath zu sehen.

Anm. d. R. Wenn der Verfasser das Aufkleben eine moderne Erfindung nennt, so ist dies nicht ganz richtig; die älteren Entomologen gingen theilweise im Aufkleben sogar noch weiter. So berichten z. B. die P. Nouv. Entom. von der Geoffroy'schen Käfersammlung, daß selbst die größten Käfer, wie die Scarabäusarten, Actäen und Hercules auf viereckige Pappstücke geleimt sind, die zugleich als Etikette dienen. Jeder dieser Cartons trägt im allgemeinen sämmtliche Exemplare einer Species. Es gab also schon früher wirklich aufgeklebte Goliaths Indessen ist nicht zu leugnen, daß die Sucht des Aufklebens bei manchen Coleopterologen unserer Zeit — und speciell bei englischen ins Uebermaß geht, meist wohl aus Bequemlichkeit oder um eine zahlreiche Beute in möglichst kurzer Zeit zu präpariren. Dabei werden vielfach nicht einmal die spitz zulaufenden Cartonstückchen, sondern viereckige gewählt, die die ganze Unterseite des Käfers verdecken, oder es wird eine ganze Anzahl Exemplare auf dasselbe Papier gebracht. Beides ist sehr unpraktisch, und es wäre Zeit, Mac Lachlan's Ermahnung zu beherzigen. Andrerseits sind zu feine Nadeln in ihrer ganzen Länge gebraucht wirklich sehr unbequem, und man sollte diese nur nach dem Beispiele der Microlepidopterologen mit Markstückchen (Hollundermark ist am leichtesten zu beschaffen) gebrauchen.

Ueber entomologische Tagebücher.

Zu dem gleichnamigen Artikel in Nr. 11 d. Bl. schreibt Herr Professor Dr. von Dalla Torre, daß er ihn mit großer Freude gelesen habe, weil er selber nach und nach auf fast ganz dieselbe Einrichtung gekommen sei. Vielleicht wird es manchem der Leser angenehm sein, die Abweichung kennen zu lernen; wir theilen deshalb den Brief im Auszuge mit: „Die Methode, alle im Laufe eines Sommers (resp. Jahres) aufgefundenen Insekten ohne Unterschied der Ordnung oder Familie durch einander im Tagebuch aufzuführen, habe ich im Jahre 1872 angewendet; sie erscheint mir unpraktisch, da man zu hohe Zahlen — resp. bunte Farben — oder zu complicirte Bezeichnungen erhält. Ich mache es daher so, daß ich größere Gruppen — etwa Familien — zusammenfasse und bei jeder mit 1 von neuem zu zählen beginne, jedoch bei jeder mit einer anderen Farbe; z. B. Carabiden 1—1000, (grün); nächstes 1000 führt die Bezeichnung am Etiquettchen $\frac{1}{1}$ etc.; Dytisciden, Gyriniden, Hydrophil. zus. 1—1000 (grau), Staphyliniden 1—1000 (roth) etc.

Die Mühe der Vertheilung nach einer Excursion ist zwar größer, doch dafür ist es dann leichter, sich zurecht zu finden; ferner bezeichne ich jedes Individuum mit einem Zettelchen und einer Nr. (nach Kriechbaumer), denn erstlich ist es unmöglich, prima vista zu sagen: das ist die Species a, und das die Species b, zumal sich ja manche mikroskopisch unterscheiden u. zusammen vorkommen; zweitens aber möchte ich von meinen Funden das Schicksal wissen. Exemplare, die in die Sammlung kommen, erhalten keine weitere

Bezeichnung; doch gesetzt, ich gebe Exemplare an einen Collegen oder an ein Museum, die vielleicht als Typus, wenigstens als Original für faunistische Arbeiten zu gelten haben, so kann ich mich jeden Augenblick unterrichten, wo dieselben hingekommen sind, also wie ich die Bestimmung zu revidiren oder zu widerrufen habe; endlich bin ich ein Varietätenritter! Ich glaube, daß die Varietäten durch die darwinistische Anschauung mehr als ein Spielzeug sind und fresse mich daher mit einer Art Wuth in die Exemplare hinein, um die Varietäten zu sichten, die Uebergänge zu erhalten etc. Wer bemerkt aber auf den ersten Blick, ob ein Exemplar Varietät oder Species ist? So sprechen mir mehr Gründe für, als gegen diese Methode, jedes Individuum mit seinem Tauf- und Heimatsschein zu versehen, statt die ganze Gesellschaft, wie man sie beisammen antraf, mit einem einzigen Geleitschein ins Loch zu stecken und dort auf den Winter warten und schmachten zu lassen. — So entfällt also bei mir die Rubrik „Zahl der Individuen" und auf jene mit Name, Autor und Geschlecht folgt gleich jene mit Fundort — Fundstelle — Vorkommen und Datum z. B.

324. Chelostoma maxillosum L. ♀.

Fundort,	Fundstelle,	Vorkommen,	1872.
Innsbruck.	botan. Gart.	Linum austriacum.	28. 5.

Daß ich im Tagebuch den „Fundort" stets auszeichne, hat darin seinen Grund, daß man im Laufe der Zeit doch zu leicht von dem einen oder andern Orte zum wenigsten Verwechslungen zu befürchten hätte — (so z. B. existirt in Tirol, wo ich bisher sammelte, ein Mühlbach und ebenso hier bei Eger eins und ich wollte wetten, daß es deren soviele in Oesterreich giebt, wie es deutsche Provinzen giebt!) — Natürlich gestatte ich mir dann und wann Abkürzungen. — Daß ich die Pflanze mit Consequenz aufnehme, geschieht zu Gunsten der wichtigen Beziehungen zwischen der Pflanzen- und der Insektenwelt — ja, wo ich anders kann, bemerke ich noch eben dem Namen, den ich mir auch abkürze, so weit es derselbe gestattet, besonders bei Gattungen mit nur einer Art (z. B. Onopordon Ac.), ob ich das Insekt sgd. = saugend, Pfd. = Pollenfressend, Psd. = Pollensammelnd, oder Bbs. = Blumenblattanbeißend antrafen. — Endlich widme ich eine Rubrik der Bezeichnung, wer das betreffende Individuum gefunden und bestimmt (resp. revidirt hat), was doch gewiß von sehr großer Wichtigkeit ist. Ein Buchstabe genügt mir zu deren Angabe, ich selbst bezeichne mich mit einem Punkte. So kann ich mich über alles verantworten, was mir gefragt werden kann.

Was nun die Bezeichnungen der Etiketten anbelangt, so bediene ich mich der Kriechbaumerischen: das erste Tausend ist ausgeschrieben, das zweite bekommt auf der obern Hälfte 1, das dritte 2 u. s. w. Ueber Winter bestimme ich die auf diese Art aufgestellten Insekten, — Gruppe für Gruppe, — und dann schreibe ich mir Species für Species auf ein Oktavblatt, das ich ungefähr, wie folgt liniirt habe: z. B. von vorigem Chelostoma maxillosum. —

Fundstelle-Vorkommen	fgd. etc.	Tg.	Mn.	Jhr.	♂ ♀	legit determin	Nr. Catal.	Anmrk.
Insbr. bot. Grt. Linum austr.	fgd.	28.	5.	2.	♀	..	324	

Auch Varietäten bekommen den eigenen Zettel z. B. Bombus mastrucatus Grst. var. griseicollis Rrb. etc. oder Halictus quadricinctus K. var. mandib. testaceis. —

Entomol. und naturw. Zeitschriften.

Comptes-Rendus, Acad. de France, 1874.

Nr. 14. Girard, résultat des recherches sur les points envahis par le Phylloxera, dans les Charentes et la Dordogne. — Signoret, observations sur les points qui paraissent acquis à la science au sujet des espèces connues du genre Ph. — Lichtenstein, observations à propos de la communication récente de M. Balbiani, sur les diverses espèces connues du genre Ph. — Ador, note sur l'apparition du Ph. dans le canton de Genève, et sur divers moyens curatifs proposés. — Nr. 16. Balbiani, remarques au sujet des notes récentes de MM. Lichtenstein et Signoret, sur les diverses espèces connues du genre Ph. — Nr. 18. Balbiani, sur l'existence d'une génération sexuée hypogée chez le Ph. vastatrix. — Nr. 24. Balbiani, observations sur la reproduction du Ph. de la vigne. — Riley, les espèces américaines du genre Phylloxera. — Jede Nr. enthält außerdem eine Anzahl angeblicher Mittel zur Vertilgung der Phylloxera oder Berichte über die Erfolge solcher angewandten Mittel.

Anzeigen.

In Commission bei Ch. Fr. Vieweg, Quedlinburg.
Druck von August Knaak in Putbus.

№. 14. Entomologische 1875.

Nachrichten.

Herausgegeben
vom Gymn.-L. Dr. F. Katter.

Putbus, den 15. Juli.

Die E. N. erscheinen am 1. und 15. jeden Monats.
Viertelj. Abonnem. bei der Post 1 M. Auch durch alle Buchh. zu beziehen

Ueber Amblyteles subsericans und einen vermuthlichen Dimorphismus des ♀ dieser Art.

Von Dr. Kriechbaumer in München.

Ein paar bei Chur gefangene Ichneumonen-♀ waren mir durch ihren eigenthümlichen, vom zweiten Ringe bis an's Ende stark verschmälerten Hinterleib so auffallend und abweichend erschienen, daß ich darauf in Verbindung mit Ischnus unilineatus Gr. (Amblyt. id. Wsm.) eine neue Gattung, Oxysoma, gründen wollte; ich schickte jedoch vor der beabsichtigten Publikation ein Exemplar an den leider zu früh dahingeschiedenen Meister der Ichneumonologie, Prof. Wesmael, dessen liebenswürdiger Gefälligkeit ich in der ersten Zeit meiner ichneumonologischen Studien manche Belehrung zu verdanken hatte, und derselbe bestimmte es mir als Amblyteles subsericans Gr. Ich fing nun von dieser Art später im südlichen Baiern noch einige (etwa 7) Exemplare und zwar immer solche mit ganz schwarzer Hinterleibsspitze, in größerer Anzahl (etwa 16 Exemplaren) die mit Gravenhorst's Beschreibung stimmenden ♂, darunter 7 der Var. 1. mit ganz schwarzen Schildchen. Immer hoffte ich noch, auch das normale ♀ (mit weiß gefleckter Afterspitze) zu erhalten. Unter einer Zahl von Schlupfwespen, die mein Sohn um Hochstätt bei Rosenheim gesammelt hatte, fand ich nun allerdings einen unzweifelhaften Amblyteles mit diesem Fleck und sonst ganz mit obigem subsericans übereinstimmender Färbung, aber so verschieden (dem fossorius ähnlich) geformtem Hinterleib, daß ich an ein näheres Verhältniß zwischen diesen beiden Formen gar nicht dachte. Als ich nun letzteren nach Gravenhorsts und Wesmaels Werken zu bestimmen suchte, kam ich in denselben doch wieder auf subsericans; ich fand sogar, daß Gravenhorst's Beschreibung besser auf dieses Exemplar passe, als auf das von Wesmael bestimmte, und daß Wesmaels Beschreibung wegen des „segmento ventrali penultimo perfecte*) quadrato" sich nur auf diese letztere Form beziehen lasse, da dieses Segment bei der erst erwähnten wenigstens nochmal so lang als breit ist; auch Holmgrens Beschreibung paßt nur auf diese. Hatte sich nun Wesmael in der Bestimmung meines Exemplares geirrt? War ihm diese auffallende Verschmälerung (ich möchte lieber sagen „Zuspitzung") des Hinterleibes entgangen oder von ihm nur für zufällig gehalten worden? Waren ihm derartige Exemplare in Belgien nicht vorgekommen?**)

Die Verlegenheit, in der ich mich befand, wurde noch durch die Frage vermehrt: zu welcher der beiden Formen (Arten) gehören die ♂, die sicher nicht unter sich specifisch verschieden waren? Die Form sprach entschieden für Vereinigung mit meinem einzelnen Hochstätter-♀. Dann wäre es aber wieder ein neckischer Zufall gewesen, daß ich von der einen Art nur ♀, von der andern ♂ gefangen habe. Eine Untersuchung der übrigen Körpertheile der beiden weiblichen Formen, durch welche ich Anhaltspunkte zur Entscheidung der letzten Frage zu gewinnen hoffte, ergab ein durchaus negatives Resultat, indem ich nicht den geringsten Unterschied finden konnte, auf den eine Trennung in 2 Arten sich hätte begründen lassen. Ich schrieb nur darüber an meinen geehrten Freund, Herrn Ober-Forstmeister Tischbein, der mir erwiderte, daß es ihm bezüglich diesen beiden Formen ganz ähnlich ergangen sei, Wesmael auch ihm ein ♀ mit verschmälertem Hinterleibe als A. subsericans bestimmt und er an der Richtigkeit dieser Bestimmung gezweifelt habe, daß er jetzt aber auch die beiden Formen für zusammengehörig betrachte und ein ♀ besitze, das zwar der Normalform angehöre, aber doch schon einen etwas verschmälerten Hinterleib haben und so eine Art Uebergangsform darstelle.

Unter diesen Umständen ist es nun sehr wahrscheinlich, daß wir es hier mit 2 auffallend verschiedenen weiblichen Formen ein und derselben Art zu thun haben. Indem ich die zuletzt erwähnte, der Beschreibung Wesmaels entsprechende Form für die normal entwickelte annahm, glaubte ich die andere auf zweifache Art erklären zu können, nämlich:

1) Als eine mit verkümmertem Eierstock versehene, also ganz unfruchtbare Form; oder

2) Als eine, deren Eierstock sich erst noch weiter entwickeln und dadurch den Hinterleib mehr ausdehnen würde.

Herr Prof. v. Siebold, dem ich die interessante Thatsache

---

*) Dieses „perfecte" darf indeß nicht gar zu haarscharf genommen werden.

**) Er hatte ♀ bei Abfassung seines Tentamens vor sich; da sie aber alle eine weiß gefleckte Hinterleibsspitze hatten, scheinen sie wohl sämmtlich der Normalform angehört zu haben.

mittheilte, glaubte noch zwei andere Möglichkeiten annehmen zu dürfen, nämlich:

3) Daß diese Individuen ihre Eier bereits abgelegt hätten und in Folge davon der Hinterleib sich zusammen gezogen habe, oder

4) Daß selbe parthenogenetische Individuen sind, d. h. durch gewöhnliche Erzeugung mittelst Begattung entstanden, aber ohne solche sich fortpflanzend.

Nr. 2 und 3 scheinen mir am wenigsten wahrscheinlich, weil ja sonst solche Verschiedenheiten in der Hinterleibsbildung bei Schlupfwespen gewiß sehr häufig vorkommen müßten und gerade diese Art ziemlich feste Hinterleibsringe besitzt, die zur Annahme einer derartigen Abweichung von den übrigen gar keinen Anlaß geben. Eine genaue Vergleichung der Hinterleibsringe der beiden Formen läßt auch die feststehende Verschiedenheit ihrer Form- und Größeverhältnisse leicht erkennen. Gegen 3 spricht noch besonders die meist gute, oft völlig unversehrte Beschaffenheit der Flügel, welche auf kurz vor ihrem Fange erfolgte Entwicklung schließen läßt. Ueber die Erscheinungszeit dieser Art ergiebt sich aus meinen Tagebüchern Folgendes:

Meine 16 ♂ wurden zwischen 30. Mai und 16. Juli gefangen, meist einzeln, nur am 16. 6. 72 fing ich 6 Stück bei Baierbrunn oberhalb München, wo sie um Buchen schwärmten. Die beiden im Juli gefangenen Exemplare haben ganz zerfetzte Flügel und hatten sich so zu sagen selbst überlebt. Die 7 ♀ mit zugespitztem Hinterleibe haben folgende Monatstage ihres Fanges:

14. 6; 22. 6; 9. 8; 23. 8 (2 Ex.); 27. 8; 17. 9.

Das zuletzt gefangene ♀ zeigt sich etwas mehr abgeflogen als die übrigen, von denen die im August gefangenen kaum etwas minder gut erhalten sind, als die vom Juni.

Das einzige ♀ der Normalform wurde im September gefangen und ist eine kleine Verletzung der beiden rechten Flügel wohl nur als zufällig anzusehen, da die beiden linken ganz unversehrt sind. In der Sammlung meines werthen Freundes H. Hiendlmayr befinden sich 7 ♀ mit zugespitztem Hinterleibe und 2 solche der Normalform, erstere 7 und eines der beiden letzten ohne weißen Afterfleck, sämmtlich zwischen 10. August und 9. September in gutem Zustande gefangen; ein ♂ ist ihm nicht unter die Hände gekommen.

Mit Sicherheit läßt sich daraus nur schließen, daß die Normalform des ♀ wenigstens im Herbste gleichzeitig mit der zugespitzten Form vorkommt, sowie daß letztere in hiesiger Gegend viel häufiger ist als erstere; mit größter Wahrscheinlichkeit ist anzunehmen, daß die eigentliche Schwärmzeit in den Juni fällt, im Herbste dagegen keine ♂ vorkommen. Wenn daher eine parthenogenetische

Fortpflanzung vorkommt, so würde eine solche vermuthlich durch die Normalform der ♀ stattfinden, die erst im Herbste vorkommen; allein die Zahl der darauf bezüglichen Beobachtungen, d. h. der gefangenen Exemplare ist zu gering, als daß sich daraus sichere Schlüsse ziehen ließen.

Die Lücke, welche bei obigen Daten durch den Ausfall des Monats Juli entsteht, würde zwar der Annahme einer zweiten Generation günstig sein, ich möchte aber eine solche aus dem vorhin angegebenen Grunde noch nicht behaupten, ja es scheint mir vielmehr wahrscheinlich, daß die im Juni befruchteten ♀ wohl kaum bis zum Ende dieses Monats alle ihre Eier abgelegt haben, also gewiß noch im Juli und deshalb möglicherweise auch noch später vorkommen.

Auch den Umstand glaube ich hervor heben zu müssen, daß der weiße Fleck auf dem letzten Hinterleibsringe bei der Normalform des ♀ Regel, bei der zugespitzten, wenn er da überhaupt vorkommt, seltene Ausnahme ist, daß ich von ersterer noch keine Exemplare mit ganz schwarzen Fühlern oder solche mit nahezu oder ganz schwarzem Schildchen gesehen oder in einem Werke erwähnt gefunden, daß ich dagegen von letzterer 2 mit ganz schwarzen Fühlern und 2 mit stark verkleinertem oder fast erloschenem Schildchenfleck besitze. Da nun die ♂ schwarze Fühler und eine ungefleckte Hinterleibsspitze als charakteristische Geschlechtsmerkmale und nicht selten auch ein ganz schwarzes Schildchen haben, so glaube ich in dem Vorkommen dieser Merkmale beim ♀ eine Aufprägung männlicher Charaktere zu erblicken und daraus den Schluß ziehen zu dürfen, daß diese zugespitzte Form viel weniger die Kraft besitzt, die Gesammtheit des weiblichen Charakters zu bewahren und dem Hervortreten männlicher Merkmale Widerstand zu leisten.

Es ist nun Sache der anatomisch-physiologischen Untersuchung nachzuweisen, ob die erste oder letzte der angeführten Erklärungsversuche sich begründen und als richtig nachweisen läßt. Möchten daher die Sammler von Hymenopteren und die Raupenzüchter*) durch Mittheilung frisch gefangener oder gezogener Exemplare an in ihrer Nähe wohnende Physiologen die genauere Erforschung dieser bei den Ichneumonen und vielleicht bei den Insekten überhaupt noch ganz vereinzelt dastehenden Thatsache ermöglichen.

Die Ungewißheit, ob ich gerade in diesem Sommer die Thiere wieder fangen werden, sowie der Wunsch, Beobachtungen darüber von anderer Seite hervorzurufen, veranlaßte mich zur vorstehenden Mittheilung.

---

*) Es braucht wohl nicht erst hervorgehoben zu werden, wie wichtig die Zucht aus den Raupen gerade in diesem Falle ist und wie viel sie zur Klarstellung desselben beitragen kann.

Anleitung zum Sammeln und Präpariren der Neuropteren.

II.

Das Aufbewahren in Spiritus. — Da bei manchen Gruppen der Neuropteren die Form der Genitalien oder ihrer secundären Anhängsel von Wichtigkeit ist, so ist es gut, wenn einige Exemplare in Spiritus oder einer ähnlichen Flüssigkeit aufbewahrt werden, damit man diese Organe bequemer untersuchen oder beschreiben und abbilden kann, als es bei getrockneten Exemplaren der Fall ist. Indessen habe ich ein Vorurtheil gegen Sammlungen, die fast ganz aus Spiritus-Präparaten bestehen. Die beständige Aufsicht, welche diese erfordern, kann nur in großen Museen geübt werden, und auch hier zeigt sich, daß aufgesteckte Exemplare sich länger halten, als in Spiritus aufbewahrte. Dies ist aber bei typischen Sammlungen von Bedeutung. Eaton empfiehlt reines Glycerin und Wasser statt des Spiritus, und zwar so, daß man die Glasröhre zum Theil mit Wasser füllt, dann tropfenweise Glycerin zusetzt, bis sie voll ist, schließlich einen Tropfen Essigsäure dazuthut und die Röhre verkorkt. Und hier berühre ich meinen Haupteinwand gegen Spirituspräparate. Wenn man zum Verschließen Kork gebraucht, so verdunstet der Spiritus schnell; verschließt man die Glasröhren aber hermetisch, so sind die Exemplare ziemlich nutzlos, denn durch die Glaswände kann man sie selten gut betrachten. Gute mikroskopische Präparate des ganzen Insects oder einzelner Theile sind deshalb bedeutend vorzuziehen.

Transportiren, Tödten etc. — Sehr kleine Arten können am besten in gewöhnliche Pillenschachteln gethan werden, bis man nach Hause kommt; manche freilich, besonders am Wasser lebende, sterben leicht, trocknen und zerbrechen dann. Diese muß man sofort aufstecken und sie in einer Zinkschachtel feucht halten. Auch sind kleine Glasröhren dem Sammler sehr nützlich. — Zum Tödten ist eine zu diesem Zweck eingerichtete Flasche (s. Nr. 12) am besten; hat man die Insekten in kleinen Schachteln, so thut man am besten Insekt und Schachteln in die Cyankaliflasche, nachdem man vorher in die Schachtel eine kleine Oeffnung gemacht hat. Nicht behaarte Arten können gleich aus dem Netz in die Flasche gebracht werden; behaarte Arten aber reiben sich hier zu sehr ab. — Indem ich die allgemeinen Bemerkungen schließe, bemerke ich, daß experientia docet das Beste für den Sammler ist. Ich habe Leute gekannt, die ihr Leben lang von Freund zu Freund gingen, um die beste Methode zu erfragen, und nie zu einer bestimmten Methode kommen konnten. Jeder möge das für ihn Beste wählen.

Besondere Bemerkungen.

Libellen (Libellulidae).

Die größeren Arten fallen durch ihren schnellen Flug bei sonnenhellem Wetter auf, während sie an trüben Tagen verborgen sitzen und leicht mit der Hand ergriffen werden können. Am meisten findet man sie in der Nähe des Wassers, jedoch zeigen sie sich auch auf Feldern, (z. B. häufig an Kornähren), auf Wiesen, besonders auf moorigen, oder an Wegen. Man mache es sich jedoch zum Grundsatz, niemals eine Libelle zu jagen, wenn man sie das erste Mal verfehlt hat, — es wäre dies vergebliche Mühe, — sondern man warte, bis sie sich wieder niedergelassen hat, ja vielleicht zum alten Ruhepunkt zurückgekehrt ist, denn es scheint, als hätten manche eine besondere Liebhaberei für einen einzigen Zweig.

Libellen sind langlebige Geschöpfe und deshalb oft erst mehrere Tage nach ihrem Auskriechen vollständig ausgefärbt; so erhält die männliche Libellula depressa nur nach und nach ihren staubigen blauen Glanz und sieht einige Tage lang gelb aus, wie das Weibchen. Für eine Sammlung ist es deshalb wünschenswerth, auch solche unausgebildeten Exemplare zu haben. Sehr junge Thiere erkennt man an den schwachen Zusammenhang der einzelnen Theile, besonders der Flügel; man erkennt dies schon an ihrem schwachen Fliegen.

Ueber das Nachhausebringen sagt Dr. Hagen (Entom. Weekly Intelligencer): „Wenn ich Libellen sammle, nehme ich zusammengefaltete Papierstreifen mit; ich bringe die Flügel des gefangenen Thieres in solche und stecke sie an jeder Seite der Flügel in meiner Sammelschachtel fest, ohne das Insekt selbst aufzustecken. So kann man in einer kleinen Schachtel eine ganze Anzahl unterbringen, wenn man nur dafür sorgt, sie aus dem Bereich ihrer Kinnbacken zu halten." Auch kann man die Insekten tödten oder betäuben und sie vorläufig in die Schachtel stecken, indem man die Nadel seitwärts durch den Thorax führt und die Flügel durch einen einfachen, an jedem Ende festgesteckten Papierstreifen niederhält. Blisson empfiehlt in den Ann. Soc. France 1840 das Insekt in eine Papierhülse zu stecken, die den ganzen Körper, ausgenommen den Kopf, bedeckt. Bei kleineren und schlankeren Thieren halte ich es für besser, sie in der gewöhnlichen Art zwischen den Flügeln aufzustecken; aber auch hier beobachte man in erster Linie die Vorsicht, sie aus dem Bereich ihrer Kinnbacken zu halten, sonst möchte man, wenn man nach Hause kommt, nichts weiter vorfinden, als zerrissene Flügel oder verstümmelte Körper. Oft leben Thiere, die schon todt scheinen, unterwegs wieder auf. So unempfindlich gegen Schmerz sie scheinen und so zählebig sie sind, so leicht sind sie dennoch zu tödten; Dr. Hagen behauptet, daß sie schon sterben, wenn man die Schachtel ans Fenster in die heiße Sonne stellt.

Wir kommen jetzt zum wichtigsten Punkt, nämlich zum Aufstecken dieser Thiere in Sammlungen, so daß sie vor Zerbrechen geschützt sind, und zur Erhaltung der Färbung. Der Körper der Libellen, der Thorax ausgenommen, ist ungeheuer leicht zerbrechlich. Der Kopf ist nur sehr leicht angeheftet; manchmal läßt er sich rund umdrehen, wie um eine Angel. Abgebrochen ist er indessen leicht mit einer Auflösung von Schellack in Spiritus anzuleimen, manche ziehen sogar vor, ihre Exemplare zu köpfen und künstlich wieder zusammen zu setzen. Bei den kleineren Arten (Agrionida etc.) empfehle ich das Herausnehmen der Eingeweide nicht, da die Erhaltung der Farbe dadurch nicht gefördert wird. Dr. Hagen empfiehlt, eine Nadel mit einem Faden an der Unterseite des Thorax ein- und bis vor die Spitze des Körpers durchzuführen, (wohl bemerkt, bis vor die Spitze, damit diese nicht verletzt wird), den Faden dann vor- und rückwärts zu ziehen, um einen Theil der Eingeweide zu entfernen, und dann einen neuen Faden durchzuziehen und an den Enden abzuschneiden. Baron de Selys-Longchamps, dessen Erfahrung auf diesem Gebiete wahrscheinlich größer ist, als die irgend eines andern lebenden Entomologen, zieht es vor (Revue des Odonates, p. 378), bei schlanken Arten die Eingeweide überhaupt nicht zu entfernen. Ich stimme hierin mit ihm überein; meine Methode ist folgende: Ich schneide starke Pferdehaare in Stücke, schiebe eins von diesen in den unteren Theil des Thorax des Insekts durch den Leib bis an das Ende des Abdomens, aber nicht hindurch, so daß die Analorgane nicht verletzt werden, schneide dann das Ende am Thorax ab und erhalte so ein vor dem Zerbrechen geschütztes Insekt. Ich halte Pferdehaar seiner Elasticität wegen für besser, als andere ähnliche Mittel.

Die größeren Arten erfordern eingehendere Behandlung; bei ihnen ist wünschenswerth, das wenigstens das Abdomen entleert werde. Zu diesem Zweck mache man mit einer feinen Scheere einen Längsschnitt an der häutigen Naht der Unterseite, hole den Inhalt heraus und wische womöglich die zurückbleibende Feuchtigkeit mit einem Klümpchen Baumwolle aus; dann fülle man das Innere mit reiner Baumwolle aus und zwar lieber mit zu wenig als zu viel, weil sonst der getrocknete Körper leicht ein unförmliches Aussehen erhält. Ich ziehe weiße Baumwolle in allen Fällen vor. Es ist vorgeschlagen worden, farbiges Papier aufgerollt, oder gefärbte Baumwolle, deren Farbe derjenigen des Thieres entspricht, anzuwenden, ja, manche sind soweit gegangen, die Zeichnung des Insekts auf dem eingeschobenen Papier nachzuahmen; — ich sehe dies als nutzlos und überflüssig an. Es ist vergeblich, natürliche Farben durch künstliche Mittel reproduciren zu wollen; wenn das Ausweiden sorgfältig gemacht wird, so bleibt wenigstens ein Theil der Farbe, und mehr kann nicht erzielt und sollte nicht erwartet werden. Arten mittlerer Größe können theilweise gereinigt werden, indem man einen Grashalm in der oben angegebenen Weise durch den Leib hin und her zieht; das Zerbrechen wird verhindert, indem man ein ähnliches Stück permanent einschiebt. Am besten eignet sich hierzu das zu Straßenbesen (auch von Korbmachern) vielgebrauchte Gras (Altalea funifera und Leopoldinia Piassaba), da es die Elasticität des Pferdehaares mit der für die größten Arten hinreichenden Stärke verbindet.

Doryphora decemlineata.

Beistehend bringen wir unsern Lesern eine Abbildung des Kartoffelkäfers und seiner Larve nach einer Zeichnung des H. Tieffenbach, die dieses Mitglied des Berliner ent. Vereins

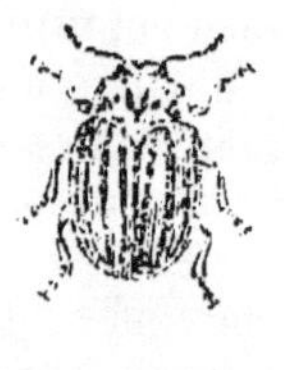

für die D. ent. Zeitschrift nach der Natur gemacht hat.

Anzeigen.

In Commission bei Ch. Fr. Vieweg, Quedlinburg.

Druck von August Knaak in Putbus.

№. 15. Entomologische 1875.

Nachrichten.

Herausgegeben
vom Gymn.-L. Dr. F. Katter.

Putbus, den 1. August.

Die E. N. erscheinen am 1. und 15. jeden Monats.
Viertelj. Abonnem. bei der Post 1 M. Auch durch alle Buchh. zu beziehen.

Nachträgliche Bemerkung über die schmalleibige Form des Amblyteles subsericans.

Von Dr. Kriechbaumer in München.

Schon Brischke hat in seiner Arbeit „die Hymenopteren der Provinz Preußen" (in den Schriften der physik.-ökon. Ges. Königsb. 1861 p. 20 Nr. 2) die schmalleibige Form des Ambl. subsericans beschrieben, welche ihm als „ganz eigenthümlich" aufgefallen war, von welcher er aber offenbar auch nicht wußte, was damit anzufangen sei, da er sie nicht nur ohne Namen aufführt, sondern selbst bezüglich des Geschlechts derselben in Zweifel war, wie das dem „♀" beigesetzte „(?)" und die Angabe beweist, daß er keine Legeröhre wahrgenommen habe. Er führt zwar ausdrücklich an, daß sie in der Färbung dem A. subsericans fast gleich sei, an ein näheres Verhältniß zu demselben scheint er aber ebensowenig gedacht zu haben, als das bei mir früher der Fall war. In den Berichtigungen und Zusätzen, die Brischke in der erwähnten Zeitschrift 1862 (?; in meinem Separatum ist keine Jahreszahl angegeben) p. 200 zu den Ichneumonen lieferte, benannte er p. 204. die unter Nr. 2 angeführte Art als Eurylabus elongatus und beschrieb selbe ausführlicher auf der folgenden Seite.

Wenn ich auch gestehen muß, daß mir die Unterscheidung der Ichneumones platyuri von den amblypygis nach der Form des Hinterleibsstieles nicht genügt*) und ich erstere überhaupt lieber als eine Unterabtheilung der letztern betrachten würde; wenn ich es ferner in Folge der Unsicherheit des angegebenen Merkmales auch nicht als einen großen Mißgriff erklären kann, diese

*) Den Eurylabus larvatus würde man z. B. nach diesem Merkmale gewiß nicht bei den platyuris suchen und doch gehört er unzweifelhaft der genannten Gattung an.

Form zu den platyuri zu stellen, so würde es mir doch nie in den Sinn kommen, selbe zur Gattung Eurylabus zu bringen, deren Arten, von der Form des Hinterleibes ganz abgesehen, einen großen, hinten erweiterten Kopf, eine meist dreieckige areola, und deren ♀ keine gerollten Fühler haben. Bezüglich der Beschreibung Brischke's habe ich zu bemerken: 1) „Schildchen gerundet" ist entschieden unrichtig oder nur auf die vordersten Seitenwinkel zu beziehen, und im letzten Falle eben kein Unterschied von den übrigen Ichneumonarten darin zu finden; 2) den postpetiolus möchte ich nicht geradezu „breit", sondern eher „mäßig breit" nennen; 3) „Segment 3 matt"; bei der Mehrzahl meiner Exemplare ist dieses Segment nur an der Basis matt, sonst wie die folgenden glänzend; 4) „Terebra nicht vortretend"; bei der Mehrzahl meiner Exemplare ist das äußerste Ende der Bohrerscheide zu sehen, und wo sie am deutlichsten ist, zeigt sie sich mit der des normalen ♀ von subsericans übereinstimmend gebildet, nur etwas zarter; 5) Bauchsegment 2 mit doppeltem Längskiel"; dieses Segment schrumpft sehr unregelmäßig ein, in der Regel aber entsteht wie gewöhnlich in der Mitte eine kielförmige Falte, doch finde ich auch unter meinen Exemplaren eins, das eine Doppelfalte, und eines, das sogar den Anfang einer dritten Falte besitzt; 6) „tibiis tarsisque posticis apice nigris"; bei meinen Exemplaren sind die ganzen Hintertarsen schwarz oder nur die Basis des ersten Gliedes mehr oder weniger rothbraun; doch zweifle ich nicht, daß Exemplare mit heller gefärbten Hintertarsen vorkommen. Ich finde nun in diesen kleinen Abweichungen keinen genügenden Grund, an der Identität des Brischke'schen Eurylabus elongatus mit meiner schmalleibigen Form des Amblyteles subsericans zu zweifeln.

Anleitung zum Sammeln und Präpariren der Neuropteren.

III.

Dr. Hagen bemerkt sehr richtig, daß, wenn eine Species hinreichend gewöhnlich ist, um viele Exemplare davon zu sammeln, wir gewiß einige von diesen ihre Farbe ohne Präparation behalten sehen werden. Ich kann dies nur bestätigen. Ich habe u. a. britische Aeschnae, welche noch jetzt — nach mehreren Jahren — ihre Farben und Zeichnungen beinahe so frisch haben, als wenn sie gerade gefangen wären, und dies ohne die geringste Präparation. Aber Hagen fährt fort: „Dies sind Exemplare, die der Puppe noch nicht lange entschlüpft sind und ihr Räuberleben nach nicht begonnen haben und deren Eingeweide mithin noch nichts Unreines enthält." Dieser letzte Theil ist vollkommen richtig; denn es ist die Zersetzung des theilweise verdauten Futters (bei den ♀ auch die Eier), die die Schönheit der Farbe zerstört. In Betreff der anderen Behauptung bin ich indessen anderer Ansicht geworden. Alle Libellen gebrauchen 2—14 Tage bis zu ihrer vollständigen Entwicklung; indessen fressen sie inzwischen, und die Individuen, welche sich nicht verändern, sind gewöhnlich vollständig entwickelt. Hagen deutet an, daß solche Thiere, die früh morgens gefangen werden, am leichtesten ihre Farbe behalten; dies schreibe ich nicht dem Umstande zu, daß sie erst seit kurzem entwickelt sind und überhaupt noch nicht gefressen haben, sondern dem, daß das Futter des vorhergehenden Tages verdaut worden und weg gegangen ist. Ich glaube daher, daß Exemplare, die beim ersten Eintreten heiteren Wetters nach nebligen und feuchten Tagen gefangen werden, sich gut conserviren werden.

Noch eine Bemerkung für auswärtige Sammler. Alle Exemplare, die verschickt werden sollen, müssen einen Grashalm oder dergl. nach obiger Methode enthalten, weil sie sonst den Transport nicht aushalten, und ein abgebrochener Leib kann große Verwüstung anrichten. Aber sie dürfen erst trocken eingelegt werden, nachdem sie vorher in die nöthige Stellung gebracht werden, weil der Druck sonst ihre Form verändert.

Libellen weichen sehr leicht auf und trocknen leicht. Zerbrochene Exemplare können leicht — mit Hülfe von Gras oder Pferdehaar, nicht Nadeln oder Draht, weil diese rosten, — zusammen geleimt werden. Baron de Selys-Longchamps empfiehlt, die Körper aller trockenen Exemplare abzubrechen und wieder anzuleimen. Jedes Exemplar — und ebenso die zum Ausstopfen gebrauchte Baumwolle, — sollte mit einer Lösung von Carbolsäure in Alkohol getränkt werden, um es vor Milben und Schimmel zu bewahren.

Termiten.

Europa ist — den Süden ausgenommen — glücklicherweise von dieser Plage frei;[1]) ich habe noch nie eine lebende Species gesehen. Sie leben gewöhnlich in Gemeinschaft; Bates giebt in seinem „Naturalist on the Amazons" eine Schilderung, die auf die Termiten fast der ganzen Welt paßt. Jede Species hat verschiedene Formen (Soldaten, Arbeiter etc.); alle diese muß man aus demselben Haufen (Bau) zu erhalten streben. Jedenfalls ist es am besten, diese Insekten in Spiritus nach Hause zu schicken, oder falls die geflügelten Thiere auf Nadeln gesteckt sind, die Flügel wenigstens nicht auszubreiten, denn diese, welche zu ge-

---

1) Calotermes flavicollis, die gelbhalsige Termite, und Termes lucifugus, die lichtscheue T., kommen in den Mittelmeerländern vor, die letztere aber auch in Frankreich in la Rochelle und Rochefort.

wissen Zeiten bei dem lebenden Thiere selber abfallen, brechen überhaupt sehr leicht an ihrer eigentlichen Bruchstelle, besonders aber, wenn sie ausgespannt sind. Wenn irgend etwas mich mit dem Aufkleben versöhnen könnte, so wäre es das Aufkleben der geflügelten Termiten, weil sie sonst nicht unversehrt zu erhalten sind. Die trächtigen Weibchen mit ihrem ungeheuer angeschwollenen Hinterleib müssen in Spiritus aufbewahrt werden.

Holzläuse (Psocidae).

Man trifft diese größtentheils sehr kleinen Insekten an Baumstämmen, Pfählen etc., man kann sie aber auch von Zweigen abklopfen, besonders von Coniferen. Wo sie sich finden, sind sie gewöhnlich in großer Menge, denn sie leben gesellschaftlich. Nur wenige exotische Arten sind von verhältnißmäßig bedeutender Größe, die Flügelbreite der meisten ist unter $\frac{1}{2}$ Zoll. Oft kommen sie in Schiffen mit Waaren, manche kleinere Arten (geflügelt) bewohnen Häuser und Vorrathshäuser. Alle laufen außerordentlich schnell, ohne ihre Flügel zu gebrauchen.

Die gefangenen Thiere thut man in kleine Schachteln oder noch besser in Glasröhren; da sie meist klein sind, so können sie schwer auf Nadeln gebracht werden, wenigstens nicht auf lange, und man thut besser, auch hier Mark anzuwenden. Die Flügel muß man auf kleinen Spannbrettern ausbreiten, bei manchen kleinen Arten aber ist es nicht nöthig, weil dies schon beim Aufstecken an die Nadel hinreichend geschieht, um sie beobachten zu können. Außer europäischen Arten kennt man wenig von ihnen, obgleich die exotischen Arten jedenfalls sehr zahlreich sind; manche sind von außerordentlicher Schönheit und können an metallischem Glanz der Flügel mit vielen Motten wetteifern. Leider ist diese Familie unter allen Neuropteren am meisten vernachlässigt, vielleicht kennt man nur den hundertsten Theil von allen existirenden.

Von den ungeflügelten Arten (Atropos, Clothilla etc.) kann man behaupten, daß die Entomologen keine Anweisung nöthig haben, wie sie sich dieselben verschaffen, sondern wie sie dieselben los werden sollen. Sie finden sich überall und am liebsten in den naturhistorischen Sammlungen, um diese zu zerstören. Einige leben in Ameisennestern, vielleicht entdeckt man deren noch mehr dort. Sie zu präpariren ist schwer; Aufkleben, selbst auf Glimmer, ist unzureichend, am besten ist es noch sie als mikroskopische Präparate aufzubewahren. — Man hüte sich vor der viel verbreiteten Ansicht, daß die flügellosen Thiere die Larven der geflügelten seien. Es kommen diese Larven mit jenen Thieren zusammen vor, aber sie sind leicht von einander zu unterscheiden.

Eintagsfliegen (Ephemeridae).

Die unter dieser Bezeichnung auch in weiteren Kreisen bekannten Thiere führen ihren Namen nicht ganz mit Recht, denn wenn es auch einige Arten giebt, die vielleicht nur 1—2 Tage leben, so erfreuen die meisten sich doch einer längeren Lebensdauer. Sie sind an Gewässern meist in großer Anzahl, so daß sie an manchen Orten als Dünger oder Schweinefutter gebraucht werden; sie schwärmen dann in großen Schaaren über dem Wasser, doch sind dies die Männchen, während die Weibchen sich im Grase verborgen halten und nur dann und wann zu kurzem Fluge sich erheben. — Die Geschlechter unterscheiden sich im allgemeinen bedeutend, und da das vollkommene Insekt (als Subimago) sich noch einmal häutet, so muß man von jeder Species 4 Formen in die Sammlung aufnehmen. Beim Aufstecken bleibt es sich gleich, ob man sie spannt oder nicht; die Schwanzborsten sind schwer unverletzt zu erhalten, am besten noch, wenn man die Thiere hoch aufsteckt. Indessen behalten sie im getrockneten Zustande ihre Form nicht, und deshalb schlägt Eaton in seiner Monographie dieser Thiere vor, sie alle in Spiritus zu bewahren. Immerhin sind es für einen Sammler unvollkommene Objecte, die außerdem im trockenen Zustande sehr von den Psociden zu leiden haben.

After-Frühlingsfliegen (Perlidae).

Die Arten dieser Familie leben bei schnellfließenden Gewässern am Kraut, an Steinen oder an Ufern, einige (in Nordamerika) sogar an Wasserfällen. Die großen Arten fliegen nur wenig, sind aber wegen ihrer Schnelligkeit doch schwer zu fangen; die kleineren fliegen zwar langsam, aber ziemlich hoch über dem Wasser. Manche Arten leben auch in schlammigen Gräben. Alle müssen gespannt werden; die Arten mit Schwanzfäden ziemlich hoch, auch erfordern die Hinterflügel, deren Analtheil sehr brechbar ist, viel Sorgfalt beim Spannen. Schöne Exemplare enthält diese Familie nicht, wohl aber merkwürdige; da die einzelnen Species schwer zu unterscheiden sind, so muß man einige Arten in Spiritus oder Glycerin aufbewahren.

Mit dieser Familie schließen die Pseudo-Neuropteren, d. h. diejenigen Neuropteren, welche eine unvollkommene Verwandlung haben, (die von andern Entomologen auch zu den Orthopteren gerechnet werden. Die folgenden sind dann die Neuropteren im eigentlichen Sinne. D. R.)

Sitaris colletis, Mayet.

Ueber diese neue Sitaris-Art, welche die Nester von Colletes succintus bewohnt, gab V. Mayet auf der 13. Versammlung der gelehrten Gesellschaften in Frankreich, (31. März–3. April) einen interessanten Bericht nach seiner eigenen Beobachtung. Im September kommt dieser Käfer aus den Gängen, welche der Colletes in den Abdachungen der Sandgruben um Montpellier macht. Die Entwicklung dauert gewöhnlich ein Jahr und geschieht ganz in der Weise, wie es Fabre von Sitaris muralis Forst. mitgetheilt hat und wie wir es von den Meloe-Arten kennen, also in den Stadien: 1) Ei; 2) Larve, welche das Ei des Hymenopters verzehrt; 3) Larve im 2. Stadium, die sich von Honig nährt; 4) unbewegliche Pseudochrysalide; 5) Larve im 3. Stadium; 6) Puppe und endlich 7) vollkommenes Insekt. Indessen hat Mayet noch neue Thatsachen beobachtet; der Colletes leimt sein Ei, anstatt es wie die Antophoren inmitten der Zelle auf den Honig zu legen, 2 mm. über dem Honig an die Zellenwand. Die jungen Larven der Sitaris lassen sich von den Weibchen der Colletes, denen sie sich anklammern, in die Zelle tragen, dann auf das Ei fallen und verzehren dies. Befinden sich mehrere Larven in derselben Zelle, so kommt es zu erbitterten Kämpfen, die mit dem Ueberbleiben einer einzigen enden; ist jedoch das Ei vorher schon von einer andern geleert worden, so muß auch diese sterben, und zwar verhungern. So findet man oft Sieger und Besiegte todt im Honig liegend. Hat die Larve jedoch das Glück, ein Ei zu verzehren, so nährt sie sich weiter vom Honig und entwickelt sich schließlich zum vollständigen Insekt.

Die vollständige Abhandlung hierüber findet man in den Annalen der Soc. entom. de France.

Abraxas ulmaria F.

Am 9. Juni überbrachte mir Herr Buchhalter Beversdorff wenigstens 20 Exemplare unseres schönsten Spanners, der seltenen Abraxas ulmaria F., die seiner Angabe nach unter einer Traubenkirsche (Prunus padus) zu wenigstens 200 Stück gesessen hatten, in allen Stadien der Entfaltung begriffen. Am nächsten Tage fand ich denn auch eine ungeheure Menge. Im Umkreise von 5 Schritten war der ganze Platz um die Traubenkirsche mit den Spannern bedeckt, deren Mattweiß mit den prachtvollen Augenflecken sich sehr schön von dem dunklen Grün abhob. Puppen konnte ich nicht finden, doch fand ich eine Raupe, vielleicht die Larve einer späteren Generation. In diesem Falle werde ich darüber berichten.

Uebrigens habe ich 40 Exemplare ausgespannt und bin gern zum Austausch gegen Coleoptern und Lepidoptern bereit.

Cöslin i. P. im Juni 1875.

E. Haase.

Entomol. und naturw. Zeitschriften.

Stettiner entomologische Zeitung, 1875.

I. Mitglieder-Verzeichniß (4). Stiftungsrede (21). Heylaerts: Epicln. Tarnierella (35). Kriechbaumer: Pseudo-Europäer unter d. Schlupfwespen (39). Dohrn: Ital. Reminiscenzen (42). Frey: Cosm. Scribaïella (44). Weymer: Philamp. vitis (46). Fuchs: Lepid. Beobachtungen (50). v. Harold: Amerikan. Haltica-Arten (61). Dietze: Eupithecien (69). Eppelsheim: Neue Rüsselkäfer (76). Dohrn: Exotisches (79). Kriechbaumer: Tödten und Präparir. d. Hymenopteren (88). Faust: Orthosinus (94). Speyer: Europ.-amerik. Verwandtschaften (97). Kassen-Abschluß (128).

II. Vereins-Angelegenheiten (129). Speyer: Europ.-amer. Verwandtschaften (Schluß) (131). v. Harold: Chrysom. variolosa (Sparshalli) (176). Dohrn: System. Mittheilung (v. Lansberge Coprophagen) (177). Bar. Huene: Argynnis Frigga (188). Fairmaire: Sp. nov. Madagasc. (190). Dohrn: Necrolog Zetterstedt's (192). Grote: Nordamer. Noctuinen (193). Möschler: Exotisches (202). Keferstein: Lepid. Bitte (211). Dohrn: Exotisches (212). Kuwert: Vespa germanica (221). Fuchs: Lep. Beobachtungen (225). Dietze: Eupithecia (236). Suffrian: Synon. Misc. (257). Vereins-Angelegenheiten (259). Suffrian: Gratias (261). Intelligenz (261). Erklärung der beigelegten 2 Tafeln (262).

~~~~~~~~~~~~

The Entomologist's Monthly Magazine.

Nr. 126. On certain British Hemiptera-Homoptera. [Revision of the genus Strongylocephalus, and description of a new species], J. Scott. — Description of two new genera of Scarabaeidae, D. Sharp. — Description of a new species of Heteromerous Coleoptera belonging to the genus Toxicum, C. O. Waterhouse. — On a new genus of Longicorn Beetles from Australia, Id. — Description of a new species of Apion from the Shetland Isdes, Rev. T. Blackburn. — Description of a new species of Eriocampa from Scotland; with note on a variety of Taxonus equiseti, Fall, P. Cameron. — Description of a new Papilio from Madagascar, W. L. Distant. — Descriptions of five new species of Acraea from West Africa, W. C. Hewitson. — Notes on British Tortrices (continued), C. G. Barrett. — Agabus maculatus (correction of error), Rev. T. Blackburn. — Note on the occurrence in England of Helophorus tuberculatus, Gyll., E. C. Rye. — On imported Coleoptera, J. Gardner. — Observations on a viviparous Chrysomela, L.
~~~~~~~~~~~~

Bleuzc (extract). — Note on the existence of stridulating organs in the genus Lomaptera, D. Sharp. — Note on Aulacothorax exilis, Bohemann, Id. — On the mode of stridulation in Coranus subapterus, De Geer, J. W. Douglas. — On the resemblance to ants among the Hemiptera, Id. — The British species of Chrysopa examined with regard to their powers of emitting bad odours, R. McLachlan. — Abnormal appearance of Noctua festiva, J. B. Blackburn. — On the food-plant, &c., of Lygris reticulata, Eds. — Emmelesia unifasciata three years in the pupa state, A. H. Jones. — Obituary: Francis Walker, William Lello. — British Hemiptera—Additional species, J. W. Douglas and J. Scott.

Anzeigen.

In Commission bei Ch. Fr. Vieweg, Quedlinburg.
Druck von August Knaak in Putbus.

№. 16. Entomologische 1875.

Nachrichten.

Herausgegeben
vom Gymn.-L. Dr. F. Katter.

Putbus, den 15. August.

Die E. N. erscheinen am 1. und 15. jeden Monats.
Viertelj. Abonnem. bei der Post 1 M. Auch durch alle Buchh. zu beziehen.

Sitten der Ameisen.

In seinem ausgezeichneten Werke über die Ameisen der Schweiz[1]) behandelt H. Dr. Forel in nachahmungswerther Weise eingehend die Sitten dieser interessanten Thiere, sei es nach seinen eigenen vielfachen Beobachtungen, sei es nach denen seiner Vorgänger, die er aber meistens selber wiederholt hat. Wir können uns nicht versagen, unsern Lesern einiges aus diesem interessanten Kapitel mitzutheilen.

Unter den verschiedenen Ameisenarten giebt es befreundete und feindliche. F. wirft die Frage auf: „Woran erkennt man, ob 2 Ameisen befreundet oder feindlich sind?" und beantwortet sie, unter Anführung mannigfacher Beobachtungen dahin, daß die feindlichen bei ihrer Begegnung sich zu meiden suchen, oder daß wenigstens, wenn die eine größer und stärker als die andere ist, die kleinere die Flucht ergreift, oder endlich, daß sie mit einander kämpfen, bis die eine unterliegt und getödtet wird. Sind die sich begegnenden Ameisen dagegen Freunde, so zeigen sie ihre Freundschaft auf verschiedene Weise. „Entweder sie fahren an einander, als ob sie sich nicht sähen, ohne indeß sich erschreckt zu zeigen,

---

1) Les fourmis de la Suisse. Systématique, notices anatomiques et physiologiques, architecture, distribution géographique, nouvelles expériences et observations des moeurs. Par Auguste Forel, Docteur en médecine. Ouvrage couronné par la société helvétique des sciences naturelles 1874, gr. 4 mit 2 Tafeln.

Der Inhalt dieses Werkes ist folgender: I. Systematik. 1. Allgemeiner äußerer Bau der Ameisen. 2. Classificirung der schweizerischen Ameisen in analytischen Tabellen. 3. Synonymik (103 S.). II. Anatomische und physiologische Notizen (43 S.). III. Bau der Nester (60 S.). IV. Geographische Vertheilung der Ameisen in der Schweiz und ihre Rolle in der Natur (32 S.). V. Sitten (200 S.). Dann folgen noch allgemeine Betrachtungen über die Ameise vom Standpunkt der Darwinschen Theorie aus, bibliographische Notizen 2c.

ohne auszuweichen, oder sie stehen still. Dann sieht man sie sich auf irgend eine Weise stoßen, oder nur die eine stößt, während die andere sie mit den Fühlern betastet, dann gehen sie von einander. Oder sie stehen beide still und betasten sich gegenseitig mit ihren Fühlern. Dies ist indessen ein nicht sicheres Zeichen der Freundschaft; man bemerkt es auch bei Ameisen, die nicht wissen, ob sie Freund oder Feind vor sich haben. Besonders charakteristisch für befreundete Ameisen ist indessen die Fütterung aus dem Halse und das Tragen der einen durch die andere. Hat eine der beiden sich begegnenden Ameisen Hunger oder Durst und bemerkt sie, daß der Magen der andern gefüllt ist, was sie leicht erkennt, indem sie deren Abdomen mit den Fühlern betastet, so bittet sie dieselbe um Speise. Zu diesem Zweck liebkost sie ihren Kopf durch Lecken und durch wiederholtes Schlagen des Kopfschildes mit ihren Fühlern. Geht die Gebetene auf den Wunsch der Bittenden ein, so öffnet sie ihre Mandibeln so weit als möglich, zieht die Fühler zurück, schiebt den ganzen Mundapparat vor, als wenn sie essen wollte, und läßt nun, während sie völlig unbeweglich bleibt, einen Tropfen heller Flüssigkeit aus ihrem Munde hervorgehen. Unterdeß klopft die andere das Kopfschild der ersten mit ihren Fühlern, als wenn sie einen Triller schlüge, streichelt ihren Kopf mit den beiden Vorderbeinen und leckt den Honig vom Munde, gerade sowie sie ihn etwa vom Papier lecken würde, ohne ihre Mandibeln zu öffnen. (Die Ameisen essen immer mit geschlossenen Mandibeln, indem sie nur mit ihrer Zunge lecken). Auch der fütternden Ameise scheint dies wohl zu thun; sie läßt manchmal 2 bis 3 Tropfen nach einander hervorkommen; manchmal, wenn sie eine dicke Flüssigkeit genossen hat, bemerkt man auch keinen Tropfen, da die andere die nur langsam hervorquellende Flüssigkeit sogleich ableckt."

Sieht man eine Ameise eine andere tragen, so braucht man nicht gleich anzunehmen, daß die fortgeschleppte eine besiegte Feindin sei; schon Huber hat gezeigt, daß das Tragen ein Zeichen der Freundschaft sei. Entweder hat die Trägerin den Zweck, der andern einen Weg zu zeigen, den diese nicht kennt, oder sie zu einer Arbeit zu führen, bei der sie ihr helfen soll. Ebrard versichert, daß die Arbeiter oft ihre ermüdeten Gefährten tragen. Die befreundeten Ameisen tragen einander gewöhnlich, indem sie sich bei den Mandibeln packen, (obgleich dies auch oft bei feindlichen vorkommt), die feindlichen dagegen fassen sich meist bei den Beinen, beim Thorax u. dgl. Haben z. B. zwei Ameisen mit einander gekämpft, ohne ihr Gift zu gebrauchen, und fühlt die eine sich ermattet, so daß sie keinen Widerstand mehr leisten kann, so hört diese plötzlich auf, sich zu vertheidigen, legt ihre Fühler und Beine zusammen, als wenn sie von einer befreundeten Ameise getragen würde, und überläßt sich ihrer Feindin. Diese weiß, was dies heißt, und trägt sie ruhig fort, entweder in ihre Wohnung, oder in ihr Lager, wo sie die Besiegte langsam zerreißt und tödtet. Trennt man zwei befreundete Ameisen, so werden sie sich bald wieder suchen; bei zwei feindlichen wird dagegen die fortgeschleppte eiligst zu entkommen suchen.

Wunderbar ist der Kampf ohne Wuth bei den Ameisen. Sie fassen sich bei den Beinen oder den Fühlern, zerren sich ohne Gewaltsamkeit, ohne große Anstrengung, aber mit sonderbarer Hartnäckigkeit hin und her, indem sie sich fortwährend mit ihren Fühlern betasten. Bei solchen Kämpfen gebrauchen sie niemals ihr Gift. Fast immer ist die eine von ihnen geduldig, die andere allein thätig; jene läßt diese mit einer stoischen Ruhe ohne irgend welche Vertheidigung handeln. Diese aber verfährt mit ihrer Gegnerin ungefähr wie die Indianer mit ihren Feinden. Sie packt einen Fühler ihrer Feindin und sägt ihn mit wahrhaft teuflischer Ruhe ab; dann den andern Fühler oder ein Bein, bis ihr vollkommen verstümmeltes, aber noch lebendes Opfer vollständig wehrlos ist. Dann beißt sie manchmal den Kopf oder den Thorax ab, oder — und dies ist häufiger der Fall — sie trägt es zu einem einsamen Platze, wo es umkommen muß. Forel versichert, daß er mehr als hundert Mal diese Beobachtungen gemacht habe.

„Der Muth jeder Ameise wächst in directem Verhältniß zu der Größe ihrer Gefährten oder Freundinnen, und nimmt im umgekehrten Verhältniß derselben ab. Jede Bewohnerin einer bevölkerten Kolonie ist viel kühner als eine solche aus einem kleinen Volk. Dieselbe Arbeiterin, welche sich in Gesellschaft ihrer Gefährten 10 mal tödten lassen würde, zeigt sich außerordentlich furchtsam und vermeidet jede Gefahr, selbst eine viel kleinere Ameise, wenn sie sich allein einige Meter von ihrem Haufen befindet. Bildet man einen Miniaturameisenhaufen aus 8—10 Arbeitern, Larven, und einem fruchtbaren Weibchen rc., so wird man sie sich kaum vertheidigen, sondern bei der geringsten Gefahr fliehen sehen. Es ist allgemein und für alle Species richtig, daß die Arbeiter sehr großer Kolonien immer am kühnsten sind. Dies schließt den verschiedenen Muth bei den verschiedenen Species nicht aus, so ist z. B. Polyergus rufesceus immer muthiger als Camponotus marginatus. Nicht die Todesfurcht ist daran schuld. Nimmt man zwei feindliche Ameisen mitten aus dem Kampfe und setzt sie in eine ziemlich kleine Schachtel, so wird man sie sich meiden sehen; begegnen sie einander, so scharmützeln sie, aber ohne sich Schaden zu thun. Setzt man hingegen 100 Ameisen aus jedem Lager in eine 200 mal größere Schachtel, so werden sich sicher viele tödten. Man erkennt hierin deutlich das Princip von der Erhaltung der Art; augenscheinlich ist es für eine kleine Gemeinde vortheilhafter, die Flucht zu ergreifen, als Widerstand zu leisten, denn jedes seiner Mitglieder ist ihm kostbar, während eine große Bevölkerung schon eine Anzahl Arbeiter opfern kann, um ihre Wohnung zu behaupten.“ Wenn eine Ameise leicht verwundet oder krank ist, so wird sie von den andern gepflegt. Steht indeß ihr Ende bevor, was man leicht erkennt, so wird sie weit aus dem Nest getragen und dort dem Tode überlassen.

Amblyteles subsericans.

(Historische Notiz).

In Prof. Taschenberg's Abhandlung „die 3 ersten Sektionen der Gattung Ichneumon Gr. unter Durchsicht der Typen aus Gravenhorst's Sammlung“ (in der Zeitschr. f. d. ges. Naturw. Bd. XXVII. 1866) findet sich p. 261 die Notiz: „Ich besitze ein eigenthümlich monströs gebildetes Stück, bei welchem von den Luftlöchern des zweiten Segments an der Hinterleib allmählich sich verschmälert und schließlich in eine stumpfe Pfriemspitze ausläuft; hier ist das vorletzte Bauchsegment reichlich noch einmal so lang als breit.“ Zu dieser Notiz, die ich einer brieflichen Mittheilung des geehrten Verfassers verdanke, bemerkte derselbe noch: „Das abnorme Stück trägt das Datum 9|6; da ich nur dieses eine kannte, dachte ich allerdings an keinen Erklärungsgrund und nannte es monströs, während Sie mit dem Dimorphismus der Sache entschieden näher getreten sind.“

Dr. Kriechbaumer.

Anleitung zum Sammeln und Präpariren der Neuropteren.

VI.

Planipennia.

In diese Abtheilung sind alle Species mit vollkommener Verwandlung zusammengestellt, ausgenommen die Trichoptera. Da die Gruppen nicht scharf unterschieden sind, so werden wir hier auch mehrere zusammen behandeln. Einige Familien kommen in England nicht vor. Alle Insekten dieser Abtheilung sollte man in gewöhnlicher Weise aufstecken und spannen; die größeren Arten können gleich nach dem Fange in die Schachtel gesteckt, die kleineren in Schächtelchen oder Glasröhren gethan werden, auch mehrere zusammen, da sie sich selten gegenseitig beschädigen oder abreiben.

Wasserflorfliegen (Sialidae). — Der bekannteste Repräsentant dieser Familie ist die gemeine Wasserflorfliege,

Sialis lutaria, wohl bekannt den Anglern, die sich im Sommer an Pfahlwerk, Mauern, Bäumen rc. bei Gewässern findet und wegen ihrer Häufigkeit leicht mit der Hand gefangen werden kann, obgleich sie sonst anhaltend fliegt. Es giebt in Europa nur eine Art, indessen mehrere exotische, und einige Species der Corydalis (in Amerika) gehören zu den größesten Insekten überhaupt, denn sie haben beinahe 6 Zoll Flügelbreite, und die Männchen ungeheuer lange Mandibeln, obgleich sie ganz harmlose Nachtthiere sind. Die Gattung Chauliodes findet man in der alten und in der neuen Welt; manche Arten derselben sind sehr hübsch, manche wegen des besonderen Baues der Fühler der Männchen merkwürdig. Alle Arten leben in den früheren Ständen im Wasser.

Kameelhalsfliegen (Rhaphidiidae). — Eine kleine, der gemäßigsten Zone eigenthümliche Gruppe, die sich durch den sehr verlängerten Prothorax auszeichnet. Die Larven leben unter der Rinde von Bäumen und nähren sich von andern Larven. Die vollkommenen Insekten schlägt man am besten von Zweigen, besonders bei Fichten, ab; auch findet man sie gelegentlich an den Stämmen sitzend. Sie fliegen wahrscheinlich bei Nacht, denn bei Tage zeigen sie keine Neigung ihre Flügel zu gebrauchen. Bis jetzt sind sie in Europa, Nord-Asien und dem westlichen Nord-Amerika gefunden worden.

Die folgenden Familien zeichnen sich durch das schöne Netz ihrer Flügel aus, ohne daß diese indessen sie zu schnellem Fluge befähigen, wie die Libellen, sie sind im Gegentheil nur schlechte Flieger und daher leicht zu fangen.

Ameisenlöwen (Myrmeleonidae). — Eine sehr umfangreiche Familie, mit kurzen keulenförmigen Fühlern, die in Europa wohl vertreten ist, in Groß-Brittannien aber fehlt. Alle Species scheinen sandige Gegenden zu lieben; manche sind sehr groß und schön. Die meisten vollkommenen Insekten sind nächtliche Thiere, deshalb trifft man sie selbst in denjenigen Gegenden selten, wo man die Gruben der Larven zu Tausenden im Sande findet. Sie fliegen langsam und schwach und werden durch das Licht angezogen. Um sie zu conserviren, thut man oft gut, wie bei den Libellen einen Halm durch ihren Körper zu stecken, da sie ebenso leicht brechen, wie diese Insekten.

Vermischtes.

Ueber den Tauschverein des Herrn de Marseul in Paris (Abbé de Marseul, Paris, Boulevard Pereire 271, aux Ternes) schreibt uns dieser: „Auf folgende Weise habe ich den Tauschverkehr die drei Mal, welche er bis jetzt stattgefunden hat, vermittelt. Die Mitglieder senden mir eine Liste der Coleoptern, die sie liefern können; sie besteht besonders aus Arten, die sie in ihrem Lande finden und die sie immer in großer Anzahl sammeln können, was übrigens die übrigen europäischen Arten, die sie durch Tausch oder sonstwie erhalten haben, nicht ausschließt. Dabei sind die allgemein bekannten Insecten und die, welche sich schon in den vorigen Centurien finden, ausgeschlossen. Ich wähle aus dieser Liste 5—6 Arten in 25—30 Exemplaren, die mir durch die Post in einer wohlverpackten Schachtel zu geschickt werden. Für seine 150 Individuen in 5—6 Arten erhält der Einsender auf demselben Wege und in derselben Schachtel eine Centurie Arten, jede in einem Exemplar, also 100 Arten in 100 Exemplaren zurück, ohne andere Kosten als die der Sendung und der Correspondenz. —

Labidura (Forficula) gigantea ist nach einer Mittheilung des H. E. Haase in Cöslin von diesem todt am Meeresstrande gefunden worden. Ich fand im Jahre 1873 ein Exemplar bei Schwiebus unter einem Steine, und in diesem Jahre eins bei Genf unter Angeschwemmten der Arve, an der Stelle, wo sie in die Rhone mündet.

Eine Methode, die erlöschenden Farben des Abdomens der großen Libellen zu erhalten, theilte H. Meyer-Dür auf der 17. Vers. der schw. Entomol. mit. Sie besteht darin, das Abdomen der lebenden Thiere aufzuschneiden und auszuweiden, hernach mit Carbelsäurelösung auszuwaschen und, ohne auszustopfen, trocknen zu lassen.

Ueber Melolontha theilt H. Dr. Kriechbaumer mit, daß auch um München das vorige Jahr ein Maikäferjahr (für vulgaris) gewesen, daß aber nur vulgaris angetroffen worden sei. In diesem Jahre seien zwar jene Thiere bei weitem nicht so häufig, wie im vorigen, doch immer zahlreich genug, um sich durch ihren Fraß wenigstens an den Eichen bemerkbar zu machen; auch die sogenannten Türken (M. Hippocastani) seien öfter gefunden worden, indessen ständen diese den Mohren (M. vulgaris) gegenüber immer bedeutend in der Minderheit und schienen auch später hervorzukommen. — Hier auf Rügen traten die Schuster oder Schornsteinfeger (unter dieser Bezeichnung geht Hippocastani bei uns) schon auf, als nur die ersten Bäume und Hecken gerade anfingen, ihr Laub zu entwickeln, zeigten sich einzeln indessen noch Ende Juni. Sie fielen selbst den Laien als außergewöhnlich kleine und dunkle Maikäfer auf; auch versicherte mir ein Landmann, daß er sich nicht erinnere, die Maikäfer in solcher Anzahl gesehen zu haben, wie er sie in diesem Jahre auf seinem Gute gehabt habe. —

Entomol. und naturw. Zeitschriften.

Annales de la Société Entomologique de Belgique, 1874.

Notice sur les époques d'apparition des Lépidoptères Diurnes du Brésil, recueillis par M. Van Volxem, dans son voyage en 1872, par M. J. B. Capronnier (5). Essai d'un Tableau synoptique des espèces du genre Mecinus Germ., par M. H. Tournier (40). Relevé des Cicindélides et Carabiques recueillis en Portugal par M. C. Van Volxem en mai et juin 1871, par M. J. Putzeys (47). Appendice au Mémoire de M. J. B. Capronnier, sur les Lépidoptères du Brésil. Description d'une espèce nouvelle du genre Terias, par M. le Dr. Boisduval (61). Matériaux pour servir à la Monographie de la Tribu des Érirrhinides de la Famille des Curculionides (Coléoptères), par M. H. Tournier (63). Notice sur les Cicindèles et Carabiqus recueillis dans l'île d'Antigoa par M. Purves, par M. J. Putzeys (117). Curculionides recueillis au Japon par M. G. Lewis, par M. W. Roelofs. Deuxième partie (121). Observations sur la classification des Lamellicornes Coprophages, par M. G. van Lansberge. I. Ateuchides (177—193). Comptes-rendus des séances de la Société (189 S.).

Mittheilungen der schweizerischen entom. Gesellschaft.

Bd. IV. H. 1. Bericht über die 15. Vers. d. schw. Entom. — Frey-Geßner, Orthopterologisches. — id. Hemipterologisches. — Schoch, Aphorismen über entom. Systematik. — Huigenin, ein Beitrag zu Kenntniß des Genus Lasiocampa Latr. — Wullschlegel, Noctuinen-Fauna der Schweiz. — 2. — id. Forts. — 3. — id. Forts. — Tournier, Observations sur les notes synonymiques de M. Desbrochers des Loges. — Erné, entom. Beobachtungen und Notizen. (Entwicklung und Lebensweise von Saperda phoca und ihre Nebenbewohner; Larve von Cryptorrhynchus Lapathi; Entw. und Lebensweise von Anthaxia candens; Coraebus undatus; Entw. von Conopalpus testaceus. — Frey, neue schweizerische Microlepidopteren. — 4. — Bericht über die 16. Sitzung der schweiz. entom. Ges. — Schoch, über die Seide von Bombyx Pernyi. — Reuter, Ameisenähnlichkeit unter den Hemiptern. — id. Die Stridulationsmethode des Coranus subaterus de Geer (Coliocoris pedestris Wolff, Fieb.). — Bischoff-Ehinger, Beobachtungen über die Lebensweise und Minierarbeiten des Tomicus (Bostricus) Cembrae. — Brunner de Wattenwyl, Système des Gryllides, mit Einleitung von H. de Saussure. — Tournier, Curculionides nouveaux. — Frey, Cosmopteryx Scribacella v. Heyden. — Schoch, kleine Faunen. — Desbrochers des Loges, Observations synonymiques et remarques diverses. — Kriechbaumer, über Anthidium strigatum Pnz. und contractum Ltr. — 5. — Frey und Wullschlegel, die Sphingiden und Bombyciden der Schweiz. — Kraatz, über Orchestes pubescens Steph. und semirufus Gilh. — 6. — Meyer-Dür, die Neuropteren-Fauna der Schweiz. — 7. — id. Forts. — Bericht über die 17. Sitzung der schweiz. entom. Gesellschaft. —

Adressen für Tauschverkehr.

Unterzeichneter tauscht amerikanische Coleopteren gegen europäische, und ersucht Sammler ausländischer Insecten, Listen der abzugebenden Doubletten einzusenden. Die Portokosten für Sendungen sind unbedeutend, und wird Auskunft hierüber auf Anfrage gegeben.

New-York (Ver. Staaten) P. O. box 2135.

H. Schmelter.

Anzeigen.

Hymenoptern, Diptern, Orthoptern, Neuroptern und Hemiptern der schweizerischen und angrenzenden Faunen sammelt und liefert stets zu sehr billigen Preisen, bestimmt und unbestimmt

Meyer-Dür, Entomolog
in Burgdorf (Canton Bern).

Derselbe übernimmt auch specielle Einsammlungen aus beliebigen Abtheilungen, wenn dahin zielende Aufträge in Betreff der Sommerausbeute ihm rechtzeitig zu kommen.

Ein großer Mineralienschrank und eine Conchyliensammlung sind zu verkaufen.

Näheres bei Dr. Rudow, Neustadt E.-W.

Errata.

In den ersten Artikel über Amblyteles haben sich folgende Druckfehler eingeschlichen:

Pag. 109, Zeile 13 v. u. st. »schwarzen« l. »schwarzem«,
„ „ „ 4 „ „ „ »kann« l. »kam«,
„ 110, „ 15 „ o. „ »♂« l. »nur ♂«,
„ „ „ 28 „ „ „ »haben« l. »habe«,
„ „ „ 3 „ u. „ »♀« l. »13 ♀«,
„ 112, „ 14 „ „ „ »die« l. »der«,
„ „ „ 6 „ „ „ »werden« l. »werde«.

In Commission bei Ch. Fr. Vieweg, Quedlinburg.
Druck von August Knaak in Putbus.

№. 17. Entomologische 1875.

Nachrichten.

Herausgegeben
vom Gymn.=L. Dr. F. Katter.

Putbus, den 1. September.

Die E. N. erscheinen am 1. und 15. jeden Monats.
Viertelj. Abonnem. bei der Post 1 M. Auch durch alle Buchh. zu beziehen.

Anweisung, Ameisen zu fangen und zu beobachten.

In seinem Werke über die Ameisen der Schweiz giebt Forel folgende Mittel und Apparate zum Ameisenfang an:

„A. Um in den Haufen zu graben, Theile davon fortzunehmen ꝛc. bediene ich mich eines Stemmeisens oder der Schaufel eines Botanikers. B. Um Ameisenkolonien mit einem Theil ihres Nestes mitzunehmen, benutze ich Leinwandsäcke. Ich lege einen Zweig hinein, um zu verhüten, daß die Erde zu fest wird, besonders wenn der Transport lang ist, und sorge für Wasser, denn die Ameisen bedürfen nothwendig der Feuchtigkeit. Thut man Ameisen in ein mit Zeug verschlossenes Glas, so sind sie oft schon nach einigen Stunden todt, wenn man ihnen kein Wasser giebt. Besser halten sie sich noch, wenn das Gefäß zugekorkt ist, weil die Verdunstung langsamer vor sich geht. C. Um die großen Kolonien großer Ameisen unterzubringen, bediene ich mich eines Apparats, der dem Huber'schen ähnlich ist. Es ist eine große flache Schachtel mit 2 ungefähr 3 cm. entfernten Glaswänden. Eine durchlöcherte Blechplatte trennt der Länge nach diesen Raum in 2 Theile, deren also jeder $1\frac{1}{2}$ cm. Dicke hat. Die Glasplatten kann man durch Vorsetzer (von Holz oder Leinwand) bedecken. Eine der schmalen Seiten der Schachtel kann ihrer ganzen Länge nach geöffnet werden; sie hat ein Loch, durch welches ein Rohr geht und in dieses hinein geht ein Drahtgeflecht, das mit einem Kautschuckpfropfen verstopft wird. So ist der Apparat leicht tragbar und wenig hinderlich; indeß versäume man nicht, beim Transport durch ein oben angebrachtes Loch von Zeit zu Zeit Wasser hinein zu gießen. Die Blechplatte könnte man durch Holz ersetzen, das ein schlechter Wärmeleiter ist. Wegen der Enge der Schachtel kann man die Ameisen durch das Glas in ihrem Zusammenleben beobachten; setzt man sie der Sonne aus, so bewirkt die Mittelplatte zweierlei Temparatur in dem Raum. Indessen öffnet man die Vorhänge nur, um zu beobachten, und füttert die Thiere durch das Drahtgeflecht. — D. Eine sehr einfache Veränderuug dieses Apparats ist eine Blechschachtel von derselben Form, deren Glaswände aber höchstens 1 cm. von einander entfernt sind, bei der die Mittelwand fehlt und die Seitenwand nicht zu öffnen ist. Ein Loch an einer Seite läßt den Futterkorb anbringen. Dies dient für kleinere Ameisenarten, mit denen man aber sehr vorsichtig umgehen, vor allem die Hitze vermeiden muß. Die Glaswände bedeckt man mit Pappdeckeln. Die Feuchtigkeit hält sich oft nur zu gut darin, so daß sich Schimmel ansetzt. — E. Gypseinfassungen sind das beste Mittel, daß ich zur Erziehung kleinerer oder mittlerer Ameisen gefunden habe. Der feine Gypsstaub schadet den Ameisen keineswegs; macht man eine ziemlich hohe, senkrechte Mauer daraus, indem man ihn mit den Fingern zusammen preßt und formt, (was sehr leicht ist, denn er bindet gut,) so können die Ameisen nicht hinauf klettern; weil sich jedes mal der Gyps loslöst und sie weiß bestäubt wieder zurück fallen. Bald sind sie der Versuche müde und geben sie auf. Eine solche Mauer errichte ich nun auf einer Holzplatte; mitten hinein thue ich etwas Erde, die ich mit Glas bedecke oder auch nicht; auf das Glas lege ich dann wieder ein Stück Holz oder Pappe. Dann bringe ich die Ameisen hinein und lasse sie sich nach ihrer Art einrichten. Diese Arena kann ich nach Belieben öffnen, vergrößern, verkleinern, sie mit den unter C. und D. angeführten Schachteln in Verbindung bringen, die Ameisen beliebig hin und herführen, indem man den einen Raum trocken läßt, den andern feucht hält; diesem wenden sie sich zu. Nur muß man den Gyps vor Feuchtigkeit bewahren; so bald er naß wird, wird er hart und die Ameisen können hinüberklettern. Darum darf man den Apparat auch nicht im Freien halten. — F. Kleine, fest schließende Pappschachteln, in die man einen Schwamm in einem Cementtroge und ein kleines Nest aus Kork oder Holz mit Glas bedeckt legt, eignen sich sehr gut zur Aufziehung der Leptothorax und anderer Holzbewohner. Indessen ziehe ich eine Gypsmauer vor. — G. Um nicht zu lang dauernde Experimente mit einer nur geringen Zahl Ameisen anzustellen, sind Glaspocale mit weiter Oeffnung, die durch einen Korkpfropfen oder Zeug geschlossen wird, sehr geeignet. Ich habe sie sehr bequem für die Arten des Genus Camponotus gefunden. Man muß aber Gegenstände hineinlegen, auf welche sie kriechen können, damit sie nicht in dem sich ansammelnden Wasser ertrinken. — H. Alle Apparate, in denen ein Wasserkanal die Ameisen abhalten soll, taugen nicht; er stört die Ameisen, sie setzen hinüber oder ertrinken darin. — I. Um einzelne Ameisen zu ergreifen, ohne sie zu beschädigen, gebrauche ich sehr feine Pincetten, mit denen ich die Thiere bei den Beinen fasse. Große kann man auch ohne Beschädigung mit den Fingern ergreifen. — K. Ich ernähre meine

Ameisen mit Honig und lebendigen oder getödteten Insecten. Manchmal füge ich Blattläuse, Zucker, Confitüren hinzu. Die Nahrung muß häufig erneuert werden, damit sie nicht schimmelt.

Tauschverein.

Zahlreiche Anfragen von den verschiedensten Seiten veranlassen uns, unsern Lesern das Insektenverzeichniß des Marseul'schen Tauschvereins für 1875 mitzutheilen, damit sie einen Ueberblick über die gelieferten Arten gewinnen. Die hier abgedruckte Centurie ist die dritte; die beiden ersten bieten mindestens ebenso gutes, wenn nicht noch besseres Material. Die 10 Supplementararten sind bestimmt, solche Arten zu ersetzen, die der Einsender entweder selber geliefert oder schon hinreicheind vertreten hat oder auch für die sich zuletzt Meldenden ausgegangene Species zu ersetzen.

Dritte Centurie des Tauschvereins:

1 Feronia cylindrica, Pesth.
2 Dorcadion rufipes, id.
3 „ fulvum, id.
4 „ lineatum, id.
5 Lina 20-punctata, id.
6 Calathus syriacus, Syria.
7 Brachin. sichemita, id.
8 Anchomen. var. infuscat., id
9 Agabus biguttatus, id.
10 Nitidula flexuosa, id.
11 Telephor. var. melaspis, id.
12 Corynetes rufipes, id.
13 Entomoscel. rumicis, Tunis.
14 Dasytes algiricus, id.
15 Hoplia pubicollis, id.
16 Saprinus Osiris, id.
17 Crepidodera atropæ, Colmar.
18 Homalota brunnea, id.
19 Myrmedonia limbata, id.
20 Bryaxis hæmatica, id.
21 „ fossulata, id.
22 Paramec. melanocephala, id.
23 Gyrinus marinus, Lille.
24 Ochthebius gibbosus, Colmar.
25 Chrysomela chloris, Algier.
26 „ violacea, Metz.
27 „ fastuosa, id.
28 Anthocom. sanguinol., id.
29 Otiorhyn. atroapter, Orne.
30 Pæderus ruficollis, Paris.
31 Hypnophila obesa, Hungr.
32 Anthophag. armiger, St.-Bern.
33 Niptus hololeucus, Helvetia.
34 Nebria castanea, id.
35 Anaspis thoracica, id.
36 Cossyph. Hoffmanseggi, Andal.
37 Bolitoph. reticulatus, id.
38 Elaphoc. Bedeaui, id.
39 Pimelia monticola, Andal.
40 Stenosis obliterata, Alger.
41 Deilus fugax, id.
42 Liocleon. clathratus, id.
43 Anthaxia auricolor, id.
44 Adelostoma sulcatum, id.
45 Gymnetron vestitus, id.
46 Formicom. cæruleipennis, id.
47 Pachypterus mauritanic., id.
48 Sclerum armatum, id.
49 Stenosis angustata, Narbonne.
50 Cardioph. ulcerosus, Corsika.
51 Aphol. sus, Pas-de-Calais.
52 Cassida thoracica, Reims.
53 Epilachna Argus, id.
54 Onthophag. Amyntas, Digne.
55 Anisopl. tempestiva, Fréjus.
56 Mylabr. Bilbergi, id.
57 Cetonia morio, Moulins.
58 Leptura testacea, Grenoble.
59 Psammod. sabulosus, Syria.
60 Stenosis smyrnesis, id,
61 Amphicoma vittata, id.
62 „ vulpes, id.
63 Aphodius lineolatus, id.
64 Olocrat. lineatopunct., Escorial
65 Opatroides punctulat., Syria.
66 Alphitobius diaperin., id.
67 Hister sinuatus, id.
68 Engis rufifrons, Banat.

69 Helops pallidus, Royan.
70 Magdal. memnonius, Landes.
71 Diaperis boleti, Moulins.
72 Cerocoma Schæfferi, Pyren.
73 Chrysomel. cacaliæ, Tours.
74 Feronia glacialis, Pyn.
75 Coniatus tamarisci, Royan.
76 Aphanistic. emarginat., Hyères.
77 Phœophtor. tarsalis, Landes.
78 Hylesinus bicolor, id.
79 „ fraxini, Paris.
80 Macronych. 4-tuberculat., Pau.
81 Georyssus pygmæus, Hyères.
82 Timarcha strangulata, Pyr.
83 Feronia abaxoides, id.
84 Zabrus obesus, id.
85 Psylliodes chalcomera, Colmar.
86 Meloe majalis, Pyr.-Or.
87 Geonomus flabellipes, id.
88 Gnaptor spiniman., Hungr.
89 Epuræa limbata, Colmar.
90 Phyllotreta ochripes, id.
91 Thyamis anchusæ, Paris.
92 Anisosticta 19-punctata, Maine.
93 Chilocorus bipustul., Montpel.
94 Dromius melanocephal., Reims.
95 Corymbites hæmatodes, id.
96 Asida corsica, Corsika.
97 Brachinus nitidulus, Syrie.
98 Bubas bison, Alger.
99 Cotaster excisus, Pyr.-Or.
100 Hoplia cærulea ♀, Tours.

Supplementararten.

101 Hoplia cærulea ♂, Tours.
102 Morimus lugubris, Pyr.
103 Ateuchus sacer, Algier.
104 Cetonia florentina, Ital.
105 Lixus iridis, Hyères.
106 Dorcadion molitor, Rion.
107 Gynandrom. etruscus, Aude.
108 Donacia crassipes, Paris.
109 Bembid. punctulat., id.
110 Nebria picicornis, Digne.

Anleitung zum Sammeln und Präpariren der Neuropteren.

V.[1])

Ascalaphidae. — Diese stehen den Ameisenlöwen sehr nahe, unterscheiden sich aber von ihnen durch ihre langen keulenförmigen Fühler, welche denen der Schmetterlinge gleichen; und in der That haben frühere Entomologen das Genus Ascalaphus, welches sich durch glänzende Farben auszeichnet, als Lepidopteren beschrieben. Sie bewohnen trockene und sandige Gegenden, aber graben niemals Fallen, wie die Ameisenlöwen. Die Species der Gattung Ascalaphus tanzen bei hellem Sonnenschein in der Luft; sie fliegen bedeutend besser, als alle andern Planipennia. Die meisten der weniger bunt gefärbten Arten fliegen bei Nacht oder in der Dämmerung, und von einer Species weiß man, daß sie Abends Insekten nachstellt, am Tage sich dagegen verbirgt. Alle falten ihre Flügel der Länge nach zusammen, mit Ausnahme einer amerikanischen Art, welche sie horizontal ausgebreitet hält. Bei den großen Arten mit schlankem Körper thut man am besten, etwas in den Körper zu schieben. Man verschickt sie, ebenso wie die Myrmeleoniden, in Papier gelegt, wie oben beschrieben, obgleich es für diese Arten nicht so rathsam ist; jedenfalls muß man warten, bis sie vollständig trocken sind.

1) Durch ein Versehen des Setzers ist in der vorigen Nr. dieser Artikel mit VI. statt mit IV. bezeichnet worden.

Nemopteridae. — Eine sehr abweichende Gruppe, deren Hinterflügel außerordentlich lang und schmal, und deren Vorderflügel kurz und breit sind. Es giebt nicht viele Species; von ihrer Lebensweise weiß man fast gar nichts. Sie gehören der alten Welt an und bewohnen heiße nnd trockene Gegenden. Die schönsten Species findet man im Süden von Europa. Man muß sich in Acht nehmen, die langen Hinterflügel, welche oft Fäden gleichen, zu zerbrechen.

Mantispidae. — Auch diese Gruppe findet sich in Großbritanien und ist überhaupt in Europa schwach vertreten. Sie ist auffallend durch den verlängerten Phrothorax, wie bei den Naphidien, nur mit dem Unterschiede, daß die Beine am vorderen, statt am hinteren Ende desselben sitzen, und durch die merkwürdig gebauten langen Vorderbeinen, welche lange Hüften und dicke Schenkel, dagegen kurze Schienen und Tarsen haben. Die exotischen Arten sind sehr zahlreich. Die Larve der europäischen Mantispa styriaca lebt in den Nestern der Spinnen und nährt sich von ihren Eiern und Jungen; eine andere amerikanische Art, Trichoscelia, lebt in den Nestern von Hymenopteren. — Ihre Präparation erfordert keine besondere Hinweisung.

Nymphidae. — Eine kleine, hauptsächlich australische Familie, über deren Vorkommen wir nichts wissen. Nmphes myrmeleonides isi ein großes schönes Insect, das sehr einem Ameisenlöwen gleicht.

Versammlungen.

Die 48. Versammlung Deutscher Naturforscher und Aerzte wird (nach Mittheilung der „Leopoldina,") dem Beschlusse der 47. Versammlung zu Breslau gemäß, vom 18.—24. September 1875 zu Graz stattfinden. Die erwählten Geschäftsführer, die Herren Prof. Dr. A. Rollet und Dr. L. v. Pebal, haben das Programm veröffentlicht, aus dem wir Folgendes mittheilen:

Die Mitglieder- oder Theilnehmer Karten (welche zum unentgeltlichen Bezuge einer Damenkarte und zum Genusse der Fahrpreisermäßigungen sämmtlicher Oesterreichischer und vieler Deutscher Eisenbahnen berechtigen) werden nach portofreier Einsendung von 10 Rmk. „an das Anmeldebureau der Naturforscherversammlung im Rathhause" zum Voraus verabfolgt. Ebendorthin hat man sich wegen Vorausbestellung einer Wohnung oder bei der Ankunft zur Erlangung von Karten, Wohnungen oder sonstiger Auskunft zu wenden. —

Anfragen oder Mittheilungen in wissenschaftlichen Angelegenheiten wolle man „an die Geschäftsführung der Naturforscherversammlung (Universitätsgebäude)" richten.

Es sind folgende 19 Sektionen vorgeschlagen, deren Geschäfte bis zur Eröffnung und Wahl der Präsidenten und Sekretäre die bei jeder genannten Gelehrten übernommen haben:

1) Mathematik u. Astron.: Prof. Dr. Frischauf. 2) Physik u. Meteorologie: Prof. Dr. Toepler. 3) Chemie: Prof. Dr. v. Pebal. 4) Mineral., Geol. u. Paläont.: Prof. Dr. Peters. 5) Botan. u. Pflanzenphysiol.: Prof. Dr. Leitgeb. 6) Zoologie u. vergl. Anat.: Prof. Dr. Schulze. 7) Anatomie u. Physiologie: Prof. Dr. v. Planer. 8) Path. Anat. u. allg. Pathol.: Prof. Dr. Heschl. 9) Inn. Med. u. Hautkrankheit: Prof. Dr. Koerner. 10) Chirurgie: Prof. Dr. v. Rzehaczek. 11) Ophthalmolog. u. Otiatrie: Prof. Dr. Blodig. 12) Gynäkol. u. Geburtshilfe: Prof. Dr. v. Helly. 13) Psychiatrie: Prof. Dr. v. Kraft-Ebing. 14) Staatsarzneikunde, Hygiene und Veterinärkunde: Prof. Dr. Schauenstein. 15) Milit.-Sanitw.: Dr. v. Fleischhacker. 16) Naturwiss. Pädagogik: Dr. Wretschko. 17) Landwsch. u. Agrikltrchem.: Prof. Dr. Wilhelm. 18) Geogr. u. Ethnol.: Prof. Dr. Friesach und 19) Antroph. u. prähist. Forsch.: Graf Wurmbrand.

Die Tagesordnung ist folgende:

Sonnabend, 18: Um 10 Uhr erste allgemeine Sitzung (im Stadttheater); um 1 Uhr Bildung der Sektionen; Abends Fest am Hilmteiche. Sonntag, 19.: Morgens Besuch des Schloßberges. Von 10 Uhr an Sektionssitzungen. Abends Festconcert im Stadttheater. Montag, 20.: Von 9—12 Uhr Sektionssitzungen. Nachmittags Ausflüge in die nähere Umgebung von Graz. Dienstag, 21.: Um 9 Uhr zweite allg. Sitzung. Von 3 Uhr an Sektionssitzungen. Abends Festvorstellung in beiden Theatern. Mittwoch, 22.: Weitere Ausflüge, je nach Wahl: a. nach dem Curorte Rohitsch; b. nach dem Curorte Gleichenberg; c. nach Deutsch-Landsberg; d. nach dem Kohlenrevier Köflach-Voitsberg; e. nach Vordenberg u. auf d. Erzburg, f. auf dem Hochlantsch, g. auf d. Schöckl u. nach St. Badegund (Gebirgsausflüge). Donnerstag, 23.: Von 9 Uhr an Sektionssitzungen. Festbankett im Redoutensaale. Freitag, 24.: Um 9 Uhr dritte allg. Sitzung. Abends Ball im Redoutensaale. —

Die Versammlung der Schweizerischen Naturforscher wird am 13. und 14. September auf der Wasserscheide der Schweiz, 4438′ hoch, zu Andermatt (Hôtel St. Gotthardt) tagen. —

Vermischtes.

Claviger foveolatus ist von Levoiturier in Elbeuf auf folgende Weise in größerer Anzahl gefangen worden: Anfang Februar legte er große platte Steine auf kurze, aber dicke Büschel Haidekraut. Vom 20. April bis 25. Mai revidirte er diese Steine, indem er sie schnell umdrehte und auf ein weißes Tuch legte. Er sammelte den Claviger in Gesellschaft kleiner brauner Ameisen in großer Masse; ein einziger Stein lieferte ihm eines Tages 63 Exemplare. —

Um unterirdische Käfer zu fangen, theilt Deyrolle eine Methode mit. In ziemlich lockere Erde vergräbt man 20—30 cm tief Aeste, die noch ihre Rinde haben. Nach einigen Tagen lockert die Feuchtigkeit die Rinde und der so entstandene Zwischenraum dient in der Erde lebenden Arten, wie Langelandia, Anommatus ꝛc. als Zufluchtsort. Auf eben dieselbe Weise kann man auch thierische oder Pflanzenreste vergraben und man wird dadurch andere Arten erhalten. —

(Ann. entom.).

Vom Verein für schlesische Insectenkunde in Breslau wird uns mitgetheilt, daß durch denselben Photographien des verstorbenen Prof. Gravenhorst gegen Einsendung von 80 Pfennigen in Briefmarken zu beziehen sind. —

Als gutes Mittel, Sammlungen gegen Raubinsecten zu schützen, theilte H. Frey-Geßner in Genf uns mit: 5 Theile Senföl auf 50 Theile Spiritus. Einige Tropfen dieser Flüssigkeit auf Baumwolle gethan genügen für einen Kasten.

Anzeigen.

Der Unterzeichnete hat die Absicht, für das Jahr 1876 einen

Entomologischen Kalender

für Deutschland, Oesterreich und die Schweiz herauszugeben, der für diese Länder ungefähr das sein soll, was das Annuaire entomologique von Fauvel für Frankreich und Belgien ist. Wiederholt dazu aufgefordert, wie schon in Nr. 2 der Ent. Nachr. erwähnt wurde, hat er sich, nachdem ihm die Hülfe entomologischer Freunde bei diesem Unternehmen zugesagt worden ist, dazu entschlossen.

Der „Entomologische Kalender“ wird folgenden Inhalt haben (der bei genügender Verbreitung vergrößert werden wird):

1. Schreibkalender. (Das Octavformat des Kalenders wird derart sein, daß der Kalender bequem als Notizbuch geführt werden kann).

2. Verzeichniß aller Entomologen, die den Vereinen Deutschlands, Oesterreichs und der Schweiz angehören und in diesen 3 Ländern einheimisch sind.

3. Verzeichniß der entomologischen, resp. naturhistorischen Vereine dieser 3 Länder.

4. Zeitschriften, entomologische und allgemein naturhistorische.
5. Nekrolog für d. J. 1875.
6. Verschiedene Mittheilungen.
7. Anzeigen; Tausch und Kauf von Insecten, Büchern 2c.
8. a) Alphabetisches Verzeichniß der Namen der Entomologen;
   b) der Vereine nach Städten.

Der Subscriptionspreis für den „Entomologischen Kalender" beträgt 2 Mark, wofür derselbe den Subscribenten franco zugesandt wird.

Der Unterzeichnete ersucht nun die g. Vorsitzenden, resp. Schriftführer der entomologischen Vereine:

A. Um Mittheilung der Namen der Vereinsmitglieder in folgenden Rubriken (oder Einsendung der gedruckten Mitgliederlisten):

*	Name.	Stand.	Wohnort.	Entomologisches Gebiet.

(* bedeutet: Wünscht Austausch mit andern Entomologen seines Gebiets).

B. Um Angabe der Zeitschrift des Vereins, womöglich mit Inhaltsangabe des letzten Jahrgangs. Bei Einsendung wird dieselbe auf Wunsch zurück gesandt.

C. Um genauen Namen des Vereins, seines Vorsitzenden, Schriftführers und der Adresse, unter welcher Mittheilungen an den Verein entgegen genommen werden; auch des jährlichen Beitrags, resp. Eintrittsgeldes.

Die allgemein naturhistorischen Vereine werden ergebenst um Mittheilung der Namen ihrer entomologischen Mitglieder, sowie der Rubriken B. und C. ersucht.

Ebenso bitten wir die Herren Entomologen, denen dieser Prospect zu Gesicht kommt und die keinem Vereine angehören, um ihre Adresse und g. Mittheilung an etwaige entomologische Freunde.

Sämmtliche Mittheilungen, sowie die Subscriptionen ersuchen wir uns bis zum **1. Oct. c.** zugehen zu lassen.

Anzeigen über Kauf und Tausch von Insecten, Büchern u. dgl. werden in der Expedition der Entomologischen Nachrichten, Putbus, angenommen, und zwar die $\frac{1}{1}$ Seite zu 10 Mark, $\frac{1}{2}$ à 5 Mark, $\frac{1}{4}$ à 2,50 Mark. Kleinere Anzeigen werden die Zeile mit 25 Pfennigen berechnet.

Putbus, im August 1875.

Dr. Katter.

In Commission bei Ch. Fr. Vieweg, Quedlinburg.
Druck von August Knaak in Putbus.

№. 18. Entomologische 1875.

Nachrichten.

Herausgegeben
vom Gymn.-L. Dr. F. Katter.

Putbus, den 15. September.

Die E. N. erscheinen am 1. und 15. jeden Monats.
Viertelj. Abonnem. bei der Post 1 M. Auch durch alle Buchh. zu beziehen.

Noch einmal der Coloradokäfer.

Als ergänzende und abschließende Mittheilung über den Kartoffelkäfer, — denn er fängt schon an, von seinem großen Interesse zu verlieren, seit die Nachrichten aus Amerika sich als echt amerikanisch, d. h. übertrieben herausgestellt haben[1]), — bringen wir eine ausführliche Beschreibung der verschiedenen Stadien dieses Insekts nach Dr. Fitch's Bericht in den „Noxious Insects of New-York". Der Leser wird Einiges darin von dem Früheren wiederholt finden, aber wir haben es im Interesse des Ganzen für besser erachtet, diese Wiederholungen nicht zu scheuen, um der Gesammtbeschreibung nicht zu schaden. Fitch beschreibt folgendermaßen:

„Das Weibchen legt seine Eier in kleinen Häufchen auf der Unterseite der Blätter ab, auf welcher es lebt. Die Eier sind glänzend gelb, 0,06 Zoll lang, 0,035 Zoll breit, oval, an den Enden abgerundet. Die ausgewachsene Larve ist über $\frac{1}{2}$ Zoll lang, halb so dick, am dicksten in der Mitte, nach den Enden spitz zulaufend. (S. die Figur in Nr. 14). Sie ist eine dicke, plumpe Raupe, stark nach oben gebogen und gleicht, von der Seite gesehen, sehr einem Halbmond. Der Kopf ist klein und viel schmäler als der Körper, oft flach sphärisch. Der Mund ist mit kurzen, konisch zugespitzten Tastern und großen Kinnladen, die am Ende stumpf sind und kleine scharfe Zähne, wie eine Säge haben, versehen. Unmittelbar über dem Munde, an beiden Seiten des Kopfes, sind kleine konisch zugespitzte Erhöhungen, die Antennen. Der Thorax hat am ersten Ringe einen Querstreifen von lederartiger Textur, der hinten breit schwarz gerändert, an beiden Seiten dunkel ist. Das Abdomen ist der dickste Theil des

1) Nach einem Bericht aus Amerika in Hardwicke's Science Gossip ist der Kartoffelkäfer schon seit 3 Jahren im Staate New-York, aber die Kartoffelernten sind trotzdem sehr gute gewesen.

Körpers, deutlich in 9 Segmente getheilt. Es ist oben, wie gesagt, rund; aber unten flach; der letzte Theil dient vermittelst einiger blasiger Hautvorsprünge als Fuß. Die Larve hat 6 vorn an der Brust sitzende Beine, von denen jedes aus 3 Gelenken besteht und in einer kleinen Klaue endigt. Ihre Farbe ist hellgelb, oft leicht angedunkelt oder auf dem Rücken gesprenkelt, mit kleinen schwarzen Flecken; an jeder Seite sind 2 Reihen großer schwarzer Flecken, die oberen — 7 an der Zahl — sind größer und reichen nicht bis an den Thorax oder den letzten Abdominalring. Jeder Fleck hat in seiner Mitte eine kleine Pore zum Athmen. Der Kopf ist schwarz und glänzend, oben von dunkelgelber Farbe mehr oder weniger buntscheckig. Der Nacken oder erste Ring hat an seiner Hinterseite eine schwarze Binde. Auch der zweite Ring hat entweder eine kurze schwarze Binde oder 2 schwarze Flecken. Der dritte Ring trägt gewöhnlich oben zwei kleine schwarze Flecken. An dem verdünnten Theil des Abdomens befinden sich 2 schwarze Binden, von denen die vordere an jedem Ende einen kleinen schwarzen Flecken und darunter einen großen schwarzen Flecken hat, welcher der letzte der unteren Fleckenreihe auf der Seite ist. Der nächste Ring nach vorn trägt eine Querreihe von 6 kleinen gleichweit auseinanderstehenden Flecken, die sich den großen Flecken an der Seite anschließen, von denen der obere der letzte der obengenannten oberen Seitenreihe, der untere der vorletzte der unteren Reihe ist. Die Beine sind schwarz; sie sitzen oft an der Seite des Körpers. An der Unterseite befindet sich eine Querreihe schwarzer Flecken und eine Reihe kleiner Flecken auf jeder Seite.

(Fortsetzung folgt.)

Anleitung zum Sammeln und Präpariren der Neuropteren.

VI.

Osmylidae. — In Großbritanien und in Europa durch 2 Genera, Osmylus und Sisyra vertreten, beide im Larvenzustande im Wasser, oft in schnellfließenden Strömen lebend. Der schöne Osmylus wird selten fliegend gesehen, kann aber leicht von Zweigen der über die Flüsse hängenden Bäume geklopft werden. Die kleinen Sisyrae sind oft häufig im Kraut neben Flüssen; die Larve der gemeinen Species ist in einem Süßwasserschwamm gefunden worden, aber jedenfalls nicht auf diesen Aufenthalt beschränkt, da das Insekt auch in Gegenden häufig ist, wo diese Schwämme nicht vorkommen.

Hemerobiidae und Chrysopidae. — Zwei Familien, welche sich in ihrem Larvenzustande von Aphiden nähren; oft sind sie ganz mit den dünnen Häuten ihrer Beute bedeckt. Sie können leicht von Bäumen geklopft werden; gewisse Arten binden sich an gewisse Baumarten, besonders Nadelholz giebt reiche Beute. Die Gattung Hemerobius stellt sich meist todt, wenn sie gefangen ist. Die Chrysopidae fliegen Abends gern dem Licht nach; sie sind sehr zahlreich, von zart grüner Farbe mit goldenen Augen. Indeß haben einige Arten einen so stark widerwärtigen Geruch, daß man sich ihrer möglichst bald entledigt; andere dagegen sind vollständig geruchlos. Ein paar Arten, z. B. Chrysopa vulgaris, zerstören in kurzer Zeit die Nadeln und halten sich deshalb nur wenige Jahre. Diese Art überwintert und nimmt im Winter eine rothe Farbe an. Ihre Cocons, die kleinen weißen Erbsen gleichen, findet man an Pflanzen; für den Laien gewährt es nicht geringe Verwunderung, aus einem so zierlichen Cocon ein so großes Thier hervorkommen zu sehen. Gespannte Exemplare müssen lange auf dem Spannbrett bleiben, länger als die Libellen; auch hüte man die Flügel vor Feuchtigkeit, sonst ziehen sie sich zusammen, und wenn man sie wieder ausbreiten will, zerreißen sie.

Coniopterygidae. — Kleine Insekten, ganz mit einer weißen, wachsartigen, pulverigen Absonderung bedeckt, die man leicht von Bäumen, besonders von Nadelholz klopfen kann. Sie müssen gerade so wie die geflügelten Psociden behandelt werden. Einige sind so klein, daß es fast unmöglich ist, die Flügel auszubreiten, wenn nicht der Präparator die Geschicklichkeit eines Microlepidopterologen hat.

Panorpidae. — Gemein auf Kräutern, leicht im Fluge zu fangen oder mit dem Netz abzustreifen. — Die Männchen von Panorpa haben ein zangenförmig erweitertes Englied, woher ihr gewöhnlicher Name — Scorpionfliegen — kommt. Wenn man sie spannt, muß man die 3 letzten Segmente einiger dieser Männchen ausziehen, bis sie trocken sind, weil sie sich sonst über dem Rücken krümmen und nicht leicht zu untersuchen sind; das Hauptmerkmal liegt aber gerade in diesen Segmenten. Diese Thiere sind sehr raublustig, nähren sich von andern Insekten, bringen aber auch dem Sammler mit ihren vorspringenden Mandibeln schmerzhafte Wunden bei. Bittacus gleicht einer Tipula außerordentlich, wohl aus dem Grunde, weil die letztere sich in dem Gehäuse der ungeflügelten Species der ersteren findet. Die Beine sind von außerordentlicher Länge und müssen beim Spannen einzeln mit Nadeln festgehalten werden. Boreus ist ein kleines Insekt ohne Flugfähigkeit, das man nur im Winter unter Moos &c. und oft selbst auf Schnee findet. Der Coleopterolog trifft sie häufig, wenn er Käfer aus Moos siebt. Sie können springen, obgleich ich nicht sagen kann, was sie dazu befähigt, wahrscheinlich liegt die Kraft dazu in den Bauchsegmenten der Männchen. Sie sollten deshalb auch nicht aufgeklebt, sondern nur aufgesteckt werden. Die Panorpiden bilden den Uebergang zur nächsten Abtheilung.

Trichoptera.

In keiner Gruppe der Insekten habe ich soviel Erfahrungen über Lebensweise und Gewohnheiten gesammelt, als in der der Trichoptera. Obgleich mein Augenmerk auf die ganze Ordnung der Neuropteren gerichtet war, so waren doch die Trichopteren mein frühestes Lieblingsstudium und bilden noch jetzt für mich die bevorzugte Abtheilung von Insekten. Die Tage und Stunden, welche ich zu ihrer Beobachtung verwandt habe, gehören zu den glücklichsten meines Lebens, und ich sehe mit Dankbarkeit auf das Jahr 1859 zurück, wo ich als enthusiastischer Schüler des Dr. Hagen anfing unter seiner Leitung sie zu sammeln und zu studiren. Ich wünschte, ich hätte mehr Gefährten auf meinem Gebiet.

Ueberall wo es Wasser giebt, sei es stehend oder fließend (sofern es nicht im Sommer vertrocknet oder durch Abflüsse von Fabriken, großen Städten 2c. vergiftet wird), giebt es Trichopteren. Doch ist die unmittelbare Nähe des Wassers nicht einmal nothwendig, denn manche der stärker gebauten Thiere unternehmen bei Nacht augenscheinlich weite Flüge und finden sich deshalb bei Tage oft weit vom Wasser. Ich erinnere mich, einmal eine Anzahl Limnophilus in einer geschützten Höhlung auf dem Gipfel eines nackten Kalkfelsens, in dessen Umgebung auf 2—3 Meilen (engl.) es kein Wasser gab, gefunden zu haben. Ich habe schon oben des Nadelholzes als besonders günstig für den Neuropterologen Erwähnung gethan; für den Sammler von Trichopteren ist es äußerst ergiebig. Am besten klopft man die Zweige über dem Schirm ab, aber man muß die Trichopteren schnell fangen und in die Flasche thun, denn sie sind außerordentlich flink, und entkommen oft durch ihre schnellen Seitensprünge. Deswegen sind sie, besonders wenn sie fliegen, oft schwierig zu fangen, und, obgleich sie nicht weit fliegen, entgehen sie doch dem Sammler, weil man sie häufig nicht sieht, selbst wenn man sie unmittelbar vor sich hat. Einige Arten, z. B. Colpotaulius können aus dem Gras und Kraut am Rande von Teichen aufgescheucht werden; je länger man eine Stelle beunruhigt, desto mehr Insekten kommen hervor. Auch kann man die Kräuter behutsam mit der Hand auseinander thun und nahe den Wurzeln suchen, wo sie sich gewöhnlich am meisten verbergen. Die Geländer der Brücken und die Mauern dürfen nicht vernachlässigt werden; ich habe bei mehr als einer Gelegenheit gute Species unter der Einfassung der Brücke über den Sergentine im Hydepark gefunden. Einige Species der schönen langhörnigen Leptoceriden fliegen munter bei hellem Sonnenschein und ruhigem Wetter nahe über dem Wasser; wenn aber ein Windstoß die Oberfläche desselben kräuselt oder wenn die Sonne für einen Augenblick durch Wolken verdunkelt wird, so steigen sie schnell in die Luft und verschwinden. Andere hingegen,

z. B. die Species von Hydropsyche, tanzen in Schwärmen über dem Wasser, besonders in der Dämmerung. Obgleich sie alle (mit 1 oder 2 Ausnahmen) in ihren frühren Ständen im Wasser leben, sind doch ihre Gewohnheiten so verschieden, wie die der Lepidopteren. Manche Arten lieben als Larven ruhiges Wasser, andere kaltes, andere leben in Strömen und auch hier an bevorzugten Stellen, so daß man innerhalb weniger Meilen eine große Anzahl Species fangen kann. Sogar ein Mühlrad, das den langsamen Strom in einen rauschenden Wasserfall verwandelt, kann Arten herbeiziehen, die sonst an dieser Stelle vergeblich gesucht werden möchten. In der That scheinen sie fließendes Wasser dem stehenden vorzuziehen, und dies macht die Alpenströme so ergiebig; die Kälte ist für sie kein Hinderniß, man findet sie oft an der Schneegränze und sogar auf den Gletschern. Oft kann man nach den vorhandenen Species der Trichopteren auf das Wassersystem einer Gegend schließen; so untersuchte ich einst eine große Sammlung aus Holland, welche eben so gut ein tiefliegendes Land ohne Berge und Ströme zeigte, wie die beste Karte. Indessen bedürfen die Trichopteren eines gewissen Schutzes, und aus diesem Grunde sind Ströme, die über nackte Felsen fließen, nicht ergiebig. Am häufigsten sind sie an Strömen mit überhängendem Gebüsch; um sie zu fangen, muß man den Schirm weit unter die Büsche schieben und oben kräftig klopfen. In Sumpfgegenden giebt es oft Flüsse, die ihren Weg durch Torf gebahnt haben und mit Gras und Kraut umgeben sind; diese darf man nicht vernachlässigen. Licht zieht einige Arten sehr an; so sind seltene Species in den Vorstädten von London bei Lampenlicht gefangen worden. Auch hat man empfohlen, ein weißes Tuch neben dem Wasser aufzuhängen; die Insekten werden in der Dämmerung dadurch angezogen und können leicht gefangen werden. Baumstämme und Mauern am Wasser sind wohl zu untersuchen.

Man spannt die Trichopteren gerade wie die Lepidopteren, man muß sie aber länger auf dem Spannbrett lassen, als alle andern Insekten. Besonders aufgeweichte und wieder gespannte Insekten erfordern lange Zeit, damit man sicher sei, daß die Flügel nicht niederfallen; bei diesen muß man sich bei den Hinterflügeln, die leicht zerreißen, sehr in Acht nehmen. Man kann ein Exemplar so lange in der Büchse zum Aufweichen lassen, bis es in Stücke fällt, und doch sind die Muskeln der Flügel nicht biegsam geworden. Kann man ein Stück garnicht behandeln, so biegt man nur die Flügel auseinander, um die Spitze des Abdomens sichtbar zu machen.

Keine Trichopterensammlung ist vollständig ohne die Hüllen der Larven der verschiedenen Species. Diese sind wunderbar, sowohl wegen ihrer Schönheit und Mannigfaltigkeit, als wegen der Künstlichkeit ihrer Arbeit. Die Larven oder Puppen müssen herausgezogen werden und dann können die Hüllen auf Nadeln gesteckt oder aufgeklebt werden. Hüllen aus verschiedenen Stoffen kann man erhalten, wenn man den Larven in Aquarien nur diese zum Bau giebt; sie haben indeß nur untergeordnetes Interesse.

Schluß.

Mein Zweck ist erreicht, wenn die vorliegende Anweisung junge Entomologen, die nicht zu denjenigen gehören, die nur in Schmetterlingen schöne Insekten sehen, sondern sich selbst einen Weg wählen wollen, zum Sammeln von Neuropteren bewegt. Er wird doppelt erreicht sein, wenn sie nicht nur Sammler werden, sondern diese Ordnung wirklich studiren. Das Feld ist ungeheuer groß und wenig bebaut: Der Ansiedler kann sich selber sein Bauholz fällen und sich seine eigene Hütte bauen; er wird immer eine reiche Ernte machen.

Bemerkungen über Erziehung der verschiedenen Familien aus dem Ei oder der Larve werde ich bei einer andern Gelegenheit geben.

London, 39, Limes Grove, Lewisham.

Mac Lachlan.

Tauschverein.

Auf fernere Anfragen in Betreff des de Marseul'schen Tauschvereins theilen wir hier mit, daß weder Eintrittsgeld noch Jahresbeitrag gezahlt wird. H. de Marseul selber bittet uns, darauf aufmerksam zu machen, daß die französische Post als Proben ohne Werth nur offene Packete bis zum Gewicht von 250 Gramm annimmt, und daß diese nur eine Länge und Breite von 25 Centimetern haben dürfen.

Zugleich bittet derselbe, darauf aufmerksam zu machen, daß nur vollkommene und einzeln aufgesteckte oder aufgeklebte Arten übersandt werden dürfen. Leider ist diese Erinnerung für manche unserer Entomologen höchst nothwendig, die da glauben, aller Ausschuß ihrer Sammlung, möge er auch noch so defect, so unsauber gehalten und so schlecht präparirt sein, wie nur irgend möglich, sei gut genug, um ihn im Austausch wegzugeben. Es können ja Fälle eintreten, wo man beim besten Willen kein vollkommenes Exemplar von einer Species bekommen kann, und es ist ja ein unvollkommenes auch besser, als gar keines. Diese Fälle sollten aber doch zu den Seltenheiten gehören, vor allem bei selber gesammelten Thieren. Warum ein lädirtes Insekt morden, das für Niemand werth hat? Die vollkommenen Exemplare aber suche man auch in guten Kasten vor Staub und Raubinsekten zu schützen, damit nicht der Empfänger erst große

Reinigung vornehmen muß, wenn sie überhaupt möglich ist, oder damit nicht während der Sendung die Thiere in Staub zerfallen.

Neue Bücher.

Die Pflanzengallen Norddeutschlands und ihre Erzeuger von Dr. F. Rudow, 8°, 96 S., 1 Tafel), ist der Titel eines vor Kurzem als Separatabdruck aus dem Archiv erschienenen Werkes (im Buchhandel?). Der Verfasser motivirt in der Einleitung das Erscheinen und giebt zugleich eine Uebersicht über die von ihm benutzte Literatur. Dann behandelt er in Abschnitten das Thema und zwar: 1) Die Pflanzengallen im Allgemeinen. 2) Die Cynipiden oder echten Gallwespen. 3) Systematische Uebersicht der Gallwespen, Cynipiden. 4) Beschreibung der einzelnen Cynipiden (59 Arten). 5) Beschreibung der Cynipiden-Gallen. 6) Pflanzengallen von andern Insekten herrührend. Zum Schluß noch einige Nachträge und ein Inhaltverzeichniß der Gallenerzeuger. — Der Verfasser richtet an die Botaniker die Bitte, „auf jede Pflanzenmißbildung zu achten, die oft einen großen Werth für den Kenner haben, während sie der Botaniker bei Seite wirft."

Entomol. und naturw. Zeitschriften.

Schriften der naturforschenden Gesellschaft in Danzig, 1875. — Jahresbericht. Mitgliederverzeichniß. Erworbene Werke. — Lissauer, Beiträge zur westpreußischen Urgeschichte. Mit 6 Tafeln. — Conventz, Mittheilung über Petrefactenkunde aus den Diluvialgeschieben bei Danzig. — Brischke, über die Zucht der Kiefernspinner-Raupen i. J. 1875. Ein summender Acilius sulcatus. Meisen und Baumläufer können auch schädlich werden. — v. Kasiski, Bericht über die i. J. 1873 fortgesetzten Untersuchungen der Alterthümer bei Neustettin. — Menge, preußische Spinnen, VII Abth. Mit 7 Photolithographen.

Stettiner entomologische Zeitschrift 1875.

Burmeister: Elaterina Argentina S. 265. (Nachtrag S. 344). Tischbein: Amblytelus unigutt. und Hybophorus (Ichn.) aulicus S. 274. Möschler: Exotisches S. 282. Dohrn: Exotisches (Liberiana) S. 290. Reitter: Revision d. eur. Lathridiidae S. 297. Grote: Nordamer. Noctuiden S. 340. Vereinsangeleg. S. 344. Speyer: Europ.-amerikanische Verwandtschaften S. 345. H. Frey: Zur Abwehr S. 352. Lichtenstein: Zur Biologie der Gattung Phylloxera S. 355. Boll:

Mittel gegen die Reblaus S. 360. Eppelsheim: Neue Staphylinen S. 362. Weymer: Exot. Lepidopteren S. 368. Tafel-Erklärung S. 385. Kriechbaumer: Ichneumon xanthorius, quadrifasc., flavoniger und sexcinctus S. 386. Kraatz: Zweckmäßige Ueberschriften S. 390. Intelligenz S. 391.

Adressen für Tauschverkehr.

Strophosomus curvipes Thoms. in größerer Zahl ist in Tausch von mir zu erhalten.

Steuerrath Fuß in Cleve.

Unterzeichneter sucht im Umtausch gegen andere europäische Käfer: Lymexylon navale, Ernobius abietinus und nigrinus, Anobium emarginatum, Pissodes piniphilus, Hylurgus minor, sämmtlich in Mehrzahl.

Degenhardt zu Clausthal im Harz,
Silberstraße 17.

Anzeigen.

Berichtigung.

In der Anzeige des Herrn A. Baumann in München, in Nr. 13 d. Bl., muß es heißen Mittererstr. 6, statt Wittwerstr. 6.

In Commission bei Ch. Fr. Vieweg, Quedlinburg.
Druck von August Knaak in Putbus.

№. 19. Entomologische 1875.

Nachrichten.

Herausgegeben
vom Gymn.-L. Dr. F. Katter.

Putbus, den 1. October.

Die E. N. erscheinen am 1. und 15. jeden Monats.
Viertelj. Abonnem. bei der Post 1 M. Auch durch alle Buchh. zu beziehen.

Noch einmal der Coloradokäfer.

II.

„Der Käfer ist 0,4 Zoll lang und 0,25 Zoll breit, das ♀ etwas breiter, von regulärer Form, oben sehr gewölbt, unten eben; die Fld. hart, glatt, glänzend, strohgelb; Kopf und Thorax häufig, wie die Unterseite, braungelb; schwarz gefleckt und gezeichnet. Nach dem Tode werden diese Farben oft dunkel.

Der Kopf ist beinahe sphärisch, und wenig mehr als halb so breit wie der Thorax, in den er fast vollkommen oder wenigstens bis zu den Augen versteckt ist. Er ist über und über fein punktirt, hat an der Stirn einen Eindruck und an jeder Seite eine schwache Einzähnung. Oben befindet sich ein dreieckiger Flecken. Das Kopfschild, das zwischen den Fühlern sitzt, ist halbrund, rauh und dicht punktirt. — Die Kinnladen sind rauh punktirt, am Ende schwarz mit einer dünnen schwarzen Linie an ihren Außenseiten. Die Spitzen der Taster sind dunkelbraun. Die Fühler reichen beinahe bis zur Mitte des Thorax; sie sind gegen die Spitze allmälig verdickt, zwölfgliedrig, das letzte Glied ganz klein, konisch, in dem vorhergehenden Gliede versteckt. Die 5 ersten Glieder sind hellgelb oder dunkelbraun, länglich oval, am Grunde am breitesten, das dritte noch einmal so lang, wie jedes der beiden vorhergehenden. Die folgenden Glieder sind schwarz und fast kuglig.

Das Halsschild ist doppelt so breit wie lang; vorn, wo der Kopf sitzt, breit ausgebuchtet, hinten gebogen, oben fein punktirt, an den Seiten dichter und gröber. Gewöhnlich hat es am ganzen Rande eine feine schwarze Linie. In der Mitte stehen 2 längliche schwarze Punkte, die nach vorn divergiren; hinter diesen steht ein, oft fehlender, schwarzer Fleck, an jeder Seite 6 kleine Flecken, der letzte an der Basis oval und quer, darüber 2 runde in gleicher Reihe; diese drei stehen gleich weit von einander entfernt.

Das Schildchen ist dunkelbraun, die Flügel haben einen eben solchen Rand und 5 gleich weit entfernte schwarze Streifen auf jeder. Der erste innere ist der kürzeste; er läuft nach hinten spitz zu, je mehr er sich der Naht nähert, und endigt schon vor der Spitze in einer feinen Linie. Die beiden folgenden Streifen sind am breitesten, an ihrem Ende vereinigt und oft hier in den vierten Streifen übergehend. Der äußerste Streifen ist der schmalste und längste von allen; doch endigt auch er, bevor er die Spitze erreicht. Zwischen den Streifen sind die Flügeldecken reihenweise punktirt, die einzelnen Reihen sind uneben, die mittleren doppelt; auch der äußere Zwischenraum ist punktirt. Die Unterseite der Beine ist schwarz oder schwarz gerändert; ebenso befindet sich an jeder Seite der Hinterbrust ein schwarzer Flecken, dicht vor der Einfügung der Hinterbeine, und ein schwarzer Streifen am äußeren Rande der Hinterbrust, und zwischen diesem und dem Rande ein schwarzer dreieckiger Flecken. — Das Abdomen ist überall fein punktirt; mitten am Vorderrande jedes Segments befindet sich ein schwarzer Streifen, ausgenommen beim letzten, und nahe demselben eine Reihe von 6 schwarzen Punkten.

Die Beine sind braungelb; die Hüften, wenigstens der Hinterbeine, die Kniee und Füße schwarz.

Von dieser Doryphora 10-lineata unterscheidet sich die Doryphora juncta schon dadurch, daß sie nicht auf Kartoffeln lebt. Dann ist bei der Larve der letztern der Kopf gelb, der Hals schwarz, und an jeder Seite befindet sich nur eine Reihe von Punkten. Beim Käfer sind die Beine gelb, höchstens haben die Schenkel einen schwarzen Fleck.

Die Jagd und Zucht der Hymenopteren.

Von Dr. Kriechbaumer in München.

Wer irgend eine größere oder kleinere Abtheilung des Thierreiches sich zum Gegenstande genaueren Studiums, besonders in Bezug auf Artunterscheidung oder für faunistische Zwecke gemacht hat, wird wissen, wie vortheilhaft oder wie unbedingt nothwendig gutes und reichhaltiges Material ist, um seinen Zweck zu erreichen. Die Herbeischaffung desselben ist also die Grundlage für ein ergiebiges Studium, und es wird selbe auf zweierlei Weise ermöglicht, nämlich 1) durch die Jagd, 2) durch die Zucht. Jede derselben hat ihre Vorzüge, jede ihr Vergnügen und ihre Beschwerden, keine kann entbehrt werden, sondern eine muß die andere ergänzen.

Wie der Jäger auf höheres Wild die Naturgeschichte, die Lebensweise und Gewohnheiten der Thiere kennen muß, auf welche er Jagd macht, wenn er nicht erfolglos Wälder und Fluren durchstreifen will, so auch der Insektenjäger. Da nun auch jede Art dieses kleinen Wildes ihre Eigenthümlichkeiten und ihre besondere

Lebensweise hat, die Anzahl von Arten desselben aber in keinem Verhältnisse steht zur Zahl jagdbarer Säugethiere und Vögel, so hat der Insektenjäger auch eine weit umfangreichere Aufgabe. Da ferner von so vielen Insekten die Lebensweise noch wenig oder gar nicht bekannt ist, die Jagd selbst aber oft Gelegenheit giebt, einen Blick in jene zu werfen, so wird diese gerade dadurch um so interessanter, und der Jäger kann, wenn er nicht ganz gedankenlos und mechanisch seine Jagd betreibt, dabei zugleich zum Forscher werden.

Was soeben über die Insektenjagd im Allgemeinen gesagt wurde, gilt namentlich auch von der Jagd auf Hymenopteren, von denen hier ausschließlich die Rede sein soll. Es kann natürlich nicht der Zweck dieser Zeilen sein, auf die Lebensweise der einzelnen Arten oder Gattungen derselben genauer einzugehen, sondern es sollen hauptsächlich dem Anfänger einige Andeutungen über den Fang und die Zucht der den einzelnen größeren Familien angehörigen Thiere überhaupt gegeben werden. Indem ich die Kenntniß der nöthigen Fanggeräthschaften und ihrer Anwendung voraussetze, gehe ich sogleich auf die Jagd und Zucht des kleinen Wildes in seinen verschiedenen Familien über.

Die Blattwespen gehören wohl zu den trägsten unter den Hautflüglern, sie entfernen sich selten weit von den Futterflanzen ihrer Larven und sind meist leicht zu fangen. Wie schon der Name anzeigt, leben die Larven von Blättern und daher trifft man auch die Wespen größtentheils auf diesen; viele besuchen auch Blumen, namentlich Dolden, während andere, besonders die auf Nadelholz lebenden, z. B. Lophyrus, fast nie auf solchen zu finden sind, sondern durch Abklopfen am frühen Morgen erlangt werden müssen. Auch die auf Farnkräutern lebenden Arten wird man fast nur auf diesen selbst finden und an Stellen, wo solche in größerer Anzahl wachsen, mit dem Köscher am leichtesten erhalten. Manche erscheinen sehr früh, wie z. B. mehrere der an Stachel- und Johannisbeerstauden und an Weiden lebenden Nematusarten, die meisten findet man von der zweiten Hälfte des Mai bis Ende Juni, sie nehmen dann rasch ab, und im Hochsommer und Herbste sind meist nur noch abgeflogene, verspätete oder solche Arten zu finden, die eine doppelte oder vielleicht noch mehrfache Generation haben.

Die Zucht der Blattwespen aus Larven ist ebenso interessant wie die der Schmetterlinge, bei gewissen Gattungen sehr leicht, bei andern dagegen sehr schwierig. Leicht ist sie bei jenen, deren Larven sich zur Verpuppung ein Gespinnst machen, wie z. B. Cimbex, Hylotoma, Lophyrus, viele Nematus; besonders sind es die Lophyruslarven, die man zuweilen zu Hunderten von Föhren (einzelne Arten von Fichten) klopfen und aufziehen kann, während man die ausgebildeten Wespen wenig zu sehen bekommt. Sehr schwierig ist dagegen die Zucht jener Arten, deren Larven in die Erde gehen und in derselben überwintern, da sie erst nach der Ueberwinterung sich verpuppen und der richtige Grad von Feuchtigkeit schwer zu treffen ist, bei dem sie weder verschimmeln und verfaulen, noch vertrocknen. Dazu gehören die Dolerus-, die eigentlichen Tenthredo-, sowie die Lyda- und vermuthlich auch die Tarpa-Arten. Wer über einen Garten zu verfügen hat, dürfte durch den Anbau der Futterflanzen, auf denen die Larven ganz der Natur überlassen sind, am ehesten günstige Resultate erzielen. Durch ein darüber gestürztes, in den Boden eingreifendes Drahtgestelle müßte das Entweichen der Larven und entwickelten Wespen verhütet werden. Die Larven der Emphytusarten bohren sich gerne in Mark oder faules Holz, und ich habe solche gut durchgebracht, indem ich ihnen Stückchen von einem trocknen Hollunderzweig gab. Leider sind noch so wenige Blattwespenlarven beschrieben und ist das Wenige so zerstreut, daß deren Bestimmung sehr schwierig ist. Wer mit denselben sich genauer befassen will, mag zunächst in Kaltenbach's vortrefflichem Werke „Die Pflanzenfeinde aus der Klasse der Insekten" die auf den verschiedenen Pflanzengattungen lebenden Arten nachsehen. Snellen van Vollenhoven's neues Werk über die Blattwespen und deren Larven habe ich leider noch nicht sehen können, ich zweifle aber nicht, daß es zu dem Besten gehört, was darüber erschienen ist. Zu bedauern ist, daß das von Brischke und Zaddach angefangene Werk über die Blattwespenlarven nicht fortgesetzt wurde. Bei der großen Aehnlichkeit der Blattwespenlarven mit Schmetterlingsraupen will ich nur Folgendes bemerken: Die ersteren haben in der Regel mehr als 4 Paar Bauchfüße, ruhen gerne spiralig zusammengerollt auf den Blättern, sitzen manchmal in Mehrzahl übereinander am Rande derselben (besonders die auf Weiden lebenden) und nehmen bei geringster Erschütterung wie auf allgemeines Commando eine ∽förmige Stellung an. Die Larven der Lyda-Arten haben im Gegensatze zu den übrigen gar keine Bauchfüße, und leben in sackförmigen Geweben auf (meist niedrigen) Rosenstauden, Weißdorn, jungen Nadelhölzern, oder wicklerartig in dütenförmig zusammengerollten Blattstücken, z. B. vom Berg-Ahorn. Auch die oft in großer Menge in ähnlichen Geweben auf Laserpitium latifolium lebenden Larven gehören, wenn nicht etwa einer Tarpa, dann sicher einer Lyda an.[1]) Die kleinen, mit gabelspaltigen Dornen bewaffneten Larven auf Eichenblättern, die eine Art Wolle

---

1) Die Larven auf Laserpitium fand ich bei Tegernsee und Aschau, die in Ahornblätter gewickelten um München und Kreuth. Beide sind in Kaltenbach's Werk nicht erwähnt und es scheint noch unbekannt zu sein, welchen Arten sie angehören.

absondernden auf Erlen und die mit Schleim überzogenen, kleinen Nachtschnecken ähnlichen, meist reihenweise nebeneinander die Oberhaut der Blätter abnagenden, besonders auf Obstbäumen, gehören ebenfalls Blattwespen (der Gattungen Hoplocampa, Eriocampa, Blennocampa) an. Endlich sind noch die in den erbsen- oder bohnenförmigen Gallen der Weiden lebenden Lärvchen kleiner Nematus-Arten zu erwähnen und nicht sehr schwer zu ziehen, wenn man die möglichst reifen Gallen in ein Gefäß mit etwas sandiger Erde bringt, an oder in der sie sich einspinnen, um im nächsten Frühjahre als Wespen zu erscheinen.

Holzwespen wird man besonders im Hochsommer an solchen Stellen finden, wo jene Hölzer, in denen eben bestimmte Arten leben, als Bau-, Werk- oder Brennholz in größerer Menge aufgespeichert sind, sei es im Freien oder in Magazinen. Nicht selten erscheint ein solches Thier plötzlich in einer Wohnung, und bei genauerem Suchen wird ein Loch im Fußboden, in einer Thüre oder einem Möbel die Herkunft desselben nachweisen. Die mit ihnen zunächst verwandten Stengelwespen (Cephus), die besonders in Getreidehalmen leben, sitzen im Sommer oft in großer Zahl am Rande der Getreidefelder auf Blumen (Dolden, Schafgarben), in ihrer Gesellschaft meist auch ihr Parasit, der Schlupfwespengattung Pachymerus angehörig.

Gallwespen zu fangen ist im Allgemeinen eine um so zwecklosere Bemühung, als diese Thiere der Mehrzahl nach sehr leicht durch Zucht erlangt werden können, indem man die reifen Gallen einzwingert und die Thiere ausschlüpfen läßt. Man hat dabei nicht nur den Vortheil, daß man die die Gallen erzeugenden Thiere gewissermaßen schon bestimmt erhält, indem ja jede Gallwespe ihre besondere Art von Gallen erzeugt, sondern man erhält auch zugleich die Einmiether und Parasiten derselben, die auch bei ein und derselben Art größtentheils immer wieder dieselben sind. Das so reichlich mit guten und hübschen Abbildungen ausgestattete und so billige Werk von Prof. Mayr in Wien über die deutschen Eichengallen wird das Sammeln und Bestimmen der Gallen sehr erleichtern, und es wäre nur zu wünschen, daß der Verfasser auch die übrigen (nicht an Eichen vorkommenden) Gallen in ähnlicher Weise bearbeiten möchte. Manche der schwieriger zu ziehenden Arten, wie z. B. die der kleinen tellerförmigen Eichenblattgallen, sowie jene, deren Lebensweise noch unbekannt ist, wird man, besonders im ersten Frühlinge, größtentheils mit dem Köscher bekommen. Die den Gallwespen beigezählte Gattung Ibalia, die durch ihre ansehnliche Größe und den papierdünnen, zusammengedrückten Hinterleib sich auszeichnet, findet man gewöhnlich an Fichtenholz, wo sie den Larven der Sirex gigas nachspürt, in denen sie als Parasit lebt. (Forts. folgt.)

Vermischtes.

Ueber die Art und Weise der Ueberwinterung einiger Tagschmetterlinge berichtet H. Prof. Landois in dem Jahresbericht der zoologischen Section des Westfälischen Provinzialvereins für Wissenschaft und Kunst; 1874. Nachdem er hervorgehoben, daß die sich im Winter zeigenden Falter überwinterte Thiere sind, (s. Nr. 7 des Blattes), erzählt er:

„Ich habe einige Male Gelegenheit gehabt, auf meinem Zimmer die Art und Weise der Ueberwinterung solcher Falter zu beobachten; wovon ich einen Fall genauer detaillirt wiederzugeben beabsichtige.

Das Vorzimmer meiner Wohnung mag eine Durchschnittstemperatur im Winter von 5° C. haben. Vor dem Fenster rankt ein Epheu umher. Ein Pfauenauge, Vanessa Jo L., hatte sich im Herbst daselbst eingefunden, und flatterte mehrere Wochen lang umher, bald mehr bald weniger munter. Bei eintretender Kälte suchte es ein Winterquartier auf. Und zwar nahm es dann eine ganz eigenthümliche Stellung ein. Mit seinen beiden Hinterbeinen hakte es sich an einen Zweig fest, zog die verkümmerten Putzpfoten und das zweite Beinpaar eng an den Leib, und hing in dieser Weise ganz mechanisch mit dem Körper nebst zusammengelegten Flügeln senkrecht herunter. Es erinnerte mich diese Stellung lebhaft an die Körperhaltung der Fledermäuse, welche schlafen, oder wenn sie ihr Winterquartier bezogen haben. Die Hinterbeine des Tagpfauenauges sind je mit vier recht scharfen und gebogenen Krallen versehen. Hängt sich nun der Falter mit diesen anhäkelnd auf, so ist er im Stande, ohne die geringste Muskelanstrengung mehrere Monate hindurch seine Ruhelage zu behaupten. Wenn nun im Winter die Sonne zuweilen verlockend schien, dann verließ der Falter sein Quartier. Nach einigem Hin- und Herfliegen nahm er aber bald denselben Ruheplatz wieder ein. Und dieses Spiel wiederholte sich den ganzen Winter bis zum Frühling hindurch.

Aehnlich verhalten sich auch diese Falter im Freien. Sie hängen sich wie die Fledermäuse an geschützter Stelle mit den Hinterbeinen auf, und sobald die Frühlingssonne erwärmend sie belebt, kommen sie aus ihrem Verstecke hervor, und begrüßen als Boten den kommenden Frühling."

Bastarde unter den Chrysomelen?

Auf meiner diesjährigen Reise in die Schweiz besuchte ich auf den Rath meines verehrten Freundes Frei-Geßner in Genf auch das für den Entomologen sehr ergiebige Wallis. Auf einer Excursion, die ich von Sierre nach St. Martin du Lac und darüber hinaus machte, fand ich kurz vor diesem letzteren

Ort auf einer Mentha-Art, deren Species ich nicht verbürgen will, eine Chrysomela staphylea mit einer Ch. violacea in Begattung. Es war mir diese Copulation zwischen zwei so verschiedenen Chrysomelen die erste meiner Erfahrung; ich theile deshalb den Fall hier mit, vielleicht können auch andere Entomologen Analoga dazu liefern.

Cicindelen fand ich auf meinen Gebirgstouren mehrere Tausend Fuß hoch über dem Meeresspiegel viel weniger lebendig als in der Ebene. Auf der Dôle fing ich in einer Höhe von c. 4000′ einige 20 Cic. sylvicola binnen kurzer Zeit mit der Hand; keine einzige machte einen Versuch zu einem weitern Fluge. Dieselbe Trägheit — in Vergleich zu ihren Schwestern in der Ebene — zeigten mehrere C. campestris, die ich in andern Theilen des Jura fing. Ebenso fing ich auf der Gemmi Cic. chloris ohne alle Schwierigkeit; je weiter ich aber hinunter kam, desto schneller wurden sie, und die mehr unten lebenden Cic. hybrida entkamen mir zum großen Theil.

In den Comptes-Rendus Soc. Belg. 1875 Nr. 15 macht H. Pierret folgende Mittheilung: Vergangene Woche sammelte ich auf Brennnesseln einige Capsus capillaris, die ich mit 2 Heteromera zusammen in eine sehr kleine Röhre von 50 mm. Länge und 8 mm. innerem Durchmesser that. Nach einiger Zeit bewegte sich keines der Insekten und dennoch schien keines todt zu sein, aus dem Glase aber strömte ein Aethergeruch, ähnlich dem der sogenannten Fruchtessenz. Ich schrieb die anästhetisirende Wirkung der Ausdünstung der Wanzen zu, und in der That erholten sich die Capsiden, nachdem ich sie einige Zeit an die frische Luft gebracht hatte, zu neuem Leben. Ich machte jetzt dasselbe Experiment mit einigen Aethertropfen und erhielt dasselbe Resultat, dieselbe Erstarrung, dieselbe Zeit, um zum Leben zurückzukehren. Offenbar scheint also die Ausdünstung dieser Hemipteren dieselbe Wirkung zu haben, wie der Aether.

A. Costa in Neapel hat eine neue Art Luciola in Syrien entdeckt, deren Beschreiburg in den Annales Soc. ent. France gegeben werden wird.

Nach einer Photographie des verewigten Herrich-Schaeffer aus dem Jahre 1870 (ein anderes, besseres Original besitzt auch seine Familie nicht) habe ich eine Anzahl Bilder (photographischer Pressendruck) in Visitenkarten-Format anfertigen und zum Theil auf starkes Kartenpapier im Octavformat aufziehen und mit seiner Namens-Unterschrift versehen lassen. Dieselben werden allen denjenigen Entomologen und namentlich Lepidopterologen gern im Tausch gegen ihre eigene Photographie zur Verfügung gestellt, deren Bild noch nicht in meinem Entomologen-Album oder dem des Berliner entomol. Vereins enthalten ist. Natürlich kann das Octavformat mit Leichtigkeit in Visitenkartenformat verwandelt und auch das Bild auf Wunsch in solchen für 50 Pfennig geliefert werden.

Photographien von Entomologen, welche ich noch nicht besitze, tausche ich jederzeit gern ein.

Dr. G. Kraatz, Berlin, Linkstr. 28.

Entomol. und naturw. Zeitschriften.

The Annals and Magazine of Natural History 1875.

Nr. 85. Salensky, observations on Häckel's Gastraea Theory. — Francis P. Pascoe, Notes on Coleoptera, with descriptions of new genera and species. — Nr. 86. Ussow, zoological-embryological investigations. — Butler, notes on certain genera of Agaristidae, with descriptions of new Species. — Nr. 87. Asa Gray, do varieties wear out or tend to wear out? — Ussow, zoological-embryological investigations. — Butler, on some new species of butterflies from tropical America. — Nr. 89. Ussow, zoological-embryological investigations. — A. Gardiner Butler, descriptions of new species of lepidoptera from Central America. — Alfred M. Mayer, experiments on the supposed auditory apparatus of the culex musquito. — Nr. 90. Francis P. Pascoe, descriptions of some new Asiatic species of Rhynchites. — A. Gardiner Butler, descriptions of new genera and species of lepidoptera in the collection of the British Museum. — Charles O. Waterhouse, descriptions of some new genera and species of coleoptera from South Africa, Madagascar, Mauritius and the Seychelle Islands.

Bulletin de la Société Impériale des Naturalistes de Moscou, 1874. (Entomol. Inhalt.)

I. Chaudoir, M. le baron, matériaux pour servir à l'étude des Féroniens. — Jacovlev, Hemiptera Heteroptera. — II. Motschoulsky, V., énumération de nouvelles espèces de coléoptères (14 m. article).

In Commission bei Ch. Fr. Vieweg, Quedlinburg.
Druck von August Knaak in Putbus.

№. 20. Entomologische 1875.

Nachrichten.

Herausgegeben
vom Gymn.-L. Dr. F. Katter.

Putbus, den 15. October.

Die E. N. erscheinen am 1. und 15. jeden Monats.
Viertelj. Abonnem. bei der Post 1 M. Auch durch alle Buchh. zu beziehen.

Zwei neue Gallen,

gefunden und beschrieben von Dr. Kriechbaumer.

Nachdem ich mich vergeblich bemüht habe, über 2 Gallen-Bildungen, die ich um München gefunden, Aufschluß zu erhalten, schien es mir zweckmäßig, die Entomologen, namentlich Dipterologen auf selbe aufmerksam zu machen, theils um über deren anderweitiges Vorkommen etwas zu erfahren, theils um die Zucht ihrer Erzeuger zu veranlassen.

1. Galle an Salix incana.

Die Galle ist eine kleine, hanf- oder gerstenkornförmige Anschwellung der Mittelrippe der Blätter, nach oben und unten (hier aber stärker) entwickelt, bald in der Mitte, seltener jenseits derselben, häufiger näher dem Stiele, zuweilen wird dieser selbst in Mitleidenschaft gezogen, oder sie entsteht sogar an den zarteren Zweigen. Meist ist sie einzeln, seltener stehen 2 hineinander. Sie ist dickwandig, hart, ihre kleine Kammer ist von einer einzelnen mehr oder minder lebhaft rothgelben Larve bewohnt, die ich für die einer Cecidomyia halten zu dürfen glaube.

Ich habe diese Galle bisher nur an der genannten Weidenart in den Isarauen bei München und am Sternbergersee im September und October gefunden, doch ziemlich einzeln und zerstreut; sie fällt wenig auf und ist daher wohl deshalb bisher unbeachtet geblieben.

2. Galle an Weißbuchen (Carpinus betulus).

Diese Galle besteht in knotigen oder wulstigen Anschwellungen der Mittelrippe, meist auch des Anfangs der Seitenrippe auf der Unterseite der Blätter. Diese Anschwellungen stehen selten vereinzelnt, sondern meist ziemlich zahlreich hintereinander, bald deutlich von einander abgeschnürt und getrennt, bald mehr oder weniger zusammen fließend, manchmal geschlängelt (wenn nämlich die Anschwellungen nach den Anfängen der abwechselnd entspringenden Seitenrippen hin stärker hervortreten), oder es bildet der größte

Theil der Mittelrippe (der Spitzentheil ausgenommen) einen einzigen langen Wulst, in welchem Falle das Blatt sich rückwärts krümmt und oben der Länge nach sich in einer Falte zusammen zieht. Zuweilen erscheinen auch noch in der Mitte der Seitenrippen solche Knollen, doch nur vereinzelt.

Diese Galle findet sich um München überall, wo Weißbuchen vorkommen, stellenweise so massenhaft, daß an manchen Sträuchern die Mehrzahl der Blätter davon besetzt ist, und da dieses wohl nicht nur hier und in diesem Jahre der Fall war, so erscheint es mir fast unbegreiflich, wie diese Galle so lange unbeachtet bleiben konnte. Meine anfängliche Vermuthung, selbe möchte das Werk einer Milbe sein, wurde durch die in denselben enthaltenen weißen Maden widerlegt, die ohne Zweifel einer Cecidomyia angehören.

Biologische Mittheilungen.

1. Lucanus cervus L. (Aus dem Jahresbericht des Vereins für Naturkunde zu Zwickau, 1874. Von D. H. R. von Schlechtendal.) Eine Beobachtung, die ich vor mehreren Jahren machte, dürfte, wenn auch nicht neu, so doch Manchem noch unbekannt sein, es betrifft dies den Gebrauch der Oberkiefer des männlichen Hirschkäfer als Waffe im Zweikampf, um den Besitz des Weibchens, mit seinem Nebenbuhler. Ich hielt vier Hirschkäfer, drei Männchen und ein Weibchen, in der Gefangenschaft. Eines Tages sah ich, wie ein kleines Männchen dem Weibchen sich näherte. Kaum jedoch machte es Anstalten, sich mit dem Weibchen zu paaren, als auch schon eines der größeren Männchen mit drohend geöffneten, hocherhobenen Kiefern herbeistürmte, den Nebenbuhler ohne Weiteres um den Leib packte, ihn hoch aufhob und unsanft zu Boden schleuderte, worauf es dem Weibchen seine Huldigungen darbrachte. Das so schnöde abgefertigte Männchen ergriff eiligst die Flucht, um so bald als möglich aus dem Bereiche des gefürchteten Gegners zu entrinnen. Oefters versuchte ich den Kleinen wieder in den Besitz des Weibchens zu setzen, doch vergebens, schon beim Nahen des großen Männchens floh er eilig. Anders ist es, wenn zwei gleich starke Männchen sich im Zweikampf messen. Deutlich hört man das Rasseln der an einander schlagenden Kiefern. Einer sucht den Andern zu umfassen, Beide kämpfen mit Erbitterung, und wenn auch nicht der Besiegte todt auf der Wahlstatt bleibt, so kommt es doch vor, daß ihm von seinem Gegner der Brustharnisch durchbohrt wird. In meiner Sammlung befindet sich ein Männchen, welches hierbei die Spitze des einen Oberkiefers eingebüßt hat, die es dem Nebenbuhler in die Brust bohrte.

Zu einem ähnlichen Zweck scheinen verschiedene Scarabaeen

gleichzeitig mit Hals- und Kopfschmuck versehen zu sein, wie Scarabaeus Hercules, Atlas, Bilobus, Gideon, welche sehr wohl diese Hörner als Zange benutzen können; hiervon scheint mir ein schwaches Männchen des Letzteren in meiner Sammlung Zeugniß abzulegen, dessen Flügeldecke einen Eindruck zeigt, dessen Entstehung ich dem Kampf mit einem stärkeren Männchen zuschreiben muß. Die linke Flügeldecke dieses, mit sehr kurzen Hörnern ausgestatteten Männchens zeigt in der Mitte zwei nah bei einander stehende, durch einen tiefen Eindruck verbundene Löcher, die genau den Abdruck der Spitze des Halsschildhornes eines größeren Männchens entsprechen.

2. Allotria erythrocephala Hartig. (Von dems.) An den jungen Trieben einer Rosa centifolia, welche reich mit Colonien von Aphis Rosae L. besetzt waren, bemerkte ich am 4. August 1867 eine Allotria erythrocephala H. emsig umherspüren. Ich verhielt mich ruhig und hatte das Vergnügen diese Schlupfwespe beim Eierlegen beobachten zu können. Das Thier, welches sie sich ausersehen hatte, war ein noch jugendliches, ungeflügeltes Weibchen. Bei Annäherung der Allotria gerieth diese Aphis in Aufregung, sie richtete sich mit dem Hinterleib in die Höhe, und suchte, mit den beiden hinteren Fußpaaren zappelnd, den ungebetenen Gast abzuwehren. Die Allotria stand ihr im Rücken, die Fühler erhoben, den Hinterleib der Aphis betastend, umsonst wehrte Letztere mit den Hinterbeinen dem Beginnen der Allotria. Nicht lange währte es, so beruhigte sich die Aphis vollkommen, ohne jedoch ihre einmal angenommene Stellung zu verändern. Die Fühler der Allotria berührten, fortwährend in Bewegung, den After und die Saftröhren der Blattlaus, genau in derselben Art, wie es die Ameisen thun, wenn sie den Blattläusen den süßen Honigsaft entlocken wollen; wurde hierdurch die Blattlaus getäuscht? wähnte sie ihre Feindin sei eine Ameise? behagte ihr das Gefühl? — wie dem auch sei, die kleine Allotria erkletterte, nach kurz fortgesetztem Streicheln, den Rücken der Aphis, stellte sich so, daß ihr Kopf nach dem der Blattlaus gerichtet war, und — der senkrecht angesetzte Legestachel drang zwischen den Saftröhrchen in den Rücken der Blattlaus. Die Flügel, welche während der Vorbereitung flach aufgelegen, wurden bei der Ausführung aufgerichtet, die Fühler spielten indeß auf dem Kopfe des Opfers. Sobald der Stachel eindrang, ward die Aphis unruhig, doch zu spät, das Ei war gelegt, und die Allotria flog davon.

Eingesammelte gestorbene Aphis ergaben vom 6.—14. August Aphidien, den 15. August erschienen die ersten Allotria. Wie viele Generationen diese kleinen Gallwespen den Sommer über hervorbringen, darüber scheinen noch keine Beobachtungen vorhanden zu sein, ebensowenig, ob sie den Winter als Puppen überdauern, oder was wahrscheinlicher ist, als vollkommene Wespe unter Laub verborgen. Kurz vor Eintritt des Frostes traf ich noch eine Allotria mit Eierlegen beschäftigt.

3. Aphidius. (Von dems.) Die Art und Weise, wie diese Braconide ihre Eier in die Blattlaus ablegt, ist von der der Allotria durchaus abweichend, wie dies schon der äußerst schlanke Bau, und sehr bewegliche fein gestiefelte Hinterleib vermuthen lassen. Im Jahre 1862 beobachtete ich hier einen solchen Aphidius, wie er an der Unterseite der Blätter eines Schlehenstrauches eifrig unter den zahlreich versammelten Blattläusen, Aphis Pruni Fbr., einherspazierte, emsig mit den Fühlern tastend, welche wohl die passendsten, unfreiwilligen Pflegemütter für seine Nachkommen seien. Die Blattläuse, der Gegenwart ihres Feindes sich bewußt, hatten sich hoch aufgerichtet und suchten, auf gleiche Weise wie die Aphis Rosae, sich ihres Peinigers zu erwehren. Doch umsonst — plötzlich bleibt die Braconide stehen, ihr Opfer hat sie gefunden, hoch hebt sie sich, die zierlichen Beine streckend, empor und blitzschnell den Hinterleib zwischen den Beinen durchschlagend, fährt der Legestachel in den Bauch der sich vergeblich bäumenden Blattlaus.

Fünf Jahre später hatte ich Gelegenheit einen anderen Aphidius bei dem Ablegen eines Eies in eine Aphis Rosae zu beobachten. Das ganze Manöver wiederholte sich, wie es oben bei Aphis Pruni angegeben, jedoch mit dem Unterschied, daß der Aphidius den Leib nicht zwischen den Beinen durchschlug, sondern denselben seitwärts an den Beinen vorüberführte. Wiederum war der Bauch die Stelle, an der das Ei in den Körper der Blattlaus eingebracht wurde. Ob nun die verschiedenen Aphidien-Arten bei dem Ablegen ihrer Eier verschiedene Stellungen einnehmen, oder ob sie ihre Stellung der jedesmaligen Stellung der Aphis anpassen, ist meines Wissens noch nicht beobachtet.

4. Ein summender Acilius sulcatus. (Aus den Schriften der naturforschenden Gesellschaft in Danzig, 1874. Von Brischke.) Am 27. April brachte mir ein Schüler in einer Schachtel einen männlichen Acilius sulcatus. Ich setzte die Schachtel auf einen Tisch und vernahm Mittags ein eigenthümliches Summen, das aus derselben ertönte. Beim Oeffnen der Schachtel saß der Käfer ganz still, das Summen aber hörte plötzlich auf. Ich deckte die Schachtel wieder zu und lauschte. Bald ertönte das Summen wieder und beim behutsamen Oeffnen der Schachtel saß der Käfer wieder ganz bewegungslos mit vorgestreckten Fühlern und das Summen dauerte etwa eine Minute lang fort, nur der After ragte etwa 2 mm. weit unter den Flügeldecken hervor und schien zu vibriren. Nun setzte ich den Käfer in's Aquarium, um meine Beobachtung später fortzusetzen. Am 30. April, Nachmittags 6 Uhr, nahm ich ihn heraus, setzte ihn wieder in eine Schachtel und

hatte bald darauf die Freude, ihn wieder summen zu hören und zwar im eingestrichenen Cis. Auch jetzt saß der Käfer ganz ruhig, nur der After war wieder vorgestreckt und in zitternder Bewegung. Nachdem der Käfer im Aquarium einige Fischchen zerfressen hatte, nahm ich ihn am 7. Mai Abends zwischen 9 und 10 Uhr wieder heraus und hörte das Summen jetzt häufiger, als früher. — Auf welche Art der Käfer das Summen hervorbrachte, wage ich nicht zu erklären. Wenn man die Insekten, welche Töne hervorbringen, in Geiger und Pfeifer, oder in solche mit Streich- und in solche mit Blase-Instrumenten eintheilt, dann gehört obiger Käfer zu den Pfeifern.

Herr Professor Dr. Landois führt in seiner Arbeit über die Ton- und Stimmapparate der Insekten, die im XVII. Bande, Heft 1 der Zeitschrift für wissenschaftliche Zoologie von v. Siebold und Kölliker abgedruckt ist, keinen Schwimmkäfer an, der solche Apparate besitzt.

Insektenfang durch Käse.

In den letzten Sitzungen der entomologischen Gesellschaft in Frankreich war die Rede von dieser Fangart, die noch wenig bekannt ist, obgleich sie leicht ist und gute Resultate liefert. Man thut kleine Stücke von altem, starkriechendem Käse in Gefäße mit ziemlich enger Oeffnung, um größere Thiere, Säugethiere, Vögel ꝛc., abzuhalten, sie zu verzehren, und umgiebt diese Stücke mit Blättern, Moos, Papierschnitzeln u. dgl. In diesen verbergen sich die Insekten. Am besten legt man diese Falle an erhöhten Stellen aus, damit der Geruch des Käse sich möglichst weit verbreiten kann. Waldränder, Wiesenabdachungen sind sehr geeignete Orte. Besonders leicht fängt man so Adelops, Catops und viele andere Clavicornier; auch Staphylinen finden sich in Menge und häufig auch Carabiden. In Korsika hat H. Koziorowiez auf diese Weise den Adelops Corsicus Ab. d. Perr., und die Catops coracinus und Watsoni, in bedeutender Anzahl den Necrophorus Corsicus gefangen. Auch in der Nähe von Paris hat diese Fangmethode ausgezeichnete Resultate geliefert. — Man kann die Falle jeden Tag revidiren und wird immer eine Anzahl Insekten finden, oft Arten, die man sonst nicht leicht erhalten würde. Der Monat October ist besonders günstig für diese Jagd.

[F. d. Jeunes Nat.]

Die Jagd und Zucht der Hymenopteren.

Von Dr. Kriechbaumer in München.

II.

Das zahllose Heer der Schlupfwespen erfordert allein jahrelang fortgesetzte Jagden, den ausgedehntesten Gebrauch sämmtlicher Fangapparate und dazu noch die Zucht von Larven aus sämmtlichen Ordnungen der Insekten, wenn man es zu einer möglichst vollständigen Repräsentation der verschiedenen Gattungen und einiger Reichhaltigkeit an Arten bringen will. Es kann aber auch die Jagd auf diese Thiere das ganze Jahr hindurch betrieben werden. Sobald der Schnee wegzuschmelzen beginnt und ehe noch die Frühlingswärme die überwinterten Thiere aus ihren Verstecken herauslockt, können viele Arten, besonders von Ichneumonen im engeren Sinne (doch meist nur ♀), unter etwas lose anliegender Rinde alter Baumstöcke oder vermodernder Stämme, auch unter Moos am Fuße der Bäume hervorgeholt, andere, wie die kleinen ameisenartigen Pezomachus, auch unter Steinen gefunden werden. Wenn dann Weiden und Huflattich zu blühen anfangen, werden manche Arten sofort auf diesen sich einstellen. Zahlreicher erscheinen selbe, sobald die ersten Dolden sich entwickelt haben, und diese Pflanzenfamilie liefert nun die ganze wärmere Jahreszeit hindurch, je nach der Lage ihrer Standorte, mehr oder minder reichliche Ausbeute. Anthriscus und Chaerophyllum blühen gewöhnlich schon Ende April und dauern bis zur ersten Heuerndte; auf selbe folgen die wilden gelben Rüben und der wilde Pastinak, häufig in Gesellschaft miteinander und in großen Massen auf Brachäckern, an Einbahndämmen wachsend, während auf Wiesen die Blüthen des Heracleums sich breit machen, in den Auen an Bächen und Flüssen die stattlichen Schirme der Angelica einzeln über die kleineren aber häufigern der Pimpinella sich erheben, und in Haidegegenden die einzeln stehenden Laserpitiumschirme das herumschwärmende kleine Geflügel wie eine Czarda auf ungarischer Pußta den Wanderer anlocken; den Schluß bilden dann die kleinen grünen Dolden des Peucedanums[1]). Doch nicht alle Arten von Schlupfwespen lieben die Doldenblüthen und die von denselben gebotenen Genüsse, gar viele scheinen überhaupt wenig Bedürfniß nach Nahrung zu haben, sondern huschen unaufhaltsam durch Kraut und Strauch, die ♂, um die ♀ zu suchen, und letztere, die zur Versorgung ihrer Brut passenden Raupen zu erspähen, wobei sie gelegentlich hie und da auf ein Blatt anfliegen. Während nun die auf Blumen naschenden Thiere

---

1) Diese kleine Skizze der Doldenvegetation ist zunächst der Umgebung von München entnommen; für jenseits der Alpen ist besonders die Ferulago galbanifera als reiche Ausbeute gewährend zu erwähnen.

leicht mit der Klappe gefangen werden können, erfordern die andern die viel mühsamere und größere Gewandtheit verlangende Anwendung des Schwungnetzes. Eine zahllose Menge, besonders kleiner Arten, wozu die Mehrzahl der Braconiden und fast alle Pteromaliden gehören, liefert der Köscher, und in desto größerer Mannigfaltigkeit, je verschiedener die Vegetation und deren Standorte sind, wo er zur Anwendung kommt. Viele Arten mit langer Legröhre bringen ihre Eier in den im Holz lebenden Larven der Bockkäfer, Holzwespen 2c. unter, und man wird deshalb an Holzvorräthen, welche letztere beherbergen, auch erstere finden. Einen Haupttummelplatz für Insekten überhaupt, aber namentlich für Dipteren, Raub- und Schlupfwespen bilden Gesträuche, welche reichlich mit Blattläusen besetzt sind, besonders Cornus sanguinea (Blutruthe), und übertreffen solche in Bezug auf die Menge und Mannigfaltigkeit der hier sich versammelnden Thiere oftmals die Dolden. (Forts. f.)

Adressen für Tauschverkehr.

Lina Lapponica L., 1875 in Schlesien gesammelt, giebt im Tausch gegen Lepidopteren, event. auch gegen baar zu äußerst niedrigem Preise ab H. Lehmann,
Breslau, Bohrauerstr. 13.

Anzeigen.

Entomologischer Kalender

für Deutschland, Oesterreich und die Schweiz
für das Jahr 1876.

Unter Hinweis auf die Anzeige in Nr. 17 der Entomologischen Nachrichten erlauben wir uns nochmals um möglichst baldige Einsendung der Daten über die verschiedenen naturhist. Vereine und deren entomologische Mitglieder zu bitten. Wir ersuchen diejenigen unser g. Leser, welche naturhistorischen Vereinen angehören, die Vorsitzenden, resp. Schriftführer derselben auf unsere Bitte g. aufmerksam machen zu wollen. Ohne solche Unterstützung ist die erstrebte Vollkommenheit nicht zu erreichen. Aus manchen Gegenden ist uns reiches Material zugegangen, aus andern hingegen, besonders aus der Provinz Posen und aus Lübeck, besitzen wir noch sehr wenig.

Der Entomologische Kalender ist auch durch alle Buchhandlungen zum Preise von 2,25 Mark zu beziehen, (in Commission bei Chr. Fr. Vieweg in Quedlinburg); direct von der Expedition der Entomologischen Nachrichten in Putbus für 2 Mark.

Putbus im October 1875. Dr. Katter.

☞ Hierzu eine Beilage von H. B. Möschler in Kronförstchen b. Bautzen i. Sachsen, „Nordamerik. Lepidopteren" betr.

In Commission bei Ch. Fr. Vieweg, Quedlinburg.
Druck von August Knaak in Putbus.

Beilage
zu Nr. 20 der Entomologischen Nachrichten.

Nordamerik. Lepidopteren.

Zu beziehen

durch

H. B. Möschler in Kronförstchen

b. Bautzen i. Sachsen.

Preise in Pfennigen: 100 = 1 Reichsmark, 80 = 1 Franc.,
100 = 1 Shilling, andere Sorten nach Cours.

	Pf.
Papilio.	
Troilus L.	100
Asterius L.	100
Philenor L. ♂	200
Ajax L.	300
Cresphontes Cr.	300
Eurymedon Bd.	600
Rutulus Bd.	600
Thoas L.	300
Midea.	
Genutia Fb. ♂	150
Antocharis.	
Sara Luc. ♀	150
Eurema.	
Nicippe Cr.	80
Colias.	
Philodice-Gdt.	60
Meganostoma.	
Caesonia Stoll.	80
Thecla.	
Edwardsii Scd.	80
Arsace Bd.	80
Palyommatus.	
Thoë Gr.	120
Xanthoides Bd. pass.	80
Castro Reak.	150
Lycaena.	
Neglecta Edw. ♀	60
Limenitis.	
Astyanax Fb.	450
Proserpina Edw. ♂	450
Arthemis Dr.	300
Bredowii Hh.	500

	Pf.
Lorquinii Bd.	250
Misippus Fb.	120
Grapta.	
Interrogationis Fb.	100
♂	150
Faunus Edw.	120
Comma Harr. p.	80
var. Dryas Edw.	150
Procne Cr.	150
Pyrameis.	
Huntera Fb.	80
Carye Ab.	100
Junonia.	
Lavinia Cr.	60
Phyciades.	
Tharos Dr.	50
Nycteis Dbl.	100
Melitaea.	
Phäeton Dr.	150
Chalcedona Dbl.	150
Argynnis.	
Cybele Fb. ♂ 100 ♀	150
Diana Cr. ♂ 900 ♀	800
Idalia Dr.	250
Bellona Fb. ♂ 60	
♀	100
Myrina Cr. ♂	80
Debis.	
Portlandia Fb.	150
Satgrus.	
Alope Fb. ♂	100

	Pf.
Euptychia.	
Eurytus Fb. ♂ 60	
♀	80
Sosybius ♂	60
Eudamus	
Lycidas Sm	120
Acthilla.	
Pylades Scudd.	100
Bathyllus Sm.	60
Nisoniades.	
Persius Scudd.	150
Lucilius Ltn. p.	60
Catullus fb. ♂ 60 ♀	80
Pamphila.	
Vialis Edw. ♂	100
Verna Edw. ♂	128
Massasoit Scudd. ♂	158
♀	200
Egeremet Scudd. ♂	100
Orona Scudd.	300
Sassacus Harr.	120
Mystic Scudd. p.	100
Cernes Bdv. ♂	120
Huron Edv. ♂	120
Peckius Harr. ♂	60
Hobomok Harr. ♂	50
♀	80
v. Pocahontas Scudd.	
♀	150
Thymelicus.	
Puer Harr. ♂	50

	Pf.
Hesperia.	
Tessellata Scdd.	80
Ceratomia.	
Quadricornis Harr.	600
Daremma.	
Undulosa Wlk. pass.	200
Sphinx.	
Carolina L.	150
Celeus Hb.	300
Chersis Hb.	600
Drupiferarum Sm. pass.	200
Kalmiae Sm.	400
Eremitus Hb.	300
pass.	200
Plebeja Fb.	200
Gordius Cr. med.	150
Dolba.	
Hylæus Dr. pass.	200
Deilephila.	
Lineata Fb. var.	200
Galii var.	
Chamænerii Harr.	150
Darapsa.	
Chœrilus Cr.	300
Myron Cr.	200
Harr. superb.	3000
Versicolor.	
Smerinthus.	
Excaecata Sm.	200
Geminatus Say.	200
Macroglossa.	
Thisbe Fb.	150
Alypia.	
Octomaculata Fb.	100
Scepsis.	
Fulvicollis Hb.	80
Lycomorpha.	
Pholus Dr.	80
Clemensia.	
Albata Pack.	80
Euphanessa.	
Mendica Wlk.	50
Hypopsepia.	
Fucosa Hb. ♂	50
Arctia.	
Virgo L.	400
Nais Dr.	200
Isabella Sm. p.	40
Callimorpha.	
Lecontei Bd. p.	150
Deiopeia.	
Bella Cr.	50
Hyphantria.	
Textor Harr.	60

	Pf.
Ecpantheria.	
Scribonia Hb. ♂ p.	150
Halesidota.	
Tessellaris Hb. ♂	150
Orgyia.	
Leucostigma ♂ p. Harr.	60
Definita Pik. ♂	120
Parasa.	
Chloris H. S. p.	150
Adoneta.	
Spinuloides ♂ A. Sch.	150
Clisiocampa.	
Decipiens Sck.	20
Californica Pk.	80
Dryocampa.	
Rubicunda Harr.	200
Eacles.	
Imperialis fb. ♀	300
Anisota.	
Senatoria Sm. ♀	150
Stigma Sm. ♀	150
Hemileuca.	
Maja L. ♂	300
Pseudohazys.	
Eglanterina H. S. ♂	450
Hyperchiria.	
Jo L.	150
Actias.	
Luna L.	300
Nadata.	
Gibbosa Hb ♂	150
Edama.	
Albifrons Wlk. ♀	150
Heterocampa.	
Mantes Dbl. p.	40
Lagoa.	
Crispata Pck.	120
Clostera.	
Inclusa Hb.	50
Acronycta.	
Oblinita Gn.	50
Superans Gn. p.	100
Microcoelia.	
Diphteroides Gn.	120
Agrotis.	
Pitychrous Gt.	80
Mammestra.	
Latex Gn.	60
Hadena.	
Sputator Gt.	100
Devastator Harr.	100

	Pf.
Finitima Gn.	80
Renigera Stph.	60
Hyppa.	
Xylinoides Gn	80
Leucania.	
Unipuncta Haw.	60
Amphipyra.	
Pyramidoides Gn.	80
Ceramica.	
Picta Harr	100
Xylina.	
Cinerea Harr.	100
Cucullia.	
Asteroides Gn.	60
Plusia.	
Aerea Hb.	100
Simplex Gn.	100
Precationis Gn.	100
Telesilla.	
Cinereola Gn.	50
Lygranthoecia.	
Marginata fb.	100
Heliolonches.	
Modicella Gt. R. p.	50
Meliceptria.	
Spinosae Gn.	150
Axenus.	
Arvalis Gt.	60
Acontia.	
Candefacta Hb.	40
Erastria.	
Nigritula Gn.	40
Muscosula Gn.	40
Homoptera.	
Edusa Dr.	120
Dasteria.	
Erechthea Cr. ♂	100
Coerulea Grt.	120
Paralellia.	
Bistriaris Hb.	100
Catocala.	
Epione Dr.	300
Desperata Gn.	600
Insolabilis Gn.	300
Obscura Stk. n. sp.	300
Ultronia Hb. p.	400
Amatrix Hb.	300
Innubens Gn.	300
v. Scintillans Gt. pa.	400
Nebulosa Edw.	900
Cerogama Gn.	450
Neogama Abb.	250
Subnata Gt.	400
Piatrix Gt. p.	300

	Pf.		Pf.		Pf.
Palaeogama Gn.	400	**Chocrodes.**		**Aspilates.**	
Habilis Gt.	400	Transversata Gn.	60	Rectaria frr. ♂	40
Polygama Gn.	200	**Eutrapela.**		(Gon.?) Catenaria Cr.	60
Grynea Cr.	200	Serrata Gn. p.	50	**Haematopis.**	
Minuta Edw. p.	100	**Endropia.**		Grataria fb.	50
Amica Hb. p.	150	Hypochraria H. S. p.	40	**Fidonia.**	
Parthenos.		Amoenaria Gn. p.	40	Bicoloraria mt.	100
Nubilis	300	**Probole.**		Tricoloraria Gt.	100
Acidalia.		Alienaria H. S. ♂	30	**Heterophleps.**	
Enucleata Gn.	40	**Hibernia.**		Triguttaria H. S.	40
spec.	30	Tiliaria Harr. ♂	50	**Lohophora.**	
Bapta.		**Biston.**		Vernata Pk.	40
Vestaliata Gn.	30	Ursurius Wlk.	120	**Cidaria.**	
Macaria		**Bronchelia.**		Diversilineata Hb.	40
Bisignata Wlk.	30	Hortaria fb.	120	**Crambus.**	
Ocellinata Gn.	40	**Boarmia.**		Girardellus Cl.	40
Caberodes.		Occiduaria Gn.	30	**Pantographa.**	
Metrocamparia Gn. ♂	50	Fraudulentata Zell. n. p.	50	Limata Gr.	40
Ellopia.		Sublunaria Gn.	40	**Debmia.**	
Flagitiaria Gn.	60	**Cleora.**		Maculalis Wst.	30
Angerona.		Pulchraria Gn. ♂	40	**Anophora.**	
Crocataria Gn.	50			Scardina Zell. n. sp.	40

Ausserdem können verschiedene südamerikanische und südafrikanische Arten abgegeben werden, ebenso exotische Coleopteren und verschiedene Amphibien und Reptilien in Spiritus. Man bittet genau auf die Arten zu achten, welche nur in einem Geschlecht oder nur in Qualité II mit passabel (p.) oder med. (m.) bezeichnet sind, oder wo die Preise beider Geschlechter verschieden sind. Einzelne hier mitaufgeführte Arten sind im Augenblick nicht vorhanden, ich erhalte dieselben aber mit Sicherheit im Laufe des Winters.

Emballage wird bei Bestellungen von Mk. 15 an, nicht berechnet. Die Sendungen werden unfrankirt gemacht.

Die Nomenclatur dieses Verzeichnisses ist nach Edwards (Rhopaloceren) und Grote und Packard (Heteroceren).

Druck von August Knaak in Putbus.

Beilage
zu Nr. 20 der Entomologischen Nachrichten.

Nordamerik. Lepidopteren.

Zu beziehen
durch
H. B. Möschler in Kronförstchen
b. Bautzen i. Sachsen.

Preise in Pfennigen: 100 = 1 Reichsmark, 80 = 1 Franc., 100 = 1 Shilling, andere Sorten nach Cours.

	Pf.
Papilio.	
Troilus L.	100
Asterius L.	100
Philenor L. ♂	200
Ajax L.	300
Cresphontes Cr.	300
Eurymedon Bd.	600
Rutulus Bd.	600
Thoas L.	300
Midea.	
Genutia Fb. ♂	150
Antocharis.	
Sara Luc. ♀	150
Eurema.	
Nicippe Cr.	80
Colias.	
Philodice-Gdt.	60
Meganostoma.	
Caesonia Stoll.	80
Thecla.	
Edwardsii Scd.	80
Arsace Bd.	80
Palyommatus.	
Thoë Gr.	120
Xanthoides Bd. pass.	80
Castro Reak.	150
Lycaena.	
Neglecta Edw. ♀	60
Limenitis.	
Astyanax Fb.	450
Proserpina Edw. ♂	450
Arthemis Dr.	300
Bredowii Hh.	500
Lorquinii Bd.	250
Misippus Fb.	120
Grapta.	
Interrogationis Fb.	100
♂	150
Faunus Edw.	120
Comma Harr. p.	80
var. Dryas Edw.	150
Procne Cr.	150
Pyrameis.	
Huntera Fb.	80
Carye Ab.	100
Junonia.	
Lavinia Cr.	60
Phyciades.	
Tharos Dr.	50
Nycteis Dbl.	100
Melitaea.	
Phäeton Dr.	150
Chalcedona Dbl.	150
Argynnis.	
Cybele Fb. ♂ 100 ♀	150
Diana Cr. ♂ 900 ♀	800
Idalia Dr.	250
Bellona Fb. ♂ 60	
♀	100
Myrina Cr. ♂	80
Debis.	
Portlandia Fb.	150
Satgrus.	
Alope Fb. ♂	100
Euptychia.	
Eurytus Fb. ♂ 60	
♀	80
Sosybius ♂	60
Eudamus.	
Lycidas Sm.	120
Aethilla.	
Pylades Scudd.	100
Bathyllus Sm.	60
Nisoniades.	
Persius Scudd.	150
Lucilius Ltn. p.	60
Catullus fb. ♂ 60 ♀	80
Pamphila.	
Vialis Edw. ♂	100
Verna Edw. ♂	128
Massasoit Scudd. ♂	158
♀	200
Egeremet Scudd. ♂	100
Orona Scudd.	300
Sassacus Harr.	120
Mystic Scudd. p.	100
Cernes Bdv. ♂	120
Huron Edv. ♂	120
Peckius Harr. ♂	60
Hobomok Harr. ♂	50
♀	80
v. Pocahontas Scudd.	
♀	150
Thymelicus.	
Puer Harr. ♂	50

	Pf.
Hesperia.	
Tessellata Scdd.	80
Ceratomia.	
Quadricornis Harr.	600
Daremma.	
Undulosa Wlk. pass.	200
Sphinx.	
Carolina L.	150
Celeus Hb.	300
Chersis Hb.	600
Drupiferarum Sm.	
pass.	200
Kalmiae Sm.	400
Eremitus Hb.	300
pass.	200
Plebeja Fb.	200
Gordius Cr. med.	150
Dolba.	
Hylæus Dr. pass.	200
Deilephila.	
Lineata Fb. var.	200
Galii var.	
Chamænerii Harr.	150
Darapsa.	
Chœrilus Cr.	300
Myron Cr.	200
Harr. superb.	3000
Versicolor.	
Smerinthus.	
Excaecata Sm.	200
Geminatus Say.	200
Macroglossa.	
Thishe Fb.	150
Alypia.	
Octomaculata Fb.	100
Scepsis.	
Fulvicollis Hb.	80
Lycomorpha.	
Pholus Dr.	80
Clemensia.	
Albata Pack.	80
Euphanessa.	
Mendica Wlk.	50
Hypopsepia.	
Fucosa Hb. ♂	50
Arctia.	
Virgo L.	400
Nais Dr.	200
Isabella Sm. p.	40
Callimorpha.	
Lecontei Bd. p.	150
Deiopeia.	
Bella Cr.	50
Hyphantria.	
Textor Harr.	60

	Pf.
Ecpantheria.	
Scribonia Hb. ♂ p.	150
Halesidota.	
Tessellaris Hb. ♂	150
Orgyia.	
Leucostigma ♂ p. Harr.	60
Definita Pik. ♂	120
Parasa.	
Chloris H. S. p.	150
Adoneta.	
Spinuloides ♂ A. Sch.	150
Clisiocampa.	
Decipiens Sck.	20
Californica Pk.	80
Dryocampa.	
Rubicunda Harr.	200
Eacles.	
Imperialis fb. ♀	300
Anisota.	
Senatoria Sm. ♀	150
Stigma Sm. ♀	150
Hemileuca.	
Maja L. ♂	300
Pseudohazys.	
Eglanterina H. S. ♂	450
Hyperchiria.	
Jo L.	150
Actias.	
Luna L.	300
Nadata.	
Gibbosa Hb ♂	150
Edama.	
Albifrons Wlk. ♀	150
Heterocampa.	
Mantes Dbl. p.	40
Lagoa.	
Crispata Pck.	120
Clostera.	
Inclusa Hb	50
Acronycta.	
Oblinita Gn.	50
Superans Gn. p.	100
Microcoelia.	
Diphteroides Gn.	120
Agrotis.	
Pitychrous Gt.	80
Mammestra.	
Latex Gn.	60
Hadena.	
Sputator Gt.	100
Devastator Harr.	100

	Pf.
Finitima Gn.	80
Renigera Stph.	60
Hyppa.	
Xylinoides Gn.	80
Leucania.	
Unipuncta Haw.	60
Amphipyra.	
Pyramidoides Gn.	80
Ceramica.	
Picta Harr.	100
Xylina.	
Cinerea Harr.	100
Cucullia.	
Asteroides Gn.	60
Plusia.	
Aerea Hb.	100
Simplex Gn.	100
Precationis Gn.	100
Telesilla.	
Cinereola Gn.	50
Lygranthoecia.	
Marginata fb.	100
Heliolonches.	
Modicella Gt. R. p.	50
Meliceptria.	
Spinosae Gn.	150
Axenus.	
Arvalis Gt	60
Acontia.	
Candefacta Hb.	40
Erastria.	
Nigritula Gn.	40
Muscosula Gn.	40
Homoptera.	
Edusa Dr.	120
Dasteria.	
Erechthea Cr. ♂	100
Coerulea Grt.	120
Paralellia.	
Bistriaris Hb.	100
Catocala.	
Epione Dr.	300
Desperata Gn.	600
Insolabilis Gn.	300
Obscura Stk. n. sp.	300
Ultronia Hb. p.	400
Amatrix Hb.	300
Innubens Gn.	300
v. Scintillans Gt. pa.	400
Nebulosa Edw.	900
Cerogama Gn.	450
Neogama Abb.	250
Subnata Gt.	400
Piatrix Gt. p.	300

	Pf.
Palaeogama Gn.	400
Habilis Gt.	400
Polygama Gn.	200
Grynea Cr	200
Minuta Edw. p.	160
Amica Hb. p.	150
Parthenos.	
Nubilis	300
Acidalia.	
Enucleata Gn.	40
spec.	30
Bapta.	
Vestaliata Gn.	30
Macaria	
Bisignata Wlk.	30
Ocellinata Gn.	40
Caberodes.	
Metrocamparia Gn. ♂	50
Ellopia.	
Flagitiaria Gn.	60
Angerona.	
Crocataria Gn.	50

	Pf.
Chocrodes.	
Transversata Gn.	60
Eutrapela.	
Serrata Gn. p.	50
Endropia.	
Hypochraria H. S. p.	40
Amoenaria Gn. p.	40
Probole.	
Alienaria H. S. ♂	30
Hibernia.	
Tiliaria Harr. ♂	50
Biston.	
Ursurius Wlk.	120
Bronchelia.	
Hortaria fb.	120
Boarmia.	
Occiduaria Gn.	30
Fraudulentata Zell. n. p	50
Sublunaria Gn.	40
Cleora.	
Pulchraria Gn. ♂	40

	Pf.
Aspilates.	
Rectaria frr. ♂	40
(Gon.?) Catenaria Cr.	60
Haematopis.	
Grataria fb.	50
Fidonia	
Bicoloraria mt.	100
Tricoloraria Gt.	100
Heterophleps.	
Triguttaria H. S.	40
Lobophora.	
Vernata Pk.	40
Cidaria.	
Diversilineata Hb.	40
Crambus.	
Girardellus Cl.	40
Pantographa.	
Limata Gr.	40
Desmia.	
Maculalis Wst.	30
Anophora.	
Scardina Zell. n. sp.	40

Ausserdem können verschiedene südamerikanische und südafrikanische Arten abgegeben werden, ebenso exotische Coleopteren und verschiedene Amphibien und Reptilien in Spiritus. Man bittet genau auf die Arten zu achten, welche nur in einem Geschlecht oder nur in Qualité II mit passabel (p.) oder med. (m.) bezeichnet sind, oder wo die Preise beider Geschlechter verschieden sind. Einzelne hier mitaufgeführte Arten sind im Augenblick nicht vorhanden, ich erhalte dieselben aber mit Sicherheit im Laufe des Winters.

Emballage wird bei Bestellungen von Mk. 15 an, nicht berechnet. Die Sendungen werden unfrankirt gemacht.

Die Nomenclatur dieses Verzeichnisses ist nach Edwards (Rhopaloceren) und Grote und Packard (Heteroceren).

Druck von August Knaak in Putbus.

№. 21. Entomologische 1875.

Nachrichten.

Herausgegeben
vom Gymn.-L. Dr. F. Katter.

Putbus, den 1. November.

Die E. N. erscheinen am 1. und 15. jeden Monats.
Viertelj. Abonnem. bei der Post 1 M. Auch durch alle Buchh. zu beziehen.

Biologische Mittheilungen.
II.

5. Psyche Graminella in Copulation. (Lafaury, Pet. Nouv. Entom. 1. Oct. 1875). Von Psyche Graminella sowohl wie von Constancella ist behauptet worden, daß das Weibchen behufs der Copulation sich in seiner Scheide umkehre, also mit dem Hinterleibe der Oeffnung derselben zu. Dies bestreitet Lafaury, weil er, so oft er auch eine Scheide geöffnet habe, das Weibchen stets mit dem Kopf nach vorn gefunden habe. Zugleich erzählt er folgende Beobachtung:

„Als ich eines Morgens sehr früh meine Zuchtschachteln untersuchte, bemerkte ich ein ♂ von Psyche Graminella, dessen Abdomen bis zu den Hinterflügeln in einer weiblichen Scheide steckte. Die Flügel lagen dicht an der Scheide und die ausgestreckten Fühler befanden sich in einer zitternden Bewegung. Hier bot sich mir eine Gelegenheit, die Wahrheit zu entdecken, und ich ließ sie mir nicht entgehen. Ich beschüttete Männchen und Scheide mit Chloroform, um die beiden Thiere in ihrer Lage zu fixiren, und schnitt dann die Scheide mit einer feinen Scheere auf. Da sah ich freilich, daß die Copulation ganz anders vor sich ging, als es Bruand in seiner Monographie über die Psychearten vorausgesetzt und ich es mir gedacht hatte. Ich constatirte Folgendes: Das ♀ hatte den Kopf der Oeffnung zugekehrt, das ♂ aber seinen sehr dehnbaren Hinterleib zwischen den Körper des ♀ und die Scheide geschoben, bis es die weiblichen Geschlechtsorgane erreichte (ungefähr in der Mitte der Scheide), und so die Begattung vollzogen.

Im folgenden Jahre sammelte ich soviel Hüllen von Graminella und Constancella, wie ich finden konnte, ich untersuchte sie jeden Morgen sehr frühzeitig und hatte die Freude, meine erste Beobachtung wiederholt bestätigt zu sehen. Ein in der Begattung begriffenes ♂ tödtete ich und bewahre es nebst Scheide in meiner Sammlung auf.

Wenn das ♂ sein Abdomen in die Scheide des ♀ führt, so kriecht es fast ganz hinein. Die Flügel werden nach dem Kopfe zu zurückgeschlagen und man möchte glauben, daß es ganz hineingehen würde; indessen kommt es bald allmälig wieder hervor, indem es sich mit seinen Beinen herauszieht, und nimmt schließlich die oben beschriebene Stellung ein. Dabei verlängert sich das Abdomen von 0,006 mm. auf 0,012–0,015 mm.

Oefter habe ich Weibchen aus ihrer Scheide fallen sehen; sie starben stets unbefruchtet. Wahrscheinlich ist dies auch der Fall, wenn sich, sobald es die Puppe durchbrochen hat, kein ♂ findet, um es im günstigen Augenblick zu begatten. Sobald das ♀ die Scheide verlassen hat, kehrt es nie wieder in dieselbe zurück, wenigstens habe ich es nie bemerkt."

Die Jagd und Zucht der Hymenopteren.

Von Dr. Kriechbaumer in München.

III.

Die große Mehrzahl derer, die hier zusammen kommen, hat keinen andern Zweck, als den von den Blattläusen gespendeten Nektar zu schlürfen[1]); nur wenige Gattungen verfolgen andere Zwecke, wie die kleinen Braconiden der Gattung Aphidius, welche ihre parasitischen Eier den freigebigen Wirthen in den Leib stecken, oder die Bassus-Arten, die als Befreier von einem andern Feinde der wehrlosen Nektarspender auftreten, von den Syrphiden nämlich, in deren egelartige Larven, welche wie der Wolf in einer Schafheerde ein Stück nach dem andern ihrer Freßgier opfern, sie ihre Eier legen.

Alles Sammeln im Freien wird aber noch Lücken lassen, deren Ausfüllung nur durch die Zucht möglich ist. Ist das schon oft bei großen Arten der Fall,[2]) wie viel mehr noch bei den kleinen; während man diese einzeln mühsam im Freien fängt, kann man sie durch die Zucht oft zu Hunderten bekommen, und während man jene bei der Bestimmung oft lange vergleichen muß, um über ihre Identität oder Verschiedenheit entscheiden zu können, wird das bei diesen viel leichter gehen. Diese Zucht muß aber

---

1) Wenn es erlaubt ist, das Treiben der Insekten mit dem der Menschen zu vergleichen, so kann man wohl annehmen, daß jene an dem Honigsafte der Blattläuse ebenso hohen Genuß finden, wie z. B. der Münchner an Bock und Salvator und der Wiener am »Höchsten Heurigen«.

2) Ich habe z. B. den ansehnlich großen Eurylabus larvatus noch nie gefangen, denselben aber aus einer gar nicht großen Zahl von Vinula-Raupen (resp. deren Puppen) dreimal erhalten.

eine möglichst vielseitige sein, da ja die Schlupfwespen fast in allen Ordnungen der Insekten vorkommen, gewisse Gattungen aber auch auf bestimmte solche von andern Insekten angewiesen sind und sie ihre Wohnthiere in den geheimsten Schlupfwinkeln aufzufinden wissen. Die mit Dornen besetzte Tagfalter- und die im dichten Pelz gehüllte Spinnerraupe ist vor denselben so wenig sicher, wie die nackte Eulen- und Schwärmerraupe; der in Blätter eingehüllte Wickler muß wie die tief im Holze lebende Käferlarve die Erfahrung machen, daß ihre Feindin die lange Legröhre und den spitzen Bohrer nicht umsonst hat, und selbst die in Gehäusen und im Wasser lebenden Phryganeenlarven sind weder durch ihre Gehäuse noch durch das den übrigen Hautflüglern feindliche Element geschützt, sondern werden von einem kühnen Taucher, dem Agriotypus armatus genöthigt, das todtbringende Ei in sich aufzunehmen. Wenn von den Entomologen die Naturgeschichte der Insekten mehr studirt wird und letztere zu diesem Zwecke häufiger gezogen werden, wenn selbe zur Einsicht gelangen, daß gerade auch das Vorkommen gewisser Parasiten zu ihrer Naturgeschichte gehört, so werden nicht nur viele bisher noch unbekannte Arten entdeckt, sondern es wird auch die verhältnißmäßig geringe Zahl jener, deren Herkunft man kennt, bedeutend vermehrt werden. Der Ichneumonologe wird also besonders Veranlassung haben, sich mit den Sammlern anderer Ordnungen von Insekten in Verbindung zu setzen und selbe zur Zucht der Thiere ihrer Neigung, sowie zur Beachtung der aus selben hervorkommenden Parasiten aufzumuntern. Zur Zucht im weiteren Sinne (im engeren ist die Auffütterung der Larven oder Raupen gemeint) rechne ich auch das Sammeln und Einzwingern von Eiern, Puppen, Gespinnsten, Psyche-, Coleophoren- und Clythra-Säcken, Gallen, Minen, Nestern, Blüthenköpfen, Früchten (besonders Hülsenfrüchten, aber auch Beeren), Stengeln, Pilzen und Schwämmen, in denen man Insekten oder deren Larven vermuthen kann; aus allen diesen wird man außer den in nächster Beziehung zu denselben stehenden Thieren nicht selten auch deren Parasiten erhalten.

Die in ihrer Lebensweise sich unmittelbar an die vorigen anschließenden Goldwespen sind hauptsächlich Parasiten der in Holzwerk und Mauern nistenden Faltenwespen und Bienen und deshalb besonders an denselben Orten zu finden, wo diese nisten. Doch habe ich solche auch schon im ersten Frühjahre auf blühenden Weiden und später auf Dolden gefunden.

Die Grab- oder Raubwespen sind in der heißen Jahreszeit am zahlreichsten entwickelt, wenn auch manche schon im Frühling erscheinen. Auch von ihnen besuchen einige gerne die Doldenblüthen, oder man trifft solche an trockenen sonnigen Plätzen, Fußwegen, im Begriffe, eine Raupe in ihr in der Nähe befindliches Nest zu schleppen, häufiger noch die kleinen, auf Blattläuse Jagd machenden Arten an mit solchen besetzten Gesträuchen; seltner wird es gelingen, die von letztern gewählten Pflanzenstengel (z. B. von Brombeeren, Hollunder, Schilfrohr) aufzufinden, in die sie ihre spiralig angelegten Gänge gebohrt haben, um darin ihre Brut unterzubringen, oder die in Holz und Mauern lebenden Arten aus ihren Nestern zu erhalten.

Die Aufenthaltsorte der Ameisen sind bekanntlich modern-des Holz, alte Baumstöcke, trockner Erd- und Sandboden, wo sie entweder die oft ansehnlichen Haufen von Tannennadeln zu-sammentragen oder unter einem größeren Stein als schützender Decke sich häuslich eingerichtet haben. Während aber Arbeiter und ungeflügelte Weibchen fast das ganze Jahr zu finden sind, werden ♂ und geflügelte ♀ nur während der meist kurzen Schwärm-zeit angetroffen, die bei den verschiedenen Arten auch eine ver-schiedene ist. Außer den in ihren Nestern lebenden sogenannten Myrmecophilen (Ameisenfreunden), jenen Insekten nämlich, deren Existenz an die der Ameisen gebunden oder durch dieselbe be-günstigt ist, wie z. B. die Pselaphiden und Clavigeriden, würden sicher auch manche Schlupfwespen aus ihren Puppen gezogen werden können, namentlich, wie ich vermuthe, einige der ihnen so ähnlichen Pezomachus-Arten. Auch die fast nie ans Tages-licht kommenden äußerst kleinen Arten, die nur durch die Pflege von Seite ihrer Gattungsverwandten ihr Dasein fristen und in den tieferen Räumen von deren Wohnungen ein unterirdisches kümmerliches Leben führen, dürfen hier nicht vergessen werden.

Die eigentlichen oder Faltenwespen lassen sich zunächst in 2 Gruppen scheiden, nämlich in gesellige und einzeln lebende. Von ersteren trifft man im Frühlinge die überwinterten Weibchen, welche (jedes für sich) den Bau der Nester beginnen. Anfangs Juni etwa haben sich bereits aus den von ihnen gelegten Eiern Arbeiter entwickelt, die nun immer zahlreicher werden, und welchen dann im Hochsommer die Männchen und gegen das Ende der warmen Jahreszeit auch die frischentwickelten Weibchen folgen. Kann man um letztere Zeit sich eines Nestes bemächtigen, so hat man Gelegenheit, die verschiedenen Geschlechter und Varietäten ein und derselben Art sich zu verschaffen. Es geht das am leich-testen, indem man (am besten am frühen Morgen oder an einem kalten regnerischen Tage) eine Glasglocke oder ein hinlänglich großes Zuckerglas darüber stülpt, in welches vorher etwas Chloro-form, Aether oder Benzin gegossen wurde, und mit einem scharf-randigen Blechdeckel dazwischen fährt, der das Nest abschneidet und dann zugleich das Glas deckt. Sobald die geflügelten Be-wohner des Nestes betäubt sind, bringe man letzteres in ein an-deres, mit Gaçe bedecktes Glas, damit die etwa noch in den Zellen eingeschlossenen parasitischen Larven von Schlupfwespen (z. B. Tryphon vesparum) sich noch entwickeln können. Leichter als diese, ihrer reizbaren und angriffslustigen Bewohner wegen etwas gefährlichen Nester, sind die offenen, meist nur aus einer Wabe bestehenden Nester der Gattung Polistes, die bei uns nur durch eine einzige Art vertreten ist, zu bekommen, da selbe viel weniger bevölkert und deren Inhaberinnen weniger bösartig sind. Nur aus diesen Nestern erhält man den Crypturus argiolus, der nebst dem Xenos Rossii parasitisch in den Larven der genannten Wespen lebt. Von den einzeln lebenden Faltenwespen wohnen die meisten, der Gattung Odynerus angehörigen Arten in Bohrlöchern von altem Holz, besonders in Eichenpfählen, oder in Mauerlöchern, finden sich aber auch auf Dolden ein und zeigen außerdem große Vorliebe für die Blüthen von Rhamnus, namentlich des lange fortblühenden Rh. frangula. Ebenda finden sich auch die wenigen, aber stark variirenden Eumenes ein, die zwar auch aus ihren Nestern, die ähnlich denen der Mauerbienen an Steine geklebt sind, gezogen werden können, aber selten gefunden werden. Die kleine, bezüglich ihrer Lebensweise noch räthselhafte Gruppe der Masariden gehört zwar größtentheils dem Süden an, doch soll der auch in Deutschland vorkommende Celonites abbreviatus zuweilen nicht selten sein und, wie mir versichert wurde, manchmal in ganzen Gruppen an niedrigen Pflanzen hängend übernachten.

(Fortsetzung folgt.)

Zwitter unter den Dipteren.

Im J. 1846 beschrieb Dr. Loew in der Stett ent. Zeitung einen Zwitter von Beris nitens Latr., bei dem Kopf, Thorax, Flügel und Vorderbeine, sowie die linken Mittel- und Hinterbeine die Merkmale des ♂ zeigten, während das Abdomen und die rechten Mittel- und Hinterbeine weiblich waren. Es war dies bisher der einzige Fall in der Ordnung der Dipteren. Hagen erwähnt ihn in seinen Hermaphroditen unter den Insekten nicht.

In der „Zeitschrift für die gesammten Naturwiss." beschreibt Dr. Loew einen neuen Dipteren-Zwitter, einen Synarthrus cinereiventris Loew aus Texas. Nachdem er die characteristischen Merkmale der ♂ und ♀ dieser Art gegeben, zeigt er, wie Kopf, Körper und Flügel des erwähnten Exemplar rein weiblich, die Beine aber rein männlich sind.

Am 8. September c. wurde in Delft die Leuwenhoek-Feier begangen zur Erinnerung an die vor 200 Jahren gemachte Entdeckung der Infusorien. Prof. Ehrenberg in Berlin erhielt die erste Ehrenmedaille.

Herrich-Schäffer's Werke.

Da vielfach die Meinung verbreitet ist, daß die Hübner'schen und Herrich-Schäffer'schen lepidopterologischen Werke, sowie Panzer, Deutschlands Insekten, fortges. von Dr. Herrich-Schäffer, nicht mehr zu bekommen seien, so dürfte es für viele Entomologen nicht uninteressant sein, Näheres über dieselben zu erfahren.

Sämmtliche Werke sind gegenwärtig im Besitze des Dr. Herrich-Schäffer zu Regensburg, des Sohnes des berühmten Entomologen. Während der Krankheit des Letzteren war es aus verschiedenen Gründen nicht möglich, Bestellungen zu befriedigen, da Tafeln weder gedruckt, noch illuminirt werden konnten. Auch jetzt noch ist das letztere schwierig, da nur wenige ganz tüchtige Maler vorhanden sind, welche selbst beim größten Fleiß verhältnißmäßig wenig leisten können. Da die Hübner'schen Werke c. 1900, die Herrich-Schäffer'schen 790 colorirte Tafeln umfassen, so dürfte eine größere Zahl genügende Beschäftigung finden, vorausgesetzt daß die Anfrage nicht nachließe.

Einige Werke sind vollständig vorhanden, andere werden noch illuminirt und voraussichtlich im nächsten Jahre fertig werden. Dagegen sind von Hübner's Geschichte europäischer Schmetterlinge (Raupen), 449 ill. Kupfert., keine Abdrücke mehr vorhanden, nur noch einzelne Tafeln (c. $\frac{1}{3}$), und bei der unge- und bei der ungenügenden Nachfrage wird wohl kaum ein neuer Abdruck zu erwarten sein.

Die von Herrich-Schäffer hinterlassenen, theilweise zur Fortsetzung seiner Werke bestimmten Manuscripte, sowie der größte Theil seiner Bibliothek ist in den Besitz des H. Dr. Kraatz in Berlin übergegangen; die Sammlungen zum größten Theil in den des H. Dr. Staudinger in Blasewitz bei Dresden.

Entomol. und naturw. Zeitschriften.

Comptes-Rendus de la Société Entomologique de Belgique, 1875. (Wir heben mit Uebergehung der speciellen Vereinsangelegenheiten, Vereinsbeschlüsse und kleiner Bemerkungen nur die größeren Artikel hervor). Nr. 8. (Janvier), enthält einen Bericht von Putzeys über die Monographie der Brachinus-Arten vom Baron de Chaudoir, die in den Annalen der Gesellschaft abgedruckt worden ist; eine Zuschrift von David Sharp über das Genus Synapsis, als Erwiderung auf die von v. Lansberge gegebene Beschreibung von Synapsis Ritsemae; eine Discussion über die beste Art und Weise, naturhistorische, speciell entomologische Sammlungen dem Publicum zugänglich zu machen. — Nr. 9 (Févr.) bringt einen Vorschlag des Major v. Harold,

Diagnosen neuer Arten aus den Comptes-Rendus in die Annalen zu verweisen, damit man sie leichter citiren und leichter finden käme; derselbe wird nicht genehmigt. Ueber die Möglichkeit der Einschleppung der Doryphora 10-lineata nach Europa. — Nr. 10. Ueber Varietäten von Argynnis Selene; Bemerkungen über die von Purves auf der Insel Antigua gesammelten Curculionen (neue Arten: 3—4 Anchonus, 1 Ulosomus, 1 Diaprepes. — Nr. 11. Mittheilungen über den Kartoffelkäfer von Dr. Hagen in Cambridge (Mass.) und eine sich daran anschließende Discussion über die etwaige Einschleppung derselben nach Europa. Diagnosen neuer Curculionen von Roelofs: Entimus plebejus; Desmidophorus ursus. — Nr. 12. Bemerkungen von de Borre über fossile Insektenabdrücke aus den Steinkohlenbergwerken bei Mons. Mittheilung des Dr. Hagen in Cambridge über das von ihm begonnene entomologisch-biologische Museum. Putzeys: Bemerkungen über Carabiden, gesammelt von J. von Volxem auf Ceylon, Manila, in China und Japan. — Nr. 13. Dr. Hagen über Euryades Corethrus und Duponchelii. de Borre: Nachträgliche Bemerkung zu den fossilen Insektenabdrücken. Derselbe: Ueber die Wanderung der Thiere, besonders der Insekten, in Rücksicht auf die Einschleppung der Doryphora 10-lineata in Europa. — Nr. 15. Putzeys: Weitere Bemerkungen über die von J. von Volxem gesammelten Carabiden Derselbe: Ueber Thomson's Trennung des Genus Carabus. Lichtenstein: Ueber Erziehung der Larven von Meloe cicatricosus. — Nr. 15. Dr. Chapuis: Diagnosen bisher unbeschriebener australischer Cryptocephaliden (46 Arten). Pierret: Ueber die anästhetisirende Wirkung der Ausdünstung einiger Hemipteren.

Adressen für Tauschverkehr.

E. Merkl, k. ungarischer Finanzbeamter in Temesvar wünscht mit Coleopterologen Deutschlands in Tauschverkehr zu treten. Er bietet hauptsächlich südungarische Coleopteren. Doublettenlisten werden sofort übersandt. —

D. von Kenderesz in Hatszeg in Siebenbürgen wünscht mit Coleopterologen in Tauschverkehr zu treten. Größere Partien von Drypta dentata, Nebria Hoepfneri, Clenistes palpalis vorräthig.

Anzeigen.

Folgende Käfer aus Gran Canaria habe ich im Auftrage der Rüppelstiftung (Stipendienreisen zur Vermehrung der Sammlungen der Senckenberg'schen naturforschenden Gesellschaft zu Frankfurt a. M.) zu verkaufen. Preis in Reichswährung Pfennige per Stück.—

Dr. von Heyden, Hauptmann z. D.
in Bockenheim b. Frankfurt a. M.

12 Stück Colymbetes coriaceus à 40 Pf. — 7 Agabus nebulosus, 5. — 12 A. consanguineus Woll., 50. — 84 Gyrinus striatus, 15. — 27 G. urinator, 10. — 7 G. Dejeani, 10. — 1 Hister major, 10. — 4 Saprinus chalcites, 15. — 3 Aphodius granarius, 5. — 10 Epicometis squalida, 10. — 9 Acmaeodera cisti Woll., 50. — 33 Dasytes subaenescens Woll., 20. — 10 Melyrosoma costipenne Woll., 60. — 30 Herpisticus Eremita Ol., 20. — 3 Apion Westwoodi Woll., 80. — 2 Chrysomela bicolor, 60. — 3 Ch. obsoleta Brll., 60. — 20 Zophosis vagans Brll., 60. — 2 Z. bicarinata Woll. var. a., 60. — 5 Stück der var. d. à 60. — 2 Arthrodeis curtus Woll. à 1 Mark. — Hegeter tristis à 40. — 4 Hegeter impressus Woll., 50. — 3 Blaps gages, 20. — 1 Cossyphus insularis, 30. — 1 Mordellistena pumila, 10. — 75 Anaspis Proteus Woll., 15 und 15, Pimelia serrimargo Woll. à 60 Pf. —

In Commission bei Ch. Fr. Vieweg, Quedlinburg.
Druck von August Knaak in Putbus.

№. 22. Entomologische 1875.

Nachrichten.

Herausgegeben
vom Gymn.-L. Dr. F. Katter.

Putbus, den 15. November.

Die E. N. erscheinen am 1. und 15. jeden Monats.
Viertelj. Abonnem. bei der Post 1 M. Auch durch alle Buchh. zu beziehen.

Das Ende der Naturgeschichte der Phylloxera.

Unter diesem Titel giebt M. Girard in den Pet. Nouv. Entom. einen Abschluß zu seinem Werke „le Phylloxera de la vigne", von dem wir unsern Lesern in den ersten Nrn. dieses Blattes Mittheilung gemacht haben. Wir geben nun der Vollständigkeit halber auch die Ergänzung. — Girard sagt:

„Beträchtliche Schwierigkeiten stellten sich der Entdeckung der ersten Phasen der Phylloxera vastatrix Planchon entgegen; sie hielten in Frankreich die Arbeiten Balbiani's, in Amerika die Riley's auf. Die beiden Arten Eier der geschlechtslosen geflügelten Form kamen in den Versuchsflaschen der Labatorien sehr schlecht aus, gewöhnlich sah man nur die geschlechtlichen flügellosen Thiere. Ihre Entstehung kannte man nur aus den Analogien, die man aus den Beobachtungen über Ph. Quercus zog; erst jetzt hat man durch eingehende Prüfung der Weinberge und der natürlichen Lebensweise der Thiere die Untersuchungen über dieselben beenden können. Balbiani hatte nach seinen Beobachtungen im Laboratorium vorausgesehen, daß die geschlechtslose geflügelte Form ihre Eier an den Blättern der Reben ablegen würde; dies wurde durch die Beobachtungen Boiteau's bestätigt, doch fand dieser, daß sie die Eier nicht nur an den Blättern, sondern auch an der Rinde absetzten, und Balbiani, der zu eigener Ueberzeugung in die Gironde gegangen war, fand noch weiter, daß aus diesen Eiern die geschlechtliche Form entstände, daß die Weibchen derselben aber, durch sichern Instinct geleitet, ihre Eier nur an den Reben selber absetzten, mochten sie auch aus Eiern auf Blättern hervorgegangen sein, daß sie aber diese Eier niemals unter der Erde ablegten. Das einzige Ei des ♀ der geschlechtlichen Form, das Balbiani mir gezeigt hat, ist schön smaragdgrün, nicht (wie früher behauptet wurde) gelb, und länger als die 3 andern bekannten Eiformen, (das gewöhnliche Ei der flügellosen geschlechtslosen Formen der Wurzeln und die männlichen und weiblichen Eier der geflügelten geschlechtslosen Form).

Nachdem das geschlechtliche ♀ sein einziges, sehr großes Ei gelegt hat, schrumpft es zur Größe dieses Eies selber zusammen.

Die praktischen Folgen dieser Beobachtungen sind höchst wichtig; man hat um die Verbreitung der Phylloxera zu verhüten, nur nöthig, die Reben der angegriffenen Weinberge mit Steinkohlentheer oder einem dicken Oel zu bestreichen, und wird nicht nur die Verbreitung verhindern, sondern die Eier und Thiere selber zerstören.

Wann das Insect aus dem einzigen, Ende des Sommers gelegten Ei auskriecht, bleibt noch zu beobachten, wahrscheinlich erst im Frühjahr. Bestreicht man also jede Rebe oberhalb der Wurzel mit einem Ringe von Steinkohlentheer, der durch erneuerte Auftragung möglichst lange flüssig erhalten wird, so verhindert man das Eindringen der ausgebrochenen Thiere in die Erde und ihr Festsetzen an der Wurzel."

Bemerkungen zu den von Dr. Kriechbaumer gefundenen und beschriebenen zwei neuen Gallen.

(Ent. Nachr. 1875 Nr. 20.)

Galle 1 auf den Blättern von Salix incana Schrk wurde auch schon in Niederösterreich gefunden, sie ist wirklich das Product einer Gallmücke, die noch unbekannt ist. Galle 2 auf den Blättern von Carpinus betulus L. ist in den Verh. d. zool. bot. Gesellschaft 1874. p. 157 Taf. II. fg. 5 von Dr. F. Löw publicirt worden, der auch die sie erzeugende Gallmücke daselbst p. 322—324 in beiden Geschlechtern beschrieben und Cecidomyia carpini benannt hat.

v. Bergenstamm.

Von vorstehender Mittheilung, die leider in die bereits im Druck begriffenen Nr. 21 nicht mehr aufgenommen werden konnte, machten wir H. Dr. Kriechbaumer briefliche Mittheilung. Derselbe erkennt die von Löw beschriebene Weißbuchengalle als die von ihm bekannt gemachte, (die Löw'sche Beschreibung war übersehen worden), und theilt folgende weiteren Beobachtungen mit: „Von den in größerer Menge gesammelten Blättern der Weißbuche, die mit den in Nr. 20 beschriebenen Gallen besetzt waren, habe ich einen Theil in einem Topfe aufbewahrt und mehrere Tage stehen lassen. Als ich nun wieder nachsehen wollte, vermuthete ich nach den ersten Erfahrungen, daß ich eine größere Anzahl Larven den Gallen entschlüpft und im Topfe herumkriechend finden werde. Ich war deshalb nicht wenig überrascht, beim Oeffnen des Topfes und Aufheben der Blätter nicht eine einzige Larve zu finden, und sah mich dadurch veranlaßt, eine Anzahl der am meisten entwickelten Gallen zu öffnen. Wenigstens ein halbes Dutzend zeigte keine Spur einer Larve, bis ich endlich wieder eine solche fand. Außerdem zeigten einige Gallen noch eine besondere Erscheinung: selbe hatten sich nämlich stellenweise und nur auf der einen Seite schuppenartig von der zunächst angrenzenden Blattfläche, in welche sie ausliefen, abgelöst. Auch ein paar 6-beinige Larven, deren glänzend schwarze Gliedmaßen und Kopf gegen den sonst weißen Körper stark abstachen, fanden sich vor und glaubte ich selbe für die einer Thrips halten zu dürfen. Ich theilte nun diese Erfahrungen Herrn Winnertz mit, dem ich bereits eine größere Zahl dieser Blätter geschickt hatte, und derselbe sprach sich in einem Briefe an mich über diese Gallen in folgender Weise aus: „Diese Deformationen dürften wohl kaum für wirkliche Gallen gehalten werden können, sondern nur für Anschwellungen, welche von irgend einem Acarus verursacht wurden. Ich habe viele dieselben geöffnet und nicht eine einzige bewohnt gefunden. Wenn aber wirklich eine Cecidomyia-Larve einmal darin gefunden würde, so glaube ich annehmen zu dürfen, daß sie als Schmarotzer darin lebt, wie es bei der Larve von Cecidomyia (Diplosis) peregrina m. der Fall ist, die ich in Milbengallen auf den Blättern von Prunus spinosa und Salix aurita fand (S. Linnaea ent. Bd. 8. S. 252)" Ich glaube nun diese Ansicht des H. Winnertz denen, die sich für diese Sache interessiren, um so weniger vorenthalten zu dürfen, da ich durch meine eigenen Erfahrungen veranlaßt bin, mich derselben anzuschließen. Das Wort „Schmarotzer" fasse ich in dem Sinne auf, der den Einmiethern bei den Gallenwespen und der eigentlichen Bedeutung des Wortes entspricht, wonach die Cecidomyien-Larven nicht etwa von den die Gallen erzeugenden Milben, sondern von der Gallensubstanz leben."

In Bezug auf unseren Bericht über Psyche Graminella in Nr. 21 theilt Hr. Dr. C. A. Dohrn in Stettin uns mit, daß die dort erwähnte Beobachtung der Copulationsmanier nicht eine neue Beobachtung von Lafaury ist, sondern daß dieselbe bereits im J. 1844 von Jos. Mann ausführlich in der Stett. ent. Ztg. (1844 S. 173) besprochen worden ist, und zwar bei Ps plumifera. Wir theilen diese Berichtigung um so lieber mit, als wir damit unserm Landsmann das Prioritäts-Recht jener Beobachtung sichern können.

Tauschverkehr und Tauschvereine.

Von Gustav de Rossi in Neviges.

Die in diesen Blättern enthaltenen Mittheilungen über den Tauschverein des Herrn de Marseul haben mich zum Nachdenken über den entomologischen Tauschverkehr angeregt; als Resultat meiner Untersuchungen unterbreite ich den geehrten Lesern der Entomologischen Nachrichten folgende (unmaßgebliche) Ansichten zur geneigten Prüfung.

Die einfachste Art des Tauschverkehrs ist natürlich der gegenseitige Austausch der einzelnen Sammler ohne Vermittelung eines Tauschvereins. Sehr erfreulich ist es, daß die deutschen Entomologen in den E. N. jetzt ein Organ besitzen, durch welches sie auf bequeme Weise nähere Bekanntschaft machen können. Nur glaube ich, daß es sehr zweckmäßig wäre, wenn die Herren, welche behufs des Tauschverkehrs ihre Adressen veröffentlichen, gleichzeitig die Zahl der in ihrer Sammlung befindlichen Arten der betreffenden Ordnung, sowie die Zahl der Species, von denen Doubletten abzugeben sind, mit anführten. Alle und namentlich angehende Sammler thun nach meiner Meinung am besten, wenn sie vorerst mit solchen Sammlern in Verbindung treten, deren Catalog annähernd dieselbe Anzahl Arten resp. Doubletten aufweist, wie ihr eigener. Dies gilt besonders von solchen Entomologen, die benachbarte Sammelgebiete bewohnen. Der Anfänger wird auf diese Weise schon gleich eine ganze Anzahl gewöhnlicher Arten eintauschen können, die in seiner Gegend fehlen oder selten sind, während er, wenn er mit einem Sammler in Verbindung tritt, der z. B. doppelt soviel Arten besitzt, wie er selbst, diesem schon Seltenheiten bieten muß, um mit ihm tauschen zu können. Ebenso wird der Besitzer einer größeren Sammlung vortheilhafter mit einem in dieser Beziehung ebenbürtigen Entomologen tauschen können, als mit einem Anfänger, es sei denn, daß die Wohnorte der beiden Herren weit entfernt von einander sind oder daß es sich um den Eintausch einzelner besonders erwünschter Arten handelt.

Daß aber benachbarte Gebiete oft eine große Verschiedenheit in ihrer Insekten-Fauna aufweisen, ist bekannt genug, und will ich hier nur einige Beispiele anführen. Mein Wohnort Neviges liegt im Thalbecken des Hardenberger Baches (der in die Ruhr fließt), 2 Stunden von Eberfeld; 4—5 Stunden von Düsseldorf entfernt. Bei Neviges ist Timarcha laevigata häufig, bei Düsseldorf habe ich diese Art nicht gefunden, dagegen sehr oft T. coriaria. Ebenso kommen dort Chrysomela sanguinolenta und limbata vor, welche bei Neviges fehlen, während hier Ch. marginalis an einzelnen Stellen in Anzahl gefunden wird. Carabus monilis findet sich im Rheinthal häufig, bei N. ist mir in 5 Jahren nur ein Stück vorgekommen. Notoxus monoceros, Rhizotrogus solstitialis, Anomala Frischii, Serica holosericea habe ich bei Düsseldorf oft gefangen; bei Elberfeld und N. sind diese Thiere noch nicht aufgefunden worden etc.

Das Augenmerk jedes Sammlers, der in Tauschverkehr treten will, sollte stets darauf gerichtet sein, von jeder in seinem Gebiet vorkommenden Art, wenn sie auch noch so häufig ist, eine genügende Anzahl Doubletten zu besitzen, dieselben gut zu präpariren und in guten Kasten aufzubewahren, denn es werden oft genug Thiere von ihm verlangt werden, die in seiner Gegend in Anzahl zu finden sind.

Soviel über den Tauschverkehr einzelner Entomologen untereinander.

Nunmehr zu den Tauschvereinen!

Soll ein Tauschverein wirklich practische Zwecke erfüllen, so muß vor allen Dingen (wie dies auch bei dem de Marseul'schen Verein stattfindet,) das ganze Geschäft des Tausches in einer Hand, in der des Vereinsvorstandes, vereinigt sein. Sollte sich Niemand finden, der Zeit und Lust hat, dieses Geschäft gratis zu besorgen, so müßt der Director des Vereins aus Beiträgen der Mitglieder besoldet werden.

In der zweiten Reihe ist eine rationelle Regelung des Tauschgeschäfts Hauptsache.

Der Tauschverein des Herrn de Marseul scheint mir dieser zweiten Bedingung nicht vollständig nachzukommen, indem, wenn jedes Mitglied ganz dieselben Arten erhalten soll, die Zahl der einzusendenden Exemplare mit dem Anwachsen der Mitgliederzahl fortwährend steigen muß, da es nun schwierig ist, von einer seltenen Art 25—30 Stück zusammenzubringen, wieviel schwieriger wird dann z. B. die Beschaffung von 200—300 Stücke sein. Auch wird bei den von Herrn de Marseul angenommenen Modus manches Mitglied eine ganze Anzahl Arten bekommen, die bereits in seinem Besitze sind.

Der Tauschverkehr kann nach meiner Meinung auf zweierlei Weise stattfinden.

Entweder — die Mitglieder senden dem Director zu einer bestimmten Zeit die Liste ihrer Doubletten und Desideraten, dieser vergleicht die einzelnen Cataloge und läßt sich dann alles, was von verschiedenen Seiten gewünscht wird, schicken, vertheilt und versendet es. Oder — die Mitglieder überschicken dem Director gedruckte Cataloge; in denselben sind die vorhandenen Arten mit bestimmten Zeichen versehen, aus welchen hervorgeht, a) von welchen Arten Doubletten abzugeben, b) welche Species in genügender und c) welche in ungenügender Anzahl in der Sammlung vorhanden sind, — die noch fehlenden Arten bleiben unbezeichnet. Dem Director steht das Recht zu, den Mitgliedern für die angebotenen Doubletten solche Arten zu schicken, die entweder gar nicht oder in ungenügender Zahl in deren Sammlungen vorhanden sind.

Zum Schluße will ich noch eine Art des Tauschverkehrs zur Sprache bringen, welche bis jetzt wohl nur zwischen näheren Bekannten cultivirt wird, nämlich den mit der Determination unbestimmter Arten verbundenen Austausch: Der Anfänger bringt dem erfahrenen Sammler seine Ausbeute, letzterer tauscht für die gewährte Belohnung ihm convenirende Exemplare ein.

Dieser Art des Tauschverkehrs möchte ich eine weitere Ausdehnung, namentlich in Bezug auf Hymenopteren, Dipteren, Neuropteren, Orthopteren und Hemipteren, gönnen.

Die meisten Entomologen sammeln Käfer oder Schmetterlinge; die Beschäftigung mit diesen beiden Ordnungen wird angehenden Sammlern durch den Umstand bedeutend erleichtert, daß sich in ihrem Wohnorte oder in der Nähe gewöhnlich ein erfahrener Coleopterologe oder Lepidopterologe befindet, bei dem sie sich Raths erholen können. Bei den andern fünf Insecten-Ordnungen sind dagegen die meisten Sammler auf literarische Hülfsmittel angewiesen, und diese allein reichen zum Determiniren nicht überall aus. Nun wäre es sehr wünschenswerth und auch für die Wissenschaft, namentlich für faunistische Arbeiten, jedenfalls ersprießlich, wenn recht viele Entomologen sich außer mit Käfern und Schmetterlingen auch noch mit einer andern Ordnung speciell beschäftigten, oder noch besser eine Sammlung sämmtlicher Insecten ihres Wohnorts anlegten. Vieles, namentlich die größeren Sachen, wird man mit Hülfe der vorhandenen Literatur selbst bestimmen können, wie ich denn selbst auch eine Sammlung aus sämmtlichen Ordnungen angelegt habe, in welcher manches bestimmt, vieles noch nicht bestimmt ist. Um eine solche Sammlung vervollständigen zu können, so daß sie nach und nach alle Arten der betreffenden Gegend in richtig bestimmten Exemplaren enthielte, bedürfte es für Anfänger vor allen Dingen einer Verbindung mit solchen Entomologen, welche die betreffenden Ordnungen zu ihrem speciellen Studium gewählt haben.

Es wäre nun am besten, wenn diejenigen Herren Entomologen, deren Zeit es erlaubt, sich (wie Fieber z. B. für die Hemipteren gethan) anböten, Sammlungen, die ihnen von anderer Seite zugesandt werden, zu determiniren.

Die Bedingungen wären etwa folgende: Der Sammler schickt erst dann seine Sachen ein, wenn die Excursionen einiger Jahre ein ziemlich reichhaltiges Material darbieten, er sucht namentlich von jeder Art eine Anzahl Exemplare zu erhalten. Die einzelnen Thiere werden mit Etiketts versehen, welche außer der Nummer noch den Fundort, die Futterpflanze, womöglich auch das Datum des Auffindens enthalten. Der Herr, welcher die Determination besorgt, hat das Recht, für seine Mühewaltung das ihm Convenirende zu behalten; sind zwei und mehr Exemplare von einer Art vorhanden, so muß er jedoch wenigstens ein Stück dem Absender determinirt wieder zustellen.

Ich glaube, daß auf diese Weise das Studium der fünf vernachläßigten Ordnungen sehr befördert werden wird. Hat z. B. ein Sammler mehrere Hundert Arten Dipteren präparirt und sind diese wissenschaftlich bestimmt, so besitzt er nun den Anfang einer Sammlung dieser Ordnung, auf welchen er mit Hülfe der einschlägigen Literatur weiter fortbauen kann.

Die Jagd und Zucht der Hymenopteren.

Von Dr. Kriechbaumer in München.

IV.

Die Bienen, deren ganzes Leben und Treiben an die Blumen gebunden ist, sind deshalb auch am sichersten auf diesen zu treffen. Solche Arten, die fast während der ganzen wärmeren Jahreszeit beobachtet werden, sind weniger wählerisch als jene, welche nur kurze Zeit erscheinen und deren kurzes Erscheinen ihr Vorkommen an gewissen Blumen, die eben gerade zu der Zeit blühen, wenigstens theilweise erklärt. Daß es besonders die honigreichen lippen- und rachenblüthigen Gewächse sind, die im Allgemeinen mit besonderer Vorliebe von ihnen besucht werden, ist natürlich, und es haben deshalb auch die Bienen neben den, meist andern Zwecken (Nestbau, Durchnagen der Zellen beim Ausschlüpfen) dienenden kräftigen Oberkiefern lange Saugorgane, mit denen sie auf den Grund der honigführenden röhrigen Blüthentheile gelangen können, während sie sich aber auch manchmal der ersteren zu bedienen wissen, um Oeffnungen an der Seite der Blumenröhren hineinzubeißen und so leichter ihren Zweck zu erreichen. Mit der Entwicklung der ersten Blüthen, namentlich des Huflattichs und der Weiden, stellen sich außer der immer und überall dem Sammler sich aufdrängenden Honigbiene die ersten Andrenen ein und schneller noch, als jene ersten Kinder Flora's sind gewisse Arten (wie A. Clarkella und nycthemera), besonders deren allem Anscheine nach sehr kurzlebige Männchen wieder verschwunden und das ganze Jahr nicht mehr zu finden. Die Zeit der Weidenblüthe ist überhaupt für das Sammeln der Andrenen die ergiebigste, und von der großen Zahl von Arten einer Gegend wird man da reichlich die Hälfte und zwar in beiden Geschlechtern fangen können. Mit einiger Uebung wird man es bald dahin bringen, die gemeinen von den seltneren Arten, und einige der größeren, wie nigroaenea, tibalis, Trimmerana, sowie die Colletes cunicularia, von der ihnen ähnlichen Honigbiene zu unterscheiden. Ein solcher reichlich blühender Weidenbusch, besonders wenn er etwas isolirt und günstig gelegen ist, bildet überhaupt zu dieser noch blüthenarmen Zeit einen wahren Tummelplatz von Insekten, die hier in einer Menge und Mannigfaltigkeit sich zusammenfinden, als gelte es, ein gemeinsames Frühlingsfest zu feiern. Abgesehen von Käfern und Schmetterlingen, Mücken und Fliegen, von denen besonders letztere in ansehnlicher Menge und Mannigfaltigkeit sich einfinden, zeigen die Hymenopteren schon reichlich entwickeltes Leben. (Fortsetzung folgt.)

Anzeigen.

In Commission bei Ch. Fr. Vieweg, Quedlinburg.
Druck von August Knaak in Putbus.

№. 23. Entomologische 1875.

Nachrichten.

Herausgegeben
vom Gymn.-L. Dr. F. Katter.

Putbus, den 1. December.

Die E. N. erscheinen am 1. und 15. jeden Monats.
Viertelj. Abonnem. bei der Post 1 M. Auch durch alle Buchh. zu beziehen

Beiträge zur Kenntniß der Borkenkäfer Rußlands.

Von Prof. K. Lindemann in Moskau, (Bulletin Soc. Jmp. 1875. 1).

„Bekanntlich hat Sahlberg unter dem Namen Bostrychus xylographus eine Borkenkäferart aus Finnland beschrieben. Die Kenntniß dieser Species ist später verloren gegangen, so daß kein Entomologe aus späterer Zeit dieser Art erwähnt. Es wurden verschiedene Deutungen dieser problematischen Art gemacht; man betrachtete sie z. B. als Varietät von T. typographus ꝛc.

Durch literarische Nachforschungen, wie durch Untersuchungen der Käfer ist Lindemann zu dem Resultat gekommen, daß die deutschen Entomologen durch die Schuld Ratzeburg's dem B. xylographus Sahlb. unter dem Namen B. chalcographus L. beschrieben haben, während der echte chalcographus, wie ihn Gyllenhal und Thomson richtig beschrieben haben, den Entomologen in Westeuropa nicht bekannt zu sein scheint. Nach den beiden schwedischen Autoren wird B. chalcographus, außer den 3 Paar Zähnen an den Flügeldecken und dem furchenartigen Eindrucke an der Spitze einer jeden Flügeldecke besonders deutlich characterisirt durch das Vorhandensein einer tiefen Grube auf der Stirn bei denjenigen Exemplaren, bei welchen die Zähne auf den Flügeldecken kleiner sind. Gyllenhal und Thomson haben diese Exemplare für ♂ gehalten, Lindemann, der das Begattungsglied der männlichen Borkenkäfer einer eingehenden Untersuchung unterworfen hat, hat gefunden, daß diese Form im Gegentheil des ♀ ist. Die ♂ haben eine ebene Stirn und stärkere Zähne an den Flügeldecken.

B. bidens var. trepanatus Nördl. hält er für synonym mit B. chalcographus. — B. oder besser Tomicus chalcographus lebt auf Kiefern, T. xylographus auf Fichten. Die ♂ beider Arten sind nicht von einander zu unterscheiden. Lindemann unterwarf daher ♂ wie Weibchen beider Formen einer tiefer gehenden

Vergleichung; er untersuchte Fühler, Mundtheile, Füße, verschiedene Theile des Verdauungsapparats, das männliche Begattungsglied, und kam zu dem Schluß, daß die 2 Formen nicht von einander zu trennen sind. „Ich glaube daher, sagt er, daß wir es hier mit einem in der Familie der Borkenkäfer bisher unerhörten Falle von Dimorphismus zu thun haben. Wir haben hier eine Species, in der zwei Formen von ♀ existiren und blos eine Form des ♂. Ich glaube nicht zu irren, wenn ich einen solchen Schluß ziehe, denn weitgehende Forschungen haben mir gezeigt, daß bei verschieden Tomicus-Arten das männliche Begattungsglied und die Bewaffnungen des Kaumagens gewöhnlich specifisch verschiedene Charactere an sich tragen."

In derselben Abhandlung beschreibt Lindemann 2 neue Arten: Cryphalus Alni auf Alnus incana bei Moskau, und Drycocoetes Aceris auf Acer platanoides bei Moskau.

Zugleich erwähnt er der Fähigkeit des Hylurgus piniperda, in auffallender Stärke Töne von sich zu geben, und zwar sowohl ♂ wie ♀, vermittelst einer erhabenen Leiste, der Tonleiste, die sich auf der innern Fläche der Flügeldecken, nahe der Spitze und nicht weit von der Naht entfernt findet.

Ueber Larvenzucht.

Dieser wichtige, bisher in der Coleopterologie noch zu sehr vernachlässigte Zweig der Käferkunde scheint in neuerer Zeit, auch von jüngeren Entomologen, mit größerer Aufmerksamkeit behandelt zu werden, wie wir aus Mittheilungen und Fragen zu schließen Grund haben. Wir genügen deßhalb gern dem Wunsche eines unserer Leser, einige Anweisungen über die Zucht der Käferlarven zu geben und hoffen andere Leser dadurch zu veranlassen, ebenfalls ihre Erfahrungen mitzutheilen.

Am leichtesten lassen sich diejenigen Käfer ziehen, deren Larven im Holze leben. Man hat nur nöthig, diese Larven in ein verschlossenes Gefäß, Glas oder eine Kiste zu thun, und von Zeit zu Zeit nachzusehen. Für die Beobachtung am bequemsten ist ein Glasgefäß, dessen obere Oeffnung mit durchlöchertem Papier oder durch Zeug verschlossen wird. Legt man aber hauptsächlich Werth auf das Erhalten der Käfer, so erweist sich die von Bach in seiner „Allgemeinen Käferkunde" gegebene Methode, die ich mehrfach versucht habe, als sehr praktisch. Bach sagt: „Ich nahm einen kleinen Kasten, wie man deren bei jedem Krämer bekommt, verklebte sorgfältig das Innere, wo es Noth that, und legte Anfangs oder spätestens Ende Februar solches Holz hinein, von dem ich vermuthen konnte, daß Käferlarven darin hausten, machte den Deckel zu und verklebte ihn ebenfalls rund herum sehr sorgfältig, so daß kein Thier herauskommen konnte. In die Seitenwand machte ich ein Loch, in das ich einen Cylinder von Pappendeckel steckte und dann befestigte, an dessen äußerstem Ende die dortige Oeffnung mit einem dicken Gazeläppchen geschlossen war. Dasselbe konnte man nach Belieben wegnehmen und somit diejenigen Thiere fangen, welche durch das einfallende Tageslicht angezogen in den Cylinder kamen. So habe ich außer manchem Hymenopter aus dürren Epheustöcken von der Dicke einer Schreibfeder bis zu der eines Daumens das erste Mal eine Menge Exemplare Ochina hederae erhalten. Im darauffolgenden Jahre wünschte ich mir deren wieder auf dieselbe Weise zu erziehen, erhielt aber nur Anobium striatum. Im folgenden Jahre erhielt ich Pogonocherus hispidus. Ich hatte in jedem Jahr die Epheustücke an einem andern Orte genommen, was wahrscheinlich theilweise der Grund war, daß ich jedes Mal andere Thiere erhielt."

Ebendaselbst erzählt Bach über die Benutzung von Sägemehl: „Im Herbst des Jahres 1844 wurden mir zwei fingerdicke Käferlarven gebracht, die aus einem Eichenstamme genommen waren. Ich füllte ein hohes Bierglas bis über die Hälfte mit Sägemehl von Eichenholz an und that diese Larven hinein. Anfangs krochen sie hin und her und machten sich verschiedene Gänge darin, bald aber bemerkte ich nichts mehr von ihnen. Im Januar öffnete ich das Glas, um zu sehen, was aus ihnen geworden sei, und fand bald eine, die anscheinend im Begriffe war sich zu verpuppen; sie hatte sich ein Gehäuse verfertigt aus Sägemehl, in dem sie ganz ruhig lag. Ich schloß sogleich wieder das Glas, nachdem ich das weggenommene Sägemehl wieder, so gut ich's vermochte, zurecht legte. Nach etwa drei Wochen öffnete ich das Glas wieder und fand daß die Larve während dieser Zeit und wahrscheinlich in Folge des Oeffnens gestorben war. Indeß hatte ich die Freude, daß mir aus der andern noch übrigen Larve im Frühjahr Osmoderma eremita ausging."

Ich kann diese Erfahrung nicht bestätigen. Ich fand vor mehreren Jahren bei einer Excursion im April eine bedeutende Anzahl Larven von Ergates faber, die offenbar ihrem Verpuppungszustande nahe waren. Ich setzte sie ebenfalls in ein mit Sägemehl gefülltes Glasgefäß, indem sie sich auch längere Zeit wohl zu befinden schienen, denn sie kamen von Zeit zu Zeit an die Glasseite und ihre Gänge waren überall bemerkbar. Trotzdem erzielte ich hieraus keinen einzigen Käfer; sämmtliche Larven waren nach und nach gestorben, und ich fand sie braun und verschrumpft im Sägemehl. Später las ich irgendwo, daß es gut sei, das Sägemehl feucht in das Gefäß zu stampfen und die Thiere in hineingestoßene Löcher kriechen zu lassen. Natürlich muß das Mehl erst wieder trocken geworden sein, Feuchtigkeit lieben die Larven nicht. Ich habe hier auf

Rügen, wo die holzbohrenden Larven viel seltener sind, als in meinem frühern Wohnort, ja man kann wohl sagen, selten, (wegen der grösseren Feuchtigkeit und des grösseren Saftreichthums der Bäume etwa? — trotz der ausgedehnten Eichenwaldungen ist hier noch kein Lucanus cervus gefunden wo den,) keine Gelegenheit gehabt, diese Methode zu probiren, aber ich kann mir wohl denken, daß sie praktisch ist. Kann man indessen größere Stücke von dem Holz, in dem die Larven leben, mitnehmen so ist dies jedenfalls das Beste. Auf diese Weise erhielt ich Ergates faber vollkommen gut.

Alles alte, aber nicht zu alte Holz, Zweige, Schwämme, ꝛc. liefern meist Insecten aller Art in großer Zahl.

Schwieriger ist die Zucht frei oder in der Erde lebender Larven. Manche Chrysomelen und Coccinellen hat man überall Gelegenheit, im Freien vom Ei bis zur Puppe zu beobachten; auch Cocons von Rüßlern, z. B. Cionus, finden sich häufig.

Carabidenlarven dürften ebenfalls nicht all zu schwierig zu ziehen sein; vor einem Jahre habe ich lange Zeit eine solche gefütter.; eine Reise verhinderte mich, die vollständige Entwicklung zu verfolgen. Noch leichter sind Dytiscidenlarven zu halten, denn sie sind durchaus nicht wählerisch. Im Frühjahr dieses Jahres stellte ich mit einer Larve von Dytiscus Fütterungsversuche an. Daß sie Fische tödte, war mir bekannt, ich hatte diese Thatsache nur zu bestätigen. 3 Salamander wurden in 2 Tagen getödtet, trotzdem sie sich erst heftig wehrten. Am ersten Vormittage konnte die Larve nirgends Halt bei ihnen bekommen; so oft sie auch anpackte, wurde sie wieder abgeschüttelt. Bereits am Nachmittage fand ich den ersten Salamander todt, am nächsten Morgen den zweiten, und im Laufe des Tages den dritten. Ich versuchte es nun mit anderer Nahrung, und zwar mit Maikäfern, auch diese wurden nicht verschmäht. Da sie auf dem Wasser schwammen, wurden sie von unten gepackt und zwar regelmäßig am Thorax; Kopf, Thorax und Hinterleib waren schließlich bei allen völlig getrennt; die ausgesogenen Stücke lagen auf dem Wasser. Die Larve tödtete an einem Tage 6 Maikäfer. Hunger indessen konnte sie nicht ertragen. Als ich ihr nach einem Tage reichlicher Fütterung einen Tag nichts verabreichte, war sie verschieden.

Wichtig bei Aquarien ist, Wasserpflanzen noch in ihrem Moder wurzelnd, in das Wasser zu thun; andernfalls wird das, schon durch die Futterreste inficirte Wasser in einem Tage übelriechend.

Interessant, weil meines Wissens noch nicht versucht, und nicht zu schwierig, müßte die Zucht von Coprophagen sein. Man brauchte nur ein Gefäß mit Erde zu füllen und den mit Käfern gefüllten Dung darauf zu legen, dann das Ganze zu verschließen.

Ebenso könnte man Necrophoren, Silphen 2c. ziehen, falls man sie an einem abgesonderten Orte halten könnte.

Diejenige Staphylinen, die in Pilzen leben, manche Pilze sind im Herbst mit Tausenden von Larven angefüllt, sind ebenfalls leicht zu erhalten.

Unentbehrlich für Larvenzüchter aller Ordnungen ist das auch sonst für den Entomologen interessante Werk von Kaltenbach: Die Pflanzenfeinde aus der Klasse der Insekten.

Vielleicht regen diese Zeilen andere Entomologen zu weitern Mittheilungen über diesen Gegenstand an.

Die Jagd und Zucht der Hymenopteren.

Von Dr. Kriechbaumer in München.

V.

Außer einzelnen Blatt-, Schlupf-, Gold-, Raub- und Faltenwespen sind es namentlich die bereits erwähnten Andrenen die in oft erstaunlicher Menge sich hier einstellen, mit ihnen die Parasiten, die Nomaden, auch in beiden Geschlechtern, doch in einer ungleich geringeren Zahl von Arten und Individuen. Auch mehrere Halictus-Arten finden sich ein, doch nur überwinterte Weibchen, und demselben Geschlechte gehören die einzelnen Hummeln an, die durch lautes Gesumme ihre Anwesenheit verrathen würden, wenn sie nicht schon durch ihren ansehnlichen Körperumfang in die Augen fielen. Ebenso ist auch die Gattung Sphecodes durch einzelne Individuen vertreten. Selten dagegen sind Osmien doch habe ich eine der weitaus seltensten Arten, die O. pilicornis, an einer Weidenblüthe gefangen. Die Frühlingswärme lockt zwar schon bald Arten dieser Gattung hervor, wie O. bicolor und aurulenta, für sie hat aber das ebenfalls bereits die Blüthen öffnende Haidekraut größere Anziehungskraft. In das Ende des April fällt auch die Entwickelung der Corydalis, und das laute Gesumme in einer Gruppe zeigt, daß die Hummeln auch hier reichliche Nahrung finden. Doch nur kurz ist die Blüthezeit dieser Pflanze, und auch die des Huflattichs und der Weiden geht mit Eintritt des Lenzes zu Ende, es haben sich aber unterdeß die gelben Blüthen des Löwenzahns zahlreich auf den Wiesenflächen geöffnet, und die zottigen Brummer nebst den Andrenen und Halictus schwärmen, schon tüchtig bepudert, von einer Blüthe zur andern, unter den ersteren auch die ihnen ähnlichen Schmarotzer (Psithyrus), aber nur eigenem Genusse nachgehend, um in Bälde jenen auch die Sorge für ihre Nachkommenschaft aufzubürden. Abwechselnd werden auch Gruppen von Taubnesseln mit rothen oder weißen Blüthen von jenen besucht, und frühe Antophora-Arten nebst der Langhornbiene (Eucera longicornis) mischen sich hier unter sie oder begnügen sich auch mit der sparsamen Gabe, die ihnen der Günsel (Ajuga) bietet. Auch Stachel- und Johannisbeerblüthen haben sich geöffnet, und ist an solchen, wie etwas später an den gelben Blüthentrauben des Sauerdorns (Berberis) die in rothen Pelz gehüllte Andrena fulva, eine der prächtigsten Arten dieser Gattung, zu finden. Immer noch ist indeß der Blumenflor etwas sparsam und locken deshalb einzelne Gruppen die Bienen aus weiterem Umkreise an sich; so können z. B. an einer reichlich blühenden Gruppe des Cytisus biflorus, eines der frühesten Schmetterlingsblüthler, am Waldsaum der Isar-Anhöhen oberhalb Pullach in kurzer Zeit die Weibchen der meisten dort vorkommenden Hummelarten gefangen werden. Auf den kleinen gelben Blüthen der Potentilla verna wimmelt es von den kleinsten Andrenen und Halictusarten. Gegen Mitte Mai entfaltet sich nun reichhaltiger Blumenflor, wodurch die Bienen sich mehr zerstreuen; die frühfliegenden Arten der letzteren verschwinden größtentheils und werden durch andere ersetzt. An den unansehnlichen, aber lange fort sich entwickelten Blüthen von Rhamnus frangula finden sich noch Andrenen ein, besonders die so häufig stylopisirte A. nigro-aenea, die A. Trimmerana, sowie die seltnere A. pilipes, während die niedern Büsche von Lotus corniculatus mit besonderer Vorliebe von mitunter sehr seltenen Osmien und später auch dem Anthidium punctatum und strigatum, sowie der Trachusa Serratulae besucht werden. Einige Osmia-Arten wird man nun auch in ihren Nestern in Zaunpfählen und anderem Holzwerk ein- und ausschlüpfen sehen, neben ihnen die anderen holzbewohnenden Gattungen Chelostoma, Heriades und Trypetes; ebenso erscheinen einzelne Megachilen, die dann im vorgeschrittenen Sommer häufiger werden. Die Brombeerblüthen bevölkern sich mit den kleinen zierlichen Prosopisarten, auch Osmia interrupta und leucomelaena sind einzeln auf diesen zu treffen, nachdem sie wie jene in deren Stengeln, ihre Verwandlung durchgemacht, während eine andere kleine Osmia, die spinulosa, den Blüthenstaub des Buphthalmum salicifolium abbürstet und die ebenfalls kleine Andrena cyanescens zu gleichem Zwecke die niedern Büschchen der Veronica chamaedrys besucht. Das Aufblühen der Natterwurz (Echium vulgare) leitet eine neue Periode im Erscheinen der Bienen ein; Chalicodoma-Arten, wo selbe vorkommen, sowie die Osmia adunca und caementaria scheinen fast ausschließlich ihre Nahrung aus den Blüthen dieser Pflanze zu ziehen, und die nun zahlreichen Arbeiter der Hummeln, wenigstens mancher Arten derselben, besuchen sie mit großer Vorliebe: die lange fortdauernde Blüthezeit dieser Pflanze ermöglicht auch eine ausdauernde Spende von Nahrung für jene Thiere.

(Schluß folgt.)

Im Verlags-Magazin in Zürich ist erschienen und durch alle Buchhandlungen zu beziehen:

Zur Einführungsgeschichte der neuen asiatischen Seidenraupen in Europa. Von Adolf Ott, Aktuar der schweizerischen entomologischen Gesellschaft. — 75 Pfg.

Die Fagara-Seidenraupe (Bombyx Cynthia Drury) aus China. Nach den neuesten Quellen dargestellt von Adolf Ott, Aktuar d. schweiz. entomolog. Gesellschaft Mit 2 Holzschnitten und 1 lith. Tafel. — 2 Mrk. 50 Pfg.

Naturalienhandlung zu verkaufen.

Eine der ältesten Naturalienhandlungen in einer großen Stadt Deutschlands soll besonderer Umstände halber unter sehr günstigen Bedingungen verkauft werden. Käufer wollen Ihre Adresse unter C. E. M. 123 an die Expedition dss. Blattes einsenden.

Redtenbacher's Fauna Austriaca, Käfer, 3 Aufl., wird antiquarisch zu kaufen gesucht. Adressen mit Preisangabe wolle man unter P. S. Z. an die Expedition der Ent. Nachr. senden.

Nachstehende, bis auf wenige Exemplare schweizer Coleopteren, sehr gut gehalten, größtentheils mit genauer Ortsangabe und Datum des Fanges versehen, sind zu den beigesetzten Preisen zu verkaufen.

Cicind. et Carabici, etw. über 300 spec. c. 3558 exempl. darunter 1 Carabus Olympiae aus d. piemont. Alp. 280 Mark.

Dytisci	"	"	"	70	"	765	"	60 "
Gyrini	"	"	"	6	"	316	"	
Lamellicornia	"	"		100	"	1597	"	130 "
Buprestidae	"	"		30	"	230	"	23 "
Elateridae	"	"		85	"	980	"	60 "
Melanosomata	"	"		100	"	1199	"	70 "
Longicornia	"	"		110	"	760	"	80 "
dabei Pachyta lamed								
Chrysomelinae	"	"		220	"	3827	"	300 "
darunter sehr viel Oreinen,								
Coccinellidae / Endomychidae				53	"	800		65 "

Genf, Rue Etienne Dumont 20.
E. Frey-Gessner.

In Commission bei Ch. Fr. Vieweg, Quedlinburg.
Druck von August Knaak in Putbus.

№. 24. Entomologische 1875.

Nachrichten.

Herausgegeben
vom Gymn.-L. Dr. F. Katter.

Putbus, den 15. December.

Die E. N. erscheinen am 1. und 15. jeden Monats.
Viertelj. Abonnem. bei der Post 1 M. Auch durch alle Buchh. zu beziehen.

Abonnement für 1876.

Die „Entomologischen Nachrichten" werden auch im J. 1876 dieselbe Tendenz behalten, die sie im ersten Jahre ihres Bestehens geleitet hat, indessen wird in die Mittheilungen eine größere Regelmäßigkeit treten, ebenso wie die Ausdehnung derselben zunehmen wird. Zu diesem Zweck war es nothwendig, das Erscheinen als ein monatliches einzurichten, so daß jeden ersten des Monats ein Heft (im Umschlag) ausgegeben wird. Auf diese Weise können nicht nur längere Artikel ganz oder in größeren Abschnitten gebracht werden, es kann auch eine regelmäßige Uebersicht über die verschiedenen entomologischen Zeitschriften mit kurzer Inhaltsangabe der hauptsächlichsten Artikel gebracht werden, und dennoch Raum für die Mittheilungen unserer Leser bleiben. Der Umfang wird nicht verringert werden, im Gegentheil hoffen wir ihn allmälig immer mehr zu vergrößern. Auch das Abonnement wird dahin geändert, daß es aus einem vierteljährlichen zu einem jährlichen wird; der Abonnementspreis von 4 Mark bleibt.

Adressen für Tauschverkehr, sowie Kaufgesuche ihrer Abonnenten befördern die Ent. Nachrichten gratis. Verkaufsanzeigen unterliegen jedoch den Anzeigegebühren.

Das Abonnement, das wir möglichst frühzeitig aufzugeben bitten, geschieht entweder bei der Expedition in Putbus, (praenumerando), und erfolgt in diesem Falle die Zusendung franco unter Kreuzband, oder bei sämmtlichen Postanstalten und in allen Buchhandlungen.

Zur Nachricht an unsere österreichischen Leser.

Unsere österreichischen Leser, sowie Abonnenten auf den entomologischen Kalender bitten wir, die Einzahlungen an die Expedition durch Postanweisung als die bequemste Art für Absender und Empfänger zu machen, da beide Theile in ihrer Landesmünze einzahlen und empfangen können. Falls deutsche Briefmarken zur Disposition stehen, kann der Betrag auch in diesen eingesendet werden. Postnachnahme, die schon für das Inland bedeutend vertheuert, thut es für das Ausland in hohem Grade.

Die Expedition.

Biologische Mittheilungen.

III.

Ueber die Psycheart Oiketicus Kirbyi Guild.

Wir geben hier nach der Stett. ent. Ztg., 1874, 7—9, S. 230 ff. einen weiteren Nachtrag zu den Artikeln über die Copulation von Psyche und damit einen zweiten Beweis, daß dieselbe bereits vor der Beobachtung des Franzosen von Deutschen gemacht worden ist. H. Carlos Berg, Inspector del Museo publico de Buenos Aires berichtet an obiger Stelle über Oiketicus Kirbyi Guild. = Oeceticus fulgurator Herr.-Schäff. = Psyche gigantea Zell., der in der argentinischen Republik Bicho canasto oder Bicho cesta genannt wird, als von einem der gemeinsten Schmetterlinge in jenem Lande, der nicht an eine Futterpflanze gebunden ist, vielmehr alles was ihm im Wege steht, mit dem gesegnetsten Appetit verzehrt; der nicht einzeln, sondern in großen Massen auftritt und durch seinen Fraß ein Verkrüppeln oder Absterben der kahl gemachten Bäume hervorruft. Er sagt: „Die Raupe verläßt das Ei mit dem Eintritt der wärmeren Jahreszeit, im September und October. Ihr erstes Material zur Anfertigung des Sackes nimmt sie von den feineren Stoffen, namentlich von dem seidenen Futter und der seidenen Hülle des Mutterkorbes. In der Futterpflanze nicht wählerisch, frißt sie gleich das ihr zunächst liegende, nimmt große Quantitäten Futters zu sich und wächst anfangs recht schnell. Während ihres Wachsthums sucht sie fortwährend für die Vergrößerung ihrer Hauses Sorge zu tragen, indem sie es ihren Leibes-Dimensionen anpassend nach Länge und Breite erweitert, das Material am Vorderende des Korbes oder Sackes stets anspinnend.

Hat sie zuerst zartes Material zu ihrem Bau verwandt, so steht sie mit zunehmenden Alter immer mehr und mehr davon ab, und verwendet constantere Stoffe, als Stückchen von dünnen

Aesten und Stengeln, die sie mit ihren Kiefern zurecht schneidet und der Quere nach, im unregelmäßigen Sechseck, um die innere weiche Schicht, den eigentlichen Sack, befestigt.

Vor jeder Häutung, — die Zahl derselben konnte ich nicht ermitteln — welche mehrere Tage, wenigstens 3—4, in Anspruch zu nehmen scheint, spinnt die Raupe ihren Sack an. Die abgestreifte Haut wird stets zum Vorderende, nicht zum Hinterende des Sackes hinaus transportirt. Auf demselben Wege sah ich ebenfalls stets die Excremente herauswerfen und nicht zum Hinterende des Sacks, welches letztere Hoffmann von seinen Psychiden sagt.

Außer, daß die Raupen sich mit ihren stark entwickelten Häkchenkränzen der Bauchfüße am Sack halten, wenn sie wandern oder ihrer Brustbeine zum Halten der Futterpflanze bedürfen, haben sie sich noch zwischen dem 7. und 8. Segmente mit einer aus mehreren Seidenfäden verfertigten Schnur innen am Sack befestigt; den Sack ziehen sie beim Gehen schubweise nach.

Mitte Februar, meistentheils schon Ende Januar ist die Raupe erwachsen. Vor ihrer Verwandlung in die Puppe dreht sie sich um, so daß sie jetzt mit dem Kopfe nach dem spitzen Ende, dem Hinterende des Sackes, zu stehen kommt. Die Haut wird wie gewöhnlich über den Kopf zum Hinterende abgestreift und liegt alsdann vor der Oeffnung des angesponnenen Anhängsels.

Nach 5—6 Wochen (Puppenruhe) sind die Falter entwickelt. Die Puppen der ♂ beginnen am Nachmittage sich aus dem Sack zu schieben und der Spinner verläßt dieselbe bei einbrechender Dämmerung, die Hülle mit der Gastrotheca in der cylindrischen Röhre des Sackes zurücklassend. Die Weiber sprengen bloß die Hülle über ihrem Kopfe und Thorax, in derselben und im Sacke bleibend. Wie bei den Psychiden spaltet sich die Puppe des ♀ beim Aufspringen in drei spitz auslaufende Theile, wovon eins an der Bauchseite, die zwei andern an der Rückenseite, mit der Spalte über dem Dorsale liegen.

Sehr bald nach dem Ausschlüpfen beginnen die Männchen mit ziemlichem Geräusch umherzuschwärmen, um entwickelte ♀ ausfindig zu machen. Ist letzteres geschehen, so läßt sich das ♂ auf den betreffenden Korb nieder, begiebt sich sofort zum Hinterende, dem Ende, wo jetzt der Kopf des ♀ sich befindet, und beginnt es zu öffnen, um durch dasselbe seinen Hinterleib zur Begattung des ♀ hineinzudrängen.

Dies ist in der That keine leichte Arbeit. Durch Umherkriechen der Raupe in Hecken, Zweigen, zwischen Blättern ꝛc., ist das Sackende, obgleich nicht geschlossen, doch ziemlich stark verfilzt und erfordert daher stundenlange Arbeit und Anstrengung des Männchens, um es zu durchdringen. Zu diesem Zweck bedient es sich seiner stark entwickelten Zangen, der Beine und des

Hinterendes (Guild. f. 1 a. und 2 b. a. d.). Ist es ihm endlich gelungen, das Sackende zu durchbohren, so steckt es seinen Leib, unter bedeutenden Anstrengungen, bis nahe an den Thorax in den Sack hinein, und die bald darauf eintretende Ruhe des Thierchens zeigt, daß es seinen Zweck erreicht, und die wirkliche Copulation begonnen hat.

Es gelang mir kürzlich, im Beisein des Herrn Professor Burmeister, den Begattungsakt, welcher bei dieser Art noch nicht beobachtet worden war, in Augenschein zu nehmen.

Während des Coïtus sitzt das ♂ ganz ruhig, mit weit dachförmig ausgebreiteten Flügeln; die Dauer desselben nimmt mehr als eine Stunde in Anspruch.

Festzustellen galt es hierbei, ob, wie vielfach angenommen wurde, das Weib sich vor der Begattung umdrehe und so die Ausübung des Akts erleichtere oder ob es in seiner alten Position, mit dem Kopfe gegen das Sackende, also dem Manne zugekehrt, verbleibe. Eine schnelle Tödtung beider ergab das letztere.

Die Begattung geht daher folgendermaßen vor sich: Der Mann steckt den Hinterleib zum Sack und in die aufgesprengte Puppenhülle des Weibes hinein, und von da längs dessen Gesicht und Brust zum Bauche hin; der Hinterleib des Männchens befindet sich somit zwischen dem weiblichen Körper und dessen Puppenhülle. Das Weib kommt durch Krümmung dem sehr langen (bei einem Exemplar 19 mm. lang), mit einzelnen nach rückwärts gerichteten Dornen besetzten Penis des ♂ entgegen, mit welchem dasselbe während des Oeffnens des Sackes lebhaft zügelte.

Ob ein Männchen mehr als ein Weibchen befruchtet, wie es Hoffmann bei den Psychiden annimmt, haben wir nicht beobachten können; die Möglichkeit scheint nicht ausgeschlossen zu sein; da ich beim ♂, welches eine Stunde in Copula verharrt und eine große Menge Spermatoiden abgesetzt hatte, noch eine große Quantität derselben vorfand. Die Samenfäden sind in der Form denen von Epeira ähnlich, und haben eine blasigzellige Struktur am verdickten Ende.

Einige Tage nach der Befruchtung beginnt das ♀ mit dem Absetzen der Eier. Die Eier werden in der Puppenhülle abgelegt, während welcher Procedur das Weib immer mehr und mehr zusammenschrumpft, bis auf ca. 8 mm.; die Puppenhülle ist über ¾ mit Eiern angefüllt, worüber das Weibchen die an seinem Körper befindliche Wolle ausbreitet und dann das aufgeplatzte Ende der Puppe, wo es zuletzt gesteckt, verläßt und sich zum Sack hinausarbeitet, um nicht durch sein Zurückbleiben in der Puppe oder im Sack den Eiern nachtheilige Fäulniß zu erregen. Daher findet man im Winter und Frühling nur mit Eiern angefüllte Puppenhüllen, mit der davorstehenden alten Raupenhaut, aber nie ein Weibchen oder dessen Ueberreste.

Daß die Zahl der Eier eines ♀ eine sehr große sein müsse, hat Prof. Zeller mit Recht angenommen; nach den von mir gezählten ergiebt sich eine Durchschnittszahl von 2933.

Die ♀ sind aber auch parthenogenetisch. Die Parthenogenesis ist nur eine exceptionelle, sie tritt regellos auf, wenn die Befruchtung ausbleibt, und ist dann thelytokisch, was sich daraus ergiebt, daß Kolonien existiren, wo man unter Tausenden — auch in der Banda oriental von mir angetroffen — nicht ein einziges Männchen findet, an anderen Stellen dagegen diese fast die Mehrzahl ausmachen.

Die Jagd und Zucht der Hymenopteren.

Von Dr. Kriechbaumer in München.

VI

Auf der oft an gleichen Orten vorkommenden Acker-Scabiose (Knautia arvensis) erscheint als ansehnlicher Gast die Andrena Hattorfiana. In diese, dem Hochsommer angehörige Periode fällt nun auch die Entwickelung der Lysimachia vulgaris und des Lythrum salicaria; mit jener scheint das Leben der Macropis labiata und fulvipes, mit dieser das der Tetralonia Salicariae und Cilissa melanura in engem Zusammenhange zu stehen, da sie fast immer auf diesen Pflanzen gefunden werden. Die gemeine Tapezierbiene ist jetzt in voller Thätigkeit, bald an Blüthen, besonders der Stachys recta, saugend, bald von filzbedeckten Blättern anderer Lippenblüthler mit den Kiefern die Wolle schabend, um ihr Nest damit auszukleiden, während eine kleine Art, das A. oblongatum, besondere Neigung zu den Sedumblüthen zeigt. In den stolz erhobenen Blüthenköpfen der Disteln, die nun in vollem Schmucke sich entfalten, krabbeln, oft bis zur Unkenntlichkeit bestäubt, die arbeitenden Hummeln herum, streifen die Blattschneidebienen (Megachile) durch Hin- und Herwetzen des Körpers den bläulichrothen Blüthenstaub mit der Hinterleibsbürste ab, und stellen auch die Prosopis-Arten sich zahlreich ein; auf ihnen und den verwandten Karden (Dipsacus) versammelt sich dann das träge Volk der männlichen Hummeln und ihrer Schmarotzer, und sind selbe, oft zu ganzen Klumpen vereinigt, bis in den Spätherbst darauf zu treffen. Selbst die trocken aussehenden und scheinbar wenig Nahrung bietenden Wucherblumen (Chrysanthemum) und Schafgarben (Achillea) sind dennoch gerne von Prosopisarten und einer Colletes (Daviesana) besucht. Von Andrenen zeigen sich als ziemlich spät fliegende Arten A. Cetii und Coytana (♀ Shawella), erstere als ziemlich seltener Gast auf den kugeligen Blüthenköpfen der Succisa pratensis, letztere auf den gelben Tellern von Leontodon autumnalis und hastilis, besonders in Berggegenden oft in großer Zahl; auf letzteren Pflanzen finden sich auch die Panurgus und Panurginus-Arten ein, während Halictoides dentiventris, Heriades und Chelostoma in Glockenblumen nicht bloß Nahrung, sondern auch Nachtquartier suchen. Sind nun endlich die rothen Blüthen des gemeinen Haidekrautes (Calluna vulgaris), deren nahe Verwandte (Erica carnea) den Frühling einleiten half, in voller Entwickelung begriffen, zwischen denselben kleine Büsche blauer Gentianen (G. campestris), so kann das als Abschluß des Sommers und Uebergang in den Herbst betrachtet werden. Hummeln bilden die Hauptbevölkerung auch dieser Pflanzen, und zu den Männchen und Arbeitern gesellen sich als einzelne und ziemlich seltene Erscheinungen frisch entwickelte Weibchen, um jedoch bald wieder zu verschwinden und ein sicheres Winterlager aufzusuchen. Auch die Halictus sind im Herbste frisch entwickelt und in beiden Geschlechtern zu finden, aber auch bei diesen die Weibchen in verhältnißmäßig geringer Zahl, während die Männchen auf Dolden und besonders an der Goldruthe (Solidago virgaurea) oft in Massen sitzen und mit der Hand abgestreift werden können.

Bei Ausflügen in's Gebirge im Hochsommer und Herbste wird der Sammler von dem regen Leben und der Mannigfaltigkeit der Hummeln überrascht, besonders in Thälern, Schluchten und Kesseln, wo Salvia glutinosa, Aconitum und Digitalis in üppiger Fülle sich entfaltet haben, und hier oft Arten finden, die in ansehnlicher Höhe ihren Wohnsitz haben; er darf aber auch die kleinen und unansehnlichen Pflanzen nicht außer Acht lassen, denn es treibt sich z. B. der ziemlich seltene Bombus mucidus auf der Wetterdistel (Carlina acaulis) und zwischen den zarten Blümchen der Euphrasia officinalis an den trocknen pflanzenarmen Bergabhängen herum.

Die Oktoberfröste machen dem lebhaften Treiben der Bienen bald früher, bald später ein oft ziemlich plötzliches Ende, und während die letzten Männchen der Hummeln von Frost erstarrt und mit zerfetzten Flügeln auf halbverblühten Distelköpfen ihrem baldigen Ende entgegenharren, und einzelne Arbeiter in nicht viel besserer Verfassung die letzten Kräfte ihrem Berufe oder der Fristung ihres Daseins widmen, harren die Weibchen derselben und einiger anderer Gattungen, wie Halictus, die Arten der meisten übrigen Gattungen aber noch als Larven, einem langen Winterschlafe entgegen, aus dem sie erst durch die wärmenden Strahlen der Frühlingssonne erweckt werden, um dann jenes Leben und Treiben fortzusetzen.

Eine eigentliche Zucht dieser Thiere wäre, wenn auch nicht

geradezu unmöglich, doch im höchsten Grade schwierig und beschwerlich. Die Larve bedarf einer in Material und Mischung bestimmten Nahrung, die schwer herzustellen sein dürfte, wenn vielleicht auch die Zelle künstlich ersetzt werden können. Dagegen können die fertigen Nester aufgesucht, vorsichtig abgelöst und nach Hause gebracht werden, und dürfte sich das besonders empfehlen, um auch die zahlreichen Parasiten ihrer Erbauer kennen zu lernen. Aber schon das hat seine Schwierigkeiten. Wie schwer ist es z. B. das Nest einer Mauerbiene abzunehmen, ohne die Inwohner zu beschädigen, wie schwer, ein Hummelnest auszuheben, ohne von den Eigenthümern derselben gestochen zu werden! Hat man auch in dem Zaunpfahl einer Parkeinfassung die zahlreichen Fluglöcher von Holzbienen, Odynerus und kleinen Raubwespen entdeckt und die Thiere selbst aus- und einschlüpfen sehen, so wird man doch selten in der Lage sein, einen solchen Pfahl etwa später nach Hause bringen zu können. Man könnte aber vielleicht kleinere Holzstücke, in die man vorher Gänge gebohrt hat,[1]) an solchen Pfählen oder sonstigen passenden Stellen anbringen, selbe den Sommer und Winter über dort der Natur überlassen und dann im Frühling nach Hause schaffen. Wurden irgendwo z. B. an den Marksteinen der Felder und Wiesen, die Nester von Mauerbienen (wozu ich außer der Gattung Chalicodoma auch gewisse Osmien, wie adunca und caementaria rechne) bemerkt, so könnten zu gleichem Zwecke dort versuchsweise kleinere Sand- oder Tuffsteine angebracht werden, die mit Vertiefungen versehen wurden. Andere Osmien bauen bekanntlich in leere Schneckenhäuser, besonders an sonnigen Abhängen, und können daher auch solche (am besten im ersten Frühjahre) untersucht und eingesammelt werden. Aus Brombeerstengeln haben besonders Dufour und Giraud außer verschiedenen andern Insekten auch einige kleine Arten letztgenannter Gattung gezogen, ebenso wählen sich Ceratina- und Prosopisarten solche, letztere auch die von Verbascum, Achillea, die durch Lipara lucens verdickten Schilfstengel und sicher noch manche andere Pflanzen, die bisher in dieser Beziehung noch nicht untersucht wurden.

Diese Andeutungen mögen hinreichen, um zu zeigen, daß derjenige, welcher für die Insektenwelt ein tieferes Verständniß hat und sich nicht damit begnügt, seine Augen an schönen Formen

---

1) Die Mündung dieser Gänge müßte aber schief nach oben gerichtet sein, damit der Regen nicht eindringen und die Larven ersäufen könnte. Vermuthlich würden die Thiere in solche mit nach oben gerichteter Mündung gar nicht nisten. Am liebsten scheinen ihnen spiralige Gänge zu sein, die auf der Oberfläche eines Holzcylinders angelegt werden könnten, der dann mit einem aus 2 bis 3 Stücken bestehenden, fest anliegenden Mantel umschlossen würde, der die Eingangsmündung enthielte.

und bunten Farben zu ergötzen, sondern das Bedürfniß fühlt, ihre Naturgeschichte kennen zu lernen, dieses Bedürfniß in dem Studium der Hymenopteren in einer Ausdehnung und Mannigfaltigkeit befriedigen kann, wie sie kaum eine andere Ordnung von Insekten darbietet; sie dürften aber auch hinreichen, um ahnen zu lassen, wie unendlich viel in Erforschung unserer einheimischen Fauna noch geleistet werden kann, und namentlich Mitgliedern naturwissenschaftlicher Vereine, die vielleicht gerne mit ihren Spaziergängen im Freien eine angenehm zerstreuende Beschäftigung verbinden möchten, eine Andeutung zu geben, wie sie das möglich machen und damit vielleicht auch zugleich ihrem Vereine und der Wissenschaft nützlich werden könnten.

(Aus dem regensburger Correspondenzblatt.)

Verschiedene Mittheilungen.

Trient, Ende October 1875. — Infolge fortwährender Regengüsse schwoll die Etsch im letzten Sommer plötzlich. Das Wasser brachte viel Angeschwemmtes an's Ufer, Rinden, Holzsplitter, Stroh, Blätter u. dgl., alles bunt untereinander. Viele Leute waren beschäftigt, das Brennmaterial am Ufer aufzuhäufen. — Ich ging mit einem guten Vorrath von Spiritusflaschen an Ort und Stelle und sah mit großem Vergnügen auf dem aufgehäuften Angeschwemmten ein wahres Gewimmel von Käfern.

Man hätte wohl hundert Hände gebraucht, um diese flüchtigen Schiffbrüchigen zu fangen, und es war sehr mühsam und zeitraubend, besonders Staphylinen vom nassen Holze wegzuschaffen. — Ich entschloß mich deßhalb, das ganze Zeug in Tragkörben nach Hause bringen zu lassen. Hier ließ ich es auf weiße Leinentücher zum Austrocknen ausbreiten, und Fenster und Thüre schließen. Diese Vorkehrung gab mir den glänzendsten Erfolg, denn eine Masse Käfer, durch das Fensterlicht angezogen, flogen an die Fensterscheiben. Ich konnte somit mit aller Behaglichkeit am Fenster sitzend mehrere Tage hindurch die seltesten Arten fangen. Später, als die Hölzer trocken wurden, begann ich dieselben fleißig zu durchsuchen, indem ich die einzelnen Stücke auf den Tisch klopfte, wodurch die in den Rissen versteckten Thiere nothwendigerweise auf denselben fallen mußten.

Bei diesem Fange bemerkte ich unter anderem die ungewöhnlich langen Flügel der Thinobius, welche dadurch ein mückenähnliches Aussehen erhielten. Die Bledius flogen mehr abends ans Fenster, was vielleicht andeuten mag, daß sie Nachtthiere sind. Während sie sich auf dem Lande ziemlich träge zeigten, waren sie am Fenster sehr lebhaft, wie die meisten Staphylinen.

Ich konnte bis jetzt nur flüchtig das gewonnene Material

durchsehen, und will daraus anführen: Cicindela literata und var. sobrina. diese sehr häufig, Dyschirius semistriatus, substriatus und andere, Anchomenus cyaneus, Feronia, subcoerulea Stenolophus discophorus. Tachys Fokii. Astrapaeus Ulmi, Scopaeus 3—4 Arten, Bledius aquarius, agricultor. und mehrere andere Arten, Thinobius major und andere, Georyssus costatus, laesicollis. Heterocerus murinus, tesselatus, Bolboceras unicornis, Lichenum pictum. Mecynotarsus, Anthicus Schmidtii, Hylobius fatuus. Pachnephorus tesselatus und viele andere.

Dr. Stefano de Bertolini.

Herr Prof. Dr. von Dalla Torre in Linz fügt zu dem von uns in Nr. 13 gebrachten Artikel über entomologische Tagebücher hinzu, daß er es bequemer gefunden, statt die verschiedenen Tausende mit 1, 2 ꝛc zu bezeichnen, durch die obere Reihe nur 1, 2, 3 ꝛc. Querstriche zu ziehen. Er gebrauche nur weiße Zettel. Jedenfalls erspart dieser Proceß viel Zeit, da 20 Linien leichter und schneller gezogen sind, als 1000 Zahlen geschrieben.

Barbitistes Pyrenaea *Rambur* ♂ ist von Pierrat auf den Vogesen bei Gerbomont in einer Höhe von 1000 m. gefunden worden. Es gelang nur, trotz sorgfältigen Suchens, ein einziges Exemplar zu entdecken, da dies Orthopteron wegen seiner sehr kurzen Flügel aber nicht fliegen kann, so kann es nicht durch Zufall dahin gekommen sein. —

Nach einer Mittheilung des J. Letourmeux sollen die Bewohner von Tunis, die nach orientalischer Sitte großen Werth auf ein schönes Embonpoint legen, zur Entwickelung desselben Blaps essen. Es wäre interessant zu erfahren, in wiefern dieser Käfer auf die Verdauung einwirkte. —

Adressen für Tauschverkehr.

Unterzeichneter besitzt verschiedene Doubletten von Lepidopteren, namentlich von Noctua, meist gezogen, und wünscht in Tauschverbindung zu treten.

Landeshut in Schlesien. Theo. Teicher,
Kunst- u. Handelsgärtner.

Ausländische Insekten, besonders Coleopteren und Hemipteren sucht gegen baar oder im Tausch gegen deutsche Lepidopteren, sowie in- und ausländische Coleopteren

A. Aßmann,
Assistent am k. zool. Museum,
Breslau, Matthiasstr. 11.

Anfrage.

Wo kauft man Etiketts von verschiedener Größe und Farbe, größer als die Reitel'schen.

Anzeigen.

H. K. Morrison, Lepidopterist, Cambridge (Mass.) U.-S. wünscht die Ausbeute einer diesjährigen Exploration der White Mountains (New Hampshire) zu verkaufen. Derselbe berechnet bei 2, höchstens 4 Exemplaren jeder Art, das Stück von Coleopteren mit 6 Cents Gold, von Lepidopteren mit 10 Cents, von Dipteren mit 4 Cents. Wegen der schönen reinen Behandlung der Sachen beruft er sich auf das Zeugniß des Dr. Hagen in Cambridge (Mass.).

In den ersten Tagen des December erscheint meine neueste Lepidopteren-Doubletten-Liste Nr. XIX.

Dieselbe wird circa 2500 Arten aus dem europäischen, 2—300 Arten aus dem nordamerikanischen, gegen 1000 aus dem südamerikanischen, 2—300 aus dem indo-australischen und eine geringere Anzahl Arten aus dem afrikanischen Faunengebiet enthalten. Außerdem präparirte Raupen und einige lebende Puppen.

Meine bisherigen Correspondenten erhalten die Liste sofort nach Erscheinen zugesandt. Andere Reflektanten erhalten dieselbe gegen Einsendung von 50 ₰ franco zugesandt, welche bei etwaiger späterer Bestellung angerechnet werden.

Blasewitz-Dresden. Dr. O. Staudinger.

Verkauf von Insekten.

Von meiner diesjährigen Doubletten-Ausbeute kann ich jetzt noch folgende Partien abgeben:

	Spec.	Exempl.	
a.) schweiz. u. südfranz. Hemiptern ca.	350	in 2600	für fs. 200.
b.) " " " Coleoptern "	1300	in etwa 9000	" " 800.
c. " " " Hymenopteren	500 "	" 2150	" " 200.

Von Letzteren sind die Ichneumoniden unbestimmt. — Alles ist rein und frisch erhalten. — Specialverzeichnisse keine. Aufträge auf meine nächstjährigen Einsammlungen (mit Ausschluß von Lepidoptern) erbittet sich frühzeitig

Burgdorf (Schweiz) Nov. 1875.

Meyer Dür, Entomolog.

Schweizer Curculionen.

Eine Collection schweizer Curculioniden und Scolytiden (letztere 13 Species) von zusammen 315 Species in 1320 Exemplaren, darunter seltene und seltenere Arten, z. B. Dichotrachelus Knechtii Stierl. n. sp. ist für 75 Mark zu verkaufen. — Ebenso kleine Collectionen von 120 Exemplaren (oder mehr) in 100 Species zu 10 Mark. Näheres durch die Expd. d. Ent. Nachr.

Erratum.

Nr. 22, S. 178, Zeile 11 von oben muß es »Belehrung« statt Belohnung heißen.

In Commission bei Ch. Fr. Vieweg, Quedlinburg.
Druck von August Knaak in Putbus.

Entomologische Nachrichten.

Herausgegeben

von

Dr. F. Katter,

k. Gymnasiallehrer, corr. Mitgliede der wetterauischen Ges. f. Naturk.,

Mitg. versch. entomol. Vereine.

II. Jahrgang.

1876.

In Commission bei Ch. Fr. Vieweg in Quedlinburg.

Druck von Aug. Dose in Putbus.

Gewiß wird es die Leser der Entom. Nachrichten, besonders aber diejenigen, welche Tausch- und Kaufofferten einsandten, oder diejenigen, welche uns Mittheilungen, für die wir hier unsern besten Dank sagen, machten, interessiren, zu erfahren, welche Verbreitung die E. N. augenblicklich haben. Die Anzahl der Abonnenten hat unsere Erwartungen übertroffen; sie beläuft sich auf über 400. Nehmen wir hinzu, daß manches Exemplar von mehreren Mitgliedern eines Vereins, — und es gehen eine ganze Anzahl an Vereine, — gelesen wird, so können sich die E. N. unseren verbreitetsten entomologischen Zeitschriften an die Seite stellen. Schwer war es die geographische Verbreitung zu constatiren; bei denjenigen Exemplaren, die durch die Post und den Buchhandel expedirt wurden, war der eigentliche Bestimmungsort oft nicht zu ersehen, weil sie von Centralstellen aus versandt wurden. So gehen z. B. sämmtliche in Nord-Amerika verbreiteten Exemplare nach New-York; nur durch directe Mittheilung ist uns Kunde von einigen Wohnorten der Abonnenten geworden. Rotterdam war weder bei der Post noch im Buchhandel notirt, und doch macht uns soeben der Secretär der „Nederlandsche Dierkundige Vereeniging" eine auf die E. N. bezügliche Mittheilung. Wenn wir also die einzelnen Orte, an welche die E. N. gehen, mittheilen, so erheben wir keinen Anspruch auf Vollständigkeit, glauben aber dennoch im Interesse unserer Leser zu handeln, wenn wir die uns bekannt gewordenen mittheilen. Es sind: Aachen, Altenburg, Altona, Altenhausen, Annaberg, Aschaffenburg, Augsburg, Barr i. E., Bautzen, Bernau, Berlin, Bamberg, Bonn, Burtscheid, Brandenburg, Bremen, Breslau, Braunschweig, Cassel, Clausthal, Cleve, Coeslin, Colmar, Danzig, Darmstadt, Dresden, Dretschen, Düsseldorf, Elberfeld, Eutin, Festenberg, Frankfurt a. M., Freiburg i. B., Fünfkirchen, Fürth, Fulda, Gebweiler, Gernrode a. H., Gilgenburg, Göttingen, Glogau, Grabow a. O., Grimma, Greifswald, Guben, Halle a. S., Hamburg, Hannover, Hanau, Heilbronn, Hoym, Homburg v. d. Höhe, Kahla, Karlsruhe, Kiel, Königsberg i. Pr. und in d. Neumark, Kreuzenort, Labes, Landeshut i. Schl., Leipzig, Lübeck, Lüneburg, Mallmitz, Mannheim, Magdeburg, Merseburg, Malchin, München, Mühlhausen i. E. und in Ostpr., Münden, Münster, Nassau, Naumurg, Neviges, Nürnberg, Ohlau, Perleberg, Potsdam, Pfeddersheim, Plauen i. S., Rhoden, Roda, Rosenberg Westpr., Ronsdorf, Straßburg i. E., Straubing, Stuttgart, Sagan, Stettin, Sanssouci, Schönberg, Seesen, Schleswig, Stralsund, Sömmerda, Schönau, Seitschen, Siegen, Sonderburg a. Alsen, Staßfurt, Speyer, Trier, Tharau, Ulm, Warmbrunn, Weferlingen, Weilburg, Wesel, Wetzlar, Wiesbaden, Wismar, Wolgast, Wollin, Zanow, Zittau, Zwickau; — Budapest, Csepregh, Detta, Eger, Facset, St. Georgen (Mähren), Graz, Hatszeg, Innsbruck, Linz, Lissa, Loschitz, Meran, Mistek, Napagedl, Paskau, Podebrad, Pest, Prag, Rzeszow, Szepes Iglo, Sallmansdorf, Salzburg, Tabor, Temesvar, Teplitz, Trient, Wien; — Petersburg, Moskau, Dorpat, Odessa, Mitau, Reval, Helsingfors; — Upsala, Lund, Norrköping, Christiania; — London, Edinburg; — Paris, Amiens, Montpellier, Lyon; — Aarau, Basel, Bern, Burgdorf, Chur, Genf, Meilen, Neuchâtel, Schaffhausen, Vévey, Zürich; — Florenz, Turin, Palermo; — Athen; — Brüssel; — Rotterdam, Leeuwarden; — Kopenhagen; — New-York, Buffalo, Salem, Cambridge Mass., St. Louis, Dallas, Clifton, (Texas), Buenos Ayres.

Vielfach ausgesprochenen Wünschen zu genügen werden wir im nächsten Jahre die E. N. mit Antiquaschrift drucken lassen.

In der Expedition tritt insofern eine Aenderung ein, als die bisher von uns selber expedirten Exemplare der Post zum Vertriebe übergeben werden. Dieser Modus erspart nicht nur uns viele Mühe, sondern ist auch für die Abonnenten, besonders im Auslande, der billigste und bequemste.

Wir ersuchen deßhalb diejenigen unserer geehrten Abonnenten die bisher die E. N. direct erhielten, **für das nächste Jahr ihre Bestellungen gütigst bei den betreffenden Postanstalten aufgeben zu wollen.** Alle Postanstalten des Inlandes und Auslandes nehmen dieselben an, sind auch verpflichtet, verloren gegangene Nrn. nachzuliefern. Wir bitten, in diesem Falle sich nicht abweisen zu lassen, indessen die Bestellungen möglichst rechtzeitig aufzugeben. Der Abonnementspreis von 4 Mark bleibt unverändert, und ist für alle Abonnenten derselbe. Dagegen wird der Preis für die durch den Buchhandel bezogenen Exemplare, wegen des diesem Verkehrswege zufallenden hohen Rabatts, um 1 Mark erhöht.

Mittheilungen, sowie Inserate werden auch ferner direct erbeten.

№. 1. Entomologische 1876.

Nachrichten.

Herausgegeben
vom Gymn.-L. Dr. F. Katter.

Putbus, den 1. Januar.

Jeden 1. des Monats erscheint ein Heft. Abonnement jährlich 4 Mark pränumerando. Zu beziehen durch die Expedition (franco unter Kreuzband), die Post oder den Buchhandel. Tausch- und Kaufgesuche der Abonnenten gratis. Insertionsgebühr 25 Pfennig die Zeile oder deren Raum.

An die naturhistorischen Vereine und ihre entomologischen Mitglieder.

Manche entomologische Abhandlung ist in einer naturwissenschaftlichen Vereinsschrift abgedruckt, aber dadurch meist nur den Mitgliedern des Vereins bekannt geworden und für das große entomologische Publicum nicht vorhanden, weil dieses — da Jeder unmöglich alle Zeitschriften halten oder durchstöbern kann — von ihrer Existenz keine Ahnung hat. Und doch verdiente manche in weitern Kreisen bekannt zu werden; auch muß es dem Autor selber lieb sein, seine Arbeit einem größeren Publicum, besonders von Fachgenossen, zugänglich zu machen.

Es geschieht dies leicht, wenn der Autor von seiner Abhandlung eine Anzahl Separatabdrücke machen läßt, (die Zahl wird sich ja leicht aus dem behandelten Gegenstande ermessen lassen, ob groß, ob klein,) und sie einem Buchhändler in Verlag giebt oder wenigstens den Weg mittheilt, auf welchem dieselbe zu erlangen ist. Die Kosten für die Mehrabzüge sind zu unbedeutend, um in Rechnung zu kommen.

Die verschiedenen Anfragen nach der Abhandlung des Herrn Dr. Rudow „über Pflanzengallen", die ebenfalls ein Separatabdruck war und im Nord und Süd begehrt wurde, von Schleswig bis Basel, haben uns diesen Gedanken erweckt.

Die entomologischen Nachrichten werden gern Mittheilung über solche Abhandlungen bringen, und hoffen damit nicht weniger dem Leserpublicum wie dem Autor eine Freude zu machen, speciell aber den Entomologen, die Revüen oder Mittheilungen über die neuesten Forschungen auf dem Gebiete der Entomologie bringen, einen Dienst zu erweisen.

Biologische Mittheilungen.

Beobachtungen über Ameisen, Bienen und Wespen.

Von Sir John Lubbock.[1])

Ich gebe hier eine Fortsetzung meiner früheren Beobachtungen über denselben Gegenstand. Ich erwähnte dort verschiedener Experimente, die zeigen sollten, daß Ameisen und Bienen, welche irgend welche Nahrung gefunden haben, nicht immer ihre Freunde benachrichtigen. Man nahm diese unerwartete Thatsache mit Ueberraschung auf, und in der That war sie mir selber so überraschend, daß ich beschloß, die Versuche zu wiederholen. Ich habe es jetzt mit demselben Erfolge gethan, und will einen davon mittheilen: Ich brachte eine Formica flava an einen Haufen Puppen (vulgo Ameiseneier) ungefähr 2 Fuß vor dem Eingang zu ihrem Neste und beobachtete sie von 11 Uhr morgens bis nach 7 Uhr abends. In dieser Zeit machte sie 86 mal den Weg von ihrem Nest zu dem Puppenhaufen, jedes Mal eine Puppe mit sich nehmend, aber obgleich sie viel zu thun hatte, und obgleich die Puppen vielen Gefahren und dem Wetter ausgesetzt waren, brachte sie keine andere Ameise mit, um sie bei der Fortschaffung zu unterstützen. Ich beobachtete dies in mehreren Fällen. Eine dieser Ameisen trug an einem Tage 187 Larven fort.

Zu andern Zeiten ergab sich das umgekehrte Resultat, ich war deßhalb zweifelhaft, ob die Ameisen als gesellig lebende Thiere ihre Freunde zum Beistande mitbrächten oder diese zufällig kämen. Um mich davon zu überzeugen, nahm ich 2 Ameisen und brachte sie unter denselben Verhältnissen zu Larven, die eine an einen Haufen, die andere zu 2—3 Stück, indem ich aber zu diesem Häufchen stets eine neue Larve hinzulegte, so wie eine fortgenommen war. Es war klar, daß die Ameisen, die zu dem großen Haufen gesetzt waren, mehr Freunde mitbringen würden, als die zu dem andern gebrachten. In der That, brachten von den 30 beobachten die ersteren 280 Freunde, die andern nur 80 mit.

Lund in Brasilien theilt einen Vorfall mit, der von der Intelligenz der Ameisen zeugt. Als er unter einem Baume durchging, der fast allein stand, hörte er zu seiner Ueberraschung einen Blätterregen. Als er die Ursache desselben untersuchte, fand er, daß eine Anzahl Ameisen auf den Baum geklettert waren und die Blätter abbissen, die von unten wartenden Schwestern fortgetragen wurden. Man könnte behaupten, daß die Blätter von selber gefallen wären, und ich glaube dies, wie ich aus folgender

---

[1]) Aus Nature, 11. Nov. 1875. Vortrag von Sir John Lubbock, gehalten in der Linnean Society in London am 4. Nov. 1875.

Beobachtung Grund zu schließen habe. Ich brachte ungefähr ⅓ Zoll über einem meiner künstlichen Neste ein Stück Glas an, auf das ich Larven legte und Ameisen setzte. Jede von ihnen nahm eine Larve und versuchte auf dem kürzesten Wege heimzukehren. Sie beugten sich über das Glas und bemühten sich, hinunter zu reichen, jedoch meist vergeblich, obgleich die Entfernung so gering war, daß sie das Nest fast mit ihren Fühlern erreichen konnten; in ein paar Fällen gelang es ihnen auch hinunter zu kommen, indem sie auf den Rücken einer vorbeipassirenden Freundin stiegen. Die, welche keine Hülfe fanden, obgleich sie sie zuerst bei mir suchten, fanden allmälig den Weg zum Nest zurück, sie mußten dazu einen Umweg von 13 Fuß machen, — und nun passirte bald eine große Zahl diesen Weg hin und zurück. Hätten sie die Larven werfen wollen, so wäre es ihnen bei der geringen Höhe durchaus nicht schwer geworden. Noch mehr, ich legte ½ Zoll von dem Glase Dammerde hin, so daß sie leicht hätten eine Brücke bauen können, sie zogen es aber vor, 4 Stunden lang zu Hunderten den weiten Weg zu machen. Ich machte dies Experiment mehrmals mit demselben Erfolge. —

Meine früheren Mittheilungen, daß auch Bienen ihre arbeitenden Schwestern nicht immer zu einem aufgefundenen Vorrath bringen, sind von Bienenzüchtern vielfach in Frage gestellt worden; ich wiederholte deßhalb meine Versuche.

Ohne Zweifel finden auch andere Bienen ihren Weg zu offen ausgelegtem Honig; anders aber ist es, wenn dieser verborgen liegt. So brachte ich eine Biene zu Honig, die sich unter einem umgekehrten Blumentopfe befand, der ihr nur eine schmale Oeffnung als Ein- und Ausgang gewährte. Unter diesen Verhältnissen kehrte sie von morgens ¾7 Uhr bis abends ¼8 Uhr 59 Mal zurück, ohne daß eine andere Biene mit ihr gekommen wäre.

Auch bemerkte ich, daß Bienen für besonders gefärbten Honig ein Unterscheidungsvermögen haben. So brachte ich am 13. Sept. eine Biene zu Honig, der auf einer Glasplatte über grünem Papier lag. Nach dem sie 12 Mal wiedergekehrt war, legte ich rothes Papier an die Stelle des grünen, und ungefähr 1 Fuß davon entfernt ein anderes Glas mit Honig auf das grüne Papier. Die Biene kehrte indessen zu letzterem zurück. Ich schob dann das grüne Papier mit der beim Honig sitzenden Biene wieder an die alte Stelle zurück und ersetzte es, als sie fortgeflogen war, durch gelbes, indem ich das grüne 1 Fuß davon entfernte. Nach dem gewöhnlichen Zeitraum kam sie zurück und zwar zu dem grünen Papier. Ich machte denselben Proceß und nahm dann orangefarbenes Papier. Dasselbe Resultat. Ebenso mit weißem und blauen. Ich verwechselte nun das blaue und grüne, sie kehrte zu diesem zurück. Ich machte das Experiment mit andern Bienen mit demselben Erfolge, obgleich manche nicht so genau zwischen grün und blau unterscheiden, wie zwischen grün und anderen Farben.

In Bezug auf die Wespen finde ich durch meine neuen Beobachtungen meine früheren bestätigt. Sie fangen ihre Arbeit am Morgen früher an als die Bienen und hören am Abend später auf; dabei arbeiten sie den ganzen Tag mit gleicher Emsigkeit. So beobachtete ich am 10. September eine Wespe, die von 7 Uhr morgens bis 7 abends ununterbrochen thätig war; sie machte in dieser Zeit nicht weniger als 94 Flüge zu dem ausgelegten Honig. Gerade wie bei Bienen kommen auch bei Wespen oft andere zu der vorgesetzten Nahrung, wenn diese frei liegt, sobald man eine dazu gesetzt hat. Dagegen fand ich, als ich eine Wespe an ein Honiggefäß brachte, zum dem der Eingang nur eine enge Gummiröhre war, daß sie 3 Tage hintereinander kam, ohne eine Gefährtin mitzubringen.

In Betreff der Farben beobachtete ich, daß auch Wespen diese zu unterscheiden wissen, obgleich in geringerem Grade als Bienen.

Ueber den nächtlichen Fang von Schmetterlingen.

Unter diesem Titel giebt H. Dr. Arnold Pagenstecher in Wiesbaden in den Jahrbüchern des nassauischen Vereins für Naturkunde[1]) einen Bericht über seine eigenen und seiner Freunde Erfahrungen in Betreff dieser Jagdmethode. Nach Erwähnung der Jagd à la miellée, wie sie die Franzosen nennen, die wir in Nr. 1, 1875, in Erinnerung gebracht, bespricht er die Wichtigkeit des nächtlichen Fanges, der sich nicht allein auf Schmetterlinge, sondern auch auf Raupen erstreckt. Darüber berichtet bereits Dr. Rößler in dem Artikel „über Nachtfang" in der Wiener entomologischen Monatsschrift. Schon im März, mehr aber im April, wenn an den Schlehenhecken die ersten Blüthen- und Blattknospen sich zu regen beginnen, fand H. Dr. P. oftmals im Vereine mit dem genannten erfahrenen Forscher, zahlreiche Fimbria- und Comes-Raupen, welche vom Boden auf die Zweige aufwärts gestiegen waren und die frischen, zarten Knospen den auf dem Boden zahlreich grünenden Pflanzen vorzogen. An den Zweigen saßen auch zahlreiche Pictaria, einigemal sogar Oleagina, oder wurden mit den gewöhnlichen Orthosien aus den Hecken aufgescheucht. In Würzburg, wo Berberissträuche zahlreich auf dem Glacis der die Stadt umgebenden Festungswälle wuchsen, gelang es ihnen vor Jahren, die stattlichen Raupen von Petrorrhiza in großer Zahl Abends am frischen Grün zu erbeuten, neben der zierlichen Cid. Berberata. — Von einer Reihe anderer Eulenraupen gilt dies nicht minder und

---

[1]) Auch als Separatabdruck im Buchhandel erschienen (bei Julius Niedner in Wiesbaden.)

wer über Zeit und Geduld zu verfügen hat, der kann mit Hülfe der Laterne zur Nachtzeit schöne Funde machen, so z. B. die meisten Agrotisarten (Noctua und Tryphaena, Treitschke.)

Herr Dr. Pagenstecher erzählt weiter folgendermaßen: „Die letzte Art des Nachtfanges, welche wir noch zu besprechen hätten, deren Resultate die nächste Veranlassung zu gegenwärtiger Arbeit gaben, ist die durch Aufstellen einer intensiven Lichtquelle vermittelte. Rößler erwähnt bereits in seiner mehrfach beregten Arbeit, wie die hellleuchtenden Gaslaternen am Rande der Stadt wie auch selbst die Signallaternen der Eisenbahnen Abends von zahlreichen Spinnern und Noctuen besucht werden. Es ist nicht schwer, am Tage noch in der Nähe solcher Laternen, insbesondere derer, welche an Parkanlagen stoßen, zahlreiche Schmetterlinge zu finden, welche an den Pfosten oder Gläsern innerhalb der Laternen, wie außerhalb ruhig sitzen geblieben sind, oder welche vielfach mit halbverbrannten Flügeln und Fühlhörnern, in der Nähe am Boden ihre Lust am Lichte büßen müssen. Die Laternen stellen somit vollständige Schmetterlingsfänger dar, welche bekanntlich in ähnlicher Weise von Schirl erfunden und von Frauenfeld beschrieben wurden, wie dies von Nolcken in seinem Reiseberichte (St. ent. Z. 1872. S. 377) anführt. Letzterer sah in den Tropen die Insekten in ganzen Schaaren zur Regenzeit dem Lichte zufliegen (S. 262) und konnte selbst am Glase der Lampe allerlei Micros, sowie Eulen und Spanner fangen (S. 261 und 310). Ebenso stellte von Kalchberg (St. ent. Z. 1872, S. 407) in Palermo fast täglich, wenn nicht Mondschein es hinderte, eine Petroleumlampe auf und fing gar viele, von ihm namhaft gemachte Sachen.

Diese Art des Fanges nun ist es, über welche ich hier nebst ihren Resultaten das Nähere anführen will, da sie sehr ergiebig sowohl an Zahl der Arten als der Individuen zu sein pflegt, dabei eine sorgfältige Auswahl der Gefangenen ermöglicht, und neben den reichen Belehrungen, die sie über Erscheinungsweise und Verhalten zahlreicher und vielfach sehr seltener Schmetterlinge gibt, selbst von einem an das Zimmer gebannten Sammler ohne große Umstände auszuführen ist, vorausgesetzt, daß die Wohnung des Letzteren nur einigermaßen geeignet ist. Wir können nur wünschen, daß diese Fangmethode mit gleicher Ausdauer betrieben werden möge, wie dies von Herrn Maler Reyher hier in seinen Wohnungen im Dambachthale und in der Kapellenstraße geschah. Derselbe stellte mir die Resultate seiner über Jahre ausgedehnten Bemühungen in freundlichster Weise zur Verfügung und gestattete mir, mit ihm diese oft recht aufregende Jagd zu betreiben, wie ich auch selbst in andern um die Stadt gelegenen Landhäusern in der Lage war, die gleichen Studien zu machen.

Bevor ich indeß auf die hauptsächlich auf Herrn Reyher's Thätigkeit basirten Ergebnisse eingehe, sei es mir gestattet, eine Stelle aus einem, wie für den Entomologen, so auch für den Ornithologen und Ethnologen gleich interessanten Werke von Wallace (Der Malayische Archipel, Cap. V, S. 119) vorauszuschicken, da sie gewissermaßen als Typus für diese einfache Fangmethode dienen kann und da die von dem physiologischen Verhalten der Thiere abhängigen Erscheinungen in den Tropen dieselben sind, wie bei uns. Wallace erzählt hier von seiner nächtlichen Thätigkeit im Urwalde von Borneo wie folgt:

„An einer Seite der Hütte war eine Veranda, von welcher man auf die ganze Seite des Berges hin unterſehen konnte und hinauf bis zum Gipfel auf der rechten Seite auf Partieen, die dicht mit Wald bedeckt waren. Die getäfelten Wände der Hütte waren geweißt und das Dach der Veranda niedrig und ebenfalls getäfelt und geweißt. Sobald es dunkelte, stellte ich meine Lampe auf einen Tisch an die Wand und setzte mich mit einem Buch in der Hand nieder, versehen mit Stecknadeln, Insektenzangen, Netz und Sammelbüchsen. Manchmal kam während des ganzen Abends nur ein einziger Nachtfalter, während sie an einem andern in einem ununterbrochenen Zuge hereinströmten und mir bis nach Mitternacht mit Fangen und Aufnadeln zu schaffen machten. Sie kamen buchstäblich zu Tausenden. Diese guten Nächte waren sehr selten. Während der vier Wochen, welche ich auf dem Hügel zubrachte, kamen nur vier wirklich gute Nächte vor und diese waren stets regnerisch und die besten in hohem Maße feucht. Aber nasse Nächte waren nicht immer gute, denn eine regnerische Mondnacht brachte fast gar Nichts. Alle Hauptgruppen der Nachtschmetterlinge waren vertreten und die Schönheit und Mannigfaltigkeit der Arten waren sehr groß. In guten Nächten war ich im Stande, 100 bis 250 Nachtfalter zu fangen, und es waren jedesmal die Hälfte bis zwei Drittel davon verschiedene Arten.

Einige setzten sich an die Wand, andere auf den Tisch und viele flogen auf das Dach, und ich mußte sie über die ganze Veranda hin und her jagen, ehe ich sie fangen konnte.

In 26 Nächten habe ich 1386 Nachtschmetterlinge gefangen, aber mehr als 800 davon in vier sehr nassen und dunklen Nächten gesammelt. Mein Erfolg ließ mich hoffen, daß ich bei ähnlichen Veranstaltungen auf jeder Insel eine Anzahl dieser Insekten würde erhalten können; aber seltsamer Weise war ich während der sechs folgenden Jahre nicht einmal in der Lage, Sammlungen zu machen, die sich denen von Saràwak überhaupt nur näherten. Der Grund davon liegt, wie ich sehr wohl weiß, in dem Fehlen der einen oder andern der wesentlichen Bedingungen, die sich hier alle vereinigt hatten. Manchmal war die trockne Jahreszeit das

Hinderniß; häufiger der Aufenthalt in einer Stadt oder einem Dorfe, die nicht nahe einem Urwald lagen, und in der Umgebung von andern Häusern, deren Lichter eine Gegenanziehung ausübten; häufiger noch der Aufenthalt in einem dunklen mit Palmen gedeckten Hause, mit einem hohen Dache, in dessen Schlupfwinkeln jeder Falter sich im Moment des Hereinkommens verlor. Dieses Letztere that den meisten Abbruch .... Ich bin sicher, daß es sich sehr lohnen würde (auf einer Erforschungsreise) eine kleine hölzerne Veranda mitzunehmen oder ein verandaähnliches Zelt von weißem Segeltuch, das man bei jeder günstigen Gelegenheit aufstellen kann, um dadurch auch Lepidopteren und auch seltene Arten von Coleoptern und andere Insekten zu fangen."

Die Ergebnisse von Wallace weisen sehr deutlich auf die physiologischen Eigenthümlichkeiten der Schmetterlinge hin, welche auch wir zu beobachten Gelegenheit hatten.

(Schluß folgt.)

Amerikanische Noctuinenfalle.

The American moth-trap ist der Name eines sinnreichen Instruments, um Nachtschmetterlinge durch die Anziehungskraft des Lichtes zu fangen. Wir hoffen, daß unsern lepidopterologischen Lesern die Beschreibung desselben um so angenehmer sein wird, als wir zugleich durch den Artikel des H. Dr. Pagenstecher das Ergiebige dieser Fangmethode nachzuweisen suchen.

Fig. 1. der beigelegten Tafel zeigt den Querdurchschnitt des Apparats, Fig. 2. die Vorderseite. A B C D ist der Kasten, der diese Falle vorstellt; J F der für die Lampe K bestimmte Theil, L ein kräftiger Reflector, G H die obere Oeffnung für den Cylinder. A E ist die äußere Oeffnung (nach vorn), A Z J eine Glasscheibe. In die Oeffnung C F wird der in der Figur etwas vorgezogene Schiebkasten M, der durch die Glasscheibe O O bedeckt ist, gebracht. Diese Glasscheibe ist wiederum unabhängig von dem Schiebkasten auszuziehen; sie bewegt sich im Falz. P ist eine jalousienartige Vorrichtung, um den unteren Raum dunkel zu erhalten; Q die Bänder um die einzelnen Holzstreifen zu bewegen; diese Vorrichtung ruht lose auf R. N ist auszuziehen und bis Y wieder einzuschieben; es enthält eine Lage Baumwolle, die mit Chloroform getränkt wird. Die Scheibe A Z J ist viereckig, dagegen sind in Fig. 2 E S S E und A E S Z dreieckige Scheiben mit abgerundeter Spitze, wie die Figur zeigt. Alle 4 Scheiben werden so aneinander gefügt, daß nur die runde Oeffnung Z Z S S bleibt.

Um die Falle zu gebrauchen, zündet man die Lampe an, schiebt die Kasten M und N ein und zieht die Scheibe O aus.

Die durch das Licht angezogenen Insekten werden durch die Schiefe des Glases der Oeffnung Z zugeleitet, wie Fig. 1 zeigt, gerathen in den innern Raum und in den Kasten M. Da sie hier infolge der Jalousie im Dunkeln sind, so verhalten sie sich ruhig und werden bald durch den Chloroformdunst betäubt.

Will man den Fang untersuchen und herausnehmen, so bläst man die am Glase flatterndeu Insekten nieder, schiebt die Glasscheibe O vor und zieht den Kasten M aus, der sofort durch einen neuen (es müssen stets zwei vorräthig sein) ersetzt wird.

Der Apparat wird offenbar nicht nur dem Lepidopterologen, sondern jedem Insektensammler gute Dienste leisten. Vielleicht regt diese Mittheilung auch zur Anfertigung desselben in Deutschland an..

The Bignell Beating-tray.

The Bignell Beating-tray, **Bignell's Klopfschirm**, wie wir es im deutschen bezeichnen würden, ist der Name eines muldenförmigen Instruments, das den Schirm ersetzen soll und auch in praktischer Weise zu ersetzen scheint. Wir geben die Beschreibung nach der Darstellung Bignell's in Newman's Entomologist, 141, 1875, indem wir zugleich die dortige Zeichnung auf unserer Tafel reproduciren. Der Leser denke sich ein muldenförmiges Instrument aus schwarzem Callico mit Handgriff, $4\frac{1}{2}$ Fuß lang, 3 Fuß breit, so hat er ein Bild von Bignell's Schirm. Die Bequemlichkeit dieses Instruments besteht darin, daß es wie ein Fächer zusammen und auseinander geklappt und, da der Stiel nur 2 Fuß lang ist, bequem transportirt werden kann, bequemer als es mit einem Regenschirm der Fall ist. Am Ende des nach Fächerart theilbaren Stiels sind durch einem starken Drath vier Rippen so bestigt, daß sie bei ausgespanntem Schirm die Diagonalen des Rechtecks bilden, oder, um es auf andere Weise auszudrücken, ein liegendes ×. Das erste Ende jedes dieser $35\frac{1}{2}$ Zoll langen Rippen besteht aus Holz, 22 Zoll; das andere $13\frac{1}{2}$ Zoll lange aus Rohr, um hierdurch die nöthige muldenförmige Biegung zu erzielen. Rohr und Holz sind durch Messingscharniere mit einander verbunden, über welche eine nach oben verjüngte Zwinge geschoben wird. Das andere Ende des Holzes trägt ebenfalls eine ungefähr 1 Zoll lange Zwinge mit einem Loch, ebenso wie das Ende des Stieles, durch welches ein starker Draht geht, der das Ganze verbindet. Das Zeug, (Bignell zieht nach vielfachen Versuchen schwarzes als das beste vor,) wird an 4 Stellen an jeder Rippe befestigt, nach der Art der Regenschirme, am Ende mit einem Bande. Figur 3, Taf. I., stellt die Vorderseite des zum Gebrauch aufgeklappten Schirms vor, Fig. 4 die

Rückseite; Fig. 5 die Art, wie man ihn zusammenlegt; 6 und 7 die Rippen, 7 im gebogenen Zustande; 8, 9, 10, 11 sind die Befestigungsstellen des Zeuges, 7 die Stelle, wo Rohr und Holz durch ein Scharnier verbunden sind.

In Nr. 142 des Entomologist finde ich, daß dieses Bignell Beating-tray, stark gearbeitet, mit Messingscharnieren und Zwingen für 12 Schilling 6 Pence = 12,50 Mark bei W. H. Harwood, 10 Crouch Street, Colchester zu haben ist. Vielleicht entschließt sich auch in Deutschland Jemand, dergleichen Apparate anzufertigen.

Nekrolog.

Am 19. Nov. 1875 starb in Lübeck im 73. Lebensjahre der Conservator des naturhistorischen Museums dieser Stadt und Entomologe H. C. J. Milde. Seinem Amt stand er von 1863—74 mit aufopferndster Thätigkeit vor. Seine sehr bedeutenden Sammlungen auf allen Gebieten der Entomologie, welche außer an europäischen Insekten, besonders reich an Californiern sind, hat er schon bei Lebzeiten dem naturhistorischen Museum in Lübeck vermacht.

Milde war nicht nur Entomologe, sondern auch Maler und leistete auf diesem Gebiet Bedeutendes. Eines der großen Fenster des kölner Doms ist sein Werk.

Dr. Rudolf von Willemoes-Suhm, Privatdocent a. d. Universität zu München, starb an der Rose, am 13. Sept. 1875 auf der Reise von Hawaii nach Tahiti im 29. Lebensjahre. Er war in Schleswig-Holstein geboren, studirte in Göttingen und Bonn und ließ sich unmittelbar nach beendigtem Studium als Privatdocent in München nieder, wo er Prof. von Siebold oft in seinen Vorlesungen vertrat, wenn dieser durch Krankheit verhindert war. Er machte verschiedene Studienreisen, 1868 nach Italien, 1872 nach den Faröer, und nach der Rückkehr von dieser schloß er sich der Expedition auf dem englischen „Challenger“ an, bei welcher er sein frühes Ende finden sollte.

Schon früh zeigte er reges Interesse für Naturwissenschaften; fast noch in seinen Knabenjahren schrieb er über die Gewohnheiten europäischer Vögel. Unter seinen späteren Werken haben wir hervor: Helminthologische Notizen; Zur Entwicklung von Schistocephalus dimorphus; Biologische Beobachtungen über niedere Thiere.

C. Wyville Thomson, der Leiter der naturwissenschaftlichen Expedition des Challenger, dem der Verstorbene sich anschloß, sagt von ihm: „Dr. von Willemoes-Suhm war ein Mann von ungewöhnlichen Wissen. Außer seinen umfassenden

Kenntnissen auf naturwissenschaftlichem Gebiet war er Meister in alten und neuen Sprachen; er sprach fließend Englisch, Französisch, Deutsch, Dänisch und Italienisch, und konnte in fast allen neueren europäischen Sprachen lesen. Bei seinen Collegen stand er in allgemeiner Achtung und mit vielen in inniger Freundschaft. . Seinen Tod sehe ich als einen schweren Verlust für unsere Expetion an."

Calmille Van Volxem, geb. am 19. Jan. 1848 in Brüssel, starb am 21. Oct. 1875. Dem entomologischen Studium, besonders dem der Coleopteren nnd Hemipteren eifrigst ergeben, machte er verschiedene Reisen, von denen er eine große Anzahl seltener oder neuer Arten zurückbrachte, 1871 mit seinem Onkel, Jean Van Volxem, nach Spanien, Portugal und Marocco; 1872 nach Brasilien und La Plata; 1874 nach Norwegen, Lappland und Schweden, im Winter 1874—75 nach Corfu und Neapel. Hier fühlte er den Keim der Krankheit, die ihn nach Hause rief und dort auf's Todtenbette warf. Er erfreute sich unter seinen Collegen einer großen Beliebheit, sowohl wegen seines reichen Wissens, wie wegen seiner großen Bescheidenheit.

Vermischtes.

Die Untersuchung der Baumrinden auf Coleopteren ist im Herbst und Winter besonders interessant und lohnend und es ist daher vielleicht manchem mit dem Hinweis auf einen praktischen Apparat hierzu gedient, dessen Beschreibung in den comptes-rendus de la Soc. ent. de Belgique 1874, Nr. 97, pg. 14 gegeben wird. Derselbe besteht in einem mehr oder minder weiten, zwischen zwei starken, vorn offenen und zugespitzten Drahtbügeln lose ausgespannten Netz von weißem Zeuge. Unterhalb der zu untersuchenden Stelle klammert man dieses Netz um den Stamm und bohrt die Spitzen der Bügel in die Rinde, so hält sich dasselbe von selbst und man hat beide Hände frei, um mit einem starken Taschenmesser die Rindenschuppen abzubrechen. Alles Herabfallende wird von dem dicht an den Stamm schließenden Netz aufgefangen, und zwar viel sicherer, als von einem etwa unten an dem Stamm ausgebreiteten Tuche. Haben die Bügel eine Vorrichtung zum Zusammenlegen, so ist der Apparat bequem in der Tasche zu tragen. Ich fand bei solcher Untersuchung der Rindenschuppen, namentlich an Obstbäumen und Kiefern, zahlreich: Anthonomus pomorum, druparum, spilotus, Pissodes notatus, Dorytomus costirostris, vorax, Orchestes Quercus u. a. Curculionen, Dromius 4 maculatus, 4 notatus, agilis, Clerus formicarius, Trechus minutus, Bembidium 4 maculatum, Corymbites bipustulatus, Crioceris Asparagi, verschiedene Halticiden

u. a. Auch andere Insekten, namentlich kleine Hemipteren, und allerlei Larven fanden sich in Menge.

Z. C. S.

Einfacher und bequemer ist der eben beschriebene Apparat noch, wenn man statt des Drahtbügels nur zwei an den Enden des weißen Tuches befestigte dünne Eisenstäbe mit Spitze anbringt. Fürchtet man, daß etwas über die nach einer Richtung wagerechte Fläche fallen sollte, so können die beiden Stäbe am nicht zugespitzten Ende leicht nach oben gebogen werden. Die Red.

Fossile Insekten in Canada. — Als bei Rideau Hall in Canada Kanäle zu Wasserröhren gegraben wurden, fanden die Arbeiter eine mehrere Fuß dicke Felsschicht, welche vollständige und schöne gepflügelte Insekten enthielt. Einige gleichen Schmetterlingen, die feinste Aderung der Flügel ist vollkommen erhalten. (Entomologist, 140, p. 58.)

Heuschrecken als Nahrungsmittel. — H. Riley, State Entomologist of Missouri, legte der entomologischen Gesellschaft in London verschiedene schädliche amerikanische Insekten vor, unter ihnen Caloptenus spretus, die Heuschrecke von den Rocky Mountains. Er ließ sich zugleich über die Lebensweise derselben aus und über den ungeheuren Schaden, den sie anrichtet, da sie ebensowenig wie die Wanderheuschrecke, irgend eine Pflanze auf den Feldern verschont; nur die Blätter der Waldbäume bleiben von ihr unangegriffen. Indessen verbreitet sie sich nicht über ihren District hinaus, da sie im feuchten Klima nicht leben kann. Aus seiner Beobachtung, daß Schweine und Hühner binnen kurzer Zeit durch Heuschrecken gemästet werden, zog Riley den Schluß, daß dies Insekt auch für Menschen eine gute Nahrung sein müsse, und daß auf diese Weise der von von ihr angerichtete Schaden einigermaßen wieder reparirt werden könne. Er veranstaltete deßhalb in St. Louis ein Festmahl, bei dem Heuschrecken in verschiedener Zubereitung, — besonders als Suppe — aufgetragen und ausgezeichnet gefunden wurden. Auch in London vertheilte er an die Mitglieder der entomologischen Gesellschaft eine Anzahl gebackener Heuschrecken, hob aber hervor, daß sie in diesem Zustande wegen der harten Haut keine geeignete Speise seien. Sie wurden gekostet, fanden aber keinen Beifall; sie schmeckten überaus fett, und wurden wahrscheinlich am besten von einem Mitglied mit verbranntem Hammelfett verglichen. Auch war die harte Haut unangenehm.

Einführung europäischer Insecten in andere Welttheile. — Riley theilte der entomologischen Gesellschaft in London mit, daß er wünsche, Cocons von Microgaster glomeratus in Amerika einzuführen, um den Verwüstungen der Raupe von Pieris rapae vorzubeugen. — Nach Neu-Seeland wurden aus England Hummeln eingeführt, um den bis dahin dort unfruchtbaren rothen Klee zum Saattragen zu bringen. Unter den neuseeländischen Hymenoptern befindet sich keines mit hinreichend langem Rüssel, um auf den Grund der Blüthenröhre gelangen zu können.

Coloradokäfer. In der Sitzung vom 5. April 1875 der Entomological Society of London las Mac Lachlan einen Brief vor, den er von einem Herrn in Pueblo, Colorado, Vereinigte Staaten, erhalten hatte, in dem ihm mitgetheilt wurde, daß der Kartoffelkäfer nicht allein vermittelst der trockenen Stengel nach Europa eingeschleppt zu werden brauche, sondern auch durch die Knollen, da er das Insect in seinen Kartoffelgruben eifrigst Knollen fressend gefunden habe. Derselbe erwähnt eines andern Berichts, vom Lieut. W. L. Carpenter, der dieselbe Ansicht ausspricht, und behauptet, daß auch in Amerika der Kartoffelkäfer hauptsächlich durch die Frucht verbreitet werde und sich deßhalb in solchen Gegenden nicht finde, in welche — wegen der Billigkeit des eigenen Products — kein Import stattfinde, z. B. am Salzsee.

Sphynx convolvuli. Fast sämmtliche englische entomologische und naturhistorische Zeitschriften melden von reichen Fängen dieses Schwärmers im letzten Jahr. Auch auf Rügen fand er sich in ungewöhnlich häufiger Zahl; fast täglich wurden mir Exemplare, wenn auch meist abgeflogen, gebracht, sogar noch Anfang September eins. Es wäre interessant zu constatiren, wie weit sich das häufige Vorkommen dieses Falters im letzten Jahre ausgedehnt hat.

Die Academie der Wissenschaften in Paris hat die Stiftung Thore H. Dr. August Forel für sein Werk: Les Fourmis de la Suisse, das auch schon von dem allgemeinen schweizer Naturforscherverein preisgekrönt worden ist, bewilligt.

Correspondenz.

Mit den Vorarbeiten zu einer Monographie der Phanaeus beschäftigt, stelle ich hiermit an die verehrten Collegen die Bitte mich durch Zusendung ihres unbestimmten oder zweifelhaften Materials aus dieser Gattung unterstützen zu wollen. Besonders dankbar werde ich für Mittheilungen aus dem Verwandtschaftskreise des Ph. Kirbyi und planicollis sein.

Der Druck des zwölften und letzten Bandes des Münchener Catalogs ist durch den Bankerott des bisherigen Verlegers unterbrochen worden. Es besteht jedoch gegründete Hoffnung denselben mit Beginn des nächsten Jahres wieder aufnehmen zu können.

Complete Exemplare meiner „Coleopterologischen Hefte" d. h. Nr. I. bis XIII, sind gegenwärtig im Buchhandel vergriffen und können nur noch direkt durch mich bezogen werden, da ich eine bemessene Anzahl derselben reservirt habe. Der Preis eines solchen direkt von der Redaktion bezogenen Exemplars berechnet sich auf 31 Mark, wofür dieselben dem Besteller franco zugesendet werden, oder auf 30 Mark bei unfrankirter Zustellung.

München, Barerstraße 52. v. Harold.

Neue Bücher.

Catalogo sinonimico e topografico dei Coleotteri d'Italia del Dottore Stefano de Bertolini di Trento. Dieser Katalog, der im allgemeinen der Anordnung des Stein'schen Catalogus Coleopterorum Europae folgt, ist nicht nur ein für die Kenntniß der italienischen Käferfauna wichtiges Werk, — er ist der erste spec. italienische Käfercatalog, — sondern auch durch die reiche Synonymik interessant, und daher speciell allen Käferfreunden zu empfehlen, denen das große Werk von Gemminger und v. Harold nicht zugänglich ist. Auch in Bezug auf Topographie sind vielfache Mittheilungen meist zu jeder Species, gemacht, wenn auch diese natürlich nicht vollkommen sein können, besonders da man, wie der Verfasser in der Vorrede sagt, erst in den letzten Jahren eifrig angefangen hat, die appenninische Halbinsel entomologisch eingehend zu untersuchen. Das gebrachte Material ist trotz der vom Verfasser hervorgehobenen Unvollständigkeit reichhaltig, so finden, wir um aus der ersten Lieferung einiges anzuführen, 15 Species Cicindelen, 9 Cychrus, 46 Carabus, inclus. 2 Procrustes, 28 Nebria, 39 Dyschirius, 12 Brachinus, ꝛc. Der noch nicht vollständige Catalog geht jetzt bis zu der Curculionen, genus Metallites, und umfaßt 172 S. gr. 8°. Jede Lieferung von 16 Seiten kostet beim Verfasser 4 Sgr. = 40 ₰, die erste Lieferung zu 12 S. 30 ₰.

Catalogue des Hémiptères (Hétéropterès. Cicadines et Psyllides) d'Europe et du bassin de la Méditerranée, par le Dr. Puton, 2e édition. — Paris, Deyrolle, 23 rue la Monnaie. Preis 4 frcs.

Ein zweiter Abzug ist in der Art gemacht worden, daß nur eine Seite und eine Spalte auf starkem Papier abgedruckt worden ist, um zu Etikette in Sammlungen zu dienen. Auch kann derselbe zum Notizcatalog ꝛc. gebraucht werden. Der Preis dieser Ausgabe ist 6 frcs.

Die zweite Auflage zeichnet sich vor der ersten durch vielfache Verbesserungen und Zusätze aus, es sind die neuesten Arbeiten von Stål, Reuter, Mulsant, Rey und von Puton selber verwandt. Bei den Cicadinen ist die Fieber'sche Eintheilung beibehalten worden.

Entomol. und naturw. Zeitschriften.

Comptes-Rendus Acad. France 1875. (Entomol. Inhalt). Nr. 15. Diverses Communications relatives au Phylloxera. — Lichtenstein adresse une note sur l'insecte que Holzner a signalé sur les racines de l'Abies balsamea et de l'Abies Fraseri. — 16. Marès, sur les résultats des expériences faites par la commission de la maladie de la vigne du département de l'Hérault en 1874. Traitement des vignes malades. — Dumas, sur l'emploi des sulfo-carbonates alcalins contre le Phylloxera. — Duclaux, pays vignobles atteints par le Ph. en 1874. — Le Ministre de l'instruction publique transmet une note de O. Vauvert relative au Ph. — 17. Faivre, Etudes expérimentales sur les mouvements rotatoires de manège chez un insecte (Dytiscus marginalis) et le rôle, dans leur production, des centres nerveux encéphaliques. — Diverses communications relatives au Phylloxera. — 18. Lichtenstein, observations sur les divers Phylloxeras. — Lanen, lettre sur la faune et la flore de l'île de Kerguèlen. — Divers moyens pour combattre le Ph. — 20. Lichtenstein, sur les migrations du Ph. du chêne. — Diverses communications rel. au Phyll. — 21. Faivre, recherches sur les fonctions du ganglion frontal chez le Dytiscus marginalis. — Mègnin, sur l'organisation et la classification naturelle des Acariens de la famille des Gamasides. — 22. de Vibrage signale l'apparition, dans les vignobles du Loir - et - Cher d'un Hémiptère qui paraît voisin du Phytocoris gothicus. — 24 enthält die Vertheilung der verschiedenen Preise, sowie die neuen Preisausschreiben.

Tome LXXXI. 1—3, enthalten ausser verschiedenen Bemerkungen über Phylloxera nichts Entomologisches. Dergleichen Mittheilungen finden sich in allen vorhergehenden Heften, jedoch sind keine wichtigen darunter.

The Annals and Magazine of Natural History. July 1875. 91. — Francis P. Pascoe, additions to the Australian Curculionidae. — 92. — Butler, List of the Species of the Homopterous Genus Hemisphaerius, with Descriptions of new Forms in the Collection of the British Museum.

Tauschverkehr und Kaufgesuche.

(NB. Diese Rubrik steht den Abonnenten für Mittheilungen gratis zu Gebote.)

Joh. Ant. Richter, k. k. österr. Militär-Rechnungsrath a. D. in Salzburg, Brunnhausgasse Nr. 11, II, wünscht mit Lepidopterologen Norddeutschlands in Tauschverkehr zu treten. —

Iwan Tesch, Lepidopterolog in Bremen, Steinhauserstr. 65, wünscht seine reichen Vorräthe Doubletten europäischer und exotischer Lepidopteren auszutauschen, event. zu verkaufen.

Aus München wird uns mitgetheilt, daß infolge der Anregung des Herrn de Rossi in Nr. 22, 1875, der Entomologischen Nachrichten ein Tauschverein, vorläufig für Lepidopterologen, gegründet werden soll. Die Theilnehmer würden vor dem Marseul'schen Verein den Vortheil haben, daß sie das volle Aequivalent für die eingesandten Arten erhalten, (wie vorläufig die Absicht ist, nach den Staudingerschen Katalogpreisen berechnet).

Das Inslebentreten des Vereins ist abhängig gemacht von genügender Betheiligung. Die Herren Lepidopterologen, welche theilzunehmen wünschen, mögen Ihre Adressen resp. Bemerkungen, an die Redaktion der Ent. Nach. einsenden, die sie nach München befördern wird. In der nächsten Nr. hoffen wir dann genauere Mittheilungen bringen zu können.

Anfrage.

Wer hat gutbestimmte schöne exotische Orthopteren u. südeuropäische Phryganeiden in Centurien-Preisen abzugeben? ebenso europäische Ichneumoniden?

Meyer Dür, Entomolog
Burgdorf (Schweiz.)

Anzeigen.

Texanische Hemiptern,

vorzüglich erhalten, gesammelt von dem Naturforscher J. Boll in Dallas (Texas) sind zu verkaufen, entweder alle zusammen, etwas über 1000 Stück, für frcs. 230, — oder je circa die Hälfte, wobei in der ersten Auswahl alle Species vertreten sind
560 Stück für frcs. 150; —
zweite Hälfte c. 440 Stück für frcs. 90.

Die Insekten sind frisch in Texas gespießt worden und leiden an keiner Entfärbung durch Spiritus oder dergl. —

Versender: E. Frey-Gessner, rue Etienne Dumont 20.
Genève (Schweiz.)

Zum Verkauf.

1. Eine sehr schöne Partie, gutgehaltener, theilweise auch bestimmter schweizerischer, südfranzösischer und italienischer Käfer, — eine ganze Jahresausbente von c. 9000 Exemplaren in mehr als 1200 Species, zusammen um den Preis von frcs. 800. — Verpackung billigst berechnet.

2. 33 Species richtig bestimmte Psylloden in c. 240 Exemplaren für frcs. 25.

Sich zu wenden an Meyer Dür, Entomolog,
Burgdorf, Schweiz.

In Commission bei Ch. Fr. Vieweg, Quedlinburg.
Druck von August Knaak in Putbus.

№. 2. Entomologische 1876.

Nachrichten.

Herausgegeben
vom Gymn.-L. Dr. F. Katter.

Putbus, den 1. Februar.

Jeden 1. des Monats erscheint ein Heft. Abonnement jährlich 4 Mark pränumerando. Zu beziehen durch die Expedition (franco unter Kreuzband), die Post oder den Buchhandel. Tausch- und Kaufgesuche der Abonnenten gratis. Insertionsgebühr 25 Pfennig die Zeile oder deren Raum.

Das Studium der Hymenopteren,

Winke für Anfänger in diesem Zweige der Entomologie,
von Dr. Kriechbaumer in München.

Wenn mich ein angehender Hymenopterolog, wie das schon öfter geschehen ist, frägt: „Nach welchem Werke kann ich meine Wespen und Bienen, die ich gesammelt habe, am besten bestimmen?" so bin ich leider genöthigt, ihm eine Antwort zu geben, die, besonders wenn ihn Gott Plutos nicht ganz außerordentlich begünstigt hat, wohl geeignet wäre, ihn von dem Studium dieser Thiere abwendig zu machen. Ich muß ihm nämlich sagen: Lieber Freund, dafür giebt es kein Werk, sondern dazu brauchst Du eine ganze Bibliothek.

Wer indeß von wahrhaft wissenschaftlich-entomologischem Eifer erfüllt ist, wird sich durch diese kurz und offen dargelegte Sachlage nicht entmuthigen lassen, sondern gerade darin eine Aufforderung finden, mit allen Kräften zu einer Aenderung und Besserung derselben mitzuwirken. Er wird aber durch den Umfang des Stoffes eben so sehr, wie durch die finanziellen Verhältnisse genöthigt sein, sich in seinen Studien eine weise Beschränkung aufzulegen und nicht Alles auf einmal anzupacken. Am meisten wird das bei dem der Fall sein, welchem nur wenig Zeit für entomologische Studien übrig bleibt, und kann ein solcher in der Beschäftigung mit einer der größern Familien hinreichenden Stoff für sein ganzes Leben finden.

Wem es vielleicht zunächst darum zu thun ist, einen Ueberblick über das ganze Gebiet der einheimischen Hymenopteren zu gewinnen, der wird seinen Wunsch durch „Die Hymenopteren Deutschlands" von Dr. Taschenberg möglichst befriedigen können. Man muß nur von diesem wie von andern ähnlichen Werken nicht verlangen, daß es gerade alles das enthält, was dem jeweiligen Sammler in dieser oder jener Gegend unter die Hände gekommen ist. Wer einen solchen Ueberblick bereits gewonnen hat oder es vorzieht, sogleich in das genauere Studium irgend einer Familie einzugehen, wird sich zunächst die Frage vorlegen müssen: Mit welcher Familie soll ich den Anfang machen? Die Antwort darauf wird theils von einer bereits ausgesprochenen Vorliebe für die eine oder andere Familie, theils von dem bisher gesammelten Material, theils von den mit dem Studium verbundenen Schwierigkeiten und endlich auch von der mehr oder minder großen Ausdehnung der dazu nöthigen Litteratur abhängen. Was die Schwierigkeiten des Studiums betrifft, so wachsen selbe im Allgemeinen um so mehr, je zahlreicher und je kleiner die Arten der betreffenden Familie sind. Diesen Verhältnissen entsprechend dürften, da der Anfänger doch in der Regel für Familien, die eine gar zu geringe Artenzahl und Mannigfaltigkeit an Formen bieten, wie z. B. die eigentlichen Wespen, Ameisen, oder nur ganz kleine Formen enthält, wie die Gallwespen, weniger Interesse hat, die Raub- oder Blattwespen für den Beginn des Hymenopterenstudiums am geeignetsten sein. Schwieriger ist schon das Studium der Bienen, selbst die größten Arten darunter (die Hummeln) nicht ausgenommen, doch immer noch geringer als das der Schlupfwespen, deren zahllose und zum Theil schon wegen ihrer Kleinheit schwer zu unterscheidende Arten kaum zu bewältigen sind; allein auch hier kann das „Divide et impera" Hülfe schaffen. Wie weit die Litteratur bei Entscheidung obiger Frage zu berücksichtigen ist, wird sich aus Folgendem ergeben, wobei als selbstverständlich vorausgesetzt wird, daß der Anfänger zunächst die Thiere seiner Umgebung kennen lernen will, und vorläufig die jetzt ohnehin ziemlich weiten Grenzen Deutschlands nicht überschreitet.

Für die Blatt- und Holzwespen besitzen wir in Hartig's Hymenopteren Deutschlands, 1. (u. einziger) Band, ein auf diese beiden Familien beschränkt gebliebenes Werk, das zuerst im Jahre 1847 erschien und im Jahre 1860 ganz unverändert, wie es scheint, abgedruckt wurde. Obwohl die forstlich wichtigen Gattungen mit größerer Ausführlichkeit behandelt sind, enthält es doch auch die den andern Gattungen angehörigen Arten in der damals möglichsten Vollständigkeit, jedoch in sehr ungleicher Behandlung. Während nämlich für die Arten jener Gattungen, die von Klug noch nicht bearbeitet worden waren (z. B. die Gattung Nematus), nicht nur Diagnosen, sondern auch ausführliche Beschreibungen abgefaßt sind, finden wir die Arten der von Klug bearbeiteten Gattungen meist nur mit ersteren versehen. Diese Diagnosen sind aber zu einer sichern Erkennung und Unterscheidung der Arten nicht immer genügend und ist es dann nöthig, die Beschreibungen Klug's selbst nachzusehen. Diese Beschreibungen aber verdienen ihrer Kürze und Klarheit wegen auch sonst, daß sie von jedem, der sich mit Blattwespen beschäftigt, in erster Linie gekannt und benützt werden. Nun sind aber leider Klug's Arbeiten über Blattwespen, die als sorgfältig ausgeführte Monographie der von ihm bearbeiteten Gattungen gelten können, in 4 Jahrgängen (2, 6, 7, 8) des Magazin's der Gesellschaft naturforschender Freunde in Berlin zerstreut, einer Zeitschrift, die sich meist nur in größeren Bibliotheken findet, und auch antiquarisch ziemlich selten und zu ziemlich hohem Preise*) angeboten wird. Es würde sich deshalb wohl lohnen, wenn diese Arbeiten Klug's nachgedruckt und in einem Band gesammelt mit Inhaltsverzeichniß herausgegeben würden**). Mit diesen beiden Werken würde ein Sammler etwa drei Viertheile seines Materials von Blatt- und Holzwespen bestimmen können. Nur die Gattung Nematus muß davon ausgenommen werden, welche seit ihrer Bearbeitung durch Hartig in Folge der seither gemachten Entdeckungen eine im Vergleich zu den übrigen Gattungen unverhältnißmäßig große Bereicherung erfahren hat. Leider haben aber die über diese Gattung seitdem erschienenen Arbeiten zum Theil mehr zur Verwirrung als zu einer Klarstellung der Arten beigetragen, Hartig selbst hat nach der ersten Ausgabe seines oben genannten Werkes eine solche Anzahl neuer Arten kennen gelernt, daß er im ersten Bande der Stettiner ent. Zeitung (1840) im Ganzen 103 Arten aufführen konnte, die er in Form einer Bestimmungstabelle bekannt machte, ohne jedoch die darin als neu angegebenen Arten näher zu beschreiben. Man könnte nun vielleicht fragen, ob solche Arten, resp. die ihnen gegebenen Namen, Anspruch auf Geltung haben. Ich glaube, daß ihnen die Berechtigung dazu nicht abgesprochen werden kann, da eine solche Tabelle eigentlich nur aus zergliederten Diagnosen besteht, deren Glieder für jede Art sich leicht zusammen finden lassen, selbe sogar den Vorzug hat, daß man die Arten viel leichter und schneller findet, als wenn selbe, mit wirklichen Diagnosen versehen, aber ohne irgend welche Eintheilung, in einer Reihe nacheinander aufgeführt wären und es nun jedem selbst überlassen würde, jedes einzelne Thier in einem solchen Chaos aufzusuchen. Eine Arbeit von der eben geschilderten Art haben wir in Foerster's „Neue Blattwespen", im 11. Bande der Verh. des naturh. Vereins der preuß. Rheinlanden, wo der Ver-

*) 20 Thaler (60 Mark) in einem Catal. von Friedlaender in Berlin von 1874.

**) Allenfallsiger Citate wegen müßten bei letzterem neben der fortlaufenden Seitenzahl, die sogar eher entbehrlich wäre, der Jahrgang und die Seite des Originals, etwa in Klammern, beigefügt werden.

fasser über 60 angeblich neue Arten von Nematus in ununterbrochener Reihenfolge beschreibt, ohne von den in Hartig's Tabelle als neu aufgeführten Arten auch nur eine sicher zu kennen. Welche von diesen mit der gewöhnlichen minutiösen Ausführlichkeit dieses Autors beschriebenen Arten wirklich als neu anzuerkennen, welche dagegen als bloße Varietäten zu bereits bekannten zu ziehen oder unter sich zu vereinigen sind, das richtig zu beurtheilen wird keine der leichtesten Aufgaben eines künftigen Monographen sein, und ich kann dem Anfänger nur rathen, diese Arbeit vorläufig nicht in den Bereich seiner Studien zu ziehen, wenn er nicht Zeit und Mühe umsonst aufwenden will, besonders da eine monographische Bearbeitung der Gattung durch einen Fachmann, der sich durch gründliche Arbeiten in dieser Familie bereits einen rühmlichen Namen erworben hat, in naher Aussicht steht.

Bei dem weiten Vordringen unserer deutschen Fauna nach Norden und der Wichtigkeit, welche deshalb die Werke schwedischer Autoren auch für uns haben, wäre es mir nicht zu verzeihen, wenn ich hier das wichtigste neuere Werk über Blattwespen, nämlich Thomson's Hymenoptera Scandinaviae Tom. I. (Tenthredo et Sirex Linn.) nicht erwähnen würde, ein Werk, das kein Hymenopterolog entbehren kann, der sich mit dem Studium der Blattwespen eingehend beschäftigen will. Es ist freilich ein großer Uebelstand, daß man, um es vollständig benützen zu können, Schwedisch verstehen muß, indem zwar die Gattungsmerkmale, die Kennzeichen der Unterabtheilungen, sowie die Diagnosen und Beschreibungen der Arten in lateinischer, das Vorkommen aber, die Beschreibungen und Lebensweise der Larven, sowie eine Menge anderer, oft sehr wichtiger Bemerkungen in schwedischer Sprache abgefaßt sind. Mit Hülfe eines kleinen Handwörterbuches und bei der nahen Stammverwandtschaft dieser Sprache mit der deutschen macht indeß die Uebersetzung dieser Bemerkungen nach kurzer Uebung keine zu großen Schwierigkeiten. Hat dieses Werk schon im Allgemeinen den Vorzug, daß es die ganze Familie in gleichmäßiger Durcharbeitung behandelt, so wird man auch in der Beschreibung und Feststellung der Unterabtheilungen, sowie der einzelnen Arten manches bisher unbeachtet gebliebene Merkmal angewendet finden, das die Erkennung und Unterscheidung der letzteren erleichtert. Leider enthält aber auch die Synonymie wieder einen beträchtlichen Zuwachs, indem Thomson einerseits, was man zwar nicht tadeln kann, die Namen älterer Autoren, besonders von Retz, Fallén und Dahlbom mehr berücksichtigte, als das bisher geschehen war, und dadurch manchem ältern Namen wieder Geltung zu verschaffen suchte, andererseits aber Hartig's Tabelle der Gattung Nematus und Foerster's „Neue Blattwespen“

garnicht, Zaddach's Arbeiten nur theilweise kannte, worin doch manche der von ihm (theils hier, theils schon früher in den Verhandlungen der schwed. Akad.) als neu beschriebenen Arten enthalten sein dürften.

Auf die in den verschiedenen Zeitschriften zerstreuten Beschreibungen neuer Arten u. d. gl. einzugehen, würde zu weit führen, und muß der nun weiter fortgeschrittene Hymenopterolog, dem die genannten Hauptwerke nicht mehr ausreichen, die Jahresberichte und Inhaltsverzeichnisse der Zeitschriften nachsehen; die bis 1862 erschienenen Schriften und Arbeiten über diese, sowie über die folgenden Familien wird er in Hagen's Bibliotheca entomologica in möglichster Vollständigkeit zusammengestellt finden, welches Werk in jeder Bibliothek, das die Entomologie überhaupt nicht ausschließt, zu finden sein soll. Nur Zaddach's bereits erwähnte Arbeiten müssen noch hervorgehoben werden, da selbe nach Inhalt und Umfang zu den wichtigsten Ergänzungen der Werke über Blattwespen gehören. Selbe sind in 3 Abtheilungen in den Schriften der physik.-ökonom. Gesellschaft in Königsberg erschienen und manchmal separat bei Antiquaren zu haben*). Sie enthalten größere monographische Aufsätze über die Gattungen Cimbex (im weitesten Sinne), Hylotoma, Schizocera, Lyda, Tarpa, und ein mit größtem Fleiße und möglichster Vollständigkeit zusammengestelltes Verzeichniß der für die Kenntniß der Blattwespen wichtigen Werke und Schriften bis zum Jahre 1862 (incl.), welches, nach der Erscheinungszeit der Werke oder ihrer einzelnen Theile geordnet, 383 Nummern, also schon eine ganz artige Bibliothek, enthält.

Was nun nicht nur dem Anfänger, sondern auch dem schon mehr Eingeweihten die Bestimmung seiner Thiere bedeutend erleichtern würde, das sind gut ausgeführte Bestimmungstabellen

---

*) Die Separat-Abdrücke sind zur Zeit das einzige Mittel, die Mißstände, welche die Zerstreutheit der entomologischen Litteratur in einer Unzahl von Zeitschriften mit sich bringt, einigermaßen auszugleichen. Jeder Vernünftige wird einsehen müssen, daß es kaum den am reichsten dotirten Anstalten möglich ist, alle diese Zeitschriften zu halten, daß es aber manchem oft erwünscht wäre, diese oder jene Abhandlung zu besitzen. Möchten daher die Vorstände und Ausschüsse naturwissenschaftlicher Vereine diesen Umstand beherzigen und von einigermaßen wichtigen Aufsätzen, besonders Monographien oder Beschreibungen neuer Arten eine Anzahl Separatabdrücke herstellen lassen, was ja, wenn der Satz einmal da ist, weder große Mühe noch große Kosten verursacht. Dabei wäre nicht zu vergessen, unter dem Titel beizusetzen: (Abgedruckt aus . . . Jahrg. 18 . .). Eine besondere Paginirung ist nicht nothwendig, wenn sie aber beliebt würde, dürfte dennoch die der betreffenden Zeitschrift nicht weggelassen werden.

(Zwar wollte der Herr Verfasser diese Anmerkung in Folge des ersten Artikels in Nr. 1, 1876 der E. N. fortgelassen haben, aber wir bringen sie doch, um zu zeigen, daß der dort ausgesprochene Wunsch wohl ein allgemein gefühlter ist. Die Red.)

für die einzelnen Gattungen, wobei jede Art mit einem auf die beste Beschreibung und Abbildung hinweisenden Citate und den nöthigsten Synonymen versehen wäre. Solche Tabellen halte ich für besonders geeignet, die Aufmerksamkeit des Anfängers gleich im Beginn seines Studiums auf die zur Unterscheidung der Arten nothwendigsten und wichtigsten Merkmale zu lenken. Diese heraus zu finden und bei deren Wahl auch die möglichst leichte Wahrnehmbarkeit zu berücksichtigen ist keine leichte Aufgabe und setzt schon eine ziemlich sichere und vollständige Beherrschung des Stoffes voraus, der in diese Form gebracht werden soll, da dieses in erster Linie bei den Monographen anzunehmen ist, so wäre zu wünschen, daß gerade diese das hier ausgesprochene Bedürfniß, daß natürlich auch bei den folgenden Familien vorhanden und zum Theil auch befriedigt ist, in Erwägung ziehen und ihren Arbeiten stets solche schematische Uebersicht, die sich als Bestimmungstabellen gebrauchen lassen, beifügen würden. Daß diese Tabellen nur dazu dienen dürfen, die Namen der Arten auf kürzestem Wege zu finden, und daß die auf diesem Wege erzielten Bestimmungen durch Vergleichung mit ausführlicheren Beschreibungen erst völlig sicher gestellt werden müssen, versteht sich von selbst.

(Fortsetzung folgt.)

Nach einer mündlichen Mittheilung des Herrn Oberlehrers Cornelius in Elberfeld hat das Wasserbassin, in welchem der Gasbehälter der Gasfabriken schwimmt, für alle Arten Insekten eine große Anziehungskraft. C. hat mit dem Schöpfer eine ganze Menge Coleopteren der verschiedensten Familien darin gefangen, besonders viele Halticinen, auch lebende Wasserkäfer. Unter den in diesem Bassin gefundenen Arten befanden sich mehrere, welche Herr C. während seines langjährigen Sammelns in der Umgegend von Elberfeld nur ein- oder zweimal gefangen hatte, z. B. Blethisa multipunctata und Salpingus ater. Auch viele Nachtfalter schwammen auf der Wasserfläche, waren aber natürlich meistens verdorben. G. de Rossi.

Einen Zuwachs neuer Insectenarten scheinen wir der schwedischen arktischen Expedition zu verdanken. Während bis jetzt nur 4—5 Insectenspecies von Nowaja Semlja bekannt waren, zählt die Sammlung der Expedition c. 500 Ex. aus fast allen Insektenordnungen.

Das Erscheinen des Kartoffelkäfers in Europa wird aus Schweden berichtet. Auf den Kartoffelfeldern des Richters von Lillierooth in Garasbo soll er im vergangenen Jahr bereits arge Verwüstungen angerichtet haben.

Ueber den nächtlichen Fang von Schmetterlingen.
(Schluß.)

Soll das Sammeln auf die beregte Art Erfolg haben, so muß auf diese Eigenthümlichkeiten Rücksicht genommen werden. Eine einsam im Urwalde gelegene Wohnung ist allerdings für uns europäische Sammler nicht zu beschaffen. Indeß werden gewiß eine nicht unbedeutende Zahl von Freunden der Lepidopterologie in der Lage sein, günstig gelegene Wohnungen mit Erfolg zum Nachtfang mittelst der Lampe zu benutzen. Die Häuser, welche uns zur Verfügung standen, waren sogar innerhalb des Stadtberings, allerdings in Landhausquartieren belegen, boten aber trotz der Nähe größerer Häusermassen dadurch günstige Chancen, daß in unmittelbarer Nähe größere Blumen- und Obstgärten, Wiesen und Weinberge, Hecken und Anlagen mit den verschiedensten Gesträuchern und Bäumen sich vorfanden und selbst der Wald nicht allzufern war. Die Excursionen, welche manche Schmetterlinge vom Orte, wo sie der Puppe entschlüpften, wohl zumeist im Interesse der Erhaltung der Art vornehmen, sind offenbar recht bedeutend. Von den größeren und fluggewandten Sphingiden ist dies ja bekannt genug, aber auch manche kleine und wenig starke Formen mögen nicht unbedeutende Reisen vornehmen. Von wesentlicherem Einfluß sind natürlich die Witterungsverhältnisse. Diese bestimmen auch die Lebhaftigkeit der Nachtschmetterlinge in hohem Grade. Heiße trockne Luft bringt die Thiere offenbar in große Erregung. Sie fliegen weit rascher und unsteter, bleiben nicht an der Lichtquelle, sondern enteilen wieder in raschem Fluge. Trifft große Helligkeit und Klarheit der Atmosphäre hiermit, wie gewöhnlich, zusammen, ist heller Mondschein vorhanden, so ist selten auf irgend eine Ergiebigkeit im Fange zu rechnen. Das Gegentheil ist der Fall, wenn bei bedecktem Himmel steigende Wärme und Feuchtigkeit gepaart ist. An solchen Tagen ist der Fang meist ein reicher, er wird es aber ganz besonders, wenn ein leichter Regen eintritt oder wenn electrische Spannung und Schwüle der Luft einem nahenden Gewitter vorangeht. Hier drängen sich die Thiere förmlich zur Lampe und man kann nicht schnell genug mit dem Fang bei der Hand sein.

In der Nähe der Stadt, wo die brennenden Gaslaternen einen hellen Lichtglanz verbreiten, sind die ersten Abendstunden meist nicht günstig. Wohl regt es sich auch schon in der Dämmerung, doch erst des Abends nach elf Uhr, wenn bis auf wenige Nichtlaternen alle Flammen erloschen sind und auch in den Häusern zumeist die Lichter fehlen, begann es an den Fenstern, an welchen wir die hellleuchtende Petroleumlampe, oftmals zum gerechten Erstaunen später Wanderer, mit einem gegen das Zimmer abschließenden Schirme hingestellt hatten, wirklich lebhaft zu werden.

Diese Beschränkung in der Zeit würde für einsame Wohnungen, namentlich für die ganz besonders geeignet scheinenden Forsthäuser, wegfallen. Und wie überraschend war oft nicht allein die Zahl der Arten, sondern auch die Zahl der Individuen! Rasch hintereinander in mehrfacher Zahl kamen sie herangeflogen, wie wellenförmig, wohl von Luftströmungen getragen, selten einzeln hintereinander. Meist kamen zuerst kleine Mücken und Käferchen, dann einzelne Netzflügler und Hymenopteren untermischt mit meist den kleineren Nachtschmetterlingen angehörigen Formen, Spannern, Pyraliden, Crambiden und Tortriciden, wie auch Tineiden und Pterophoren. Kleinere und größerere Ichneumonen flogen an und untersuchten das Terrain, wie unwillig darüber, daß man ihre Kostgeber wegfing. Nicht lange dauerte es und die gewöhnlichen Graseulen, Exclamationis und Segetum, Tritici mit ihren nächsten Verwandten, wenn nicht Schwestern, Aquilina und Obelisca gesellen sich zu Pallens und zierlichen kleinen Spannern, den Acidalien und Cidarien angehörig. Bei vorgerückter Stunde stellten sich schwerere Spinner ein, welche oft ganz besonders schön im Glanze der strahlenden Lampe mit behaarten Füßchen an der Glaswand tanzend erschienen, wie Lubricipeda, Menthastri und Mendica, Fuliginosa, Lasiocampa-Arten und Andere. Dann aber kam das ganze Heer der Eulen, besonders der Leucania, Cucullia, Mamestra und Hadena-Arten, einzelne oft in außerordentlicher Zahl, welche vielfach als unbrauchbar wieder entlassen, immer wieder heranflogen. Schweren Fluges hastig an das Fenster anstoßend, kam Caja daher, ebenso öfters Quercifolia, auch Pruni und endlich große Smerintus, untermischt mit größeren und kleineren Spannern, zahlreichen Zünslern und anderen Mikros. Bis spät in die Nacht hinein dauerte der Fang, einigemal fing Herr Reyher bis drei Uhr, wenn die Witterung günstig blieb und die durch den Fang erregte Spannung die Rechte der Natur vergessen ließ.

Die Art und Weise, wie die Herren Reyher, Dr. Schirm und wir selbst den Fang betrieben, war folgende: Hinter dem einen Flügel eines mit freier Aussicht versehenen Fensters — in mehreren Häusern nach Süden, in andern nach Osten gelegen — ward die Petroleumlampe mit einem hellen das Licht nach außen reflectirenden Schirm gestellt. Kamen nun die Thiere an und waren sie an den Glasscheiben, dem Fensterkreuz oder den das Fenster umgebenden hellen Wandtheilen sicher geworden, was durchaus nicht bei allen und je nach den Witterungsverhältnissen verschieden eintrat, so ward ein bereitgehaltener Glastrichter oder aber ein zum Betäuben bestimmtes sogenanntes Cyankaliumglas oder ein Glas mit breiter Mündung, in welchem ein mit Chloroform oder Aether getränktes Stückchen Baumwolle lag, über die

Thiere rasch, aber vorsichtig gestülpt. War diese durchaus nicht immer leichte Procedur gelungen, so schoben wir ein Kartenblatt oder ein Stück stärkeren Papiers zwischen Scheibe und Fangglas und nahmen das dergestalt eingeschlossene Thier in das Zimmer herein. War es unter dem Trichter, so ward es mit eingeblasenem Tabaksrauch oder mit Chloroform betäubt. Man konnte dann die gefangenen Thiere mit Muße durchmustern. Was nicht des Aufhebens werth erschien, erhielt, nachdem es aus der Betäubung wieder erwacht war, die Freiheit wieder, nicht ohne, daß wir öfters in die Lage kamen, das wiederholt an das Licht gekommene Thier abermals zu befreien. An günstigen Abenden fingen wir — und dies war stets in unmittelbarer Nähe der eigentlichen Stadt — oft 50 und mehr brauchbare Stücke. Selten hatten wir nöthig, das Netz zu Hülfe zu nehmen, um einige sich nicht an die Glasscheibe, vielmehr in die Nachbarschaft fest setzende oder gar herumfliegende Thiere zu fangen. Sehr oft aber flogen uns dieselben beim Oeffnen des Fensterflügels in die Stube herein, wo sie an der Decke schwärmten oder sich bald in einem dunkleren Winkel verkrochen, wo wir sie dann andern Tages häufig erst auffanden. Das erinnert an den von Nolcken erwähnten Schmetterlingselbstfänger.

Wir haben von April bis Oktober zu allen Zeiten gefangen und selten war ein Tag vollkommen unergiebig, wenn auch der Erfolg sehr verschieden ausfiel. Daß fast alle Nachtschmetterlinge, wenigstens die größeren an dem Lichte gefangen werden können, ergiebt sich aus der untenstehenden, überraschend großen Anzahl von Arten. Diese macht für einen Fangplatz, an welchem doch der Natur der Sache nach eine Beschränkung stattfinden muß, bereits einen bedeutenden Theil der hierorts bekannten Spinner und namentlich Eulen und Spanner aus. Gegenüber dem einfachen Aufsuchen in der Dämmerung und gegenüber dem Köderfang ist die Lichtmethode die einfachste und bequemste und auch am reichlichsten zum Ziele führende. Allerdings erscheint die Fixirung des Fangplatzes von Nachtheil, insofern dadurch nur eine bestimmte Zahl von meist in der Nachbarschaft vorhandenen Thieren zum Fange zu kommen pflegt. Günstige Localitäten und der Umstand, daß eben viele Schmetterlinge im Interesse der Fortpflanzung weitere Excursionen zu machen scheinen, werden dies ausgleichen. Die außerordentliche Bequemlichkeit des Fanges wird aber sicher den durch seine Wohnung oder durch eine ihm zur Verfügung stehende geeignete — ich selbst war nur in der letzteren Lage — dazu befähigten Sammler eine Methode bevorzugen lassen, welche unter ungünstigen Verhältnissen kein Mißbehagen aufkommen läßt, und stets ein längeres und ruhiges Sammeln gestattet. Auch hat man, wie oben gesagt, hinreichend

Muße, um eine gute Auswahl zu treffen, unbrauchbare Stücke ungetödtet zu entl ssen, und sich zur Zucht aus Eiern geeignete Weibchen zurückzubehalten.

Der Schmetterlings-Selbstfangapparat

von Heinr. Schirl, k. k. österr. Bezirksförster in der Bukowina. Nach Mittheilung des k. k. Mltr.-Rechnungsrathes J. A. Richter in Salzburg.

Die Wahrnehmung, daß viele Schmetterlingsarten dem aus Bäumen austretenden Safte nachgehen und daß vorzüglich der angenehme Geruch, den die sehr bald eintretende weinige Gährung verbreitet, die Schmetterlinge aus weiten Entfernungen herbeilockt, führte den nunmehr verstorbenen Bezirksförster Herrn Heinrich Schirl auf den Gedanken, einen Apparat zu construiren, in welchem Schmetterlinge, welche vom Geruche angelockt, einkriechen, durch verhinderten Rückgang gefangen werden könnten. Dieß gelang auch vollständig.

Schirl konstruirte zweierlei Apparate. Einen, der an saftverlierenden Bäumen befestigt wird und der die Schmetterlinge und Alles, was sonst dem Safte nachgeht, zwar eingehen, aber nicht wieder zurückfliegen läßt, und einen andern, für welchen er selbst das Lockmittel (die Witterung) erfand, der daher nach Gutdünken, überall aufgestellt werden kann, während der erstere einen saftverlierenden Baum erfordert, in seiner Anbringung also höchst beschränkt ist. Diesen nannte Schirl „Baum-“, jenen „Essigsteller“.

Der Verfasser dieser Mittheilung ließ schon im Jahre 1867 die Modelle Schirl's kommen und einen Apparat nach dem „Essigsteller“ genannten, in seinem Garten aufstellen, mit dem er auch wirklich recht befriedigende Resultate erzielte, besonders in der Richtung, daß die gefangenen Exp. meist ganz rein, oft wie ex larva schön waren. Es waren vorzugsweise Noctuinen und Sphinginen, Schmetterlinge mit starken Saugern, auch Rhopalocera; dagegen fast keine Bombycinen und Geometrinen.

Eine Schwierigkeit jedoch war immer die Lockspeise, nach Schirl's Rezepte aus Bier zu bereiten. Der Verfasser und seine Freunde, welche den Apparat aufgestellt haben, sind aber von dieser Bereitungsart längst und mit bestem Erfolge abgegangen und benutzen das Abfallobst ihrer Gärten, welches gequetscht, mit etwas Honig an einen warmen Ort gestellt, sehr bald in Gährung geräth und den angenehmen Geruch verbreitet, der die Insekten anzieht. Zugleich unterstützt man die Wirkung dieses Saftes durch Anpflanzung von Lonicera caprifolium, Hesperis matronalis, Phlox decussata, Saponaria off. und andere stark duftende

Blumen, an welchen sich abends und morgens vor Sonnenaufgang auch Beschäftigung für den Hamen (Kötscher) oft reichlich ergiebt. Auch der Lichtfang an solch' einem Plätzchen des Gartens ist hoch interessant. Man kann die Anwendung des Obstes (Aepfel, Birnen) statt des Bieres als einen sehr wesentichen Fortschritt im Gebrauche dieses Apparates bezeichnen.

Aber auch in der Construction sind Verbesserungen eingetreten. Eine davon ist die Zerlegbarkeit für Reisen, besonders in's Hochgebirge und außer Europa, für welche der Apparat durch die Substituirung des Bieres mittelst Obstes und die Verpackung in zusammengelegtem Zustande, erst seine volle Anwendbarkeit erhielt.

Wir geben hier die Beschreibung des stabilen, Schirl'schen Apparates nebst der Zeichnung, wie sie in dem XVIII. Bde. 1868 der Verhandl. der k. k. zool.-bot. Gesellschaft in Wien, durch ihren Generalsekretär Ritter von Frauenfeld nach Schirl's eigenen Angaben verfertigt worden ist:

1 Bodenstück 25 mm. dick und
1 Deckenstück 63 cm. Quadrate groß.
4 Ecksäulen von 4 cm. Grundfläche 45 cm. Höhe, welche in den Ecken des Boden- und des Deckenstückes durch- und eingestemmt werden, wodurch ein 40 cm. hoher Kasten gebildet wird.
8 Rahmen 40 cm. hoch und von der erforderlichen Breite, daß sie sammt den, mittelst Charnierbändern oder Leder daran befestigten, jedoch beweglichen
8 Einflugsbrettchen von gleicher Höhe und 8 cm. Breite, die in der Zeichnung angezeigte, gegen Innen zu leitende Stellung gestatten, um durch die Stellung der Einflugbrettchen den Spalt, durch den der Schmetterling eingeht, enger oder weiter machen zu können.

Die Rahmen werden auswärts mit einem haltbaren, durchsichtigen Stoffe (Fliegengitter-Gaze), wasserfest aufgeleimt oder aufgenagelt, überzogen, und mittelst am Boden- und Deckenstücke angebrachter Schubleisten oder auf sonstige Weise festgemacht.

Durch diese hier aufgeführten Bestandtheile wird der Kasten des Apparates gebildet. Auf diesen Kasten wird das prismatische Dach mittelst des Rahmens durch Zapfen festgesteckt oder durch Häkchen befestigt.

Das Dach muß abzunehmen und dessen beide Giebelseiten (die Grundflächen des Prisma's) mit Gaze verschlossen sein. Damit nun der Dachraum mit dem Kasten kommunicire, sind in das Deckenstück die 4 Durchgangsöffnungen (auf dem Grundrisse mit D. bezeichnet) in der Richtung der Rahmen eingestemmt; außerdem ist auch noch eine kreisrunde Scheibe ausgeschnitten, welche eine Oeffnung verdeckt, durch die man das Gefäß mit der Witterung in den Kasten bringt. Ueber die 4 Durchgangsöffnungen werden je ein sich gegen oben verjüngender 3 cm. hoher Schlauch angebracht, der oben nur eben so weit sich öffnet, daß etwa noch eine Catocala durchzuschlüpfen vermag.

Ist der Apparat aufgestellt, so fliegen die Schmetterlinge erst einigemal um denselben, bis sie von den schräggestellten Gazerahmen und Einflugsbrettchen geleitet, den Eingangsspalt finden und in's Innere des Kastens gelangen. Hier eilen sie sogleich wieder an die Gazefenster, laufen daran hinauf und gelangen zuletzt meist durch die 4 Durchgangsöffnungen unter das Dach, wo sie nicht mehr zurückfinden und endlich, berauscht vom Dufte des Lockmittels, zum ruhigen Ansitze sich bequemen, von wo man sie am andern Morgen, so lange es noch kühl ist, ansticht.

Bei der Anwendung ist noch zu bemerken: Der Apparat ist so aufzustellen, daß keine schmetterlingfressenden Thiere, welcher Art immer in denselben gelangen können und die während des Tages eingeflogenen Wespen sind sorgfältig zu entfernen; auch müssen die Ameisen abgehalten werden.

Hat man zur Ausnahme des Fanges die kühlen Morgenstunden versäumt; so thut man gut, den Apparat an einen kühlen Ort zu bringen, um die Lebhaftigkeit mancher Schmetterlinge etwas zu vermindern.

Aus der Beschreibung des Ritter von Frauenfeld heben wir noch folgende Stelle hervor:

„H. Marno in Breitensee bemerkte, daß die Schmetterlinge Abends oft lange vergeblich nach dem Eingange suchten, und endlich den Fänger verließen. Er glaubte, eine größere Zahl von Eingängen zweckdienlich, und wählte in cylindrischer Form angeordnet 20 einzeln dreiseitige Stäbe, deren Basis ein rechtwinkliches, oder vielleicht noch besser ein gleichschenkliches Dreieck von anderthalb Zoll breiten Seiten bildet. Zwei Seiten hiervon (beim rechtwinklichen die beiden Catheten) werden mit steifem Fliegengitter (gegen die Feuchtigkeit am besten mit Schellak) so bekleidet, daß dieses Netz über die Hypotenuse hinaus einen halben Zoll vorragt. Diese Stäbe werden im Kreis (oder vielleicht auch viereckig) so aufgestellt, daß die unbekleidete Seite nach innen, die Spitze der beiden bekleideten Seiten nach außen gerichtet ist, daß sonach zwei nebeneinander stehende Stäbe einen mit dem spitzen Winkel des vorstehenden Fliegengitters nach innen gerichteten elastischen Eingang von höchstens ¼ Zoll Oeffnung bilden. Die Oeffnungen mit den Aufsätzen in das Dach hinauf müssen ganz eben mit der innern unbekleideten Seite der Stäbe, die jedoch rauh und nicht glatt gehobelt sein darf, verlaufen, die Aufsätze müssen so sein, wie bei Hrn. Schirl's Fänger. Auch das Dach ist gleich diesen zu construiren, es muß daher, wenn man eine runde Anordnung wählt, Boden und Decke des unteren Kastens viereckig sein. Zur Einbringung des Topfes ist ein entsprechender, zu verschließender Ausschnitt in der Decke anzubringen. Hr. Marno hat auch in seinem runden Fänger eine reichliche Anzahl Schmetterlinge gefangen."

Herr Richter, der Verfasser des vorstehenden Artikels, hat die Schirl'sche Construction dahin verändert, daß sie zum Transport und somit zur Benutzung auf Reisen fähig wurde.

Erklärung der Abbildung:

A. Grundriß zu Hr. Schirl's Essigsteller.
B. Ansicht des Kastens.
C. Das abzunehmende Dach:
   a. Eingänge,
   b. die mit Fliegengitter überzogenen Rahmen, als Thürchen zu öffnen oder ganz wegzunehmen,
   c. die im Zapfen beweglichen Eingangswände zum Weiter- und Engermachen des Einfluges,
   d. die 4 Oeffnungen (punktirt) in der Decke, die durch die Aufsätze f. (bei D. vergrößert gezeichnet) in das Dach hinaufführen,
   f. Topf mit der Aepfelmaische 2c.
E. Grundriß zweier Stäbe nach Hr. Marno's Abänderung mit dem (durch die Punktirung bezeichnet) verlängert darüber hinausragenden Fliegengitter.

Anmerk. Einen seiner portativen Apparate ist Herr Richter geneigt, gegen Lepidopteren, die seiner Sammlung fehlen, einzutauschen. (Adresse: Salzburg, Brunnhausgasse 11). Die Red.

Bemerkungen über die sog. Wanderheuschrecke.

Bekanntlich zeigten sich im Kreise Teltow, der Provinz Brandenburg und einigen Gegenden der Provinz Sachsen Heuschrecken in großen Schaaren, so daß sie bedeutenden Schaden anrichteten. Vereinzelt waren die Thiere nach Pommern und Mecklenburg gekommen, ohne daß man hier von Verheerungen vernommen hat. In allen Berichten, die ich über das Vorkommen des Insects gelesen habe, finde ich sie bestimmt als Wanderheuschrecke, Gryllus migratorius oder Oedipoda migratoria genannt. Die Gartenlaube brachte in einer ihrer Spalten einen längeren Artikel darüber nebst Karrikaturen von Abbildungen, aus denen durchaus nichts Zutreffendes zu ersehen ist. Eine Menge Thiere, die ich aus verschiedenen Gegenden mir kommen ließ, in der Hoffnung, die ächte Wanderheuschrecke zu erhalten, zeigten sich aber nicht als diese, sondern durchgängig als Pachytylus cinerascens Fabr., ein also schon lange bekanntes Thier. Verschiedene Ansichten sind freilich dafür, P. migratorius L. und cinerascens Fabr. als identisch zu halten, eine nähere Vergleichung zeigt aber sofort, daß letztere ebenfalls eine gut charakterisirte Art ist. Fieber in seiner Synopsis der europäischen Orthopteren und Fiseter Orth. europ. führen sie an, während Burmeister und A. Serville sie unberücksichtigt lassen.

Die Heuschrecke ist eine einheimische, sie findet sich vereinzelt in jedem Jahre; ich habe sie gefangen auf dürren Plätzen in Mecklenburg und Thüringen, aber immer vereinzelt mit Oedipoda pasciada zusammen; häufig kommt sie dagegen in Süddeutschland, und besonders in der Schweiz vor, auch in Griechenland scheint sie nicht selten zu sein, wenigstens habe ich sie unter den von Krücher gesammelten Insecten genug gesehen. P. migratorius lebt ebenfalls einzeln bei uns, in Sachsen, am Ostseestrande, vermischt mit den großen Locustinen. Beide Thiere unterscheiden sich sofort durch ihre Gestalt, migratorius ist viel größer mit einer Flügelspannung von 120—130 mm., cinerascens dagegen nur bis 20 mm.

P. migratorius: Kamm des Thorax mäßig hoch, Thorax eingeschnürt, Hinterrand breit und stumpf, Flügeldecken unregelmäßig braun gefleckt ohne Binden, Flügel grünlich, Außenrand braun gefleckt, Adern braunschwarz. Farbe braun, grün, gelblich.

P. cinerascens: Kamm des Thorax scharf, Thorax wenig eingeschnürt, Hinterrand deutlich winkelig, Flügeldecken in zwei Drittel der Breite mit deutlichen schwarzbraunen Binden, Flügel fast farblos, Außenrand mit einigen vermischten dunkleren Strichen, Farbe braun oder grün.

Neustadt-Eberswalde. Dr. F. Rudow.

Vermischtes.

Vor einigen Jahren fand ich im Walde auf einem Laubmoose, einer Hypnumart, eine eigenthümliche Larve oder Raupe, deren Beschreibung ich noch nirgendwo aufgefunden habe. Da mir die Zucht des Insekts mißlungen ist, so will ich Larve und Puppe hier kurz beschreiben; vielleicht findet sie einer der geehrten Leser wieder auf oder kann uns mittheilen, welchem Thiere diese Jugendzustände angehören.

Die Beschreibung geschieht aus dem Gedächtniß, indem ich das Heft, in welchem ich damals meine Notizen über Entwickelungen von Larven und Raupen machte, entweder beim Umzuge verloren oder verlegt habe — wenigstens konnte ich dasselbe trotz mehrtägigen Suchens nicht wieder auffinden.

Die Larve war ausgewachsen ungefähr ½ Pariser Zoll lang,

von hellgrüner Farbe. Vorn am Kopfe befand sich das von einem wulstförmigen Rande umgebene Maul, welches einige Aehnlichkeit mit dem Munde eines Vertreters der äthiopischen Race hatte. Die eigentlichen Freßwerkzeuge waren von außen nicht zu bemerken, sondern lagen innerhalb des Mundes verborgen; das Thier hatte immer kleine Moosblättchen in dem schmalen Spalt stecken, der die Mundöffnung bildete. Auf dem Scheitel befand sich ein aus vier kurzen Zinken gebildetes Krönchen, der übrige Körper war ganz mit theils einfachen, theils dreifach verästelten Dornen von grüner Farbe besetzt. Die Larve war wegen ihrer Färbung, der Dornen und ihrer faulthierartigen Unbeweglichkeit zwischen den Blättchen des Laubmooses schwer zu finden; ich mußte immer lange suchen, wenn ich sie in der kleinen Schachtel, die zur Zucht diente, wieder auffinden wollte. Die Puppe war ebenfalls hellgrün gefärbt, der Vorderkörper zeigte deutlich die Glieder des vollkommenen Insekts, der Hinterleib war wieder mit vielen Dornen besetzt, auch glaube ich mich zu erinnern, daß sich im Nacken zwei fadenförmige Anhängsel befanden.

Trotz seiner großen Anpassung an die Farbe und sonstige Beschaffenheit der Umgebung hatte dennoch ein Feind diesen unglücklichen Bewohner einer Zellenpflanze überrascht und ihm sein verderbenschwangeres Danaergeschenk beigebracht: aus der Puppe entwickelte sich ein einzelnes zur Gattung Ichneumon gehörendes Thier. G. de Rossi.

Phylloxera. Eine wichtige Entdeckung beschäftigt in diesem Augenblick die südfranzösischen Weinbauern. Die HH. Balbiani und Cornu, Mitglieder der Akademie der Wissenschaften, und Boiteau, Secretär der Weinbauergesellschaft in Libourne, haben nämlich ausfindig gemacht, daß die Phylloxera ihre Eier nicht, wie man bisher glaubte, auf die Wurzeln der Rebstöcke, sondern in die Rinde des Stammes und sogar auf die Blätter selbst legt, wo das Insect an der Sonne auskriecht. Statt ihm also noch länger unter der Erde nachzustellen, nachdem es schon die Zerstörung der Wurzeln in Angriff genommen hat, wird man ihm nun auf andere Weise beizukommen trachten: man wird die Weinstöcke, auf die es seine Eier gelegt hat, abrinden und die Borke verbrennen, oder sie mit geeigneten Materien übertünchen. — Im Jahre 1874 sind in Südfrankreich 7 Millionen amerikanische Rebsetzlinge eingeführt und theils auf französische Stämme gepfropft, theils als Basis für französische Schößlinge benützt worden. In diesem Augenblick hat, wie ein Berichterstatter des „J. des Débats“ meldet, ein einziges Haus in Montpellier eine Bestellung auf 15 Millionen amerikanischer Reben. Doch sollen diese den großen Erwartungen, zu denen sie zuerst Anlaß gegeben, nicht völlig entsprechen: der Wein der auf französische Wurzeln gepflanzten Reiser ist abscheulich herb, und hat mit den südfranzösischen Weinen nur die dunkle Farbe gemein, so daß dieses Gewächs das einheimische nie zu ersetzen im Stande wäre. Das umgekehrte System, auf amerikanische Wurzeln französische Schößlinge zu pflanzen, hat bis jetzt ziemlich befriedigende Resultate geliefert; allein der Versuch ist nach dem Urtheil von Fachmännern noch zu neu, als daß sich daran bestimmte Hoffnungen für die Zukunft der französischen Weincultur knüpfen ließen. (Augs. Allgem. Ztg.)

Tauschverkehr und Kaufgesuche.

(NB. Diese Rubrik steht den Abonnenten für Mittheilungen gratis zu Gebote.)

Unterzeichneter wünscht mit In- und Ausländern in Tauschverkehr, bezüglich Coleopteren, sowie Conchylien zu treten.

Simon Robic, Administrator
in Ulrichsberg, Post Zirklach, Krain.

Unterzeichneter wünscht mit Lepidopterologen in Tauschverkehr zu treten, auch kauft derselbe alle ihm noch fehlenden Boten.

H. Backhaus,
Leipzig, Grimmaischestraße 14.

Nordamerikanische Schmetterlinge,

zuverlässig determinirt, gebe ich tauschweise gegen europäische oder mir fehlende nordamerikanische Makrolepidopteren ab.

Rhoden bei Arolsen. Dr. Speyer.

Anzeigen.

Eine sehr schöne und reiche

europäische Hemiptern-Sammlung

aus allen Ländern Europas nebst etwa 100 Species Exoten ist um den Preis von Frcs. 1250 — käuflich zu haben. Nähere Angaben ertheilt

Meyer Dür, Entomolog
in Burgdorf (Schweiz).

In Commission bei Ch. Fr. Vieweg in Quedlinburg.
Druck von August Knaak in Putbus.

№. 3. Entomologische 1876.

Nachrichten.

Herausgegeben

vom Gymn.-L. Dr. F. Katter.

Putbus, den 1. März.

Jeden 1. des Monats erscheint ein Heft. Abonnement jährlich 4 Mark pränumerando. Zu beziehen durch die Expedition (franco unter Kreuzband), die Post oder den Buchhandel. Tausch- und Kaufgesuche der Abonnenten gratis. Insertionsgebühr 25 Pfennig die Zeile oder deren Raum.

Das Studium der Hymenopteren,

Winke für Anfänger in diesem Zweige der Entomologie,

von Dr. Kriechbaumer in München.

II.

Die Gallwespen, die nach ihrer Lebensweise in drei Gruppen zerfallen, nämlich in eigentliche Gallenbildner, in Einmiether und in Parasiten, welche Gruppirung sich aber nach den bisher benützten Merkmalen der ausgebildeten Thiere nicht strenge durchführen läßt, ziehen bei ihrer geringen Größe und ihrer geringe Abwechselung bietenden Merkmalen an und für sich wenig, desto mehr aber durch die von der ersten Gruppe verursachten Pflanzenauswüchse unsere Aufmerksamkeit auf sich. Diese Auswüchse sind um so interessanter und wichtiger, weil sie die Bestimmung der sie erzeugenden Thiere erleichtern, indem jede Art der letzteren auch einen besonderen Auswuchs, in der Regel auch an besonderen Pflanzen und bestimmten Theilen derselben verursacht. Beschreibungen der Thiere ohne Berücksichtigung der von ihnen erzeugten Auswüchse oder Mißbildungen, die im Allgemeinen als Gallen bezeichnet werden, haben daher wenig Werth, desto mehr aber solche Werke, welche uns diese Gallen nicht bloß durch Beschreibungen, sondern auch durch getreue Abbildungen vorführen. Ein solches Werk besitzen wir zunächst für die Eichengallen in Dr. G. Mayr's „Die mitteleuropäischen Eichengallen in Wort und Bild", als Separatum aus dem Jahresberichte der Rossauer Communal-Oberrealschule in Wien 1870 und 1871 erschienen. Es sind hier sämmtliche an den in Mittel-Europa einheimischen Eichen vorkommende Gallen (nahe an 100 Arten) beschrieben und auf 7 lithographirten Tafeln mit möglichster Ausnützung des

Raumes sehr naturgetreu abgebildet. Dabei ist der Preis von 2 östr. Gulden als ein höchst billiger besonders hervorzuheben. Umfassender bezüglich des Stoffes im Allgemeinen, weil auf sämmtliche ächte Gallwespen ausgedehnt und auch die Beschreibungen der Thiere enthaltend, aber beschränkter in Bezug auf das vom Verfasser berücksichtigte Faunengebiet sind Schenck's „Beiträge zur Kenntniß der Nassauischen Cynipiden und ihrer Gallen nebst einer Naturgeschichte der Gallen und Cynipiden im Allgemeinen." Mit dieser Schrift beginnt eine Reihe hymenopterologischer Arbeiten des nun hochbetagten, aber immer noch rüstigen Weilburger Professors, die viel zur Verbreitung hymenopterologischer Kenntnisse beigetragen haben und größtentheils in den Jahrbüchern des Vereins für Naturkunde im Herzogthum Nassau erschienen, von denen aber Separat-Abdrücke bei Antiquaren nicht schwer zu bekommen sind. Da ich noch bei anderen Familien Gelegenheit finden werde, diesen Autor zu erwähnen, will ich nur im Allgemeinen bemerken, daß ich seine Werke besonders zweier Eigenschaften wegen dem Anfänger empfehlen kann, einmal nämlich wegen der tabellarischen Form, in welche die Gattungen und Arten gebracht sind, ohne sich jedoch einzig auf selbe zu beschränken, dann wegen der reichen biologischen Notizen, von denen selbe begleitet sind und welche den Anfänger mit der Naturgeschichte der betreffenden Thiere bekannt machen. Kann man sich bei Erörterung sogenannter kritischer Arten nicht immer mit dem Autor einverstanden erklären, so liegt das in den Schwierigkeiten des Gegenstandes, die eben erst noch überwunden werden müssen. Der Umstand, daß seine Arbeiten meist nur ein sehr kleines Gebiet unseres deutschen Vaterlandes behandeln, beeinträchtigt allerdings die Vollständigkeit derselben, besonders bezüglich der alpinen Arten, aber bei der doch in hohem Grade gleichartigen Fauna Deutschlands nicht so sehr, als es das Verhältniß jenes beschränkten Gebietes zu letzterem vielleicht vermuthen ließ. Schenck's Schriften bilden für die betreffenden Familien den Grundplan, durch dessen Erweiterung eine deutsche Hymenopteren-Fauna hergestellt werden könnte, wie sie Oesterreich in Schiner's Dipteren-Werk besitzt. Der Umstand, daß selbe ganz in deutscher Sprache abgefaßt sind, macht die darin bearbeiteten Familien auch denen unserer Landsleute zugänglich, deren Sprachkenntnisse über die Muttersprache nicht hinausreichen.

Auf die Einmiether und die noch zu den Gallwespen gehörigen Parasiten brauche ich nicht näher einzugehen, da nur einzelne Aufsätze darüber in Zeitschriften existiren, die in Schenck's oben erwähntem Werke angeführt sind. Eine Arbeit darüber von Thomson ist mir erst dem Titel nach bekannt geworden.

Daß die Litteratur über Schlupfwespen, der Menge dieser

Thiere entsprechend, einen bedeutenden Umfang hat, läßt sich erwarten, und da kein Werk existirt, welches auch nur eine der drei Hauptabtheilungen und von diesen selbst nur die deutschen Arten in genügender Bearbeitung und relativer Vollständigkeit enthielte, ist man genöthigt, zu einer größeren Anzahl monographischer Bearbeitungen einzelner Familien seine Zuflucht zu nehmen. Gravenhorst hat zwar in seiner 3 dicke Bände umfassenden „Ichneumonologia Europaea" (1829) die ganze erste Hauptabtheilung, die Ichneumoniden im Sinne Wesmael's, bearbeitet und damit ein für seine Zeit sehr bedeutendes und stets werthvolles Werk geliefert, das als die eigentliche Grundlage für die europäischen Arten dieser Abtheilung betrachtet werden muß. Wer also doch einmal zum Studium dieser Thiere sich entschlossen hat, wird sich dieses Werk anschaffen müssen, wenn er auch für die einzelnen Familien neuere und bessere Arbeiten nöthig hat, da letztere sich häufig auf dasselbe berufen, sich mit Rücksicht darauf oft kürzer fassen und in keiner neueren Arbeit die ältere Litteratur so fleißig benutzt wurde, wie in Gravenhorst's Werk, was aus den zahlreichen Citaten ersichtlich ist. Von letzteren können allerdings so manche vor einer genauen Kritik nicht bestehen, und müssen selbe daher, wenn man sie benutzen will, sorgfältig nachgeprüft werden; es haben daher auch jene neueren Autoren, welche sich auf diese schwierige und zeitraubende litterarische Schatzgräberei nicht einlassen wollten, jedenfalls besser gethan, jene Citate gar nicht als selbe ohne eigene Kritik aufzunehmen. Muß nun Gravenhorst's Werk wegen der Reichhaltigkeit des verarbeiteten Materials, das sich besonders in den zahlreichen, darin zum erstenmal beschriebenen Arten zeigt, sowie durch die mit Rücksicht auf die damalige Anschauungsweise genauen und ausführlichen Beschreibungen, wodurch sich seine Arten größtentheils sicher erkennen lassen, als höchst werthvolle Grundlage für eine genauere Kenntniß der Schlupfwespen betrachtet werden, so ist es doch gerade für den Anfänger sehr wichtig, auch auf die hauptsächlichsten Mängel desselben aufmerksam gemacht zu werden. Die zu große und fast ausschließlich in's Auge gefaßte Wichtigkeit, welche Gravenhorst der Farbe beilegte, die vorgefaßte Meinung, daß ♂ und ♀ einer Art darin übereinstimmen müßten, der Umstand, daß er seine Unterabtheilungen (Sectionen) meist auch nur auf Farbenunterschiede gründete, gaben Anlaß, daß derselbe sehr oft ♂ und ♀ als 2 verschiedene Arten beschrieb, diese sogar oft in verschiedene Sectionen bringen mußte, während andererseits wieder gleich oder ähnlich gefärbte, sonst aber durchaus verschiedene Arten in eine zusammengebracht wurden. So sind z. B. in der Sect. VII. als luctatorius eine Menge von ♂ in eine Art vereinigt, deren ♀ unter verschiedenen Arten der Sect. V. zu suchen sind; es kommen sogar Fälle vor, wo 2 zu verschiedenen Arten gehörige ♀ als ♂ und ♀ ein und derselben Art zusammengestellt sind. Daß öfter Varietäten als verschiedene Arten beschrieben und ebenfalls in verschiedene Sectionen gestellt sind, darf unter diesen Umständen weniger auffallen. Bezüglich der Nomenklatur ist noch zu bemerken, daß Gravenhorst im Widerspruch mit der natürlichen Anschauung den hinteren Theil des ersten Hinterleibsringes (den postpetiolus) als pars antica bezeichnet. Aus dem Gesagten geht also hervor, daß bei einer großen Anzahl von Arten eine genaue und sichere Bestimmung nach Gravenhorst's Werk nicht möglich ist und daher schon deshalb die Arbeiten neuerer Autoren nothwendig sind, abgesehen von der beträchtlichen Anzahl in jenem nicht enthaltener, sondern erst seither entdeckter neuer Arten.

Die Ichneumoniden im engeren Sinne (Ichneumones Wsm.) hat Wesmael in seinem 1844 erschienenen „Tentamen dispositionis methodicae Ichneumonum Belgii" bearbeitet, dabei besonders die von Gravenhorst unbeachtet gelassenen sogenannten plastischen Merkmale, wie die Skulptur des Hinterrückens und der beiden ersten Hinterleibsringe, die Luftlöcher des ersteren, welche an Wichtigkeit die Verschiedenheiten in der Farbe weit übertreffen, berücksichtigt, und dadurch die sichere Unterscheidung der Arten wesentlich gefördert. Auf dieses Hauptwerk folgten dann noch mehrere Ergänzungen und Berichtigungen, wie die „Mantissa" (1848) und „Adnotationes" (1848), dann besondere Bearbeitungen der Ichneumones platyuri und amblypygi Europaei (1853 und 1854). Die Anerkennung, welche Wesmael's Arbeiten fanden, veranlaßten mehrere Entomologen, besonders in Schweden, Deutschland und Frankreich, ihm ihr zur betreffenden Familie gehöriges Material zur Bestimmung und eventuellen Bearbeitung zu übersenden. Die zahlreichen darin befindlichen neuen Arten oder Varietäten machte nun Wesmael in 2 neuen auf einander folgenden Schriften, den „Ichneumonologica Miscellanea" (1855) und „Ichneumonologica Otia" (1857) bekannt. In den „Rémarques critiques" (1858) legte er dann die Resultate der Untersuchung einer größern Anzahl von Exemplaren aus Gravenhorst's Sammlung nieder, die ihm auf seinen Wunsch zu diesem Zwecke zugesendet worden waren, wozu noch einige wenige neue Arten im Anhange beigefügt sind. In den „Ichneumonologica documenta" (1867) endlich erschienen die letzten Nachträge zu den Arten dieser Familie.

Alle diese Arbeiten Wesmael's erschienen in den Schriften der belgischen Akademie, das Hauptwerk in 4° in den Mémoires, die übrigen in 8° in den Bulletins; sie sind jedoch (wenigstens auf antiquarischem Wege) auch als Separat-Abdrücke zu bekommen. Für die Gravenhorst'schen Arten bilden Wesmael's Schriften einen unentbehrlichen Commentar, durch den man erst das richtige Verständniß eines großen Theiles derselben erlangt. Die Zerstreutheit seiner Arbeiten ist allerdings ein Uebelstand, der die Anschaffung bedeutend erschwert, sich aber leider nicht ändern läßt.

Ganz im Geiste Wesmael's und mit reichlicher Benutzung seiner Arbeiten hat Holmgren die schwedischen Ichneumonen zu bearbeiten angefangen und zahlreiche neue, in Schweden aufgefundene Arten beigefügt. Zu den bereits erschienenen 2 Heften, die Ichneumones oxypgi, dann die amblypygi und platyuri enthaltend, wird noch ein drittes, das die Ichn. pneustici behandelt, folgen und damit das Ganze abgeschlossen sein. Was ich bei den Blattwespen über die Wichtigkeit der schwedischen Werke für deutsche gesagt habe, gilt natürlich auch für die Schlupfwespen, und da Holmgren's Werk ganz in lateinischer Sprache gesch ieben ist (was auch für die übrigen Arbeiten desselben gilt, die ich noch anführen werde), so fällt auch das bei Thomson's Schriften vorhandene sprachliche Hemmniß weg. Daß trotz dieser ausgezeichneten Arbeiten noch nicht aufgeräumt ist, sondern noch fortwährend neue Arten entdeckt werden, beweisen verschiedene Bekanntmachungen in den Zeitschriften, auf welche näher einzugehen das hier gesteckte Ziel verbietet.

Zur Erleichterung der Bestimmung der zahlreichen Arten ist, vorläufig wenigstens für ein paar Gruppen, eine von Herrn Oberforstmeister Tischbein bearbeitete Bestimmungstabelle bereits im Drucke begriffen; selbe wird jedoch zunächst nur die ♀ enthalten. Was nämlich die ♂ der zweiten Sektion Wesmael's betrifft, so liegt die Kenntniß und Unterscheidung derselben noch sehr im Argen, und sind auch die bezüglichen Angaben der neueren Autoren nicht immer zuverlässig, wenn sie überhaupt zu den ♀ auch ♂ beschrieben, was bei vielen Arten nicht der Fall ist.

Eine die ganze Unterfamlie der Cryptiden umfassende neuere Arbeit ist nicht vorhanden und sind auch die damit verbundenen Schwierigkeiten zu einer solchen nicht verlockend. Taschenberg hat in seinen Cryptiden (im Jahrgang 1865 der Zeitschrift für die gesammten Naturwissenschaften, auch separat daraus abgedruckt) zu den von Gravenhorst beschriebenen Arten der dahin gehörigen Gattungen unter Benützung Gravenhorst'scher Typen eine Art Commentar geliefert, indem er die Auffindung der Arten durch Bestimmungstabellen erleichterte und Gravenhorst's Beschreibungen besonders bezüglich der Skulpturverhältnisse ergänzte, auch manche Irrthümer berichtigte und dadurch zu einem besseren Verständnisse dieser Thiere wesentlich beitrug.

(Fortsetzung folgt.)

Der Naturaliensammler.

Von H. v. Kiesenwetter und Th. Reibisch.*)

Wir freuen uns, unsern Lesern Mittheilung von diesem Werke machen zu können, das ganz dazu geeignet ist, der Naturgeschichte Freunde zu werben, zum Sammeln nicht nur zu ermuthigen, sondern auch den Anfänger nach jeder Seite hin mit Rath zu unterstützen, so daß er, selbst wenn er auf sich allein angewiesen ist, nicht irre zu gehen braucht.

Das Buch zerfällt in 3 Abtheilungen**):

1. Der Insektensammler, von H. v. Kiesenwetter.
2. Der Conchyliensammler.
3. Das Sammeln von kleinen Wirbelthieren, das Anlegen von Aquarien, Vivarien ꝛc., beide von Th. Reibisch. Wir wollen hier auf die erste näher eingehen.

Der wohlbekannte Name des Autors ließ uns etwas Gutes vermuthen; wir sind nicht getäuscht worden. Wir können mit gutem Gewissen dies Buch allen Eltern empfehlen, deren Söhne sich für Naturwissenschaften interessiren. Selbst der angehende erwachsene Sammler wird es nicht ohne Interesse lesen und ohne Nutzen gelesen haben. Es ist eine glückliche Darstellung, diese allgemein verständliche und dabei doch stets in wissenschaftlichem Geiste gehaltene Anleitung.

In der Einleitung (24. S.) wird eine gedrungene Uebersicht über die Gesammt-Entomologie wie über die einzelnen Ordnungen gegeben, und was das Wichtigste ist, die betr. Literatur mitgetheilt, aus der der Anfänger schöpfen muß. Bei den verschiedenen Ordnungen ist leider nur je ein Handbuch angegeben; es erscheint uns vortheilhafter, wenn auch hier auf die verschiedenen Standpunkte — sei es der Mittel, sei es des Alters — Rücksicht genommen wäre. So möchten wir einem Knaben nicht Redtenbacher's Fauna Austriaca, Käfer, in die Hand geben; wohl aber findet er sich in v. Fricken's Deutschland's Käfer, sehr bald zurecht, wie wir aus mehrfacher Beobachtung wissen. Die systematische Uebersicht wird durch einzelne, meist wohl gelungene Abbildungen (schwarz) erleichtert; leider ist bei den meisten die natürliche Größe nicht beigegeben, ja nicht einmal die Vergrößerung angedeutet. So z. B. ist auf S. 7 Hylesinus piniperda größer als Dermestes lardarius und Blaps mortisaga, ohne irgend welche Angabe bei allen dreien.

Der erste Abschnitt behandelt das Aufsuchen und Sammeln der Insecten im allgemeinen mit Rücksicht auf die Localität, das

---

*) Der Naturaliensammler.
Das Anlegen und Aufbewahren von Naturaliensammlungen. Wegweiser ꝛc. von H. v. Kiesenwetter und Th. Reibisch. Leipzig, Spamer 1876. 5 ℳ.

**) Jede Abtheilung ist auch einzeln zu beziehen.

Klima, die oro- und hydrographischen Verhältnisse. Empfohlen wird die Lectüre entomologischen Reisebeschreibungen, deren eine Zahl angegeben ist.

Nr. II bringt das Ködern und die Zucht der Insecten, III die Ausrüstung des Sammlers bis in's Detail, für kleinere und größere Excursionen. Die beigegebenen Abbildungen erleichtern auch hier das Verständniß. Wir bringen unsern Lesern eine davon, die einen dem in Nr. 1 unseres Blattes beschriebenen Bignell Beating-tray ähnlichen Apparat darstellt. Der Verfasser giebt dazu folgende Erklärung: „Ein Stab von recht zähem Holze a b und d e ist der Länge nach in zwei gleiche Hälften (Fig. 49) gespalten, die durch einen Stift bei c in der Mitte ihrer Länge drehbar mit einander verbunden sind, so daß daraus ein Kreuz a b c d gebildet werden kann.

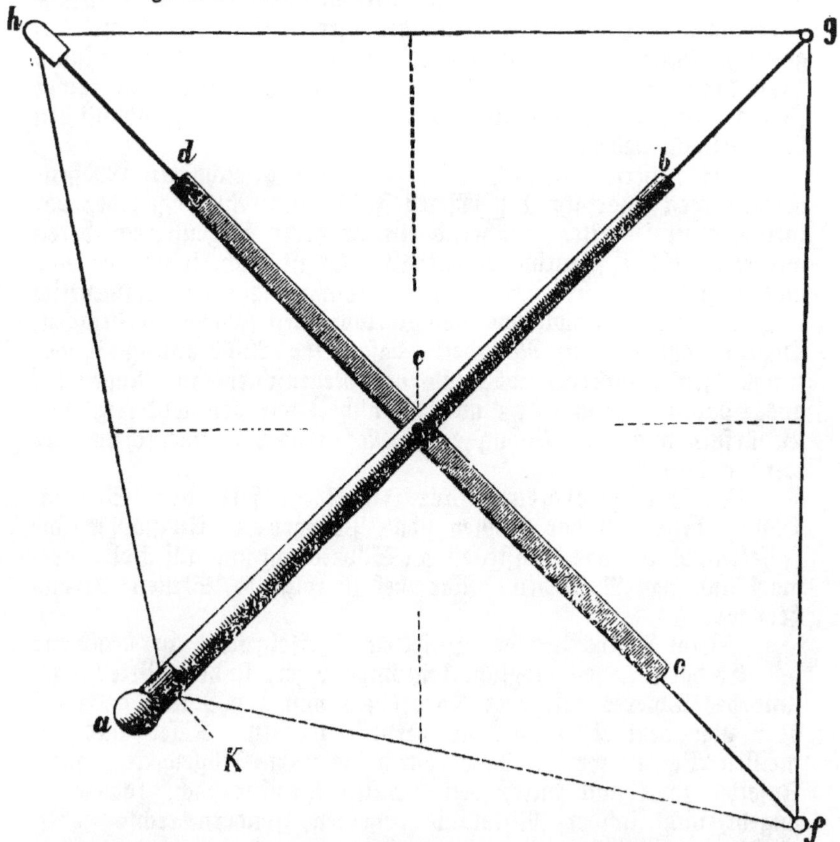

An die vier Ecken desselben wird ein viereckiges Tuch von weißem Baumwollenstoff mit seinen Ecken so befestigt, daß die

Seiten straff gespannt sind, während es in der Mitte ein wenig beutelt. Man hält das auf diese Weise unterhalb des Kreuzes ausgebreitete Tuch unter die abzuklopfenden Zweige. Verwendet man zu dem Instrumente der Bequemlichkeit halber einen Stab von der Größe eines gewöhnlichen Spazierstocks, so bietet das Tuch wenig Fläche. Diesem Uebelstande wird abgeholfen, indem man je einen ungefähr $\frac{1}{4}$ Meter langen Stab von festem starken Eisendraht e f, b g, d h an drei der Arme des Kreuzes ansteckt, so daß sie Verlängerungen desselben bilden, und das entsprechend vergrößerte Tuch an diese Verlängerung befestigt. Dabei können die Stäbe e f und b g an die betreffenden Enden des Tuches festgenäht sein, der dritte (d h) wird aber in eine in der Ecke des Tuches festgenähte kleine Tasche gesteckt. Der vierte Arm bleibt als Handgriff und ist unmittelbar vor dem Ende bei k quer durchbohrt, so daß eine an der vierten Ecke des Tuches angebrachte kurze Schnur durchgesteckt und festgeklemmt werden kann. Man kann den Stab zum Anschrauben eines Griffes und einer Zwinge einrichten und ihm das Aussehen eines gewöhnlichen Spazierstocks geben.

Das Instrument enthält bei den oben bezeichneten Größenverhältnissen ungefähr 1 □Meter Fläche zum Auffangen der abzuklopfenden Insekten, während ein größerer Regenschirm deren nur etwa 700 □Centimeter enthält. Es ist auch, sobald es einmal aufgespannt ist, für die Handhabung bequemer, namentlich leichter unter und zwischen die abzuklopfenden Zweige zu bringen. Dagegen hat es den Nachtheil, daß seine Ausbreitung immer etwas Zeit erfordert, während der Regenschirm im Augenblick ausgespannt ist, und daß man es nicht, wie den letzteren, nach Bedürfniß auch zum Schutz gegen Regen oder Sonnenschein verwenden kann."

IV. Die Zurichtung der Insekten für die Sammlung, behandelt das Tödten, das Präpariren, Ausstopfen, die Insektennadeln, das Aufstecken an Silberdraht und auf Hollundermark und das Aufkleben. Wir heben folgende Stellen daraus hervor:

„Beim Präparien der Insekten ist Folgendes zu beachten: Es darf, soweit möglich, kein unpaariger, in der Mittellängslinie des Thieres gelegener Körpertheil von der Nadel getroffen oder von dem Klebematerial verdeckt werden. Käfer und die meisten Wanzen werden daher durch die rechte Flügeldecke, andere Insekten zwar auch durch den Brusttheil, aber doch, soweit es angeht, nicht in der Mittellinie desselben, sondern rechts neben derselben angesteckt.

Jedes Insekt ist senkrecht zum Quer- und Längendurchschnitt des Körpers, der Rücken oben, der Bauch unten, zu durchstechen oder aufzukleben; nur ausnahmsweise kann es zweckmäßig sein, das Thier umgekehrt, den Bauch nach oben, oder auch seitlich, die Rückenseite nach rechts, die Beine nach links gewendet, zu spießen oder zu kleben. Dabei ist mit großer Sorgfalt darauf zu achten, daß es in seiner äußeren Erscheinung nicht alterirt, z. B. Haar- oder Schuppenbekleidung nicht abgerieben oder beschädigt, der Körper nicht verdrückt, gequetscht oder sonst mißhandelt wird, etwa indem man die Flügeldecken bei Käfern oder Wanzen auseinander treibt, oder die Beine aus ihren Gelenkpfannen herausdrängt und dergl.

„Den Vortheil thunlichst unbedeutender Verletzung des Naturobjects (bei sehr kleinen Thieren), allseitiger Zugänglichkeit desselben für die Untersuchung und den Vorzug bequemer und sicherer Handhabung desselben verbindet die von dem Senator von Heyden in Frankfurt a. M. erfundene, oder doch zuerst in ausgedehntem Maße angewendete Methode der Präparirung kleiner Insekten mit Silberdraht und Hollundermark. Haardünner Silberdraht — für größere Insekten etwas stärker, für kleinste sehr fein — wird durch eine gewöhnliche scharfe Stahlscheere mit schrägen Schnitten in Stücke von 8—10 mm. Länge zertheilt, wobei man die sich dadurch bildenden, an beiden Enden zugespitzten Stifte in Menge vorräthig herstellen und nach den verschiedenen Graden der Stärke gesondert aufbewahren kann. Die frisch gefangenen und eben getödteten Insekten werden nun auf einer weichen Unterlage ausgebreitet und von der Bauchseite her mit diesen Stiften angestochen, entweder so, daß der Stift nicht den Rücken durchsticht, um die Oberseite des Thieres völlig unverletzt zu erhalten, oder so, daß er 1—2 mm. über den Rücken hinausdringt und eine Handhabe bietet, mit welcher das Insekt auch von oben her mit der Pinzette gefaßt werden kann. Die so gespießten Insekten werden nun auf länglich viereckige Stücke von Hollundermark, letztere aber wieder an feste Insektennadeln angesteckt. Das Mark wird dabei mit einem dünnklingigen, scharfen Messer in recht regelmäßige, genau rechtwinkelige, scharfeckige Stücke geschnitten, die man zweckmäßiger Weise ebenfalls in Menge vorräthig herstellen lassen kann. Je nach der Größe der aufzusteckenden Thiere werden die Stücke größer oder kleiner gemacht. 6—10 mm. Länge, 3—6 mm. Breite, 3—5 mm. Dicke ist das für die gewöhnlichen Bedürfnisse passende Maß. Man steckt die Thiere zweckmäßig links vor der durch die rechte Ecke des Markstückchens gebrachten Nadel, so daß die Längsachse des Insekts senkrecht zur Längsachse des Hollunderstückes steht. Auch kann man mehrere Exemplare, z. B. recht zweckmäßig Männchen und Weibchen einer Art, auf ein und dasselbe Stück bringen und Doublettenvorräthe in Menge auf größere Korkplatten einstweilen neben einander stecken, um sie erst im Bedarfsfalle besonders aufzustellen.

Des sauberen Aussehens wegen verwenden manche Sammler anstatt Hollundermark das Mark der Sonnenrose (Helianthus tuberosus), oder des Goldregens (Solidago virgaurea); doch hat dieses den immerhin mißlichen Uebelstand, den Silberdraht nicht recht fest zu halten, so daß sich das Insekt leicht dreht und dadurch beschädigt.

Um das zu vermeiden, kann man die Silberdrahtstifte auch auf entsprechend große viereckige Stücke von Kork stecken und diese, des bessern Aussehens wegen, aus einer dünnen, auf der Oberseite mit sehr feinem weißen Papier beklebten Korkplatte schneiden. Natürlich hat man dazu den besten Kork zu benutzen."

Für das Aufkleben werden verschiedene Methoden mitgetheilt, als die zweckmäßigste aber die durch beistehende Abbildung erläuterte empfohlen, durch die am wenigsten vom Objekt verdeckt wird.

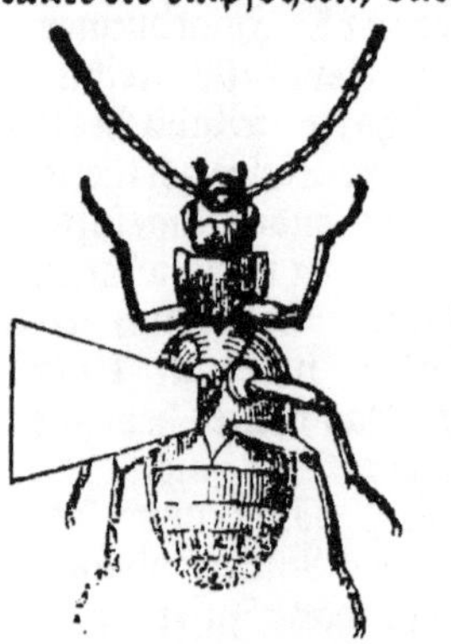

„Man klebe aber die Objekte nicht rechts, sondern links von der Nadel auf, einmal weil dies der allgemeinere Gebrauch ist, sodann weil es der Seite entspricht, beim Aufstecken nicht die linke, sondern die rechte Flügeldecke zu durchstechen, und endlich, weil der auf der linken Seite sitzende Käfer der Beschädigung durch Zange und Pinzette, mit welchen Instrumenten man die Nadel von der rechten Seite zu fassen pflegt, weniger ausgesetzt ist."

Folgen Pinzetten, Zangen, Pinsel, Leim, Lupe, Umstecken und Umkleben, Entölen, und zuletzt eine Warnung vor unredlichen Händlern, die aus verschiedenen Stücken Thiere zusammen leimen.

V. Mehrtägige Excursionen und entomologische Sammelreisen; VI. Kauf und Tausch von Insekten. „Beim Tauschverkehr mache man es sich zur Regel, nur frische, vollständige und sicher bestimmte Exemplare abzugeben. Dergleichen Exemplare nimmt jeder Correspondent selbst dann gern entgegen, wenn er sie vielleicht auch nur zum Ersatz für ältere, weniger gute Sammlungsexemplare oder zum Weitertausch verwenden kann, während er schlechte Stücke auch dann, wenn die Normalzahl der Sammlungsexemplare noch nicht erfüllt ist, als unbrauchbar verwirft, um seine Sammlung nicht zu verunzieren. Demnächst soll der Entomolog und vor Allem der Anfänger, wenn er auch an sich mit Recht für seine Gabe eine entsprechende Gegengabe erwarten darf, sich vor Ueberschätzung des von ihm und vor Unterschätzung des von dem

Andern Gebotenen hüten. Jeder ist geneigt, den Werth des Selbstgesammelten besonders hoch anzuschlagen, und das, was ihm von Andern fertig entgegengebracht wird, zu unterschätzen.

Hat man nur einige wenige und kleine Insekten zu verschicken, so kann man dieselben in einer kleinen, aus einer dünnen Korkplatte hergestellten, oben und unten mit recht festem Cartonpapier bedeckten Zelle festlegen und in den abzusendenden Brief thun, der mitunter durch diese Einlage noch nicht einmal das Gewicht eines Doppelbriefes erhält. Die Zelle muß aber jedenfalls so fest hergestellt werden, daß sie die darin untergebrachten Insekten schützt, auch wenn der Poststempel zufällig gerade darauf gedrückt werden sollte.

Ebenso kann man kleine Insektensendungen als Waarenproben versenden, wenn man sie ohne Beigabe eines Briefes in unverschlossenen Kästchen zur Post giebt. Selbstverständlich muß das Sendungskästchen fest gebaut und, um die zerbrechliche Waare vor Schaden zu bewahren, wenigstens mit Watte und einem starken Papierumschlag emballirt werden*)."

VII. Aufstellung der Insekten in der Sammlung, Kasten, Fütterung desselben, Anordnung, Etiketts, Sammlung von Insektenpräparaten, biologische Insektensammlungen, Erhaltung und Pflege der Sammlung.

Mit VIII beginnt der **specielle Theil**, der leider Käfer und Schmetterlinge zu sehr bevorzugt und die übrigen Ordnungen stiefmütterlich behandet. Den Käfern (Sammeln derselben) ist VIII, den Schmetterlingen IX, den übrigen Ordnungen X gewidmet. Ein **Anhang** giebt eine Anleitung zum Insektensammeln in fernen Gegenden, namentlich in fremden Erdtheilen**); derselbe wiederholt im Wesentlichen das schon Dagewesene; besondere Rücksicht wird auf den Transport genommen. Als auch für unsere Gegenden im Fall der Noth nützlich heben wir hier folgende Bemerkung hervor:

„Große Insekten von plumpem, voluminösem Körperbau und minder zarten Extremitäten, z. B. Käfer, Bienen, Hummeln, große Wanzen 2c., kann man, und zwar jedes Stück einzeln, in kleine Düten stecken, die in der Größe dem darin unterzubringenden Insekt entsprechen. Diese kleinen Düten werden dann in einem mit Watte ausgelegten Kasten dicht an und über einander fest gelegt und gewähren so eine große Sicherheit für unversehrte Erhaltung der darin untergebrachten Objekte. Sie werden in einfachster Weise aus einem länglichen Stückchen Papier hergestellt,

---

*) In Preußen und jetzt wohl in ganz Deutschland leider nicht.

**) Auch als Separatabdruck für sich allein verkäuflich.

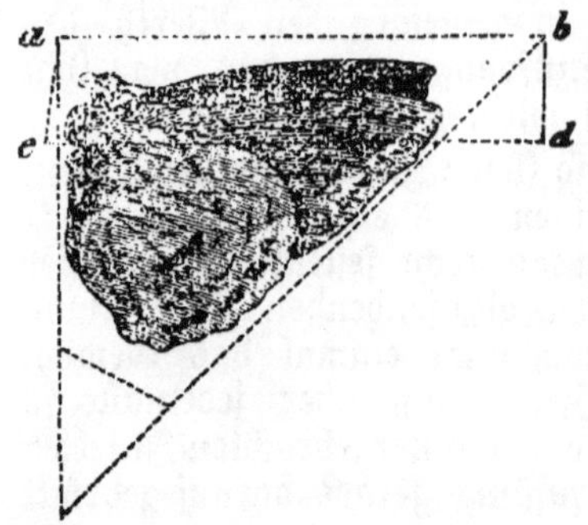

welches um einen Punkt an seiner Basis gewunden und durch Umbrechen des oberen Randes, sowie der Spitze geschlossen wird. Für Schmetterlinge, namentlich solche mit nicht zu plumpem Körper, aber mit großen Flügeln, z. B. Tagschmetterlinge, macht man diese Papierdüten, indem man von einem viereckigen, rechtwinkligen Stück Papier Fig. k g l b, welches, in der Mittellinie e a gebrochen, zwei sich deckende Vierecke ergiebt, die Dreiecke f k h und h a l abschneidet, dann das Dreieck h a d umbricht und auf Dreieck a d c legt, auf dieses aber wieder das Dreieck a b c deckt und die dadurch entstehende Papierhülse durch Umbrechen des Streifens g c f h, in welchen man den oberen Rand des Dreiecks a b c einschiebt, sicher schließt.

Diese Papierdüten kann man vorräthig herstellen, auch kleben, jedenfalls aber, je nach der Größe des darin unterzubringenden Objektes, größer oder kleiner und thunlichst genau so groß, daß dasselbe eben darin Platz hat, ohne sich bewegen zu können, herstellen. Den Schmetterling legt man mit gegen einander aufgeschlagenen Flügeln, sowie sie die Tagfalter in der Ruhe zu tragen pflegen, in die Düte, wobei die Fühler zurück, die Beine dicht an

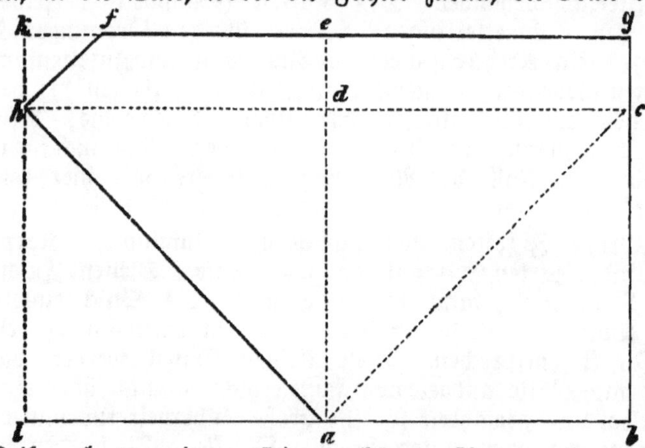

den Leib gelegt werden. Die punktirten Linien geben den um den Schmetterling befindlichen Papierumschlag an. Je nach der Gestalt des Insekts, oder der Flügelhaltung desselben, kann es auch so gelegt werden, daß der Kopf nach dem Winkel c gerichtet ist. Weniger gut als Tagfalter lassen sich Abend- oder Nachtschmetterlinge mit starken Körpern in solchen Hülsen aufbewahren und transportiren. Man muß, wenn man es dennoch unternimmt, die Papierhülse reichlich groß machen und durch etwas in den Winkel c gesteckte und hier sicher befestigte Baumwolle wölben, so daß das Thier nicht gedrückt wird und doch unbeweglich liegt. Auch hier muß man aber, um das leicht abreibbare Haarkleid des Vorderrückens zu schonen, die Flügel mit den Oberseiten gegen einander schlagen."

Literarische Revue.

Stettiner Entomologische Zeitung, 1876, 1—3. — Neujahrs-Note zum Reichstext. Rede zur Stiftungsfeier am 17. Okt. 1875; beides vom Präsidenten. — Neue Mitglieder. — Korb, Insekten-Beobachtungen in der Libyschen Wüste. Zerstreute Mittheilungen. — Möschler, Exotisches. Synonymic List of the Butterflies of North America, North of Mexico. By Samuel H. Scudder. Part I. Nymphales. Inhaltsangabe. — Ritsema, Paussus Woerdeni, eine neue Art aus Congo (Westafrika). — Cornelius, eine neue Insektenquelle (die Wasserbassins der Gasanstalten, mitgetheilt von H. de Rossi in Nr. 2 der E. N.). Verzeichniß der so gefangenen Arten. — Reitter, Nachtrag zur Revision der europäischen Lathridiidae; Neu: Genus **Abromus** Reitter; Abromus Bruckii; Enicmus (Conithassa Thoms.) Carpathicus. — Wehnke, ein neuer Dytiscus, D. Persicus (coll. Dohrn). — Stein, einige neue dalmatinische, griechische und kleinasiatische Tenthredoniden. Cimbex scapulans; Amasis Krüperi; A. concinna; T. albicincta; T. Loewii; Lyda maculipennis; Xyela Graeca; Cephus spectabilis; C. albo-maculatus; C. variegatus; Pachycephus n. gen. P. Smyrnensis. — Keferstein, Lepidopterologisches. Bemerkungen über einzelne Schmetterlinge oder deren Vorkommen. — Lichtenstein, zur Systematik von Phylloxera. Theilt die Homoptern in 2 Familien: Mit einer oder mehreren Generationen vivipara: Aphidida; immer ovipara: Coccidida. Die Cocciden mit 4 Flügeln, wie Phylloxera, Aleurodes und Chermes bilden den Uebergang von den Aphiden zu den Cocciden. — C. A. Dohrn, über den Thesaurus entomologicus oxoniensis von J. O. Westwood. Oxford 1874. — Koltze, englische Notizen. Adelops Wollastoni und Anommatus 12 striatus in der Nähe von London. — Brischke, mikrolepidopterologische Notizen. Ueber die Raupen von Lobesia permixtana, Sciaphila virgaureana, Grapholitha Servillana Dup., Cleodora tanacetella Schr., Schreckensteinia festaliella, Gelechia cauligenella Schmel., G. sp? (rhombella?), und eine ferner unbestimmte Art Gelechia. — Emery, über hypogäische Ameisen. Auszug aus den Annali del Museo Civico di Genova. In Europa sind bis jetzt 16 unterirdisch lebende Ameisen bekannt, einige bereits beschrieben, (von Huber, Forel). Allgemeines, dann folgt die genaue Beschreibung neuer oder minder bekannter unterirdischer Ameisen. Solenopsis orbula n. sp.; Epitritus Baudueri n. sp. — Dohrn, Exotisches. Lamellicornia; einige Carabicinen. — Ders., Rhinocles, novum genus Calandridarum; Rh. nasica aus Monrovia. — Spångberg, über 3 im hohen Norden vorkommenden Arten der Schmetterlingsgattung Cupido Schrank: C. Fylgia n. sp.; C. Alexis Scop.; C. Chiron Rott. — Fuchs, lepidopterologische Mittheilungen aus dem nassauischen Rheinthale. — Haag, eine neue Art der Gattung Aspila (Eurychoridae): A. Dohrni, Habesch. — Ders., zur Synonymie, in Bezug auf den Artikel von Prof. Burmeister, 1875, S. 265. — Dohrn, Pieris Brassicae, die Raupen haben einen Eisenbahnzug aufgehalten, indem sie auf ihrer Wanderung über die Schienen zerquetscht wurden.

Anmerk. Leider konnten wir auch in dieser Nr. nur einen geringen Theil der jetzt regelmäßig gegebenen literarischen Revue bringen, trotzdem schon seit mehreren Wochen eine größere Partie im Satz steht.

Nekrolog.

In Wien starb der Regierungsrath und Director des k. k. Hof-Naturalien-Cabinets Dr. med. Ludwig Redtenbacher, der Bruder des berühmten Chemikers Joseph Redtenbacher. In Ludwig Redtenbacher verliert die österreichische Gelehrtenwelt eine ihrer Zierden. 1814 als der Sohn eines wohlhabenden Kaufmannes in Kirchdorf in Oberösterreich geboren, bezog Ludwig gleichzeitig mit seinen beiden Brüdern Joseph und Wilhelm das Gymnasium des Stiftes Kremsmünster, welches sich schon damals des ausgezeichnetsten Rufes erfreute. Mit vorzüglicher klassischer Bildung ausgestattet, begann er sodann das Studium der Medicin an der Wiener Universität, auf welcher er 1843 den Doctorgrad erreichte. Schon frühzeitig entwickelte sich in ihm eine besondere Liebe für die naturwissenschaftlichen Fächer und speciell für Zoologie. Von 1834 bis 1840 arbeitete er als Volontär im zoologischen Cabinet. 1851 wurde Redtenbacher zum Professor der Zoologie an der Prager Universität ernannt. Schon nach einem Jahre wurde er indeß vom Kaiser nach Wien zurückberufen, wo er zunächst als erster Custos-Adjunct fungirte, bis 1860 seine Ernennung zum Direktor des zoologischen Cabinets erfolgte. Redtenbacher war durch eine lange Reihe von Jahren literarisch thätig und hat viele Fachwerke veröffentlicht, die ihm nächst andern Anerkennungen die Ernennung zum Mitglied der kaiserlichen Akademie in Wien und zahlreichen gelehrter Gesellschaften des Auslands brachten. Seine, den Coleopterologen rühmlichst bekannte Fauna Austriaca, Käfer, hat bereits die 3. Auflage erlebt.

(A. A. Z.).

Herr Hauptmann von Schönfeldt in Naumburg machte uns nachfolgende Mittheilungen:

1) Am 23. März v. J. begab ich mich nach dem Saaleufer, um im Mulme der Weiden nach Larven 2c. zu suchen. Der Schnee war kaum geschmolzen und an der Nordseite der Bäume, wo die Sonne nicht hatte wirken können, waren noch Reste desselben liegen geblieben. Unter Anderem scharrte ich auch das am Fuße der Bäume befindliche abgefallene Laub auf und legte hierbei ein Mauseloch, welches sich nach dem Innern des hohlen Stammes zu zog, frei. Hierin fand ich nun, und zwar ganz dicht an der Oeffnung und unmittelbar hinter den fortgeräumten Weidenblättern einen zusammengeballten, etwa wie eine Wallnuß großen Klumpen von nur Paederus riparius L. Ich schätzte die Zahl derselben auf ca. 200 Stück. Alle waren völlig lebenfähig und begannen in der wärmenden Hand bald sich zu bewegen und zu laufen. In einer andern Vertiefung, ca. 40 Fuß entfernt, fand ich eine ähnliche Ansammlung, aber nur etwa 50 Stück.

2) Ich habe heute (im Januar) von einem Förster aus der Torgauer Gegend ein lebendes Weibchen von Hammaticherus heros Scop. zugesendet erhalten, welches an einem wärmeren Tage am Stamme einer Eiche kriechend gefangen worden. Es erscheint mir dies um so merkwürdiger, als wir einen theilweis recht strengen Winter (bis 18°) hatten.

Anzeigen.

Diejenigen Herren, welche zu ihren, mir bereits ertheilten Aufträgen auf meine heurigen Einsammlungen von Dipteren, Hymenoptern, Neuroptern, Orthoptern und Hemiptern allfällig noch speciellere Weisungen in Betreff einzelner Familien, Biologie, Metamorphosen, Präparations-Methode u. s. w. zu geben wünschen, sind anmit höfl. ersucht, solches doch gefälligst noch vor Beginn der Sammelzeit (d. h. bis längstens Ende März) zu thun, um danach dann meine Einrichtungen und monatlichen Zusendungen möglichst zweckmäßig vorbereiten zu können.

Mein heuriges Sammelgebiet wird vorerst unser sehr reichhaltiges Mittelland, sodann der Jura und zuletzt ein besonderes interessanter wenig erforschter Theil der Berner Alpen sein.

Etwa 9000 St. schweiz. und südfranzösischer, theilweise bestimmter Coleoptern (in ca. 1200 Spec.), worunter viele seltene Arten, habe ich noch vom vorigen Jahre übrig und erlasse ich solche jetzt (um damit aufzuräumen) zusammen um den billigen Preis von Frcs. 700. — Ebenso noch nahe zu 2000 St. europ. bestimmte Hemiptern (in etwas über 300 Spec.) für Frcs. 200.

Burgdorf (Schweiz). Meyer Dür, Entomolog.

Bevorstehenden Stellungswechsels wegen verkauft einer der älteren Entomologen Wiens, seine Sammlungen und zwar:

Coleopteren, 6370 Arten, darunter 530 Exoten, mit 19,300 Exemplaren, im polirten Schrank mit 54 polirten Laden, geschmackvoll geordnet, — 700 Gulden. Wird eventuell auch partienweise vergeben.

Hemipteren und Homopteren des Wiener Beckens, in 5 doppel. und 2 einfachen netten Holzschachteln, systematisch geordnet, — 511 Arten, 2000 Exemplare, — 80 Gulden.

Die Adresse ist in der Redaction der Entomologischen Nachrichten zu erfragen.

Central-Nordamerikanische Käfer und Hemipteren

1875 im Staate Missouri gesammelt, unbeschädigt, sind für Rechnung des Sammlers zum Centurienpreise von 9 Mark abzulassen durch den Unterzeichneten.

Die Käfer sind bestimmt.

Wernsdorf per Tharau, Ostpreußen.

A. Kuwert.

Herrmann Kläger,
Berlin, S.-O. Adelbert-Str. Nr. 7,

Fabrik der anerkannt besten Insektennadeln. Gegründet 1827.
Proben auf frankirte Anfragen umgehend.

Ein modern gearbeiteter, ganz neuer

Mahagoni-Insektenschrank

mit 40 Kästen, — oben und unten rheinländisches Glas, Größe derselben 47 cm., 40 cm. — ist billig zu verkaufen bei

Berlin, Nicolai-Kirchhof Nr. 9. F. Keitel.

Von der Beilage des Lepidopterengeschäfts Fauna in München sind nicht allen Abonnenten Exemplare zugegangen, weil eine nicht genügende Anzahl von Exemplaren dazu eingesendet war.

In Commission bei Ch. Fr. Vieweg in Quedlinburg.
Druck von August Knaak in Putbus.

№. 4. Entomologische Nachrichten. 1876.

Herausgegeben
vom Gymn.-L. Dr. F. Katter.

Putbus, den 1. April.

Jeden 1. des Monats erscheint ein Heft. Abonnement jährlich 4 Mark pränumerando. Zu beziehen durch die Expedition (franco unter Kreuzband), die Post oder den Buchhandel. Tausch- und Kaufgesuche der Abonnenten gratis. Insertionsgebühr 25 Pfennig die Zeile oder deren Raum.

Das Studium der Hymenopteren,

Winke für Anfänger in diesem Zweige der Entomologie,
von Dr. Kriechbaumer in München.

III.

Weitere Untersuchungen Gravenhorst'scher Arten und eine größere Anzahl neuer enthalten die Arbeiten Tschek's in den Verh. des zool.-bot. Vereins in Wien, die leider durch den frühzeitigen Tod des hoffnungsvollen Verfassers bereits ihren Abschluß gefunden haben. In Taschenberg's Arbeit sind die kleinen ungeflügelten Cryptiden, welche Gravenhorst unter der Gattung Pezomachus beschrieb, übergangen, da bereits Förster dieselben in seiner „Monographie der Gattung Pezomachus" (1851) bearbeitet hatte. Es ist diese Arbeit eine jener Leistungen dieses Autors, worin er in unübertroffener Virtuosität Unterschiede herauszusehen verstand, die ein Zweiter oft kaum wahrzunehmen oder wenigstens nicht als Artverschiedenheiten aufzufassen vermag. Dadurch ist es Herrn Foerster gelungen, die Zahl der Pezomachusarten von den 30 (mit Einschluß von Brachypterus means), die Gravenhorst beschrieben hat, und unter deren Varietäten wohl manche selbstständige Art sich befinden mag, auf nicht weniger als 232 zu vermehren. Von diesen 232 Arten ist aber eine einzige in beiden als zusammengehörig erkannten Geschlechtern beschrieben (P. lucidulus), während von dieser Gattung in dem von Foerster etwas eingeschränkten Sinne noch 157 ♀ und 43 ♂ gesondert, und von den übrigen, vom Verfasser neu aufgestellten Gattungen nur ♀ beschrieben werden. Bei den Arten dieser Gruppe findet sich die bei Schlupfwespen nicht seltene Schwierigkeit, die beiden Geschlechter zusammenzufinden, in erhöhtem Maaße vor, da bei einigen Arten die ♂ ebenfalls ungeflügelt, bei anderen dagegen geflügelt sind und in letzterem Falle unter Hemiteles, vielleicht auch theilweise unter Cryptus nnd Phygadeuon gesucht werden müssen; deshalb muß auch das Studium dieser Gruppe mit dem der verwandten andern Cryptiden verbunden werden. Läßt also auch diese getrennte Beschreibung der beiden Geschlechter die Arbeit als unreif erscheinen, so kann doch dieses Verfahren durch den gegenwärtigen Standpunkt unserer Kenntniß dieser Gruppe im Allgemeinen entschuldigt werden und würde, wenn später die beschriebenen ♂ als zu bestimmten vorhergehenden ♀ gehörig erkannt werden, weiter keinen Nachtheil haben, als daß erstere ihre Namen verlieren würden. Wenn man aber weiter bemerkt, daß unter diesen 157 ♀, wenigstens 108, von den 43 ♂ gar 38 nach einzelnen Exemplaren beschrieben sind, so muß man entweder über die neckischen Launen des Schicksals sich wundern, die diesem Autor eine solche Menge von Arten, dagegen aber bei nahezu drei Vierteln derselben immer nur ein einzelnes Individuum in die Hände führte, was den gewöhnlichen Erfahrungen eines jeden Sammlers widerspricht, oder man muß annehmen, daß diese angeblichen Arten großentheils nach individuellen Merkmalen unterschieden und daher nicht haltbar sind. Der Verfasser hat zwar in diesem Werke den Beschreibungen eine analytische Zusammenstellung vorausgeschickt, durch welche aber das Unsichere und Schwankende eines großen Theiles der angegebenen Unterschiede sich fast bei jedem Thiere fühlbar macht, das man darnach zu bestimmen versucht, und ich halte es bei der Mehrzahl der Arten für kaum möglich, über selbe ohne Vergleichung typischer Exemplare völlig klar zu werden und namentlich sich ein Urtheil zu bilden, welche Arten etwa als haltbar anzusehen, welche dagegen als bloße Varietäten mit anderen zu vereinigen sind, ein Urtheil, das überhaupt nach einzelnen Individuen immer schwierig und unsicher ist, wenn es sich um Unterscheidung einander ähnlicher Arten handelt.

Aus dem Gesagten wird der Anfänger wohl selbst entnehmen können, daß er gut thun wird, das Studium dieser kleinen, aber artenreichen Gruppe für später zu versparen, daß er aber bedacht sein muß, sich reichhaltiges Material dafür zu verschaffen; er wird ferner begreifen, welche Vortheile auch hier wieder gezogene Thiere bieten, da die Zucht selbe in größerer Anzahl, in verschiedenen Varietäten und Uebergängen und oft auch gleichzeitig in beiden Geschlechtern liefert, die ja in schwierigen Fällen, wie hier, fast nur durch die Zucht als sicher zusammengehörig erkannt werden können. Die Pezomachus sind (wenigstens größtentheils) Schmarotzer in zweiter Potenz, d. h. von andern Schlupfwespen, besonders der Microgaster, und muß also besonders den im Freien vorkommenden Tönnchen der letzteren Aufmerksamkeit geschenkt werden.

Die Pimpliden hat Taschenberg in ähnlicher Weise wie die Cryptiden bearbeitet („die Schlupfwespenfamilie Pimplariae ꝛc.“ in der oben erwähnten Zeitschr. f. d. g. N. 1863), während Holmgren die schwedischen Arten in einer besondern Monographie (1860) bekannt machte. Es ist nur zu bedauern, daß letztere nicht auch in dem handsamen Oktavformat seiner Ichneumoniden, sondern als ein unbequemes Quartheft erschien, zu dem der geringe Umfang der Familie in gar keinem Verhältniß steht. Selbe bildet nämlich, wie die beiden nachfolgend angeführten Arbeiten desselben, einen Theil der in diesem Format erscheinenden Abhandlungen der k. schwedischen Akademie d. W.*), ist aber auch besonders erschienen.

Für die Familie der Tryphonen hat der ebengenannte schwedische Autor in seiner Monographia Tryphonidum Sueciae ein Werk geliefert, das hier um so mehr in erster Linie anzuführen ist, als überhaupt kein zweites existirt, das ihm an die Seite gestellt werden könnte. Man kann wohl behaupten, daß Holmgren durch dieses Werk allein schon sich den ersten Rang unter den jetzt lebenden Ichneumonologen errungen und für diese, wie auch für die vorhergehende und nachfolgende Familie ebenso bahnbrechend gewirkt hat, wie Wesmael für die Ichneumoniden. Auch die Tryphoniden waren seit Gravenhorst einer genaueren Bearbeitung nicht unterzogen worden, und es war daher ebenfalls nöthig, neue Gesichtspunkte, d. h. solche Merkmale aufzufinden, die eine natürlichere Eintheilung in Gattungen und eine mehr Sicherheit gewährende Unterscheidung der Arten ermöglichten, Form und Skulptur des Kopfes, Metathorax und Hinterleibes, die Richtung der Legröhre bei den ♀, das Flügelgeäder u. a. gaben passende Merkmale zur Bildung von Gattungen. Auch den systematischen Werth, den die verschiedene Bildung, resp. Bezahnung der Fußklauen bietet, will ich nicht bestreiten, muß aber auf die Schwierigkeiten aufmerksam machen, womit die Benutzung dieses Merkmales bei der Bestimmung verbunden ist, indem einerseits diese Zähnchen an und für sich bei kleinen Arten, selbst mit der Lupe schwer wahrzunehmen sind, besonders aber wenn, wie das meist der Fall ist, die Haftläppchen hindernd dazwischen treten. Welch' reiches Material in diesem Werke verarbeitet ist, wird man aus dem Umstande abnehmen können, daß es in 29 Gattungen 500 Arten enthält.

Wie bereits erwähnt, hat auch die Familie der Ophioniden an Holmgren einen Bearbeiter gefunden, und muß auch hier

*) Der betreffende Band scheint erst 1862 herausgekommen zu sein.

dessen Monographia Ophionidum Sueciae (1860) als das beste, weil einzige neuere Werk über diese Familie angeführt werden. Es enthält in 33 Gattungen 254 Arten, worunter 133 vom Verfasser (allerdings theilweise schon in früheren Arbeiten) aufgestellte und beschriebene. Doch was ist das für eine Kleinigkeit in Vergleich zu dem, was wir noch zu erwarten haben, wenn Herr Foerster alle seine Entdeckungen noch bekannt macht! Es ist ihm in seiner Monographie der Gattung Campoplex bereits gelungen, von dieser in beschränktem Sinne aufgefaßten Gattung, die bei Holmgren nur 10 Arten enthält, von denen Herr Förster 7 (!) als ihm nicht näher bekannt nur anhangsweise anführt, nicht weniger als 72, bis auf 3 durchaus neue Arten zu beschreiben, worunter wieder 44 (27 ♀ und 17 ♂) in nur einzelnen Exemplaren. War nun Holmgren unfähig, gerade bei dieser, nicht sehr kleine Arten enthaltenden Gattung selbe zu unterscheiden, oder ist die Gegend von Aachen das Eldorado der Hymenopterologen und werden wir vielleicht auch von der Gattung Limneria mit den 78 von Holmgren beschriebenen Arten ein gleiches Multiplum der letzteren zu gewärtigen haben? Es gäbe das, da bei Campoplex die Zahl der angeblich neuen Arten (69) die der Herrn Foerster bekannten alten um das 23fache übertrifft, die ganz hübsche Summe von 1794 oder wenn von den Holmgren'schen Arten Herrn Foerster wieder $\frac{7}{10}$ (also etwa 55—56) unbekannt bleiben würden, die immer noch sehr anständige Zahl von etwa 550 Arten jener Gattung. Es ist nur zu bedauern, daß Herr Foerster so viel Fleiß und Mühe vergeblich verschwendete, indem solche Arbeiten nicht nur die Wissenschaft fördern, sondern geradezu hemmen, indem sie spätere Arbeiter nöthigen, auf Sichtung solchen Materials mehr Zeit zu verwenden, als die ganze übrige Arbeit erfordern würde.

(Fortsetzung folgt.)

In einer Note über andalusische Cryptocephalen bezeichnet Herr Dr. Kraatz den Cr. pexicollis als eine dem Cr. imperialis ganz ähnlich gezeichnete Art. Hier muß doch offenbar ein Irrthum sich eingeschlichen haben, denn Cr. imperialis, von dem mir ächte tiroler Stücke vorliegen, hat ein fast glattes Halsschild und auf jeder Flügeldecke nur 3 schwarze Flecken, pexicollis deren 5 und einen dicht nadelrissigen Thorax, kann überhaupt mit imperialis kaum verglichen werden. Harold.

Nr. 14 der Coleopterologischen Hefte (Doppelheft) ist erschienen. Beim Herausgeber Major Freiherrn von Harold, München, Barerstr. 52. Ueber den Inhalt berichten wir in der nächsten Nr.

Käferregen im Norden Scandinaviens.

In dem nördlichen Theil Norwegens ist auf einigen Stellen ein merkwürdiges Naturphänomen vorgekommen, indem nach Regen und starkem Sturm aus WSW der Schnee auf einer großen Ausdehnung mit lebenden zolllangen und im übrigen dort unbekannten Käfern bedeckt war. Auf einzelnen Stellen liegen dieselben jetzt scheffelweise festgefroren im Schnee. Die Käfer waren theils grau, theils bunt und hatten Aehnlichkeit mit Galleruca viburni. (L. ill. Ztg.)

Hylobius Abietis L. u. pinastri Gyll.

Auf der 15. Versammlung thüringischer Forstwirthe machte Herr Forstrath Kellner folgende Mittheilung (Protokoll dieser Vers. 1875, S. 17): „Außer dem allkannten großen braunen Rüsselkäfer, Hylobius Abietis Linné (Hylobius Pini Ratzeburg) giebt es eine zweite, diesem sehr ähnliche Art, welche ebenfalls durch Befressen der Rinde an Kiefern- und Fichtenpflanzen sehr schädlich wird. Es ist dies Hylobius pinastri Gyllenhal, welchen dieser gründliche schwedische Entomolog zuerst im III. Theile der Insecta Suecica 1813 beschrieben hat, und welcher von allen Entomologen als gute Art anerkannt wird.

Dieser über ganz Deutschland und weiter verbreitete Käfer kommt auch im Thüringer Walde häufig vor. Derselbe scheint vorzüglich die Kiefer zu lieben, befrißt aber auch Fichtenpflanzen. Er fliegt nach meiner Erfahrung leicht und gern, und gelangt dadurch auf hohe Kiefern, woselbst er die jungen Zweige benagt; Hylob. Abietis dagegen scheint nur bei warmer Witterung und auch dann nur wenig zu fliegen.

Ich habe früher zuweilen Kiefern besteigen und deren Aeste abklopfen lassen, wobei ich im untergehaltenen Schirm und auf ausgebreiteten Tüchern mehr oder weniger Exemplare von H. pinastri, aber niemals ein Stück von H. Abietis erhielt.

Da sich beide Käferarten durch die bindenartige Behaarung der Flügeldecken ähnlich sehen, werden sie gewöhnlich bei nur oberflächlicher Betrachtung für eine und dieselbe Species gehalten. Man kann sie jedoch mit Leichtigkeit unterscheiden, vorausgesetzt, daß frische, reine und normal ausgefärbte Stücke an allen Theilen genau untersucht werden. Und ihre Unterscheidung ist nothwendig, wenn unzuverlässige Beobachtungen über Leben und Treiben dieser Culturverderber endlich vermieden werden sollen.

Um die Bestimmung beider Arten zu erleichtern, lasse ich hiermit eine Anzahl charakteristischer Exemplare in der Versammlung zur Ansicht circuliren und gebe eine vergleichende Uebersicht der Kennzeichen zu Protokoll, wie folgt:

	Hylobius Abietis L.	Hylobius pinastri Gyll.
Größe	Von 13 mm. bis herunter zu 6mm., krüppelhafte Stücke von verkümmerten Larven noch kleiner.	Kleiner als jener; die größten Stücke kaum wie mittelgroße des Abietis; ganz kleine von verkümmerten Larven.
Farbe und Behaarung	Braun, glanzlos, mit bindenartiger Behaarung auf den Flügeldecken von goldgelber, seltener blaßgelber Färbung. Der seitliche Theil der Vorderbinde nach oben rückwärts gerichtet, und auf der Mitte vor demselben wenige Punkte quer gestellt. Die hintere Binde querüber mehr oder weniger unregelmäßig, einige Punkte vor der Spitze der Flügeldecken.	Braun, etwas glänzend, ebenfalls mit bindenartiger Behaarung, welche in der Regel blaßgelb ist. Die vordere seitliche Binde bogenförmig aufwärts gerichtet und mit den davor stehenden Punkten auf der Mitte sich gewöhnlich vereinigend. Die hintere Binde gerade querüber und etwas regelmäßiger, als bei Abietis; nach der Spitze zu ebenfalls einzelne Punkte.
Halsschild und Unterseite	Das Halsschild von hinten bis über die Mitte ziemlich breit, nach vorn stark verengt, grobrunzlig punktirt, mit schwach erhabener Leiste über die Mitte und fleckiger, dichter Behaarung. Die Unterseite ebenfalls fleckig behaart.	Halsschild von hinten bis über die Mitte schmäler, nach vorn weniger verengt, ebenso wie die Unterseite weniger behaart, als bei Abietis.
Beine	Bei gut ausgefärbten Stücken pechfarbig, die Schenkel in der Regel dunkler.	Bei reinen und gut ausgefärbten Exemplaren in der Regel roth incl. der Schenkel.

Die Larven der Hylobius-Arten leben und ernähren sich bekanntlich an Wurzelstöcken und Wurzeln, welche beim Stockroden in der Erde verblieben sind. Solche Wurzeln habe ich oft untersucht, und gefunden, daß die Larven an den tiefer, stets feucht steckenden Theilen immer gut genährt, an den oberflächlich streichenden, schneller vertrocknenden Wurzeln dagegen stets kleiner, oft ganz kümmerlich waren.

Aus solchen schlecht genährten Larven entwickeln sich natürlich auch unvollkommene Käfer, die man bei genauer Untersuchung oftmals nicht normal ausgefärbt findet und zur Bestimmung der Art nicht auswählen darf.

Um einen Anhalt darüber zu gewinnen, in welchem numerischen Verhältniß beide Rüsselkäfer hierorts vorkommen, waren mir im Laufe der diesjährigen Sammelzeit auf Veranlassung des Herrn Oberforstrathes Deyßing aus den Schwarzwälder Forsten Crawinkel, Dörrberg, Arlesberg, Gehlberg, Zella und Oberhof eine Anzahl der eingelieferten Käfer, im Ganzen etwa 30,000 Stück, zur Untersuchung zugesendet worden. Es fanden sich darunter im großen Durchschnitt 10 Procent des Hylobius pinastri.

Es sei bemerkt, daß von den genannten Forsten der Gehlberger, Oberhöfer und die Oberberge der übrigen nur mit Fichten und untergeordnet mit Tannen bestanden sind, während die Vorberge des Crawinkler Reviers vorwiegend Kiefernbestände enthalten. Dem entsprechend fanden sich auch auf dem letzteren verhältnißmäßig die meisten H. pinastri."

~~~~~~~~~~

Les Cicadines d'Europe

d'après les originaux et les publications les plus récentes, par le Dr. Franz-Xavier Fieber, traduit de l'allemand par Ferd. Reiber, membre de la Soc. ent. de France. I. Livraison de 129 pages, comprenant les généralités et le genera complet, aves 4 planches noires.

Gegen Einsendung von 3,50 M. franco, bei directer Bestellung bei Ferd. Reiber Sohn, Kronenburgerstraße 8, Straßburg i. E.

Es ist eine traurige, aber kennzeichnende Thatsache, daß dies bedeutende Werk unseres berühmten Hemipterologen nur in französischer Uebersetzung erscheinen kann, während sich in Deutschland kein Verleger fand, der es deutschen Publikum brachte, kein Entomologe, kein Verein, der die Arbeit des verstorbenen Fieber der Vergessenheit entreißen mochte. Wir haben in Deutschland zwar viel Entomophilen aber wenig Entomologen, die über bloßes Sammeln hinauskommen, und die auch für literarische Zwecke einige Mittel disponibel haben. Doch lassen wir den Uebersetzer selber erzählen. Er sagt in der Vorrede: „Im J. 1872 veröffentlichte Dr. Fieber seinen Katalog der europäischen Cicadinen. Derselbe war der Vorläufer eines großen beschreibenden Werkes, welches der österreichische Gelehrte binnen Kurzem der Oeffentlichkeit verlegen wollte. Indessen verzögerte zuerst Krankheit die Publication, dann vertagte sie der am 23. Febr. 1872 erfolgte Tod des Verfassers auf unbestimmte Zeit. Der Verleger
~~~~~~~~~~

schickte der Wittwe des Autors das Manuscript zurück, und es fand sich kein deutscher Naturforscher, der das Gedächtniß des Verstorbenen durch den Druck seines Werkes ehrte. Nur mein Freund Dr. Puton machte fortwährend die größten Anstrengungen, um die große Gelehrtenarbeit der Vergessenheit zu entreißen. Leider blieben seine Bemühungen fruchtlos.

Anfang dieses Jahres entschloß ich mich, das Unternehmen des Dr. Puton wieder aufzunehmen. Glücklicher als er hatte ich die Genugthuung, das Manuscript zu retten. Ich kaufte es der Wittwe des Verfassers gemeinschaftlich mit H. Puton in Remiremont und H. Lethierry in Lille ab, welche beide seit langer Zeit in Besitz der Fieber'schen Zeichnungen waren. Leider waren einige Theile des Manuscripts schon verloren. Unter diesen Umständen zögerten meine Freunde nicht, die Vervollständigung des Werkes zu unternehmen und selber die Monographien der verlorenen Genera zu liefern, und sie baten mich, den geretteten Theil des Manuscripts ins Französische zu übersetzen, damit dem Publikum ein homogenes Werk in ein und derselben Sprache geliefert werden könne. Ich zauderte anfangs, die schwierige und langwierige Arbeit zu unternehmen, aber meine Freunde beseitigten durch Zusage ihrer Mitwirkung meine Scrupel und so machte ich mich an die Arbeit. Wir reproduciren genau das Manuscript des Verfassers, ohne jegliche Neuerung und ohne die neuen Arten hinzuzufügen welche seit dem Erscheinen des Katalogs, der dies Werk zusammenfaßt, beschrieben sind. Unser Zweck ist, die Früchte langer Studienjahre unseres verehrten Meisters der Vergessenheit zu entreißen, und dem entomologischen Publikum eine allgemeine Arbeit über eine Insektenordnung zu liefern, die aus Mangel an allgemeinen Werken noch wenig studirt wird. Mögen wir unser Unternehmen zu gutem Ende führen."

Die Vorrede des Verfassers enthält den Nachweis des reichen untersuchten Materials und die neuen Gesichtspunkte der Beobachtung. In der Einleitung wird die allgemeine Naturgeschichte der Cicaden gegeben, ihr Fang, ihre Präparation, Methode zur Bestimmung und der Versand beschrieben. Es ist ein Vortheil der Uebersetzung für uns Deutsche, daß bei den terminis technicic jedes Mal der deutsche Name hinzugefügt ist. Nach einer bibliographischen Uebersicht (6½ S.) folgt von S. 38—129 die Tabelle zur Bestimmung der Familien. Die 4 schwarzen Tafeln erläutern die einzelnen Körpertheile der Cicaden.

Das Ganze ist auf 5 Lieferungen berechnet. Die nächste Lieferung wird den Anfang der Beschreibung der Arten bringen, in der Reihenfolge des Fieber'schen Katalogs. Nach und nach sollen die Abbildungen der Charactermerkmale sämmtlicher Gattungen publicirt werden.

Literarische Revue.

Psyche. Organ of the Cambridge Entomological Club. Cambridge, Mass, U. S. A. 1875. — Nr. 9, Jan. — Austin, Wiederentdeckung von Cicindela limbata Say. Seit der Zerstörung von Say's Sammlung, seit c. 50 Jahren, hat man an der Existenz dieser Art gezweifelt. Schreiber hat im Sommer 1874 die Rocky Mountains besucht und fand dort eine ihm unbekannte Cicindele in großer Anzahl, die sich als die vermißte limbata herausstellte. -- Morrison, über Schmetterlinge der White Mountains. — Bibliographie. — Englische Namen für Schmetterlinge (Fortsetzung in den folgenden Nrn.). — Nr. 10, Febr. — Morrison, Bemerkungen über Noctuinen der White Mount. — Nr. 11, März. — Hubbard, Beschreibung der Larve von Galerita Janus. — Nr. 12. — Scudder, Brenthis polaris (Boisd.), der nördlichste Schmetterling aus Grönland, Polaris Bay 81° 38′ n. Br. Kapt. Hall brachte 2 Ex., 1 ♂ und 1 ♀ mit. Beschreibung derselben. — Verhandlungen des Club. — Nr. 13. Ueber die Verwandtschaft europäischer und amerikanischer Noctuinen (nach d. Stett. ent. Ztg. 1875, 1) Anonym. — Morrison, Raritäten von Cleora pulchraria Minot. — Nr. 14. — Edwards, über Vorkommen und Gewohnheiten der Omus-Arten. Führt 8 Arten an, alle aus Californien und den angrenzenden Staaten. — Grote, über die Insekten-Fauna der White Mountains. — Nr. 15. — Scudder, Einführung der Danaida Plexippus auf die Inseln des stillen Oceans (nach einem Briefe von Dr. Luther H. Gulick). Auf die Sandwichinseln wurde aus Amerika Asclepias eingeschleppt, die sich schnell verbreitete; mit ihr zugleich der dort sonst unbekannte Danaus. (Ausführliches später). — Morrison, über die Insekten-Fauna der White Mountains (Entgegnung). Nr. 16. — Pickman Mann, Bemerkungen über leuchtende Elateridenlarven, wahrscheinlich von Asaphes memnonius, häufig in einigen Gegenden von Massachusetts. Trotz der zahlreich eingesammelten Exemplare gelang die Zucht von keinem einzigen. — Scudder, das Zirpen von Cyrtophyllus concavus (the note of Katydid). — Nr. 17. — Dimmock, Methode, die Schmetterlingsflügel zu bleichen, um die Aderung zu erkennen. Nachdem in Alkohol die fettigen Theile der Flügel ausgezogen sind, legt man sie in eine Lösung von Bleich- (Chlor-) Kalk oder in Eau de Javelle; im ersten Fall müssen die Kalktheile noch in einer Lösung von Hydrochlorsäure in 10 Theilen Wasser abgespült werden. Diese Methode hat den Vortheil, die Schuppen so durchsichtig zu machen, daß die feinsten Adern erkenntlich sind. Dann kann man die Flügel mit Canadabalsam auf Pappe oder Glas leimen. — Grote, über die Insektenfauna der White Mountains. — Nr.

18. — Samuel H. Scudder, über das Zirpen der Maulwurfsgrille, Gryllotalpa borealis Burm. — Thaxter, Ueberwinterungen von Amphipyra pyramidoides; die Motte verbirgt sich im Winter unter Baumrinde. — Nr. 19. — Osten-Sacken, über einen vermuthlichen Dimorphismus bei Dipteren, der durch die Jahreszeit hervorgerufen wird, bei einer Syrphus-Art. — Nr. 20, December 1875. — J. Matthew Jones, über einen ungeheuren Flug Schmetterlinge (Terias lisa) nach den Bermudasinseln. (Folgt ausführliche Mittheilung).

Systematisches Verzeichniß der Schmetterlinge des Kronlandes Salzburg (Macrolepidoptera) mit Nachweisung ihrer Fundorte, ihrer Flugzeit und der Nahrungspflanzen der meisten ihrer Raupen. Von Johann Anton Richter, k. k. Mil.-Rechnungsrath a. D. in Salzburg. Separatabdruck aus den Mittheilungen der Gesellschaft für Salzburger Landeskunde. Der erschienene erste Theil enthält die Rhopalocera. Nach einigen allgemeinen Bemerkungen über die zu Grunde gelegten eigenen und fremden Beobachtungen, die benutzten Sammlungen ꝛc. (8 S.) folgt das systematische Verzeichniß, das außer dem Namen das Vorkommen nach Ort, sowie Höhe der Region, die Häufigkeit, und meist die Futterpflanze der Raupe enthält. Melitaea zählt 13 Arten, Argynnis 15, Vanessa 9, Erebia 20, Lycaena 25 ꝛc.

Das Werkchen ist bei der Gesellschaft für Salzburger Landeskunde für 60 Pfennige zu haben.

Newman's Entomologist, 151, Jan. 1876. Fortsetzung der Beschreibung von Eichengallen, übersetzt aus Mayr, die mitteleuropäischen Eichengallen. — Ebenso Fortsetzung der Uebersetzung aus Snellen van Vollenhoven: Cimbex femorata L. — Gregson theilt seinen Versuch, die Eupithecien nach den charakteristen Merkmalen ihrer Raupen zu ordnen mit. „Gegenwärtig finden wir, wohin wir auch blicken mögen, dieses Genus in den verschiedenen Büchern und Katalogen so durcheinander gemengt, daß es offenbar wird, daß unsere Autoren wenig mehr als bloße Compilatoren sind, da kein einziger Kenntniß von der Verwandtschaft dieser interessantesten Gruppe der Lepidopteren hat." Der Verfasser hat sich auf die britischen Eupithecienlarven beschränkt. Er stellt darnach zusammen: Kurze, breite Raupen: Venosata. Kurze schmale: Plumbeolata, Isogrammata, Pygmeata etc. Raupen von mittlerer Länge, gedrungen: Trisignata, Pulchellata, Linariata etc. Raupen lang, cylindrisch, nach vorn zu enger werdend: Consignata, Castigata, Virgaureata etc. Raupen schlank: Lariciata, Pusillata, Fraxinata etc. — Keyworth, Mittheilungen über nächtlichen Schmetterlingsfang mit Zuckersaft in den Monaten Sept. und Oct. 1875. Unter den 20 Tagen haben sich am ergiebigsten solche mit bedecktem Himmel, sogar mit Regen und Wind, oder Abende mit Thau gezeigt. Auch ein sehr warmer Abend ohne Wind und Thau gab ein gutes Resultat; dagegen lieferten Tage mit klarem Himmel, ohne Wind, ohne Thau, wenig oder garnichts. Es stimmt dies Resultat mit den in der Stett. ent. Ztg. mitgetheilten Erfahrungen (s. auch Nr. 1, Ent. Nachr. 1875) überein. — Jennings, Mittheilungen über das Eierlegen der Schmetterlinge: A. scutulata; S. vetulata; S. rhamnata; C. picata. — Kleinere Mittheilungen über Fang &c. Bericht über die Nov.-Sitzung der entomol. Gesellschaft zu London.

Nr. 152, Febr. — Newman, Varietät von Callimorpha Hera, mit 2 Abbildungen, der Varietät und der Art. Die hellen Streifen der Vorderflügel sind stark verkürzt, theilweis auch verschmälert. Auf den Hinterflügeln sind die dunklen Flecken anders vertheilt. — Fitch, Fortsetzung aus Mayr's Eichengallen nebst Verzeichniß der Insekten, welche Eichengallen bewohnen (von Fitch). — Brief an Newman über die Beschädigung der Leinewand auf der Bleiche durch Arctia rubiginosa. Der Schreiber, Besitzer eines Leinewandgeschäfts, hat vielfache Durchlöcherung der Leinwand, die von der Bleiche kam, entdeckt. Bei genauer Untersuchung stellte sich heraus, daß die Uebelthäter Raupen der obengenannten Art waren; bei jedem der kleinen Löcher fand sich ein grüner Fleck, der offenbar von einer von ihnen abgesonderten Materie herrührte. Bemerkungen dazu vom Herausgeber über die Lebensweise der A. rubiginosa und Mittel zu ihrer Vertilgung.

The Entomologist's Monthly Magazine, 140, Jan. 1876. Waterhouse, 2 neue Lucaniden: Odontolabris Gouberti, Philippinen; Cyclommatus Zuberi, das. — Parry, Chiasognathus Higginsi n. sp., Bolivia. — Rye, Bemerkungen über brittische Käfer und Beschreibung 3 neuer Species: Aleochara Hibernica, Irland, unter Moos auf dem Slieve Donard, einem 2800' hohen Berge; Homalota egregia, Caterham; Atomaria divisa, England. — Barrat, Bemerkungen über die Schmetterlinge von Wales. — Ritsema, Beschreibung zweier neuer exotischer Hymenopteren (Aculeaten) aus den Familien Thynnidae und Crabronidae: Aelurus flavopictus, Aru; Psen ornatus, Java. — Saunders, Nachtrag zum Verzeichniß der britischen Hemiptern. — Cameron, jun., neue britische Tenthredinidae: Nematus flavipennis; N. baccarum; Nematus Sharpi.

Nr. 140, Febr. — Marschall, Beschreibung zweier neuen brittischen Ichneumoniden: Limneria croceipes, n. sp.; Bassus peronatus n. sp. — Verrall, Bemerkungen über einige brittische Dolichoporidae, mit Beschreibungen neuer Arten. Diese sind: Porphyrops simplex; P. tennis; Diaphorus dorsalis. — Sharp, über ein neues Genus und eine neue Species der Staphyliniden: Vatesus, n. gen., V. latitans, n. sp. — Douglas, brittische Hemiptera - Homoptera, Zusätze. Neue Arten: Dicranoneura pygmaea, n. sp.; Typhlocyba Crataegi, n. sp.; T. debilis, n. sp. — Scott, über gewisse brittische Hemiptera-Homoptera. Kleinere Mittheilungen über Fang 2c.

Das Bulletin de la Soc. Imp. des Naturalistes de Moscou, 1875, Nr. 2 enthält eine Reisebeschreibung (entomol. und bot.) von Alex Becker nach dem Magi Dagh, Schalbus Dagh und Basardjusi und die 15. Forts. der Aufzählung neuer Arten aus der Sammlung des verstorbenen V. Motschulsky.

Petites Nouvelles Entomologiques. — Nr. 139, 1 Jan. 1876. Rouast, Acidalia Reynoldiata Rouast, n. sp. Diese neue Art, die bisher nur an einer Stelle bei Lyon gefunden worden ist, nähert sich der A. Falsata HS. und der Alyssumata, unterscheidet sich aber von der ersten durch Farbe und dunkle Linien, von der zweiten durch die Richtung dieser Querlinien. Sie erscheint Ende Juli und Anf. August. — Vermuthungen über den Geruchssinn der Lepidopteren. — Kleinere Mittheilungen und Bibliographie. — Nr. 140, 15. Jan. — Reuter, Diagnose einer neuen Art aus der Familie der Capsinen (Hemiptern): Pysnopterna Persica Reuter. — Royer, über einen für Frankreich neuen Otiorchynchus (Hungaricus). — Lafourie, über die Begattung der Psychcarten; der Streit über das Umkehren des Weibchens dauert fort. — Nekrolog: Emile Burle.

Nr. 141, 1. Febr. Flaminio Baudi theilt seine Beobachtungen über Cychrus cylindricollis Pini, beschr. Atti Soc. Ital. Sc. nat. XIV, 1871, p. 224, t. IV mit. Von diesem seltenen Käfer existirten bisher nur 3 Exemplare, 1 im Museum zu Genua, 1 in Wien und 1 im Besitz des Hr. Baudi. Dieser, nicht befriedigt durch die geringen bisherigen Beobachtungen, machte in Begleitung eines erfahrenen Jägers einen neuen Ausflug auf den Fundort, den Monte-Cadeno. Er fand den Käfer in kleinen Sandhaufen sich von Helix frigida nährend, oft ganz in diesen Schnecken versteckt. Der Monte-Cadeno ist ein großer Kalkberg, dessen oberste Platte, umgeben von fast unzugänglichen Kämmen, viele Vertiefungen und Rinnen zeigt, in denen das Schneewasser entlang läuft; er hat sonst weder Bäche noch Quellen und bietet keinen Schutz dar. Nur Rhododendron wächst dort und Gräser, von denen sich die Schnecken nähren. B. hat den

Berg mehrmals erstiegen, aber sowohl seine Beute, wie das spätere Sammeln des Führers lieferten wenig Material von Cychrus. — Tournier beschreibt neue Curculionen: Liophloeus Hungaricus, Banat, L. robusticornis, Wallis (Siders); L. laticollis, Schlesien; L. quadricollis, piemont. Alpen; Borynothus Fairmairei, Piemont; Foucartia elongata, Blidah; F. similis, Griechenland, Peritelus Damryi, Corsika, Strophosomus Desbrocheri, Genf.

Verschiedene Mittheilungen.

Papierdüten zum Transport von Schmetterlingen. — Eine noch einfachere Construction dieser Düten, als die in Nr. 3 angebene, theilt uns Herr F. W. Milcke in Potsdam mit. Ein rechteckiges Stück Papier wird c. 1 cm. breit an zwei Seiten so umgebogen, daß der innere verbleibende Theil ein Quadrat bildet. Dies bricht man in der Diagonale, biegt über die zusammengelegten Hälften die Ränder und biegt den überstehenden Theil dieser abermals um. Wir müssen gestehen, daß diese Construction ebenso einfach wie praktisch ist. Herr Milcke sagt: „Im October 1873 erhielt ich aus Caracas neben andern Insekten zwei Cigarrenkistchen mit Schmetterlingen, die in solche Papierdüten verpackt waren. In einigen lagen mehrere Thiere, aber natürlich nur neben-, nicht übereinander. Oben auf lag in den Kistchen etwas Watte, um zu verhindern, daß die Düten sich verschieben konnten, und zur Sicherheit gegen Raubinsekten war etwas Kampfer eingestreut. Auf diese Weise haben die Schmetterlinge die dreiwöchentliche Seereise glücklich überstanden, und kann ich somit diese Art der Verpackung aus Erfahrung empfehlen."

In dem Heft Nr. 13 Ihrer hier sehr beliebten Entomologischen Nachrichten fand ich einen Artikel über das Tödten von Insekten, und halte die darin besprochene Art, meiner Ansicht nach für etwas complicirt und umständlich; ich nehme mir nun daher die Freiheit, Ihnen die Art und Ausrüstung unserer Giftflaschen zu beschreiben, wie wir solche hier zum Tödten von Käfern und Tagschmetterlingen und zum Fangen von Nachtfaltern an Baumstämmen u. dgl. benutzen. Es ist eine Flasche aus weißem Glas 6 cm. hoch zu 5 cm. weit, dieselbe hat eine beinahe ebensoweite Oeffnung, welche durch einen gutpassenden Deckel von Messing geschlossen wird. Nachdem die Flasche gereinigt ist, nimmt man ein Stückchen Cyancali, etwa eine viertel Unze, legt es in die Flasche, rührt dann etwas Gyps in Wasser an, und schüttet es dann in die Flasche und soviel, daß das Gift vollständig damit bedeckt wird, die Flasche mithin etwa ⅓ gefüllt ist.

Ist der Gyps vollständig hart, so schneidet man runde Stückchen starkes Fließpapier und bedeckt denselben damit und die Flasche ist zum Gebrauch fertig. Wir führen solche immer mehrere von verschiedener Größe auf Exkursionen mit, engere und etwas höhere für Käfer, welche durch Alkohol an der Farbe leiden, die oben beschriebene für Schmetterlinge (für größere Arten kann man Einmachgläser nehmen), welche wir über die sitzenden Nachtfalter decken, dieselben leicht berühren, wodurch sie in die Flasche fallen; dann stecken wir sie in die Tasche, wo der Schmetterling, sollte er etwas flattern, beruhigt wird und in kurzer Zeit stirbt und angestochen werden kann. Um das Gift stark zu haben, kann man das alte herauskratzen und in der Saison 2—3 mal erneuern. Die Flaschen kaufen wir hier in den Apotheken.

Ph. Fischer, Buffalo, Amerika.

Sphynx convolvuli. — Was das häufige Vorkommen des Windenschwärmers im vergangenen Jahre betrifft, so kann ich aus eigener Wahrnehmung bekunden, daß ich denselben bereits Anfang August in der Grafschaft Glatz in größerer Anzahl, bis 6 Stück gleichzeitig auf einem Blumenbeete, angetroffen habe, so daß, wenn ich die Anzahl der geeigneten Stellen an dem betreffenden Platze (ein großer Garten) auf 10 annehme, 50 bis 60 Schwärmer zu gleicher Zeit vorhanden sein konnten; wegen Mangels an Zeit habe ich an 2 Abenden nur 8 Stück gefangen.

Die eigentliche Flugzeit dieses Schwärmers scheint in die 2. Hälfte des August gefallen zu sein, denn ich habe am hiesigen Orte und in der nächsten Umgegend gegen Ende August und Anfang September in 10 Abenden 67 Stück gefangen, sämmtlich auf Betonien und Verbenen. Die größte Anzahl betrug an einem Abende 12, resp. 10 Stück. Fast sämmtliche waren wohl erhalten, so daß ich 56 in die Sammlung genommen habe; mit Leichtigkeit hätte ich es auf wenigstens 100 Stück gebracht, wenn mich nicht eine starke Erkältung, welche ich mir bei dem Stehen im oft nassen Grase zugezogen, am weiteren Fange gehindert hätte; letzterer war auch am ergiebigsten, wenn es am Tage etwas geregnet und Abends schwüle Luft vorhanden war.

Doch nicht allein Windige, sondern auch einige andere Arten sind im vorigen Jahre in ungewöhnlicher Anzahl hier vorgekommen; so habe ich Mitte Juli an einem Tage und auf einem Platze 8 Stück Schillerfalter (Apate Iris) gefangen; ferner habe ich von einem Birkenbaume 68 Stück und von einem zweiten 77 Stück erwachsene Raupen von Van. Antiopa heruntergeschüttelt; die ersteren gingen durch meine Unvorsichtigkeit zu Grunde, indem ich sie über Nacht in Ermangelung eines passenden Behälters (es war auf einer Reise) in frische Cigarrenschachteln sperrte; von den zweiten krochen 55 Stück aus.

Auch Pap. Podalirius, Machaon, Van. Polychloros und C. Album, Macrogl. stellatarum u. s. w. habe ich in viel größerer Anzahl im vergangenen Jahre beobachtet und gefangen, als in anderen Jahren; das Jahr 1875 schien überhaupt durchgängig ein sehr schmetterlingsreiches gewesen zu sein. —

A. Brauner in Schoenau in Schlesien.

(Sphynx convolvuli ist nach verschiedenen Mittheilungen aus Nassau, Prov. Sachsen, Königr. Sachsen, Schlesien, Posen, Hinterpommern im J. 1875 auch in diesen Gegenden sehr häufig gewesen. Die Red.)

Tauschverkehr und Kaufgesuche.

(NB. Diese Rubrik steht den Abonnenten für Mittheilungen gratis zu Gebote.)

Unterzeichneter sucht Tauschverbindungen für europäische, sowie exotische Schmetterlinge. Auch kauft derselbe ganze Sammlungen, wenn preiswürdig.

Leipzig, Braustr. 12. Bernhard Gerhard,

Cassiden, bestimmt oder unbestimmt, sucht zu kaufen und Preisofferten erbittet

B. Wagener,
Kiel, Friedrichstraße 11.

Tauschverein. — Der von München aus projectirte Tauschverein, vorläufig für Lepidopterologen berechnet, wird, wie uns mitgetheilt wurde, aus Mangeln an Theilnehmern nicht ins Leben treten. Dies zugleich zur Nachricht für diejenigen Herren, welche uns ihre — nach München gesandten — Adressen übermittelten.

Zur Nachricht.

Mehrere uns gütigst eingesandte Artikel und Nachrichten, für die wir den Zusendern unsern besten Dank sagen, konnten in diese Nr. nicht mehr aufgenommen werden. Wir werden dieselben später bringen.

Anzeigen.

Eine Collection Staphylinen, europ.,

c. 150 Speoies in c. 320—330 Exemplaren zu verkaufen für 45 Exemplaren, Preis Mark, incl. Verpackung.

Eine Collection Hemiptern und Homoptern

(Wanzen und Cicaden) aus Deutschland, 150 Species in c. 540 60 Mark, incl. Verpackung.

Beide Sammlungen sind sehr geeignet, als erste Grundlagen zum eigenen Sammeln und Bestimmen auf den resp. Gebieten zu dienen.

Rudolph Horn,
Anclam, Steinstraße.

Zu verkaufen

eine Collection europäischer Carabiden,

300 Species in c. 1000 Exemplaren, darunter seltene Arten, 11 Species Cicind., 33 Spec. Carabus, 45 Spec. Feronia ꝛc., — für 100 Mark, incl. Verpackung.

Ebenso

eine Collection europäischer Dytisciden,

über 90 Arten in mehr als 300 Exempl., für 30 Mark, incl. Verpackung.

Rudolph Horn,
Anclam, Steinstraße.

Bevorstehenden Stellungswechsels wegen verkauft einer der älteren Entomologen Wiens, seine Sammlungen und zwar:

Coleopteren, 6370 Arten, darunter 530 Exoten, mit 19,300 Exemplaren, im polirten Schrank mit 54 polirten Laden, geschmackvoll geordnet, — 700 Gulden. Wird eventuell auch partienweise vergeben.

Hemipteren und Homopteren des Wiener Beckens, in 5 doppel. und 2 einfachen netten Holzschachteln, systematisch geordnet, — 511 Arten, 2000 Exemplare, — 80 Gulden.

Die Adresse ist in der Redaction der Entomologischen Nachrichten zu erfragen.

In Commission bei Ch. Fr. Vieweg in Quedlinburg.
Druck von August Knaak in Putbus.

№. 5. Entomologische 1876.

Nachrichten.

Herausgegeben

vom Gymn.=L. Dr. F. Katter.

Putbus, den 1. Mai.

Jeden 1. des Monats erscheint ein Heft. Abonnement jährlich 4 Mark pränumerando. Zu beziehen durch die Expedition (franco unter Kreuzband), die Post oder den Buchhandel. Tausch= und Kaufgesuche der Abonnenten gratis. Insertionsgebühr 25 Pfennig die Zeile oder deren Raum.

Das Studium der Hymenopteren,

Winke für Anfänger in diesem Zweige der Entomologie, von Dr. Kriechbaumer in München.

IV.

Die Braconiden, welche die zweite Hauptabtheilung der Schlupfwespen bilden, wurden fast gleichzeitig von 3 Hymenopterologen bearbeitet, ohne daß einer von der Arbeit des andern wußte, ein Zusammentreffen, das wenig geeignet war, das Studium dieser Thiere zu vereinfachen, desto mehr aber, den Wust der Synonymie und den Streit über die Prioritätsrechte ansehnlich zu vermehren. Diese 3 sind unser noch mehr als Botaniker bekannt gewordener Landesmann Nees von Esenbeck, der Belgier Wesmael und der Engländer Haliday.

Nees, der mit Gravenhorst innig befreundet war und die sehr ausführlichen Beschreibungen zergliederter Mundtheile von Gattungsrepräsentanten zu dessen Ichneumonologia Europaea verfaßt, auch durch Zusendung zahlreicher Thiere, die er in der Umgebung seines Wohnortes Sickershausen (bei Würzburg) gesammelt, zur größern Vollständigkeit desselben wesentlich beigetragen hatte, beabsichtigte, von Gravenhorst selbst dazu angeregt, in seinem Werke „Hymenopterorum Ichneumonibus affinium Monographiae etc., 2 Vol. 1834“ eine Fortsetzung des Gravenhorst'schen zu liefern. Das Material, über welches Nees verfügte, war allerdings geringer, als das des letztgenannten Autors, da einestheils von diesen meist kleinere Formen enthaltenden Thieren noch weniger gesammelt war, anderntheils, wie es scheint, außer Gravenhorst nur noch wenige befreundete Entomologen von seiner Absicht, ein solches Werk zu schreiben, unterrichtet waren.

Nees bringt die ganze Abtheilung der Braconiden, welche in dem ersten Bande seines Werkes enthalten sind und die er früher als Ichneumones adsciti zusammengefaßt hatte, in 2 Unterabtheilungen, die Ichneumonides Braconoidei und J. Alysiaidei; von ersteren beschreibt er 199 Arten in 14, von letzteren 115 Arten in 7 Gattungen, im Ganzen also in 21 Gattungen 413 Arten, von denen eine geringe Zahl bereits von älteren Autoren, ein Theil von Nees selbst schon früher im Berliner Magazin (1811—13), die Mehrzahl aber in diesem Werke als neu beschrieben sind. In demselben sind ferner noch als Familia II die Evaniiden (Evaniales, wie er sie nach Latreille nennt) bearbeitet, die jedoch in 3 Gattungen nur 9 (mit einer nebenbei beschriebenen westindischen 10) Arten enthält. Da dieses Werk von Nees, wenn auch nur einige Monate, vor dem ersten Theile des Wesmael'schen erschien*), so haben die von Nees gegebenen Namen den Wesmael'schen gegenüber, wenn selbe auf ein und dieselbe Art angewendet wurden, das Recht der Priorität, sofern nicht wichtigere Gründe darin manchmal eine Aenderung erheischen. Der äußerst billige Preis dieses Werkes, das gar nicht selten um etwa 4 Mark (beide Bände) bei Antiquaren zu haben ist, erleichtert die Anschaffung desselben sehr und kann man auch in Anbetracht dieses billigen Preises über das unschöne, etwas stark in's Graue gehende Papier hinwegsehen.

Während Nees mehrere Jahre an seinem Werke gearbeitet hatte, brachte Wesmael das seinige in erstaunlich kurzer Zeit zu Stande. Gegen Ende des Sommers 1833 machte er damit den Anfang und am 7. December desselben Jahres präsentirte er es der k. belgischen Akademie, von der es so günstig aufgenommen wurde, daß sie ihn in Folge dessen zum correspondirenden Mitgliede ernannte. Diese Auszeichnung bewog ihn, die ganze folgende Sommerzeit dem Sammeln von Braconiden zu widmen, um mit Hülfe des neuen Materials, von dem er bis Anfang September über 1550 Stücke zusammengebracht hatte, seiner Arbeit noch vor dem Drucke einen höhern Grad von Vollendung zu geben. Nichts anders als wie ein Blitz aus heiterem Himmel mochte nun den vom heiligsten wissenschaftlichen Eifer beseelten und nichts Böses ahnenden Autor das Erscheinen des Nees'schen Werkes überrascht haben, welches nun seine ganze Arbeit als überflüssig und die darauf verwandte Mühe als fruchtlos erscheinen zu lassen drohte. Die erste Aufregung darüber war so groß, daß er sein Manuscript ohne Zögern in's Feuer geworfen hätte, wenn es

*) Die Vorrede, die allerdings nicht maßgebend ist, datirt schon vom 25. August 1829 und scheint Nees die Publikation dieses ersten Bandes noch in diesem, die des 2. im folgenden Jahre erwartet zu haben, selbe aber durch eingetretene Hindernisse so lange verzögert worden zu sein.

noch sein Eigenthum gewesen wäre*). Wesmael glaubte dann durch sofortigen Druck seines ersten Manuscriptes die Priorität seiner neuen Arten retten zu können, indem er das Datum der Annahme desselben von Seiten der Akademie für maßgebend gelten lassen wollte, that aber, nachdem er sich von der Irrthümlichkeit seiner Ansicht überzeugt haben mochte, das Beste, was er thun konnte, nämlich die vorgehabte Verbesserung und Ergänzung durchzuführen und für die bereits von Nees beschriebenen Arten, soweit er sie sicher erkennen und mit den seinen für identisch erklären konnte, auch die von diesem gegebenen Namen anzunehmen. Daß diese Arbeit noch große Geduld erforderte und von ihm mit redlichstem Willen durchgeführt wurde, aber in letzter Richtung doch oft nicht zu dem gewünschten Resultate führte, zeigt sich aus den zahlreichen Bemerkungen, welche er über die Nees'schen Arten machte, unter denen sich eine ziemliche Anzahl befindet, über deren Identität mit von ihm beschriebenen er in Zweifel blieb.

Wesmaels Arbeit erschien nun mit Diagnosen in lateinischer und Beschreibungen in französischer Sprache unter dem Titel „Monographie des Braconides de Belgique" in 3 Abtheilungen, von denen die erste, die beiden ersten Gruppen enthaltend, im 9. (1835), die zweite mit der dritten Gruppe im 10. (1837) und die dritte mit der vierten Gruppe im 11. (1838) Bande der Mémoires de l'Academie Royale de Bruxelles enthalten ist.**) Diese 3 Abtheilungen bilden zusammen einen stattlichen Quartband von 252 + 70 + 117 (zusammen also 488) Seiten, der jedoch bei dem großen Druck und dem in der ersten Abtheilung verschwenderisch leer gelassenen Papier an Quantität des Inhalts das Nees'sche Werk (in 8°) kaum übertreffen dürfte. Ein ähnliches Verhältniß zeigt sich in der Anzahl der beschriebenen Arten, welche 307 (mit dem Dendrosoter aus Frankreich 308) beträgt, also nur 7 weniger als bei Nees. Bedenkt man aber, daß Wesmael die Bracones exodontes, wozu die Nees'sche Gattung Alysia mit 41 Arten gehört, nicht mehr bearbeitet hat, und dadurch den 307 Arten Wesmael's nur mehr 273 von Nees gegenüber gestellt werden können, so hat Wesmael aus dem kleinen Belgien eine verhältnißmäßig größere Anzahl beschrieben, als Nees aus ganz Europa. Aus diesem Grunde hat Wesmael's Arbeit schon

*) S. die Vorrede (p. 3), welcher überhaupt die Entstehungsgeschichte seines Werkes entnommen ist.

**) In dem Exemplare unserer zool. Bibliothek sind die 3 Abtheilungen zusammengebunden und auf dem Titelblatt mit der Jahreszahl 1835 versehen; die erste Abth. ist am Schlusse als Abdruck aus dem 9. Bande der genannten Mémoires bezeichnet, die beiden übrigen geben über ihre Erscheinungszeit oder den Band, aus dem sie abgedruckt sind, keine solche Notiz, die doch gerade in dem hier vorliegenden Falle von Wichtigkeit ist; nur auf den dazu gehörigen Tafeln ist der betreffende Band angegeben.

faunistisch einen hohen Werth. Wenn man se
die in Belgien einheimischen Arten wohl alle a
gefunden werden dürften, daß ferner, das plus
rechnet, noch manche beschrieben sind, statt d
kannte, so erscheint Wesmael's Werk schon d
überflüssig. Die systematische Gliederung zeigt
entschieden weiter fortgeschritten, wenn sie auch
schon mannigfach verbessert wurde. Nachdem
Alysia, aus welcher er die 2. Hauptgruppe de
dete, als Bracones exodontes abgesondert und
Br. enodontes in die erste vereinigt hatte, the
in 4 kleinere Gruppen, nämlich 1) Polymorph
gen und 123 Arten, 2) Cryptogastres mit 4
Arten, 3) Aréolaires mit 5 Gattungen und 5
lich 4) Cyclostomes mit 13 (resp. 14) Gattun
Auf einen nähern Vergleich einzugehen, kann
Absicht sein. Wie sehr Wesmael bemüht war,
das Studium dieser Thiere zu erleichtern, d
Tafeln, auf welchen besonders das Flügelgeäd
verhältnisse eines oder mehrere Gattungsrepräse
und getreuen Figuren abgebildet sind, ferne
Tafeln zum Aufsuchen der Gattungen jeder G
rung der Arten, die als Grundlage zu Bestim
nützt werden könnte, endlich die genauen und
und Hinweis auf ähnliche Arten abgefaßten B
separata dieser Arbeit Wesmaels in größerer
wurden, vermag ich nicht zu sagen, wohl aber,
solche in den antiquarischen Katalogen fahndet
lang, selbe in einen Band vereinigt (um den
zu erobern.*)

Haliday's Arbeiten über Braconiden erschie
der letzten Abtheilung in dem von 1833**) bi
herausgegebenen Entomological Magazine, das
Bande abgeschlossen wurde und als dessen Her
Abschiedswort im letzten Bande Edward New
ist. Sie ziehen sich in 11 Abtheilungen durch
und fanden, soweit mir bekannt, in der als
(Hymenoptera Britannica, Alysia, fasciculus a
nen Bearbeitung der Gattung Alysia ihren A

*) Es ist das aus Ratzeburg's Nachlaß stammend
schriftlichen Bemerkungen versehene Exemplar der
zool. Sammlung einverleibt.

**) Das erste Heft erschien schon im Sept. 1832.

***) Fasciculus primus enthält nicht, wie man
muthen könnte, den ersten Theil von Alysia, sondern d

kaum Separatabdrücke existiren, so bleibt, wenn man die Zeitschrift nicht zu längerer Benützung geliehen bekommt, kaum eine andere Wahl, als selbe sich anzuschaffen oder die betreffenden Abtheilungen sich abschreiben zu lassen. Wer nicht auch mit Chalcididen sich beschäftigt, könnte letzteres wohl thun, wer aber auch diese zum Gegenstande seines Studiums macht, kann das ganze Werk nicht entbehren, falls er die Walker'schen Arbeiten, die weitaus den größten Raum darin einnehmen, überhaupt nicht ignoriren will. Unter 50 Mark dürften aber diese 5 Bände auch antiquarisch nicht leicht zu bekommen sein.*) Die oben erwähnte Zersplitterung, durch welche manchmal sogar die Arten ein und derselben Untergattung in zwei Abtheilungen vertheilt werden, sowie die sonderbare Einrichtung, daß von dieser Zeitschrift, welche vierteljährlich erschien, nicht 4, sondern 5 Hefte, also immer von 2 verschiedenen Jahrgängen, einen Band bilden, erschwert sowohl die Benützung dieser Arbeit, als auch die Beurtheilung der Prioritätsrechte in Vergleich mit den Werken von Nees und Wesmael, besonders des letztern. Dazu kommt noch, daß man sich auch in Folge der mehrfach geänderten systematischen Anschauungen Haliday's etwas schwer zurecht findet. Es dürfte deshalb denen, die an das Studium der Braconiden sich machen wollen, nicht unwillkommen sein, wenn ich hier eine Uebersicht des Inhalts der einzelnen Abtheilungen von Haliday's Arbeit mit ihrer Erscheinungszeit gebe:

Vol. I. (1833). — April 1833, pag. 259—266: Einleitung und eine Tabula synoptica generum et subgenerum Ichneumonum adscitorum Britanniae, mit Anführung von Gattungsrepräsentanten. Es sind hier 37 Gattungen angenommen und von der ersten (Aphidius) wieder 5 Untergattungen abgetrennt. Dazu noch einige Erläuterungen auf pag. 267.

October 1833, pag. 480—491: Bemerkungen über die Ichneumonen der zweiten Reihe (d. h. die Braconiden), eine Tabula synoptica, worin selbe in 4 Tribus abgetheilt werden (Aphidini, Sigalphini, Braconii, Agatheuses). Tribus I. Aphidini mit der einzigen Gattung Aphidius, welche in 6 Untergattungen zerfällt, nämlich: 1) [illegible]raon mit 5, 2) Ephedrus mit 3 (Nr. 6—8), 3) Trionyx mit 1 (9), 4) Monoctonus mit 2 (10—11), 5) Trioxys mit 9 (12—20) und

Vol. II. (1834). — Jan. 1834, pag. 93—106: 6) Aphidius s. str. mit 24 (21—44) Arten, die wieder in 8 Sectionen vertheilt sind.

*) Es läge hier wieder der Gedanke sehr nahe, Haliday's Aufsätze über Braconiden in einem Band gesammelt, die in englischer Sprache beigefügten Bemerkungen in's Deutsche übersetzt, herauszugeben. Von den 2620 Seiten der ganzen Zeitschrift nehmen diese Aufsätze etwa 228, also wenig über den zwölften Theil ein.

Juli 1834, pag. 225—259: Allgemeines (3 pag.), dann Fam. Bracones Ns. (Braconidae Steph.) mit einer Uebersichtstabelle, worin die dazu gehörigen Arten in 4 Gattungen vertheilt sind (Agathis, Microgaster, Bracon und Liophron). Abgehandelt sind dann Genus 2 Mirax mit 1 Art, Gen. 3 Microgaster, welches in 2 Unterabtheilungen getrennt ist, nämlich Acaelius mit 2 und Microgaster mit 48 (3—50) Arten, von denen 15 zu den dreizelligen (Sect. A. Trichori) und 33 zu den zweizelligen (Sect. B. Dichori) gehörend. Von Nr. 51—76 sind dann noch unbekannte oder zweifelhafte Arten älterer Autoren angeführt.

Jan. 1835, pag. 458—468: Gen. 6 Leiophron mit 18 Arten, die in 4 Untergattungen vertheilt sind, nämlich: 1) Pygostolus mit 1, 2) Ancylus mit 4 (3—3), 3) Centistes mit 1 (6), 4) Leiophron mit 12 (7—18) Arten. Pag. 468 noch eine Notiz zu Microgaster.

Vol. III. (1836). — April 1835, pag. 20—45): Kleiner Nachtrag zu Leiophron. Erwähnung von Gen. 4 Agathis (mit den Untergattungen Microdus und Agathis) und 5 Bracon (mit den Untergattungen Bracon und Cyanopterus. Abgehandelt sind dann Gen. 7 Perilitus mit 2 Untergattungen, nämlich Meteorus mit 17 und Perilitus s. str. mit 7 (18—24) Arten, dann Gen. 8 Blacus mit 2 Untergattungen, Ganychorus mit 5 und Blacus s. str. mit

[Juli 1835, pag. 121—147] 4 (6—9 Arten. Gen. 9 Helcon mit 9 Untergattungen; 1) Triaspis mit 9, 2) Calyptus (früher Eubazus) mit 4 (10—13), 3) Eubadizon (früher Charmon) mit 4 (14—17), 4) Diospilus mit 2 (18—18b), 5) Macrocentrus mit 7 (19—25), 6) Zele mit 2 (26—27), 7) Helcon s. str. mit 6 (28—33), 8) Cardiochiles mit 1 (34), 9) Orgilus mit 1 (35) Art.

Vol. IV. (1837). — [Juli 1836, pag. 38—59]: Gen. 10 Rogas. Allgemeine Bemerkungen, darunter vergleichende Notizen über die ihm unterdeß bekannt gewordenen Werke von Nees und Wesmael (pag. 38 und 39), dann eine Tabula synoptica Subgenerum (p. 40), von denen folgende bearbeitet sind: 1) Spathius mit 2, 2) Doryctes mit 1 (3), 3) Heterospilus mit 3 (4—7), 4) Hecabolus mit 1 (7), 5) Pambolus mit 1 (nicht englischen), 6) Chremylus mit 1 (8), 7) Hormius mit 1 (9), 8) Rhyssalus mit 2 (10—11), 9) Colastes mit 9 (12—16 und

[Octob. 1836, pag. 92—106] 17—20), 10) Chinocentrus mit 4 (21—24), 11) Rogas s. str. mit 8 (25—32), 12) Ademon mit 1 (33) Art.

[Jan. 1837, pag. 203—221]. Gen. 11 Opius mit 2 Untergattungen: 1) Opius mit 48 Arten und 2) Gnaptodon mit 1 (49) Art.

Vol. V. (1838). — [April 1838, pag. 209—248]. Topographisch-anatom. Bemerkungen (209—212). Eine neue Eintheilung der Ichneumoniden, die jedoch wenig Beifall finden dürfte, nämlich in 1) Evaniadae, 2) Ichneumonidae, 3) Agriotypidae, 4) Braconidae, 5) Aphidiidae. Nach Hervorhebung besonders auffälliger Merkmale mehrerer zu den Braconiden gehöriger Gattungen folgt die Bearbeitung von Genus 12 Alysia, deren Untergattungen in einer synoptischen Tabelle charakterisirt sind. Selbe sind: 1) Chasmodon mit einer Art, 2) Alysia s. str. mit 60 Arten, die in 2 Divisionen (die erste mit 9, die zweite mit 7, ebenfalls synoptisch unterschiedenen Sektionen) vertheilt und durch eine Tafel mit Flügeln von etwa 30 Arten erläutert sind.

Die noch übrigen Subgenera sind in der schon oben erwähnten 1839 erschienenen Brochüre von 26 pag. bearbeitet, nämlich: 3) Oenone mit 3 (62—64), 4) Dacnusa mit 25 (65—89), 5) Chorebus mit 3 (90—92), 6) Chaenusa*) mit 1 (93), 7) Caelinius mit 7 (94—100) Arten. Dieser Brochüre ist am Ende noch eine Hymenopterorum Synopsis (2 pag.) beigefügt.

Haliday hat zwar hauptsächlich die englischen Arten bearbeitet, doch auch einige in England nicht vorkommende europäische ergänzend eingeschaltet, und selbst einige wenige exotische beschrieben. Im Ganzen beträgt die Zahl der von ihm beschriebenen Arten etwas über 360, übertrifft also an Reichhaltigkeit noch die der beiden vorher genannten Autoren, allerdings durch theilweise Aufnahme von Arten derselben. Es wird nun eine der Hauptaufgaben der mit diesem Theile der Schlupfwespen sich beschäftigenden Ichneumonologen sein, die Identität der Arten dieser 3 Autoren, sowie die Prioritätsrechte derselben zu vermitteln, soweit es möglich ist, wie auch die Grenzen der Arten durch Erforschung der biologischen Verhältnisse vermittelst der Zucht sicher zu stellen. Ein Anfang dazu, sowie überhaupt ein weiterer Fortschritt ist wenigstens für einige Gattungen gemacht, so z. B. von Ruthe für Microctonus in der Stettiner ent. Zeitung (1856, p. 289—308), von demselben, aus dessen Nachlaß veröffentlicht von H. Reinhard; für die dreizelligen Microgaster (in der Berliner ent. Zeitschrift 1860, p. 105—160) und für die Gattung Blacus (ibid. 1861, p. 132—162), von Reinhard selbst in seinen Aufsätzen über die Gattungen Microctonus**), Perilitus, Streblocera, Rhopalophorus, Euphorus, Diospilus, Leiophron, Centistes (ibid. 1862, p. 321—336), dann Rogas (ibid. 1863, p. 248—274), Pelecystoma, Petalodes, Doryctus, Corystes, Orgilus,

---

*) Fehlt in der Synopsis.

**) Mit besonderer Beziehung auf Ruthe's Arbeit über diese Gattung.

Laccophrys (ibid. p. 243—267). Eine Bearbeitung der zweizelligen Microgaster unter Benützung der von Ruthe hinterlassenen Manuscripte wäre nun eine besonders dankenswerthe und dankbare Aufgabe, da ohne Zweifel gerade von dieser Gattung ein ansehnliches Material von gezogenen Thieren vorhanden sein muß*), das einer solchen Arbeit noch größern Werth verleihen würde und diese Gattung auch wegen der in ihren Arten als Schmarotzer in zweiter Potenz lebenden Pezomachus von weiterem Interesse ist. Zur Vereinigung der Synonymie wäre zu wünschen, daß dem Verfasser einer solchen Monographie die Vergleichung der Typen der früheren Autoren ermöglicht würde. Sollte, was sehr zu bedauern wäre, der geehrte Herausgeber eines Theiles der von Ruthe hinterlassenen Manuscripte sich dieser Aufgabe nicht mehr unterziehen wollen, so wäre selbe wohl einem im nördlichen Theile von Mittel-Europa lebenden Ichneumonologen am leichtesten möglich, da dort fast alle jene Typen enthaltenden Sammlungen sich befinden, unter denen noch die Ratzeburg'sche besonders zu erwähnen wäre.

Naturforscher-Versammlung in Hamburg.

Wie wir bereits mittheilten, wird die nächste Naturforscherversammlung in Hamburg stattfinden. Der Verein für naturwissenschaftliche Unterhaltung daselbst hat für diese Zeit eine Collectivausstellung naturwiss. Gegenstände projectirt, nicht nur von einheimischen, sondern auch von auswärtigen Mitgliedern. Indessen ist eine vorherige Anmeldung dazu nöthig, unter Ausfüllung folgender Fragen:

Unterzeichneter beabsichtigt auszustellen; Gegenstand; erforderlicher Raum nach □Fuß; ob Tisch- oder Wandfläche; liefern Sie die für Ihre Ausstellung erforderlichen Tische? Sind weitere Gestelle erforderlich und welcher Art? Wann wünschen Sie die auszustellenden Gegenstände lt. Programm der Ausstellungscommission zur Ansicht vorzulegen? Tag und Stunde zur Einlieferung der Ausstellungsgegenstände werden s. z. bekannt gemacht. Genauere Daten mit etwa gewünschten Details für einen etwaigen Catalog werden vier Wochen vor Beginn der Ausstellung erbeten.

*) Das glaube ich nach den von mir selbst gemachten Erfahrungen annehmen zu dürfen, indem diese Thiere bei meinen früheren Raupenzuchten in großer Anzahl sich entwickelten. Selbe befanden sich auch bereits in Ruthe's Händen, kamen aber nach dessen inzwischen erfolgtem Tode größtentheils unbestimmt (daher vermuthlich noch nicht benützt) zurück.

Die Erziehung hochalpiner Euprepien,

eine Notiz von Prof. H. Frey in Zürich*).

(Aus der schweizerischen entomolog. Zeitschrift Bd. 4, S. 469.)

Bei den praktischen Lepidopterologen ist es eine fast allgemeine aber irrige Ansicht, daß die Larven hochalpiner Arten in dem Flachlande der Schweiz und Deutschlands überhaupt garnicht oder nur höchst selten zu erziehen seien. Ich habe gelegentlich einmal in unserer Zeitschrift (Bd. 3, S. 380) berichtet, daß es mir in Zürich gelang, die in eisiger Höhe lebende und dort (auf dem Riffelberg bei Zermatt) gewiß zweimal überwinternde Larve der Arctia Cervini Fall. an meinem Wohnorte in 4 Monaten vom Ei an zur Entwickelung zu bringen. Ich erwähnte damals schon, daß Herr J. Mann in Wien A. Quenselii Payk. in Vielzahl ebenfalls erzogen habe. Ich hatte im Sommer 1874 dasselbe Glück mit A. Flavia Fuessly.

Vielleicht erspare ich mit den nachfolgenden Bemerkungen einem Nachfolger den Verdruß getäuschter Erwartungen.

Es ist bei den Schmetterlingszüchtern einmal stehender Grundsatz, daß überwinternde Larven die kalte Jahreszeit hindurch im Freien, allen Unbilden der Witterung ausgesetzt, aufbewahrt werden müssen. Für zahlreiche Arten ist dieses richtig. Gewisse Species des Tineen-Genus Coleophora können so erfahrungsgemäß allein zur Entwickelung gebracht werden. Doch bei manchen anderen Raupen wird man mit einer in die winterliche Erde eingegrabenen Kiste sehr schlechte Erfahrungen machen. Die häusliche Erziehung ist vorzuziehen. Fressen Raupen hochalpiner Arten beim Anbruch des Winters weiter, so füttere man ruhig fort unter Beobachtung einer passenden Zimmerwärme. So erzog ich A. Cervini um Weihnachten.

Mit A. Flavia war es eine eigenthümliche Sache. Mitte Juli 1873 fand ich unter einer Steinplatte am Graubündener Weißenstein einen Haufen Eier. Die Räupchen schlüpften in Zürich Anfangs August aus und wurden einfach mit etwas abgewelktem Löwenzahn (d. h. mit Blättern, welche 12—20 Stunden vorher abgeflückt waren) gefüttert. Versucht man hochalpine Euprepien-Larven mit frischen, saftigen Pflanzen zu ernähren, so überantwort man sie einem sehr wahrscheinlichen Untergange. Ich habe solche Erziehungsexperimente der A. Quenselii bei einem hiesigen Bekannten gesehen.

Meine Flavia-Raupen also, in einem großen Kasten aufbewahrt, gediehen in meinem Studierzimmer vortrefflich, auch bei großer Hitze. Mitte September aber auf einmal hörte die ganze Gesellschaft auf zu fressen und blieb in widerwärtiger Weise be-

---

*) Vom H. Verfasser zum Abdruck bestimmt.

wegungslos an der Gaze des Kastendeckels sitzen. Ein Hinausbringen in den Garten wäre sicherer Untergang gewesen. Regen und Schnee hätten meine Zöglinge vernichtet. Ich versetzte und ohne Hoffnung den Kasten in den (warmen) Keller meiner Wohnung und ließ die Gesellschaft völlig unbeachtet dort bis März; ich hatte die Sache halb vergessen.

Als ich damals den Kasten herauf nahm, war das Bild kein erfreuliches. Die Hälfte todt, der Rest verschrumpft, kleiner als im Herbst. „Morituri te salutant, Caesar". Ich vermuthete, daß mein Erziehungsexperiment gleich manchen anderen total gescheitert sei. Doch um mein möglichstes zu thun, besprengte ich täglich zweimal die Raupen durch ein Drosophor mit fein zertheiltem destillirten Wasser und ließ den Kasten Nachts am geöffneten Fenster stehen. Nach einigen Tagen kam ein unerwartetes Leben in die kleine Gesellschaft; die Larven sahen jetzt unverkennbar greller aus. Nun fütterte ich mit Löwenzahn in alter Weise. Zu meiner Freude fingen die Thiere wieder an zu fressen und zu wachsen, anfangs langsam, bald sehr rasch. Bald erfolgte die letzte Häutung. Zu Anfang Mai hatte ich eine Anzahl erwachsener Raupen, welche sich mit einer einzigen Ausnahme verpuppten.

Vom 15. Juni an, erzog ich 29 Exemplare, 2 verkrüppelt, 27 prachtvoll entwickelt, mehr Weibchen als Männchen. Alle aber waren vollkommen gleichmäßig gezeichnet. Nur ein Weibchen besaß braune Hinterflügel.

A. Flavia ist also relativ leicht zu erziehen.

Wo bekommt man

Cylinder-Gläschen kleinster Sorte

zu billigen Fabrikpreisen?

Selbe eignen sich sowohl für Exkursionen, um ganz kleine Insekten isolirt und so möglichst unverletzt nach Hause zu bringen, als auch, um solche kleine Thiere, wenn man nicht Zeit hat, sie zu spießen, in denselben in der Sammlung aufzubewahren, indem man einfach eine starke Nadel durch den Pfropf steckt, mit dem sie verschlossen sind, oder sie in besonders dafür bestimmten Schubfächern unterbringt. Sammler von Schlupfwespen, welche kleine Arten solcher von Raupenzüchtern zu erhalten wünschen, werden ihren Zweck leichter erreichen, wenn sie letzteren eine Anzahl solcher Gläschen in Vorrath geben, als wenn sie ihnen zumuthen, diese ihnen verhaßten Thiere auch noch mühsam an Silberdraht zu spießen.

Dr. Kriechbaumer.

Beobachtungen über Entwickelung überwinternder Schmetterlingspuppen bei der Zimmerzucht

von H. Backhaus in Leipzig*).

Das oft unerklärliche Absterben von Schmetterlingspuppen bei der Ueberwinterung im Zimmer, veranlaßte mich, nähere Beobachtungen damit vorzunehmen, um den Grund der großen Sterblichkeit festzustellen. Die Zahl der Puppen, welche ich zu diesem Zwecke im Herbste 1872 sammelte, betrug mehrere Hundert und umfaßte ziemlich alle Gattungen von Macroptern. Ich brachte dieselben, auf Moos gelagert, in großen Behältern in's Zimmer und nahm eine zeitweilige Befeuchtung derselben vor. Auf diese Weise behandelt, lieferte jedoch nur die Hälfte der Gesammtmasse vollkommene Falter, während die andere Hälfte erkrankte, wodurch sich die Hinterleibsringe allmählich zusammenzogen, bis jede Bewegung der Puppe unmöglich wurde, was ihren Tod herbeiführte. Auch bei einigen anderen Arten, wie „Smer. Ocellata" hatten sich, in Folge zu geringer Befeuchtung, die Puppenschalen so gehärtet, daß der Schmetterling nicht durchbrechen konnte und als vollständig entwickeltes Insect in der Puppe starb.

Nach diesen Resultaten sah ich wohl ein, daß die Puppen bei der Zimmerzucht feuchter gehalten werden mußten und machte im darauf folgenden Jahre einen erneuten Versuch wie im Vorjahre. Ende December brachte ich dieselben aus den kalten in's warme Zimmer und besprengte sie täglich mit Wasser, worauf sich Pap. Machaon und a., welche nur kurze Zeit zur vollständigen Entwickelung brauchen, zum baldigen Ausschlüpfen veranlaßt fühlten, während ein großer Theil der Bombyciden eine Abneigung gegen die directe Berührung mit Wasser zeigten, wie die vollständig negativen Resultate bei dieser Familie bewiesen.

Hingegen äußerten die Sphingiden beim Besprengen mit Wasser eine große Lebhaftigkeit und ließen mich daher die besten Erfolge erwarten. Ich setzte die Befeuchtung fort, jedoch nach 6 Wochen verloren die meisten ihre Munterkeit und es entwickelten sich nur zwei Drittel zum Falter. Als ich die nichtausgegangenen Puppen untersuchte, fand ich dieselben mit einer dünnen Kalkschicht überzogen (in Folge des fortgesetzten Besprengens mit Wasser) im Innern das Insekt ziemlich ausgebildet, doch todt. Die Kalkbildung an der Puppenschale hat den Thieren die Luft benommen und ihren Tod veranlaßt.

Aus obigen Erfahrungen geht nun hervor, daß die Schmetterlingspuppen bei der Ueberwinterung im Zimmer 1) eine fort-

*) Mit Genehmigung des H. Verfassers aus der Stett. ent. Ztg. abgedruckt.

währende Feuchtigkeit brauchen, um gesunde Falter zu liefern; 2) daß die den Puppen zugeführte Feuchtigkeit dieselben nicht direkt berühren darf, wie ja auch in der freien Natur sich viele Thiere durch Gespinnste, ausgeleimte Erdhöhlen u. s. w. dagegen zu schützen wissen. Diese beiden Thatsachen brachten mich auf den Gedanken, nebenstehend abgebildeten Apparat zu construiren, welcher sich in der That so praktisch erwiesen hat, daß selbst schwer zu ziehende, darin gehaltene Arten, wie Doritis Apollonius und a. sich zu den schönsten Faltern entwickelten. Auch hatte ich die Freude, daß mir nunmehr keine Puppen an den früher angegebenen Uebeln verloren gingen.

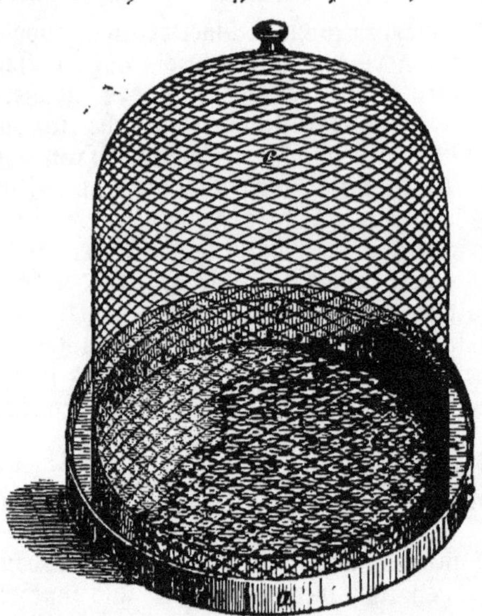

Ich glaube, manchem Züchter durch Beschreibung dieses von mir construirten Apparates einen Dienst zu leisten, zumal da er sich durch seine Einfachheit überall leicht herstellen läßt, und ich den praktischen Werth desselben nicht genug empfehlen kann.

Beschreibung des Apparates.

Das Untergestelle besteht aus einer runden Scheibe von starkem Blech, welche mit zwei 1 Zoll hohen Rändern a und b versehen ist; diese müssen wasserdicht aufgelöthet werden und 1 Zoll von einander abstehen. Der innere Rand b wird hart am Boden ringsum mit kleinen Löchern versehen. Den mittleren, freibleibenden Raum füllt man mit feinem Sande aus und auf diesen legt man alsdann die Puppen. Den leer gebliebenen Raum, zwischen Rand a und b, füllt man mit Wasser, welches sich durch die im Rande b befindlichen kleinen Löcher dem Sande im Mittelraum mittheilt und ihm die er-

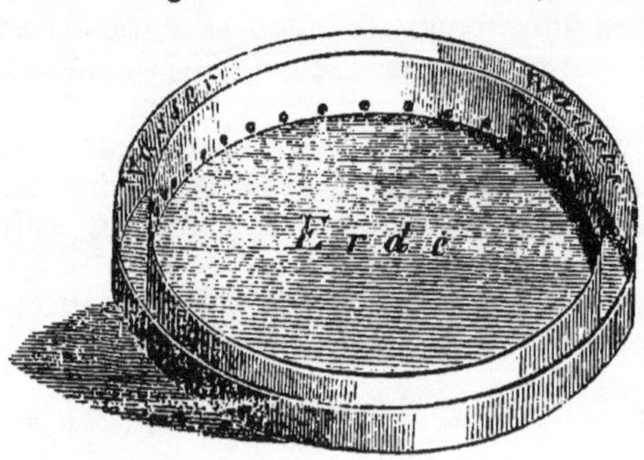

forderliche Feuchtigkeit giebt. Darauf bedeckt man das Untergestelle mit der Drahtglocke c, welche genau auf die Außenseite des Randes b passen muß. In diesem Behälter läßt man die Puppen unberührt liegen und nimmt eine erneute Befeuchtung auf oben angegebene Weise, je nach der Austrocknung des Sandes vor.

Nächtlicher Fang der Käfer.

In den zwei ersten Heften der heurigen entomol. Nachrichten wurde über den nächtlichen Fang der Schmetterlinge berichtet, und zu dieser Fangmethode aufgefordert.

Nicht nur für den Fang der Abend- und Nachtfalter leistet diese Fangart so gute Dienste, sondern kann allen Insektensammlern empfohlen werden. Im Nachstehenden will ich meine bisherigen Erfahrungen und Ergebnisse über diese Methode in Bezug auf die Käfer mittheilen.

Schon seit mehreren Jahren habe ich an warmen windstillen Abenden einen Tisch, bedeckt mit einem weißen Tuch, auf den Gang vor meiner Wohnug in Csenej gestellt und eine gewöhnliche Petroleumlampe auf denselben gesetzt. Der gedeckte, weißgetünchte Gang wiederstrahlte das Licht sehr weit, da vor dem Hause ein großer Hof ist, dann die Hutweide und endlich die Felder sich anschließen, so daß man auf eine sehr weite Strecke ganz gut diesen lichten Fleck am Hause erkennen konnte. Wald war keiner in der Nähe, wie dies in der südungarischen Ebene durchwegs ist.

Gegen 8 oder 9 Uhr, je nach dem Eintritt der Dunkelheit, wurde der Tisch hinausgestellt, ich nahm einige Fläschchen — mit durch Chloroform befeuchteten Papierstreifen gefüllt — und eine weiche Pincette. Die Käfer kamen geflogen, prallten an die Glaskugel der Lampe an, und fielen auf den Tisch nieder, wo sie auf dem weißen Tuch leicht sichtbar waren, mit der Pincette gefaßt wurden und in die Flasche wanderten. Diese Methode ist einfach und hat sich stets gut bewährt. Bei einiger Uebung erkennt man die einzelnen gemeinern Arten gleich nach ihren Bewegungen, so daß man ganz Unbrauchbares gleich lebend wegwerfen kann.

Das Zufliegen der Käfer dauert bis gegen Mitternacht und war an manchen Abenden so massenhaft, daß ich sehr viel Eile entwickeln mußte, um alles in's Glas zu schaffen. An besonders guten Tagen fing ich 200 bis 250 Stück, wobei aber zu bemerken ist, daß ich vieles lebend wegwarf. Die besten Abende waren stets jene, wo bei bewölktem Himmel und feuchter Wärme Regen zu erwarten stand, heiße trockene, sowie sternen- oder mondhelle Nächte waren die schlechtesten. Doch ist mir nie ein Abend vorgekommen, wo ich nicht wenigstens einige Stücke gefangen hätte.

Sollte Jemanden keine solche Localiät zur Verfügung stehen, so genügt es, einen weißbedeckten Tisch mit einer Petroleumlampe vor das offene Fenster zu stellen; doch muß ich bemerken, daß ich im Zimmer, was ich öfter auf Reisen that, immer viel weniger gefangen habe, als im Freien.

Nicht nur Flugkäfer, sondern auch ungeflügelte kann man auf diese Art fangen, wenn der Fang ebenerdig betrieben wird, wie bei mir in Csenej. Man hat nichts anderes zu thun, als zeitweilig den Fußboden und die Wände in der Nähe des Tisches zu besichtigen, und findet ungeflügelte Käfer, welche auf der Wand emporkriechen und auf diese Art dem Licht näher zu kommen trachten. Ferner werden nicht nur Abendkäfer gefangen, sondern ganz ausgesprochene Tagkäfer, die aber an ihren Ruheplätzen auf irgend eine Art aufgescheucht, wach geworden und nun ebenfalls dem Lichte zufliegen; so ist es erklärlich, daß ich auch Halticinen, Meligethes, Anthicus etc. fing.

Weiter will ich noch eines Umstandes erwähnen, nämlich daß an manchen Tagen eine Menge unausgefärbte Käfer zufliegen, wenn eben in der Nähe des Fangortes die Entwickelung vor sich gegangen ist. Ich habe an einem Tage 20 St. ganz gelbe (nur die Augen waren schwarz) Acupalpus gefangen, die bei der übereinstimmenden Färbung den Eindruck einer neuen Art machten, aber an demselben und noch mehr an den folgenden Tagen fing ich halbausgefärbte Stücke, die den Uebergang zu den schließlich gefangenen normalgefärbten Stücken bildeten.

Einzelne Species fing ich eben nur auf diese Art, so z. B. den Ochodaeus ferrugineus, den, als ich ihn das erste Mal bei Licht fing, ich vergeblich bei Sonnenuntergang auf den Hutweiden suchte, wo ich ihn schwärmend wie O. chrysomelinus vermuthete. Nur am Abend gegen 10 Uhr kamen mir einige wenige Exemplare zugeflogen und zwar stets ein Pärchen auf einmal, was dafür zu sprechen scheint, daß die Begattung zu dieser Zeit stattfindet.

Aus der nachstehenden Aufzählung der 1874 gefangenen Arten läßt sich ein Bild der Verschiedenartigkeit der zugeflogenen Käfer entwerfen. Frühere Jahre habe ich keine separaten Notizen über diese Fangart gemacht und 1875 konnte ich leider dieselbe nicht in's Werk setzen.

Ich will im heurigen Jahre die im Heft 1 der 1876er Entom. Nachrichten beschriebene Noctuinenfalle, mit einigen kleinen Aenderungen zum Käferfang benützen und werde seinerzeit die Resultate mittheilen, die jedenfalls reichhaltiger als die bisherigen ausfallen werden, indem meine jetzige Wohnung ganz in der Nähe des Waldes gelegen ist.

Aufzählung der 1874 gefangenen Arten:

Polystichus vittatus; Chlaenius spoliatus, nigricornis; Badister bipustulatus; Clivina fossor, collaris; Dyschirius strumosus, aeneus; Dolichus flavicornis; Anchomenus austriacus; Poecilus cupreus, v. erythropus, v. affinis; Feronia nigra, anthracina, gracilis, cylindrica, interstincta; Amara apricaria, similata; Diachromus germanus; Anisodactylus signatus; Ophonus brevicollis, puncticollis; Harpalus ruficornis, griseus, aeneus, discoideus, distinguendus, tardus, flavicornis; Stenolophus discophorus, elegans, vespertinus; Badister peltatus; Acupalpus suturalis, dorsalis, exiguus, Amblystomus niger; Trechus minutus; Tachys bistriatus; Bembidium varium, 4 pustulatum, vulneratum Dj, velox, pusillum; Laccobius minutus, Philhydrus melanocephalus; Cercyon pygmaeum, quisquillium; Helophorus griseus; Aleochara fuscipes; Tachyporus hypnorum; Philonthus punctatus, quisquilius, micans, debilis, fulvipes, ventralis, prolixus; Philonthus elongatulus, salinus, nitidulus, discoideus; Lathrobium elongatum, longatum; Achenium ephippium; Bledius tricornis, fracticornis, nanus; Trogophloeus exiguus; Scopaeus laevigatus; Oxytelus rugosus, piceus, depressus, Compsochilus Kahrii? Gyrophaena lucidula; Lithocharis obscurella; Chenistes palpalis; Bryaxis impressa, Bythinus bulbifer; Anthrenus scrophulariae; Choleva cisteloides; Catops tristis; Ptenidium apicale; Telmatophilus Typhae, Meligethes aenea; Aphodius lugens, rufescens, immundus, lividus, bimaculatus, niger, plagiatus; Psammodius caesus; Ochodaeus ferrugineus, Geotrypes mutator; Throscus obtusus; Lampyris noctiluca; Malachius elegans, aeneus; Anobium striatum; Ptinus fur, bidens; Tenebrio obscurus, molitor; Blaps mortisaga, fatidica; Megischia nigrita; Anthicus antherinus, floralis; Formicomus pedestris; Bagous rotundicollis; Haltica rustica, semirufa; Coccinella dispar; 7 punctata; Pentaria sericaria.

Detta am 1. März 1876. C. Hostinsky.

Die Phyllorera-Commission. In einer Versammlung der Reblaus-Commission, in welcher der Handelsminister, Vicomte de Meaux, den Vorsitz führte, kamen neulich zur Sprache: 1) die verschiedenen Mittheilungen, die dem Ministerium seit dem Februar 1875 zugegangen sind; 2) die Frage, ob der ausgesetzte Preis von 300,000 Fr. für Tilgung der Reblaus jemandem zuerkannt werden kann; 3) die gegen das Umsichgreifen des Insekts zu treffenden Verwaltungsmaßregeln. Wie Hr. Porlier, Director der Ackerbau-Abtheilung, meldete, sind im Laufe des Jahres nicht weniger als 278 Vorschläge zur Vertilgung der Reblaus gemacht worden; aber die einzig wirklich neue Idee war die Anwendung der schwefligsauren Salze auf die kranken Rebstöcke, welche denn auch überall mit bald größerem, bald geringerem Erfolg versucht worden ist. Das Mittel hat sich jedoch keineswegs als untrüglich erwiesen und folglich den Preis von 300,000 Fr. nicht verdient. Die Experimente sollen fortgesetzt und namentlich im Weinberg der landwirthschaftlichen Schule zu Montpellier neue praktische Studien gemacht, sowie überdieß eine Pflanzung amerikanischer Rebstöcke angelegt werden. Die Verwaltung gewährt auch für das Jahr 1876 außerordentliche Beiträge zur Bekämpfung der Phylloxera; so der Akademie der Wissenschaften 10,000, dem Comité des Hérault 5000, demjenigen des Beaujolais 2000 Fr. u. s. w. Aus Anlaß der eben erwähnten Versammlung der Reblaus-Commission hat der Handelsminister an die Präfecten ein Rundschreiben gerichtet, in welchem er sie von den gefaßten Beschlüssen in Kenntniß setzt, sie darauf aufmerksam macht, daß der geeignetste Augenblick zur Vertilgung des Wintereies der Phylloxera mit den bereits bekannten Mitteln die Zeit zwischen dem 1. Febr. und dem 1. April ist, und sie auffordert, anregend auf die Privatinitiative der Weinbauer sowohl als auf die Bildung von neuen Vereinen zu wirken.

Literarische Revue.

Fauvel, Annuaire entomologique 1876, 150 S. Notizkalender für 1876, 12 S. Verzeichniß der lebenden Coleopterologen von Frankreich, Belgien, Holland, Rheinprovinzen und der Schweiz, S. 17—49; entomologische Vereine und Zeitschriften 51—54; Bibliographie (sehr beschränkt); neue Arten; Synonymie; kritische Arten, 54—70; Fangresultate und Excursionen, —107; Biologie, —123; Fangarten und Präparation; Nekrolog, —130; Tausch, kleinere Mittheilungen.

Beim Herausgeber in Caen; oder in Paris bei Buquet, rue St. Placide 52. Preis 1 Fr. 75 C.

Verhandlungen des Vereins für naturwissenschaftliche Unterhaltung zu Hamburg, 1871—1874. Herausgegeben von J. D. E. Schmeltz, 191 S., Hamburg, Friederichsen und Co., 1875.

Rückblick auf das seitherige Bestehen des Vereins; derselbe wurde gegründet im März 1871. — Statuten. Mitgliederverzeichniß. Bericht über die Versammlungen. — Wittmack, über das Präpariren von Raupen für Sammlungen, 75—90. — Semper, über meine Seidenzuchtversuche mit Bombyx mori, (rücksichtlich der Abhärtung gegen das nordische Klima); 1 S. — Beuthin, Verzeichniß der Homoptera, gesammelt bei Hadersleben in Schleswig im Juli 1862*), 1 S. — Beiträge zur Fauna der Niederelbe: Schmeltz, allgemeine Betrachtungen über das Faunengebiet, 106—121; Beuthin, Verzeichniß der Pseudo-

*) Wir reproduciren nur den entomologischen Inhalt.

neuropteren und Neuropteren der Umgegend von Hamburg, 122—126; Beschreibung einer neuen Art Chrysopa, Ch. Behni Beuthin; zweiter Nachtrag zum Verzeichniß der um Hamburg gefangenen Käfer; erster Beitrag zur Kenntniß der Hymenopteren der Umgegend von Hamburg, (Verzeichniß der Arten), 129—136. — Die Lepidopteren-Fauna der Niederelbe: Schmeltz, Einleitung; Nachtrag zu dem „Verzeichniß der bisher um Altona und Hamburg gefundenen Groß-Schmetterlinge (Macrolepidoptera) von H. Tessien", 139—148. Sauber, Microlepidoptera oder Kleinschmetterlinge der Fauna der Niederelbe, bestimmt von Prof. P. C. Zeller in Stettin, 149—166; Verzeichniß der Arten.

Mittheilungen der schweizerischen entomologischen Gesellschaft. IV, 8, 1876. Bericht über die 18. Sitzung der schw. ent. G., am 26. Sept. 1875 in Aarau. Daraus: Dietrich constatirt das Vorkommen von Tomicus cembrae bei Ragaz; Stierlin, über den Unterschied zwischen Barynotus maculatus Boh. und margaritaceus Germ., der sich besonders in der Länge und Breite des Halsschildes documentirt; Wullschlegel, über einige Lepidopteren, Gallen, und die Freizucht von Attacus Pernyi; Schoch, über wahrscheinliche Haltung der Flügeldecken der Schnarr-Heuschrecken beim Fluge. — Stierlin, Nekrolog des Herrn Andreas Bischoff-Ehinger von Basel. — Frey, die Erziehung hochalpiner Euprepien. — Schoch, Otto Roger's Hypothese über das natürliche System der Coleoptern und den genetischen Zusammenhang ihrer Familien. — Stierlin, Beschreibung einiger neuer Käferarten: Philonthus biseriatus, St. Bernhard; Athous transcaucasicus, Tiflis; A. epirus, Türkei (Janina); Sphenophorus Siculus, Sicilien; Nemognatha nigritarsis, kasp. M.; N. flavicornis, kasp. M.; Phytoecia excelsa; Dichotrachelus Knechti, Coll della Nuova in Piemont; Nitidula biguttata Sahlb. = Ipidia lata Aubé = Ipidia integra Wankowiez = I. sexguttata Sahl. wird umgeändert in Stelidota sexguttata. Wiederholt aus der deutschen ent. Zeitschrift werden die Diagnosen von Otiorrh. calcaratus, depressus, gemellatus, Branksiki, decorus, Tournieri, modestus, procerus, Beckeri, subrotundatus, breviusculus, judaicus, minutus, auripes und Fausti.

Newman's Entomologist. 153. — Newman, Varietät von Ennomos angularia mit Abbildung. — Fortsetzung der Uebersetzung von „Mayr's mitteleurop. Eichengallen". — Francis Walker, über Cynips Kollari. — Aus „Psyche": Ueber einen ungeheuren Flug kleiner Schmetterlinge (Terias Lisa) nach den Bermuden. — Ramsay Cox, über Varietäten von Vanessa Jo., die wahrscheinlich durch mangelhafte Fütterung der Raupen hervorgerufen sind. — Newman, Bemerkungen über brittische Blattwespen (sawflies). I. Hauptsächlich Bemerkungen über die Eintheilung des Thierreichs, speciell der Articulaten.

The Entomologist's Monthly Magazine. 142. — Fortsetzung der Monographie über die brittischen Arten von Sarcophaga (aus 141), von Meade. — E. Saunders, Beschreibung fünf neuer Arten europäischer (?) Hemiptera-Heteroptera: Calyptonotus Putoni, Algier; C. Walkeri, Malta; Scolopostethus brevis, Malta; Macropterna Lethierreyi, Attica; Oncotylus nigricornis, La Rochelle. — Douglas, Nachtrag zu der Aufzählung der brittischen Hemiptera-Heteroptera. Verschiedene kleinere Mittheilungen, hauptsächlich über brittische Insecten. — Scott, über gewisse brittische Hemiptera-Homoptera. Revision der Familie Deltocephalidae, mit Beschreibungen neuer und bisher unbekannter brittischer Arten. Anfang. Forsetzung in

143. — Neue Arten: Longicaput und flavipennis. — Verrall, Bemerkungen über einige brittische Dolichopodidae, mit Beschreibungen neuer Arten: Chrysotus palustris. — Saunders, Beschreibung dreier für England neuer Hemipteren. — Hewitson, Beschreibung von 4 neuen südamerikanischen Hesperiden: Erycides gaudialis, Chiriqui; E. Tenebricosa, Peru; E. Teutas, am Amazonenstrom; Pyrrhopyga agenoria, Peru. — Ueber die Begattungsweise von Acentropus niveus Ol. — Fortsetzung der Monographie über Sarcophaga. Neue Art: Similis.

Ueber **Cryptocephalus imperialis.**

In Bezug auf die Bemerkung des Herrn Harold auf S. 52 der entomologischen Nachrichten von diesem Jahre habe ich zu erwidern, daß sich offenbar kein Irrthum eingeschlichen hat. Ich bezeichne in der deutschen entomol. Zeitschr. 1876, p. 138 nicht den Cryptocephalus imperialis als eine dem pexicollis ähnliche Art, sondern „Cryptoc. imperialis, welcher von Waltl als andalusische Art aufgezählt wird.“ Dieser imperialis ist der imperialis Fabr., und nicht der imperialis Laich. Hätte ich statt imperialis primarius Harold gesagt, wie Harold zu wünschen scheint, so wäre etwa zu setzen gewesen: Crypt. primarius Har., welcher als imperialis Fabr. von Waltl als andalus. Art aufgeführt wird, ist ꝛc. Das konnte ich aber wieder aus dem Grunde nicht sagen, weil ich ja nur eine Vermuthung über den imperialis Waltl ausspreche. Uebrigens schreibt mir z. B. H. v. Heyden: die andalusischen imperialis meiner Sammlung gehören richtig zu pexicollis.

Wenn ich mich demnach im speciellen Falle glaube richtig und zweckmäßig ausgedrückt zu haben, so will ich doch gern das Geständniß ablegen, daß mir in dem Augenblick, als ich den kleinen Artikel schrieb, nicht gegenwärtig war, daß H. v. Harold dem ehrwürdigen Tyroler zu seinem guten Rathe verholfen hat. Zu der gewünschten und zu wünschenden schnelleren Einbürgerung ähnlicher Namen bei den deutschen Entomologen würde ein Harold'scher Catalogus Coleopterorum Europae am schnellsten führen.

Dr. G. Kraatz.

Tauschverkehr und Kaufgesuche.

(NB. Diese Rubrik steht den Abonnenten für Mittheilungen gratis zu Gebote.)

Sollten Deutsche oder Schweizer Entomologen mir Material von Carabus sylvestris, alpestris. Hoppei, alpinus, carinthiacus, ferner von Rothii, Hampei, Kollari überlassen können, so würde mir dies behufs einer neuen Revision der betreffenden Arten angenehm sein.

Dr. G. Kraatz, Linkstr. 28, Berlin.

Anzeigen.

Griechische Käfer,

in 400 Arten, die Centurie in 100 Species, zu 15 Mark empfiehlt die Naturalienhandlung von

Dr. E. Rey & Hellwig,
Leipzig, Brüderstr. 26b.

Einer der älteren Entomologen Wien's verkauft seine Sammlungen:

Carabidae . . .	circa	850	Arten	2400	Exempl.	62	Thlr.
Dytiscidae — Hydrophilini .	„	300	„	900	„	20	„
Staphylinidae . .	„	700	„	2200	„	47	„
Pselaphidae — Phalacridae .	„	330	„	1100	„	26	„
Nitidulariae — Lathridiidae .	„	300	„	1100	„	22	„
Mycetophagidae — Heteroceridae	„	130	„	500	„	12	„
Lucanidae — Scarabaeidae .	„	300	„	900	„	26	„
Buprestidae — Cebrionidae .	„	260	„	800	„	20	„
Dascillidae — Anobiidae .	„	330	„	1100	„	24	„
Tenebrionidae . .	„	240	„	620	„	20	„
Cistelidae — Oedemeridae .	„	250	„	800	„	20	„
Curculionidae . .	„	920	„	3000	„	72	„
Scolytidae — Bruchidae .	„	370	„	1100	„	37	„
Chrysomelidae — Corylophidae	„	660	„	2300	„	52	„
Exoten	„	510	„	940	„	32	„

wobei er sich verpflichtet, die Verpackung gut zu besorgen (gute Schachteln und diese in einer Kiste); dann über 500 Arten Hemiptera und Homoptera des Wiener Beckens in mehr als 2000 Exemplaren, — 55 Thaler, — durchaus incl. guter Verpackung. **Bei Uebernahme aller Theilsammlungen wird ein großer, circa 120—140 Thaler kostender Sammlungsschrank unentgeltlich beigegeben.**

Die Adresse ist in der Redaction der Ent. Nachrichten zu erfragen.

In Commission bei Ch. Fr. Vieweg in Quedlinburg.
Druck von Aug. Dose in Putbus.

№. 6. Entomologische 1876.

Nachrichten.

Herausgegeben
vom Gymn.-L. Dr. F. Katter.

Putbus, den 1. Juni.

Jeden 1. des Monats erscheint ein Heft. Abonnement jährlich 4 Mark pränumerando. Zu beziehen durch die Expedition (franco unter Kreuzband), die Post oder den Buchhandel. Tausch- und Kaufgesuche der Abonnenten gratis. Insertionsgebühr 25 Pfennig die Zeile oder deren Raum.

Das Studium der Hymenopteren,
Winke für Anfänger in diesem Zweige der Entomologie,
von Dr. Kriechbaumer in München.

V.

Es ist eine jedenfalls auffallende Erscheinung und zeugt von ebenso hohen Fähigkeiten als großer Arbeitskraft, daß ein Botaniker, der von wissenschaftlichen Leistungen in seinem Fache bereits in Anspruch genommen ist, noch Zeit findet, sich nicht nur auch mit Entomologie zu beschäftigen, sondern gerade einen der schwierigsten, weil die zahlreichsten und kleinsten Formen von Insekten enthaltenden Theil derselben zum Gegenstande seiner litterarischen Thätigkeit zu machen, wie das bei Nees von Esenbeck der Fall war. Doch läßt sich für letzteres eine Erklärung finden. Wer mit dem ganzen Gebiete der Hymenopteren sich befaßt, wird zunächst mit den größern Formen sich beschäftigen; nun sind aber diese schon so zahlreich und die mit ihrer Bewältigung verbundenen Schwierigkeiten noch so groß, daß sie einen Hymenopterologen, besonders wenn derselbe aus Neigung oder Beruf auch noch mit anderen Insektenordnungen sich beschäftigt, für seine Lebenszeit vollauf in Anspruch nehmen und ihm für die Minutien kaum mehr Zeit übrig lassen. Es kann also mit diesen letztern sich nur ein solcher eingehend beschäftigen, der auf ein genaueres Studium der übrigen Familien so ziemlich verzichtet. Die Aufmunterung von Seiten Gravenhorst's, sowie die sichere Aussicht, eine beträchtliche Menge neuer Arten in die Wissenschaft einführen zu können, mochte den genannten Autor bewogen haben, außer der Bearbeitung der Braconiden die noch schwierigere jener kleinen Schlupfwespen zu übernehmen, die gewöhnlich unter dem Namen Pteromalinen oder Chalcidier zusammengefaßt und als die dritte Hauptabtheilung der Schlupfwespen aufgeführt werden. Im zweiten Bande seiner Hymenopterorum Ichneumonibus affinium Monographiae, der, wie die Jahreszahl (1834) schließen läßt, entweder gleichzeitig mit dem ersten (die Braconiden enthaltenden) oder bald nachher erschienen sein muß, vertheilt Nees die hierher gehörigen Thiere in 2 an die beiden der Braconiden sich anschließende Familien, nämlich die Pteromalini und Codrini und beschreibt von ersteren 335 Arten in 32, von letzteren 46 Arten in 7 Gattungen. An diese reiht er aber noch als „Appendix" die Dryiniden (Dryinei nach seiner Bezeichnung), von denen er 28 Arten in 4 Gattungen beschreibt. Obwohl nun dieses Werk über 30 Jahre alt und wegen der zahlreichen seither entdeckten Arten ungenügend ist, bildet es doch die Grundlage für das genauere Studium der bezüglichen Thiere. Es sind seitdem allerdings, besonders von englischen Autoren, manche, zum Theil sehr umfangreiche Arbeiten darüber erschienen, und gilt letzteres namentlich von den Arbeiten Walker's, dessen litterarische Fruchtbarkeit auf diesem Gebiete sich besonders in dem bereits besprochenen Entomological Magazine u. dann in einem besonderen Werke „Monographia Chalciditum London 1839" entfaltete. Die Qualität seiner Produkte steht aber zu deren Quantität in einem solchen Mißverhältnisse, daß sie der massenhaften ungenügend begründeten Arten wegen für die Fachgenossen ein Gegenstand des Schreckens und der Verzweiflung geworden sind und bereits Zweifel geäußert wurden, ob selbe überhaupt Berücksichtigung verdienten.

Im Jahre 1840 veröffentlichte Foerster (im Prüfungs-Programm der höheren Bürgerschule zu Aachen) seine „Beiträge zur Monographie der Familie der Pteromalinen" (in 4° nebst einer Tafel mit Abbildungen). Nach einer Einleitung, worin er auch die ihm bis dahin aus Zuchten bekannt gewordenen Arten und deren Wohnthiere aufzählt, werden von ihm 429 zu folgenden theilweise neu aufgestellten Gattungen gehörige Arten mit mehr oder minder langen Diagnosen angeführt:

Pteromalus	264	Eulophus	35
Eurytoma	8	Myina	11
Torymus	25	Gonatocerus	6
Eupelmus	2	Aneure	1
Siphonura	1	Entriche	3
Cleonymus	11	Encyrtus	3
Pteroncoma n. g.	1	Ceraphron	1
Tetracampe n. g.	2	Hadroceras / Calliceras Ns.	1
Phacostomus	4		
Chrysolampus	26	Lagynodes n. g.	1
Dicormus n. g.	1	Telcas	1
Sphaeripalpus n. g.	1	Prosacantha	2
Elachestus	16	Platygaster	1
Stenophrus n. g.	1		

Die vorbehaltenen ausführlicheren Beschreibungen der Arten, welche sämmtlich in der Gegend von Aachen gesammelt wurden, sind nie erschienen und dürfte diese Arbeit kaum auf einer höhern Stufe stehen, als die Walker'schen*). Von den meisten Arten hat der Verfasser nur das eine Geschlecht, also wohl öfter die beiden Geschlechter einer Art als 2 verschiedene Arten beschrieben. Ob selbe auf einzelne oder mehrere Exemplare gegründet wurden, ist nirgends angegeben. Die beabsichtigte Vergleichung mit den Nees'schen Typen konnte Foerster nicht vornehmen, weil selbe gerade nach England zur Vergleichung geschickt waren (s. p. IV.); wer diese Vergleichung vorgenommen hat und mit welchem Erfolge, darüber ist mir nichts bekannt geworden.

Die eben besprochenen Arbeiten Walkers und Foersters haben wohl hauptsächlich zu der Erkenntniß geführt, daß gerade bei diesen Thieren mit Beschreibungen gefangener Exemplare, besonders einzelner, der Wissenschaft überhaupt wenig gedient sei, daß vielmehr die Zucht die Grundlage für neuere und gediegene Arbeiten liefern müsse. Die entomologische Wissenschaft wird auf diese Weise vielleicht langsam, sie wird aber gewiß sicherer fortschreiten. Ein paar auf Grundlage dieser Erkenntniß beruhende und deshalb sehr werthvolle Arbeiten besitzen wir bereits in den Abhandlungen „die europäischen Torymiden" und „die europ. Encyrtiden" von Dr. G. Mayr in Wien, dem bekannten Myrmecologen und bereits erwähnten Verfasser des Werkes über die Gallwespen der Eichen. Diese Arbeiten sind in den Verhandlungen der zool. bot. Gesellschaft in Wien 1874 und 75 erschienen, wurden aber auch in einer Anzahl Separata gedruckt, und ich kann nur den Wunsch beifügen, daß in ähnlicher Weise auch die übrigen Familien bearbeitet werden möchten.

Nach Besprechung der drei Hauptabtheilungen der Schlupfwespen und bei der eben wiederholt hervorgehobenen Wichtigkeit der Zucht ist hier wohl der passendste Platz, eines Werkes zu erwähnen, durch welches sich der Verfasser ein wahrhaftes Monumentum aere perennius" gesetzt. Es ist das Ratzeburg's „die Ichneumonen der Forstinsekten" in drei (allerdings nicht sehr dicken, aber enggedruckten) Quartbänden, das, obwohl nur die aus Forstinsekten gezogenen Schlupfwespen behandelnd einen Reichthum biologischer Beobachtungen über diese Thiere enthält, wie er in keinem anderen Werke zu finden ist. Es verdiente deshalb auch viel mehr benützt und studirt zu werden, als es der Fall ist.

---

*) Von den 25 angeblich neuen Torymusarten z. B. konnte Mayr (s. u.) 11, also nahezu die Hälfte, nicht enträthseln, 10 kommen als Synonyma zu bereits beschriebenen Arten, und nur 4 sind als anerkannt neue von ihm aufgenommen.

Der etwas hohe Preis*) erschwert allerdings dem weniger Bemittelten die Anschaffung, es dürfte aber vielleicht Mancher, der von größern Bibliotheken entfernt wohnt, dasselbe aus der eines nahe gelegenen Forstamtes zu leihen bekommen. Mit welchen Schwierigkeiten der Verfasser bei Bestimmung der gezogenen Thiere zu kämpfen hatte, kann nur der beurtheilen, welcher dieselben aus eigenen Erfahrungen kennen gelernt hat und dazu noch den viel unvollkommneren Zustand der Litteratur zu jener Zeit, in welcher Ratzeburg sein Werk verfaßte, mit in Rechnung bringt. Es ist daher auch nicht zu verwundern, wenn manche der von ihm beschriebenen Arten noch nicht sicher erkannt, d. h. als mit denen anderer Autoren identisch oder als bestimmt neu nachgewiesen sind. Die wiederholte Zucht derselben Wohnthiere, aus denen Ratzeburg und seine Freunde ihre Wespen erhielten, und das Studium der Typen durch tüchtige Ichneumonologen werden auch die hier noch vorhandenen Zweifel nach und nach lösen. Welch reiche Resultate ließen sich aber erwarten, wenn auch die Zucht der noch viel zahlreicheren nicht forstlichen Insekten mit ähnlichem Eifer betrieben würde.

Da es beim Bestimmen eines Insektes nothwendig ist, zunächst die Familie und Gattung zu finden, zu der es gehört, so sind auch Werke, welche die Erreichung dieses Zweckes erleichtern, besonders für den Anfänger von großem Vortheil. Ein solches Werk haben wir in Snellen van Vollenhoven's „Schetsen ten Gebruike by de studie der Hymenoptera. Familie der Ichneumoniden", welches auf 14 Tafeln in nahezu vierthalbhundert Feldern theils ganze Gattungsrepräsentanten, theils das Flügelgeäder oder andere wichtige Theile von Schlupfwespen aller 3 Abtheilungen sorgfältig und naturgetreu abbilden und alle die Vortheile bildlicher Darstellung vor jener durch Worte bietet. Der holländische Titel darf nicht abschrecken, da außer einer Vorrede und den systematischen Namen der durch die Abbildungen erläuterten Thiere überhaupt kein Text vorhanden ist. Man erwarte jedoch nicht, darin alle von Foerster geschaffenen Gattungen zu finden, von denen sehr viele, deren Typen wohl nur dem Autor allein bekannt sind, sich bisher überhaupt der Kenntniß und Beurtheilung durch Andere entzogen und deshalb auch eine bildliche Darstellung unmöglich gemacht haben, andere wegen zu unbedeutender Unterschiede eine solche unnöthig machen oder ohne Text das Charakteristische kaum errathen lassen würden.

(Fortsetzung folgt.)

*) Selbst antiquarisch noch etwa 26 Mk.

Tischeria Decidua, Wocke,

eine neue Schmetterlingsart.

In der Zeitschrift für Entomologie, neue Folge, V. Heft, 1876, berichtet Herr Dr. M. F. Wocke über diese neue Art:

„Schon im Spätsommer 1868 hatte ich bei Breslau an Eichenbüschen Minen bemerkt, die von denen der Tis. Complanella und Dodonaea abwichen, zwar mit letzterer eine größere Aehnlichkeit zeigten, als mit ersterer, doch sowohl durch ihre schmutzig graugrünliche oder bräunliche Färbung, als auch besonders dadurch sich unterschieden, daß die Raupe erwachsen mit ihrer in der Mine bereiteten Wohnung aus dem Blatte herausfiel. Ich hatte damals eine große Anzahl solcher flacher Gehäuse eingesammelt und sorgfältig im Kalten überwintert, aber nicht eine Raupe gelangte zur Verwandlung, alle waren im Frühjahr vertrocknet. Während der Naturforscher-Versammlung zu Wiesbaden theilte mir Herr Landrichter Eppelsheim aus Grünstadt in der Rheinpfalz mit, daß er ganz gleiche Minen in den Blättern der echten Kastanie gefunden habe, es ihm aber gleichfalls nicht gelungen sei, die Raupen zur Verpuppung zu bringen. Im vorigen Jahre nun schickte mir genannter Freund eine Anzahl Kastanienblätter mit solchen Minen, damit ich noch einmal den Versuch mache, den Schmetterling zu erziehen. Obgleich ich nicht die geringste Hoffnung des Gelingens hatte, so brachte ich doch die Raupen unter in der Weise, wie ich Nepticula-Raupen zu behandeln pflege; ich that sie in ein am Boden mit feuchtem Moose belegtes Glas, das ich mit Löschpapier verband und mit einer Glasplatte bedeckte, und überwinterte sie wieder im Kalten. Zufällig kam später mehr Wasser in das Glas, als ich beabsichtigt hatte; da ich aber gar nicht auf einen Erfolg der Zucht rechnete, so beachtete ich dies nicht weiter, und es herrschte den ganzen Winter über in dem Glase so große Nässe, daß die Wände sich ganz mit dunkelgrünen Algen überzogen. Erst im März nahm ich das Glas in's Zimmer und ließ durch Entfernung der Glasplatte die Feuchtigkeit verdunsten. Aber gerade diese scheinbar rücksichtslose Behandlung der Raupen war die richtige gewesen und es verpuppten sich später die zwei gesunden Raupen, die übrigen waren leider gestochen gewesen und lieferten schon im April eine Anzahl Schmarotzer. Im Laufe des März und April fand ich nun auch noch beim Raupensuchen mit dem Schirm im Laube unter Eichengebüsch einige Raupenwohnungen, die ich mit noch größerer Hoffnung auf glückliche Zucht, natürlich von den Kastanienraupen getrennt, aufbewahrte. Endlich, Mitte Mai bis Anfang Juni erschienen nun im Ganzen fünf Falter, drei von Eiche und zwei von Kastanie, die zwar der Complanella sehr ähnlich sehen, aber durch mehrere Merkmale sich leicht als gute

Art unterscheiden lassen. Ich nenne sie des eigenthümlichen Betragens der Raupe wegen Decidua: Alis ant. saturate vitellinis fusco suffusis, ciliorum circa apicem linea dividente fusca. Exp. al. 8—9 mm. Von Complanella und Dodonaea durch dunklere Farbe und die Theilungslinie der Franzen leicht zu unterscheiden. Die Gestalt ist etwas robuster, als bei beiden Verwandten, die Vorderflügel sind weniger gestreckt, dunkler dottergelb und überall dicht bräunlich bestäubt, am Innenrande am schwächsten, am Vorderrand gegen die Wurzel am dichtesten, dabei zeigen sie von der Seite betrachtet einen schwachen violettbräunlichen Schimmer. Die Franzen sind wenig heller als die Fläche, am Hinterwinkel graulich, um die Flügelspitze mit einer feinen braunen Theilungslinie. Die Hinterflügel dunkelgrau mit etwas lichteren Franzen. Die Unterseite der Vorderflügel ist dunkel bräunlichgrau, an den Rändern geblich, die Franzen dottergelb mit braungrau gemischt. Der Kopf und die Wurzel der Fühler dottergelb, die Geißel gegen die Spitze mehr bräunlich. Thorax wie die Vorderflügel, Hinterleib dunkel gelbgrau, beim ♂ mit ockerbräunlichem After. Beine gelblich, stark graubräunlich angelaufen, die Behaarung der Hinterschienen dunkel gelbgrau. Die Raupe lebt von Mittte August bis Ende September in den Blättern der Eiche und eßbaren Kastanie in oberseitiger Mine von ähnlicher Gestalt wie die der Complanella. Die Mine erscheint bräunlichgrau mit unbestimmt begrenzten, unregelmäßigen, lichteren, concentrischen Kreisen. Den gewöhnlichen Sitz der Raupe bildet eine runde dunkler braune, bisweilen schwärzliche Stelle, um welche jene Kreise gelagert sind, ganz ähnlich wie bei Dodonaea, selten befindet sich diese Stelle genau in der Mitte der Mine, gewöhnlich an der Mittelrippe des Blattes zugekehrten Seite derselben und wird mit zunehmendem Alter der Raupe immer deutlicher. Die Raupe benutzt diese Stelle als Ruheplatz, von dem sie sich zum Fressen an die Peripherie der Mine begiebt und nach welchem sie, nachdem sie sich ihrer Excremente durch einen feinen Schlitz der Oberhaut entledigt hat, wieder zurückkehrt. Je älter die Raupe wird, desto mehr verdickt sie die Wände dieses Flecks und klebt endlich, wenn sie keiner Nahrung mehr bedarf, den unteren Theil desselben am Rande an die Oberseite fest, diese platzt ringsum und so fällt die Raupe mit ihrer Wohnung heraus. Diese stellt nun eine kreisrunde flache Scheibe dar, deren Oberseite, die frühere Oberhaut des Blattes, mehr oder weniger dunkel rindenbraun ist, mit einem kleinen rundlichen dunkleren Fleck am Rande, die Unterseite ist glatt, ockergelblich oder bräunlich, am Rande heller, beide Seiten zeigen eine schwache, unten etwas stärker als oben vortretende Wölbung, deren Mitte abgeflacht ist, der Saum der Scheibe ist dünn und etwas nach oben umgekrempt. In dieser Behausung überwintert die Raupe, von dem später abfallenden Laube bedeckt, und verpuppt sich im April oder Mai. Beim Ausschlüpfen durchbricht die Puppe die Wohnung an einer beliebigen Stelle des Randes und schiebt sich bis an's Ende der Flügelscheiden vor. Gefunden habe ich die Raupe bis jetzt bei Breslau in der Strachate und im Oswitzer Walde, bei Dyhernfurth, Parchwitz, Dambrau bei Oppeln, außerdem noch bei Wiesbaden.

Die schädlichsten Erdflöhe.

Zu den schädlichsten Garten-Insekten gehören 3 Arten der Gattung Haltica (Erdflöhe), H. Lepidii E. H. (nigripes Pz., nigroaenea Marsh., obscurella Jll. (psecitoceras Comolli) und H. nemorum L. Sehr auffallend ist es, daß die beiden ersten weder in Taschenberg „Entomologie für Gärtner", noch in Kaltenbachs „Pflanzenfeinde aus der Klasse der Insekten" erwähnt sind. Diese 3 Arten erscheinen plötzlich Ende April und im Mai, besonders bei trockner, warmer Witterung und an sonnigen Stellen, in ungeheurer Menge auf den jungen Pflanzen der verschiedenen Varietäten der Brassica oleracea, unserer gewöhnlichsten Gemüsearten, und durchlöchern die Blätter, so daß die Pflanzen in Menge zu Grunde gehen und oft kaum ein Pflänzchen zum Aussetzen übrig bleibt, also die Gemüseernte ganz fehl schlägt. Die Larve von H. nemorum lebt minirend in den Blättern; der Aufenthalt der Larve der beiden anderen Arten ist mir unbekannt, und ich finde nirgends eine Angabe darüber. Auch in Frickens „Naturgeschichte der einheimischen Käfer" sind diese beiden Arten nicht erwähnt. Nach Redtenbacher ist H. Lepidii auf Kreuzblüthen gemein; die sehr ähnliche H. obscurella fehlt wenigstens in der 1. Auflage seines Käferwerkes. Nach Bach lebt H. Lepidii auf Brassica campestris (Br. Rapa L. var. oleifera annua, Sommerreps) und zerstört deren Blüthenknospen in manchen Jahren dergestalt, daß die Pflanzen abgemäht, und das Feld zu einem andern Zweck benutzt werden muß. Bei uns wird dieser Sommerreps nicht gezogen. Als Zerstörer der jungen Kohlpflanzen erwähnt ihn Bach nicht. Die H. obscurella beschreibt er in Bd. V. seiner Käferfauna mit der Angabe „überall gemein."

Die 3 erwähnten Erdflöhe sind auch noch einigen anderen Gartenpflanzen schädlich, den Radieschen (Raphanus sativus var. Radiola) und der Gartenkresse (Lepidium sativum), wo sie ebenfalls die Blätter durchlöchern. Eine sehr schön gelbblühende Zierpflanze ist Alyssum saxatile; hier fressen sie aber in Gesellschaft von Meligethes aeneus die Blüthen ab.

Die H. oleracea L. habe ich nie auf Kohlpflanzen und Cruciferen gefunden, sondern auf Gebüschen z. B. Haseln und

Eichen, wo sie auch nach Bachs Angabe lebt. Nach Kaltenbach lebt sie auf jungen Pflanzen der Epilobium pubescens und hirsatum, Oenothera biennis, Circaea latetiana und Polygonum Persicaria und mitis. Redtenbacher dagegen sagt, sie lebe auf den Blüthen der meisten Gemüsearten und sei hier oft sehr schädlich; nach Taschenberg lebt sie auf den verschiedensten Cruciferen, besonders Kohl und Levkojen. Für unsere Gegend gilt diese Angabe nicht; der Name oleracea deutet allerdings auf den von beiden Autoren angegebenen Aufenthalt.

Schenck, Professor zu Weilburg.

Ueber einige Bienen-Arten.

Sehr ähnlich sind Megachile centuncularis L., versicolor Sm. und octosignata N. an Größe, Gestalt und Farbe. Die erste ist hier und wohl überall eine der gemeinsten Bienen, die zweite ist in Deutschland sehr selten; ich fing bei Weilburg nur 4 Exemplare, nur ♀; die dritte habe ich aus Deutschland noch nicht gesehen, besitze aber 2 ♀ aus Ober-Italien. Früher hielt ich versicolor für identisch damit oder wenigstens für eine Varietät. Bei centuncularis ist die ganze Bauchbürste roth, bei versicolor auf Segm. 5 und 6, bei octosignata auf Segm. 6 schwarz. Centuncularis ♀ hat auf Segm. 2–4 unterbrochen weiße schmale Endbinden, auf Segm. 5 eine ganze; versicolor ♀ hat eine sehr ähnliche Zeichnung am Hinterleibs-Rücken, aber die Binden auf Segm. 2—4 sind zu schmalen Seitenstreifen verkürzt; dagegen hat octosignata ♀ auf Segm. 1—5 neben dem Endrande kurze breite weiße Flecken, welche auf Segm. 4 und 5 dreieckig sind. Wegen des ♂ von versicolor bin ich in Zweifel; Smith beschreibt es nicht; vielleicht gehören ♂ dazu, welche der ce tuncularis ♂ in Zeichnung und Größe gleich stehen, aber ein eingeschnittenes Segm. 6 haben, wie die bedeutend größern ligniseca ♂. Bei octosignata ♂ ist nach Nyander Segm. 6 buchtig ausgerandet.

Herr Dr. Beuthin zu Hamburg fing in dortiger Gegend vielweibliche Exemplare einer Andrena, die man auf den ersten Blick für A. Gwynara K. halten wird; allein bei genauerer Untersuchung erscheint sie als eine selbstständige neue Art, welche ich A. Beuthini nenne. Sie hat mit der ähnlichen A. aestiva Sm. (fälschlich später von demselben A. bicolor F. genannt, die deutliche Punktirung des Hinterleibs gemein, aber die Punkte sind stärker und daher sehr deutlich, in der Farbe der Beine und Fühler stimmt sie mit Gwynara überein, in der Farbe der Behaarung mit dieser und aestiva. Sie ist größer, als Gwynara und hat einen längeren und schmäleren, länglichen Hinterleib. Als ♂ dazu möchte ich ansehen solche, welche in der Farbe ganz der Gwynara ♂ glichen, aber einen deutlich punktirten Hinterleib haben. Das ♂ der aestiva, welches Smith nicht beschreibt ist meine marginalis und fusco-hirta.

Schenck, Professor zu Weilburg.

Der Kartoffelkäfer noch nicht in Europa. — Nach einer Mittheilung des Hrn. Dr. Kraatz in den „Entomologischen Monatsblättern" hat sich die Nachricht, daß der Kartoffelkäfer in Schweden Fuß gefaßt habe, nicht bewahrheitet. Es hatte eine irrige Bestimmung eines Insekts zu dieser Nachricht Anlaß gegeben und die Furcht die „Verwüstung" übertrieben.

Apparate zur schnellen Tödtung großer Insecten.

In der letzten Nummer Ihrer Entomologischen Nachrichten finde ich eine Notiz über die Einrichtung von Giftgläsern. Es soll danach das Cyankalium besser wirksam werden, wenn man dasselbe mit Gyps zusammenbringt. Dies beruht nun auf einem Irrthum, den zu berichtigen der Zweck dieser Zeilen ist.

Das Cyankalium wird durch Säuren, und selbst durch die allerschwächsten, wie Kohlensäure, in der Weise zersetzt, daß sich das Kali mit der Säure verbindet und das Cyan in Form von Blausäure ausgetrieben wird. Unter gewöhnlichen Umständen bewirkt die Kohlensäure der Luft diese Zersetzung, indem beim jedesmaligen Oeffnen des Glases ein Luftwechsel eintritt und so immer neuen Quantitäten von Kohlensäure, die ja in der atmosphärischen Luft vorhanden ist, Gelegenheit geboten wird, entsprechende Menge von Blausäure auszutreiben und das ursprüngliche Cyankalium dadurch schließlich in kohlensaures Kali (Pottasche) zu verwandeln. Diese Zersetzung ist des geringen Kohlensäure-Gehaltes der Luft wegen eine sehr langsame, und zur schnellen Tödtung der Schmetterlinge ungenügende. Setzt man nun dem Cyankalium eine stärkere Säure zu (Essigsäure 2c.), so findet momentan eine sehr schnelle Entwickelung von Blausäure statt, die aber selbstverstädnlich sehr bald wieder aufhört. Man muß sich also nach einem Körper umsehen, der im Stande ist, das Cyankalium schneller zu zersetzen als dies durch die atmosphärische Kohlensäure möglich ist, und der auf der andern Seite doch nachhaltig genug wirkt, um einen zu schnellen Verbrauch von Cyankalium zu vermeiden. Ein solches Mittel glaube ich in dem bekannten Weinstein gefunden zu haben und kann diesen als zweckmäßigen Zusatz den Entomologen nur empfehlen.

Der Weinstein (saures weinsteinsaures Kali) giebt, wenn er mit dem Cyankalium zusammengebracht wird, leicht die Hälfte seines Säuregehaltes ab, aber diese Säure kann nie in größeren Mengen auf einmal zur Wirkung gelangen, da der Weinstein ein sehr schwer in Wasser löslicher Satz ist.

Rollt man jedes einzelne Stückchen Cyankalium in Filtrirpapier und wickelt auch den Weinstein portionsweise in kleine Röllchen solchen Papieres, bringt diese Päckchen von Cyankalium und Weinstein dann schichtweise oder durcheinander in das Glas, so hat man nur nöthig, so viel Wasser zuzusetzen, bis alles Filtrirpapier damit getränkt ist, um ein Giftglas zu besitzen, welches bei langer Dauer ein sehr schnelles Tödten der Schmetterlinge bewirkt.

Gyps ist aber völlig wirkungslos auf Cyankalium und deshalb ein überflüssiger Zusatz*).

Für größere Schmetterlinge eignet sich das Cyankalium-Glas schon aus dem Grunde nicht, weil dasselbe zu diesem Zwecke Dimensionen annehmen müßte, die den Transport und den Gebrauch desselben bedeutend erschweren, wenn nicht unmöglich machen würden.

Ich bediene mich seit einigen Jahren zur Tödtung größerer Schmetterlinge, Käfer rc. des arseniksauren Natrons und fand darin ein Mittel, welchem alle anderen Gifte in Bezug auf schnelle Wirkung weit nachstehen.

Bringt man einen Tropfen einer Lösung von arsenigsaurem Natron dem zählebigsten Schmetterlinge in den Leib, so erfolgt der Tod auf der Stelle.

Da sich nun dieses Einbringen der Lösung mit der Nadel nur sehr schwer ermöglichen läßt, so habe ich mir dazu eine kleine Spritze construirt, mit deren Wirkung ich in jeder Weise zufrieden bin.

Ein kleines Fläschchen zur Aufnahme des Tödtungsmittels, durch dessen durchbohrten Kork eine in eine feine Spitze ausgezogene Glasröhre eingeführt ist, die oberhalb des Korkes ein Stückchen am Ende verschlossenen Gummischlauchs trägt, bildet den ganzen Apparat. Hat man durch den Druck der Finger den Gummischlauch zusammengedrückt und dadurch Luft aus der Röhre ausgetrieben, so tritt, sobald der Druck aufhört, natürlich Lösung von arseniksaurem Natron an Stelle der verdrängten Luft in das Glasrohr ein. Nimmt man nun den Kork mit der Röhre aus dem Fläschchen und bohrt dem Schmetterling die Spitze der Glasröhre in Brust oder Leib ein, so genügt ein geringer Druck mit einem Zeigefinger und Daumen auf dem Gummischlauch, um etwas von der Flüssigkeit in das Innere des Thieres zu bringen und dadurch den Tod desselben im Moment zu veranlassen.

Leipzig im April 1876.

Dr. Eugène Rey.

---

*) Der Gyps soll weniger zur Entwicklung der Blausäure, als zur Verhinderung der Berührung der Insekten durch das Cyankali, das binnen Kurzem feucht und schmierig wird, dienen. Die Red.

Apparat zum Aufweichen von Insekten.

Durch die Güte eines russischen Lepidopterologen bin ich in den Besitz eines Apparats zum Erweichen von längst gespannten Schmetterlingen gelangt, der sich über alle Maaßen bewährt hat. Die Annahme, daß derselbe noch nicht allgemein bekannt ist, veranlaßt mich, denselben hier zu beschreiben.

Der Apparat besteht aus einer ovalen Dose aus Zinkblech, die 7″ lang, 4″ breit und $2\frac{1}{2}$″ hoch ist, und mit einem Deckel, der einen Rand von $\frac{1}{2}$″ zum Ueberstreifen hat, geschlossen wird; an der einen Längsseite der Dose befindet sich $\frac{1}{2}$″ vom oberen Rande ein Loch, durch welches eine $\frac{1}{4}$″ weite Zinkröhre schräge von innen nach außen gezogen und derart festgelöthet ist, daß der oberere Theil derselben nach innen etwa $\frac{1}{2}$″ hineinreicht, aber nicht den Deckel berührt, der untere Theil aber nach außen etwa $1\frac{1}{2}$″, nach unten gerichtet, endet. Um die an den Nadeln befindlichen Schmetterlinge hineinstecken zu können, liegen auf dem Boden Korkstreifen, die durch schmale Blechstreifen, welche mit ihren Enden an der innern Wandung angelöthet, gehalten werden.

Bei der Anwendung gießt man die Räume zwischen den Korkstreifen mit Wasser aus, steckt die Schmetterlinge hinein und verschließt den Apparat; die durch das Röhrchen stattfindende Luftcirculation schwängert den inneren Raum dermaßen mit Feuchtigkeit, daß in einigen Stunden die Schmetterlinge vollkommen sich zum Umspannen eignen, namentlich hilft der Apparat dem Uebel ab, daß man, von einer Excursion Abends ermüdet zurückgekehrt, nicht noch stundenlang sich mit dem Spannen abmühen muß. A. Pickel, Landsberg a. W.

Vermischtes.

Mit Bezug auf die im Hefte I, pag. 12 gestellte Frage, wie weit Sphinx Convolvuli sich verbreitet, erlaube ich mir mitzutheilen, daß ich im vergangenen Jahre noch im September dieselben Abends auf Jalappa gefangen und dieselben viel häufiger als in den letzten Vorjahren bemerkt habe. Atropos war hier mehrere Jahre verschwunden, allein im vergangenen ist er hier wieder mehrfach gefangen und die Raupe gefunden worden; ebenso habe ich im August pr. hier von den auf den Straßen stehenden Oleanderbäumen über die ganze Stadt verbreitet die Raupe von Nerii gefunden und daraus 16 der schönsten Exemplare gezogen. A. Pickel.

Bekanntlich schlüpft der Maikäfer bereits in dem Spätsommer des Jahres, welches seinem eigenthümlichen Erscheinen vorhergeht, aus der Puppe. Ein ähnliches Verhältniß scheint bei dem

Hirschkäfer stattzufinden — wenigstens fand ich um Weihnachten 1873 bei Gevelsberg in der beim Ausgraben alter Baumstümpfe zufällig mitten durchgerissenen Puppenwiege ein vollständig ausgebildetes und ausgefärbtes großes Weibchen, welches im warmen Zimmer bald munter wurde. Auch Platycerus caraboides scheint sich schon im Jahre vor seinem Erscheinen zu entwickeln; ich fand ihn mehrmals früh im Jahre vollständig ausgebildet in großer Anzahl in Buchenstümpfen, in Gesellschaft der Larve von Trichius fasciatus. G. de Rossi.

Phylloxera ein nützliches Thier. Auf einem Congreß französischer Landwirthe stellte der Graf de Lavergne die Behauptung auf, daß die Insekten nützliche Thiere seien, sogar die Phylloxera. Leider begründete er seine Behauptung nicht, so daß er die übrigen Congreßmitglieder von seiner Ansicht nicht überzeugte.

Literarische Revue.

Petites Nouvelles Entomologiques. 142. — L. v. Heyden, Abax oblongus vom Monte-Cadeno nicht oblongus Dej. = Italicus Jan et Sturm, sondern assimilis Jan et Sturm. — Staudinger, Acidalia Reynaldiata Rouast = A. Asellaria H. S. Alyssumata Mill. wahrscheinlich eine Localvarietät dieser Art. — Durieu, Bemerkungen über die Jagd und Präparation der Orthopteren. Empfiehlt u. a., die Cyankaliflaschen nicht ohne Blechhülsen zu führen oder statt der Flaschen nur Blechschachteln zu nehmen, weil aus etwaigem Zerbrechen des Glases große Gefahr entstehen könne. — G. von Horvath, Diagnosen zweier neuen Hemipteren aus der Familie der Capsiden: Lopus vittatus Horv., nördl. Ungarn; Calocoris vicinus Horv., südl. Ungarn. — Puton, Beschreibung eines neuen Genus aus der Familie der Psylliden: Bactericera Put.; B. Perrisii Put., Landes, Frankr. — Für die französische Fauna neue Hemiptera-Heteroptera.

143. — Baudi, Abax oblonga vom M.-Cadeno doch oblonga Dej. Bibliographie. 144. — Reuter, Diagnoses praecursoriae. 9 neue Hemiptern: Globiceps sordidus; Macrocoleus dissimilis; Amblytylus Horvathi, alle 3 aus Ungarn; Harpocera Hellenica, Griech.; Atractotomus albipennis. Sarepta; A. validicornis, Frankr.; Apocremnus anticus, s. Rußl.; Criocoris moestus, Ung.; Plagiognathus puncticeps, Sarepta. — Notiz über einige Lepidopterenarten (unbestimmt); über die Eier und Raupen von Thecla betulae.

Nr. 145. — Henri Daudet, über fossile Raupen. D. hat in der Provence, in der Umgegend von Aix, in Thon zwei gut erhaltene fossile Raupen gefunden. — Fairmaire, Beschreibung dreier neuer Käfer: Curimus rudis, Creta; Geotrupes creticus, Creta; Cassida Corii, das. — Lethierry, Beschreibung zweier neuer Hemiptera-Homoptera: Doratura Jvanhofi, Karkow (Rußland); Cicadula Nicolasi, Gall. merid. (Angles). — Reuter macht aus Capsus 4-guttatus Kirschb. ein neues Genus Omphalonostus. — Lichtenstein, Bemerkungen über das Genus Chrysis. L. theilt diese Gattung in 8 Subgenera — nach der Bildung des letzten (3.) Segments des Abdomens, nämlich in: Olochrysis, Gonochrysis, Monochrysis, Dichrysis, Trichrysis, Tetrachrysis, Pentachrysis, Hexachrysis.

Ueber das Auftreten der Wanderheuschrecke am Ufer des Bielersee's, von Albert Müller in Basel. Aus den Verhandlungen der Schweiz. naturforschenden Gesellschaft in Andermatt, Sept. 1875.

Bericht über die Verwüstungen des Pachytylus migratorius nebst Vermuthungen über die Ursache des häufigen Auftretens (Tieferlegung des Bielersee's, ohne daß die bloßgelegten Flächen cultivirt worden sind).

Gita Entomologica all'isola di Pantelleria (?) di Enrico Ragusa. Estratto dal Bullettino Entomologico, Anno VII.

Der Verfasser ist durch den Marchese Doria, dem eifrigen Förderer der Naturwissenschaften und Gründer des naturhist. Museums in Genua, zur Ausführung seines lang gehegten Wunsches, die Insel Pantelleria entomologisch zu erforschen, angeregt worden. Nach der Schilderung seiner Fahrt und einiger Bemerkungen über die Insel hinsichtlich ihrer Geschichte, Sprache rc. giebt er einen Bericht über seine entomologischen Excursionen, deren Resultat schließlich in einer Aufzählung der gefundenen Coleoptern (c. 100 Species), Lepidopteren (21 Sp.) und Hemiptern (25 Heteropt., 7 Homopt.) zusammengefaßt wird.

Neu sind 2 Coleoptern: Tachys insularis Ragusa und Pachychyle Cossyrensis Rag.; 2 Lepidoptern, beschrieben von Millière, Eupithecia Pantellata und Cossurata; 1 Hemipteron: Dieuches Ragusae Puton.

Mittheilungen der Kön. Ungarischen Naturwissenschaftlichen Gesellschaft zu Budapest 1875 und 1876.

In eleganter Ausstattung hat die Gesellschaft zwei für die Kenntniß der ungarischen Fauna wichtige Werke erscheinen lassen: Monographia Lygaeidarum Hungariae, von Dr. Geyza von Horváth IV, 109 S. gr. O., mit 1 col. Tafel, 1875 und Ungarns Spinnen-Fauna, von Otto Herman, I. Bd. Allgemeiner Theil. Mit 3 lithogr. Tafeln. XIX, 119 S.

Leider ist das erste Werk, dem Prinzip der Gesellschaft getreu, ihre Berichte in der Landessprache zu veröffentlichen, ganz ungarisch geschrieben, mit Ausnahme der glücklicher Weise genauen lateinischen Diagnosen, und somit für die meisten Entomologen nur zum Theil von Werth, denn wenige werden sich, wie Thorell, der Mühe unterziehen, noch in späterem Lebensalter Magyarisch zu lernen, so sehr auch H. Herman die Berechtigung dieser Sprache vertheidigt; dürfen wir auch nach dem lebhaften Aufblühen der naturwissenschaftlichen Studien in Ungarn hoffen, daß auch hier Bedeutendes geleistet werde, so sind die Resultate doch noch zu vereinzelt, um den Lohn der Arbeit der Mühe werth zu machen, wie auch H. Herman selber zugeben muß, daß die ungarische Sprache sich die geforderte Berechtigung erst erwerben muß. Die vorliegende Abhandlung bietet aber außer den lat. Diagnosen auch noch ein umfangreiches Literaturverzeichniß und ist somit für Nichtmagyaren von Interesse. Ungarn zählt 100 Species der Gattung Lygaeus, unter denen 3 neue sich finden: Plinthisus Hungaricus; Pachymerus validus; Emblethis ciliatus.

Das zweite Werk, die Spinnen-Fauna, ist ungarisch und deutsch geschrieben, und somit auf größere Verbreitung berechnet. Der Verfasser, dessen Name auf deutsche Abstammung hinweist, hat doch wohl eingesehen, daß er dem oben erwähnten Principe nicht treu bleiben durfte, wenn er für einen größeren Kreis schreiben wollte.

S. 1 — 36 bringt eine Uebersicht über die Literatur der Naturgeschichte des Spinnen, von Aristoteles an bis auf die neueste Zeit; 37—52 über ihre Gestalt und den äußern Bau; 53—119 über die Erscheinungen ihrer Lebensweise; dieser Theil bietet auch dem nicht specifischen Spinnenforscher viel Interessantes. Die beigefügten Tafeln erläutern die Körpertheile und den Netzbau der Spinnen.

Bulletin de la Société Jmpériale des Naturalistes de Moscon, 1875, Nr. 3. (Erschienen 1876).

Baron de Chaudoir, genres aberrants du groupe des Cymindides (1—61).

„In der Berl. Ent. Ztschr. 1873. p. 53 habe ich mich nur mit dem eigentlichen Genus Cymindis und den Formen, welche ihm am nächsten stehen, beschäftigt, und zwar mit solchen, die zur Fauna des Mittelmeers gehören. Es blieben noch die exotischen Arten übrig, die ich jetzt den Lesern vorführen werde. Sie gehören zu den Gattungen Pinacodera, Cymindoidea und Apenes, zu denen ich die neu errichteten Taridius, Nototarus, Anomotarus, Dydimochaeta und Sphalera hinzufügt habe. Die Zahl der aufgeführten Arten beträgt 60, davon 29 bisher unbeschriedenc. Am Schluß gebe ich einige Zusätze und Berichtigungen zu meiner Arbeit über die wirklichen Cymindis.

Jakowlew, Hemiptera=Heteroptera aus der Umgegend von Astrachan (russisch), 145—174.

In dieser leider in russischer Sprache geschriebenen Abhandlung des bekannten russischen Hemipterologen werden folgende neue Arten beschrieben: Jrochrotus caspius, Sarepta; Brachypelta aterrima Forst. var. sareptana; Platymelus — novum genus der Familie Coreidae, — P. Christophi, Sarepta; Cardopostethus lineatus, Astrachan; C. fulvus, Sarepta; Blissus Putoni, Bogdo und Ryn=Pesky; Pezocoris, n. g. der Lygaeidae, P. villosus, Sar.; Tingis perspicuus, Sar.; Calocoris Henkei, Astr.; C. fasciatus, Sar.; Orthocephalus bilineatus, Sar.; O. opacus, Sar., Bogdo, Astr.; Psallus rubricatus, Bogdo; Agalliaster lanuginosus, Sar.

Zeitschrift für Entomologie. Herausgegeben vom Verein für schlesische Insektenkunde zu Breslau. Neue Folge V. Heft. 1876.

Vereinsnachrichten. Statuten. — Fickert, die Geschichte der schlesischen Fauna. Gravenhorst'sche Rede zum Andenken an den Geburtstag Linnés (1—10). — H. Löw, Spathiogaster ambulans Fbr. und Schummelii. — Letzner, Nachträge zu seinem Verzeichnisse der Käfer Schlesiens 185 Arten, so daß die Gesammtsumme auf 4159 Arten kommt. — Gerhardt, eine für Deutschland neue Limnebius=Art, L. sericans Muls, dem L. picinus Marsh = L. atomus Duft. nahestehend. — M. F. Wocke, Beiträge zur Lepidopternfauna Schlesiens (40—45). I. Nachträge zum Verzeichniß der Falter Schlesiens. Zu Heft 1. II Verschiedene Beobachtungen. Tischeria Decidua n. sp. — Fickert, Verzeichniß der schlesischen Spinnen (46—76).

Entomologisches Inhalts=Verzeichniß zu den Verhandlungen des k. k. Zool.=Botan. Gesellschaft in Wien. Jahrg. I—XXV. Herausg. von dem entom. Verein in Berlin, 1876. 30 S. Preis für Nichtmitglieder des Vereins 1 M.

Tauschverkehr und Kaufgesuche.

(NB. Diese Rubrik steht den Abonnenten für Mittheilungen gratis zu Gebote.)

Wer hat Puppen oder Eier von Attacus Luna oder Telea Polyphemus abzugeben?

Gefällige Offerten mit Preisangabe an die Expedition dieses Blattes.

Redtenbacher's Fauna austriaca 3 Aufl. sucht zu kaufen
Dr. Langhans, Fürth Bayern.

Anzeigen.

Fehlende Nrn. der Ent. Nachrichten

aus dem Jahrgang 1875 können (mit Ausnahme der Nr. 12) gegen Einsendung des Portos bezogen werden durch

die Expedition.

Praeparateur gesucht!

Für mein Geschäft suche ich einen mit der Lepidopterologie tüchtig vertrauten jüngeren Herrn, welcher im Aufspannen, sowie Präpariren von Schmetterlingen durchaus bewandert ist, sowie das ordnungsmäßige Expediren von Sendungen versteht. Salair den Leistungen entsprechend.

Leipzig, Mai 1876. Ernst Heyne,
Hospitalstraße 19.

Zu verkaufen:

300 Species Carabiden, c. 1000 Exp. für 100 Mark,
90 „ Dytisciden, mehr als 300 Exp. für 30 Mark,
150 „ Staphylinen, c. 330 Exp. für 45 Mark,
150 „ Hemipteren und Homopteren, c. 540 Exp. für 60 Mark,

die Käfer Europäer, die Hemipteren deutsch, je incl. Verpackung.

Anklam, Steinstr. Rud. Horn.

Verkauf einer Schmetterlings-Sammlung.

Die Schmetterlings-Sammlung des kürzlich verstorbenen Dr. Kreusler in Arolsen soll verkauft werden. Sie enthält nur Makrolepidoptern und zwar an Europäern 1316 Arten und Varietäten in 5582 Exemplaren, an Exoten (aus Ostindien, Nordamerika und Brasilien) 128 Arten — (darunter Erebus Agrippina) in 224 Exemplaren, ist ausgezeichnet gut gehalten und verhältnißmäßig reich an seltenen und gesuchten Arten. Außerdem ist eine beträchtliche Anzahl von Doubletten vorhanden. Die Sammlung ist in einem polirten Schranke aus Eschenholz, mit 40 Glaskästen, aufgestellt. — Wegen näherer Auskunft wolle man sich an Frau Dr. Kreusler in Arolsen oder an Dr. Speyer in Rhoden (Fürstenthum Waldeck) wenden.

Berichtigung.

S. 83 Z. 5 v. oben, muß es statt »guten Rathe«, »guten Rechte« heißen.

In Commission bei Ch. Fr. Vieweg in Quedlinburg.
Druck von Aug. Dose in Putbus.

Hierbei eine Beilage.

№. 7. Entomologische 1876.

Nachrichten.

Herausgegeben
vom Gymn.-L. Dr. F. Katter.

Putbus, den 1. Juli.

Jeden 1. des Monats erscheint ein Heft. Abonnement jährlich 4 Mark pränumerando. Zu beziehen durch die Expedition (franco unter Kreuzband), die Post oder den Buchhandel. Tausch- und Kaufgesuche der Abonnenten gratis. Insertionsgebühr 25 Pfennig die Zeile oder deren Raum.

Das Studium der Hymenopteren,

Winke für Anfänger in diesem Zweige der Entomologie,

von Dr. Kriechbaumer in München.

VI.

Denselben Zweck verfolgend schließen sich hier 3 Arbeiten Foersters an, die den 3 Hauptabtheilungen der Schlupfwespen gewidmet, jedoch in sehr ungleicher Weise behandelt sind. In der „Synopsis der Familien und Gattungen der Ichneumonen" (In den Verh. d. nat. Ver. d. preuß. Rheinlande; Jahrg. XXV. p. 135—221,) welche die erste Hauptabtheilung behandelt, werden nicht weniger als 641 Gattungen angenommen, welche sich der Zahl nach in folgender Weise unter die nachstehend angegebenen Familien vertheilen:

1.	Anomaloidae*)	15.	15.	Pimploidae	33.
2.	Trachynotoidae	2.	16.	Lissonotoidae	15.
3.	Perizonoidae	19.	17.	Acaenitoidae	9.
4.	Pristomeroidae	1.	18.	Xoridoidae	14.
5.	Cremastoidae	1.	19.	Sphinctoidae	1.
6.	Hellwigicidae	1.	20.	Mesochoroidae	3.
7.	Ophionoidae	8.	21.	Agriotypoidae	1.
8.	Campoplegoidae	62.	22.	Plectiscoidae	18.
9.	Banchoidae	14.	23.	Pezomachoidae	9.
10.	Metopioidae	1.	24.	Hemiteloidae	72.
11.	Orthocentroidae	13.	25.	Phygadeuontoidae	49.
12.	Exchoidae	12.	26.	Cryptoidae	17.
13.	Trachydermatoidae	1.	27.	Trogoidae	3.
14.	Bassoidae	10.	28.	Stilpnoidae	7.

*) Nachdem einmal bei den Famliennamen die kürzere Form auf idae als zulässig anerkannt ist, ist selbe jedenfalls der längeren auf oidae vorzuziehen.

29.	Jchneumonoidae	21.	33.	Exenteroidae	11.
30.	Phaeogenoidae	28.	34.	Ctenopelmoidae	16.
31.	Alomyoidae	1.	35.	Mesoleptoidae	36.
32.	Listrodromoidae	2.	36.	Tryphonoidae	114.

Mögen immerhin die Ansichten über Aufstellung von Familien und Gattungen verschieden sein und mag in Ermangelung bestimmender Grundsätze der Willkür weiter Spielraum offen stehen, so dürfte sich doch bei Betrachtung dieser Zahlen ziemlich allgemein die Ueberzeugung bilden, daß hier die Zersplitterung sowohl der Familien als der Gattungen jedes vernünftige Maaß weit überschritten hat. Dazu kommt noch, daß alle diese Familien und Gattungen nicht genauer charakterisirt sind, als es in einer tabellarischen Form möglich ist, daß ferner bei den Gattungen nicht einmal eine Art als Repräsentant angegeben ist, dieselben also gewissermaßen in die Luft gestellt sind. Ob es nun Jemand der Mühe werth findet, durch Prüfung der ihm bekannten Arten und Einreihung in jene Gattungen letzteren erst festen Boden zu verschaffen, oder ob ein derartiges Werk nicht allgemein als Curiosum betrachtet und behandelt wird, dürfte sehr fraglich sein.

Mehrere Jahre vorher schon, nämlich im Jahrgang XIX derselben Zeitschrift p. 225—288 war von dem gleichen Autor ein „Synopsis der Familien und Gattungen der Braconen" erschienen, worin er in ebenfalls tabellarischer Form 26 Familien mit 208 Gattungen unterscheidet, nämlich:

1.	Braconoidae	9.	14.	Aphidioidae	13.
2.	Euspathioidae	1.	15.	Euphoroidae	11.
3.	Hecabaloidae	10.	16.	Perilitoidae	3.
4.	Doryctoidae	8.	17.	Brachistoidae	2.
5.	Hormioidae	2.	18.	Blacoidae	4.
6.	Rogadoidae	5.	19.	Liophronoidae	4.
7.	Rhyssaloidae	6.	20.	Jchneutoidae	2.
8.	Sigalphoidae	4.	21.	Helconoidae	2.
9.	Chelonoidae	5.	22.	Macrocentroidae	4.
10.	Microgasteroidae	8.	23.	Diospiloidae	5.
11.	Agathidoidae	3.	24.	Opioidae	25.
12.	Eumicroidae	4.	25.	Alysioidae	43.
13.	Pachylommatoidae	2.	26.	Dacnusoidae	23.

Dazu noch einige Nachträge, namentlich eine Abtrennung der Exothecoidae von der ersten Familie.

Die Zersplitterung der Gattungen ist hier zwar minder groß als bei der vorigen Abtheilung, wäre aber doch auch bei den 3 letzten Familien kaum in dem Maaße nöthig gewesen, wie sie stattgefunden hat. Einen Vorzug besitzt diese Arbeit ferner darin, daß wenigstens jeder Gattung eine Art als Repräsentant beigefügt ist, welcher Vorzug aber dadurch wieder theilweise illusorisch wird, daß viele dieser Repräsentanten als novae species bezeichnet sind, deren Beschreibung der Verfasser bis jetzt schuldig geblieben und die auch kaum mehr zu erwarten ist.

Auf einer weit höheren Stufe als die beiden oben erwähnten steht die dritte hier zu besprechende Foerster'sche Arbeit, welche den Titel führt „Hymenopterologische Studien, II. Heft*), Chalcidii und Proctotrupii. Aachen 1856. Auf 148 Quartseiten giebt der Verfasser zuerst eine historische Ueberficht (p. 1—8), bespricht dann die systematische Stellung und den Charakter**) der beiden Gruppen (p. 8—11), sowie den natürlichen Charakter***) und die Verwandtschaft mit andern Gruppen oder Familien (p. 11—17); darauf folgt die Eintheilung der beiden Gruppen in Familien nebst Bemerkungen über einzelne der letzteren (p. 18 bis 29), und eine synoptische Uebersicht der Gattungen (p. 29—143), woran sich noch ein kleiner Nachtrag anschließt (p. 144—148). Die Arbeit hat zunächst in einem genauen Studium der älteren, besonders englischen Autoren eine feste Grundlage, an welche sich dann eigene zahlreiche und genaue Untersuchungen anschließen. Fast jede Gattung findet noch eine besondere Besprechung bezüglich ihrer hervorragendsten Merkmale, ihrer Verwandtschaft zu andern, wie auch ihrer biologischen Verhältnisse, sofern dem Verfasser selbe bekannt waren. Bei einigen wenigen Gattungen werden auch deren Arten auseinander gesetzt, bei der Mehrzahl wenigstens solche, besonders aus Walker's Schriften, als Beispiele angeführt. Eine Bearbeitung der Arten war vom Verfasser auch in diesem Werke nicht beabsichtigt, das Erscheinen einer dichotomischen Auseinandersetzung derselben ist zwar am Schlusse mit großer Bestimmtheit angekündigt, aber meines Wissens nie erfolgt. Dessenungeachtet ist dieses Werk für das systematische Studium dieser kleinsten Hymenopteren unentbehrlich; dem Anfänger würde dasselbe allerdings durch gleichzeitige Benützung der oben erwähnten Schetsen oder eine größere Anzahl gut bestimmter Gattungsrepräsentanten bedeutend erleichtert. Eine Uebersicht der vom Verfasser angenommenen Familien mit der Zahl ihrer Gattungen mag den Schluß der Besprechung dieser Arbeit bilden:

I. Chalcidii.

a. Pentamera.			
1. Leucaspoidae	1.	4. Eu elmoidae	7.
2. Chalcidoidae	4.	5. Encyrtoidae	22.
3. Myinoidae	3.	6. Pyrenoidae	3.
		7. Spalangoidae	2.

*) Das erste Heft behandelt die Ameisen.
**) d. h das hauptsächlich Unterscheidende.
***) d. h. die Beschaffenheit der einzelnen Körpertheile.

8. Eucharoidae 1.
9. Perilampoidae 3.
10. Ormyroidae 1.
11. Torymoidae 9.
12. Eurytomoidae 4
13. Cleonymoidae 13..
14. Miscogastroidae 26.
15. Hormoceroidae 10.
16. Pteromaloidae 26.

b. Tetramera.

17. Elasmoidae 1.
18. Elachistoidae 5.
19. Eulophoidae 5.
20. Entedonoidae 13.
21. Tetrastichoidae 8.

c. Trimera.

22. Trichogrammatoidae 8.

II. Proctotrupii.

23. Dryinoidae*) 7.
24. Ceraphronoidae 6.
25. Proctotrupoidae 2.
26. Scelionoidae**) 17.
27. Platygastroidae 21.
28. Mymaroidae 17.
29. Diaprioidae 23.
30. Belytoidae 19.
31. Heloroidae 1.

Die äußerst zierlichen und durch prachtvollen Metallglanz in die Augen fallenden Goldwespen (Chrysididae), die sich in Körperform und Lebensweise am nächsten an die Chalcididen anschließen, haben an Dahlbom einen tüchtigen Bearbeiter gefunden, welcher die ihm bekannten europäischen und zahlreiche exotische Arten in einem stattlichen, durch schönen Druck ausgezeichneten und sowohl mit synoptischen Tabellen als genauen Abbildungen (12 Kupfertafeln und vielen Holzschnitten) versehenen Oktavbande als zweiten Theil seiner Hymenoptera Europaea (Berolin. 1854) veröffentlicht hat. Obschon aber diese Arbeit nach Form und Inhalt zu den besten hymenopterologischen Werken der neueren Zeit gezählt werden muß und die Ausbeute in den Tropengegenden sich keineswegs dem Artenreichthum anderer Familien entsprechend bewiesen hat, sind doch seit dem Erscheinen desselben so viele neue Arten entdeckt worden, daß selbe einen jüngern italienischen Entomologen veranlaßten, diese Familie ebenfalls zum besonderen Gegenstande seines Studiums zu machen, deren Resultate in Bälde den Fachgenossen bekannt gemacht werden sollen. Wer sich auf die deutschen Arten beschränkt, dem dürfte Schenck's „Beschreibung der in Nassau aufgefundenen Goldwespen nebst einer Einleitung über die Familie im Allgemeinen und einer kurzen Beschreibung der übrigen deutschen Arten“ für den Anfang genügen. Es existiren Separata dieser Arbeit, welche in dem Jahrb. des Vereins für Naturkunde im Herzogth. Nassau Heft XI (1856) erschienen ist.

---

*) Davon werden wieder abgetrennt:
Embolemoidae mit 2, und
Bethyloidae mit 8 Gattungen.

**) Mit der ihm unbekannt gebliebenen Gattung Hemisius 18.

Unter den mit einem Wehrstachel versehenen Hymenoptern sind es zunächst die Grab- oder Staubwespen, welche viele Bearbeiter gefunden haben, so daß selbe wenigstens bezüglich der europäischen Arten zu den am meisten und vollständigsten bekannten Hautflüglern gehören, was allerdings der mäßig große Umfang dieser Familie leichter ermöglicht. Besonders hatten Shuckard über die britischen und van der Linden über die belgischen Arten bereits ausgezeichnete Vorarbeiten geliefert, als Dahlbom den ersten Band seiner Hymenoptera Europaea (Band 143—45) herausgab, worin er nicht nur die europäischen Arten dieser Familie mit jener Sorgfalt und Gründlichkeit bearbeitete, durch welche die schwedischen Autoren sich von jeher auszeichneten, sondern auch viele ausländische Arten bekannt machte. Die dem Verfasser in natura bekannt gewordenen Arten sind in dem ganz in lateinischer Sprache abgefaßten und daher den wissenschaftlich Gebildeten aller Nationen zugänglichen Werke mit kurzen Diagnosen und ausführlichen Beschreibungen versehen, und mit sicherem Takte wußte derselbe in der Regel die Grenzen der Arten zu finden, so daß er sich durch die mannigfaltigen Verschiedenheiten derselben nicht verleiten ließ, endlose unhaltbare Arten aufzustellen; doch wurden diese Verschiedenheiten keineswegs unberücksichtigt gelassen, sondern theils in den Beschreibungen hervorgehoben, theils in mitunter ziemlich langen Reihen von Varietäten zum Ausdruck gebracht. Ebenso geben die zahlreichen Synonyma Zeugniß von umfassender Kenntniß und sorgfältiger Benützung der Litteratur; eine ansehnliche Zahl von Entomologen, die den Verfasser mit Material unterstützten, und die Benützung mehrerer öffentlicher Museen trugen wesentlich zur Vervollständigung seiner Arbeit bei. Den Typen der in Kiel aufbewahrten Sammlung von Fabricius ist ein besonderer Abschnitt gewidmet, worin selbe mit den betreffenden Arten dieses Werkes und dessen Nomenklatur in Beziehung gebracht werden. Synoptische Tabellen der Familien und Gattungen, welche den Beschreibungen der Arten vorausgehen, und ebensolche der letzteren, welche dem Werke als Supplement beigefügt sind, und mehrere dem Verfasser erst nach Vollendung des erstern bekannt gewordene Arten enthalten, erleichtern die Bestimmung der beschriebenen Arten ungemein; auch sind in diesem Supplement ergänzende Bemerkungen zu den Gattungen und besonders genaue Auseinandersetzungen der äußern Geschlechtsunterschiede enthalten. Der Mangel eines Inhaltsverzeichnisses ist fast das Einzige, was an dem Werke auszusetzen ist, welches unstreitig das wichtigste für europäische Staubwespen ist.

Seither erschienene beachtenswerthe Arbeiten über diese Familie sind: Die Grabwespen des Herzogthums Nassau von Schenck im 12. Hefte (1857) der Nassauischen Jahrbücher, mit Zusätzen und Berichtigungen im 16. Hefte, besonders denen zu empfehlen, die nur mit deutschen Arten sich beschäftigen und auch ein in deutscher Sprache geschriebenes Werk vorziehen; ferner Shmith's „Catologue of British Fossorial Hymenoptera, Formicidae, and Vespidae in the collection of the British Museum London 1868", nicht etwa, wie man aus dem Titel schließen könnte, ein trockenes Namensverzeichniß, sondern ein Specialwerk von 236 Seiten in dem niedlichen Klein-Oktavformat dieser bekannten Kataloge, mit lateinischen Diagnosen, deren oft lakonische Kürze in den in englischer Sprache beigefügten Beschreibungen und angeführten Synonymen die nöthige Ergänzung finden; auf 6 Kupfertafeln sind die Umrisse von Gattungsrepräsentanten oder einzelnen Theilen derselben enthalten. Im 18. und 19. Bande der Académie Royale de Belgique veröffentlicht Wesmael eine „Revue critique des Hymenoptères fonisseurs de Belgique", deren Abtheilungen auch separat erschienen sind und zusammen ein Oktavbändchen von 169 Seiten bilden. Der Name des Verfassers bürgt dafür, daß die darin niedergelegten Bemerkungen für das Studium dieser Thiere von Werth sind und daher von denen, die sich eingehender damit beschäftigen, nicht unberücksichtigt gelassen werden dürfen.

Besondere monographische Bearbeitungen einzelner Gattungen sind: „Die Arten der Gattung Nysson von A. Gerstäcker" in den Abh. d. naturf. Gesellsch. zu Halle Bd. X. (1867) in 4°, und: „Ueber die Gattung Oxybelus Ltr. und die bei Berlin vorkommenden Arten derselben", von dem gleichen Verfasser in der Zeitschr. für die ges. Naturw. Bd. XXX. (1867). Erstere enthält 54 Seiten mit 23 Arten aus allen Welttheilen, letztere 96 Seiten, von denen etwa die eine Hälfte das Allgemeine über die Gattung, die andere die Beschreibungen der um Berlin vorkommenden 16 Arten enthält. Von beiden Arbeiten existiren Separatabdrücke.

Die Mutilliden, Scoliiden und Sapygiden, welche Dahlbom nicht mehr in den Kreis der von ihm bearbeiteten Staubwespen („Sphex in sensu Linnaeano") zog, von andern Systematikern aber noch als Unterfamilien dazu gestellt werden, sind ebenfalls mehr oder minder umfassend monographisch bearbeitet. Für die ersten ist A. Morawitz der Verfasser einer in den Bull. de l'Acad. imp. des sc. de St. Petersb. 1864 erschienenen und auch separat abgedruckten Arbeit: „Ueber eine neue, oder vielmehr verkannte Form vom Männchen unter den Mutillen, nebst einer Uebersicht der in Europa beobachteten Arten", auf welche dann Fichel und Radowzkowsky ihre „Monographie des Mutilles de l'ancien continent (St. Petersb. 1869—70)" folgen ließen. Bei ersterer, auf einem fleißigen kritischen Studium der bis dahin erschienenen Schriften beruhenden Arbeit ist zu bedauern, daß man wegen der nicht sehr übersichtlichen Anordnung des Stoffes und besonders wegen des Mangels eines Inhaltsverzeichnisses sich etwas schwer zurecht findet; letztere ist mir nur dem Titel nach bekannt geworden. Von den außerordentlich zahlreichen exotischen Arten hat Gerstäcker die südamerikanischen im Archiv f. Naturg. XXXX. Jahrg. in der Weise bearbeitet, daß bei bereits beschriebenen Arten auf die Beschreibungen verwiesen, die neuen dagegen mit ziemlich ausführlichen lateinischen Diagnosen versehen wurden. Die Verschiedenheit der Geschlechter ist bei dieser Gattung so groß, daß der Verfasser nicht im Stande war, die zu einer Art gehörigen ♂ und ♀ als zusammengehörig zu erkennen und sich deßhalb genöthigt fand, die beiden Geschlechter getrennt und unter besonderen Namen zu beschreiben. Wie zahlreich übrigens diese Gattung in Südamerika vertreten ist, mag daraus entnommen werden, daß nur die beiden Sammlungen in Berlin und Halle aus Brasilien allein an 90 verschiedene Arten von ♀ enthalten.

Die Scoliiden sind in einer theils lateinisch, theils französisch geschriebenen Monographie von Saussure und Sichel bearbeitet, welche unter dem Titel „Catalogus specierum generis Scolia“ in Genf und Paris 1864 erschienen ist. Es sind darin 264 den beiden Autoren sicher bekannte Arten beschrieben. Dem mit pag. 255 abgeschlossenen gemeinsamen Werke ist noch eine Mantissa I von Sichel und eine Mantissa II von Saussure beigegeben. Das in Druck und Papier elegant ausgestattete Werk ist mit kol. Tafeln versehen.

Ueber die kleine Unterfamilie der Sapygiden ist eine Abhandlung von Gerstäcker in der Stettiner ent. Zeitung 1861. p. 309, zu finden. (Fortsetzung folgt.)

Sammeln und Präpariren der Insekten.

„Zu tadeln ist,“ schreibt mir Herr Pastor C. S. in Z., „die Nachlässigkeit mancher Sammler, welche zum Aufkleben nicht rein weißes, oft sogar unreines Papier anwenden.“ Ich kann mich diesem Tadel nur anschließen; ein so aufgeklebtes Insekt verdirbt oft — nicht immer läßt es sich umkleben — die Schönheit eines ganzen Kastens.

Anfänger vernachlässigen über dem bloßen Sammeln oft den eigentlichen Zweck des Sammelns.

Vor allem sammle man nicht, ohne für Kasten oder Schachteln mit gutem Verschluß, die die Beute aufnehmen sollen, gesorgt zu haben. Bestaubte oder angefressene Exemplare sind weder für die Sammlung noch zum Tausch zu gebrauchen. Da nicht sofort alles bestimmt werden wird, so stecke man den präparirten Fang vorläufig in diese Behälter, um bei geeigneter Zeit die Bestimmung und Einordnung in die Sammlung oder unter die Doubletten vornehmen zu können. Jede Art — oder, wenn man will, jedes Stück erhält seine Nr., unter der die Data des Fanges in das Tagebuch eingetragen werden. Ich verweise in Bezug hierauf auf den Artikel des H. Dr. Kriechbaumer „über entomologische Tagebücher" im vorigen Jahrgange der Entom. Nachr. Sehr praktisch, besonders für den Tausch, ist es, gleich jedem Stück ein Zettelchen mit dem Fundort zu geben; will man dergl. nicht in großer Menge schreiben, so kann man sie für seine Gegend drucken oder lithographiren lassen. Die Nr. kann unter oder über diesem Zettel befestigt werden; in letztem Falle reißt man sie durch, wenn man sie entfernen will, und hat nicht nöthig, den untern Zettel abzunehmen.

Die Führung eines Tagesbuchs, die leider noch so wenig betrieben wird, ist gerade eine Hauptsache für das Sammeln. H. Dr. Kriechbaumer in München hat in sehr praktischer Weise Formulare zu einem solchen liniiren lassen und giebt auf Wunsch davon ab. Ich kann sie allen Sammlern aus eigener Erfahrung als praktisch empfehlen.

Ueber die Kriechbaumerschen Zahlen schreibt H. Prof. von Dalla Torre, daß er die einzelnen Tausende durch 1, 2, 3 Querstriche in verschiedenen Farben (in der leeren Hälfte), später wieder durch Längsstriche unterscheidet, nnd so zu einer bedeutenden Höhe der Zahlen gelangt, indem er zugleich verschiedene Farben des Papiers benutzt. Reicht schließlich auch hier die eine Nummernart nicht aus, so wird man leicht eine oder mehrere anders gedruckte und deshalb leicht zu unterscheidende erhalten.

Zu Excursionen versehe man sich außer mit mehreren Sammelgläsern, in denen man große und kleine Arten getrennt unterbringt, mit einer Anzahl Gläschen oder Schächtelchen, in welche seltenere Arten oder nur in 1 Stück gefundene Thiere gethan werden. Nur zu leicht verliert sich, besonders bei einem reichen Fange, ein solches kleines Insect unter den übrigen; Insekten von 1 mm. und darunter sollte man immer gesondert aufbewahren. Ich führe auf meinen Excursionen ein Schächtelchen mit einer Anzahl solcher Gläschen, durch deren Kork quer eine Nadel in den Boden der Schachtel geht und die sämmtlich numerirt sind, bei mir. Fange ich ein Insekt, das mir wichtig genug ist, um es gesondert zu halten, so bringe ich es in eines dieser Gläschen, und notire sofort — oder bei einer der jeweiligen Pausen — unter der Nr. des Glases den Fundort, die Pflanze 2c.

Da man auf diese Weise die Thiere lebend nach Hause bringt, so hat man nicht nöthig, mit dem Aufstecken, resp. Aufkleben sich zu beeilen. Das Unterbringen in die Sammlung kann in aller Muße geschehen.

Ein wichtiger Punkt für die Conservirung der Insekten ist die Angelegenheit der Kasten. Ohne Frage ist die Aufbewahrung der Entomá in möglichst dicht schließenden Kasten mit Glasdeckel und dieser in einem gut gearbeiteten Schranke, wie man sie auch in allen größeren Museen findet, die beste und zur Beobachtung bequemste. In der Schweiz fand ich mehrfach, so z. B. bei der Melly'schen Coleopterensammlung im Museum in Genf (Schränke und Kasten derselben sind in England gearbeitet), und bei der Hymenopterensammlung des Herrn de Saussure (bei dieser wenigstens zum Theil), den Sammelkasten in einem Schiebkasten eines festschließenden Schrankes. Diese Einrichtung hat den Vortheil, daß man die einzelnen Kasten beliebig in ihrer Reihenfolge vertauschen kann, ohne daß der feste Verschluß der Schiebkasten unter dieser Vertauschung leidet. Indessen vertheuert natürlich diese Einrichtung die Sammlungsschränke bedeutend, und möchte wohl von den meisten derjenigen Entomologen, die sich nicht in sehr glücklichen Vermögensverhältnissen befinden, nicht nachgeahmt werden. Gerade der Kostenpunkt ist für viele ein Gegenstand von Wichtigkeit, und darum dürfte eine Umschau über billige und doch brauchbare Sammlungskasten nicht uninteressant sein.

In Frankreich sind fast allgemein Schachteln von 19 u. 23 cm. Größe, mit oder ohne Glasdeckel, und gewöhnlichem Verschluß, (ohne Glas zu 2 Francs, mit Glas 2,50 Fr.) in Gebrauch. Sie sind bequem durch ihr handliches Format (während man in Deutschland oft unbequeme Riesen findet) und durch die Art der Aufstellung, als Bücher in Regalen oder Schränken. Indessen gewähren sie geringen Schutz gegen Insekten, so daß „die schönsten Sammlungen vernichtet oder nur noch durch einzelne Exemplare repräsentirt sind, wahre Fetzen, die einer allgemeinen Zerstörung nur auf wunderbare Weise entgangen sind." Deyrolle in Paris construirt deßhalb in neuester Zeit diese Schachteln mit doppeltem Sammtverschluß, inwendig und auswendig ein Sammtstreifen; diese Construction soll sich als praktisch erwiesen haben. Der Mehrpreis dieser Schachteln beträgt nur 25 Cts.

Denselben Vortheil der Aufstellung als Bibliothek und des bequemen Formats zugleich mit dem viel wichtigeren eines festen Verschlusses bieten die in Oesterreich gebräuchlichen, in neuer Zeit auch in Norddeutschland construirten[1]) Doppelkasten. Zwei Kasten (ohne Glasdeckel) werden so auf einander gelegt und durch Falz verbunden, daß sie von außen den Eindruck zweier Foliobände machen. Man spart bei ihnen zugleich die Ausgabe für das Glas.

Wichtig ist auch die Höhe der Kasten; so unbequem zu große Höhe ist, so nachtheilig ist zu geringe. Die französischen Insekten-

1) Vom Tischlermeister J. Kasper in Friedrichshagen bei Cöpenik.

nadeln übertreffen die deutschen und englischen bedeutend an Länge. Sind nun Kasten nur auf deutsche Nadeln berechnet, so muß man aus Frankreich oder der Schweiz[1]) bezogene Insekten entweder um stecken, — was für das Insekt oft gefährlich, wenn nicht gar unmöglich ist, — oder die Nadeln kürzen, auf ein unbequemes Experiment. Ich habe Kasten aus Leipzig, in denen ich nicht einmal Karlsbader Nadeln gebrauchen kann.

Es wäre höchst wünschenswerth, wenn ein internationaler Entomologencongreß sich über eine einheitliche Länge der Nadeln (wie es von H. Dr. Kriechbaumer in der Stett. ent. Ztg. vorgeschlagen worden, s. auch Nr. 11 d. Bl. 1875) einigte und diese allgemein einführte. Ebenso wünschenswerth wäre einheitliche Construction der Kasten, wenn auch in mehreren Formen.

Der Kartoffelkäfer doch in Europa. Die Weser-Ztg. schreibt: „Trotz Reichsgesetz ist der Colorado- oder Kartoffelkäfer (Doryphora decemlineata) bereits hier eingewandert. Gestern wurde auf dem Weserbahnhofe beim Verstauen von Maissäcken, die aus Newyork wahrscheinlich per Dampfer angebracht waren, von einem Oberarbeiter das gefürchtete Insekt lebendig angetroffen. Dasselbe wurde nach den zur Instruktion des dortigen Personals ausgehängten Abbildungen erkannt und von der Verwaltung des Weserbahnhofs dem Polizeibüreau des nächsten Districts überliefert. Hier haben wir den Käfer in Augenschein genommen, der in einem verschlossenen Glase munter auf dem dargebotenen Kartoffellaube einher kroch. Bei den zahlreichen Exemplaren in Spiritus, die uns seit 4 Jahren aus den verschiedensten Gegenden der Vereinigten Staaten zu Gesicht gekommen sind, war es nicht schwer, das Insect zu identificiren. Auch bei der Annahme der Uebermittelung durch einen Dampfer ist doch eine Dauer von mindestens 20 Tagen zu rechnen, während welcher das Thier entweder ohne Nahrung lebte oder sich mit anderer als Kartoffelnahrung begnügte. Wir haben demnach alle Ursache, gegen die Einbürgerung dieser Landplage auf der Hut zu sein. Heuschrecken aus dem Osten, die im vorigen Jahre bis in die Mark Brandenburg gelangten, und Kartoffelkäfer von Westen eindringend würden das Maß unserer Calamitäten erheblich steigern. Die Behauptung eines bekannten Entomologen, daß das letztere Insect den Seetransport nicht ertragen könne und daher das Reichsgesetz gegen Einschleppung desselben überflüssig sei, ist also schon jetzt hinfällig.“

Cylindergläschen der in Nr. 5 der Ent. Nachr. besprochenen Art fertigt die Handlung von Warmbrunn, Quilitz und Co. in Berlin, Rosenthalerstr. 40.

1) Hier sind die Karlsbader (ebenfalls längeren) Nadeln sehr verbreitet.

Sind Insektensendungen als Proben
ohne Werth in Deutschland gestattet?

In Nr. 3 d. Bl. gab ich bei der Besprechung des „Insektensammlers von H. v. Kiesenwetter" die Note, daß Insektensendungen als Proben ohne Werth in Preußen und nach Gründung der Reichspost auch wohl in ganz Deutschland nicht gestattet seien. Dieser Irrthum ist dennoch weiter verbreitet, als ich glaubte. Herr Dr. Kraatz fordert in den „Entomol. Monatsblättern" die Naturalienhändler, Tischlermeister und praktischen Entomologen auf, Muster solcher Versandtkästchen für Insekten an ihn einzusenden, damit dieselben im berliner Verein geprüft und die zweckmäßigsten empfohlen würden. Zugleich bemerkt derselbe, daß es nur der nothwendigen Energie gegen die Postbeamten bedürfe, um solche Probesendungen anzunehmen.

Um ferneren vergeblichen Versuchen zu solcher Versendung vorzubeugen hebe ich hier deßhalb noch einmal hervor, daß im Bereich der deutschen Reichspostverwaltung derartige Insektensendungen nicht gestattet sind. Der Herr Generalpostmeister antwortete mir unter dem 5. Dec. 1875 auf eine Anfrage hinsichtlich dieses Gegenstandes folgendermaßen:

„Ew. W. bringen zur Sprache, daß die Deutsche Reichspostverwaltung hinsichtlich der Versendung kleinerer Sammlungen von Insekten nicht diejenigen Vortheile gewähre, welche in anderen Ländern dadurch zugestanden würden, daß solche Sendungen als Proben ohne Werth zur Beförderung gelangen können. Diese Ansicht ist indessen eine irrige, indem in keinem Postgebiete Sendungen, welche Insekten enthalten, als Waarenproben zugelassen werden. Wenn gleichwohl der Fall vorgekommen ist, daß ein Käslchen mit derartigem Inhalt aus der Schweiz nach Amerika unter der Bezeichnung „Proben ohne Werth" abgesandt und in der nämlichen Weise zurückgekommen ist: so hat die Zulassung dieser Sendung nur erfolgen können, weil die Postbeamten die mißbräuchliche und unwahre Inhaltsangabe nicht entdeckt hatten. Anderenfalls würde die Sendung unzweifelhaft von der Beförderung als Waarenprobe ausgeschlossen worden sein.

Da im Uebrigen die Sendungen mit Insekten in keiner Weise den Bestimmungen entsprechen, welche für die Zulassung der Waarenproben maßgebend sind, so bin ich bei allem Interesse, welches ich der entomologischen Wissenschaft zuwende, zu meinem Bedauern nicht in der Lage, Ihren Wünschen bezüglich der Gewährung ermäßigter Taxen für den entomologischen Verkehr entsprechen zu können."

Die Postbeamten sind demnach völlig im Rechte, wenn sie solche Sendungen zurückweisen.

Nekrolog.

Dr. H. C. Küster, Telegraphen-Director in Bamberg, gest. am 14. April, hauptsächlich bekannt durch seine „Käfer Europa's, Nürnberg 1844—55," von denen 28 Bändchen erschienen. Die Fortsetzung — vom 29. Bd. an — giebt H. Dr. Kraatz. Der Verstorbene publicirte außerdem noch ein „systematisches Verzeichniß der in der Umgegend Erlangens beobachteten Thiere, 1840; Käfer Dalmatiens, 1842 (Isis), die Fühlhörner sind Riechorgane der Insecten, 1844, und Beiträge zur exotischen Rhynchoten Fauna.

Dr. Frischmann, Conservator am Museum in München gest. am 11. Febr.

Joh. Bapt. Kranz, Arzt in Oberhaching bei München, gest. daselbst am 20. März.

Rohnert, Dr. med., prakt. Arzt in Demmin, gest. daselbst im Mai.

Graf Ferrari, Custos am zoologischen Museum in Wien, gest. am 18. Mai. (Ausführlicheres später).

Michelet, geb. 1798, gest. im April. Ausgezeichnet als Geschichtsforscher wandte er sich in späteren Lebensjahren von diesem Gegenstande ab und schrieb mehrere populäre Werke: L'Oiseau, l'Insecte, l'Amour, la Mer, la Sorcière, die auch ins Deutsche übersetzt worden sind, l'Insecte übersetzt von?, bevorwortet von Prof. Blasius. Alle diese Werke haben kein wissenschaftliches Interesse; sie fesseln nur durch die geistreiche Art der Darstellung, sind aber von groben Irrthümern nicht frei; so z. B. rechnet er im Insekt den Hirschkäfer zu den Insekten, „welche von kleineren Insekten leben; große Herren daran gewöhnt, ihre Vasallen zu verschlingen." Diesen Irrthum bringt die deutsche Uebersetzung ohne Bemerkung.

Johann Heinrich Kaltenbach, der Verfasser des classischen Werkes, „die Pflanzenfeinde aus der Klasse der Insecten", gest. am 20. Mai zu Aachen an den Folgen eines Hirnschlages.

Herrn Director Hilgers verdanken wir folgende Nachrichten über sein Leben: Kaltenbach, geboren am 30. October 1807 zu Köln am Rhein, wurde auf dem Schullehrer-Seminar zu Brühl bei Köln zum Lehrer vorbereitet und erhielt auf Grund seines Seminarabgangszeugnisses vom 14. Sept. 1815 seine erste Anstellung als Lehrer zu Hastenrieth, Regbz. Aachen. Nach 2 Jahren erhielt er einen Ruf als Lehrer an der gehobenen Elementarschule, genannt Karlsschule, in Aachen. An dieser unterrichtete er seit December 1827 bis Anfangs October 1837. Seit dem 3. October 1837 fungirte er als Lehrer bei der hiesigen Realschule 1. Ordnung und wurde, nachdem seine Gesundheit, die seit einer langen Reihe von Jahren unerschütterlich fest, in den Jahren 1869, 1872 und 1874 aber wiederholt afficirt worden war, vom 1. April 1876 pensionirt. Er hatte am 22. December 1875 sein 50jähriges Amts-Jubiläum gefeiert und erhielt bei dieser Gelegenheit von Sr. Majestät den Rothen Adlerorden 1. Klasse mittels Allerhöchster Ordre vom 12. Nov. Er entwickelte einen außerordentlichen Eifer und seltene Pflichttreue in seinem Berufe. Den unermüdlichen Anstrengungen des Lehrers entsprachen die Fortschritte der Schüler. Bewundernswerth war sein Trieb nach weiterer Ausbildung über das ihn für die Schule angewiesene Ziel hinaus; er wandte seinen die naturbeschreibenden Wissenschaften fördernden Beobachtungen und Forschungen einen gewissenhaften Fleiß zu, der seine Gesundheit untergraben mußte; er stand in wissenschaftlichem Verkehr mit den ausgezeichnetsten englischen Entomologen, sowie mit dem Botaniker Dr. Wirtgen ꝛc., war Mitglied des naturforschenden Vereins für Rheinland und Westphalen und leistete zu den von Nöggerath redigirten Veröffentlichungen dieses Vereins mehrere Beiträge; außerdem war er Mitglied des entomologischen Vereins zu Stettin und des zoologisch-botanischen Vereins zu Wien.

Neben seinen aufreibenden Berufsarbeiten und Studien leitete er mit der größten Sorgfalt seine Familie und die Erziehung von neun Kindern.

Sein Wesen war höchst einfach, bieder und bescheiden; er hatte ein warmes Herz, tiefes Gemüth, reinste überzeugungstreue Religiosität. Den Collegen stand er treu zur Seite und wurde von ihnen geliebt und geachtet. Er stand in verdientem Ansehen bei seinen Mitbürgern, bei den Städtischen und Königlichen Behörden. Vermögen hat er gar keins hinterlassen und seine Wittwe ist in nicht beneidenswerthen Verhältnissen. Ihr Wittwengehalt beträgt nur 83 Thaler. Wenn doch die Staatsregierung etwas für die Frauen solcher verdienten Schulmänner thäte!"

Bedenkt man, daß der Verstorbene seine Mußestunden nicht nur entomologischen, sondern auch botanischen (Flora des Aachener Beckens) und geographischen Studien widmete, — er gab eine Schulwandkarte und mehrere geographische Lehrbücher heraus —, so muß man um so mehr seinen unermüdlichen Fleiß bewundern, der sich vor allem in dem Werke, das seinen Namen für immer in den Annalen der Naturforschung unsterblich machen wird, in den „Pflanzenfeinden aus der Klasse der Insecten" zeigt. Die Vorarbeiten zu diesem Werke veröffentlichte er in den Verhandlungen des naturh. Ver. Preuß. Rheinl. 1856—60 „die deutschen Phytophagen aus der Klasse der Insecten." Außer einigen kleineren Abhandlungen von ihm in der Stett. ent. Ztg. sind bedeutend und bekannt seine Monographie der Familie der Pflanzenläuse, Theil I, Blatt- und Erdläuse, Aachen 1873 und die Bemerkungen und Berichtigungen über denselben Gegenstand (Stett. ent. Ztg). Als Programm veröffentlichte der 1858: die Feinde des Apfelbaumes unter den Insekten, 28 S., 4.

---

von Heinemann, die Schmetterlinge Deutschlands und der Schweiz. — Auf mehrfache Anfragen, betr. die Fortsetzung dieses Werkes, theilen wir hier mit, daß das letzte Heft des zweiten Bandes (bearbeitet von Dr. Wocke) druckfertig und seit Januar d. J. im Druck ist. 20 Bogen sind bereits fertig; die Ausgabe des Schlußhefts steht in der zweiten Hälfte dieses Jahres zu erwarten. Der Verlag des Werkes ist von Vieweg und Sohn auf die Verlagshandlung A. Schwetschke und Sohn (M. Bruhn) in Braunschweig übergegangen.

Sammelbericht.

Nachdem bis zu den letzten Tagen der März mit Frost, Schnee und endlosem Regen geherrscht hatte, gewann endlich die Sonne die Oberhand und lockte sogleich einige Entomologen des Westfälischen Provinzial-Vereins in Münster hinaus zum Käferfang, der in den wenigen warmen Tagen eine so reiche Ausbeute lieferte, daß es sich der Mühe verlohnen dürfte, dieselbe hierdurch auch andern Sammlern mitzutheilen.

Vom 28. März, dem ersten sonnigen Tage an, wurden am Fuße von Pappeln außer zahlreichen gewöhnlicheren Sachen, wie Dromius agieis, 4-maculatus und 4-notatus, Dorytomus vorax, Olibrus corticalis, Clerus formicarius u. s. w. auch Dromius melanocephalus Dej., der bisher hier noch nicht gefunden, in 2 Exemplaren, Platynaspis villosa Fourcr., Scymnus (wahrscheinlich frontalis), Halyzia 17-guttata L. und 22-punctata L. gefangen. In Wassertümpeln, die sich auf sonst stets trockner Haide gebildet hatten, wurden außer den gewöhnlichen Haliplus- 2c. Arten gefangen: Hydroporus unistriatus Schrank., pictus Fbr., dorsalis Fbr., erythrocephalus L., pubescens Gyll., flavipes L., tristis Payk., obscurus Sturm., angustatus Sturm., Colymbetes Grapii Gyll., Jlybius similis Thoms., Agabus subtilis Er.

und der in Bächen unter Steinen lebende sehr seltene A. guttatus Payk. der bisher in unserer Fauna noch nicht bekannt war; ferner Dytiscus punctulatus Fabr., Acilius fasciatus Er. und am Nord-Kanal Spercheus emarginatus Schaller.

Demnächst unter hohem Laube Pterostichus (Molops) terricola Fbr., unter Moos Cephennium thoracicum Müll. et Kz. Scydmaenus collaris iid., Sc. denticornis iid., Scymnus biverrucatus Pz. und Cassida nebulosa L. Unter der faulenden Rinde gefällter Eichen zwischen massenhaften Larven von Pyrochroa coccinea L., Rhagium inquisitor Fbr. und anderen Käfern Brontes planatus (in zwei Tagen an zweihundert Stück, jedoch nur an den in den Gehöften, nicht an den im Walde selbst liegenden Stämmen, und ein Exemplar unter Eschenrinde), Laemophloeus testaceus Fbr., Platysoma depressum Fbr., Carpophilus 6-punctatus Fbr. und zahlreiche Staphyliniden. Unter Steinen Trechus minutus Fbr. zahlreich, Bradycellus collaris Payk. und Panagaeus crux major L.; in abgelaufenen, aber noch feuchten Gräben Bembidium guttula Fbr., Andreae Fbr. und litorale Oliv.

Bald darauf unter Moos und Laub außer vielen Staphyliniden Throscus dermestoides L., Cephennium thoracicum, ein Pärchen in copula, und zwar das Männchen ganz dunkel, dagegen das größere Weibchen hellroth (da letztere auch schon im November v. J. gefunden worden, so ist vermuthlich die hellere Färbung nicht verschiedenen Reifestadien, sondern allein dem geschlechtlichen Unterschiede zuzuschreiben). Außerdem Scydmaeniden, Pselaphiden, Trichopterichiden, darunter nennenswerth Tr. grandicollis Mannerh., Ptilium minutissimum Wb. et M., Anisotomiden, Agathidium nigripenne Fbr.; in den trockenen Stengeln von Clematis vitalba den Hylocleptes bispinus Dftschm. nicht selten.

Unter der Rinde einer gefällten Kiefer verschiedene Skolytiden, dabei zahlreich Bostrychus bidens Fbr., der von der Wurzel bis zur Spitze sehr schöne Sterngänge gebohrt hatte; ferner Jps 4-pustulatus Fbr., Plegaderus saucius Er., Hylurgus piniperda L., Salpingus castaneus Pz., Phalacrus corruscus Payk., Laemophloeus testaceus Fbr. und Hypophloeus linearis Fbr. In der Nähe massenhaft Astynomus aedliis L.

Am Fuße einer Eiche in einer unter Moos wohnenden Ameisen-Colonie ein Exemplar des hier noch nicht gefundenen Leptinus testaceus Müller; in den Blüthen der Pulmonaria officinalis sehr zahlreich eine Omalium Art, in denen der Salix capraea mehrere Olibrus oblongus Er. Endlich wurden am 5.

April gegen Sonnenuntergang in einer sog. Gartenstiege lebhaft schwärmende Agyrtes castaneus Payk. bemerkt und davon über zwei Dutzend gefangen.

Aus der vorstehenden, immerhin nur theilweisen Angabe unserer Ausbeute geht hervor, daß selbst nach dem strengsten Winter die Frühlingssonne in wenig Tagen das kleine Leben in Massen aus dem Boden zu locken vermag.

Münster i. W., am 8. April 1876.

Rade.

Tauschverkehr und Kaufgesuche.

(NB. Diese Rubrik steht den Abonnenten für Mittheilungen gratis zu Gebote.)

Eine Partie in Mecklenburg gefangener Phloeophilus Edwardsi Steph., Tetratoma ancora F., Rhinosimus ruficollis L. 2c., sowie andere gute Sachen meiner Sammlung, z. B. Trichonyx Maerkeli Aub., möchte ich einem Herrn anbieten, der geneigt wäre, mir dafür oder unter den von Herrn G. de Rossi in Nr. 22 der Ent. Nachr. angegebenen Bedingungen eine nicht allzu große Anzahl von Homaloten und andern kleinen Aleocharinen sicher zu bestimmen. Natürlich würde ich auf die Bestimmung bis zum Herbst oder Winter warten.

Fr. W. Konow, Reallehrer in Schönberg, Fürstth. Ratzeburg.

Anzeigen.

In Commission bei Ch. Fr. Vieweg in Quedlinburg.

Druck von Aug. Dose in Putbus.

№. 8. Entomologische 1876.

Nachrichten.

Herausgegeben
vom Gymn.-L. Dr. F. Katter.

Putbus, den 1. August.

Jeden 1. des Monats erscheint ein Heft. Abonnement jährlich 4 Mark pränumerando. Zu beziehen durch die Expedition (franco unter Kreuzband), die Post oder den Buchhandel. Tausch- und Kaufgesuche der Abonnenten gratis. Insertionsgebühr 25 Pfennig die Zeile oder deren Raum.

Das Studium der Hymenopteren,

Winke für Anfänger in diesem Zweige der Entomologie, von Dr. Kriechbaumer in München.

VII.

Die Ameisen haben seit den ältesten Zeiten die Aufmerksamkeit der Menschen im Allgemeinen, und besonders auch der Naturforscher auf sich gezogen. Sie haben das weder einer besonders auffallenden Körperbildung oder ansehnlichen Größe, noch viel weniger einer das Auge reizenden Farbenpracht zu verdanken. Es gaben vielmehr ihr massenhaftes Vorkommen und geselliges Leben, ihre rastlose Thätigkeit, ihre sozusagen sozialen Verhältnisse, ihr mitunter unangenehmes und schädliches Auftreten dem Menschen gegenüber dazu Veranlassung. Bei den mangelhaften Kenntnissen der zur genauen Unterscheidung der Arten dienenden Merkmale und den in Folge davon oft ungenügenden Beschreibungen der Arten, an denen ältere Forscher ihre Beobachtungen anstellten, sind jene oft zweifelhaft und es ist deshalb nöthig, eine Art, von der man etwas erzählt, so zu charakterisiren, daß man auch weiß, um welche es sich handelt. In dieser Beziehung, sowie in Bezug auf den systematischen Theil überhaupt ist erst von Autoren der neueren Zeit Besseres geleistet worden. Unter diesen ist es besonders Dr. Gust. Mayr in Wien, dessen Schrift „die Europäischen Formiciden (Wien 1861)" als Ausgangspunkt beim Studium dieser Familie zu betrachten ist, und welcher außerdem mehrere andere Arbeiten über einheimische und exotische Ameisen geliefert hat, auf welche näher einzugehen hier nicht der Platz ist.

Unter den in neuester Zeit erschienenen Werken über Ameisen ist das eines Schweizers als eine besonders hervorragende Leistung auf dem Gebiete der Entomologie überhaupt in erster Linie anzuführen. Es ist dieses das in einem starken Quartbande von

452 Seiten 1874 zu Zürich in französischer Sprache erschienene Werk „Les Fourmis de la Suisse“ von Dr. Aug. Forel, zur Zeit Assistenzarzt an der Kreis-Irrenanstalt in Haidhausen bei München, ein Werk, welches sowohl von der naturf. Gesellschaft der Schweiz als auch von der Akad. d. Wissenschaften in Paris (Stiftung Thore) mit dem Preise gekrönt wurde. Wie umfassend und jene Thiere nach allen Richtungen hin erörternd dasselbe ist, soll eine gedrängte Angabe des Inhaltes zeigen: Das Werk zerfällt zunächst in 5 Theile. Der erste Theil behandelt die Systematik und zerfällt wieder in 3 Abschnitte, von denen der erste den äußeren Bau der Ameisen überhaupt, der zweite die Klassifikation der schweizerischen Arten nebst Beschreibungen neuer Formen, der dritte die Synonymie behandelt. Der zweite Theil enthält anatomische und physiologische Notizen, an welche sich in einem Anhange noch besondere über Zwischenformen von ♀ u. Arbeitern, Hermaphroditen und Monstrositäten, in einem zweiten Ergebnisse neuer anatomischer Untersuchungen an Fühlern und andern Organen anreihen. Im dritten Theile sind die Wohnungen der Ameisen geschildert, und zwar im ersten Abschnitt die Nestbauten, welche wieder in solche aus bloßer Erde (gemauerte, gegrabene und unter Steinen angelegte), in Holz oder Rinde gefressene, aus einer Art Carton gefertigte, dann gemischten Baues und endlich abnorme abgetheilt werden; im zweiten Abschnitte die andern Bauwerke, wie unterirdische Kanäle, offene und bedeckte Wege, Pavillons, Stationen und Zufluchtsorte, endlich Kolonien. Den Inhalt des vierten Theiles bildet die geographische Verbreitung der Ameisen in der Schweiz und die Stelle dieser Thiere in der Natur, wobei besonders die Frage, ob die Ameisen schädlich oder nützlich sind, erörtert ist und Fälle angeführt sind, wo ersteres und wo letzteres stattfindet, auch Mittel zur ihrer Zerstörung angegeben werden. Der umfassendste und inhaltreichste Theil ist jedoch der fünfte, der beinahe die Hälfte des ganzen Werkes ausmacht und in 37 Abschnitten die Versuche und Beobachtungen bezüglich der Sitten und Lebensweise der Ameisen mit Einschluß des auf ihre Entwicklung Bezüglichen enthält. Das Vorkommen isolirter befruchteter Weibchen, gemischter Gesellschaften, das Benehmen gleichartiger, aber aus verschiedenen Haufen stammender, sowie verschiedenartiger Ameisen gegeneinander unter verschiedenen Umständen, besonders aber die Raubzüge und Kriege dieser Thiere bilden den Hauptinhalt der größtentheils vom Verfasser selbst gemachten zahlreichen Beobachtungen, die stets mit genauer Bezeichnung der Arten, an denen sie gemacht wurden, angeführt sind. Im 30. bis 32. Abschnitt ist das auf die Eier, Larven Puppen und die Fortpflanzung, im 33. das auf die Entstehung, und das Ende ihrer Gesellschaften Bezügliche, im 34. das Ver-

hältniß der Ameisen zu den Blatt- und Schildläusen enthalten, im 35. sind die Ameisenfreunde aus der Klasse der Gliederthiere (Myrmecophilen) und die Gerüche, in den beiden letzten die Einflüsse der Temparatur und des Lichtes auf die Ameisen besprochen. Als Anhang sind schließlich noch allgemeine Betrachtungen über die Ameisen vom Gesichtspunkte der Darwin'schen Thiere, ihrer individuellen Intelligenz, ihres geselligen Instinktes und ihres Charakters, sowie eine bibliographische Notiz beigefügt. Zwei lithogr. Tafeln sind hauptsächlich zur Erläuterung der äußern und innern Anatomie der Ameisen beigegeben. Diese Arbeit, die nicht bloß der Fachgenosse, sondern jeder, welcher an den wunderbaren Erscheinungen im Leben der Thierwelt einiges Interesse hat, mit größter Befriedigung lesen wird, ist ein neuer Beweis, welch großes Gebiet der Beobachtung noch geöffnet ist und welch reiche Ausbeute eine beharrlich auf ein bestimmtes Feld gerichtete Thätigkeit zu machen im Stande ist. (Fortsetzung folgt.)

Die Vertilgung der Wanderheuschrecke.

Nach den Zeitungsberichten verbreitet sich die gefährliche Schrecke von Woche zu Woche mehr in unsern deutschen Gauen, besonders stark in den sandigen Gegenden der Mark. Es ist dies eine überall gleichbleibende Erscheinung, daß sich das Insect — sowohl migratorius wie cinerascens — stets in den uncultivirten Gegenden am meisten vermehrt. Herr A. Müller in Basel giebt in seinem Bericht über das Auftreten der Wanderheuschrecke in der Schweiz (s. S. 97 d. Bl) als Ursache des massenhaften Erscheinens dieses Thieres die Tieferlegung des Bielersees an, ohne daß die blosgelegten Flächen cultivirt wurden. Es ist dies leicht erklärlich. Die Eier werden — nach den Beobachtungen von Yersin — im Herbst in Häufchen in einer Tiefe von 4—5 cm. in die Erde gelegt und ruhen dort bis zum nächsten Frühjahre, wo gewöhnlich im Mai das Thier ausschlüpft. Werden sie durch Umpflügen des Bodens in ihrer Lage gestört, so wird dadurch die Entwicklung der Mehrzahl gehemmt werden, während bei ruhendem Boden ein ungestörtes Auskriechen des Insects erfolgen kann.

Die Ablagerung der Eier in Häufchen, die mit einem festen Gewebe überzogen sind, erleichtert das Sammeln derselben bedeutend; es wird diese Art der Vertilgung besonders in Südfrankreich geübt. Nach Solier kann ein Kind an einem Tage 6—7 Kilogramm sammeln. Die Stadt Marseille bezahlte für ein Kilogramm Eier 50 Centimes. Im October ist die Hülle der Eier sehr weich, so daß sie beim Herausnehmen aus der Erde leicht zerreißt, man hat versucht, sie zu dieser Zeit durch schwere Walzen, die man über die Felder zog, zu vernichten.

Ist die Heuschrecke zur Entwicklung gelangt, so kann man sie durch Gräben, Fußsteige, Wege leicht einhegen. Yersin erzählt[1]) daß ein Schwarm Heuschreckenlarven, der die Rhoneufer verwüstete, durch einen Fußsteig abgehalten wurde, auf ein benachbartes fruchtbares Feld überzugehen. Man kann sie auch in ihrem ersten Larvenzustande leicht auf geringe Strecken begrenzen und ohne große Mühe vertilgen. Demole in Odessa sieht deßhalb auch die Vertilgung der Larven als das einzig wirksame Mittel, die Heuschrecken zu bekämpfen an. Er beschreibt einen Apparat, (Archives de la B. Un., tome XXXI, p. 218), der hierbei wesentliche Dienste geleistet hat, folgendermaßen:

„Man nimmt 2 aus Zweigen gebildete Eggen[2]) und drei 6 Fuß lange, 12—15 Zoll dicke Holzwalzen, alle mit Ochsen oder Pferden bespannt. Das Princip der Bewegung dieser 5 Instrumente ist rotatorisch; man beschreibt stets einen Kreis, dessen Durchmesser gleich der Breite der Colonne ist, d. h. höchstens 20 Ellen. Die Eggen befinden sich an der Kreisperipherie, die Walzen innerhalb derselben. Sobald die Eggen den äußeren Kreis beschrieben und das Gras niedergerissen haben, versuchen die Heuschrecken nicht mehr, die gezogene Linie zu überspringen, sondern stürzen, erschreckt durch das Geräusch der Eggen, dem Mittelpunkt zu. Indem man nun allmälig den Kreis verengt, erdrückt man durch die Walzen die in der Mitte aufgehäuften Insecten. Hat man einen Kreis vollendet, so beginnt man einen neuen, und auf diese Weise wird eine ganze Colonne durch eine Reihe von Kreisen angegriffen. Alle entkommenen Insecten sammeln sich von neuem; man schreitet dann zu einem zweiten, bedeutend weniger mühevollen Angriffe. Die wenigen Ueberbleibenden sind ohne Gefahr; theils haben sie einzelne Glieder verloren, theils haben sie dadurch, daß sie isolirt worden, ihren Wanderinstinct verloren.

„Ich glaubte zuerst, daß man leichter zum Ziel gelangen würde, wenn man die Walzen und Eggen der Richtung des Schwarmes folgen ließe; dies hatte indessen keinen Erfolg, denn erstens erfolgen die Schrecken bei ihren Märschen keine geraden Linien, sondern meistens so krumme, daß man ihnen mit dem Gespann nicht folgen kann; zweitens entfliehen sie so schnell vor dem Geräusch der Eggen und Walzen, daß man sie nicht erreicht, während sie bei der kreisförmigen Bewegung sich auf einen kleinen Raum beschränken und leicht von den Walzen vernichtet werden."

Nach Solier fängt man sie bei Marseille, indem man mit großen, schräg gehaltenen und von 4 Personen geführten Lein-

1) Note sur le Pachytylus migratorius Fisch. Fr.; Archives des Sciences de la Bibliothèque Universelle, 1858.

2) Dieses Instrument dient in Rußland den Bauern auch bei der Bearbeitung ihrer Felder.

wandtüchern über die Felder streicht und die sich auf dem Tuche ansammelnden Thiere in bereit gehaltene Säcke thut; oder indem man die Felder mit großen Fangnetzen abstreift.

Es ist wenig wahrscheinlich, daß man bei uns in Deutschland, wie es Riley in Amerika versuchte, die Heuschrecken als menschliche Nahrung verwerthen wird, wohl aber eignen sie sich nach den Mittheilungen von Yersin in hohem Grade zu Futter für Truthühner. Diese Thiere verzehren nicht nur begierig die schädlichen Insekten und vertilgen bedeutende Mengen davon, sondern sie werden bald fett von der animalischen Nahrung und erhalten, — was wohl das Wichtigste ist, — ein wohlschmeckendes Fleisch darnach. In Südfrankreich und Algier treibt man sie schaarenweise auf die von Heuschrecken angegriffenen Felder. Katter.

Ein singender Dytiscus marginalis ♂ L.

Am 15. Mai 1876 fing ich in einem Teiche bei Bern einen Dytiscus marginalis L. und zwar ein Männchen; nach Hause gekehrt brachte ich ihn mit andern Wasserkäfern in ein Glas mit Wasser, in welches ich ein Brettchen senkrecht stellte, damit die Thiere sich halten konnten. Gegen 7½ Uhr Abends (Eintritt der Dämmerung) gelang es dem Dytiscus aus dem Glase zu entkommen und er flog nun zu wiederholten Malen zwischen den Doppelfenstern auf. Ich beobachtete nun das Auffliegen des Käfers. Es geschieht dies, indem er sich zuerst auf dem 2. und 3. Beinpaar hoch aufrichtet, dann mit dem 1. Beinpaare in der Luft herumfährt, seine Flügel aufspannt und sich erhebt. Das erste Mal flog er von einem Sandsteine auf. Einen Moment später hörte ich ein merkwürdiges hummelähnliches Summen. Der Käfer war in diesem Augenblick auf dem Holzrahmen des Fensters und er war der Musikant. Mittelst einiger Brettchen machte ich nun einen Resonanzboden und bald fing der Käfer an zu summen. Der Ton ist dem einer Sirene ähnlich und die Schwingungswellen sind deutlich hörbar; der Ton steigt, um dann plötzlich abzubrechen. Nun folgt die Stellung zum Fluge. Der Käfer ist dabei ganz ruhig. Da das Summen nur in der Dämmerung gelingen will, so ist die Beobachtung erschwert. Einmal waren die Flügeldecken gegen die Spitze etwas klaffend, der letzte Hinterleibsring etwas vorgestülpt und es zeigten sich 2 weiße Börstchen (ähnlich wie bei den Staphylinen). Da der Ton dem durch eine Sirene hervorgebrachten am nächsten zu stehen kommt, so glaube ich annehmen zu können, daß durch das Einsaugen oder Einpumpen von Luft, die der Käfer bedarf, um sich specifisch leichter zu machen und daher fliegen zu können, die Luft in Schwingungen geräth und dadurch der Ton erzeugt wird.

Bern. Moritz Isenschmid.

Das Entschuppen der Schmetterlingsflügel durch Chlorwasser.

In Nr. 4 dieser Blätter, Seite 57 wird ein amerikanisches Verfahren, Schmetterlingsflügel behufs der Rippenuntersuchung, zu entschuppen, mitgetheilt, über welches ich einige nähere Mittheilungen machen will, da es nach meinen Versuchen ein sehr praktisches Verfahren ist, wenn es sich auch nicht für augenblickliche Untersuchung der Rippen eignet und nur bei solchen Exemplaren anzuwenden ist, welche man der Untersuchung ganz opfern will.

Nachdem man vermittelst einer Pincette den oder die zu entschuppenden Flügel vom Körper des Schmetterlings abgebrochen, legt man dieselben auf ein flaches Tellerchen, oder in eine Untertasse und übergießt sie mit einigen Tropfen starken Alkohol's. Es ist dies nöthig, da das Chlorwasser, (Eau de Javelle), die Flügel sonst absolut nicht angreift, dieselben schwimmen dann oben auf und wenn man sie durch starken Druck in die Flüssigkeit getaucht hat, so kommen sie eben so trocken aus derselben, als wären sie garnicht mit derselben in Berührung gekommen

Hat man die Flügel, je nach ihrer Größe und schwächeren oder stärkeren Beschuppung, eine halbe bis einige Minuten lang in dem Spiritus liegen lassen, so gießt man denselben ab und übergießt die Flügel mit Chlorwasser, worauf man sie in dieser Flüssigkeit so lange liegen läßt, bis sämmtliche Schuppen durchsichtig sind und der Flügel vollkommen abgeschuppt erscheint. Bei großen, stark beschuppten Flügeln dauert es bis mehrere Stunden, bis dieser Zustand erreicht ist. Will man die Flügel nun aus der Flüssigkeit entfernen, so nimmt man am besten sogleich das Glastäfelchen, auf welches die Flügel behufs ihrer Aufbewahrung kommen sollen und schiebt es halb in die Flüssigkeit, dann faßt man den Flügel mit der Pincette behutsam am Wurzelende und zieht ihn langsam, soviel wie möglich von der Flüssigkeit bedeckt, auf die Glastafel, welche man, nachdem man die erforderliche Anzahl Flügel auf derselben ausgebreitet hat, aus der Flüssigkeit entfernt. Man kann auch, wenn nur wenig Flüssigkeit aufgegossen war, die Glastafel auf den Flügel legen und andrücken, dann haftet ersterer fest an derselben; dies Verfahren eignet sich besonders für Flügel von Micropteren. Um nun die auch bei Eau de Javelle zurückbleibenden weißen Chlortheilchen von den Flügeln und der Glastafel zu entfernen, gießt man die Flüssigkeit vom Teller ab, legt die Glastafel schräg an dessen Rand und übergießt sie mit einer Lösung von 1 Theil Hydrochlorsäure mit 10 Theilen Wasser vermengt, einzelne sehr festsitzende Chlortheilchen entfernt man vermittelst eines feinen Pinsels.

Sind die Flügel getrocknet, so legt man eine zweite Glasplatte auf dieselben und bestreicht die innern Ränder derselben entweder mit erwärmtem Canadabalsam oder verklebt dieselben mit Siegellack, jedenfalls wird sich hierzu auch Wasserglas eignen.

Man kann auf diese Weise Fühler, Palpen, Füße und Flügel eines Schmetterlings für spätere Untersuchungen bequem aufbewahren. Die Flügel haften nach dem Abtrocknen so fest auf dem Glas, daß ein Ankleben derselben mir vollständig überflüssig erscheint. Die Manipulation mit dem Glastäfelchen in der Flüssigkeit selbst ist deßhalb nothwendig, weil, wenn man die Flügel herausnehmen wollte, dieselben, besonders die Hintelflügel, sich zusammenklappen. Ist dies geschehen, so bringe man sie sofort wieder in die Flüssigkeit, in welcher sie sich wieder ausbreiten.

Will man ein Exemplar nicht ganz opfern, doch aber das Geäder des Flügels an einer bestimmten Stelle untersuchen, so betupft man dieselbe erst mit Spiritus, bringt dann einige Tropfen der Chlorlösung auf diesen Fleck und erhält so auf einer Seite des Flügels eine gebleichte Stelle, ohne daß auf der anderen Seite etwas davon zu bemerken ist; vollkommen sichtbar werden die Rippen aber nicht. Wer viele Flügel in möglichst kurzer Zeit entschuppen will, nehme drei Teller, einen für den Spiritus, den zweiten für die Chorlösung, den dritten zum Abspülen mit dem Hydrochlorsäurewasser, man kann dann beliebig viele Flügel zugleich präpariren.

Sämmtliche Flüssigkeiten gießt man nach gemachtem Gebrauch in ihre Flaschen zurück, um sie später wieder zu benutzen und ist dies Verfahren auch ein sehr billiges.

Möglicherweise werden sich bei dieser Methode noch einige Verbesserungen anbringen lassen, doch scheint sie mir auch schon in ihrer jetzigen Form für geeignete Fälle das Möglichste zu leisten und wir können sowohl dem Erfinder, als auch dem Herrn Redakteur dieser Blätter für deren Mittheilung nur dankbar sein.

Kronförstchen bei Bautzen. H. B. Möschler.

Insectenkasten.

In Nr. 26 der Comptes-Rendus der belgischen ent. Ges. wird einer neuen Construction der französischen Schachteln erwähnt, die von Heron Royer in Paris erfunden ist. Diese Schachteln sind von der Form der früheren, haben jedoch doppelten Verschluß. Wenn man den ersten Pappdeckel abgehoben hat, findet man einen zweiten Glasdeckel, der eine Sammetborte hat und durch einen Streifen Leinwand befestigt ist. Ob der Verschluß die Sicherheit unserer deutschen Doppelkasten bietet, scheint nach der Beschreibung zu bezweifeln.

Insektenkasten nach dem Muster der französischen Cartons sind auch in Dresden bei L. W. Schaufuß zu haben.

Sammelbericht.

Wiederholt hatte ich seit mehreren Jahren einzelne Stücke des Phloeophilus Edwardsi Steph. an verschiedenen Stellen Mecklenburgs, sowie im Hannoverschen in der Nähe von Nienburg a. W. gefangen; und da mich das Thierchen lebhaft interessirte, so suchte ich die Lebensweise desselben in Erfahrung zu bringen, allerdings ohne rechten Erfolg, denn die mir zugänglichen Schriften sagen nichts darüber, und der Fang selber belehrte mich nicht', da ich das Thier nur einzeln an der Rinde von Eichen hockend oder unter dem Moose fand, das ich von Eichen loslöste und auf einem Papierstück ausbreitete. Im Mai 1870 glaubte ich demselben auf die Spur zu kommen, als ich an einem auf dem Boden liegenden morschen Eichenzweige zwei noch ziemlich weiche und hell gefärbte Exemplare antraf; aber alles eifrige Suchen an ähnlichen Orten führte mich nicht zum Ziele. Da sah ich am 11. Mai d. J. in einem Buchwalde einen etwa 50 cm. hohen Baumstumpf einer Hagebuche, Carpinus Betulus L., aus dessen Rinde durch die lockere Epidermis kleine Pilze hervorbrachen; und da ich vor mehreren Jahren an einem ähnlichen Orte Tetratoma ancora Fabr. in Mehrzahl fing, so untersuchte ich den Stamm näher. Gleich das erste Stückchen Rinde, das ich abhob, belohnte mich mit zwei Stück Tetratoma; aber kaum traute ich meinen Augen, als ich zugleich auf einem untergehaltenen Blatt Papier einen Phloeophilus fand. Nun wurde der Stamm einer genauen Revision unterzogen, die mir neben einer ziemlichen Anzahl Tetratoma, mehreren Rhinosimus ruficollis L., Triphyllus punctatus F., Mycetophagus atomarius Fabr. und einigen Cryptophagus etwa ein Dutzend Exemplare von Phloeophilus Edwardsi Steph. einbrachte. Ob die an derselben Stelle vorgefundenen Larven dem Phloeophilus oder einem der Gesellschafter angehören, kann ich nicht entscheiden. Jedenfalls ist aber damit konstatirt, daß der Phloeophilus an Baumschwämmen lebt; und da ich zugleich auch einige todte, also wahrscheinlich vorjährige Stücke fand, so ist anzunehmen, daß derselbe auch seine Entwickelung in diesen Schwämmen durchmacht. Leider ist es mir nicht möglich, den Pilz, in welchem ich das Thierchen fand, mit meinen Hilfsmitteln sicher zu erkennen; derselbe ist den ersten Stadien der aus der Rinde von Fagus sylvatica L. hervorbrechenden Sphaeria sticta nicht unähnlich, an der ich vielfach Mycetophagus atomarius F. und Cicones variegatus Hellw. gesammelt habe.

In ganz ählicher Weise, wie hier Phloeophilus Edwardsi und Tetratoma ancora habe ich an Stämmen der Rothbuche (Fagus sylvatica L.) öfter Diplocoelus Fagi Guèr. und Laemophloeus denticulatus Preyssl. gefangen.

Uebrigens war der 11. Mai auch weiter noch ein recht glücklicher Tag für mich, denn von Corylus Avellana L. und Crataegus Oxyacantha L. schüttelte ich auf den Schirm eine große Anzahl Rhynchites ophthalmicus Steph., Alliariae Payk., pauxillus, Germ., Germanicus Herbst, von ersterem Gesträuche auch einige Balaninus villosus Herbst und von letzterem Anthonomus pedicularius L. Von Sorbus aucuparia erhielt ich Monanthia 4-maculata Wlff., und eine gute Psylla, von blühender Prunus spinosa L. Monanthia dumetorum H. S. und von Abies excelsa Dl. einige Stücke der seltenen Theronia flavicans Fabr. Besonders reichen Fang brachten mir aber die an der Erde liegenden vorjährigen Fruchtzapfen von Abies excelsa Dl., aus denen ich eine große Menge von Corticaria longicornis und zweien noch nicht sicher erkannten Cortikarien, wahrscheinlich formicetorum Redtenb. und similata Gyllh., ferner Lathridius elongatus Curs., Ernobius Abietis Fabr., einige Paramecosoma Abietis Payk. und ein Stück der bisher mir noch unbekannten Rhinomacer attelaboides Fabr., sowie Homalodema Abietis L., ferrugineum L. und Megalonotus dilatatus H. S. herausklopfte.

Schönberg, Fürstenthum Ratzeburg, Mai 1876.

Fr. W. Konow, Reallehrer.

Tödten der Insecten.

Mein Freund Ed. Jenner in Bern benutzt schon seit einer Reihe von Jahren Cyankalium zum Tödten der Insecten und zwar wird das Gift in den Pfropfen der Flasche in einer Glasröhre eingeschlossen. Er schließt die Glasröhre mit feinem Drahtgeflecht und bringt genug Cyankalium hinein für ein Jahr. Zwischen das Geflecht und das Cyankalium kommt in neuester Zeit ein Schwämmchen.

Ich habe nun, statt nur ein Mal per Jahr die Glasröhre zu füllen, ein kleineres Röhrchen, das ich alle Tage mit frischem Cyankalium oder nach Bedürfniß alle halbe Tage fülle, darauf kommt nun ein Stückchen feuchte Baumwolle und wenn das Gift nicht wirken soll, wird das Fläschchen durch einen kleinen Pfropfen geschlossen. Ich brauche daher sehr wenig Gift und eine allfällige Gefahr beim Zerbrechen der Flasche ist kaum zu denken, da ja das Giftfläschchen noch durch den Kork vom Zerdrücken geschützt ist.

Größere Wasserkäfer von Acilius-Größe an, bringe ich lebend nach Hause in einer Raupenschachtel von Deyrolle in Paris und tödte sie dann mit Chloroform, da das Cyankalium nicht schnell genug wirkt.

Isenschmid.

Entomologischer Stock.

Ich habe mir zur Zeit einen solchen Stock machen lassen, bei welchem der Elfenbein-Knopf abschraubbar ist. In das Gewinde aus Buchs ist ein Metallgewinde eingelassen, in welches ein Wasserkäscher, ein Schmetterlingsgarn, ein kleiner Rechen und ein Infusoriennetz passen. Aus Messingdrahtgeflecht habe ich mir einen Käscher austreiben lassen von 10 cm. Durchmesser und 8 cm. Tiefe, was völlig groß genug ist. Mit diesem Käscher kann man durch Wasser fahren ohne Widerstand, da das Wasser durchgelassen wird. Es eignet sich auch gut zum Fangen von allen übrigen Wasserthieren. Ich kann denselben allen Entomologen bestens empfehlen, da ich seit 6 Jahren damit sehr zufrieden bin, auch ist er in einer Tasche leicht zu transportiren.

Moritz Isenschmid

Vermischtes.

Das heurige Jahr sollte ein Maikäferflugjahr für diese Gegenden sein. Wahrscheinlich in Folge der sehr ungünstigen und besonders sehr kalten Witterung wurden aber hier sehr wenig Käfer bemerkt. Es gab nicht mehr Maikäfer als in anderen gewöhnlichen Jahren. Dagegen war es auffallend, in welch' hohem Procentsatz M. Hippocastani Fbr. vorhanden war. Ich habe nun die Beobachtung gemacht, daß von diesen sich hier bei Naumburg a. S. nur solche fanden, deren Halsschild, Beine rothbraun waren, während ich zu Pfingsten, also Anfang Juni zu Martinskirchen bei Mühlberg a. Elbe fast nur solche Individuen traf, wo Kopf, Hals, Beine schwarz waren. Auf kleinen jungen Birken, welche in einer Kiefernschonung standen, konnte man sicher sein, von je 10 Käfern 6 schwarz-, 2 rothschildige Hippocastani und nur 2 vulgaris Fbr. zu finden.

Hauptmann von Schönfeldt.

Dromius fenestratus habe ich in hiesiger Gegend immer nur Anfangs bis Ende Februar am Fuße großer Kiefern und Fichten unter loser Rinde gefunden, auch einzeln Dr. agilis, 4-maculatus und 4-notatus. Ende Januar und Anfangs Februar fand ich öfters unausgefärbte Stücke vor, bei diesen waren die Flügeldecken rothbraun und die hellen Flecke nur schwach angedeutet und undeutlich begrenzt. Die Thiere scheinen beim Verschwinden der Kälte in die Wipfel der Bäume hinaufzusteigen, wenigstens fand ich im Frühjahr und Sommer noch kein Stück unter der Rinde an dem gewöhnlichen Fundorte, während ich im Februar wohl schon ein ganzes Dutzend gefangen habe.

Gustav de Rossi in Neviges.

Literarische Revue.

Stettiner entomologische Zeitung, 1876, 4—6.

Vereinsangelegenheiten. — C. A. Dohrn, Exotisches; Col. aus Monrovia. — Ders., 2 Longicornien aus Monrovia. — Ders., nothgedrungene Ptiliomachia. — Grote, nordamerikanische Noctuiden. — A. von Kalchberg, Beiträge zur Lepidopteren-Fauna Siciliens. 13 neue, von Dr. Staudinger beschriebene Arten, mit Anmerkungen des Entdeckers über Fundort und Erscheinungszeit. — Burmeister, Hymenopterologische Mittheilungen (151—183). — Schmiedeknecht, ein Ausflug nach dem Rothensteiner Felsen. — C. A. Dohrn, Vereinsangelegenheiten. — Backhaus, Beobachtungen über Entwicklung überwinternder Schmetterlingspuppen bei der Zimmerzucht (s. Nr. 5). — Wehnke, neue Dytisciden; Hydaticus insignis, Luzon; Daemeli, Nord-Australien; Riehli, Cuba; maculatus, Siami; bipunctatus und philippensis, Philippinen. — Check list of the Noctuidae of America, North of Mexiko, by A. R. Grote, angezeigt von Dr. A. Speyer. — Redtenbacher's Nekrolog. — Reitter, über Camptodes vittatus Er. — H. Frey und J. Boll, einige Tineen aus Texas; unter den 31 beschriebenen 17 neue Species. — Suffrian, synonymische Miscellaneen. — Lichtenstein, weitere Beiträge zur Geschichte der Phylloxera. — von Harold, Beschreibung einer neuen Enneamera (Crysomelidae, Sect. Halticinae). Staudinger, über Cupido Fylgia Spangenberg. — Tischbein, Notiz über Amosis concinna Stein = Abia mutabilis Tischb. — Keferstein, Sphinx Atropos, ein europäischer Schmetterling. — Intelligenz.

Verhandlungen des Vereins für naturwissenschaftliche Unterhaltung zu Hamburg. 1875. Erschienen 1876. 8, 291 S. mit 2 Taf.

O. Semper, ein Brief A. Garrets über die Verbreitung der Thiere in der Südsee, nebst Zusatz; 59—63. — Ders., d'Albertis briefliche Mittheilungen über Neu-Guinea, 64—94. — Schmeltz, die Mac-Leay'sche Expedition nach Neu-Guinea, 95 bis 110. — C. Crüger, über Myrmecocystus mexicanus, 126 bis 128. — Ders., über Schmetterlinge von Guayaquil, 129—131. — Ders., Besprechung von Capronnier's Notice sur les époques d'apparition des lépidoptères du Brésil, recueillis par M. C. van Volxem dans son voyage du 1872, 132—135. — Ders., über eine Aberratio von Spilosoma lubricipoda, 136—139. — Ders., Besprechung des Verzeichnisses der in Dänemark lebenden Lepidoptern von Andr. Bang Haas, 140—141. — Böckmann, einige Anmerkungen über die Zucht von Xanthia togata, Xanthia gilvago und Orthosia circellaris, 142—143. — Semper, über von Capt. Ringe gesammelte Schmetterlinge, 144—146. — Thalenhorst, Angerone Prunaria als Mordraupe, 147—149. — Ders., über außergewöhnlich schnelle Verwandlung der Timandra Amata (Amataria), 150—152. — Tetens, über den Fang von Noctuen an Weidenblüthen 153—172. — Schmeltz, über polynesische Lepidopteren, 173—192. — Wallis, der Sandfloh, Sarcopsylla penetraus, 195—198. — Beiträge zur Fauna der Niederelbe: Beuthin, zweiter Beitrag zur Kenntniß der Orthopteren der Umgegend von Hamburg, 219—21. — Ders., über zweifelhafte Hamburger Käfer, 222—224. — Ders., zweiter Beitrag zur Kenntniß der Hymenoptern der Umgegend von Hamburg, 225—234. — Semper, einige Bemerkungen zu dem Nachtrag zur Macrolepidopterenfauna Hamburg-Altona's 235 bis 240. — Putze, über das Vorkommen von Galleria melonella, 241—242. — Winter, weitere Bemerkungen über Galleria melonella, 243.

The Entomologist's Monthly Magazine. 144. Meade, Monographie der brittischen Arten von Sarcophaga, (Schluß). — Verrall, Bemerkungen über einige brittische Dolichopodidae, mit Beschreibungen neuer Arten. — Scott, über gewisse brittische Hemiptera-Homoptera (Deltocephalidae), Schluß. — Buckler, Beschreibung der Larve von Botys lancealis. —

145. Stainton, über eine neue Art des Genus Zelleria. — Buckler, ergänzende Bemerkungen über die Raupe von Apatura Jris. — Baly, Beschreibungen einiger bisher unbestimmter Phytophagen. — Birchall, Frühlingsgeneration der Weißlinge auf der Insel Man. — Battershell Gill, die angeblich neue brittische Art von Leucania. — Norman, Futterpflanze von Agrotis agathina. — Hellins, Beschr. der Raupen 2c. von Anarta melanopa und cordigera. — Porritt, Beschr. der Raupe 2c. von Acidalia emarginata. — Buckler, Naturg. von Crambus tristellus. — Hogdkinson, frühes Erscheinen von Catoptria adspidiscana und Elachista subnigrella. — Sandison, nächtlicher Schmetterlingsfang. — Jenner Fust, ein sonderbares Winterlager. — Uebersetzung von Backhaus' Zimmerzucht von Schmetterlingspuppen (s. Nr. 5 d. Bl.).

146. Sharp, Beschr. einiger neuer Genera und Species neuseeländischer Coleopteren; Forts. — Buckler, Naturg. von Lycaena Argiolus. — Murray, Verzeichniß japanesischer Schmetterlinge. — Mc. Lachlan, Ascalaphus Kolyvanensis, var. ponticus. — Für England neue Arten 2c.

Die schweizerischen Orthoptern. Analytische Tafeln zur Bestimmung geradflügliger Insekten. Von Dr. Gustav Schoch. Zürich, Verlag von C. Schmidt, 1876; 8°, 48 S.

„Während fast für alle Insektenordnungen zahlreiche, mehr oder weniger praktische Bearbeitungen nach der analytischen Methode vorliegen, kann es auffallen, daß keine ähnliche Arbeit über die Orthoptern existirt. . . . . . Diese Blätter, zum Theil einem persönlichen Bedürfniß entsprungen, haben keinen andern Zweck, als auf möglichst bequeme Art dem Anfänger das Definiren seiner Funde zu ermöglichen. Es sind dabei allerdings oft ganz nebensächliche Kriterien verwendet worden, wie Größe, Färbung 2c., aber gerade dadurch, daß die auffallendsten und leichtesten Momente betont werden, sollte ihr Nutzen für Sammler recht hervortreten. Wir haben uns hier vorläufig auf die schweizerischen Orthopteren beschränkt, glauben aber auch für die deutsche Fauna in den meisten Fällen damit genügen zu können."

S. 5—10 bringen die Einleitung, allgemeine Bemerkung über Benennung und Bau; 11—27 die analytische Bestimmung der Familien (Forficulina, Blattina, Mantoidea, Gryllotalpina, Grylloidea, Locustina, Acridoidea), der Genera und Species; 27—30 die geographische Verbreitung und das faunistische Vorkommen der Orthoptern in der Schweiz nach den Mittheilungen von Frey-Geßner; 31 und 32 ein Verzeichniß der beschriebenen Orthoptern und ihrer Synonymen; 33—46 den Catalogus Orthopterorum Europae nach Fischer aus Freiburg und Fieber; 47 und 48 den Jndex generum.

Notes pour servir à l'histoire des Jnsectes du genre Phylloxera par J. Lichtenstein. Extrait des Annales agronomiques. Tome II, Nr. 1. Paris, 1876. 8°, 14 S. mit 1 Tafel: Tableau biologique du Phylloxera offert au congrès de Bordeaux par J. Lichtenstein.

Nach einer kurzen historischen Einleitung gesteht H. L., daß seine Ansicht über Phylloxera sich von manchen der übrigen Entomologen unterscheidet. Er trennt die Ph.-Arten von den Aphiden und macht eine eigene Zwischenfamilie, die Phylloxerinen (phylloxeriens), daraus. Der Hauptcharacter derselben besteht darin, daß sie in allen Stadien nur 3-gliedrige Antennen haben.

Nach einer Schilderung der verschiedenen Zustände geht er auf die Species des Genus Phlloxera ein und vergleicht schließlich die Entwicklung mit dem Keinem und Wachsen der Pflanzen.

Wir gehen in einem folgenden Artikel näher auf diesen Vergleich ein.

Nekrolog.

Von befreundeter Hand gehen uns folgende Notizen über den verstorbenen Grafen Ferrari zu: „Durch das kürzlich in Wien erfolgte Ableben des Grafen Johann Angelo Ferrari ist der Gelehrtenwelt neuerdings ein Veteran entrissen worden. Als eifriger Forscher auf dem Gebiete der Naturwissenschaften seit 45 Jahren in weiten Kreisen bekannt, war es die Entomologie, welcher Graf Ferrari sich vornehmlich widmete. Mehrere seiner Feder entstammende Broschüren, dann zahlreiche Aufsätze in den entomologischen Zeitschriften geben hiervon Zeugniß. Erst spät aber und nur auf Andrängen seines ältesten Freundes, des ihm im Tode nur wenige Wochen vorangegangenen Direktors Redtenbacher, entschloß er sich, sein umfassendes Wissen als Jurist und Mediziner und seine reichen naturwissenschaftlichen Kenntnisse im öffentlichen Dienste zu verwerthen, indem er, schon im Alter von 54 Jahren, der ehrenvollen Berufung an das k. k. zoologische Kabinet Folge leistete. Die Ordnung der großen kaiserlichen Coleopteren-Sammlung war ein Theil seiner Thätigkeit an diesem Institute und sichert ihm ein gutes Andenken — Als Mensch von edelster Gesinnung und den trefflichsten Charakter-Eigenschaften, war er von Allen, die ihn kannten, hochgeachtet. — Mit seinem Tode erlosch auch der Name eines der ältesten Adelsgeschlechter, da von seinen zahlreichen Kindern nur eine Tochter ihn überlebt hat.

Graf Ferrari hinterläßt eine etwa 8000 Arten umfassende, besonders durch die große Zahl typischer Exemplare und Varietäten sehr werthvolle Sammlung europäischer Coleopteren, ferner eine circa 1600 Nummern mit vielen duplis umfassende Sammlung von Autographen hervorragender Männer der Wissenschaft und des größten Theiles der europäischen Entomologen. — Beide Sammlungen, schön geordnet, sind nun Eigenthum des Schwiegersohnes des Verblichenen (Hauptmann von Hoffmann, Concipient beim Reichskriegsministerium in Wien) und werden von diesem, wie wir hören, um verhältnißmäßig nicht sehr bedeutende Summen an etwaige Käufer überlassen."

Piochard de la Brûlerie, gest. am 17. Juni, in einem Alter von noch nicht 32 Jahren. Ein strebsamer, tüchtiger Entomologe, der sich durch mehrere größere und kleinere Abhandlungen bekannt gemacht hat: Monographie des Ditomides; Catalogue des Carabiques de Syrie, dieser als Anfang einer unvollendet gebliebenen Arbeit; Abhandlung über die Definition der Species und über den Unterschied zwischen ihr und geographischer Varietät. Br. machte mehrere Reisen, nach Syrien, Spanien und in die Pyrenäen, von denen er reiche und interessante Ausbeute mitbrachte.

Thomas Wilkinson, gest. am 13. April in Scarbourough in England. Ein eifriger Mikrolepidopterensammler und Züchter, der die bedeutendste Sammlung von Mikros in England besaß.

Edward Newman starb am 12. Juni in Peckham nach kurzer, aber schmerzlicher Krankheit. Er war am 13. Mai 1801 in Hampstead geboren, übernahm zuerst ein Seilergeschäft, später eine Buchdruckerei. 1832 gab er die erste seiner naturhistorischen Zeitschriften, die in England wesentlich zur Förderung der Naturwissenschaften beigetragen haben, heraus, nämlich das Entomological Magazine, in Verein mit Davis, F. Walker und Ed. Doubleday. Als 1838 die Entomological Society ihre Transactions herausgab, ließ er es aus Mangel an Stoff wieder eingehen. 1840 indessen edirte er von neuem eine entomologische Zeitschrift, „the Entomologist", die er aber 1843 mit dem Zoologist verschmolz, um sie 1864 dann wiederum in's Leben treten zu lassen.

Von andern Werken erwähnen wir Grammar of Entomology, the Jnsect Hunters, or Entomology in verse, Natural History of British Butterflies, Natural History of British Moths.

Tauschverkehr und Kaufgesuche.

(NB. Diese Rubrik steht den Abonnenten für Mittheilungen gratis zu Gebote.)

Unterzeichneter sucht Tauschverbindungen auf Coleopteren in Südfrankreich, Italien und Griechenland und offerirt seltenere hiesige Sachen als Tauschobject gegen ihm fehlende Species, so Dytiscus lapponicus, Anchomenus ericeti, Donacia Malinowskyi etc.

Wernsdorf per Tharau in Ostpreußen, im Juli 1876.

A. Kuwert.

Unterzeichneter wünscht in weitere Verbindung mit Hymenopterologen, sowie auch Dipterologen, namentlich solcher aus Süddeutschland resp. Südeuropa zu treten.

O. Schmiedeknecht, cand. philos.
Lehrer am Institut Gumperda bei Kahla,
Thüringen.

Errata.

Pag.	Zeile	
37	13	st. »deutsche« l. »Deutsche«.
=	14	= „geschieben“ l. „geschrieben“.
50	13	ist das erste »,« wegzulassen.
51	28	ist statt des »,« ein ».« zu setzen.
52	27	ist vor „fördern“ ist »nicht« einzuschalten.
65	8 unter IV.	st. »Landesmann« l. »Landsmann«.
66	4	st. „Alysiaiodei“ l. „Alysioidei.“
=	6	st. »413« l. »314.«
67	25	st »117« l. »166.«
68	11	st. „enodontes“ l. „endodontes.“
69	6 v. u. (excl. Anm.)	st. „raon“ l. „Praon.“
=	2 der Anm.	st. »einem« l. »einen.«
70	9	st. „gehörend“ l. „gehören.“
=	1 des 4. Abs.	ist nach „9“ eine „)“ zu setzen.
=	9 v. u.	st. „4—7“ l. „4—6.“
=	6 v. u.	st. „Chinocentrus“ l. „Clinocentrus.“
71	16 des 3. Abs.	ist st. des ersteren »,« ein „;“ zu setzen.
=	17 = = =	= = = „;“ ein »,« zu setzen.
=	19 = = =	= = = zweiten »,« ein „;“ zu setzen.
72	1	nach „ibid.“ ist „1865“ einzuschalten.
87	9	st. „vernehmen“ l. „vornehmen.“
=	5 des 3. Abs.	nach „gesetzt“ ist „hat“ einzuschalten.
=	8 = = =	nach „behandelnd“ ist ein »'« einzuschalten.
88	10 des 2. Abs.	st. „abbilden und“ l. „abbildend.“

Druckfehler in Heft 6.

S. 91 Z. 12 eine Klammer hinter Marsh. zu setzen.
» » » » zu lesen poeciloceras.
» 92 » 2 des st. der.
» » » 3 hirsutum.
» » » » lutetiana.
» » » 22 unterbrochene.
» » » 13 von unten: Nylander.
» » » 11 » » viele.
» » » 10 » » Gwynana.
» » » 7 » » Klammer hinter genannt.
» » » 4 » » Gwynana.
» » » 3 » » Gwynana.
» 93 » 1 Gwynana.
» » » » gleichen st. glichen.

In Commission bei Ch. Fr. Vieweg in Quedlinburg.
Druck von Aug. Dose in Putbus.

№. 9. Entomologische 1876.

Nachrichten.

Herausgegeben
vom Gymn.-L. Dr. F. Katter.

Putbus, den 1. September.

Jeden 1. des Monats erscheint ein Heft. Abonnement jährlich 4 Mark pränumerando. Zu beziehen durch die Expedition (franco unter Kreuzband), die Post oder den Buchhandel. Tausch- und Kaufgesuche der Abonnenten gratis. Insertionsgebühr 25 Pfennig die Zeile oder deren Raum.

Das Studium der Hymenopteren,

Winke für Anfänger in diesem Zweige der Entomologie,

von Dr. Kriechbaumer in München.

VIII.

Die eigentlichen oder Falten-Wespen sind durch ein Prachtwerk ausgezeichnet worden, wie sonst keine Familie der Hymenopteren sich eines solchen rühmen kann. Es ist dieses die von H. de Saussure unter dem Titel „Etudes sur la famille des Vespides" in Genf und Paris 1852—1858 in 3 Groß-Oktav-Bänden erschienene monographische Bearbeitung dieser Familie, in welcher die bisher bekannten Arten derselben und eine sehr große Anzahl neuer beschrieben und zahlreiche Repräsentanten derselben nebst einer Anzahl von Nestern, Mundtheilen und andern anatomischen Einzelnheiten in schönen und größtentheils kolorirten Abbildungen dargestellt sind. Der erste dieser 3 Bände behandelt die Eumeninen oder einzeln lebenden Wespen. Nach einem allgemeinen Theil von 50 Seiten, welcher in einer Einleitung eine kurze Uebersicht der Litteraturgeschichte, welche in 3 Tribus (Eumeninen, Vespinen, und Masarinen) getheilt wird, dann die Eintheilung der ersten Tribus, die anatomische Gliederung des Körpers und die geographische Verbreitung derselben behandelt, folgt auf 260 Seiten die Charakteristik der Gattungen mit den sehr knapp gehaltenen Diagnosen und ausführlichen Beschreibungen der Arten nebst deren Synonymie und Vaterlandsangabe. Für besonders werthvoll erachte ich die Hinweisungen auf die nächst verwandten Arten und die besondere Hervorhebung der Unterschiede von denselben, ein Verfahren, das namentlich bei Beschreibung neuer Arten nicht genug empfohlen werden kann, da selbes die Erlangung einer klaren Anschauung und sichern Bestimmung außerordentlich erleichtert. Die Zahl der Gattungen beträgt 18, die der Arten 340, und sind besonders die Gattungen Eumenes und Odynerus durch ihren Reichthum an Arten (jene mit 62, diese mit 139) ausgezeichnet. Den Gattungen Synagris, Monobia, Rygchium[1]), Odynerus, Pterochilus, Alastor sind auch synoptische Tabellen beigefügt, worin die Gattung zunächst in 4 Untergattungen (Symmorphus, Ancistrocerus, Leionotus, Oplopus[2]) getheilt wird. Ein Verzeichniß der zweifelhaften Arten und eine Bibliographie dieser Tribus bildet den Schluß. Von den 22 Tafeln enthalten die ersten 7 vergrößerte, besonders zur Kenntniß der Gattungen wichtige Körpertheile, die folgenden 8—21 zahlreiche Gattungsrepräsentanten nebst vielen zu deren Unterscheidung wichtigen einzelnen Theilen derselben, Tafel 22 eine schematische Uebersicht der Verwandschaftsverhältnisse zwischen den Gattungen dieser Gruppe. Im zweiten, 256 Seiten starkem Bande sind die Vespinen oder geselligen Wespen abgehandelt. Es sind hier in 12 Gattungen 223 Arten beschrieben, und darunter Polistes mit 63, Polybia mit 54, und Vespa mit 41 Arten als die reichhaltigsten Gattungen hervorzuheben. In einem Anhange werden außerdem noch einige weitere neue Arten beigefügt, besonders von der Gattung J. caria, die sich dadurch mit 29 Arten an die vorhin erwähnten zunächst anschließt. Die von ältern Autoren vorgenommene Trennung des Polistes Gallicus in 3 Arten (Gallicus L., biglumis L. und diadema Ltr.) behält der Autor zwar bei, gesteht jedoch das Vorkommen von Zwischenformen zwischen den beiden letztgenannten Arten zu[3]). Von den 32 Tafeln dieses Bandes sucht die erste die Verwandtschaftsverhältnisse der Gruppen und Gattungen dieser Abtheilung zu veranschaulichen, die übrigen führen uns wieder zahlreiche Gattungsrepräsentanten mit einzelnen Körpertheilen, dazu aber noch eine reichliche Anzahl von Nestern (11 Tafeln ausschließlich mit solchen) vor Augen. Der dritte Band enthält zunächst die Monographie der wenigstens theilweise parasitischen Masarinen und besteht wieder aus einem allgemeinen (pag. 1—48) und einem

1) Die Schreibart „Rynchium" würde ich vorziehen.

2) Der Schreibart „Hoplopus" würde ich ebenfalls den Vorzug geben.

3) Der Unterschied dieser 3 angeblichen Arten beruht nur in der mehr oder minder großen Ausbreitung der gelben Zeichnungen oder in der mehr oder minder intensiv gelben oder mehr weißlichen Farbe derselben, und sind weder plastische Unterschiede noch Verschiedenheiten im Nestbau wahrzunehmen. Bei der Verbreitung dieser Thiere von Skandinavien bis tief in die südlichen Mittelmeerländer können ferner klimatische Einflüsse sicher nicht ohne Wirkung bleiben deren Einfluß macht aber gerade Verschiedenheiten in Ton und Ausdehnung der gelben Zeichnungen höchst wahrscheinlich und so dürfte kaum zu zweifeln sein, daß jene 3 angeblichen Arten nur klimatische Varietäten ein und derselben Art bilden.

speziellen Theil (pag. 49—96), in welch letzterem die zu dieser Abtheilung gehörigen Gattungen Paragia mit 7, Ceramius mit 14, Trimeria mit 1, Jugurtia mit 2, Celonites mit 3 und Masaris mit 1 Art abgehandelt sind. Unterdeß hatte aber der Verfasser soviel neues Material kennen gelernt, daß er im Stande war, als zweite Abtheilung dieses Bandes ein Supplement zum ersten zu liefern, in welchem mehrere in diesem vorkommende Irrthümer berichtigt, über 200 größtentheils ganz neue, zum kleineren Theile bereits von andern Autoren erwähnte, aber im ersten Bande nicht angeführte Arten beschrieben werden. Von besonderem Werthe sind noch die Citate älterer Autoren, deren typische Exemplare der Verfasser einer Untersuchung unterzog, wie die von Linné, Banks, King in den Sammlungen der Linné'schen Gesellschaft und die mehrerer neuerer englischer Autoren in dem brittischen Museum zu London, dann die von Jurine in Genf, von Bose, Brullé, Lepelletier, Lucas, Latreille, Blanchard und Guérin-Méneville in Paris, Spinola in Genua und Herrich-Schäffer in Regensburg enthaltenen, von denen die von Linné und Banks besonders besprochen und gedeutet werden. Dadurch ist dieser Band mit Inhalts- und Druckfehlerverzeichniß auf 332 Seiten angewachsen, und sind selbem 16 Kupfertafeln beigefügt, von denen 5 zur Monographie der Masarinen, die übrigen zu dem besprochenen Supplemente gehören. Als Nachtrag zu diesem Werke ist von demselben Verfasser ein Aufsatz in der Stettiner ent. Zeit. 1862 p. 129 und 177 unter dem Titel „Sur diverses Vespides Asiat. et Afric. du Musée de Leyden" erschienen.

Ist nun Saussure's Werk, das nach Inhalt und Ausstattung eine Zierde jeder entomologischen Bibliothek bildet, für Hymenopterologen, deren Studium sich auch auf Exoten erstreckt, oder für solche, die sich mit dieser interessanten Familie speziell beschäftigen, ganz unentbehrlich, so wird doch die Anschaffung desselben für die Mehrzahl solcher, welche nur die einheimischen Arten, aber aus der ganzen Ordnung der Hymenopteren, in den Kreis ihrer Studien ziehen, mit zu großen pekuniären Opfern[1]) verknüpft sein, um an selbe denken zu können, und werden solche mit einem minder kostbaren Werke sich begnügen müssen. Für diese hat wieder Schenck's unermüdlicher Eifer gesorgt durch Herausgabe seiner Schrift „die deutschen Vesparien. Wiesbaden 1861," aus den Jahrb. des Vereins f. Naturkunde im Herzogth. Nassau. Heft XVI. besonders abgedruckt. Auf 136 Seiten enthält dasselbe außer der Eintheilung und Beschreibung der deutschen Arten (p. 12—14) eine ziemlich ausführliche Schilderung der Lebensweise und Nestbauten der Faltenwespen überhaupt (p. 93—132).

1) In Friedländer's Katalog ist das Werk zu 140 Mrk. angesetzt.

Dieselbe Schrift enthält überdieß auch noch Nachträge zu den früher erschienenen Arbeiten über Grab- und Goldwespen, Bienen und Ameisen (p. 137—208). Der billige Preis[1]) macht die Anschaffung desselben auch dem wenig Bemittelten möglich.

Smith's Arbeit über die brittischen Wespen habe ich bereits bei den Staubwespen erwähnt. Die gesellig lebenden Arten derselben (es sind das, da die Gattung Polistes den brittischen Eilanden fehlt, die 7 dort vorkommenden Arten Vespa crabro, {Norvegica, Britannica} {sylvestris, Kolsatica} {Corealis, arborea,} germanica, vulgaris und rufa) haben sich eines besonderen und genauen Studiums von Seite des englischen Entomologen Edward Latham Ormerod zu erfreuen gehabt, der die Resultate desselben in einem hübschen Buche von 270 Seiten niedergelegt hat. Es führt den Titel „British social wasps. London 1868" und ist nebst mehreren Holzschnitten von 4 kolorirten Kupfertafeln, auf denen die erwähnten 7 Arten, jede in den 3 Geschlechtern und mit der Vorderseite des weiblichen Kopfes, und von 10 lithographirten Tafeln begleitet, auf denen deren Nester abgebildet sind. Schon die ziemlich ansehnliche Dicke des in Kleinoctav erschienenen Buches läßt erwarten, daß die betreffenden Thiere nach allen Beziehungen genau erörtert sind. Dasselbe zerfällt in 7 Abschnitte: der erste enthält verschiedene allgemeine Bemerkungen, worunter das Sammeln und Aufbewahren der Wespen und ihrer Nester, die Behandlung der Stiche der ersteren, die Methode ihrer Zergliederung, ihren Nutzen u. s. w., der zweite die Eintheilung unter Unterscheidung der Arten, der dritte bis sechste die Anatomie und Physiologie, der siebente die Form und Bildung der Nester, der achte die Entwicklung und Lebensweise, der neunte experimentale Untersuchungen. Diese kurzen Angaben dürften genügen, das Interesse für dieses Werk, das als ein, wenn auch minder ausgedehntes Seitenstück zu Dr. Forels Werk über Ameisen betrachtet werden kann, zu erregen. Der Preis beträgt ohngefähr 12 Mark.

Phylloxera.

In der vorigen Nr. erwähnten wir kurz der Abhandlung des Herrn Lichtenstein über das Genus Phylloxera[2]); wir geben heute den in Aussicht gestellten ausführlicheren Bericht.

Die Idee der Abhandlung ist daß die Pylloxeren durch Anpassung an verschiedene Lebensweisen verschiedene Formen hervorgebracht haben, deren Ursprung H. L. sämmtlich in der neuen

1) 2 Mrk. 20 Pf. in Friedländer's Katalog.

2) Notes pour servir à l'histoire des Jnsectes du genre Phylloxera. Dieselbe ist in den Mitth. der schweiz. ent. Ges. inzwischen in Uebersetzung des Herrn Frey-Geßner erschienen.

Welt zu finden glaubt. Dies letztere wird indeß als bis jetzt noch unbewiesene Annahme hingestellt.

Daß L. die Phylloxeren von den Aphiden trennt und eine Zwischenform zwischen diesen und den Coccidien: die Phylloxerinen, daraus macht, erwähnten wir schon in Nr. 8. Das Hauptmerkmal derselben besteht darin, daß sie in allen Stadien nur 3-gliedrige Antennen haben. „Am Ende des Herbstes findet bei einigen Arten eine zweite Metamorphose des flügellosen Insects in ein geflügeltes statt. Hierbei tritt eine der sonderbarsten Erscheinungen auf, dies herbstliche geflügelte Insect legt nicht ein Ei, sondern eine Puppe, die bald aufspringt und aus der männliche oder weibliche Insecten hervorgehen, die sich unmittelbar darauf paaren.

„Man hat unsere Anschauungsweise dieser Puppe und also des Insects als fliegenden Cocons vielfach angegriffen; indessen können wir eine Hülle, aus der ein geschlechtliches, ausgewachsenes, begattungsfähiges Insect hervorkommt, nicht als Ei ansehen. Außerdem gleicht diese Hülle bei mikroskopischer Vergrößerung einem Filzsack, der den Cocons der männlichen Cochenillen höchst ähnlich ist, während die Eier, aus denen die Larven hervorkommen, eine glatte Schale von ganz anderer Textur zeigen. Außerdem, und dies scheint uns das wichtigste Argument zu sein, sind diese Eier je nach dem Geschlecht von ganz verschiedenen Dimensionen; man findet dies zwar bei Puppen und Nymphen, wo aber beim Ei eines Insects? Bald nach der Begattung sterben die Männchen; die Weibchen legen nach wenigen Tagen je ein einziges, großes Ei mit glatter Schale. Dies ist ein wirkliches Ei."

Die bis jetzt unterschiedenen Arten der Phylloxera, nämlich: 1. Ph. acanthochermes Kollar; 2. Balbianii Licht.; 3. coccinea Heyden; 4. corticalis Kaltenbach; 5. Escorialensis Graells in litt.; 6. Florentina Targioni; 7. Quercus Boyer de F.; 8. Lichtensteinii Balb.; 9. Rileyi Licht.; 10. scutifera Sign.; 11. Signoreti Targ.; 12. spinulosa Targ.; 13. vastatrix Planchon glaubt L. auf 4 Species zurückführen zu können, von denen 3 auf der Eiche leben: coccinea, corticalis und Quercus; 1 auf dem Weinstock: vastatrix. Von den ersteren leben 2 auf Blättern, corticalis auf der Rinde.

Die Lebensgeschichte der Ph. Quercus ist nach L. folgende: „Die dicke, höckrige Stammmutter erscheint in den ersten Tagen des Mai (um Montpellier) auf den jungen Schößlingen der Quercus coccifera und legt an den Blattstielen oder in den Blattachseln 150—200 Eier ab. Aus diesen kriechen die jungen Larven, kleine weiße, fast glatte Läuschen mit kurzem Rüssel nach 4—5 Tagen aus, setzen sich an der Unterseite der Blätter fest, wo sie bald bedeutend an Größe zu nehmen, werden rosa, dann roth, gehen in den Nymphenzustand über und erscheinen c. 20. Mai als geflügelte Insecten. Diese entfernen sich alsbald, so daß man vom 1. Juni ab auf der Kermeseiche kein einziges Exemplar mehr findet; hingegen sind jetzt die Blätter von Qu. pubescens mit Phylloxeren bedeckt, die jede 40—50 Eier auf der filzigen Unterseite der Blätter ablegen und dann sterben.

„Diese Generation entwickelt sich bedeutend langsamer, als die erste; erst nach 8—10 Wochen zeigen sich Nymphen oder geflügelte Insecten. Nun beginnt die Rückwanderung; Q. pubescens wird verlassen, Q. coccifera mit geflügelten Insecten bevölkert. Indessen legen diese jetzt keine Eier, sondern die oben erwähnten Puppen, aus denen geschlechtliche Insecten hervorgehen, die sich begatten. Das ♀ legt das einzige große Ei in die Risse und Spalten des Stammes der Q. coccifera; aus ihm geht im Frühjahr die Stammmutter hervor. Diese Species hat also überwinternde Eier."

„Ganz entgegengesetzte Erscheinungen zeigt Ph. coccinea. Sie erscheint auch in den ersten Tagen des Mai, aber die Stammmutter sticht das Blatt der Q. pubescens an, das sich infolge dieses Stiches krümmt, und die Phylloxera bedeckt, die nun unter diesem Schutze 150—200 Eier ablegt. Diese Stammmutter ist weniger dornig, als Ph. Quercus, hat kürzere Beine und ihre Form ist mehr konisch. Dagegen sind die jungen Larven höckriger und haben einen den Körper an Länge übertreffenden Schnabel. Ihr Wachsthum ist langsam; erst Ende Juli bilden sie sich zum geflügelten Insect aus. Nun ebenfalls Auswanderung auf die Kermeseiche, Eierlegen, und — soweit wir nach den mangelhaften Beobachtungen behaupten können — Metamorphose in 8 Tagen, denn nach dieser Zeit fanden wir das geflügelte Insect wieder auf Q. pubescens. Hier legt das befruchtete ♀ sein Winterei, aus dem im Frühjahr die Stammmutter hervorgeht, unter (in ?) die Knospen."

Diese Wandertheorie der Phylloxeren ist vielfach angegriffen, theilweise indessen auch bestätigt worden (durch Prof. Targioni-Tozetti in Florenz). L. glaubt indessen, nach seinen eigenen Beobachtungen, bei seiner Ansicht verharren zu müssen.

„Wir glauben, daß die Phylloxeren, wie viele andere mit fremden Pflanzen eingeschleppte Coccidier ihre Lebensweise neuen Lebensbedingungen haben anpassen müssen. In diesem Kampf um's Dasein konnte, da sich nicht überall dieselben Eichen fanden wohl der Wechsel der Nahrung auf die Entwicklung und die Gewohnheiten des Insects Einfluß haben."

(Fortsetzung folgt.)

Eine Berichtigung bezüglich der Beschreibungen des **Hydrophilus piceus L.** und **H. aterrimus Eschsch.** von Professor Dr. Doebner zu Aschaffenburg.

Es ist auffallend, daß man in den Beschreibungen dieser beiden großen und nicht seltenen Käfer bei unseren bewährtesten Faunisten Ungenauigkeiten und Widersprüche findet, welche das Unterscheiden dieser beiden Arten für den Anfänger schwierig machen. So sagt Erichson in den Käfern der Mark Brandenburg:

Hydr. piceus L.	Hydr. aterrimus Eschsch.
carina mesosterni plana.	carina mesosterni profunde canaliculata. — Der Brustkiel hat vorn eine tiefe Furche.

Redtenbacher in der Fauna austriaca in allen drei Auflagen:

Brustkiel vorn tief gefurcht.	Brustkiel ohne Furche.

Diese beiden Angaben widersprechen sich daher vollständig.

Bach erwähnt in den Käfern von Nord- und Mitteldeutschland bei H. piceus die Form des Mittelbrustkieles gar nicht, während er dem H. aterrimus einen vorn tief gefurchten Brustkiel zuschreibt, woraus man wohl schließen darf, daß er, gleich Erichson, den Brustkiel des H. piceus für ungefurcht betrachtet.

Näher kommen der Wirklichkeit Heer und Sturm. Ersterer sagt in der Fauna coleopt. helvet.

H. piceus L.	H. aterrimus Eschsch.
carina mesosterni saepius planiuscula, interdum vero etiam plus minusve excavatum.	morio Sturm, carina mesosterni profunde canaliculata. — Der Brustkiel hat vorn eine tiefe Furche.

Letzterer in den Käfern Deutschlands:

Brustbein zwischen den vorderen Beinen kaum merklich ausgehöhlt. — Das Brustbein am vorderen Theile zwischen den vorderen Beinen beinahe flach, oder bisweilen mit einem unbedeutenden Eindruck versehen.	Brustbein zwischen den vorderen Beinen schmal mit einer tief-ausgehöhlten Rinne. — Das Brustbein ist eben so lang, als bei piceus, aber der Theil zwischen den vorderen Beinen schmäler und seiner ganzen Länge nach mit einer tief ausgehöhlten Rinne versehen.

Endlich sagt Gyllenhal, der die beiden Arten in seiner Fauna suecica noch nicht unterscheidet. H. piceus L. Sterno canaliculato. — Sterno subtus canaliculato. Wahrscheinlich dieser Bemerkung halber ziehen Gemminger und v. Harold in ihrem Katalog dieses Citat zu H. aterrimus, meiner Ansicht nach mit Unrecht, da Gyllenhal doch das abdomen carinatum nennt, was gewiß nicht auf aterrimus paßt, während das Sternum canaliculatum, wie wir sehen werden, auch auf H. piceus bezogen werden kann.

Nach meinen Beobachtungen an mehr als einem Dutzend beider Geschlechter dieser Käfer verhält es sich bezüglich des Mittelbrustkieles in Wirklichkeit wie folgt:

Bei H. piceus L. ist der Mittelbrustkiel merklich breiter, als bei H. aterrimus und hat bei dem Männchen eine breite und tiefe, längliche Aushöhlung, welche den Vorderrand des Mittelbrustkieles nicht erreicht; bei dem Weibchen dagegen ist derselbe meist eben ohne merkliche Aushöhlung oder seltener auch mit einer ähnlichen, aber viel schwächeren Aushöhlung versehen. Bei H. aterrimus ist der Mittelbrustkiel merklich schmäler, als bei dem vorigen und hat bei beiden Geschlechtern eine tiefe, bis zum Vorderrand desselben reichende Furche, die jedoch bei dem Männchen auch merklich tiefer ist, als bei dem Weibchen.

Bemerk. der Red. Die auffallendsten Unterscheidungsmerkmale zwischen H. piceus und aterrimus bestehen wohl in der Gestalt der Bauchringe (piceus: dachförmig gekielt mit scharfem Rande; aterrimus: flach gewölbt) und in der Farbe. Piceus zeigte in allen mir zur Gesicht gekommenen Exemplaren ein grünliches Schwarz (Redt. pechschwarz), aterrimus ein dunkles glänzendes Schwarz. Der Farbenunterschied ist so auffallend, daß ich jeden aterrimus sofort daran erkenne, sowie ich ihn aus dem Wasser ziehe. Hier auf Rügen sowohl wie in Hinterpommern kommt aterrimus mindestens so häufig, wenn nicht häufiger als piceus vor.

Brutstätte für Schmetterlinge.

Herr Th. L. Mead beschreibt im Canadian Entomologist einen Zuchtapparat für Schmetterlinge folgendermaßen: „Man nimmt eine Kiste von beliebiger Größe, bedeckt dieselbe mit Gaze, welche auf einer Seite ganz, an den daranstoßenden Seiten zur Hälfte festgeheftet wird; die andere lose Seite hängt etwas über und wird durch eine schmale Leiste, welche daran befestigt ist, angezogen und niedergehalten. In die eine Seite des Kistchens wird ein Loch gebohrt, um einen Zweig der resp. Futterpflanze mit soviel Blättern als möglich hinein zu stecken, damit der Schmetterling darauf die Eier ablege; später muß die junge Brut selbstverständlich sogleich frisches Futter erhalten. Zur Fütterung der gefangenen Weibchen wird eine Schale mit getrockneten rohen Aepfeln, mit Zucker bestreut, und etwa zur Hälfte mit Wasser gefüllt in das Kistchen gestellt. In solchen Brutstätten lebte Limenitis arthemis 2 Wochen und länger und legte dabei mehr Eier, als wenn man sie für den bestimmten Zweck ohne alles Futter eingesperrt hätte.“ P. Fischer, Buffalo.

Versammlung deutscher Naturforscher und Aerzte in Hamburg.

Die Mitglieder- oder Theilnehmer-Karten (welche zum unentgeltlichen Bezuge einer Damenkarte und zur Benutzung der Fahrpreisermäßigung zahlreicher Eisenbahnen, so wie während der Versammlung zum Eintritt zu den allgemeinen Sitzungen, zu dem zoologischen Garten und anderen Anstalten und Sammlungen, so wie zum Empfange des Tageblattes berechtigen) werden gegen portofreie Einsendung von 12 Rmk. „an das Anmeldebüreau der Naturforscherversammlung" und genaue Angabe, welche der beiden Kartenarten beansprucht wird, vom 1. Aug. d. J. an verabfolgt. Ebendorthin sind Vorausbestellungen von Wohnungen mit Angabe der desfallsigen Ansprüche zu richten und wird daselbst (im neuen Schulgebäude am Steinthorplatz, wo auch der Regel nach die Sektionssitzungen stattfinden) vom 15. Sept. an das Anmelde-, Wohnungs- und Auskunfts-Büreau eröffnet sein. — Wissenschaftliche Anfragen oder Mittheilungen sind an einen der beiden Geschäftsführer zu richten."

Die Tagesordnung ist, einem vielfach geäußerten Wunsche gemäß, um den wissenschaftlichen Charakter der Versammlung nicht zu verwischen und die Vergnügungen thunlichst zu beschränken, wie folgt festgesetzt: Sonntag, den 17., Abends: Begrüßung im Sagebiel'schen Etablissement (große Drehbahn Nr. 19—23), wo auch täglich abendliche Zusammenkünfte stattfinden. — Montag, den 18. Um 9 Uhr; 1. allg. Sitzung. Um 2 Uhr: Constituirung der Sektionen. Um 5½ Uhr: Festessen im Sagebiel'schen Saale. — Dienstag, den 19. Von 9 Uhr an: Sektionssitzungen. Abends 6 Uhr: Zusammenkunft auf der Uhlenhorst a. d. Alster. — Mittwoch, den 20. Um 10 Uhr: 2. allg. Sitzung Um 1 Uhr: Besichtigung von Anstalten unter Führung von Ausschußmitgliedern. — Donnerstag, den 21. Von 9—12 Uhr: Sektionssitz. Um 2 Uhr: Dampfschifffahrt auf der Elbe. — Freitag, den 22. Von 9 Uhr an: Sektionssitz. Um 3 U.: Besichtig., wie am Mittw. Abends: Zusammenk. im zoologisch. Garten. — Sonnabend, den 23. Um 10 U.: 3. allg. Sitz. Um 2 U.: Sektionsitz. od. Besichtig. w. a. Mittw. — Sonntag, den 24. Bei genügender Betheiligung Fahrt nach Helgoland.

In Anschluß an die Naturforscherversammlung in Hamburg fordert H. Dr. Kraatz die Entomologen zu einer Zusammenkunft am 15. und 16. September in Dresden auf. Alle diejenigen, welche die Absicht haben, sich dort einzufinden, werden gebeten, dies Herrn Geh. Regierungsrath von Kiesenwetter in Dresden (Seidnitzstr. 13) oder Herrn Dr. Kraatz, Berlin, Linkstr. 28, anzuzeigen.

Der Fang der coprophagen Coleopteren.

Den Fang dieser Thiere, namentlich der kleineren Arten, habe ich seit einigen Jahren auf folgende Weise betrieben:

Eine ziemlich große mit gut schließendem Deckel versehene Blechbüchse fülle ich halb mit Wasser, außerdem führe ich (in Ermangelung eines geeigneten hohlen Spatens) einen eisernen Eßlöffel, einen kleinen Theelöffel, die Pinzette und einige Sammelgläser mit mir.

Beim Sammeln suche ich mir namentlich solche Excremente aus, die nicht auf bewachsenen Untergrund, sondern auf lockerem Sand- oder Humusboden liegen, entferne, wie dies ja immer geschieht, schnell die obere trockene Kruste und suche dann soviel Thiere wie möglich mit dem Löffel in meine Büchse zu werfen. Gleich darauf schwimmt alles Lebende auf der Oberfläche des Wassers und fische ich mir nun mit Theelöfel und Pinzette das Brauchbare heraus und bringe es in meine Gläser.

Etwa 20 Minuten von meiner Behausung entfernt liegt eine große Schafweide — dort mache ich meine beste Beute. Der Schafmist liegt zu großen Klumpen zusammengeballt überall umher und da er nirgends fest am Boden haftet, so sind die Coprophagen gezwungen, ganz in denselben hineinzukriechen: oft ist der Koth, namentlich wenn er schon etwas trocken ist, ganz von Käfern durchsetzt. Man kann nun solche trockene Stücke wohl auch auf einem weißen Papier auseinanderbrechen und die Thiere mit Pinzette und Fingern greifen, dabei entgehen einem aber doch immer viele, namentlich die flinken Staphylinen und Cercyonarten. Wirft man aber einen solchen Klumpen ins Wasser, so löst er sich langsam auf, bald kommen Hunderte von größeren und kleineren Coprophagen nach oben und können bequem gefangen werden.

Auf diese Weise habe ich manchen seltenen Aphodius und besonders viele kleinere Staphylinen erlangt, die mir sonst sicher entgangen wären. Dieses Hülfsmittel bietet überhaupt alle die Vortheile, welche der Kätscher oder Schöpfer beim Fange der pflanzenbewohnenden Kerfe gewährt.

Freilich ist hier bei allen meinen Sammelplätzen stets Wasser in der Nähe, so daß ich meine Büchse öfters reinigen kann, — dies dürfte nicht überall zutreffen.

G. de Rossi.

Die Cothenius-Medaille der Leopoldinisch-Carolingischen Akademie der Naturforscher ist für Leistungen auf dem Gebiete der Zoologie im J. 1875 H. Prof. Dr. Aug. Weismann zu Freiburg in Br. verliehen worden.

Das Tödten der Insecten.

Die von Herrn Dr. Eugène Rey, Leipzig, Heft 6. Seite 94 Jahrg. 76 beschriebene Methode, Insecten vermittelst einer Spritze aus Glas und Gummischlauch zu tödten, wende ich schon mehrere Jahre an und habe ich dieselbe Herrn Dr. Wocke in Breslau bereits vorigen Herbst mitgetheilt. Um möglichst feine Glasspitzen zu erhalten, nehme ich die Glasröhren so dünnwandig wie möglich, bei einem Durchmesser von circa 5mm; die Spitzen lassen sich sehr leicht über einer Spiritusflamme herstellen. Ein Stück Röhre, welches zwei Spitzen gibt, wird in der Mitte über der Flamme erhitzt und sobald das Glas weich wird, auseinandergezogen. Als Gift wende ich den aus Quassiaholz durch Auskochen enthaltenen Extract an. Die Flüssigkeit wird bis die Farbe dunkelbraun ist, eingedampft. Auch das aus schwerem Taback auf dieselbe Weise erhaltene Gift ist brauchbar. Diese Stoffe ziehe ich Arseniklösungen vor, welche häufig zu rasch Leichenstarre hervorrufen, so daß die Insecten schlecht zu spannen sind. Die Spritze ist noch bei ziemlich kleinen Schmetterlingen anwendbar; ich führe sie bei solchen in die Mitte des Thorax ein; in das Loch kommt dann die anzuwendende Insectennadel. Indeß muß man sich hüten, zu viel Gift in die Spitze einzuziehen.

Eine 2. Anwendung der Glasspritze ist noch die zur Beseitigung des im Jahrg. 75 Seite 63 erwähnten Uebelstandes, daß aus manchen Insecten, auch bei Schmetterlingen, aus der Wunde ein Saft fließt, meist wenn sie schon auf dem Spannbrett stecken. Man drückt die Luft aus der Spritze und zieht dann den austretenden Saft ein. W. Martini.

Ersatz für Markstückchen.

Für alle kleinen Schmetterlinge, die nicht direct auf lange Nadeln kommen können und von andern Sammlern auf Markklötzchen gesteckt werden, wende ich mit vielem Vortheil folgende Methode an: Von starkem weißen Glanzpapier fertige ich kleine Streifen von 14 mm. Länge und circa 2 mm. Breite, und stecke je 2 Stück an eine stärkere Insectennadel übereinander. Am andern Ende werden vermittelst einer dreischneidig geschliffenen Stahlnadel durch beide Plättchen Löcher gestochen, dann wird das obere Plättchen etwa 2mm. höher geschoben, die Löcher werden mit einer Pincette wieder zugedrückt, durch sie wird das Drathende mit dem Insect eingesteckt und auf der Unterseite durch etwas Gummiarabicum an beiden Streifen festgeleimt. Da das Abmessen der 2mm. Breite ohne mechanische Hülfe sehr umständlich ist, bediene ich mich hierzu einer Nähmaschine, indem ich mit derselben an 2 Gegenseiten eines Bogen Glanzpapiers Löcher steche in der Stichweite Nr. 4½, welche der Breite der Streifen entspricht. Diese Löcher dienen mir dann zum Ziehen der Linien. Die Höhe, in die die Streifen an den Nadeln zu schieben sind, muß so eingerichtet werden, daß die Höhe der aufzusteckenden Insecten ⅔ der Nadelhöhe entspricht. Das Insect stecke ich aber in seiner Längsaxe nicht senkrecht zur Längsaxe der Papierstreifen, wie Seite 41 Jahrg. 76 angegeben, sondern parallel. Auch Redtenbacher empfiehlt die Käfer nicht seitlich, sondern in der Richtung der Streifen aufzukleben. W. Martini.

Vermischtes.

Deilephila Nerii. — Herr Rector Jesnitzer in Zanow theilt uns mit, daß ihm eine auf Vinca minor lebende Raupe von D. Nerii gebracht worden ist, die er zum Schmetterlinge zu erziehen hofft. Die wenigen Oleanderbäume in Zanow haben sich vollständig frei von Raupen gezeigt, so daß das vereinzelte Auftreten der einen Raupe bisher noch unaufgehellt ist. Der Schwärmer scheint sich übrigens weit zu verfliegen; ich erinnere mich, daß H. Prof. Asmus vor einer ganzen Reihe von Jahren ihn in Dorpat fing.

Nachträglich schreibt uns H. Jesnitzer, daß sich in einem, durch eine Hecke von der ersten Fundstelle abgetrennten Garten noch 5 andere gute Exemplare der Schwärmerraupe fanden, welche jetzt alle bereits in die Erde gegangen sind. Vinca minor fraßen sie begierig.

Unnütze Ausgaben für Porto.

Beim Bezug von kleinen Posten Naturalien oder Nadeln oder sonst etwas innerhalb Deutschlands, machen sich viele der Herren Abnehmer recht unnöthige Kosten. Erstens bestellen sie per Brief —: per Karte sind 5 Pfennig erspart. Zweitens erlangen sie die Sendung per Postvorschuß —: die kleinste derartige Sendung kostet ihnen Porto, Zuschlag und Vorschußgebühr, vertheuert daher den bezogenen Gegenstand oft bis zur Höhe seines Werthes.

Man zahle einfach den ohngefähren Betrag des Objects und der Francatur, womöglich etwas mehr, per Postanzahlung ein und bestelle dabei auf Coupon das Nöthige franco. Das etwas mehr für etwa nöthige Emballage oder sonstige Spesen. Was zuviel gezahlt ist, wird im Packet mit zurückgesendet. Fehlt aber, und es soll der Fehlbetrag nachgenommen werden — so tritt die Eingangs erwähnte Calamität ein Bei Berechnung des Portos ist darauf Rücksicht zu nehmen, ob die Waare per Packet oder per Brief gesendet werden kann (Letzteres z. B. bei Insectennadeln). Das Packet kostet per 5 Kilogr. bei über 10 Meilen Entfernung 50 Pfennige, bei weniger Entfernung 25 Pfennige, wenn dasselbe frankirt ist; wenn nicht 10 Pfennige mehr. Ein Brief bis 250 Gramm kostet 20 Pfennige. Also — man mache sich namentlich die kleinen Bezüge nicht theurer, als nöthig.

Dresden. L. W. Schaufuß,

Literarische Revue.

Newman's Entomologist. — 154. Newman, Beschreibung von Polysphaenis sericina nach Guenée. — Forts. der Uebers. von Mayr's Eichengallen. — Auld und Laddiman, über Raupenpräparation. — Riley, Bemerkung über Megathymus Yuccae Walk. — 155. Newman, über die brittischen Arten von Sphecodes. — Sharp, Larvenpräparation. — Riley, Meg. Yuccae Walk., Forts. — Mayr's Eichengallen, Forts. der Uebers. — Ueber Doubleday's Sammlung.

156 und 157. Mayr's Eichengallen. Forts. — Sammelberichte und kleinere Bemerkungen.

Bulletin de la Société Jmpériale des Naturalistes de Moscou, 1875, Nr. 4. Mit 1 Tafel und 1 Porträt: Fischer von Waldheim. 179 — S. 288 u. 47—152.

C. Berg, patagonische Lepidopteren, beobachtet auf einer Reise im J. 1874, 191—247. — Jakowlew, Hemiptera Heteroptera der russischen Fauna (russisch mit deutschen Diagnosen), 248—270. — Feier des 50jährigen Doctorjubiläums des Prof. Fischer von Waldheim.

Mittheilungen aus dem naturw. Vereine von Neuvorpommern und Rügen, VII. Jahrg., 1875. Mit 3 lith. Tafeln und 2 Karten, 134 S.

C. Plötz, einige Worte über Bewußtsein, Ueberlegung und Geschicklichkeit der Insecten-Puppen; S. 16—17.

Psyche, Organ of the Cambridge Entomological Club, Cambridge Mass. Amerika. Nr. 21, Jan. 1876. — Emerton, Spiders common to New England and Europe, 2 S. — Grote, Arctic Lepidoptera in the White Mountains (Laria Rossii Cust). — Scudder, Chrysalis with attached Larval Head. Nr. 22, Febr. — Scudder, odoriferous Glands in Phasmidae; 3 S. — Proceedings of the Club: Habits and Forms of Caloptenus s; retus.

Nr. 23. Schwarz, list of Coleoptera collected in Michigan in 1874, 3 S. — Scudder, Pieris rapae in Mid-ocean, gefangen 1100 Seemeilen östlich von New-York im Takelwerk eines Schiffes; Sc. meint, daß die Raupe sich ins Schiff geschlichen und dort verpuppt habe. Auf diese Weise sei auch wahrscheinlich P. rapae nach Amerika gekommen. — Riley, Hibernation of Amphipyra pyramidoides.

Nr. 24. Blanchard, Lixus rubellus Randal: — Schwarz, on some Coleoptera from Florida. — Pickman Mann, Jnsect Calendars. — Mimicry between Basilarcha Disippe and the co-territorial species of Danaus.

Nr. 25. Moody, the aborted Wings of Boreus. — Pickman Mann, Synoptical Tables for Determining N. A. Jnsects, die in der Psyche erscheinen werden. — Prothoracic Tubercles in Butterfly Caterpillars. — Guadelupe Orthoptera and Butterflies.

Nr. 26. Scudder, Synoptical Tables for determining N. A. Jnsects. Orthoptera.

Sämmtliche Nrn. der Psyche, die monatlich erscheinen, bringen eine fortlaufende Uebersicht der Abhandlungen über amerikanische Insecten, sowohl aus amerikanischen, wie aus europäischen Zeitschriften und andern Werken.

Verhandlungen der kaiserlich-königlichen zoologisch-botanischen Gesellschaft in Wien. Jahrg. 1875, XXV Bd. Mit 16 Taf. 8°, 826 S. Grzegorzek, neue Pilzmücken aus der Sandazer Gegend, mit eingedruckten Abbild., 1—8. — Franz Löw, über neue und einige ungenügend gekannte Cecidomyiden der wiener Gegend, mit Taf., 13—32. — Brauer, Beschreibung neuer und ungenügend bekannter Phryganiden und Oestriden, mit Taf., 69—78.— O. M. Reuter, Hemiptera Heteroptera Austriaca, mm. Maji—Augusti 1870 a J. A. Palmén collecta, 83—88. — Staudinger, neue Lepidopteren des südamerikanischen Faunengebiets, 89—124. — Ausserer, zweiter Beitrag zur Kenntniß der Arachnidenfamilien der Territelariae Thorell, mit 3 Taf., 125—206. — Zeller, Beiträge zur Kenntniß der nordamerikanischen Nachtfalter, besonders der Mikrolepidopteren, 3. Abth., mit 3 Taf., 207—360. — Palm, Beitrag zur Dipterenfauna Oesterreichs, 411—22. — Franz Löw, Nachträge zu meinen Arbeiten über Milbengallen, 621—632. — Mayr, die europäischen Encyrtiden, biologisch und systematisch bearbeitet, 673—778. — Rogenhofer, die ersten Stände einiger Lepidoptern, 797—802. — Haimhoffen, Ritter von, Beobachtungen über die Blattgallen und deren Erzeuger auf Vitis vinifera L., mit eing. Abb., 803—810.

Mittheilungen der schweizerischen entomologischen Gesellschaft. Vol. IV, Heft 9. 1876. (495—536).

Stierlin, Beschreibung einiger kaukasischer Rüsselkäfer. 9 Otiocrhynchus, 1 Parameira, 1 Otiorrh. vom kaspischen Meer, 2 aus Syrien. — Engster, über die beste Manier, größere Schmetterlinge zu tödten, nebst Zusätzen von der Redaction. (Zinkvitriol wird empfohlen). — Erne, Beobachtungen über die Entwicklungsgeschichte einiger Insecten, (Anobium plumbeum, Dorcatoma chrysomelina, Anthaxia candens). — Lichtenstein, Beobachtungen über die Naturgeschichte der Phylloxera, übersetzt von Frey-Geßner (s. Nr. 8). — Frey-Geßner, über Benutzung von Büchern zum Bestimmen und Ordnen von Insectensammlungen (I. Theil). — Jeckel, Urodon concolor Schh., villosus All. und Allardi Jekel.

Stettiner entomologische Zeitung, Nr. 7—9, 1876. Burmeister, die argentinischen Arten der Gattung Trox Fabr., 241—268. — Berg, Naturgeschichte der Rogenhofera grandis, einer Fliege aus der Familie der Oestriden (bei Buenos-Ayres beobachtet). — Tischbein, Zusätze und Bemerkungen zu der Uebersicht der europäischen Arten des Genus Jchneumon, I. Theil (v. E. Z. 1873), 273—92. — Möschler, Exotisches. Amerik. Lepid., Forts., 293—315. — Doebner, über Bostrychus amitinus Eichh. — Reitter, neue exotische Nitidulidae, 4 S. — Hübner, Sammlung auserlesener Vögel und Schmetterlinge, mit ihren Namen herausgegeben auf 100 nach der Natur gemalten Kupfern, bespr. von Zeller, 321—332. — C. A. Dohrn, zur Lebensweise der Paussiden, 3 S. — Ders., zwei Leseblumen a) für Lepidopterophilen, b) für Hymenopterophilen. — Ders., Exotisches, Col. aus Liberia, 3 S. — Berg, Beiträge zu den Pyralidinen Südamerika's, 342—55. — Wehncke, neue Dytisciden, Forts. 4 S. — Boisduval et Guénée, Histoire naturelle des Jnsectes. Spécies général des Lepidoptères Hétérocerès, bespr. von Möschler. — Reitter, neue Clavicornien, 5 S. — Sintenis, die Raupe von Hadena Amica Tr. — von Wacquant-Geozelles, eine noch nicht beschriebene Aberration der Syntomis Phegea (ab. Pfluemeri). Vereinsangelegenheiten. — Eichhoff, Synonymisches über Tomiciden.

Synopsis Cecidomyidarum. Von Julius Edler von Bergenstamm u. Paul Löw. (Aus den Verh. des zool. bot. G. Wien, 1876). 104 S.

„Die umfangreiche, in verschiedenen periodischen Schriften und selbstständigen Werken zerstreute Literatur über die Gallmücken, ihre Lebensweise und Erzeugnisse zur übersichtlichen Anschauung zu bringen, wird in dieser Zusammenstellung angestrebt.“ Die

Verfasser geben zu dem Zweck 1) eine Uebersicht der Literatur in alphabetischer Reihenfolge der Namen sämmtlicher Autoren, die über Gallmücken geschrieben haben, mit Citation der betr. Werke (S. 3—17); 2) eine Uebersicht der Subfamilien, Genera und Species, indem bei jedem Genus, sowie bei jeder Species die betr. Abhandlungen darüber angeführt werden; meist sind auch kurze Mittheilungen über Lebensweise, sowie häufig kurze Beschreibungen der Gallen und Larven gegeben. Dabei ist die Einrichtung festgehalten, daß Citate derjenigen Publiationen, welche ausschließlich biologischen Inhalts sind, der biologischen Notiz folgen, während alle jene Autoren, deren Arbeiten auch die Beschreibung des vollkommenen Insects enthalten, zwischen dem Namen der Art und der Angabe über Lebensweise stehen. Unter den 463 aufgeführten Species (S. 17—83) befinden sich 5 unbenannte; 3) Species, von denen man blos die Lebensweise der Larven kennt, deren Imagines aber noch unbekannt und unbeschrieben sind, in der obigen Weise behandelt, (Spec. 464—606, S. 84—98); 4) Verzeichniß der Nahrungspflanzen und anderer Aufenthaltsorte der Gallmückenlarven nebst Nachträgen und Zusätzen, 99—104."

Tauschverkehr und Kaufgesuche.

(NB. Diese Rubrik steht den Abonnenten für Mittheilungen gratis zu Gebote.)

Unterzeichneter sucht Tauschverbindungen auf Coleopteren in Südfrankreich, Italien und Griechenland und offerirt seltenere hiesige Sachen als Tauschobject gegen ihm fehlende Species, so Dytiscus lapponicus, Anchomenus ericeti, Donacia Malinowskyi etc.

Wernsdorf per Tharau in Ostpreußen, im Juli 1876.

A. Kuwert.

Orientalische Insecten aus allen Ordnungen wünsche ich, besonders im Tausche gegen exotische Insecten, abzugeben. Auch sind orientalische Vogelbälge, Eier 2c. abgebbar.

Th. Krüper, Dr. phil.,
Conservator am Universitätsmuseum zu Athen (via Triest).

Anzeigen.

Commission bei Ch. Fr. Vieweg in Quedlinburg.
Druck von Aug. Dose in Putbus.

№. 10. Entomologische 1876.

Nachrichten.

Herausgegeben
vom Gymn.-L. Dr. F. Katter.

Putbus, den 1. October.

Jeden 1. des Monats erscheint ein Heft. Abonnement jährlich 4 Mark pränumerando. Zu beziehen durch die Expedition (franco unter Kreuzband), die Post oder den Buchhandel. Tausch- und Kaufgesuche der Abonnenten gratis. Insertionsgebühr 25 Pfennig die Zeile oder deren Raum.

Das Studium der Hymenopteren,

Winke für Anfänger in diesem Zweige der Entomologie,
von Dr. Kriechbaumer in München.

IX.

Die Litteratur über Bienen ist außerordentlich reich, aber ebenso zerstreut, und besteht größtentheils aus kleineren Abhandlungen, während die mit ihrer Bestimmung verbundenen Schwierigkeiten von umfassenderen Arbeiten bisher abgeschreckt zu haben scheinen. Wir besitzen deshalb auch noch kein Werk, das die europäischen oder auch nur die deutschen Arten in einer den gegenwärtigen Ansprüchen genügenden Bearbeitung enthielte. Zu einer solchen der europäischen Arten fehlt es zur Zeit noch an genügendem Material, besonders aus den peripherischen Theilen Europas, und selbst für die deutschen Arten ist dasselbe theilweise schwer in genügender Menge und Qualität zu bekommen. Die Behaarung der meisten Arten, deren Farbe einestheils wichtige Merkmale zur Unterscheidung abgiebt, bei ihrer Veränderlichkeit aber nach Alter, Geschlecht, klimatischen Verhältnissen anderntheils große Vorsicht in deren Benützung erfordert, die meist geringen und wenig in die Augen fallenden plastischen Unterschiede und namentlich das innerhalb einer Gattung sehr wenig veränderliche und daher zur Unterscheidung der Arten sehr selten brauchbare Flügelgeäder machen die Bestimmung dieser Thiere oft äußerst schwierig. Wir haben unter Andern bei dieser Familie eine Gattung (Sphecodes), bei welcher die Unterscheidung der Arten eine noch gänzlich unsichere ist und in dieser Beziehung die extremsten Anschauungen zum Vorschein gekommen sind.

Für die deutschen Arten ist Schenck's Arbeit „die nassauischen Bienen" noch das einzige die ganze Familie umfassende Werk, welches wir besitzen. Es ist in den schon mehrmals erwähnten nassaischen Jahrbüchern Heft XIV (1861) erschienen und obwohl als Revision und Ergänzung der früheren Bearbeitungen (Heft VII, IX und X) bezeichnet, auch ohne diese zu gebrauchen. Dagegen sind noch 2 Nachträge dazu gefolgt, der eine in Heft XVI (1861), der andere in Heft XXI und XXII (1868), von denen der letztere namentlich die in Nassau nicht vorkommenden deutschen Arten enthält und dadurch dem ganzen Werke erweiterte Brauchbarkeit verschafft. An diese Nachträge schließen sich noch mehrere kleine Aufsätze desselben Verfassers in der Stettiner ent. Zeitung, in der Berliner (jetzt deutschen) ent. Zeitschrift und neuestens auch in den Ent. Nachrichten (p. 92 dieses Jahrganges) an, welche besonders schwierig zu unterscheidende Arten behandeln. Diese zahlreichen Nachträge geben zwar rühmliches Zeugniß von der fortgesetzten Thätigkeit des Verfassers und seinem Streben nach immer größerer Vervollkommnung, lassen aber doch eine gewisse Unsicherheit seiner Anschauungen nicht verkennen, und es erfordert mitunter einen ziemlichen Aufwand von Zeit und Geduld, die oft weitläufigen Erörterungen genau zu prüfen, und eine schon ziemlich genaue Bekanntschaft mit der ganzen Familie, um selbe richtig zu beurtheilen.

Die englischen Bienen, welche bekanntlich in Kirby's Monographia apum Angliae (2 Vol., Jpswich 1801, 2) die erste spezielle Bearbeitung dieser Familie überhaupt gefunden haben, welches Werk deshalb den eigentlichen Grundstein für spätere Bearbeitungen bildete, wurden, den seither gemachten Fortschritten entsprechend, von Fr. Smith in dem ersten Theil des „Catalogue of British Hymenoptera", (London 1855) ähnlich wie die Raubwespen bearbeitet. Wer mit den Bienen sich genauer befaßt, wird sich nach Schenck's Arbeiten zunächst dieses 252 Seiten starke, mit 11 Kupfertafeln versehene, durch das handliche Format, den correkten, hübschen, wenn auch etwas kleinen Druck auch äußerlich sich empfehlende und nicht theure Werk anschaffen, und wenn er der englischen Sprache nicht mächtig ist, dieselbe wenigstens soweit sich aneignen, um es benützen zu können. Eine sehr ausführliche Behandlung der Naturgeschichte und Lebensweise erfuhren die Bienen desselben Landes von Shuckard in seinem Werke „British Bees: an Jntroduction to the study of the natural history and economy of the bees indigenous to the British isles. London 1866." Im Format an Smith's Werk sich anschließend und in seinem Inhalt gleichsam eine Ergänzung desselben bildend zerfällt das 371 S. starke Werk in 10 Kapitel folgenden Inhalts: I. Allgemeine Bemerkungen über den Nutzen der Bienen im Haushalt der Natur, ihre Eintheilung in gesellige und einzeln lebende und eine Notiz über ihre Lieblingspflanzen. II. Allgemeine Geschichte der Bienen (Ei, Larve, Puppe, ausgebildetes Thier).

III. Geographische Skizze der brittischen Bienengattungen. IV. Notiz über die vorzüglicheren ausländischen Gattungen. V. Parasiten der Bienen und ihrer Feinde. VI. Allgemeine Grundsätze einer wissenschaftlichen Eintheilung. VII. Kurze Notiz über die wissenschaftliche Bearbeitung der brittischen Bienen. VIII. Neue Eintheilung der brittischen Bienen mit ihrer Grundlage, und eine Einführung in die Familie, Unterfamilien, Abtheilungen und Unterabtheilungen IX. Tabelle zur leichten Bestimmung der Gattungen der brittischen Bienen. X. Wissenschaftliche Eintheilung und Beschreibung der Gattungen mit den Verzeichnissen unserer einheimischen Arten und Schilderung der Sitten und Lebensweise nebst darauf bezüglichen Bemerkungen. 16 Kupfertafeln mit je 6 sorgfältig gezeichneten und kolorirten Figuren (Gattungsrepräsentanten in beiden Geschlechtern) bilden nebst einigen in den Text gedruckten Holzschnitten eine das Erkennen der Gattungen sehr erleichternde und das Werk schmückende Beigabe, die den Preis des Werkes (11 Mk. bei Friedländer) als nicht übermäßig theuer erscheinen lassen.

Sehr beachtenswerth sind auch Nylander's Arbeiten über die nordischen Bienen, welche ganz in lateinischer Sprache geschrieben, in den „Notiser ur Sällkapets pro Fauna et Flora Fennica Förhandlingar. Bihang till acta Societatis Scientiarum Fennicae“ in 3 Abtheilungen erschienen sind: die erste unter dem Titel „Adnotationes in expositionem monographicam apum borealium“ im ersten Hefte (1848 pag. 165—282 nebst pl. II und III); die zweite als „Supplementum adnotationum in exp. ap. bor.“ im zweiten Hefte (1852 pag. 93—107) und die dritte als „Revisio synoptica apum borealium, comparatis speciebus Europae mediae“, im selben Hefte pag. 225—286. Leider sind diese Arbeiten Manchem schwer zugänglich, da die Zeitschrift meist nur in größern Bibliotheken sich befindet und Separatabdrücke wahrscheinlich nicht existiren. Spekulative Antiquare haben zwar, wie es scheint, Exemplare dieser Zeitschrift zerlegt und die einzelnen Abhandlungen separat angeboten, was Vielen erwünscht sein würde, wenn nicht die Preise unverhältnißmäßig hoch wären, was der theure Ankauf der vielleicht selten gewordenen Zeitschrift verursacht haben mag. So waren in neuester Zeit die 3 genannten Abhandlungen (also nur 174 mit ziemlich großer Raumverschwendung gedruckte Quartseiten mit 2 Tafeln) um 16 Mark zu haben, ein meiner Ansicht nach großes Opfer für ein nun doch veraltetes und durch eine neuere Arbeit Thomson's weit überflügeltes Werk. In ähnlicher Weise wie die Blattwespen hat nämlich der letztgenannte Autor die schwedischen Bienen bearbeitet und ist diese Arbeit als der zweite Theil seiner Hymenoptera Scandinaviae 1872 in Lund erschienen. In dem

286 Seiten starken Werke sind in 30 Gattungen 212 Arten beschrieben, worunter etwas über 20 neue, d. h. von dem Autor theils hier zum erstenmal, theils schon in seinem Opusc. ent. beschriebene. Ob nicht noch einige derselben sich auf bereits bekannte werden zurückführen lassen, wird erst ein genaueres Studium derselben entscheiden. In der Deutung der Arten anderer Autoren scheint jedoch Thomson nicht immer glücklich gewesen zu sein und dürfen daher seine Synonyma nicht immer ohne eigene Prüfung angenommen werden[1]).

(Fortsetzung folgt).

Darwin's 69. Geburtstag am 12. Febr. 1877 ist zu einer Ovation seitens seiner Verehrer in Deutschland in Aussicht genommen. Herr Rechnungsrath Rade in Münster, Rendant der zool. Section des Westfälischen Vereins für Wissenschaft und Kunst, hat den Vorschlag gemacht, dem berühmten Naturforscher ein künstlerisch ausgestattetes Album mit den Photographien seiner Anhänger oder Verehrer zu überreichen, und hat diese aufgefordert (Juli d. J.), solche nebst Geldbeiträgen entweder an ihn oder an Prof. Häckel in Jena einzusenden. Bis jetzt sollen allerdings mehr Photographien als Geldsendungen eingetroffen sein. Die Photographien können groß oder klein sein, da jede in eine besonderen Seite unter Hinzufügung des Namens, Standes und Aufenthaltsorts des Gebers eingefügt und mit einem besonderen Rand eingefaßt wird.

(Phylloxera.) Nach einer Mittheilung des „Reichsanzeigers" hat sich die Reblaus außer in einigen Anpflanzungen bei Erfurt, auch in der zu einer Handelsgärtnerei in Klein-Flottbeck gehörigen Rebschule, ferner in den Rebpflanzungen des pomologischen Instituts zu Proskau, sowie in den Rebanlagen der königlichen Lustschlösser „Wilhelma", „Villa Berg" und „Auf der Prag" bei Stuttgart und in der jüngsten Zeit auch in einer Privatweinpflanzung der dortigen Gegend bemerkbar gemacht. Schutzmaßregeln sind überall ergriffen worden; insbesondere sind die infizirten Rebkulturen in Proskau und bei Stuttgart sofort vernichtet und die betreffenden Bodenflächen desinfizirt worden.

---

1) Bombus equestris F. kann z. B. gewiß nicht mit B. pomorum Pnz. identifizirt werden, ebensowenig Apathus (Prithyrus) campestris Panz. mit saltuum Dhlb.; auch kann B. opulentus Gerst. mit dem nur im Norden einheimischen consobrinus Dhlb. nicht identisch sein. Was mir, nebenbei erwähnt, ein paarmal als B. opulentus zugeschickt wurde, kann ich nur für eine Var. von hypnorum L. halten, wofür ich ihn auch schon seit längerer Zeit angesehen habe.

Phylloxera.

II.

„Die Ph. vastatrix ist sicher amerikanischen Ursprungs, wie wir es schon 1868 zuerst behauptet haben. Sie ist schon 1854 in Amerika von Asa Fitsch beschrieben worden. Hier sehen wir aber sogleich ein schlagendes Beispiel der Aenderung der Lebensart. In den V. St. kannte und beobachtete man sie seit 14 Jahren nur auf Blättern; erst nach der Entdeckung des Prof. Planchon fand man sie auch dort zahlreich an den Wurzeln. Beide Insecten sind indessen vollkommen identisch. Auch wir ließen sie bei der Zucht von den Blättern auf die Wurzeln übergehen, an denen sie sich sehr gut entwickelten. In Europa war das Insect auf den Blättern sehr selten; nur 3—4 Beispiele dieses Aufenthalts kommen vor. Erst nach Einführung der amerikanischen Rebe (clinton) sind die Phylloxerengallen auch bei uns auf den Blättern dieser Reben häufig geworden."

L. erklärt nun die verschiedene Lebensweise der Phylloxera in Amerika und Europa daraus, daß das importirte Thier, weil es ihm an der heimischen Futterpflanze fehlte, sich unter andern Bedingungen Futter gesucht habe. Er geht dann auf die verschiedenen Entwickelungsstadien ein, die er mit dem Wurzeln, Sprossen und Blühen einer Pflanze vergleicht und giebt die verschiedenen Stadien folgendermaßen: 1. Das große Winterei, aus dem 2. die Coloniemutter schlüpft, die ihre Eier sowohl auf Blätter wie auf Wurzeln legt; diese sind kleiner als das, aus dem sie geschlüpft ist; 3. die sich hieraus entwickelnden parthenogenetischen flügellosen Weibchen, welche 4. zu Nymphen werden. Die Fruchtbarkeit der parthenogenetischen Weibchen ist von längerer Dauer; sie wird nur durch den Winter unterbrochen; — aus den Nymphen entwickeln sich 5. die geflügelten Thiere, die oben erwähnten Puppenträger; aus den Puppen entstehen ♀ und ♂.

„Die zu lösenden Probleme sind zahlreich; die Coloniemutter ist noch nicht hinreichend bekannt, wir nehmen nur an, daß sie die flügellosen parthenogenetischen Weibchen hervorbringe; ebenso herrscht über die Organisation der geflügelten Puppenträger noch Dunkel."

„Wie ähnlich auch die auf Eichen lebenden Phylloxeren der vastatrix sind, so scheinen erstere in ihrem Kreislauf doch zweimal als geflügelte Thiere aufzutreten und sich alle zu geflügelten Insecten zu entwickeln, während bei letzteren die geflügelte Frühlingsform fehlt und durch flügellose ersetzt wird. Wahrscheinlich wird man 2 Genera aus ihnen bilden müssen, dessen eines den alten Namen Phylloxera behalten würde, während die Reblaus den Namen Rhizaphis vastatrix Planchon erhielte."

Im Messager du Midi, 11. August d. J. theilt Herr L. Folgendes mit:

„Seit dem 25. Juli hat man in Mancey, dem nördlichsten Punkte der Phylloxeraangriffe in Burgund, plötzlich alle Weinblätter mit geflügelten Phylloxeren bedeckt gefunden. Ich habe solche Thiere erhalten und sie als echte vastatrix constatirt, und zwar als die puppentragende Form, die ihre Puppen, aus denen die geschlechtlichen Insecten hervorgehen, auf die Blätter ablegt. Ein Zweifel ist hier nicht möglich; auf mitgesandten Blättern fanden sich männliche und weibliche Puppen, die in Canadabalsam unter dem Mikroskop betrachtet deutlich das Insect ohne Saugrüssel und mit Genitalorganen erkennen lassen. In 2—3 Tagen wird das Insect auskriechen, und 2—3 Tage später das Weibchen sein Winterei legen.“

„Früher habe ich behauptet, daß das aus dem Ei entstehende Insect sowohl an der Wurzel wie auf den Blättern leben könne. Jetzt habe ich die Beweise davon. In 2 verschiedene Gefäße brachte ich an feuchtgehaltene Wurzeln Phylloxeren sowohl von den Wurzeln, wie aus den Blattgallen. Sie kommen beide gut fort, abgesehen von etwas langsamer Entwicklung und großer Sterblichkeit. Die Phylloxera aus der Galle setzt sich ebenfalls an die Wurzel und entwickelt sich gerade wie die Wurzellaus, d. h. sie lebt 20 Tage, während welcher sie sich 4 mal häutet, und legt dann gegen 30 Eier, die nach 8 Tagen auskommen.“

Ueber Myrmecocystes mexicanus

(s. Ent. N. 1875, S. 39).

Ueber diese, bereits im vorigen Jahrgange der Ent. Nachr. erwähnte mexikanische Ameise schreibt Herr Dr. C. Crüger (Verh. Ver. f. nat. U. Hamburg II, 126) nach einer Mittheilung in den Proceedings of the California Academy of sciences, V, 72: „Die Gesellschaft scheint aus dreierlei Thieren, vielleicht verschiedenen Geschlechts, zu bestehen; 2 davon sind gelbe Ameisen, von denen die eine Art, blaß goldgeb, $\frac{1}{3}$ Zoll lang, die Nährer und Pfleger der honigmachenden Art sind, welche letztere das Nest nicht verläßt; sie scheinen nur zum Honigmachen da zu sein; ihr Hinterleib schwillt zu einer erbsengroßen Blase an, die sich mit Honig füllt. Die dritte, größere Art ist schwarz und mit sehr starken Freßzangen versehen. Das Nest ist gewöhnlich an einer sandigen Stelle, unweit blumenreicher Plätze und Sträucher angelegt, 4—5 □-Fuß umfassend; die schwarzen Krieger bewachen es, indem sie es in doppelter Reihe in N. O. und W. besetzt halten, auf und ab patrouillirend und jedes nahende Insekt, nachdem sie aus dem Gliede getreten sind und sich aufgerichtet haben, mit ihren scharfen Zangen zerstörend; nach verrichtetem Vertilgungswerk kehren sie wieder auf ihren Posten zurück. Die S. Seite wird zu anderen Zwecken benutzt. Eine noch zahlreichere Abtheilung der großen schwarzen Arbeiter ist hier auf einem schrägen Pfade thätig; sie haben eine starke Zahl ihrer Genossen nach den blumenreichen Gegenden vorausgesandt, um die Blüthen und Blätter abzuschneiden, welche dann von den anderen unten in Empfang genommen werden, um sie nach einem Haufen zu tragen, wo die kleinen gelben Nährarbeiter die Materialien abholen, um sie den Honigmachenden zuzutragen, welche das Nest nie verlassen. Die Nährarbeiter gelangen auf einem schrägen Pfade zu dem Eingange, ein anderes Loch scheint nur vorhanden zu sein, um Luft einzulassen, da die Arbeiter, wenn ein mit Materialien beladener hinein kommt, gleich wieder herausgelaufen kommen, als sei es nur aus Versehen geschehen. Im Innern des Nestes gelangt man durch Gänge in eine kleine Höhlung; hier haben die Insekten ein Netz gesponnen, dessen 4eckige Maschen ¼ Zoll im Geviert sein mögen: das Gespinnst ist an die Erde befestigt. In diesen ausgesponnenen 4ecken sitzen auf dem Gewebe die kleinen gelben Honigmacher, wie Gefangene scheint es, da sie das Nest nie verlassen; sie würden sich auch mit ihrem unförmlich gefüllten Hinterleib kaum fortbewegen können. Die Nährarbeiter versorgen diese Honigmacher fortwährend mit Blumenblättern und Blüthenstaub, (soll wohl heißen mit solchen Blüthentheilen, welche Honiggefäße enthalten) und die Thierchen verarbeiten dieses Material nach Art der Bienen zu Honig, den sie hernach in dem Hinterleib aufspeichern. In Th. 2 derselben Zeitschrift p. 98 beschreibt ein Herr James Blake M. D. den Honigsack, aber sehr unklar; er behauptet, es bestehe kein Zusammenhang dieses Theils des Hinterleibes mit der Cloaca und der Eierlegröhre, so daß alle Nahrung, die das Thier zu sich nehme, nur zur Vermehrung des Honigs diene. Der erste Hinterleibsring hängt mit dem Thorax noch zusammen, aber nur vorne, hinten ist er gespalten und dann aufgetrieben, die übrigen Hinterleibsringe sieht man nur noch als Spuren in kleinen Schuppen an der Rücken- und Bauchfläche des Honigsackes; die Rückenseite des Hinterleibs scheint am meisten geschwollen, so daß die Cloaca und die Eierlegeröhre nach der Bauchfläche hin verschoben erscheinen. Diese sehr oberflächliche Untersuchung erklärt sich wohl aus dem Umstande, daß dem Berichterstatter nur 2 Exemplare von Honigarbeitern zu Gebote standen, welche er, um sie zu erhalten, nicht opfern mochte. Leider ist nichts Genaueres über das in der obenerwähnten Gegend keineswegs seltene Thier bekannt; die Geschlechter, die Fortpflanzung u. s. w. sind nirgends erwähnt. Die Neumexicaner schätzen den Honig sehr, nicht bloß als köstliches Nahrungsmittel, sondern auch als Arzenei, namentlich bei gequetschten und geschwollenen Gliedmaßen; sie schreiben dem Honig eine besondere Kraft, dergleichen zu heilen, zu."

Lepidopterologisches aus Dalmatien

von V. Gaiger in Lissa (Dalmatien).

Für einen Lepidopterologen giebt es wohl nichts Angenehmeres und Interessanteres als die Raupenzucht.

In dieser Beziehung steht die Zucht von Charaxes Jasius L. obenan, und werde ich im Nachstehenden die hauptsächlichsten Daten derselben mittheilen, vielleicht wird dies den einen oder den andern Liebhaber von Lepidopteren interessiren.

Wenn ich mich nicht irre, bin ich gegenwärtig der einzige Jasiuszüchter, habe mir aber fest vorgenommen, aus nachstehenden Gründen keine mehr zu züchten, weil erstens die Raupen nur in den felsigen und zerrissenen Gebirgen, wo einzig die Futterpflanze arbetes unedo wächst, vorkommen und äußerst sparsam vertreten sind*) und weil zweitens deren Zucht, wenigstens in Dalmatien, bei der Winter-Generation durch volle acht Monate dauert. Von der Sommer-Generation war ich nie im Stande, auch nur eine Raupe zu finden, so viel ich mir auch Mühe gab.

Charaxes Jasius legt das gelbe hirsegroße Ei auf die Mitte des Blattes, wo es je nach Maßgabe der Temparatur schon nach beiläufig acht Tagen sich entwickelt.

Die erste Nahrung des 1 Centimeter langen Räupchens ist das Verspeisen der nun leeren Eischale; sodann überläßt es sich der Ruhe, um sich den Faden zu bereiten, welchen es zu seiner Befestigung am Blatte bis zur Verpuppung unumgänglich benöthigt.

Denn da die Raupe sogenannte Klumpfüße hat, und nicht geeignet ist, weder an der Kante des Blattes noch an dem Zweige sich festzuhalten, daher immer in der Mitte des Blattes sich aufhält, so würde es ohne den Faden, welcher um die 8 Bauchfüße geschlungen und am Blatte festgeklebt ist, bei dem geringsten Winde hinabgeschleudert und eine sichere Beute der Eidechsen oder Ameisen werden.

Die erste und zweite Häutung geht rasch vorüber und dauert je beiläufig vier Wochen. Die dritte Häutung, welche Mitte Winter stattfindet, dauert jedoch bis acht Wochen und darüber, in welcher Zeit die Raupe wenig und oft 3 bis 5 Wochen gar nichts frißt und sich nicht vom Flecke rührt. Während dieser Periode ist die größte Aufmerksamkeit erforderlich und müssen die Raupen mit den vergilbten ganz trockenen Blättern, worauf selbe festgeklebt sind, häufig auf grüne, frische Blätter, Stück für Stück befestigt und mit Wasser besprengt werden, welches sie begierig einsaugen.

---

*) Wie angenehm es ist, in den dalmatinischen Felsengebirgen zu sammeln, wird Jeder wissen, der sich nur einmal in Dalmatien als Botaniker oder Entomolog herumgetrieben hat.

Nach geschehener Häutung verlassen selbe sogleich das dürre Blatt nnd setzen sich an ein grünes, immer vorsichtshalber am Faden befestigt. Nach der dritten Häutung wächst die Raupe schnell und die vierte und fünfte Häutung geht rasch vor sich ohne alle Gefahr und so wird selbe im April zur Verpuppung reif.

Zu diesem Behufe hängt sich die Raupe am After entweder am Blatte oder am Zweige auf, bleibt einige Tage ruhig hängen und streift sich sodann unter äußerst konvulsivischen Krümmungen die dicke Haut von unten nach oben ab, wonach nach hergestellter Ruhe die nicht ganz birnenförmige, glatte und dunkelgrüne Puppe sich gestaltet.

Nach beiläufig einem Monat kommt der schöne Falter Morgens zum Vorschein.

Noch bleibt zu erwähnen, daß die butterweiche Jasius-Raupe von der Jugend bis zur vierten Häutung schön apfelgrün, dann bis zur Verpuppung gelbgrün mit goldgelben Gelenkseinschnitten ist und sich außerordentlich, selbst um ihre ganze Körperlänge dehnen kann, weshalb es ermöglicht wird, von ihrem festen Standpunkte aus das oft entfernte Futter zu erreichen. Charaxes Jasius gedeiht übrigens nur in den wärmeren Gegenden, ist auch immer nur sonnseitig zu finden und verträgt kaum eine Kälte von 4 Grad R., was, da der vorige Winter im ganzen Dalmatien, nämlich vom 5. bis 7. Januar, 4 bis 8 Grad Kälte brachte, zur Folge hatte, daß die Jasius-Raupen größtentheils erfroren sind.

Sammelgläser.

Ueber diesen Gegenstand, betreffs dessen die E. N. schon so viel Neues und Interessantes brachten, erlaube ich mir nachstehend einige etwas philiströse Ansichten zu entwickeln.

Die meisten rheinischen Entomologen, welche mir persönlich bekannt geworden sind, bedienen sich wegen der Gefährlichkeit des Cyancaliums nicht dieses Giftes, sondern des Schwefeläthers zum Tödten der Insekten, und auch ich habe dies stets gethan. Auf meinen Excursionen führe ich immer ein kleines Fläschchen mit Aether bei mir und feuchte während des Sammelns dann und wann die Schwämme der Sammelgläser an. Zu Hause angekommen, erneuere ich den Aether nochmals, lasse die Gläser einige Stunden stehen und öffne sie dann, damit das Gas entweichen kann. Unterläßt man dies und bleiben die Gläser längere Zeit verschlossen, so setzt sich wohl eine schmierige Feuchtigkeit auf die gesammelten Thiere ab und verdirbt diese. Die mit Chloroform oder Aether getödteten Kerfe, namentlich die aufzuspannenden Species, können allerdings wegen der Starrheit der Glieder nicht sofort präparirt werden, diese Leichenstarre verschwindet jedoch bald, wenn die Thiere einige Zeit außerhalb des Aetherdunstes gelegen haben.

Zum Tödten aller größeren glatten unbehaarten Coleopteren, als Carabiden, Dytisciden, Silphiden, Coprophagen ꝛc. bediene ich mich eines mit gutem Alcohol gefüllten Glases (durch die Erfahrung wird man sehr bald darüber belehrt, welche Thiere man durch Alkohol tödten kann und welche in das Aetherglas gehören). Dem Spiritus setze ich zur besseren Erhaltung der Farben etwas vorher in Wasser aufgelösten Alaun und ein wenig Coloquintentinctur zu; letztere soll, wie ja auch schon in diesen Blättern erwähnt worden ist, vor Insektenfraß schützen. Es gibt nun in der That eine Art Fliegenpapier, welche, wie wenigstens die Gebrauchsanweisung besagt, zur Verhütung von Mißbrauch nur mit einer sonst ungefährlichen Mischung von Quassia- und Coloquintenauflösung getränkt ist. Daß die Fliegen bei der Anwendung dieses Papiers massenhaft getödtet werden, habe ich selbst beobachtet, und so werden sich hoffentlich wohl auch Staubläuse, Milben, Motten nnd Käferlarven den Magen an dem bittern Stoff verderben. Ehe endgültige Versuche über die Wirksamkeit solcher Stoffe aus dem Pflanzenreich gemacht sind, läßt sich natürlich kein Urtheil darüber fällen. Sehr viele dem Menschen und den höheren Thieren höchst gefährliche Giftpflanzen gewähren Insektenlarven Nahrung, viele der früher als Mittel gegen Insektenfraß angepriesenen Pflanzenstoffe haben sich als gänzlich unwirksam erwiesen. Mir ist ein Fall bekannt, wo sich Hunderte von Exemplaren des Anobium paniceum aus einem Glase mit spanischem Pfeffer entwickelten. Vorläufig habe ich eine Centurie unter Beifügung von Coloquintentinctur getödteter Käfer in einer schlecht schließenden Schachtel auf den Speicher gesetzt und gedenke im nächsten Sommer den Lesern Mittheilung darüber zu machen, ob sie gänzlich von allem Insektenfraß verschont geblieben sind.

Th. L. Martin in seiner „Praxis der Naturgeschichte“ giebt den Rath, dem Alcohol eine Quantität Natrum arsenicosum beizufügen und die nicht mit Spiritus zu behandelnden Gegenstände einer Arsenikräucherung auszusetzen. Er spottet dabei gleichzeitig über die Entomologen, welche sich fürchten, mit einem Loth dieses Giftes umzugehen, während er selbst doch jährlich mehrere Pfunde davon verbrauche. Dem gegenüber bemerke ich, daß es allerdings wünschenswerth ist, wenn die Objecte einer öffentlichen Sammlung auf bestmöglichste Weise gegen die früher oder später doch eintretende Zerstörung (durch langsame Verkohlung ꝛc.) geschützt werden, daß ich es dagegen nicht für gerathen halte, derartige Gifte wie Cyankalium und Arsenik zu einer Insektensammlung anzuwenden, die in der Privatwohnung des Besitzers aufgestellt ist. Wer gut schließende Kasten besitzt und die neu einzusteckenden Sachen vorher einer Quarantäne unterwirft oder sie der Backofenhitze aussetzt, wird selten über Verluste durch

Insektenfraß zu klagen haben, und wenn wirklich dann und wann sich ein Stück angefressen finden sollte, so ist dies nicht so schlimm, als wenn durch irgend eine kleine, ja immerhin mögliche Nachlässigkeit ein großes Unglück herbeigeführt wird. Aus meiner Jugendzeit ist mir z. B. erinnerlich, daß das Kind eines sehr geschickten Ausstopfers in Düsseldorf in die auf einen Augenblick vom Vater verlassene und nicht verschlossene Werkstatt getreten war und dort Arsenik gegessen hatte, — das Kind starb trotz aller ärztlichen Bemühungen noch am selben Tage.

Bei dieser Gelegenheit will ich ein kleines Erlebniß mittheilen, welches vielleicht den einen oder andern der geehrten Leser zu Versuchen mit dem betreffenden Stoffe veranlaßt, ich selbst habe die Sache nicht weiter verfolgt. Im December 1875 machte ich mit einem Bekannten einen weiten Spaziergang, hatte aber kein Sammelglas zu mir gesteckt, da ich überhaupt nicht beabsichtigte, bei dem recht kalten Wetter Winterquartiere von Insekten zu durchsuchen. Beim Passiren eines Waldes konnte ich aber doch der Versuchung nicht widerstehen, einen alten morschen Baumstumpf auseinander zu zerren und fand darin vier große schwarze Ichneumonen mit weißem Schildchen. Mein Gefährte hatte nun auch nichts anderes bei sich, als eine große mit ganz frischem starken Schnupftaback gefüllte Dose; diese lieh er mir und ich ließ die Thiere hineinmarschiren.

Nach einigen Stunden zu Hause angekommen, fand ich sie zu meiner Verwunderung alle vier todt; dabei ganz ohne die bei Aether- oder Chloroformtödtung vorkommende Leichenstarre, so daß ich sie direkt spießen und spannen konnte — keines lebte wieder auf. Beschmutzt waren sie auch nicht, indem einige Körnchen Taback, die am Körper hafteten, leicht entfernt werden konnten. Für Lepidopteren wird dies Mittel jedoch nicht angewendet werden können, weil es jedenfalls längere Zeit dauert, bis die Thiere gestorben sind, und Schmetterlinge sich also zu sehr abflattern würden.

G. de Rossi.

Vermischtes.

Im Juni d. J. fing mein Sohn in meinem Treibhause auf einem Cactus einen lebenden Käfer, der mir sofort durch sein außereuropäisches Aussehen auffiel. Nachdem ich trotzdem vergeblich versucht hatte, ihn zu bestimmen, erfuhr ich durch Herrn Dr. Schaufuß in Dresden, daß ich es mit einem Brasilianer, Strongylium chalconotum Kirby, zu thun hatte. Das Erscheinen desselben in meinem Gewächshause erklärt sich durch den im vorigen Jahre erfolgten Ankauf brasilianischer Orchideen für dasselbe.

Zwickau. W. Fickentscher.

Ueber das Einsammeln von Nerii-Raupen in diesem Jahre theilt Herr Pickel in Landsberg Folgendes mit:

Die Raupen und auch die Schmetterlinge erschienen dies Jahr um 4 Wochen früher, ich fand die erste Raupe am 6. Juli cr., im Ganzen wurden bedeutend mehr gefunden, sie waren ebenfalls wieder über die ganze Stadt an den auf Straßen, u. in Gärten stehenden Oleanderbäumen verbreitet; mir fielen 42 Raupen zu, dem Herrn Dr. Friedrich 12. Viele sind von den Besitzern der Bäume getödtet und kam ich daher bei ihnen zu spät; ein kleiner Theil ist auf einzelne Schüler gekommen. Die gefundenen Raupen hatten nur noch eine Häutung durchzumachen, daher deren Fütterung noch etwa zehn Tage dauerte. Es dürften aber nicht alle vorhandenen gefunden sein, da ich später an stark befressene Oleanderbäume kam, auf welchen die Besitzer die Gegenwart der Thiere nicht bemerkt haben wollen, so daß auf das Auftreten der Raupe im nächsten Jahre wieder gerechnet werden kann.

Von meinen 42 Raupen starben 6; dieselben waren kleiner als die übrigen, so daß ich ihr Absterben schon vermuthete. Bei der letzten Häutung streiften sie die Haut nicht ab, dieselbe platzte ihnen nur unter dem Leibe, so daß die einzelnen Theile streifenförmig vom Rücken zu beiden Seiten hingen. Nach einigen Tagen starben sie, ohne zu fressen; eine Besprudelung mit Wasser würde ihnen vielleicht noch gut gethan haben. Die Entwickelung in der Puppe ging in 3 Wochen vor sich.

Die Verpuppung veranlaßte ich auf 2 Gefäßen mit Sand, auf welchen die Futterreste liegen geblieben waren, auf dem einen mit 16, auf dem anderen mit 20 Puppen; letzteres Gefäß hielt ich durch Besprudelung stets feucht, und hatte davon keine verkrüppelte Schmetterlinge, während das erstere Gefäß, welches ich trocken hielt, 2 Verkrüppelungen brachte.

Im Ganzen habe ich demnach 34 gute Schmetterlinge, davon 12 Weibchen und 22 Männchen, erhalten; von diesen habe ich 2 Pärchen zur Begattung in einer größeren Stube ausgesetzt; zur Erhaltung hatte ich für blühende Oleanderbäume, blühende Jalappa, und mit Zucker bestrichene Papierstreifen gesorgt. Abends 9 Uhr fingen sie zu fliegen an, waren sehr wild, so daß am anderen Morgen die Flügel theilweise zerrissen waren; am 2. Abends bemerkte ich die Begattung des einen Paars, beim anderen habe ich sie nicht wahrgenommen. Ich hoffte nunmehr auf Ablegung der Eier, jedoch vergeblich; nach 3 Tagen war das begattete Weibchen todt und am nächsten Abend das andere. Ich nahm Gelegenheit beide Weibchen aufzuschneiden, fand in jedem etwa 70 Eier, grün, fest und glashell; diese bewahre ich nun auf und werde das Resultat abwarten, ob sie etwa im nächsten Frühjahr Raupen liefern werden.

A. Yamamay. — Bei meiner, in diesem Jahr unternommenen und in Folge der Maifröste im großen und ganzen mißlungenen Zucht von Antheraca Yamamay hatte ich das Vergnügen, aus etwa 100 Cocons dieses Spinners schöne Schmetterlinge ausschlüpfen zu sehen. Es ist bekannt, daß diese Art viele und schöne Varietäten liefert, die sich durch Mannigfaltigkeit und Lebhaftigkeit des Colorits auszeichnen, während die Zeichnung ziemlich constant bleibt. Ueberrascht war ich nun durch ein Exemplar (♀), welches sich von den anderen durch abnormen Flügelschnitt unterscheidet. Ich glaube, daß es nicht ohne Interesse sein wird, in diesen Blättern auf diese Abnormität aufmerksam zu machen, da dies beitragen könnte, die verwandtschaftlichen Beziehungen dieses an Arten und Varietäten reichen Genus aufzuklären.

Während bei Yamamay, Pernyi, Mylitta der Vorderflügel vorn am Ende einen convexen Bogen bildet, der Hinterflügel auf dem vordern Rand abgerundet und ganzrandig erscheint, ist bei diesem Exemplar am Rand der Vorderflügel gegen das Ende ein deutliches Eck von fast geraden Linien gebildet. Der Vorderrand der Hinterflügel besitzt dort, wo die schwarze Binde endigt einen 3—4 mm. langen scharfen Sporn oder Zacke. Das durchsichtige Fleckchen am Vorderflügel ist etwas größer als sonst. Die allgemeine Färbung ist grau, aus welcher die andere Zeichnung lebhaft hervortritt. —

Ob die Raupe sich ebenfalls unterscheidet, kann ich jetzt nicht mehr angeben, da die Raupen im Walde gezüchtet und dann die Cocons abgesammelt worden sind. Eine Paarung mit Yamamay Männchen habe ich bisher nicht beobachtet.

Nebenbei will ich erwähnen, daß das kalte Wetter im Mai auch auf andere Zuchten nachtheilig gewirkt hat, so auf Pernyi, namentlich aber auf Attacus Aurota (Brasilien); bei der letzteren konnte ich durchaus keine Begattung zu Stande bringen, wiewohl sich die Schmetterlinge aus den importirten Cocons gut entwickelt hatten, und ich mehrere schöne Exemplare spannen konnte. Dagegen gedeihen als Raupen einige Antheraea Mylitta jetzt noch ganz schön.

Teschen (Oest. Schles.), 12. Sept. 1876.

Dr. J. Obstrcil, Gymn.-Professor.

Literarische Revue.

Abhandlungen, herausgegeben vom naturw. V. in Bremen, 5 Bd. 1 Hft. 1876. Mit 6 Taf.

v. Harold, Bericht über eine Sendung Coleopteren aus Hiogo (Japan). Es befanden sich darunter 3 neue Species: Cetonia Lenzi, Tromosternus Haagi, Allecula obscura; einige

Cosmopoliten wie Anisodactylus signatus, Dermestes cadaverimus und vulpinus.

Eine frühere Sendung des H. Lenz an den br. V. beschrieb H. von Harold in Bd. IV. Hft. 3 der Abhandlungen, S. 283—296. Es fanden sich darunter die neuen Species: Necrodes nigricornis, Psalidoremus inflexus; Onthophagus japonicus, Lenzii, viduus; Hoplosternus japonicus; Plesiophthalmus spectabilis; Neocerambyx Batesi.

Verhandlungen des naturw. Vereins in Karlsruhe, 7 Heft, 1876. Mit 5 Taf.

Blankenhorn, über die Phylloxera vastatrix. Vortrag geh. am 8. Jan. 1874.

Bulletin de la Soc. Jmp. des Naturalistes de Moscou. 1876, 1. 153 + 20 + 27 S. Mit 3 Taf. Baron de Chaudoir, Monographie de Siagonides, S. 62 b. 125.

Schriften der Naturforschenden Gesellschaft in Danzig, 3 Bd. 4 Hft. 1875.

Brischke, über Hymnopterenbauten, 1 S. — Menge, preußische Spinnen, VIII. Forts. Mit 5 Taf. S. 423—454.

Catalogue des Hémiptères-Hétéropterès de l'Alsace et de la Lorraine, par Ferd. Reiber et A. Puton. Extrait du Bulletin de la Soc. d'Hist. nat. de Colmar. 1876. 40 S. 8°.

„Die Region, welche dieser Katalog umfaßt, wird nicht durch politische Grenzen, die nichts mit der Natur zu thun haben, umschrieben; sie umfaßt die beiden Abhänge der Vogesenkette, d. h. ungefähr den von Rhein und Mosel eingeschlossenen District. Die Höhenunterschiede, die Verschiedenheit der Bodenformation, der Vegetation, ꝛc. geben der Fauna dieser Gegend eine große Mannichfaltigkeit und man ist überrascht dort subalpine, südliche und salsicole Species zu finden." Diese Mannichfaltichkeit des Bodens macht es wohl auch, daß dieser Localkatalog ein verhältnißmäßig sehr reicher ist, 494 Species; andererseits zeugt er von der eifrigen Beobachtung der beiden bekannten Hemipterologen. Jeder Art sind die Fundstellen beigefügt, ebenso ob sie selten oder häufig vorkommen. Den beiden Gattungen Sciocoris (S. 6) und Orthostira (S. 20) sind analytische Tabellen zur Bestimmung beigegeben; Macrocoleus Reiberi Rent. die Diagnose. Leider fehlt dem Werkchen ein Index.

Tauschverkehr und Kaufgesuche.

(NB. Diese Rubrik steht den Abonnenten für Mittheilungen gratis zu Gebote.)

Deilephila Nerii, ex larva gezogen, suche ich gegen mir fehlende Sorten zu vertauschen.

Pickel, Eisenb.=Betr.=Secretär
in Landsberg a. W.

Unterzeichneter sucht Tauschverbindungen für europäische und exotische Schmetterlinge.

Bernhard Gerhard in Leipzig,
Braustr. 12.

Bei einigen durch den Buchhandel versandten Exempl. der Ent. Nachr., die eher verschickt werden mußten, als die Beilagen zu Nr. 6 aus Hamburg anlangten, ist dies Preisverzeichniß fortgeblieben. Dasselbe ist durch die betr. Buchhandlung zu beziehen.

Der heutigen Nr. liegt ein Prospect zum „Entomologischen Kalender für 1877" bei, auf den wir die Aufmerksamkeit unserer Leser lenken. Wir bitten ergebenst, uns das Schema ausgefüllt zuzustellen oder uns auf andere Weise die genaue Adresse nebst Angabe des entomologischen Gebietes zu gehen zu lassen. Es wäre uns lieb, auch die Adressen derjenigen unserer Abonnenten, welche außerhalb Deutschlands, Oesterreich-Ungarns und der Schweiz wohnen und die E. Nachr. durch die Post oder den Buchhandel beziehen, zu erfahren.

Diejenigen unserer Abonnenten, welche den Abonnementsbetrag pro 1876 noch nicht eingesandt haben, werden behufs Rechnungsabschlusses ergebenst darum ersucht.

Commission bei Ch. Fr. Vieweg in Quedlinburg.
Druck von Aug. Dose in Putbus.

№. 11. Entomologische 1876.

Nachrichten.

Herausgegeben

vom Gymn.-L. Dr. F. Katter.

Putbus, den 1. November.

Jeden 1. des Monats erscheint ein Heft. Abonnement jährlich 4 Mark pränumerando. Zu beziehen durch die Expedition (franco unter Kreuzband), die Post oder den Buchhandel. Tausch- und Kaufgesuche der Abonnenten gratis. Insertionsgebühr 25 Pfennig die Zeile oder deren Raum.

Das Studium der Hymenopteren,

Winke für Anfänger in diesem Zweige der Entomologie, von Dr. Kriechbaumer in München.

X.

Die Lücken, welche die angeführten Schriften bei den einzelnen Bienengattungen ließen, indem darin mehrere erst später entdeckte Arten fehlen oder die beschriebenen nicht scharf genug von einander abgegrenzt und charakterisirt waren, wurden nun durch eine Reihe monographischer Arbeiten oder kleinerer Aufsätze wenigstens theilweise ausgefüllt, von denen hier die wichtigeren kurz erwähnt werden sollen.

Die eigentlichen Hummeln (Bombus) erhielten eine wesentliche Bereicherung durch eine Anzahl von Gerstäcker beschriebener alpiner Arten (Stettiner ent. Zeit. 1869 p. 315 u. f.), von denen ich mastrucatus, mesomelas, montanus und mucidus bereits selbst als vermuthlich noch unbeschriebene Arten in meiner Sammlung unterschieden hatte, mendax auch sofort als gute selbstständige Art anerkannte, während ich mich noch nicht überzeugen kann, daß martes Gerst. von Scrimshiranus Kby., und opulentus Gerst. von hypnorum L. spezifisch verschieden sei, und Proteus Gerst. nun wohl ziemlich allgemein als eine (und zwar in Süd-Deutschland die gewöhnliche) Form von Soröensis F. anerkannt ist. „Nachträgliches über Bombus" von demselben Verfasser (l. c. 1872 p. 282) enthält außer weiteren Bemerkungen über die genannten Arten die Beschreibung des B. verticosus, einer neuen Art aus dem südöstlichen Europa. Ueber B. fragrans, distinguendus, mesomelas, equestris, sowie über montanus Lep. und montanus Gerst. habe ich meine Ansichten in derselben Zeitschrift

(1873 p. 335 u. f.) ausgesprochen[1]). Beachtenswerth ist auch, was Gribodo in seinen „Contribuzioni alla Fauna imenotterologica Italiana“ (im Bullettino Entomologico. Anno V.) über B. Ligusticus bemerkt hat, wonach kaum mehr zu zweifeln wäre, daß selber als eine südliche Form des ♀ von B. ruderatus F. zu betrachten sei[2]).

Die europäischen Schmarotzerhummeln (Psithyrus Lep., Apathus Newm.) versuchte ich in meinen Beiträgen zur Kenntniß deutscher Bienen I. (Linnaea Entom. IX. 1854 p. 170 ꝛc.) nach ihren Arten und Varietäten festzustellen und besonders durch plastische Merkmale möglichst scharf abzugränzen. Dazu dienten die auf einer Tafel abgebildeten eigenthümlichen leistenartigen Bildungen auf der Unterseite der Hinterleibsspitze der ♀ und die Haltzangen am Geschlechtsapparate der ♂. Die von älteren Autoren unter verschiedenen Namen als besondere Arten aufgeführten ziemlich zahlreichen Formen schmolzen auf nur 6 bestimmt unterschiedene Arten zusammen, denen ich auch bis heute keine siebente sicher verschiedene Art beizufügen wüßte[3]).

Die europäischen Arten der Gattungen Xylocopa und Nomia haben ebenfalls durch Gerstäcker in der Stettiner ent. Zeitung (1872 p. 269—282 und 298—308) eine gründliche Bearbeitung erfahren.

Eine 112 Seiten starke „Monographie iconographique du genre Anthophora“ von Dr. Dours ist 1869 in Amiens erschie-

---

1) Meine damals p. 337 ausgesprochene Ansicht, daß B. equestris Drewson und Schiödte eine Varietät von sylvarum sei, habe ich später als irrig erkannt und muß selbe vielmehr für eine davon spezifisch verschiedene Art erklären, welche Thomson B. arenicola genannt hat, da der ältere B. equestris F. eine andere, aber immer noch unenträthselte Art ist.

2) Daß jedoch im Süden nicht ausschließlich diese Form vorkommt, ersehe ich aus einigen mit den unsern ganz übereinstimmend gefärbten ♀, welche Herr Dr. Kranz in Sicilien gefangen und nebst andern hübschen Hymenopteren der hiesigen Staatssammlung geschenkt hat.

3) Ich habe zwar später in meinen Hymenopt. Beiträgen (Verh. des zool.-bot. Vereins in Wien 1870 p. 159) eine solche als Ps lugubris beschrieben, allein die seither gemachten Erfahrungen, wie weitgehend bei den Hummeln oft Farbenänderungen sind, besonders die durch alle möglichen Zwischenformen sicher gerechtfertigte Vereinigung des B. Latreillelus und Tunstallanus Kby. mit subterraneus L, machen es mir gar nicht so unwahrscheinlich, daß jener Ps. lugubris mit saltuum zu verbinden ist, mit dem er in der oben erwähnten Hinterleibsbildung, sowie in dem feinen, aber doch deutlichen, an der Basis abgekürzten Längskiel auf dem obern Endsegment, den ich bei beiden Arten früher nicht beachtet hatte, den ich aber für ein sehr wichtiges Merkmal ansehe, übereinstimmt. Ob nun das später (l. c. 1873 p. 65) als höchst wahrscheinlich dazu gehörig beschriebene ♂ wirklich dazu gehört, wird mir dadurch wieder weniger wahrscheinlich, ich kann aber leider eine wiederholte Prüfung desselben nicht vornehmen, da ich das einzige Exemplar zurückgeben mußte. Ps. lissonurus Thms. ist mir noch nicht hinlänglich bekannt

nen. Selbe enthält die 3 Gattungen (nach obigem Titel richtiger Untergattungen) Habropoda mit 3, Anthophora mit 115 und Saropoda mit 6 (und 3 dem Autor in natura unbekannten) Arten, nebst 3 Tafeln mit Abbildungen von 9 Gattungs-Repräsentanten, davon 3 in beiden Geschlechtern. Der Gattung Anthophora geht (p. 36—56) eine Clavis analytica, für ♀ und ♂ gesondert, voraus. Druck und Ausstattung sind sehr schön. Leider läßt sich aber über die Arbeit selbst, an der auch Dr. Sichel sich betheiligte, nicht ein gleich günstiges Urtheil fällen. Von den oft sehr mangelhaften Diagnosen abgesehen, die wenigstens durch genauere Beschreibungen ergänzt werden, wimmelt es nämlich darin von Druckfehlern und unrichtigen Citaten, und wenn ich von den mir näher bekannten Arten auf die übrigen schließen darf, würde sich eine ziemliche Anzahl von Unrichtigkeiten in Folge mangelhafter Kenntniß und Unterscheidung der Arten herausstellen[1]).

Eine Bearbeitung der schweizerischen Arten der Gattung Andrena hat Dr. L. Imhoff im zweiten Bande der Mittheilungen der schweiz. ent. Gesellsch., p. 33—74 geliefert, worin 37 Arten in guten und nicht zu weitläufigen Diagnosen und Beschreibungen abgehandelt und zuletzt auch noch in eine analytische Tabelle gebracht sind. Eine genauere Erforschung der Schweiz und ein sorgfältiges Studium der einander sehr ähnlichen und daher leicht zu verwechselnden Arten[2]) wird jene Zahl sicher noch etwas erhöhen.

Ueber Osmia, Megachile und Chalicodoma sind besonders wieder Gerstäcker's Aufsätze in der Stettiner ent. Zeit. 1869 (p. 329 b. 367) zu berücksichtigen, ebenso die denselben bereits vorausgegangenen über mehrere parasitische Bienengattungen (Pasites, Phileremus, Biastes, Phiarus, Euglages, Ammobates, Epeolus, Epeoloides, Dioxys, Coelioxys und die beiden nur exotische Arten enthaltenden Gattungen Omachthes und Rhathymus), sowie über die Gattung Ceratina (ibid. p. 139—184). Dazu hat Schenck im nächsten Jahrg. derselben Zeitung (p. 104—107) Bemerkun-

---

1) Wenn der Verfasser z. B. (p. 63) A. nidulans F. und garrula Rossi, die beide als Synonyma von 4-fasciata angeführt sind, nicht zu unterscheiden vermochte, was mag er da nicht unter den 10 folgenden Varietäten alles zusammengeworfen haben? Wenn er ferner (p. 145 und 146) A. borealis Moraw. mit 4-maculata zu einer Art vereinigt, so hat er erstere sicher nicht gekannt. Die Beschreibung des ♂ von A. retusa L. (p. 173—4) enthält Merkmale, welche auf dasselbe nicht passen und auf eine Verwechslung oder Vermengung mit einer andern Art schließen lassen.

2) Die Verbindung von A. variaris und helvola zu einer Art ist z. B. ganz entschieden unrichtig.

gen veröffentlicht, auf welche Gerstäcker im Jahrg. 1872 (p. 293 u. f.) replizirte[1]).

Eine Bearbeitung der schweizerischen Anthidien hat Walter-Schmid in den Mittheil. d. schweiz. ent. Ges. Vol. III. p. 448 b. 475 geliefert, wozu eine kleine Berichtigung in Vol. IV. p. 199 enthalten ist.

(Schluß folgt.)

Hydrophilus piceus und aterrimus. — Im Anschluß an die Berichtigung der Beschreibung des Hydrophilus piceus L. und H. aterrimus Eschsch. vom Herrn Professor Dr. Doebner in Nr. 9 erlaube ich mir auf zwei Varietäten aufmerksam zu machen, die von mir in den Gräben von Sanssouci aufgefunden sind.

Beide Varietäten gehören zu piceus, da sie die zwei durchgreifenden Erkennungs-Merkmale: dachförmig gekielte Bauchringe und beim Männchen tiefe Aushöhlung des Mittelbrustkiels, die den Vorderrand nicht erreicht, besitzen.

Die erste Varietät zeigt nicht die Farbe der Stammform, ein grünliches Schwarz, pechschwarz, sondern ein reines nicht sehr glänzendes Schwarz, das noch tiefer wie das von aterrimus erscheint. Von oben gesehen, würde man diese Varietät für sehr große Stücke von aterrimus halten, vergleicht man aber die Stücke genauer damit, so findet man, daß das Schwarz sich durch geringeren Glanz und größere Tiefe auszeichnet. Die Größe der Geschlechter weicht nicht von der der Stammform ab.

Diese Varietät kömmt im Ganzen spärlich vor, doch habe ich im Laufe der Jahre mehrere Männchen und Weibchen gefangen. Ich möchte mir erlauben, dieselbe als Hydroph. piceus var. niger zu bezeichnen.

Die zweite Varietät, welche bis jetzt nur in einem Exemplare, Männchen, gefunden wurde, hat gleichfalls die tiefschwarze Färbung der ersten Varietät, zeigt aber eine, bei Wasserkäfern gewiß merkwürdige Abweichung in der Behaarung, es sind nämlich die Schenkelanhänge der Vorderhüften mit langen Zotten dicht bedeckt, so daß die Umrisse der Anhänge unter den Zotten fast ganz verloren gehen. Ebenso ragen zwischen den Gliedern der Fühlerkeule lange Zotten hervor.

G. Eichler,
Königl. Obergärtner u. Lehrer in Sanssouci.

1) Manche in diesen Bemerkungen berührte Punkte bedürfen wohl noch einer genaueren Prüfung; während ich mich aber bezüglich des Bombus martes und Proteus in Uebereinstimmung mit Schenck befinde, muß ich mich gegen eine Vereinigung der Andrena helvola und varians (wie bereits oben bemerkt), sowie gegen eine solche der Osmia caementaria und adunca entschieden aussprechen.

Sammelbericht aus der Märkischen Schweiz.

So geringschätzig man auch gewöhnlich über die Mark Brandenburg spricht wegen ihrer Einförmigkeit, so ist doch in manchen Gegenden eine landschaftliche Schönheit nicht zu leugnen, die bei einer großen Abwechselung von allerlei Wald und Wiesen für den Entomologen vieles Merkwürdige birgt. Zweijähriger Aufenthalt ließ mich eine Menge schöner Thiere auffinden, von denen ich die selteneren hier anführen werde, um einen Begriff von der Reichhaltigkeit der Fauna zu geben. Die überall vorkommenden übergehe ich.

Cimbex connata, betuleti, Trichiosoma sorbi. Lyda reticulata, campestris, betulae, pyri, hortorum. Hylotoma pullata, amethystina, von Lophyrus 13 Arten, Nematus Erichsoni, Leptocera alni, Macrophyia militaris, haematopus, neglecta, rustica. Perineura rubi, Tarpa cephalotes, Xyela pusilla, Oryssus vespertilio, Xiphydria camelus und dromedarius, Sirex magus und fuscicornis, gigas, spectrum.

Von interessanten Ichneumoniden erzog ich und fing: Helwigia elegans; Ichneumon grossorius, flavatorius, fusorius, pisorius, amatorius, vadatorius, sarcitorius, Goedarti, xanthorius, croceipes, überhaupt einige 80 verschiedene Arten, 30 Arten Amblyteles; beide Trogus, und wenigstens 60 Arten Pimplarier, die aber noch nicht alle bestimmt sind, darunter Seltenheiten wie: Pimpla illecebrator, Ephialtes imperator und Acaenites dubitator nebst Coleocentrus excitator.

Von Vespiden 7 Arten, Eumenes dimidiatus, von Odynerus unter andern Ancistrocerus renimacula, oviventris und pictus, Symmorphus elegans, sinuatus, debilitatus. 4 Arten Hoplopus, Leionotus Dantici, simplex, exilis, parvulus Lep. Pterocheilus phaleratus. Von Formiciden erwähne ich nur Hypoclinea quadripunctata. Seltnere Grabwespen fanden sich als: Oxybelus bipunctatus, mucronatus, Rhopalum 3 Arten, 44 Arten Crabro, Nysson dimidiatus, omissus, maculatus, interruptus, Astata boops und stigma, Miscus campestris, Sphex maxillosus, Harpactus tumidus, Dinetus pictus, 2 Arten Bembex, 6 Arten Tachytes, Agenia carbonaria, Stizus tridens, 2 Arten Ceropales. Unter 10 Arten Pompilus der schöne quadripunctatus und cinctellus, Priocnemis minutus, variegatus. 2 Scolia, 5 Arten Mutilla. Von Chrysiden Chr. austriaca, micans, fulgida, bidentata, scutellaris, simplex, 2 Cleptes, 8 Hedychrum, 7 Ellampus.

Von seltneren Anthophiliden erbeutete ich: Anthophora parietina, aestivalis, femorata? Tetralonia malvae und salicariae nebst atricornis, Rhophites, Ceratina, Epeolus variegatus, 20 Arten Nomada, Pasites Schottii, 3 Panurgus; Macropis fulvipes, Dasypoda argentata ♀ ♂, 2 Arten Systropha, Andrena Hattorfiana, eximia, holomelaena, thoracica, fulva ♀ ♂. Gwynana, coitana. Halictus zebrus, Prosopis variegata, Colletes nasuta, Sphecodes fuscipennis, Anthidium strigatum und punctatum, Osmia cornuta, papaveris, chrysomelina, aurulenta. Viele Megachile lagopoda, fasciata, Willughbiella, maritima, argentata. 6 Arten Stelis, über 40 Exemplare Coelioxys, darunter erythropyga, octodentata, punctata, parvula. Die große Menge der Ichneumoniden und kleineren Hymenopteren konnte ich noch nicht alle bestimmen. Von den erwähnten sind für meine Tauschfreunde Exemplare derjenigen Arten, welche ich reichlich erbeutete, zur Verfügung stehend, und diene diesen zur Nachricht, daß ich zum October nach Perleberg, Provinz Brandenburg, übergesiedelt bin.

Von Orthopteren fand ich in diesem Sommer massenhafte Caloptenus italicus nebst der unvermeidlichen märkischen Wanderheuschrecke Pachytylus cinerascens, Steteophyma grossum, Stenobothrus stigmaticus. Zahlreiche Forficula gigantea, acanthopygia, albipennis, Blatta ericetorum, maculata, livida, Gryllus silvestris, Xiphidium fuscum, Decticus bicolor, Meconema varium, Decticus brevipennis und als gewiß große Seltenheiten: Epacromia thalassina und Pachytylus nigrofasciata.

Neustadt-Eberswalde im September.

Dr. F. Rudow.

Ueber Beobachtungen der Wechselbeziehungen zwischen Thier- und Pflanzenwelt.

Von Prof. Dr. Karl v. Dalla-Torre in Linz.

Es ist eine bekannte Thatsache, daß der Entomologe auch Botaniker sein muß; spinnt sich ja das Leben und Vorkommen so vieler Insekten mitunter ausschließlich auf Pflanzen, ja oft nur auf einer einzigen Pflanzenart ab. Bieten nun dem Entomologen Nester und Hüllen, Gallen und Auswüchse ein reichliches Material der Beobachtung, und erschließt er auf diesem Wege manch wichtige Beiträge zur Biologie, so steht ihm, noch mehr aber dem Botaniker vom Fach ein gewiß ebenso reiches und interessantes Gebiet offen in der Beobachtung, welchen Einfluß die Insekten auf Sexualität der Pflanzen nehmen. Die einschlägigen Arbeiten von Sprengel, Darwin, Delpino, Hildebrandt, Müller und Kerner sind Quellen, aus denen der Botaniker, wie der Entomologe, ja man kann mit Recht sagen, jeder Gebildete mit wahrer Freude schöpfen wird, und denen er viele Belehrung und Ermunterung verdankt.

Schon einige Zeit mich solchen Beobachtungen widmend, haben die folgenden Zeilen den Zweck eine kurze Anleitung zu bieten, solche und ähnliche Beobachtungen anzustellen und dadurch nicht allein seiner eigenen Person manch äußerst angenehme und genußvolle Stunde in der Entdeckung neuer Naturgeheimnisse zu bereiten, sondern auch dem wissenschaftlichen Fortschritte einen Tribut nach Kräften zu leisten.

Für den ersten Anfang zu solchen Beobachtungen ist es wohl gerathen, dieselben an großen, ausgesprochenen Blüthen zu machen z. B. Epilobium salicifolium u. s. w. Zu diesem Zwecke untersucht man mehrere Exemplare derselben Pflanze in den verschiedenen Entwicklungs- resp. Oeffnungsstadien. Um sie nun dem Gedächtniße besser einzuprägen, entwirft man sich halb nach der Natur, halb schematisch (etwa in der Art, wie die Abbildungen in Müllers Werk über „die Befruchtung der Blumen") ein Bild der Blüthe in dem ersten Stadium nach dem Oeffnen. Beobachtet man nun dieselbe Blüthe einige Tage später, so hat sie sich in ihrer sexuellen Anlage bereits geändert, ist sie protandrisch, so schwellen die Antheren und es bildet sich Pollen in ihrem Inneren; ist sie protogyn, so spaltet sich die Narbe. Auch dieses Stadium der Entwicklung, wobei zugleich auf die Anwesenheit von etwaigen Nektarien und deren Absonderung, sowie auf andern Aenderungen in der Färbung und Lage der Blüthen ein Augenmerk zu richten ist, wird copirt. Es beginnt in diesem Stadium das Anfliegen der Insekten, deren Thun und Treiben man nun beobachtet. Um über die Identität der Art oder des Individiums im Klaren zu sein, gibt es wohl kaum einen andern Weg, als den, das Thier abzufangen, ihm den anhaftenden Blüthenstaub abzukratzen, und — indem man ersteren auf die Art der Pflanze untersucht, um festzustellen, ob aller derselben Art angehört, oder einer anderen — das Insekt zu markiren. So schwärzte ich z. B. zu diesem Behufe den einen gelben Fleck einer Bombus pratorum var. bimaculata Krchb. [Hinterleibsbinde des 2. Segmentes gelb, in der Mitte unterbrochen] mit Tinte, und zwar bei einem Exemplare rechts, beim anderen links; einer Bombus terrestris zog ich in der Mitte der 3 letzten weißen Hinterleibssegmente einen schwarzen Strich, einem andern Exemplare einen rothen u. s. w. Diese Pigmente halten ganz gut und thun selbst auf einige Schritte Entfernung [und eine solche ist wohl meist nothwendig, wenn das Thier ungestört arbeiten soll] ihren Dienst vorzüglich. Man kann mit Hülfe dieser Methode sehr gut ein Individuum beobachten und verfolgen. So fand ich z. B. daß eine oben erwähnte Bombus pratorum var (Arbeiter) einen Tag lang Hieracium auricula, einen zweiten Calamintha alpina, einen dritten Campanula pusilla besuchte; ein Individium von Bombus terrestris (Arbeiter) besuchte der Reihe nach innerhalb der Zeit von 3 Tagen Calamintha alpina, Campanula pusilla und Prunella vulgaris. Auf alle 4 Pflanzenarten wirkte sowohl die erstere wie die letztere Hummel befruchtend, wie die nachherige Untersuchung ergab.

Endlich gelangt die Pflanze ins dritte Entwicklungsstadium: während die zuerst entwickelten Organe, also bei den protandrischen Blüthen das Androecium, resorbirt werden, schwillt bei den protogynen das Gynoecium an, und es entwickelt sich an derselben Blüthe das andere Sexualorgan und mit ihm wieder ein neues Objekt zur Beobachtung, da auch während dieses Stadiums der Insektenbesuch in gleicher Mannigfaltigkeit und Zahl — ja selbst von gleichen Individuen, wie beim zweiten Stadium — fortdauert. Natürlich fertigt man sich auch von diesem Stadium eine Copie.

So kann man nach und nach den ganzen Entwicklungsgang einer Pflanze beobachten und mit ihm den Einfluß der Insekten auf dieselben.

Nach dem vorerwähnten Einfangen und Bemalen erscheinen die Thiere meist eine Zeit lang nicht mehr an der Stelle, wo man auf sie lauert; da aber ihr Flugrayon nicht groß und die Auswahl der Pflanzen an manchen Stellen nicht sehr mannigfaltig ist, so kehren sie nach ungefähr 30—120 Minuten, sobald sie sich nicht auffallend beunruhigt finden, auf die frühere Pflanze wieder zurück, und mit diesem Momente beginnt nun die Beobachtung, die sich bei einem Juvidium auf 3—6 Tage ausdehnen kann. So beoachtete ich z. B. mehrmals auf den Alpen, daß das Edelweiß (Leontopodium alpinum) an gewissen Stellen seines schönen weißen Ueberzuges beraubt ist und der schmutzig grüne Untergrund der Blätter sichtbar wird. Nach mehrtägigen Beobachtungen fand ich, daß sich von Zeit zu Zeit, etwa nach 2—3 Tagen, die alpine Megachile analis Nyl. (♀) auf den Blüthen einfindet und dieselben mit den Kiefern abschabt, um die ungemein feine Wolle, in Klümpchen gerollt zwischen Beinen dem Neste zuzutragen. Es sind meist dieselben Stämmchen, welche sie besuchen und daher nach und nach vollständig des weißen Flors berauben. Aufgeschreckt kehren sie nach ungefähr 30 Minuten wieder.

Auf diese Weise gelangt man nach verhältnißmäßig kurzer Zeit zu einer Reihe von sehr interessanten Beobachtungen, und in ihnen liegt eben der Schwerpunkt der naturwissenschaftlichen Studien, während alles Uebrige ja nur als Mittel zum Zwecke Berechtigung und höhere Weihe erhält.

Nekrolog.

Ueber den verstorbenen Regierungs- und Schulrath Suffrian sind uns eingehende Mittheilungen in Aussicht gestellt, die wir schon in der nächsten Nr. hoffentlich bringen werden.

Am 9. August starb zu Brüssel der eifrige Entomologe, Dr. Breyer im Alter von 63 Jahren. Ein geborener Deutscher floh er infolge politischer Verfolgungen nach Belgien, wo er im Verein mit de Selys-Longchamps die belgische entomologische Gesellschaft gründete, zu deren eifrigsten Mitgliedern er bis an sein Lebensende gehörte. Er beschäftigte sich hauptsächlich mit Mikrolepidopteren.

Zahlreiches Vorkommen von Faltern.

Hr. Regierungsbaurath von Zschock in Gumbinnen theilt uns mit, daß am 12.—15. Aug. eine Menge erwachsener Raupen von D. Nerii auf Oleanderbäumen (c. 60—80 Stück) in G. gefunden worden sind. Die von Hrn. von Zschock gefangenen verpuppten sich vom 15.—20. Aug., 2 davon entwickelten sich bis Mitte Sept. und lieferten gute Exemplare. — Wir sind den Herren, die uns Mittheilungen über das Vorkommen von D. Nerii in diesem Jahre machten, um so dankbarer, als dieser Schwärmer ein Anologon zu dem Sph. Convolvuli im vorigen Jahre zu bieten scheint. Nach den auch noch in diesem Jahr erhaltenen Mittheilungen ist der letzte Schwärmer in Deutschland und ganz Oesterreich ebenso häufig, wie in Großbrittanien vorgekommen. Ein Gleiches scheint mit D. Nerii in diesem Jahre der Fall zu sein. Sollten auch diese Schwärmer mit einjähriger Entwicklung constante Perioden oder nur besonders günstige Jahre haben? — Auch der Kohlweißling scheint so ein günstiges Jahr zu haben. Hier auf Rügen ist fast sämmtlicher Kohl vertilgt; aus Stade berichtet die Weserzeitung vom 17. Aug. von „enormen Schwärmen weißer Schmetterlinge", ebenso von andern, die „mit der Fluth von den Flußmündungen her die Weser und Elbe aufwärts zogen;" auch auf dem Meere wurden sie beobachtet. So wird der Weserztg. geschrieben: „Ich befand mich Sonnabend, 12. August, an Bord des Dampfschiffs „Nordsee", Kapt. Schulken, welches um 10 Uhr Vormittags aus der Geeste von Bremerhaven nach Helgoland in See gegangen war, mit Ebbestrom bei heißem fast gänzlich windstillem Wetter. Beim Weserleuchtthurm trafen wir bereits den Fluthstrom, jedoch ohne alle Brise, und mit ihm von See aus Norden kommende Schwärme von weißgelben Schmetterlingen, welche von vielen Mitreisenden aus den verschiedensten Gegenden als der „Kohlweißling" bezeichnet wurden. Manche darunter waren stark schwarz berändert. Vor den aufgespannten Segeln der Tjalkschiffe, die der Dampfer passirte, hoben sich die flatternden Thierchen, in dichten Massen gleichmäßige südliche Richtung verfolgend sehr bemerkbar ab. Oefter schien unser Dampfschiff mitten durchzustechen; man konnte nach Belieben die Schmetterlinge auf Deck greifen. Der erste Gedanke war der an den bedauernswerthen Landmann, auf dessen Territorium diese Gesellschaft einfallen wird; an den Raupenfraß, der sich im nächsten Frühjahr daselbst bemerklich machen dürfte. Die Erscheinung mochte über eine halbe Stunde lang angedauert haben, bis über das Außenleuchtschiff und Schlüsseltonne hinaus, als endlich die letzten Nachzügler verschwanden. Den Seeleuten war sie neu und fremd. Von den Passagieren wollten welche ein Ausruhen der Schmetterlinge auf dem Wasser bemerkt haben; Einsender konnte keine solche Wahrnehmung machen, auch war nichts von einem Niederfall des Schwarmes auf Schiffsdeck zu bemerken. Land war nicht zu sehen und in der Gegend, aus welchem die Schwräme kamen (aus Norden) überhaupt nicht vorhanden, außerhalb Helgoland und im Osten weit ab die schleswigsche Küste. Der Horizont war wolkenfrei. Woher mögen die Züge kommen? Wohin mögen sie gehen? Neben der interessanten Thatsache, daß dieser Schmetterling überhaupt Seereisen machen kann, wäre es sicher der Mühe werth, die Beobachtungen von verschiedenen Orten zusammenzutragen, um so ein Bild zu gewinnen von der Ausdehnung einer solchen Schmetterlingswanderung nach Raum und Zeit."

Auf Pappeln richtete im ersten Frühjahr Liparis Salicis große Verwüstungen an, auf Buchen Dasychira pudibunda.

Literarische Revue.

The Entomologist's Monthly Magazine.

147. Aug. — Saunders, descriptions of some new species of Buprestidae, belonging to the genus Lius Deyrolle; Schluß. — Waterhouse, desc. of a new sp. of Ectemnorrhinus from Kerguelen Land. — Butler, desc. of 3 new sp. of Papilio from the collection of Mr. Herbert Druce. — Sharp, descr. of some new genera and species of New Zealand Coleoptera.

148. — Ders. Description of a new genus of Anistomidae (Dietta sperata, Australien). — Joseph S. Baly, diagnoses of undescribed species of phytophaga. — John Scott, descriptions of 3 new species of European Hemiptera-Homoptera (Gnathodus roseus, Corsica; Thamnotettix rubrivenosa, Corsica; Phlepsius filigranus, Nimes.) — Reuter, British Hemiptera-Homoptera, — additional species.

149. D. Sharp, descriptions of some new genera and species of New Zealand Coleoptera. — E. Saunders; descriptions of new Hemiptera - Heteroptera. — J. Scott, description of a new species of Hemiptera-Heteroptera. — F. Buchanan White, descriptions of three new species of Hemiptera-Heteroptera from New-Zealand. — J. F. D. Lle-

welyn foreiga visitor (Danais Archippus). — Waterhouse, descriptions of new Cucujidae and Cleridae.

Petites Nouvelles Entomologiques. — 147, 1. Mai. O. M. Reuter, Diagnoses praecursoriae Hemipterorum Heteropterorum. Neue Arten. — Girard, eine neue Form der Phylloxera (das Winterei). —

149. Gestro, Oryctoderus Albertisii Gestro, n. sp. — Mégnin, Metamorphose der Acariden; Bericht von Girard.

150. Mulsant, Bemerkung über eine wenig bekannte französische Art des Genus Phytoecia (Caroni). — de Lafitole, einfache Bemerkungen über einige Schmetterlinge. — Puton, Bemerkung über die Klassification der Coccinelliden und Endomychyden. — Girard, Besprechung von Lortet's Metamorphose des Ligules.

151. Fairmaire, Diagnosen nordafrikanischer Käfer. — Ueber die auf der Reise nach den Kergueleninseln gesammelten Insecten.

152. Leprieur, Synopsis der Hydroporen aus der Gruppe Opatrinus. — Reuter, Diagnoses praecursoriae Hemipterorum-Heteropterorum.

153. — Staudinger, Bemerkungen über Oberthür's Etude sur la Faune des Lepidoptères de l'Algérie. — Verschiedene kleinere Mittheilungen.

154. — Sharp, diagnosc d'une espèce nouvelle de la famille des Dytiscides [Hydrovatus clypealis, Anglia mer., Gallia, Algiria.] — Sh. (Thornhill in Schottland) theilt zugleich mit, daß er sich mit einer Revision des Dytisciden beschäftigt und um Zusendung von Material bittet. — Fang von Velleius dilatatus.

155. — Löw, diagnoses de deux espèces nouvelles du genre Psylla: Ps. pyrastri, Austria, Ps. stenolabis; Austria. Kleinere Mittheilungen (über Vanessa Levana und Prorsa, Parn. Apollo etc).

Newman's Entomologist. — 158. — Carrington, Agrotis tritici and A. aquilina (with illustrations). — Forsetz. der Uebers. von Mayr's „die mitteleuropäischen Eichengallen." — Bridgman, Doings and observations among the Aculeate Hymenoptera during 1875.

159.—Samuel Stevens, varieties of Melanagria galathea (with illustrations). — Forts. der Uebers. von Mayr's Eichengallen.

160. — F. Bond, Ephyra pendularia, var., with illustration. — J. Jenner Weir., remarks on Colias Edusa and C. Hyale. — Mayr's „die Mitteleuropäischen Eichengallen" translated. A. Russel Wallace, the peculiar relations of Plants and Jnsects as exhibited in Jslands.

Coleopterologische Hefte. Herausgeg. unter Mitwir= mehrerer Fachgenossen von E. von Harold. Das 15. Heft (Preis 6 M., beim Herausgeber — Barerstr. 52, München — 5 M.) ist soeben erschienen. Dasselbe enthält: v. Harold, Beiträge zur Kenntniß der Fauna von Neu=Granada (Halticinae, II Stück), 1—36. — E. Reitter, neue Gattungen und Arten aus der Familie der Cucujidae, 37—64. — D. Sharp, descriptions of some new species of Scarabaeidae from tropical Asia and Malasia. Part. III, Melolonthini; 65—90. — v. Harold, Versuch zur Begründung der mit Oedionychis nächstverwandten Gattungen 91—98. — Gredler, vierte Nachlese zu den Käfern von Tirol, 99—117. — v. Harold, Diagnosen neuer Arten, 118—124. — E. Reitter, die Arten der Gattung Cathartus, 125—130. — Literatur, Referat über den coleopterologischen Inhalt entomologischer und naturwiss. Zeitschriften, sowie coleopterologischer Werke, 131—172. — Miscellen 172—174. Ein Beiheft zum 15. Heft (3 M., beim Herausgeber 1 M.) enthält einen Index zu Heft I—XIV, eine sehr dankenswerthe Zusammenstellung, die Hr. B. Wagener in Kiel geliefert hat.

Der Catalogus Coleopterorum der Hrn. Dr. Gemminger und von Harold, jetzt im Verlage von Th. Ackermann in München, wird mit Einschluß des allgemeinen Gattungsregisters, in kurzer Zeit zur Vollendung gelangen und somit ein neues rühmliches Werk deutschen Fleißes dem entomologischen Publikum fertig vorliegen. Die Gesammtzahl der im Cataloge aufgeführten Species beträgt 77008.

Tauschverkehr und Kaufgesuche.

(NB. Diese Rubrik steht den Abonnenten für Mittheilungen gratis zu Gebote.)

Pteroloma Forstroemii offerirt zum Tausch gegen andere europäische Coleopteren

Carl Schwarz,
Liegnitz, Ring 30.

Etwa 500 Art. Hymenopteren aus Mittel=Deutschland (darunter 25 Systropha curvicornis Scop.) mit genauer Angabe von Ort und Zeit des Fanges sind im Ganzen gegen europäische oder außereur. Lepidopteren oder Coleopteren zu vertauschen; desgl. 25 Ex. der Wanze Scutellaria nigrolineata L. und eine kleine Anzahl aus der Herwurmslarve von mir selbst gezogene Stücke.

G. A. Ass. Krause, S. Altenburg.

Anzeigen.

Insektenkasten.

Den geehrten Herrn Entomologen empfehle ich meine vorzüglich gearbeiteten Insektenkasten, Spannbretter 2c. Ich mache besonders auf die nach Anweisung des Herrn Dr. Kraatz angefertigten sehr praktischen und beliebten Buchkasten ohne Glasdeckel, 38 cm. lang, 25 cm. breit, aufmerksam; alle in dieses Fach einschlagenden Artikel liefere ich in saubersten Arbeit und zu soliden Preisen.

J. Kasper,
Tischler und Instrumentenmacher
in Berlin, Reichenbergerstr. 125.

Der Dutzendpreis der Doppelkasten ist:
a. Kasten ohne Leinwandrücken, unausgelegt . . . 2,50 M.
b. „ mit Leinwandrücken u. Titel in Goldschrift . 3 M.
c. „ „ „ u. mit Insektenpappe ausgelegt und beklebt . . 4,25 M.
Ein einzelner Probekasten a. 3 M.; b. 3,50 M.; c. 4,50 M.

Zu verkaufen

sind folgende Bücher:

1) Meyers, Conv. lex. 2. Aufl. 1868—1871. 15 Bd. 75 M.
2) der Naturforscher, herausgeg. v. Sklarek. 6. Jahrg. 1873. 9 M.
3) Häckel, Schöpfungsgesch. 4 Aufl. 1873. 8 M.
4) Bär u. Hellwald, der vorgesch. Mensch. 1874. 7 M.
5) Frohschammer, Christenthum und d. moderne Naturwissensch. 1868. 6 M.
6) Radenhausen, Isis 2 Aufl. 1870. 4 Bd. 10 M.
7) Carus, Zootomie. 2 Aufl. 1854. mit 20 Kpftfln. 3 M.
8) Bergmann u. Leuckart, anatom. physiol. Uebersicht des Thierreichs. 1855. 6 M.
9) Leydig, Histologie. 1857. 6 M.
10) Mädler, populäre Astronomie. 5 Aufl. 1861. 6 M.

Sämmtliche Bücher sind gut gebunden u. gut erhalten.

Die Adresse des Verkäufers ist in der Expedition der Entomol. Nachrichten bei Einsendung einer Karte oder Freimarke für die Antwort zu erfahren.

Dalmatinische Coleopteren wünsche ich gegen deutsche auszutauschen. Verzeichnisse stehen zu Diensten.

Graz (Steiermark). Dr. Pipitz,
Humboldt Hof.

Von dem Unterzeichneten sind abzugeben:

1000 Exotische Chrysomelinen und Erotylinen in über 500 Arten und var. zu 150 Rmk.

463 Exotische Lamellicornen (Melolonthidae und Cetonidae) in 306 Arten und var. zu 81 Rmk.

Ein sehr großer Theil der Thiere ist bestimmt, alle sind mit Vaterlandsangabe versehen.

E. Schmidt,
Obergärtner der Flottbecker Baumschulen
bei Altona.

Entomologischer Kalender.

Der Druck des Ent. Kalenders hat begonnen; es fehlen indessen noch von einer großen Anzahl Entomologen die näheren Angaben, noch mehr aber die Nachrichten über die Vereine. Wir bitten, uns möglichst bald die ausgefüllten Listen zugehen zu lassen. Der bloße Name, ohne Angabe des entomologischen Gebiets, ist für den Kalender von geringer Bedeutung.

Commission bei Ch. Fr. Vieweg in Quedlinburg.
Druck von Aug. Dose in Putbus.

№. 12. Entomologische 1876.

Nachrichten.

Herausgegeben

vom Gymn.-L. Dr. F. Katter.

Putbus, den 1. December.

Jeden 1. des Monats erscheint ein Heft. Abonnement jährlich 4 Mark pränumerando. Zu beziehen durch die Expedition (franco unter Kreuzband), die Post oder den Buchhandel. Tausch- und Kaufgesuche der Abonnenten gratis. Insertionsgebühr 25 Pfennig die Zeile oder deren Raum.

Das Studium der Hymenopteren,

Winke für Anfänger in diesem Zweige der Entomologie,

von Dr. Kriechbaumer in München.

XI. (Schluß.)

Größer ist der Contrast in der Auffassung des Begriffes von Art und Abart bei Insekten wohl kaum je hervorgetreten, als bei der Gattung Sphecodes. Während z. B. Sichel in seinen Etudes hymenopterologiques (in den Ann. Soc. ent. de France 1865, p. 331, resp. 397 u. f.) im Ganzen, d. h. an ihm bekannten in- und ausländischen Formen 29 Arten annahm, hatte Foerster nach Sichel's Angabe (l. c. p. 410) in dessen Material, das er größtentheils und längere Zeit in Händen gehabt, nahezu 150 (!) neue Arten entdeckt, größtentheils, wie Sichel sagt, in einzelnen oder wenig zahlreichen Exemplaren. Herr Foerster hat bisher über diese massenhaften Entdeckungen nichts veröffentlicht, und ich glaube, daß es für die Hymenopterenkunde am vortheilhaftesten ist, wenn er im ungestörten Alleinbesitz dieser seiner Entdeckungen bleibt. Andererseits frägt es sich aber, ob Sichel das Richtige getroffen hat, wenn er von allen diesen Foerster'schen neuen Arten etwa ein Dutzend mit Sph. fuscipennis, den ganzen Rest aber mit Sph. gibbus L. vereinigen will. Diese Frage wird jeder gerechtfertigt finden, der Sichel's Aufsatz über Bombus*) genauer kennen gelernt hat, worin er, vermuthlich von Darwinschen Ideen beeinflußt, Arten zusammen zieht, die durch eine gewisse Uebereinstimmung in der Färbung dazu scheinbar berechtigen,

*) „Essai monographique sur le Bombus montanus et ses variétés“ in den Annales de la soc. Linn. de Lyon 1865, auch als Separatum erschienen.

aber durch sichere plastische Merkmale, die jedoch Sichel gänzlich unberücksichtigt ließ, sich als bestimmt verschieden erweisen; es ist daher die Vermuthung nicht unbegründet, daß Sichel auch hier in seinen Verschmelzungen zu weit gegangen ist. Immerhin aber dürfte das Sprichwort „in medio virtus“ hier nicht zutreffen, sondern die Wahrheit weit näher bei jenen stehen, die eine ziemlich kleine Zahl von Arten annehmen, als bei denen, die jedes dritte oder vierte Exemplar, das ihnen in die Hände kommt, zu einer neuen Art stempeln wollen. Auf Seite ersterer steht auch Wesmael, der ebenfalls eine monographische Arbeit über diese Gattung geliefert hat („Observations sur les espèces du genre Sphecodes“, ohne Jahrzahl, wahrscheinlich aus den Bulletins der belgischen Akademie), worin er 9 Arten beschreibt, davon eine spanische, eine arabische (letztere nur nach Lepeletier), die übrigen 7 aus der Umgebung von Brüssel. In der Einleitung erklärt er diese Arten als nur problematisch und nicht scharf von einander abgegränzt, so daß er fast geneigt ist, selbe sämmtlich als Racen ein und derselben Art zu betrachten. Aus diesem allem geht hervor, daß die Artenkenntniß bei dieser Gattung sehr schwierig und noch sehr weit zurück ist. Nach meiner Ansicht müßte sich dieselbe zunächst auf sichere Unterscheidung der ♂ richten, welche bei den Bienen in der Regel mehr in die Augen fallende und bestimmtere Unterschiede bieten, als die ♀, und erst wenn bei jenen eine sichere Unterscheidung gelungen ist, möchte eine solche auch bei den ♀ eher zu hoffen sein.

Eine „Monographie der Gattung Hylaeus F. Ltr.“ (Prosopis F. Syst. Piez.) hat Foerster in den Verh. des zool.-bot. Vereins in Wien Vol. XXI (1871, p. 873—1024) geliefert. Der Titel würde richtiger lauten: „Monogr. der europäischen Arten der Gattung Hylaeus“, denn es wird wohl Herrn Foerster nicht unbekannt gewesen sein, daß es auch zahlreiche exotische Arten dieser Gattung giebt, obwohl er davon keine Erwähnung machte. Es sind in dieser Monographie 94 europäische Arten beschrieben, denen dann noch 13 dem Verfasser unbekannt gebliebene anderer Autoren angehängt sind. Daß diese Arbeit wieder eine Menge angeblich neuer Arten enthält, läßt schon der Name des Autors vermuthen, es sind auch deren nicht weniger als 70, also nahezu $\frac{3}{4}$ der beschriebenen. Daß der Autor viel Zeit und Mühe auf seine Beschreibungen verwandte, läßt sich mit Sicherheit annehmen; ein weiteres Urtheil darüber muß ich aber unterlassen, da der Verfasser die Möglichkeit, mir ein solches durch Vergleich meines ihm auf seine Bitte zur Benutzung zugesandten Materials mit seinen Beschreibungen zu bilden, einfach dadurch abschnitt, daß er mir nicht ein Stück wieder zurückschickte. Dagegen hat F. Morawitz im folgenden Jahrgange derselben Verhandlungen p. 374 u. f. sich ziemlich eingehend mit dieser Arbeit Foersters beschäftigt. Das Urtheil, das er darüber p. 374 giebt, wodurch sämmtliche Arten mit der größten Sorgfalt und Genauigkeit beschrieben und die Apidologen in den Stand gesetzt wurden, dieselben mit vollkommener Sicherheit zu bestimmen, paßt aber sehr wenig zu dem weiter unten Gesagten. So wird z. B. p. 377 die Gruppirung der Arten als eine vollkommen mißlungene bezeichnet, es wird nachgewiesen, daß Foerster nach sehr veränderlichen Merkmalen, wie die Entfernung der Augen von den Kiefern (p. 375), Skulptur des Mittelleibes und der umgeschlagenen Seite des ersten Segmentes (p. 376), Arten unterschieden habe, die zusammengehören, dagegen wichtige, von der Brust gebotene Merkmale ganz unberücksichtigt gelassen habe (ibid.). Die Arten der sechsten Gruppe hält Morawitz sämmtlich für Varietäten ein und derselben Art u. s. w. Also auch hier wieder der überall hervortretende Fehler des oft erwähnten Autors, die mit seltener Schärfe der Augen an den untersuchten Individuen herausgefundenen Unterschiede nicht richtig zu beurtheilen, deren Standhaftigkeit oder Veränderlichkeit nicht sorgfältig zu prüfen, sondern den nächstbesten hinreichend zu finden, um darauf eine neue Art zu gründen. Eine zuverlässige Beurtheilung, ob Art oder Varietät, läßt sich aber auch kaum von einem Autor erwarten, der, wie es bei Hr. Foerster nach dessen höchst dürftigen Notizen über Vorkommen und Lebensweise der von ihm beschriebenen Thiere angenommen werden muß, mit deren biologischen Verhältnissen und ihrer Zucht sich fast gar nicht beschäftigt hat, vielmehr eine Familie mit Veröffentlichung von in oben angegebener Weise verfaßten Beschreibungen von gefangenen Thieren für abgefertigt hält, um dann sofort eine andere in ähnlicher Weise zu behandeln. Da bei einigen Arten dieser Gattung bereits nachgewiesen ist, daß sie in Pflanzenstengeln nisten, so läge es sehr nahe, an solchen Orten, wo man derartige Thiere antrifft, die dürren Stengel verschiedener Pflanzen zu sammeln und nach den Arten derselben gesondert einzuzwingern. Da ferner die ♂ aller Arten, soweit mir selbe bekannt sind, sich durch sehr charakteristische Merkmale von einander unterscheiden, so wird man ziemlich leicht beurtheilen können, ob die allenfalls ausgeschlüpften Thiere einer oder mehreren Arten angehören und danach auch mit einiger Vorsicht die schwerer zu bestimmenden Weibchen beurtheilen können.

Unter den Schriften über die Familie der Bienen ist schließlich noch eine zu erwähnen, welche dieselbe in Darwin'schen Geiste behandelt, auf welche näher einzugehen aber hier nicht der Platz ist, da sie theils zu sehr in das theoretische Gebiet fällt, theils schon eine genauere Bekanntschaft mit den Gattungen und Arten der Bienen voraussetzt, mithin nicht für Anfänger berechnet ist.

Es ist dieses die „Anwendung der Darwin'schen Lehre auf Bienen" von Hermann Müller in Lippstadt, als Separatabdruck aus den Verh. d. nat. Ver. d. preuß. Rheinl., Bd. XXIX in Bonn erschienen. Wenn der angehende Hymenopterolog auch nicht im Stande ist, über die Richtigkeit oder Unrichtigkeit der vom Verfasser aus seinen Untersuchungen gezogenen Schlüsse ein Urtheil zu fällen, so kann derselbe doch manche für Systematik und Biologie wichtige Einzelnheiten kennen lernen und dürfte die jedenfalls geistreich abgefaßte Schrift geeignet sein, in das trockne Studium der Artunterscheidung Abwechslung zu bringen, die Wichtigkeit der biologischen Verhältnisse und ihrer Beziehungen zu dem Baue der verschiedenen Körpertheile anschaulich zu machen und so seinem Studium eine neue und gewiß höchst interessante Seite abzugewinnen.

Mit den in diesen 11 Abschnitten meines Aufsatzes angeführten Schriften dürften wohl die hauptsächlichsten genannt sein, welche den Anfänger in die Hymenopterenkunde einzuführen geeignet sind. Die noch bleibenden Lücken wird derselbe dann durch die faunistischen Werke der verschiedenen Länder und die in den Zeitschriften zerstreuten Aufsätze zu ergänzen suchen müssen. Von letzteren sind die nun 36 Bände zählende Stettiner ent. Zeitung und die (mit 1875) 25 Bände starken Verhandlungen des zool.-bot. Vereins in Wien zunächst zu berücksichtigen und namentlich in letzterer die Beiträge von Giraud und Ferd. Morawitz besonders zu erwähnen. Ersterer, ein Franzose, aber viele Jahre in Wien lebend, hat namentlich für die österreichische, letzterer, ein Russe, der aber mit besonderer Vorliebe seine Ferien in den Alpen zubrachte und deren Hymenopterenfauna eifrig sammelte und studirte, für die deutsche und Schweizer Fauna wichtige Beiträge geliefert.

Die Besprechung einiger seit Beginn dieses Aufsatzes erschienener oder ihm erst bekannt gewordener neuerer Schriften über Hymenopteren für spätere Gelegenheit sparend, schließt der Verfasser diese Zeilen mit dem Wunsche, daß selbe ihren Hauptzweck, dem jungen Freunde der Hymenopterenkunde bei Auswahl seiner Werke als Rathgeber zu dienen, erreichen, außerdem aber recht viele und tüchtige Arbeiter einem Gebiete der Insektenkunde gewinnen mögen, welches derselben noch so dringend bedarf.

Von den beiden Sumatrareisenden Fetting und Speck ist der erstere gestorben, der letztere, von Hilfsmitteln gänzlich entblößt, augenblicklich Klavierlehrer in Padang. Er gedenkt jedoch, sein Sammeln von Käfern, Schlangen 2c. fortzusetzen, wenn sich hierzu feste Abnehmer finden. Seine Adresse ist: Atjeh-Hôtel, Padang, Sumatra Westküste.

Plaudereien über die 49. Versammlung deutscher Naturforscher und Aerzte in Hamburg.

Der Elephant besitzt in seiner Haut ein unschätzbares Präservativ gegen Schnupfen, Rheumatismus und sonstige menschliche Plagen; es war beneidenswerth anzusehen, wie die niederrauschenden Regengüsse auf die beiden Thiere im Hamburger Zoologischen Garten nicht den entferntesten Eindruck machten, während ich unter dichtlaubiger Kastanie, unter Schirm und Ueberrock stand und aus dem rieselnden Bächlein den Schnupfen sich langsam durch die Doppelsohlen hereinstehlen fühlte. Ich bin nicht Fachmann genug, um behaupten zu können, daß wir astronomisch gesprochen im Zeichen des Wassermanns uns befanden, aber es ist zuverlässig, daß Jupiter pluvius regierte. Die menschliche Hoffnung klammerte sich an jeden Sonnenstrahl und wurde immer von Neuem zu Schanden; wir Nordländer hatten des Regens sechs inhaltsschwere Wochen hinter uns, wir glaubten zuversichtlich an ein freundlicheres Walten der Himmlischen in Hamburg. Spät, aber nicht zu spät, hatte der Himmel ein Einsehen; das Fest in Uhlenhorst ließ er leidlich verregnen, dann schloß er seine Schleusen für den Rest der Woche. Bei meiner Neigung, jedem Dinge die beste Seite abzugewinnen, gab mir dies Arrangement Gelegenheit, die Weisheit der Natur zu bewundern. Jede Häufung des Genusses stumpft ab und wer sich zu Anfang der Woche in den Strudel gelehrter und gesellschaftlicher Anregungen gestürzt hat, begrüßt am Sonnabend das willkommene Ende. Uns schuf die himmlische Einsicht eine künstliche Klimax wider alle Naturgesetze; den Anfang machten wir zögernd, zwischen Paletot und Regenschirm schwankend; mit dem Schwinden der Wolken wuchs der Muth; Genuß ohne Trübung, ohne Reue.

Bekanntlich hat jede Naturforscherversammlung zwei Seiten: eine wissenschaftliche und eine dem Vergnügen gewidmete. In letzterer Hinsicht hatte der Central-Ausschuß die Tendenz weiser Mäßigung empfohlen; aber als der Himmel sich aufhellte, wuchsen auch der geselligen Fröhlichkeit die Schwingen und das Programm schwoll.

Ich will den Versuch machen, mit wenigen Worten dessen zu erwähnen, was ich in Hamburg gesehen und erlebt habe.

Der Sonntag war dazu bestimmt, in den Abendstunden Mitglieder und Theilnehmer zum ersten Male in den Räumen des Sagebiel'schen Locals gesellig zu vereinigen. Im engeren Kreise alter und neuer Bekannten fand ich meinen Platz, der indessen bald an Damen abgetreten wurde; der Saal war klein, im freien Mittelraume drängte sich die Menge knäulartig durcheinander und als ich zu der Ueberzeugung gelangt war, daß hier ein behagliches

Zusammensein unmögiich, räumte ich das Feld, um in fröhlicher Gesellschaft einen Abendtrunk zu nehmen. Erst am folgenden Montag öffnete sich für uns der große Saal des Etablissements, ein Raum von außergewöhnlicher Ausdehnung und geschmackvoll decorirt. Die erste allgemeine Versammlung verlief in den Vormittagsstunden mit jener schweigenden Würde, welche der Ernst der Wissenschaft von der weit über tausend Köpfe zählenden Versammlung forderte. Zunächst begrüßende Anreden, dann geschäftliche Mittheilungen und dann folgte der Vortrag des Professor Preyer aus Jena über die Ursachen des Schlafes, einer der fesselndsten Genüsse, deren ich mich aus jenen Tagen erinnere. Ich verließ die Versammlung, als ein Thema von vorwiegend ärztlichem Interesse zur Behandlung kommen sollte.

Für den Nachmittag war programmmäßig der Zusammentritt der Sectionen vorgesehen. Wir haben es wohl der Anregung, welche Dr. Kraatz in der deutschen Zeitschrift gegeben hat, in erster Linie zu danken, wenn die Hamburger Collegen für das Zustandekommen einer entomologischen Section erfolgreich gewirkt haben. In dem versendeten Vorprogramme war ihrer nicht gedacht, unsere Ueberraschung war um so angenehmer, eine Erweiterung unserer Wünschen vorzufinden. Daß es der Mühe verlohnte, glauben wir bewiesen zu haben. Es haben sich einige fünfzig Theilnehmer bei der Section eingeschrieben; es sind täglich mindestens zweistündige Sitzungen abgehalten worden, die Zahl der Anwesenden ist niemals unter 35 hinabgegangen; der Stoff zu Vorträgen und Discussionen floß so reichlich, daß keine Tagesordnung völlig abgewickelt wurde und wir werden vor mancher anderen Section constatiren können, daß das Gefühl angenehmster Befriedigung ein allgemeines unter uns geblieben ist.

Da das menschliche Gedächtniß ein eitel Ding ist und da die abschließende Nummer des Tageblattes noch fehlt, um die Lücken zu ergänzen, so bin ich außer Stande, die Anwesenden herzuzählen; aber es ist mir ein Bedürfniß, derer zu gedenken, mit denen ich fröhliche Stunden im geselligen Treiben „außer Dienst" verlebt habe, denen ich Dank schulde für Theilnahme an meinem Streben und für thatkräftige Unterstützung! Um die Seniorenschaft mögen sich die Herren Geheimrath von Kiesenwetter aus Dresden und Director Dr. C. A. Dohrn aus Stettin streiten, vielleicht concurrirt auch Herr Baron von Nolcken aus Livland. Frankfurt hatte seine besten Söhne (entomologisch gesprochen) in den Herrn Hauptmann Dr. von Heyden und Dr. Haag-Rutenberg gestellt; Berlin glänzte durch seine Abwesenheit, Dr. Kraatz war bedauerlicherweise durch ernste Krankheit verhindert. Die Dipterologen blickten mit Stolz auf Herrn Edlen von Bergenstamm aus Wien, der vaterländische Süden hatte die beiden Brüder Herrn Eppelsheim und Dr. Steudel aus Stuttgart entsendet. Herr Gerichtsrath von Hagens aus Düsseldorf fehlte bei keiner Discussion, Dr. Staudinger belebte die lepidopterologischen Geister. Unsere nördlichste Provinz hatte in Herrn Oberforstmeister Tischbein aus Eutin ihren gründlichsten Ichneumonidenkenner gestellt; im verehrten Baden aus Altona die offenste Hand! Wehnke aus Harburg, der Herrscher im Wasserreich, betheiligte sich eifrigst; die Schaar der Hamburger vermag ich nicht zu nennen, aber Dr. Michow, mein unvergleichlicher Mitsekretär, verdient einen Ehrenplatz in meinen Erinnerungen. Herr Dr. Crüger entledigte sich mit Würde seiner Aufgabe, die Section einzuführen; Herr von Hopffgarten entzückte uns durch die Schilderungen seiner Höhlenjagden in Ungarn. Ich darf eines Herrn Dr. Mayer nicht vergessen, der sich durch einen geistvollen Vortrag über die Ernährungsorgane der Wanzen verdienten Beifall erwarb.

Die Hamburger Theilnehmer haben sich erfolgreich bemüht, uns zufrieden zu stellen; die Einen durch eine überraschend reichhaltige Ausstellung, deren entomologischer Theil durch kostbare Specialitäten geschmückt war; die Anderen durch liberales Oeffnen ihrer Sammlungen: ich nenne Schmeltz, den verdienstvollen Custoden des Godefroy'schen Museums, Koltze, vor Allen wieder Baden in Altona.

Der Thätigkeit der Section sollen einige Schlußworte gewidmet werden; hier verdient zunächst der Erwähnung, daß der Zusammenhang der Mitglieder weit über die Sitzungen hinaus dauerte. Wir fanden uns am Montag Abend bei dem Festessen zusammen unter dem Vorsitze meines Freundes Dr. Michow, wir bildeten einen geselligen Tisch auf Uhlenhorst; die Elbfahrt nach Blanckenese versammelte uns auf demselben Dampfer, wir sahen gemeinschaftlich Hagenbeck's Thierpark; die Beleuchtung im Zoologischen Garten bestrahlte entomologische Tische, selbst bei den Festvorstellungen in Hamburgs Theatern konnte Gruppirung beobachtet werden; wir tranken gemeinschaftliche Abendschoppen: wir waren einfach unzertrennlich! Und wenn Dieser und Jener fehlte, so blieb der Kreis stets groß genug, um an Lücken nicht zu denken.

Die Hamburger werden den Dank für ihre opferwillige Theilnahme aus unserer gehobenen Feststimmung herausgefühlt haben; es gab mehr als einen Moment, der Allen unvergeßlich bleiben wird. Aus Licht und Wasser haben sie ihre glänzendsten Effecte zusammengebaut; auf Uhlenhorst über den herrlichen Wasserspiegel der Außenalster tausend glänzende Bilder gestreut, bei der stundenlangen Elbfahrt im Nachtdunkel ihre waldigen Ufer wunderbar beleuchtet, im zoologischen Garten ein Meer von Lichtern und in sanften Tönen rauschende Wasserstürze vor unsere Augen gezaubert: ein stetes Ensemble von Nachtdunkel, glitzerndem Wasser und farbigem Lichte! Wer dabei war, Dem geht ein Gefühl wehmüthiger Sehnsucht durch die Seele bei der Erinnerung; wer Hamburg in jenen Tagen nicht sah, Dem können langathmige Beschreibungen die Eindrücke nicht vermitteln, die wir mit uns genommen haben.

Wir waren Alles in Allem eine fröhliche und eine gewissenhafte Section.

Es ist nur gelegentlich darauf hingewiesen worden, daß wir den Kampf um das Fortbestehen zu führen hatten, aber das instinctive Gefühl für diese Thatsache, das Allen inne wohnte, hat eine außergewöhnliche Thätigkeit der Section zu Tage gefördert. Im allgemeinen Programm waren 4 Tage für Sectionssitzungen reservirt, während wir deren sechs gehalten haben.

Schon in der Eröffnungssitzung knüpfte sich an die einleitenden Verhandlungen eine anregende Discussion über mikroscopische Präparationsmethoden, namentlich mit Anwendung auf opake Gegenstände. Am Dienstag standen längere Vorträge auf der Tagesordnung; Herr Geheimrath von Kiesenwetter entwickelte seine Theorien über Nomenclatur in derselben Tendenz, wie sie bereits in von Harold's coleopterologischen Heften früher zum Ausdrucke gekommen ist; Herr Dr. Steudel aus Stuttgart gab ein Bild von den entomologischen Regungen im Württemberger Lande; Herr Hauptmann Dr. von Heyden aus Frankfurt erläuterte eine Reihe von coleopterologischen Varietäten ersten Ranges, welche ausgestellt wurden. Am Mittwoch fesselte Herr Gerichtsrath von Hagens unsere Aufmerksamkeit durch interessante Details über das Leben der Ameisenlöwen, woran sich eine längere Debatte über die Ursachen der mehrmonatlichen sommerlichen Larvenruhe schloß. Herr Custos Schmeltz verlas dann eine von Boll in Texas eingesandte Arbeit über dimorphe Schmetterlinge jenes Landes, von denen eine reichhaltige Sammlung vorgelegt wurde. Am Donnerstag sprach, wie ich schon oben erwähnte, Herr Dr. Maier über die Art, wie die Rhynchoten ihre Nahrung zu sich nehmen; später Herr Dr. von Heyden über die jüngste Allard'sche Bearbeitung der Helopiden-Gruppe. Herr von Kiesenwetter beleuchtete zum Schluß wiederum einige Nomenclaturfragen, ein Gegenstand, der seine vorzugsweise Behandlung wohl besonders dem Catalogus von Gemminger und von Harold und dem Umstande verdankt, daß der Herr Referent mit den Herrn Herausgebern nicht in völliger Uebereinstimmung sich befindet. Am Freitag gab die Darwinsche Zeitrichtung Herrn von Hagens Gelegenheit zu eingehenden Bemerkungen über die Artfrage; Herr von Hopffgarten unterhielt uns über den Fang ungarischer Höhlenkäfer und seltener Caraben in Serbien; Herr Wehnke zeigte schöne Trogus-Reihen seiner Sammlung vor und knüpfte hieran Erläuterungen über die Verbreitung dieser Wasserbewohner.

Die Sonnabend-Sitzung wurde durch eine eingehende Debatte über entomologische Präparationsmethoden ausgefüllt; die von Herrn von Kiesenwetter ausgegangene Anregung, sich über gemeinschaftliche Principien zu einigen, blieb insofern nicht erfolglos, als die widerstreitenden Meinungen sich zu dem Beschlusse klärten, dem genannten Herrn die Sache ad referendum für die nächste Naturforscher-Versammlung in München zu übertragen. Mit einem festen Programm, wie es dann vorgelegt werden soll, werden gewisse generelle Grundsätze vermuthlich zum Beschluß erhoben werden. Wir haben die dritte allgemeine Sitzung, welche an diesem Tage stattfand, nicht besucht.

Der folgende Sonntag war programmmäßig für eine Fahrt nach Helgoland bestimmt und diese Gelegenheit, das Meer zu sehen, ist von zahlreichen Theilnehmern wahrgenommen worden; unter den Entomologen fand sich jedoch ein Dutzend zusammen, das es vorzog, mit einem Ausfluge nach Kiel eine Besichtigung der Fabricius'schen Sammlungen zu verbinden. Hier ist einige Stunden fleißig gearbeitet worden und die entomologische Welt wird aus dem Referate, welches Herr von Kiesenwetter zu redigiren übernommen hat, interessante Aufschlüsse über den gegenwärtigen Zustand dieser Sammlungen erhalten. Wir haben uns dann die Corvette „Freya" als stattlichen Repräsentanten unserer Kriegsflotte besehen und drüben in Gaarden aus dem Korallensande Bryozoen gesucht, zum gerechten Erstaunen des Volkes.

Mit dem Montage war alle Herrlichkeit zu Ende.

Ich begnüge mich mit diesen wenigen Bemerkungen, nicht, weil mir das Herz nicht voll genug wäre, mehr zu schreiben, sondern weil ich denke, die entomologischen Leser werden ihr Interesse vorzugsweise Dem widmen, was die Fachgenossen in Hamburg gethan und erlebt haben und weil mir der Raum nicht zu Gebote steht, mit photographischer Treue ein Gesammtbild wiederzugeben; auch soll es eine ausnahmswerthe Tugend sein, zur rechten Zeit zu schweigen.

Kiel. Wagener.

Mittel gegen Tollwuth. — In den Bulletins Nr. 83 und 84 d. J. der französischen entomologischen Gesellschaft findet sich folgende Mittheilung des Herrn Reiche: „Hr. von Saulcy hat mir einige Reste von Käfern übergeben, die er aus Gabes in Tunis erhalten hat. Der Geber, Hr. Chevarier, schreibt ihm dazu: Ich schicke Ihnen das Heilmittel der Araber gegen die Tollwuth. Es besteht in 2 Käferarten, von denen ich Ihnen Proben sende; sie sind mir im Süden der Uderna von einem Manne aus dem Stamme der Amerna gegeben worden. Er besitzt ein Dutzend davon, die er höchst sorgfältig aufbewahrt. Er setzte mir zugleich ihre Wirkung und die Art, sie zu gebrauchen, auseinander. Nach meiner Rückkehr sprach ich mit einem sehr intelligenten Araber von diesem Mittel; er versicherte mir, daß alle Aussagen des Arabers wahr seien, daß sie in ihren medicinischen Werken aufgezeichnet seien, in denen man lesen könne, daß das Insekt (arab. Dernona) die Tollwuth heile, wenn es in den 20 Tagen nach dem Bisse angewendet werde und daß es dem Kranken in der Größe eines Weizenkornes in einem Fleischstück gegeben werden müsse. Das Insect hat nach Aussage der Aerzte blasenziehende Eigenschaften von großer Stärke, so daß eine größere Dosis dem Kranken gefährlich werden könne. Die Araber sind einstimmig über die Wirksamkeit dieses Heilmittels, das indessen nur in den ersten 18—20 Tagen nach dem Bisse wirke.

Die übersandten Käferreste erwiesen sich als solche von Meloe tuccius Rossi und Mylabris tenebrosa Castelnau, beides Insekten von blasenziehender Wirkung. Es wurde darnach die Vermuthung ausgesprochen, daß auch unsere spanische Fliege (Lytta vesicatoria L.) sich als Heilmittel gegen die Tollwuth verwenden ließe. In der That sind sowohl unsere Meloes, wie spanischen Fliegen bereits als Gegenmittel gegen diese Krankheit in Vorschlag gebracht worden, schon von Linné in seiner Materia medica. — Die arabische Verordnung des Dernona lautet: Gott sei gelobt! Mittel gegen die Tollwuth nach Gottes Willen! Man nehme vom Dernona in der Größe eines Getreidekorns und zerquetsche es in einer Fleischsuppe, welche die gebissene Person zwischen dem 21. und 27. Tage nach dem Biß trinken muß. Würde sie dieselbe früher oder später trinken, so würde sie nicht geheilt werden. — Chaban el Akrem, 1293. — Aus dem Buche des Scheik El Syenti.

In der Fleischbrühe darf weder Salz nach Pfeffer sein.

Psocidenjagd im Hause.

Die Psociden wohnen auf Bäumen und Sträuchern, wo sie als Larven die Blätter benagen, während die Atropinen, die in altem Papier und in Insectensammlungen anzutreffen sind, animalischer Nahrung nachgehen und daher in Insectensammlungen als sehr unwillkommene Gäste betrachtet werden müssen.

Wenn es von Psocus domesticus Burm. = Caecilius pedicularius L. in allen Lehrbüchern der Naturgeschichte heißt: „In Häusern an Fenstern", so ist das nicht geradezu falsch, sondern im Allgemeinen richtig, denn man kann wirklich diese Art oft massenweise an Fenstern finden, vorausgesetzt, daß man Holz im Hause aufbewahrt. Aber mit demselben Recht oder vielmehr

Unrecht kann man das auch von allen übrigen Psocinen behaupten, denn alle meine Arten, mit Ausnahme von Stenopsocus stigmaticus Imh. und Psocus quadrimaculatus Latr., habe ich auf dem Oberboden meines Hauses an Fenstern gefangen und je nachdem ich Laubholz oder Nadelholz und von verschiedenen Localitäten daselbst aufbewahrt habe, auch verschiedene Arten. Aber daß die Fenster des Hauses nicht ihr ursprünglicher und wahrer Aufenthaltsort sind, sondern die Bäume und Sträucher des Waldes, wird Jedermann zugeben müssen, der die Natur dieser kleinen Geschöpfe kennt; denn wenn sie auf dem Oberboden einer Hauses vorkommen, so sind sie eben in der Gefangenschaft. Ganz dasselbe wäre es, wollte ich das Vorkommen der Kanarienvögel so bezeichnen: „Leben in Käfigen".

Ich will nun berichten, wie ich meine Psociden im Hause an Fenstern kennen gelernt und welche Arten ich daselbst gefangen habe. Das Holz für den Winter, wenn es seine Heizkraft behalten soll, muß vor Johanni „zu Rande geschafft", d. h. unter Dach und Fach gebracht werden. Nach dieser alten Bauernregel habe ich auch gehandelt und mein Holz auf den Oberboden geschafft. Derselbe ist sehr hell, denn es sind daselbst 3 größere Stubenfenster nach Nord und Süd zu und 3 kleinere Dachfenster nach Ost und West hin. An den größeren Fenstern zeigen sich von Ende Juni an bis Anfang August verschiedene Arten von Psociden, zunächst aber, oft massenweise, Caecilius pedicularius L. Ferner habe ich auf dem Oberboden Reisig von der Kiefer Pinus sylvestris L. Daraus sind nach und nach hervorgekommen folgende Arten: Caec. pedicularius L., eine neue Art von Elipsocus, die aber Elip. flavicans L. nicht sein kann, auch Caecilius flavidus St. nicht ist, ferner Psocus variegatus F., P. bifasciatus Latr., Caecilius obsoletus St., Elipsocus unipunctatus Müll., E. flaviceps St., E. hyalinus St. Aus Reisig vom Laubholz sind andere Jahre hervorgekommen folgende Arten: Peripsocus alboguttatus Dalm. und P. phaeopterus St., Elipsocus Westwoodii St. L., Caecilius flavidus St., Stenopsocus cruciatus L. und St. immaculatus St., Psocus longicornis F., P. nebulosus St., P. fasciatus F., P. sexpunctatus L., P. bipunctatus L., P. subnebulosus St. Indeß mögen einige Arten davon auch auf Nadelholz vorkommen. Wenn ich Psocus quadrimaculatus Latr. und Stenopsocus stigmaticus Imh. noch nicht im Hause beobachtet habe, so liegt das darin, daß ich Holz von Localitäten, wo diese Arten vorkommen, im Hause noch nicht gehabt habe. Letztere Art kommt aber sicher auf Laubholz vor, ist aber sehr selten, obgleich außer der Schweiz, wo sie zuerst von Imhoff entdeckt ist, auch schon in England, Holland und Sachsen aufgefunden. Die erstere Art kenne ich aus der sächs. Schweiz.

Was nun die neue Elipsocus-Art, von welcher ich ca. 20 Exemplare gesammelt habe, anbelangt, so würde die Beschreibung derselben sehr kurz sein. Das Thier hat 3-gliederige Tarsen und in den Vorderflügeln am Hinterrande eine freie Randzelle, ist also ein Elipsocus Hg. Der ganze Körper sammt dem Kopfe ist gelb und nur die 3 Nebenaugen sind dunkel. Augen bläulich, matt, nicht glänzend. Vorderflügel glashell, ungefärbt und ungefleckt, die Adern nicht angeraucht; Pterostigma getrübt, blaß. Beine blaß, Tarsen und Fühler geschwärzt. Flsp. 5 mm. Die Art könnte E. cyanops heißen, aber durchs Trocknen verliert sich die Farbe der Augen. — Hemerobius flavicans L., der nach Hagen auch in Deutschland vorkommen soll, kann diese Art nicht sein, dem widersprechen schon die Worte: „caput nigrum". — Was nun schließlich noch den Caecilius pedicularius L. = Psocus domesticus Burm. anbelangt, so sagt Mac Lachlan darüber: „Caecilius pedicularius I regard as a true domestic insect, the larva feeding upon dust (Kehricht) and débris", woraus hervor zu gehen scheint, daß er die Bezeichnung „domesticus" und: „In Häusern an Fenstern" billige. Aber wenn auch die Larve wirklich im Kehricht lebt, so findet man das vollkommen entwickelte Thier nicht blos in Häusern an Fenstern, sondern nicht selten auch im Walde, fern von allen menschlichen Wohnungen.

M. Rostock in Dretschen.

Druckfehler-Verzeichniß

Pag.
133. Zeile 12 v. u.: vor dem „," ist einzuschalten „der ganzen Familie."
„ „ 11 v. u.: Das „," vor „und" ist zu streichen.
134. „ 6: nach „Gattung" ist „Odynerus" einzuschalten.
„ „ 21: st. „J. caria" l. „Jcaria".
„ „ 4 v. u.: nach „bleiben" ist „," einzuschalten.
135. „ 3: st. „Jngurtia" l. „Jugurtia"(*).
„ „ 16: st. „Bose" l. „Bosc" u. st. „Lepelletier" l. „Lepeletier."
136. „ 6: st. „Staubwespen" l. „Raubwespen."
„ „ 9: st. „Kolsatica" l. „Holsatica", u. st. „Corealis" l. „Borealis."
„ „ 25: st. „unter" l. „und".
(*) ist wohl von Jugurtha abgeleitet und sollte daher „Jugurthia" heißen.
149. Zeile 7 v. u.: st. „Andern" l. „Andern".
150. „ 1: st. „nassaischen" l. „nassauischen."
„ 12 v. u.: bei „es" ist das „s" ausgeblieben.
151. „ 3 des zweiten Absatzes: st. „Sällkapets" l. „Sällskapets".
152. „ 3: st. „seinem" l. „seinen".
„ 2 der Anm.: st. „Prithyrus" l. „Psithyrus".
165. „ 4 v. u.: st. „verticosus" l. „vorticosus".
166. „ 8: bei „Apathus" ist das „s" ausgeblieben.
„ 1—2 von Anm. 1.: st. „Drewson" l. „Drewsen".
167. „ 1 von Anm. 2.: st. „variaris" l. „varians".

Tauschverkehr und Kaufgesuche.

(NB. Diese Rubrik steht den Abonnenten für Mittheilungen gratis zu Gebote.)

Bach, Käferfauna für Nord- und Mitteldeutschland suche ich antiquarisch zu kaufen.

von Schönfeldt, Hauptmann
in Naumburg a. S.

Nordamerikanische Schmetterlinge, zuverlässig determinirt, gebe ich tauschweise gegen europäische oder mir fehlende nordamerikanische Makrolepidopteren ab.

Rhoden bei Arolsen. Dr. Speyer.

Wer verkauft Goliathus cacicus ♂ ♀ und zu welchem Preise?

Neviges. G. de Rossi.

Otiorrhynchus Tournieri und Phyllobius mutus, beide vom Schwarzwald, vertauscht gegen seltenere Coleopteren.

C. F. Mayer, fürstl. Fürstenb. Straßenmeister,
Donaueschingen.

Anzeigen.

Antrag für Determinanda.

Gegen eine billige Entschädigung für Mühe, Zeitaufwand, Arbeit und Anstrengung (bloß 15 cent. per Spec. oder fr. 15 vom Hundert) übernehme ich für die Dauer dieses Winters

das Bestimmen von Insekten

der mitteleuropäischen Fauna, soweit mir solche bekannt sind, jedoch vorläufig nur aus den Ordnungen der Diptern, Neuroptern, Orthoptern, Hemiptern und allfällig auch der bekannten Formen der Hymenoptern, insofern die Zusendungen mir franco gemacht werden und von mehrfach darin vorhandenen, mir allfällig selbst erwünschten Species auch mitunter davon 1—2 Exemplare zu behalten gestattet ist.

Burgdorf (Schweiz) Nov. 1876.

Meyer Dür, Entomolog.

Aus allen den obengesagten Ordnungen habe ich auch eine große Artenzahl zum Completiren der Sammlungen billigst abzugeben — (zu 15—20 cent. je nach Abnahme); ebenso eine 2jährige Coleoptern-Ausbeute von über 1000 Arten in ca. 9000 Stück (worunter sehr seltene Sachen) en bloc um den Preis v. Francs 700. —

Commission bei Ch. Fr. Vieweg in Quedlinburg.
Druck von Aug. Dose in Putbus.

Ta

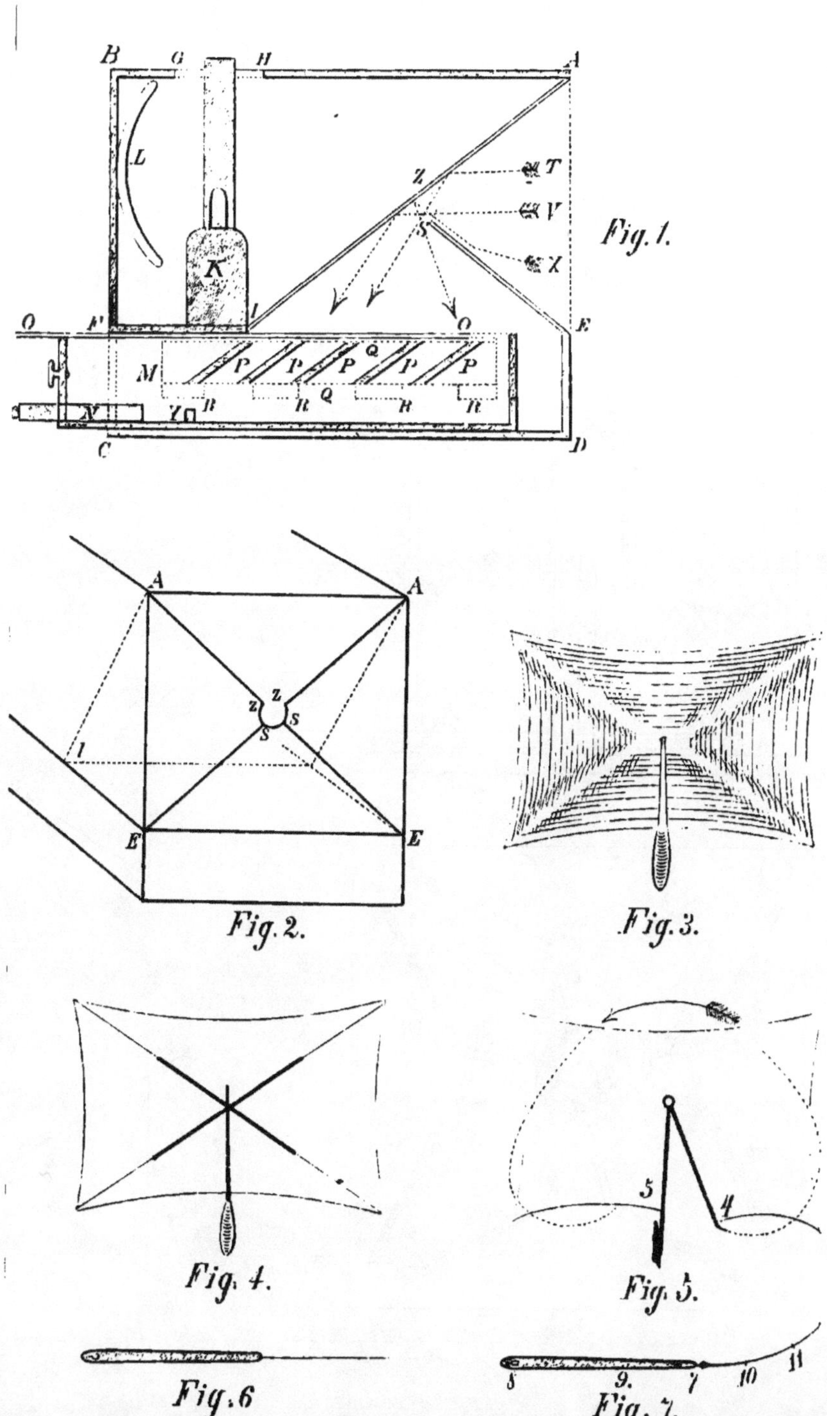

Fig. 1.

Fig. 2.

Fig. 3.

Fig. 4.

Fig. 5.

Fig. 6

Fig. 7.

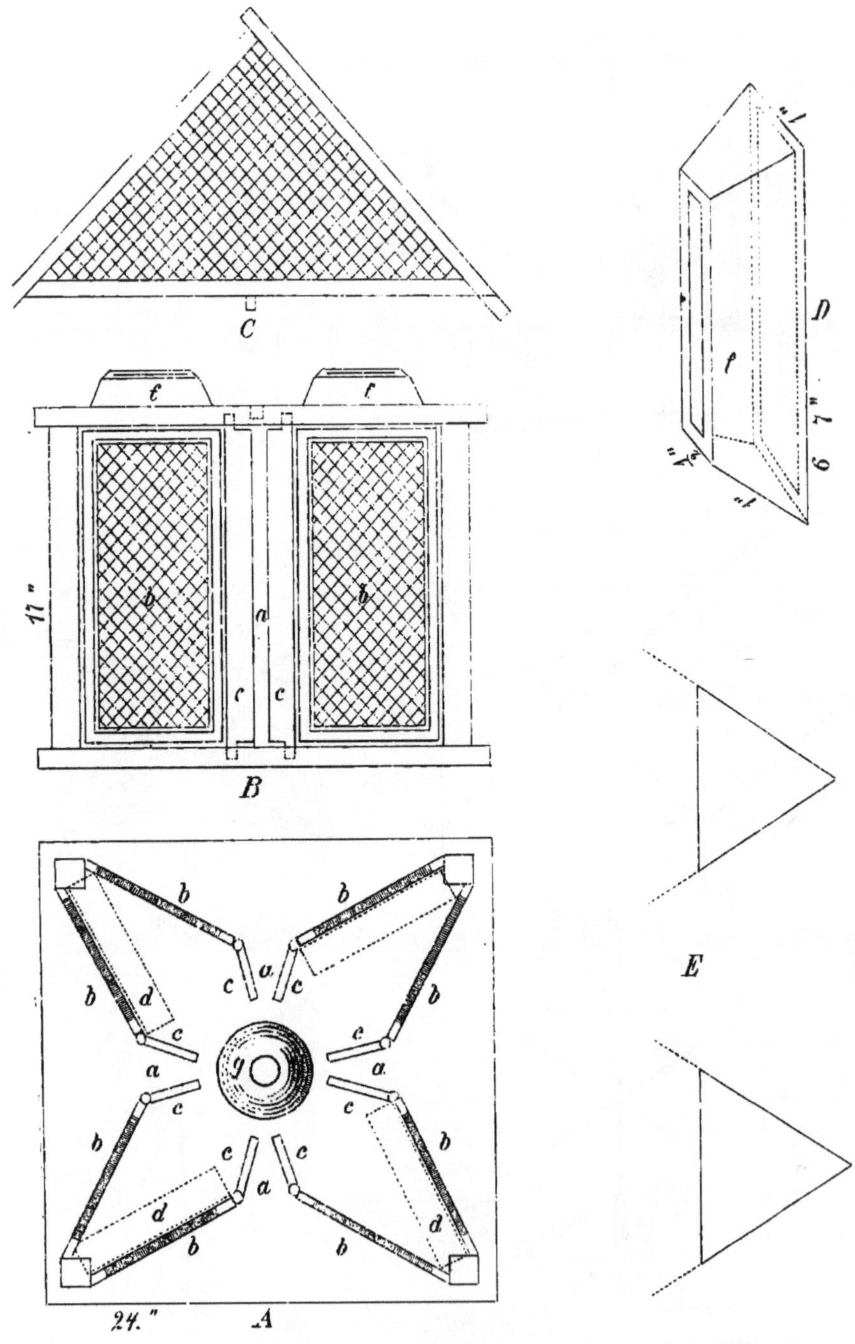
C
f
f
11"
b
a
b
c
c
B
D
f
7"
6
1"
1"
E
b
b
c
a
c
b
d
c
b
c
a
g
a
c
c
b
c
c
a
b
d
d
b
b
24."
A

Inhaltsverzeichniß.

1. Abhandlungen.

2. Entom. Apparate und Mittheilungen über Präparation.

3. Kleinere Mittheilungen.

4. Nekrologe.

5. Neue Bücher und entomol. Inhalt von Zeitschriften.

www.ingramcontent.com/pod-product-compliance
Lightning Source LLC
Chambersburg PA
CBHW032310280326
41932CB00009B/766

* 9 7 8 3 7 4 3 3 6 2 7 5 8 *